文化法治系列丛书

文化法治体系的建构

—上卷—

熊文钊 主编

中国社会科学出版社

图书在版编目(CIP)数据

文化法治体系的建构:全二卷/熊文钊主编.—北京:中国社会科学出版社,2021.6

(文化法治系列丛书)

ISBN 978-7-5203-7564-1

Ⅰ.①文… Ⅱ.①熊… Ⅲ.①文化事业—社会主义法治—研究—中国 Ⅳ.①D922.164

中国版本图书馆 CIP 数据核字(2020)第 244280 号

出 版 人	赵剑英
责任编辑	许 琳
责任校对	李 剑
责任印制	李寡寡

出　　版	中国社会科学出版社
社　　址	北京鼓楼西大街甲 158 号
邮　　编	100720
网　　址	http://www.csspw.cn
发 行 部	010-84083685
门 市 部	010-84029450
经　　销	新华书店及其他书店
印　　刷	北京明恒达印务有限公司
装　　订	廊坊市广阳区广增装订厂
版　　次	2021 年 6 月第 1 版
印　　次	2021 年 6 月第 1 次印刷
开　　本	710×1000　1/16
印　　张	78.75
字　　数	1323 千字
定　　价	398.00 元(全二卷)

凡购买中国社会科学出版社图书,如有质量问题请与本社营销中心联系调换
电话:010-84083683
版权所有　侵权必究

《文化法治系列丛书》编辑委员会

主　任　孙佑海（天津大学法学院院长、天津大学国家制度与国家治理研究院院长）

总主编　熊文钊（中国立法学研究会副会长、天津大学国家制度与国家治理研究院副院长）

编　委（按姓氏笔画排列）

马怀德（中国行政法学研究会会长、中国政法大学校长）

王云霞（中国人民大学法学院教授、文化遗产法研究所所长）

石东坡（浙江工业大学文化与法制研究中心主任、浙江工业大学教授）

冯玉军（中国立法学研究会副会长兼秘书长、中国人民大学法学院教授）

朱　兵（全国人大教科文卫委员会文化室原主任、中南大学特聘教授）

朱维究（国务院参事、中国政法大学教授）

刘松山（中国立法学研究会副会长、华东政法大学教授）

祁述裕（中共中央党校（国家行政学院）教授、文史部创新工程首席专家）

杨　欢（天津大学法学院党委书记、研究员）

李丹林（中国传媒大学教授、媒体法规政策研究中心主任）

李洪雷（中国社会科学院法学研究所副所长、研究员）

肖金明（山东省法学会副会长、山东大学教授）

张恒山（中共中央党校政法部原主任、天津大学卓越教授）

陆小华（天津大学新媒体与传播学院院长、讲席教授、新华社新闻研究所原所长）

陈欣新（中国社会科学院台港澳法研究中心主任、法学研究所研究员）

卓泽渊（中国法学会副会长、中共中央党校（国家行政学院）教授）

金元浦（著名文化学者、中国人民大学文学院教授）

周刚志（中南大学法学院教授、中南大学中国文化法研究中心执行主任）

胡建淼（中国行为法学研究会副会长、中共中央党校（国家行政学院）一级教授）

姜明安（北京大学法学院教授、北京大学宪法与行政法研究中心名誉主任）

莫于川（中国行政法学研究会副会长、中国人民大学法学院教授）

莫纪宏（中国社会科学院国际法研究所所长、研究员）

贾旭东（中国传媒大学文化产业管理学院学术委员会主任、教授）

谢　晖（中国法理学研究会副会长、广州大学教授）

解志勇（中国政法大学教授、比较法学研究院院长、《比较法学》主编）

《文化法治体系的建构》

主　编　熊文钊（天津大学特聘讲席教授）

第一编分主编：谢　晖（广州大学教授）
第二编分主编：胡建淼（中共中央党校教授）
第三编分主编：田　艳（中央民族大学教授）
第四编分主编：李丹林（中国传媒大学教授）
第五编分主编：张步峰（中央民族大学教授）

文化法治系列丛书

新时代文化法治体系建设的意义、挑战与使命（代序言）

党的十九大报告指出，"经过长期努力，中国特色社会主义进入了新时代，这是我国发展新的历史方位"。"这个新时代，是承前启后、继往开来、在新的历史条件下继续夺取中国特色社会主义伟大胜利的时代，是决胜全面建成小康社会、进而全面建设社会主义现代化强国的时代，是全国各族人民团结奋斗、不断创造美好生活、逐步实现全体人民共同富裕的时代，是全体中华儿女戮力同心、奋力实现中华民族伟大复兴中国梦的时代，是我国日益走近世界舞台中央、不断为人类作出更大贡献的时代。"党的十九届五中全会提出了"十四五"时期文化社会发展主要目标："社会文明程度得到新提高，社会主义核心价值观深入人心，人民思想道德素质、科学文化素质和身心健康素质明显提高，公共文化服务体系和文化产业体系更加健全，人民精神文化生活日益丰富，中华文化影响力进一步提升，中华民族凝聚力进一步增强。"这一发展目标为文化和法律工作者如何从文化法治建设的视野回应新时代变化，如何参与到中国特色社会主义伟大新征程的建设进程当中提供了明确的指引和方向。

一 新时代文化法治体系建设的意义

"文化是一个国家、一个民族的灵魂。文化兴国运兴，文化强民族强。没有高度的文化自信，没有文化的繁荣兴盛，就没有中华民族伟大复兴。"党的十九大报告提出，"要坚持中国特色社会主义文化发展道路，激发全民族文化创新创造活力,建设社会主义文化强国"。新中国历史上,文化发展与繁荣作为党和国家的一项战略部署,从未被提高到如此重要的历史高度上来。毫无疑问,社会主义文化建设的新理念,及时回应了时代关切,符合中国社会发展的内在要求,在新时代背景下凸显出非常重要的意义。

首先,"明确坚持和发展中国特色社会主义,总任务是实现社会主义现代化和中华民族伟大复兴"。以此为党和国家总的奋斗方向,社会主义文化建设构成了社会主义现代化建设的重要内容。全球化背景下国家综合国力的提升,要求现代国家在政治、经济、文化、科技等各方面实现均衡发展。面对新一轮国际新秩序的建立,将文化发展提高到显著地位具有非常重要的战略意义。我国当前和今后的总体发展战略,既要在政治、经济、军事等硬实力方面实现现代化;还要在全面复兴中华文化的基础上,奋力实现文化的现代化。

其次,我国的社会主要矛盾发生了显著变化。党的十九大报告指出,"中国特色社会主义进入新时代,我国社会主要矛盾已经转化为人民日益增长的美好生活需要和不平衡不充分的发展之间的矛盾"。我国过去稳定解决了十几亿人的温饱问题,总体上实现了小康。但是伴随人民物质生活的提高,文化和精神需求的满足没有同步跟上来。文化法治体系建设的重要意义在于更好满足人民在文化方面日益增长的需要,更好推动人的全面发展和社会的全面进步。

再者,明确中国特色社会主义事业总体布局需要强调坚定道路自信、理论自信、制度自信和文化自信。与党的十八大报告精神有所发展和是,党的十九大报告在"三个自信"之后将"文化自信"提高到同等地位,表明了执政党在文化强国建设方面的决心。习近平总书记指出,"文化自信,是更基础、更广泛、更深厚的自信"。中华民族在历史上积淀了深厚的文化底蕴,这是中国最为重要的历史财富。坚持文化自信,需要全面复兴中华优秀传统文化,通过推进文化改革与创新,将历史文化的权利落实到法律的制度保障上。

最后,全面推进依法治国总目标是建设中国特色社会主义法治体系、建设社会主义法治国家。文化法治既是文化自身发展的内在要求,也是依法治国目标理应涵盖的重要维度。中国特色社会主义法治体系要求法的治理具有普遍性，其一方面需要促进公民的文化基本权利得到尊重和保障，另一方面也要对文化活动进行法律价值的引领和甄别，从而促进文化领域实现法治化。中国特色社会主义法治体系的构建和形成必然涵括文化法治的内容，反过来文化法治体系建设必然是构建中国特色社会主义法治体系的有机组成部分。

二 新时代文化法治体系建设的挑战

党的十九大报告指出，我国社会主要矛盾已经转化。然而，从文化法治体系建设方面来看，与党的十九大报告关于新时代中国特色社会主义思想和基本方略之间存在一定的距离。由于我国社会主要矛盾的变化并没有改变我国仍然处于社会主义初级阶段的基本国情，因此，我国文化法治体系的建设任务依然艰巨。总结起来，新时代文化法治体系建设的挑战主要体现在以下方面。

首先，从文化法治的表现形式来看，过去的很多文化规范主要依靠政策调整，这种状况已经无法适应于我国国家治理方式转变的需要。例如，我国的文化法治体系建设在文化立法方面依然相对薄弱。目前我国只出台了《公共文化服务保障法》《文物保护法》《著作权法》《非物质文化遗产法》等几部法律，仍然有一些重要的文化法律法规尚未出台。就文化法律体系方面而言，我国在新闻出版、知识产权、广播影视等领域已有40多件行政法规，同时还有大量的部门规章和地方立法，但还远没有形成完善的法律法规体系。

其次，从文化法治研究的理论深度来看，文化法治的基本范畴、基本概念以及原则、价值等基础理论研究，学界尚未有相关的论述，更远未达成相关共识。文化法治体系构建已经突破传统知识的结构而成为新的知识增长点。为此，更加需要学科交叉的方法自觉和法学体系构建的理论自觉。对于文化法治的基础理论研究，需要及时回应社会实践当中面临的具体问题。诸如文化法治中的文化究竟指向传统文化还是现代新文化，什么是区分不同文化的价值标准，如何展开文化关系的法律调整等问题，现有研究的理论回应显然有些"力有不逮"。

最后，从文化体制改革的面向来看，我国文化领域公共治理主要集中在著作权法、非物质文化遗产法律保护等文化事业领域。但是，随着社会主义市场经济不断深化，文化产业必将成为未来我国文化体制改革的重要领域，比如出版法、新闻法、电影法的颁布将更加有利于社会主义文化大发展、大繁荣。就此而言，日本、韩国等发达国家在文化体制改革中的经验对我国具有启示意义。新时代背景下，如何拓宽文化治理的领域和视野，从而形成包括文化事业与文化产业在内的中国特色社会主义文化制度，在推动社会主义文化繁荣兴盛方面提出了要求。

三 新时代文化法治体系建设的使命

党的十九大报告从宏观的战略部署上对新时代中国特色社会主义伟大征程提出了新的要求，同时也为我国文化法治体系建设提供了新的遵循。

首先，文化法治体系建设需要坚持走马克思主义中国化的道路。我国社会主要矛盾转化的背景下，文化法治体系建设要把握社会主义先进文化方向，用发展着的马克思主义理论来指导文化法治体系建设。既要借鉴外来，吸收发达国家在文化法治建设方面的先进成果；还要不忘自我，牢牢掌握马克思主义意识形态工作领导权。

其次，文化法治体系建设需要加强社会主义精神文明建设。以培育和践行社会主义核心价值观作为提升社会精神文明行为和构建中国特色社会主义文化法治体系的价值指引。把社会主义核心价值观融入文化法治领域，使其自觉转化为人们的情感认同和行为习惯。

再者，文化法治体系建设需要推动文化事业和文化产业发展。深化文化体制改革，完善文化管理体制。完善公共文化服务体系，深入实施文化惠民工程，丰富群众性文化活动。加强文物保护利用和文化遗产保护传承。健全现代文化产业体系和市场体系，创新生产经营机制，完善文化经济政策，培育新型文化业态。

具体而言，文化法治体系建设面临以下任务。

第一，完善文化立法。我国文化事业和文化产业的发展已经具有数部基本法律作为规范依据，但与完善的文化立法要求还存在一定距离。目前我国文化法治体系的建设需要朝向有利于构建中国特色社会主义法治体系的方向，通过全国人大立法，填补我国公民文化权利和文化组织机构建设中的立法空白。只有立法适时跟进了，文化法治体系建设才能做到有法可依。

第二，加强文化执法建设。文化市场作为改革开放后一个新兴市场，正在吸引着巨额的金融资本和众多的智力资源，尤其在信息化高度发达的今天，文化市场呈现出供需两旺的繁荣景象，文化市场的规模不断壮大，这对于促进文化商品生产和文化娱乐服务的进步，满足人民群众日益增长的文化生活需要，推动经济发展和社会进步等，都产生了巨大的作用。但是，受制于市场经济的局限性和市场主体自发性的影响，文化市场存在着一些不容忽视的问题，诸如经营活动中违法、违规现象层出不穷。另外，文化市场监管中多头执法、行政部门职责分工混乱的现状依然突出。因此，加强文化执法建设是保障文化市场繁荣发展的重要手段。

第三，建成公民文化权利的司法保障体制。文化权利属于公民宪法基本权利的范畴，保障公民文化权利是文化立法的根本目的。文化权利作为一种基本权利，是与政治权利、经济权利相平等的公民权利。实现公民文化权利，保障人民群众的文化权益，是社会文明与进步的标志之一，文化权利司法保障法律体系是全面调整文化权利保障领域社会关系，专门保护公民、法人或其他组织文化权利的法规范体系。当前我国文化权利司法保障立法滞后、制度建设不健全。立足国情，推进文化权利司法保障法体系建设已成为回应我国公民文化权利诉求，推动文化建设及国家治理体系和治理能力现代化的必由之路。

第四，养成全民守法的良好氛围。文化法治离不开建立、培养和发展全社会的文化法治观念，离不开文化法制的宣传与普及。制度未动，理念先行。社会主义法治理念对我国各方面事业发展的积极促进作用已然为实践所证明，这一成功经验自然也应当应用于文化体制改革的推进和实施过程。因此，何谓文化法治理念、如何培养文化法治理念、着重培养什么样的文化法治理念、如何让科学的文化法治理念真正作用于文化体制改革实践等问题，均成为文化法治体系建设所要面对和回应的重要议题。文化法治观念的建立、培养和发展不仅在于相关职能部门的努力，更在于全社会尤其是公民守法意识的自觉养成。

四 新时代文化法治体系的建构

(一) 文化法治的理论基础和文化法治体系建设的基本理论

文化法治的理论基础问题主要回答人类文化—精神领域为何需要法律调整？法律作为一项重要的制度事实，勾连着人的物质世界与精神世界，它通过权利义务机制发挥作用，实现对这两重世界的正当化调控。社会关系的本质是精神主体间的交往合作，本质上是文化—精神关系。人既然是一种文化—精神性存在，那么法律是否有必要将之结构于其中？对它调整与否的不同路径的选择对人类是否会产生、以及会产生怎样不同的影响？如果我们认为法律对这一领域有调整的必要，那么法律应如何对之加以调整？一是文化—精神权利与放任（保障）性调整；二是文化—精神义务与导向性调整；三是文化—精神伤害与制裁性调整；四是文化—精神贡献与奖励性调整。如果人类文化—精神领域能够对人类文化—精神领域进行法律调整，那么法律处理类型都有哪些？一是物质生产生活关系的文化升华与法律处理；二是纯粹文化生产生活关系的法律处理；三是纯粹精神活动的法律处理；四是法律自身作为人类文化的制度化呈现。对这一系列问题的回答，将全面揭示法律与文化—精神领域的关联所在。

文化法治体系建设的基本理论主要围绕如何建构社会主义文化法治体系展开，如何在文化法治领域贯彻科学立法、严格执法、公正司法、全民守法的法治方针。包括：文化法治的基本内涵、文化法治基本理念和指导思想、文化法治的基本原则、文化法治的纵横结构、文化法治关系的基本要素、文化法治建设的必要性、文化法治建设的历史进程、文化法治建设的现实基础、文化法治建设的功能定位、文化事业法治的基本制度、文化产业法治的基本制度、文化执法体制机制、文化司法基本制度、全民文化普法和文化法治观念等文化法治体系建构基本理论问题。

(二) 文化法治体系的建构纲要

1. 文化法治体系的基础问题：

第一，文化法治的基本范畴，即制度文化与文化制度、文化政策与文化法制、文化权利与文化权利保障、文化自由与文化监管，以及文化法制研究与文化法学学科建设。

第二，文化法治的基本概念与特征。

第三，文化法治的历史沿革与域外考察。

第四，文化法治的基本原则。

第五，文化法治的指导思想与核心价值。

第六，文化法治的基本现状与问题。

第七，基本文化权利及其保障。

第八，文化法的表现形式及范畴体系，表现为纵向立法形式与横向范畴体系。

第九，文化法治的战略重点和方向，探讨我国建设社会主义文化法治建设的战略重点和方向，包括立法体系的完备、执法体制的完备、完善执法程序、提高执法监督的水平。

第十，国际视野下的文化法治。

2. 文化法治体系的基本内容：

第一，文化立法，包括文化事业领域的立法，如文物保护法、非物质文化遗产保护法、图书馆法、博物馆法、文化馆法、公共文化服务保障法等。文化产业领域的立法，如电影产业促进法、文化创意产业促进法、演出法、出版法等。

第二，文化执法，主要内容应当包括：文化法治实施机制，即文化法治实施的现状、文化法治实施的主体、文化法治实施的过程；文化管理体制改革，即文化执法机构的现状、文化执法机构的职权交叉与界限问题、大部门视野下文化综合执法机构、文化工作领导体制与工作机制、重大文化事务的决策制度、文化行政事务的信息公开制度、文化执法的程序制度；重点文化法律法规实施制度的完善，即文化市场监管制度、文化市场从业人员的资格管理制度、重大工程项目文化影响评估机制、文化资源开发法制、文物保护法制、非物质文化遗产保护制度、少数民族文化遗产保护制度、涉及文化方面群体性事件应急机制；文化法治实施的监督制度，即文化法治实施的权力机关监督、文化法治实施的行政监督、文化法治实施的社会监督等。

第三，文化司法，主要包括知识产权司法保护、文化执法的司法监督、典型案例指导等。

第四，文化法治观念的提升与全民守法，如文化法治知识的普及与传播、文化法治观念、文化法治精神、文化法学学科建设与学术研究等。

五 新时代《文化法治系列丛书》的编辑出版

为了促进新时期文化法治建设，繁荣文化法治学术研究，中国社会科学出版社已将编辑出版《文化法治系列丛书》列入十四五出版规划。

（一）组建《文化法治系列丛书》编辑委员会，聘请资深文化学者和文化法治理论与实务专家参与到《文化法治系列丛书》编辑委员会：

编辑委员会主任：孙佑海

总主编：熊文钊

编委（按照姓氏笔画排序）：马怀德、王云霞、石东坡、冯玉军、朱兵、朱维究、刘松山、祁述裕、李丹林、李洪雷、杨欢、肖金明、张恒山、陆小华、陈欣新、卓泽渊、金元浦、周刚志、胡建淼、姜明安、莫于川、莫纪宏、贾旭东、谢晖、解志勇等。

（二）自2021年起，拟陆续推出：《文化法治体系的建构》《文化法治基本理论》《中国传媒法治——以媒介融合为视角》，以及《物质文化遗产（文物）法治研究》《非物质文化遗产法治研究》《公共文化服务保障法制研究》《图书馆、博物馆、文化馆法治研究》《文化演出产业法治研究》《出版产业法治研究》《电影产业化研究》《传媒产业法治研究》《游戏产业法治研究》《娱乐产业法治研究》《域外文化产业法制研究》等文化法治系列丛书。

六 推进新时代文化法学学科建设

根植于新时代文化法治建设的沃土，服务于新时代文化法治的发展实践，运用理论概括、学术梳理和理性解析，催生了文化法治从实践探索到理论升华的文化法学理论体系的形成。文化法学承载着文化法治实践活动的价值神思、文化法规范的专门诠释、文化法治学科体系建立的使命和任务。因此，希望通过"文化法治系列丛书"的编辑出版，推进新时代文化法学学科的兴起和文化法学学科的繁荣和发展。

综上，在习近平新时代中国特色社会主义思想和习近平法治思想指引下，筑牢文化自觉，坚持文化自信，贯彻全面依法治国方略，坚持中国特色社会主义文化发展道路，激发全民族文化创新活力，建设社会主义文化强国。文化法治作为文化强国的应有之义；是贯彻实施宪法，坚持、巩固和发展我国国家制度和国家治理体系文化自信的必然选择；是推进文化领域治理体系和治理能力现代化的重要保证。让我们为文化法治体系建设和文化法学学科发展一起共同努力！

熊文钊

2021 年 5 月

总 目 录

上 卷

导 论 ··· (1)

第一编 文化法治理论基础问题研究 ································· (11)
  第一章 人类文化—精神领域为何需要法律调整？ ············· (13)
  第二章 人类文化—精神领域如何展开法律调整？ ············· (60)
  第三章 人类文化—精神领域的法律处理类型 ················· (112)
  第四章 我国文化法治化存在的不足 ··························· (148)
  第五章 文化法治的要素和结构 ································ (194)

第二编 文化法治建设基本问题研究 ································· (239)
  第一章 文化法治建设的必要性分析 ··························· (241)
  第二章 文化法治建设的历史进程 ······························ (256)
  第三章 文化法治建设的现实基础 ······························ (264)
  第四章 文化法治建设的功能定位 ······························ (285)
  第五章 文化法治建设的基本原则 ······························ (294)
  第六章 文化法治建设的新进展 ································ (301)
  第七章 文化法治建设的主要挑战 ······························ (314)

第三编 公共文化事业立法研究 ····································· (341)
  绪 论 ··· (343)
  第一章 公共文化事业立法概述 ································ (346)

  第二章 公共文化事业立法的程序 …………………………… (359)
  第三章 域外公共文化事业立法的经验考察 …………………… (374)
  第四章 物质文化遗产保护立法 …………………………………… (393)
  第五章 文物保护法治 ……………………………………………… (415)
  第六章 非物质文化遗产保护法治 ………………………………… (424)
  第七章 公共文化服务保障法治 …………………………………… (477)
  第八章 图书馆、博物馆及文化馆法治 …………………………… (494)

下　卷

第四编　文化产业立法研究 ………………………………………… (517)
 绪　论 …………………………………………………………………… (519)
 第一篇　文化产业立法基础问题研究 …………………………… (531)
  第一章 文化产业的发展及存在的问题 …………………………… (533)
  第二章 文化产业立法基本问题 …………………………………… (585)
  第三章 文化产业法价值目标 ……………………………………… (615)
  第四章 文化产业与知识产权保护 ………………………………… (640)
 第二篇　文化产业立法专门问题研究 …………………………… (673)
  第五章 文化产业领域税收制度 …………………………………… (675)
  第六章 文化产业领域资本准入制度 ……………………………… (715)
  第七章 文化产业立法与要素市场若干问题 ……………………… (744)
 第三篇　文化产业具体领域立法研究 …………………………… (799)
  第八章 传媒产业领域立法 ………………………………………… (801)
  第九章 IPTV政策法律及产业发展 ……………………………… (841)
  第十章 游戏产业领域立法 ………………………………………… (863)
  第十一章 文化演出、广告、旅游产业立法 …………………… (893)
 第四篇　地方和域外文化产业立法研究 ………………………… (919)
  第十二章 地方文化产业立法 ……………………………………… (921)
  第十三章 域外文化产业立法 ……………………………………… (969)
  第十四章 关于文化产业促进法立法的若干思考 ………………… (995)

第五编　文化法治的实施 ……………………………………（1009）
　　第一章　文化管理体制改革 ……………………………（1011）
　　第二章　公共文化服务保障法治的实施 ………………（1039）
　　第三章　文化市场监管法治的实施 ……………………（1067）
　　第四章　文化法治实施的重点领域与制度 ……………（1100）
　　第五章　文化法治实施的监督制度 ……………………（1135）

小　结 ……………………………………………………………（1177）

参考文献 …………………………………………………………（1186）

后　记 ……………………………………………………………（1227）

目 录

（上 卷）

导 论 ………………………………………………………………（1）

第一编 文化法治理论基础问题研究

第一章 人类文化—精神领域为何需要法律调整？………（13）
  第一节 法律不调整文化—精神领域的事项？………………（13）
  第二节 社会关系的本质是精神主体间的交往合作…………（25）
  第三节 社会关系在本质上是文化—精神关系………………（37）
  第四节 法律——精神化的社会关系之制度化、模式化和
      一般化……………………………………………………（48）

第二章 人类文化—精神领域如何展开法律调整？………（60）
  第一节 文化—精神权利与放任（保障）性调整……………（61）
  第二节 文化—精神义务与导向性调整………………………（74）
  第三节 文化—精神伤害与制裁性调整………………………（86）
  第四节 文化—精神贡献与奖励性调整………………………（98）

第三章 人类文化—精神领域的法律处理类型……………（112）
  第一节 物质生产生活关系的文化升华与法律处理…………（112）
  第二节 纯粹文化生产生活关系的法律处理…………………（123）
  第三节 纯粹精神活动的法律处理……………………………（131）
  第四节 法律自身作为人类文化的制度化呈现………………（140）

第四章　我国文化法治化存在的不足……………………………（148）
第一节　放任（保障）性调整的保障不足 ………………………（149）
第二节　导向性调整的所指有待明确 ……………………………（160）
第三节　制裁性调整的力度不够 …………………………………（172）
第四节　奖励性调整的体系模糊 …………………………………（182）

第五章　文化法治的要素和结构……………………………………（194）
第一节　文化法治的基本要素 ……………………………………（195）
第二节　文化法治的横向结构 ……………………………………（212）
第三节　文化法治的纵向结构 ……………………………………（225）

第二编　文化法治建设基本问题研究

第一章　文化法治建设的必要性分析………………………………（241）
第一节　文化法治建设是加强党对文化工作领导的内在
　　　　需要 ………………………………………………………（242）
第二节　文化法治建设是我国社会主义民主法治建设的重要
　　　　内容 ………………………………………………………（245）
第三节　文化法治建设是促进社会主义文化繁荣发展的重要
　　　　途径 ………………………………………………………（247）
第四节　文化法治建设是社会主义文化体制改革的必然
　　　　选择 ………………………………………………………（249）
第五节　文化法治建设是实现国家文化安全的重要保障…………（250）
第六节　文化法治建设是增强我国文化国际竞争力的内在
　　　　需要 ………………………………………………………（253）

第二章　文化法治建设的历史进程…………………………………（256）
第一节　文化法治建设的萌芽阶段 ………………………………（256）
第二节　文化法治建设的初建阶段 ………………………………（259）
第三节　文化法治建设的停顿阶段 ………………………………（261）
第四节　文化法治建设的发展阶段 ………………………………（262）

第三章　文化法治建设的现实基础 (264)
- 第一节　文化法治建设的社会背景 (264)
- 第二节　文化法治建设的政治环境 (270)
- 第三节　文化法治建设的法治条件 (275)
- 第四节　文化法治建设的经济环境 (280)

第四章　文化法治建设的功能定位 (285)
- 第一节　保障文化权利 (285)
- 第二节　规范文化行为 (286)
- 第三节　促进文化进步 (289)
- 第四节　推动社会发展 (290)
- 第五节　增强社会凝聚力 (291)

第五章　文化法治建设的基本原则 (294)
- 第一节　坚持党的集中统一领导原则 (294)
- 第二节　坚持文化法制统一性原则 (295)
- 第三节　坚持尊重文化市场规律原则 (297)
- 第四节　坚持政府主导与公众参与相结合原则 (298)
- 第五节　坚持经济效益和社会效益相统一原则 (299)

第六章　文化法治建设的新进展 (301)
- 第一节　推动了文化行政体制改革 (301)
- 第二节　文化立法逐步推进 (303)
- 第三节　文化执法方式创新 (306)
- 第四节　文化司法成绩显著 (310)
- 第五节　文化法治意识提高 (312)

第七章　文化法治建设的主要挑战 (314)
- 第一节　与经济社会文化发展的要求不相适应 (314)
- 第二节　现行文化体制在一定程度上阻碍了文化法治建设进程 (316)
- 第三节　文化立法质量仍存在很大提升空间 (317)

第四节　文化执法仍亟待完善 ……………………………………… (332)
　第五节　司法能动性有待加强 ……………………………………… (337)
　第六节　公民文化法治意识薄弱 …………………………………… (339)

第三编　公共文化事业立法研究

绪　论 …………………………………………………………………… (343)

第一章　公共文化事业立法概述 …………………………………… (346)
　第一节　公共文化事业立法的功能定位 …………………………… (346)
　第二节　公共文化事业立法的价值取向 …………………………… (349)
　第三节　公共文化事业立法的基本原则 …………………………… (352)
　第四节　公共文化事业立法的基本模式 …………………………… (354)

第二章　公共文化事业立法的程序 ………………………………… (359)
　第一节　公共文化事业立法程序概述 ……………………………… (359)
　第二节　我国中央公共文化事业立法程序 ………………………… (360)
　第三节　我国地方公共文化事业立法程序 ………………………… (370)

第三章　域外公共文化事业立法的经验考察 ……………………… (374)
　第一节　统一的文化遗产保护立法 ………………………………… (374)
　第二节　重要公共文化事业项目单独立法保护 …………………… (378)
　第三节　多元的公共文化事业组织 ………………………………… (380)
　第四节　充足的经费保障制度 ……………………………………… (383)
　第五节　公有领域有偿使用制度 …………………………………… (387)
　第六节　域外经验对中国公共文化事业立法的启示 ……………… (389)

第四章　物质文化遗产保护立法 …………………………………… (393)
　第一节　文化遗产保护立法概述 …………………………………… (393)
　第二节　历史文化名城、传统村落保护立法概况 ………………… (406)

第五章 文物保护法治 (415)
　　第一节　文物保护制度综述 (415)
　　第二节　文物保护制度的完善 (418)

第六章 非物质文化遗产保护法治 (424)
　　第一节　非物质文化遗产概述 (424)
　　第二节　非物质文化遗产立法 (429)
　　第三节　非物质文化遗产保护的具体措施 (432)
　　第四节　非物质文化遗产法律保护制度的完善 (435)

第七章 公共文化服务保障法治 (477)
　　第一节　公共文化服务保障立法概述 (477)
　　第二节　公共文化服务的公众参与 (482)
　　第三节　公共文化服务的政府建设与保障 (489)

第八章 图书馆、博物馆及文化馆法治 (494)
　　第一节　图书馆法 (494)
　　第二节　博物馆法 (503)
　　第三节　文化馆法 (511)

导　论

我国历史文化悠久，至今不仅保留了优秀传统文化的基因，而且还衍生出多元的文化样态、文化事业、文化产业、文化产品，特别是在经济、科技、社会发展极其迅速的新时代环境下，滥觞于文化的衍生品不胜枚举。在物质化、精神化、信息化的新的社会环境下，无论是国家、社会组织还是公民个体的行为都离不开特定的文化系统。在不同的文化场域中，人们遵循的规则不同，如果没有相应的法律予以规范，势必会引发社会"文化失范"。然而文化的多元性决定了文化很难通过统一的规范予以明确。文化的覆盖面太大，社会主体的行为未必都能遵循相应的文化规范。什么样的行为是可以容忍的，什么样的行为是被禁止的，什么样的行为是被法律处罚的，除了道德的层面，需要法律进行调适，即通过法律的手段平衡和保障社会主体间的权利义务关系。

一　本课题研究的指导思想

本课题的研究紧扣时代发展的特点，在习近平新时代中国特色社会主义思想的指引下和党的十八大、十九大特别是党的十九届四中全会精神，按照党关于文化建设的要求，在依法治国的背景下，就如何建构中国特色社会主义文化法治体系进行了系统性的思考。课题研究具有时代性、创新性、前瞻性。课题研究兼顾法治性与文化的内在逻辑性。本课题坚持和完善繁荣发展社会主义先进文化的制度，巩固全体人民团结奋斗的共同思想基础。契合了国家治理体系和治理能力现代化的时代主题。

二　文化法治的出发点和归宿点：保障公众的文化权利

文化法治建设的出发点和归宿点是实现文化领域的科学合理立法。无论在文化事业立法、文化产业等立法中，应当以实现公众的文化权利为逻辑起点。具体来说，文化法治应当保障公众的文化权利。从立法体系上看，文化立法应当以宪法上的文化规范为最高依据，以实现宪法上的文化权利为根本。但对文化法治的研究不能回避文化与文化法治等概念的探讨。

三　本课题关于"文化"的界定

文化的含义外延广泛，内在逻辑极其复杂，很难界定。因此，对文化的分析需要从多个层面进行厘清。透过人类文化观念的变迁历史，本课题所指称的文化似可类分为三个不同的层次，即微观之文化、中观之文化与宏观之文化。微观之文化乃为精神文明之纯粹精神与思想；宏观之文化乃融物质与精神文明为一整体的人类社会之文明；中观之文化乃根据不同文化功能与作用所取舍的宏观文化之部分。据此，本课题所论之文化"观念"便是立足于当代中国文化法治的需要而取舍的文化法治精神与文化法律制度，即采用的是中观文化的观念。由是，则本课题所采用的文化"概念"，又是建立在当代法制发展现状及趋势背景的基础之上的。它既包括实然的文化制度，也包括应然的文化理念；既包括文化权力，也包括文化权利，既包括文化事业也包括文化产业；既包括新闻、广播、电视，出版、发行，图书馆、博物馆、文化馆、名胜古迹、珍贵文物，也包括教育、科学、技术、文学、艺术。当然，因教育法早已为各家论述评说，甚至几成一独立之部门法学，故不在此单列赘述，而集中精力探讨文化领域中的其他法律治理问题。亦由此构成本课题之所谓"文化法治"的基本对象与基本范畴。

对文化的准确界定很难，课题对文化法治建设的研究尽管缩小文化的内涵，法治也属于文化的应然范畴。但相近或相似概念学界却容易引起混淆。因此，在研究文化法治问题时，对与之相关概念的界定和关系进行厘清尤其必要。如法制与文化的关系，文化法制与法制文化、文化法治与法治文化、文化法治与文化法制文化等，都并非内涵相同。从文化法治研究的理论深度来看，文化法治的基本范畴、基本概念以及原则、价值等方面，学界并未有相关系统的论述，更远未达成相关共识，因此，对于文化法治的基础理论研究仍需要进一步提高理论深度，对于相关的概念与范畴进行一个清晰、规范的界定。从文化法治理论的研究范围和广度来看，文化法治主要基于动态的研究，文化法制趋于静态层面，如研究主要集中在著作权法、非物质文化遗产法律保护及传媒法等简单的几个方面。关于文化法制的其他方面并未有多少涉及，比如对于公共图书馆法、出版法、新闻法、电影法等方面的基础理论研究不多，因此，本项目就是要通过对文化法制各个方面的理论抽象和梳理，从而对于文化事业法制与文化产业法制的理论研究有一个系统、全面的考察。

四 关于文化法治的基本内涵

对于文化法治基本内涵的阐释，课题对其相关的概念维度进行分析，比如文化在法制背景下特别是在宪法中的语境意义，如文化法治与法治文化有何关联、文化法制与法制文化怎样界分、文化法治与文化法制的逻辑关系有何进路。因此，文化法治的基本内涵无论从纯粹的文化角度还是法治维度都无法全面地对其进行解释。可以说，对文化法治的基本理念、基本原则、文化法治的主客体、文化法治的基本研究对象、文化权利的体系要素等进行详细论述是研究文化法治的基础。

五 文化法治基本理论的前期研究

本课题侧重于文化法治的理论基础问题研究，对原有的研究成果已经有了更为深入和全面的论述，因此，关于文化法治的基本概念、研究对象、主客体关系、基本原则、基本理念、基本范畴、制度体系、发展趋势等已经有前期研究成果，由本项目负责人主持的国家社会重点项目"文化法治基本理论"（已结项）已做了系统梳理和研究，不再重复研究。在申报该项目前的调研阶段，对文化法治的系统研究国内尚属空白，或者说，敢于对这一课题进行挑战需要勇气。课题组接受并完成了这一挑战。因为对文化法治基本理论的研究很有学术价值和社会意义，主要是因为我国文化立法不完善、文化体系不配套、文化权利义务的调整失衡、文化的诸多领域迫切需要相应完善的立法予以规范。基本的事实是，文化法律规范的缺乏与新时代社会发展特别是与党的十九届四中全会的精神等契合不够，不仅缺乏文化法治的理论或制度支撑，而且程序法与实体法不能与时俱进。基于这样的思考，课题组进行了全面而系统的研究，为2014年国家社科重大项目"文化法治体系建设研究"创造了条件，厚植了理论基础。然而，前期研究却为后期社科重大课题带来一些困惑，因为前期研究成果分析以后，为了避免研究的重复性，同时为将原有研究提到新的高度和水平,"文化法治体系建设研究"刻意规避了关于文化法制、文化法治的概念甄别,也不再将什么是法治文化和法制文化作为重要的论述内容,不是因为这样的比较没有意义,相反,这样的界定不可回避,由于这样的讨论在课题"文化法治基本理论"中已有较为深入的分析,因此,为不至于内容研究的重复和累赘,"文化法治体系建设研究"已经从原有的基本理论跳跃到体系的系统性研究。之所以有这样的交代或强调,主要是对"文化法治体系建设研究"中五个子课题表面上缺乏逻辑紧密感的回应。其实,国家社会科学重点项目和重大项目是对文化法治建设的配套研究,只有将两项课题辩证分析,才能窥探"文化法治体系建设研究"的逻辑关联性。部分专家学者认为本课题缺乏对文化法治基本概念的比较、基本研究对象的确定、主客体之间的关系等,其实是缺乏对前期研究成果即社科重点课题的俱进理解,这就不难看出本研究缺乏体系上的逻辑性是因为不想重复原有的研究。如果兼顾前期成果,一方面是价值不大,另一方面是涉及查重原因,因为五个子项目中很多标红的文字都是子课题负责人相关研究成果并作了脚注说明,其他很多是法律法规或党的政策因素所致,这是难免的,在此特作说明。这样,使得课题组不得不通过其他的方式进行论证。本课题在结构上分为五个部分也是基于这样的考量。

六 本课题报告的体系结构及内容

从结构上,"文化法治体系建设研究"力图在"文化法治基本理论研究"的基础上实现更大的研究突破。其中,文化法治基本理论研究回答了法律作为一项重要的制度事实,勾连着人的物质世界与精神世界,它通过权利义务机制发挥作用,实现对这两重世界的正当化调控。既然法律成为人们广泛认同的调整机制,就意味着法律在社会中具有权威,因而法律一旦对文化—精神领域的保护持正向的姿态,就意味着这种保护也是权威的一部分而应当被社会成员遵循。我国的文化法治建设正处在承前启后、继往开来、与时俱进的重要时期,面临着难得的机遇。但目前文化法治研究和建设局限于各个零散领域和静态层面,缺乏系统的有针对性的理论研究。通过总结现有的文化法治理论研究,为将来文化立法与文化法治研究确定发展方向,有助于从一个更为宏观、更为动态、更为准确的角度对文化法治相关问题进行总结,对文化法治体系研究的发展做长期的谋划。从文化法治研究的理论深度来看,文化法治的基本范畴、基本概念以及原则、价值等方面，学界并未有相关论述，更远未达成相关共识，因此，对于文化法治的基础理论研究仍需要进一步提高理论深度。

通过理论的深入论述，需要将理论中的诸多诘问在文化法治的现实中进行应然与实然的路径观照。因此，文化法治建设基本问题研究在理论研究的基础上，就文化法治建设的历史、必要性、功能定位、基本原则、主要挑战等进行了客观分析，以期实现理论与现实的紧扣。文化法治体系建设有了前置性的理论研究与基础性问题阐述后，课题呈现由宏观到中观、由中观到微观的叙事模式。或者说，由内在的基础问题发散到外在的其他重点领域的研究，即第三部分和第四部分关于文化事业立法、文化产业立法的详细论述。

在文化事业立法方面，过去的几年，我国文化事业立法上升到了一个新的阶段，文化事业立法进入从多方呼吁上升到国家意志层面的跨越性阶段，从中央到地方都愈来愈重视文化事业的建设和发展。文化事业立法的进度明显加速，制定的法律文本更加科学、民主，同时政府官员在执法过程中更加注重依法行政，可以说整个文化事业立法工作取得了很大的进步。然纵观我国文化事业立法现状，我们仍存在文化立法数量总体偏少、文化建设各领域立法不平衡、文化立法层次较低等问题。文化事业立法的滞后必将阻碍中国经济、政治、文化、社会、生态一体化建设工作的协同推进。这种立法现状与文化立法的公共文化服务的定位是背道而驰的，不利于实现对公民基本文化权利的保护，不利于与世界相接轨，也不利于社会主义公共文化服务体系目标的实现。加快文化事业领域的立法，有利于调整文化事业领域各种社会关系，保障公民的文化权利，推进文化事业持续健康发展。因此，本项目在党的十九大的开局之年，系统性地总结、研究文化事业立法具有极强的理论意义和实践意义。

文化产业立法有着明显的地域差异性、要素多元性、政策先行性的特点，为了将地方经验吸收到我国文化立法中，使得文化产业全方位、多层面均能得到促进，加快政策法律化的进程，应当对我国现行的地方文化产业促进政策进行剖析研究。文化产业立法不同于其他领域的立法，不同于其他的问题研究。其特殊性在于文化产业立法本身是涉及意识形态、文化价值观、内容监管、经济发展、产业政策的复杂领域；同样，对于这一问题的研究也需要法学、经济学、管理学、艺术学、政治学等跨学科的知识和理论背景的支撑。对于这一问题的研究不能仅仅局限于单纯的法律维度的演绎，必须要对产业、行业本身有切实的把握；对于现行的相关政策、立法有全面的认识；对与文化产品和服务相关的要素市场的问题有充分的认识，这样，才能够深入文化产业立法研究应有的空间，而不是流于表面的呼吁、抱怨或是一般的逻辑推演。因此，研究文化产业立法，要研究产业、研究相关立法理论问题、研究相关现行的文化领域的各行业的既有立法问题、研究具体的与产业发展紧密相关的重要制度、研究地方文化产业立法、研究域外相关立法，这些都是研究文化产业立法不可或缺的部分。只有这样，才能通过相关研究切实为推动文化产业立法，结合现行的立法具体进程，更为科学地为制定文化产业促进法提出有意义的见解。

文化法治的实施是文化法治的重要环节，是党和政府的政治职责所在，也是实现国家文化繁荣的重要保障。习近平总书记在党的十九大报告中指出：文化是一个国家一个民族的灵魂。推动文化事业和文化产业的发展，深化文化体制改革，完善文化管理体制，完善公共文化服务体系，健全现代文化产业体系和市场体系。为了保障文化事业和文化产业的健康发展，我国在文化领域进行了一系列立法，但是，实践层面却还存在很多问题，与域外文化法制事实的现状相比，我国在文化法制方面还存在着巨大的进步空间，仍然有很多领域值得我们探索。我国文化市场的管理体制随着经济的发展不断改革，文化管理体制改革作为当前我国体制改革的重要方面，是实现我国全面建成小康社会和文化强国战略目标的重要途径。文化法制实施不仅需要关注重要领域与制度的构建，同样重要的是还要关注到以文化形式表现出来的各个微小的环节的保护的区别，整个文化法制体系的构建需要宏观与微观相结合，才能在法制层面上建设较为完善的体系。

尽管以上子课题不能涵盖所有文化法治研究的内容，但也进行了尽可能的周全研究，几乎涵盖了我国在文化事业和文化产业中的立法问题的必要性、可行性、紧迫性的全面解读，既是课题的重大部分，也是结构上的横向研究。最后需要说明的是文化法制实施部分，由于前期研究中已经有了文化立法、执法、司法等方面的阶段性成果，因此，课题组在提出文化司法的概念时，可能存在与前面几个部分中的文化执法的重复之嫌，其实，本部分更为侧重行政层面的文化执法，或者提出更多今后如何文化司法的建设性意见，论述中的诸多观点具有独到性和创新性。

七 相对于本领域已有研究成果的独到贡献

（一）学术思想

本研究从文化是否需要法律进行调整为思考的起点，先从总体的角度概括出我国文化法治化存在的不足之处，同时搭建起文化法治的要素及结构。在基本理论研究的基础上探讨具体的文化法治建设基本问题，从必要性、历史进程、现实基础、功能定位、原则基础及已有进展几个方面的研究指出文化法治建设还面临着新的挑战。从学术思想的角度讲，本项目的研究既重视理论基础的深掘，又关注理论对实践的指导；既关注文化法治体系建立中存在的问题，又重视对这些问题的解决和完善，同时还能对今后文化法治的发展所面临的挑战做出展望性思考；既能从宏观角度把握整个文化法治体系构建的理论思考，又能从文化事业与文化产业多个角度对立法问题进行研究。本研究通过回答人类文化—精神领域为何需要法律调整，以此解决文化法治的必要性问题；通过反思人类文化—精神领域如何展开法律调整来解决文化法治的方法论问题，通过论证人类文化—精神领域的法律处理类型来解决文化法治的对象问题，通过探究我国文化法治化存在的不足之处以及文化法治的要素和结构，既从实证层面分析论证其所面临的问题，亦从应然层面分析了文化法治的要素及其结构，为解决我国文化法治建设中出现的问题提供了理论支撑与实践指导。不同于既有的相关研究，本项目在内容安排方面，是一种跨学科的研究，较为全面地覆盖和涉及了全面研究文化产业立法所要求的应有部分，这是与现有研究相比突出的地方。不同于其他关于文化产业立法研究仅是笼统地批判现行文化领域立法管理多、促进少；本项目成果针对现行在准入、内容和行为要求严格程度不同的文化产业各个具体行业的立法进行了较为深入的研究，从中分析制约我国文化产业发展的具体立法环节和政策问题；相比较于关于现行的文化产业立法研究多是从呼吁国家应该有哪些优惠鼓励帮助政策方面着眼，本项目成果能够从更为根本的角度来审视文化产业的立法问题。本研究拓宽了文化市场法制实施的理论研究范围。目前关于现代文化市场制度基础理论尚缺乏具有针对性的系统性研究。这不仅是当前现代文化市场建设面临的棘手问题，也正是后续研究的空间所在。已有的公开发表的研究成果，在理论分析上大多采用的是经验研究，没有基础理论依据，没有从制度理论视角系统探讨现代文化市场监管制度的建设和发展问题。由此，现代文化市场监管制度的构建与完善需要更加深入系统的理论基础研究与应用对策层面的研究，本课题的研究回应我国现代文化市场监管法制构建的现实需要。

（二）理论观点

第一，文化产业立法的目的要使社会、市场、行业自身建立起文化产业发展所需要的各种配套的措施和机制；在尊重和充分考虑文化产业自身的创意、生产、投资、经营的特殊性的前提下，政府既要履行积极的引导、支持职责，又要避免过度干预和控制。

第二，文化法治的结构是揭示文化法治内部组成部分之间关系的范畴，它包括横向结构和纵向结构。前者所要揭示的是思想道德、文学艺术、科学技术、体育卫生等领域的文化法治，而后者所要揭示的是文化法治的不同层次，既包括文化法治的整体性与分层性关系，体系性与分支性关系，国家性与地方性关系，也包括跨国文化交流中的外来文化与本土文化的关系。

第三，文化事业立法不仅是文化事业法制建设的基础工程，也是构建社会主义法制体系的重要组成部分，加强文化事业立法就是在深化文化体制改革，繁荣文化事业发展，同时，也是维护公民文化权利，保障人民基本文化权益的根本要求，更是推进依法行政、完善中国特色社会主义法律体系的必要措施。

第四，破除传统研究关于给付行政是国家政府对公民提供物质利益或者赋予其与物质利益有关的权益的界定，本研究认为，给付行政是公民依法享有的权利，并非来自国家的恩惠。

第五，正当行政程序同时还存在于众多的授益性行政行为当中，故而运用正当行政程序对现有的公共文化服务提供的问题进行完善是现今立法不足背景下的重要手段。

第六，文化法制实施中不仅要健全市场经济以培育法治理念、参与型文化行政等理念，更要对行政问责、行政复议、政府信息公开制度等具体制度进行完善；文化领域的立法不应该仅仅起到法律是社会最后一道防线的作用，更应该起到对文化领域的政府行政的引导作用。

（三）研究方法

本项目整个研究过程中借助多种研究方法，包括观察分析法、调查分析法、历史研究法、文献分析法、个案研究法、案例研究法和田野调查法等研究方法，在研究构思写作的整个过程中进行了大量的文献资料总结筛选工作，同时结合我国文化法治实践经验，根据党的十九大报告提出的关于建设社会主义法治文化的新要求，目前法治文化在物质、制度、精神以及行为等层面的发展还不够完善的实际需求，对文化法治体系建设所涉及的理论及实践问题多层次多角度全面地分析。在实证研究中，通过对实践经验的深入分析进而提出完善方案，同时又将完善方案返归到实践中检验效果，这种研究方式是本项目研究方法中的创新。同时将人类文化精神、社会关系、法律关系、法律调整几方面进行联系，从文化是否需要法律调整，如何进行调整，法律处理文化的类型划分，以及文化法治的要素和结构入手构建理论根基，是本项目研究的独到之处。

八　本课题研究的创新之处

第一，理论体系创新。本研究成果首次构建了基于中国问题的文化法治基本理论体系，以文化法治的基本理论为基础，以文化事业和文化产业为两翼，从体系论、立法论、法的实施的过程论角度，针对我国文化法治所处历史阶段与所面临的特殊问题，建立了逻辑严密的文化法治基本理论体系。

第二，内容创新。关于文化法治的研究，现有研究成果比较薄弱，大多停留在某一个阶段的微观研究。本研究成果在内容方面全面系统，点面结合，既有文化法的基础理论研究，也有文化法的立法和执法实践研究；既有宏观体系的架构，也有微观法技术问题的剖析；既有对公益性文化事业的保障研究，也有对竞争性文化产业的监管研究。

第三，方法创新。本项目是不同专业背景的研究人员进行集体攻关，针对不同的问题域，采用了相应的研究方法进行考察。本项目整个研究过程采用了系统分析法、历史研究法、文献分析法、个案研究法、规范分析法、田野调查法等研究方法相结合的综合性研究方法，有力地支撑了基于中国问题的文化法治理论研究。

第四，数据资料的创新。在整个研究的前期调研、成果撰写以及修改的过程中，我们时刻强调并保证数据资料的实时更新，紧密结合新时代的最新理论进展，关注最新的国际动态，利用最新的基层调研数据资料，以期本次研究结论是建立于前沿的实时更新数据资料之上，做到科学严谨有说服力。

回到课题研究的初衷，或者说课题研究的目的是勾勒较为清晰的文化立法体系，建构较为完整的文化立法、执法、司法、守法等的文化法治系统。为国家提出富有理论意义和现实意义的创新性、可行性意见，使得文化领域的现象能有相应的法律解读、违反文化规则的行为有相应的条文规制。但课题面临的困难较之前期关于文化发展基本理论的研究更为复杂。一是文化的抽象性使得文化法治研究的逻辑进路出现广度不足、深度不够的问题；二是哪些文化领域的行为需要法律的干预存在较为模糊的界限；三是文化法治与法治文化之间的逻辑关系在两个课题的研究中欠缺足够的分析。另外需要说明的是，每一个子课题负责人因研究背景和行文风格的不同，可能导致不同问题之间的分析出现前后逻辑的顺延或观照，使得五个部分并未呈现严密的逻辑关系。

由于文化法治建设的系统性研究在国内尚属首次，可以说也是一种探索性与创新性兼有的尝试，要回答文化法治建设的所有问题，显然依靠课题组目前的研究是无法完成的，但课题的研究无疑起到一个基础性或示范性的作用，如果确实取得了一定的成绩，特别感谢历次参加本课题研讨和论证的职能部门领导和专家学者，他们为课题研究中的不足提出了诸多宝贵意见和建议，使得课题研究结构上更为完整、逻辑上更为严密、思想上更为前沿。但无论怎样的研究都不会完美，何况是立足于这样的突破性创新性研究，而且是关于几乎含摄所有人文社会科学的文化研究，可见难度之大。尽管如此，课题组坚信，本课题的缺憾或不足是今后研究的动力，薄弱的地方继续加强，完善的地方继续新的思考，文化法治建设必须与国家治理能力和治理体系相融合，与党的十九届四中全会关于文化治理的要求相契合。只有结合时代的特点、人民群众的需要，文化法治建设的系列研究才愈具魅力。

第一编

文化法治理论基础问题研究

第 一 章

人类文化—精神领域为何需要法律调整？

法律作为一项重要的制度事实，勾连着人的物质世界与精神世界，它通过权利义务机制发挥作用，实现对这两重世界的正当化调控。人既然是一种文化—精神性存在，那么法律是否有必要将之结构于其中？对它调整与否的不同路径的选择对人类是否会产生，以及会产生怎样不同的影响？如果我们认为法律对这一领域有调整的必要，那么法律应如何对之加以调整？对这一系列问题的回答，将全面揭示法律与文化—精神领域的关联所在。

第一节 法律不调整文化—精神领域的事项？

一 法律不调整人类文化—精神领域？一种观点的反驳

对于法的应然调整域，学者们将其定位在人的行为上。正如马克思所言："只是由于我表现自己，只是由于踏入现实的领域，我才进入受立法者支配的范围。对于法律来说，除了我的行为之外，我是根本不存在的。我根本不是法律的对象。"① 这一经典论断将法的调整域清晰地界定出来，即人的外在行为。换句话说，在马克思看来，法律不应涉足人的内在精神。这种内在的精神当然地表现为人存乎于世的文化性定在——思想。李晟通过对"思想市场"这一视角指出："在比较成熟的法治社会中，理想状态应该是让不同言论在思想市场中展开自由竞争，市场本身也就可以通过自由竞争形成净化机制。"② 而思想自由权，在有的学者看

---

① 《马克思恩格斯全集》第 1 卷，中央编译局编译，人民出版社 1956 年版，第 16—17 页。
② 李晟：《修辞视角中的"思想自由市场"及其影响》，《华东政法大学学报》2014 年第 2 期。

来,是一种背景性权利:"它是公民某些其他人身权、政治权的基础,其他一些权利被承认、被规范必须以思想权的存在作为前提。"① 换句话说,抛开思想带来的功利性目的——文化资源的共享等,它源自人的文化—精神属性,而文化—精神性乃是人的存在意义。而思想权利延伸出的重要维度在于表达的权利。尽管表达的权利并非毫无界限,比如 2001 年布什政府通过的《爱国者法案》就美国公民对恐怖活动话题的谈论从制度层面施行全面规制,2012 年的 U. S. v. Xavier Alvarez 案中,联邦最高法院总结出了对言论限制的正当性的九大类型。但人们更多地还是从表达权利与人性的精神层面的关联为其张目。美国宪法第一修正案和我国《宪法》第 35 条对言论自由的制度表达自不待言,焚烧国旗案的判决、公众人物隐私权的限制、基于新闻自由而提出的第四权理论也都从微观层面体现了表达的权利。而从人类发展史的角度出发,人们因言获罪的情形比比皆是。苏格拉底的悲剧使后人扼腕,西方教会对主张其他教义者的大肆屠戮为中世纪打上了野蛮的烙印。好在,文艺复兴运动对人性的释放、制度改革乃至被鲜血浸染的暴力革命都大力完善了人类精神—文化之维。恩格斯也发表过这样的看法:"人不仅为生存而斗争,而且为享受、为增加自己的享受而斗争"②。因而人们从制度层面将反思制度对文化—精神事项的关系。反思的结果就在于,许多观点认为法律不应涉足对文化—精神世界的调整。

然而,我们对这一观点是需要反思的。反思的关键在于对"调整"一词的理解。"调整"指的是调控规整,在自然科学领域,它强调人对自然事物——比如物理器械——的调适,使之符合人的需求。而在社会科学领域,它旨在说明社会规则对社会事实的调控,使社会事实的运作符合人的需求。就如公丕祥所说:"在社会发展过程中,社会的行为规则体系以其特有的方式影响着社会的生存和发展。社会与社会行为规则体系之间的关系,就构成了社会调整。"③ 规则对社会的结构化推动无疑体现出"调

---

① 戴涛:《论思想自由的基本理念》,《法学》2004 年第 12 期。
② 马克思、恩格斯:《马克思恩格斯选集》第 34 卷,中央编译局编译,人民出版社 1972 年版,第 163 页。
③ 公丕祥:《传统东方社会的法律调整机理——马克思的阐释》,《江苏社会科学》2001 年第 5 期。

整"的意蕴，这也是学者们对"法律调整"的主流化解读①。我们对法律调整的原理的审视必然要从这几条路径入手："其一是法律对事实世界的可规范性，它所表达的基本上是法律中'真'的问题；其二是人们对法律内容的接受性，它所反映的基本上是法律中'善'的问题。"② 其实跳出"法律调整"这一领域，我们也不难发现，从法的宏观意义上看，法体现在客观层面的事物本质和主观层面的主体需求上。所以，法律在面向它们调整的事实具有"可规范性"且法律在调整上表达的内容具有"可接受性"时，法律调整即应"出场"。而针对人的文化—精神世界，法律与之的关联首先能从"真"的维度中彰显——因为人的文化—精神性是一种客观存在。问题就在于，法律能否、或是怎样以"善"之性实现对之的调整呢？

人的文化—精神是人作为高等动物的思想内隐，因而有别于外显的言行举止。对内化的精神，法律应当遵循其自觉自发的"流动"，那么，这种"遵循"是否能导出一种调整方式呢？答案是肯定的！这种调整方式，就是被很多学者忽略的放任性调整。放任性调整依托于权利规范，在此种规范中，法律赋予相应主体为或不为的权利。因而，法律高度认同人们在这一领域中的自治，尽可能地不干涉行为人的自由。而所谓放任性调整，就是"主体根据自治的需要将法律权利规范贯彻、落实于其行动中，因此，这一调整方式反对任何形式的外来干预，哪怕是借国家名义的干预"③。当法律用此种规范审视人的文化—精神世界时，基于文化—精神的性质，其在调整机理上使用的也是放任型的调整机理。因为当我们认同人的文化—精神的自由之性时，法律如欲实现对人类文明的彰显，即应契合人的本性，因而，这种放任型的调整模式既实现了对文化—精神的本性的勾勒（法律之"真"），又因其对自由的尊重而实现了人之精神性的享验（法律之"善"）。

前述的一些学者对"调整"的理解着眼于法律对事实的主动干预，这种"调整"是一种"导向性调整"，它"以规范的义务重心为依托，表

---

① 他们大多使用"赋予""施加""调节"这样的动词。参见［苏］C. C. 阿列克谢耶夫《法的一般理论》（上册），黄良平等译，法律出版社1988年版，第300页；王天木主编《法理学》，中国政法大学出版社1992年版，第175页。
② 谢晖：《论法律调整》，《山东大学学报》（哲学社会科学版）2003年第5期。
③ 同上。

现为命令式规范和禁止式规范。"① 这种调整机制则是站在国家观的角度阐释的,体现的是国家对社会事实的作用折射出的建构理性。它将法律定位为国家自上而下的制度推行,规范分析学派的代表人物奥斯丁强调的"法是主权者的命令"就指向的是这种"导向性调整"。将法律调整仅仅局限于此有失偏颇,尽管法律也确实需要通过义务性规范导向一种秩序性结构。但这种调整方式的基本缺陷在于"把法律作为一种人世生活的外在力量,而没有把它作为源于生活,又融于生活的规范体系,因此,法律被理所当然地视为公民生活和交往的外在物,法律调整也只能是对人们的外在强加,因而无法结构在公民的心灵中,甚至也无法结构在公民的交往行为中"②。也就是说,我们不能执着于这种单一的调整模式。毕竟,法律的取效需要与公民心灵内蕴的世界发生关联。事实上,除了这种积极的干预之外,法律对既有事实的"消极守护"也是一种调整。道家的"绝圣弃智"理念成就了"法律虚无主义",庄子在《马蹄》中就阐述过这种治理方式:"吾意善治天下者不然。彼民有常性,织而衣,耕而食,是谓同德。一而不党,命曰天放。故至德之世,其行填填,其视颠颠。"③ 他眼中的善治即是遵从人之本性的治理,是治理主体的一种无为之治,是对现实世界的已有秩序的维护。这与哈耶克的"自生自发秩序"有很大程度的相似之处。而落实到调整机制上,它表现出来的就是一种放任性调整。

再度回归到人类的文化—精神领域中,我们力主人类精神的自由价值,由此导出的调整机制是一种"放任型调整"。尽管名为"放任",但绝非"不调整"。对文化—精神定在的认知和法的向善性促成了法对文化—精神之域调整的必要,法与人类须臾不可分离而通过对放任型调整的机理的揭示及其与导向型调整的对比,我们对文化—精神领域的法律调整的应然进路有了明确的认知。否弃法律对这一领域存在调整,意味着对法律调整机制认识的单一,甚至表现为对法律的权利本位理论的认知不足。从文化—精神的场域出发,对法律—人类的密切关系将彰显无疑。因为人类的精神性存在本身即说明了放任型调整的重要使命。既然人的自由嵌入了精神之域,法律的调整亦将追随这种自由体现的价值。

---

① 谢晖:《论法律调整》,《山东大学学报》(哲学社会科学版)2003年第5期。
② 谢晖:《论法律调整与社会管理创新》,《西北大学学报》(哲学社会科学版)2013年第1期。
③ 《庄子·外篇·马蹄》。

二 法律为何调整人类文化—精神领域？

既然法律对人类文化—精神领域的调整的命题成立。紧接着的问题就在于，法律是否有必要在这一领域出场？这首先涉及法律的本质——一种规范体系的存在。人类自诞生以来便通过形形色色的规范安排自我的生活，无论是自然界的规则还是人类群体制定的规则，其折射的规律性要素对人类的生活予以有机结构，人类则通过规范内蕴的规律以使自我的行动理性化。因而，"人是规范的动物。规范地生活，是人区别于其他动物的特征。"① 亦即，规范内蕴的秩序关联着人们的生活秩序，人们唯有从规范铺就的行为准则中追寻一种稳定的预期结构，人们的行动才有了指引。然而，我们应当依从何种形式与何种性质的规范以实现这种指引？这在人类历史中经历了抉择。庞德就曾经论述过社会控制的工具——法律是在历史积淀中逐步被人们认同的。② 法律和宗教、道德相比，特点在于它的形式理性，即用外在的语言文字的表述凝合为各种指令。宗教的治理要求治理对象"体认"神或神的代理人——主教的意旨。道德的治理则意味着将某种道德的至善作为人类行为的准则，但由于道德的本性在于它的多元化，因而人们也不得不用"自我体认"的方式去感知这种至善。如果治理需要人类的主观"体认"方能维系的话，无疑意味着治理主体通过揣测被治理者的主观世界而予以非客观性的评价，而宗教教义与道德至善的非确定性又使得这种"体认"悖离了人性固有的认知方式。因而宗教治理与道德治理终被视作悖离人类文明的治理方式。马克斯·韦伯认为人类的发展进程是一个"除魅"的过程，就在于他推崇法律的形式理性从而将其与资本主义的运作模式结合起来，这种"形式理性"又源自他认为的社会科学的"价值中立性"。所以他以一种冷静客观的姿态寻求对法律秩序的理解——法律秩序通过外在身体或内在心理的强制可能性表现出来。③ 所谓"外在身体或心理的强制可能性"，就在于法律的表述是形式层面的、能为人们可感可知的。这就免受宗教、道德治理本身的主观性，

---

① 谢晖：《法律的意义追问——诠释学视野中的法哲学》，法律出版社2016年版，第37页。
② ［美］罗斯科·庞德：《通过法律的社会控制：法律的一般任务》，沈宗灵、董世忠译，商务印书馆1984年版，第9—10页。
③ ［德］马克斯·韦伯：《经济与社会》上卷，林荣远译，商务印书馆1997年版，第64页。

也因而与人类文明相关联。以形式理性为表征的法律犹如精密的仪器般计量人们的行为，尽管这种"计量"无法做到对事物严丝合缝的纳入——这也是我们需要法律方法的重要原因所在，但至少，因为这种形式理性契合了人类的理性预期，法律调整也得以成为人类文明普遍认同的调整方式。

我们不难看出，对法律调整推崇的历史演进与法律调整之正当性的机理指向的都是如何平衡外在制度与人的内在精神的关系。宗教调整和道德调整的主要弊端就在于这种调整的外力不当地干涉了人类的精神域，这种干涉甚至扼杀了主体的精神性存在，囚禁了人类对心灵世界的建构。法律的形式性调整给予了释放心灵的精神空间，毕竟制度的形式化意味着法律的规定的留白——在权利领域法无禁止即可为，结合上述的放任性调整，就不难发现法律的调整机制的重要维度就在于它能充分地维护人的精神定在。尽管这种维护与立法者的水平也有一定关系，就如伯克所说："（立法者的）明智之举是去顺应事物的秩序，不要力图逾越虽然缓慢，但确实平和而稳定的自然过程（Course of Nature）。"[1] 但至少只有借助法律的调整，规范才有导向对人的心灵本质的顺应的可能性。因此，我们对调整机制的抉择可以看作人的文化—精神领域的妥当安置的场域抉择，甚或说，人类文化—精神意蕴构成了法律调整在人类文明中被极力推崇的背景性要素之一。

法律调整的可计量性仅仅是从形式的调整技术的正当性而言的，尽管这种技术也触及对实质人性——理性预期——的考量。然而论及人的文化—精神之域，法律的调整释放的人文维度将最大可能地落足到这一领域的实质，一种对人之心灵的全面观照。虽然自然法学和规范法学对恶法是否为法的争论并没有确切的结论，但至少，我们当下追求的法治国家建设的目标之一就是确立良善的法律。我们对"善"的解读可谓见仁见智，且"善"的内涵会随着时空的变化而有所不同。就如拉德布鲁赫对何为正当的法的问题经过了从法的安定性到法的正义性的自然法转向一样，"纽伦堡审判昭示了纳粹的恶，也促使了拉氏对法律做了重新的思考"[2]。

---

[1] ［英］埃德蒙·伯克：《自由与传统》，蒋庆等译，商务印书馆2001年版，第273页。

[2] H. L. A. Hart, "Positivism and the Separation of Law and Morals", 71 *Harv. L. Rev.*, 1958, p. 593.

第一章 人类文化—精神领域为何需要法律调整？

事实上，拉氏在宏观意义上主张价值相对主义，有学者将其归结为"文化相对主义与伦理学相对主义"。① 价值的相对主义自然意味着伦理的多元性，但法的形式理性必须在多元的价值碰撞中做出整合性判断，这种整合的方向就应在于人本身。历史上的法学家们在思考法律的应然性问题时尽管观点杂陈，却无不是面向人类自身问题的。柏拉图的《法律篇》认为法律治理是相较于哲人治理（他通过艰辛的寻找发现这种治理无法实现）的次优选择，而立法者借助立法寻求的最大意义上的善其实是人们之间的和平②。近代的西方法学家更是试图借助法律实现对人性利益的满足，霍布斯、洛克、格劳秀斯、卢梭等人无不是站在自然法与人的理性的关联方面寻求法之"真谛"。规范分析法学看似着眼于冰冷的法律本身的体系，哈特的"最低限度"的自然法也表明实证主义的包容性在于良善之法对人性的关怀。法社会学对法的实然问题的强调自然也是对现实中的人的利益诉求的回应。这些例子无不表明，法律的调整必然是指向形形色色的人性利益的。它以人为逻辑起点，也以人为最终的依归。而人的文化—精神性是人作为类存在的基本属性，我们对法律的筹划自然要回应人性的这一维度。否则，法律将失去它的人学特性，也就减损了法律存在的意义。尤其在现代法治国家，法律的产生大多来自民众的"协商理性"，即立法的主体来自民众，法律确立的利益也体现为对民众不同诉求的整合。毕竟，法律"表达着情——主体的法的需要"③。由是形成的法律，也必然尽可能地面向普世大众的利益。事实上，利益的表述与妥协本就是人的文化—精神之性的彰显。"立法者借助精神价值的交流、借助不同意见的表达、借助在理想言谈情境下的主体间对话交流，对主体的价值需要进行挖掘、总结、抽象。"④ 而法律形成之后的调整，因这种文化—精神要义的融入，将从人们的心灵深处获得取效。尤其当这种调整面向的就是人的心灵之维时，文化—精神的内外共鸣将实现法律调整的最大可能效果。

精神—文化领域需要由法律调整的意义还在于，它体现的是人性的利

---

① Stanley. L. Paulson, "Radbruch on Unjust Laws: Competing Earlier and Later Views?", *Oxford Journal of Legal Studies*, 1995, p. 15.

② [古希腊]柏拉图：《法律篇》，张智仁、何勤华译，上海人民出版社2001年版，第6页。

③ 谢晖：《法律的意义追问——诠释学视野中的法哲学》，法律出版社2016年版，第25页。

④ 谢晖：《法律哲学》，法律出版社2017年版，第355页。

益，而人作为社会动物必然要与他人发生联系，因而容易存在主体际的利益纠葛。法律的形式理性能够对利益的矛盾予以有效化解。管子曾说："法者所以兴功惧暴也，律者所以定分止争也，令者所以令人知事也。"① 定分是确定名分，止争是化解纠纷。在古人看来法律的重要作用之一就在于解决利益纠纷。不得否认，当下的利益纠纷的最终解决方式也应依靠法律的规定。毕竟，法治前提下的权威性标准就是国家法规定的权利义务关系。当主体际之下的精神利益发生碰撞，调和的最佳方式仍旧是法律。因而，从矛盾化解的角度看，法律调整精神—文化领域具有必要性。

精神—文化领域当然地体现为人性的正当之维。人类的实践关系据其对象不同大致可分为"社会精神实践和物质生产实践"②，前者体现的是"关系事实中的人域关系"。③亦即，暂时抛开"社会关系"不谈，涉及精神层面的问题当然地指向了人的世界，人作为情感性、思想性的生物取得文化—精神的属性，因而人的内在本性中包含了文化—精神之域。法律既然必然要实现人性的价值，也就必然应当设法去迎合这种精神利益，即立法要"把人当作一个有理性的东西来加以考察，而不着眼于其为活动的东西，他们力求形成他的理解，而不是来培育他的举止"④。换言之，法律应当将人预设为拥有理性思考能力的人，将人预设为着眼于精神快感的人。而这一切，法律的人文属性是使其完全可以，也应当达到的境地。

法律的长期稳定的调整亦会使得被法律规制的人们逐渐形成对法律的心理认同，因为正如前文所说，人的文化—精神性与人的符号性密切相关，规范的文字表述显然构成了一种符号。人因这种符号而进入了规范的"意义世界"。而这种"进入"从心灵的维度来看也构成了人的精神世界的一部分，从而反过来结构法律。哈特的"内在观点"，即"站在群体成员的角度，接受并使用这些规则作为行为的指引"⑤ 的法律观就充分体现了人对规范的精神性认同。而且这种"结构"亦不仅仅表现为对法律的遵从，还将助益于对法律的修缮。因此，人类文化—精神之性对法治具有

---

① 《管子·七臣七主》。
② 谢晖：《法律的意义追问——诠释学视野中的法哲学》，法律出版社2016年版，第75页。
③ 同上。
④ ［英］休谟：《人类理解研究》，关文运译，商务印书馆1957年版，第9页。
⑤ ［英］H. L. A. 哈特：《法律的概念》，许家馨、李冠宜译，法律出版社2011年版，第81页。

推动作用。

既然法律成为人们广泛认同的调整机制，就意味着法律在社会中具有权威，因而法律一旦对文化—精神领域的保护持正向的姿态，就意味着这种保护也是权威的一部分而应当被社会成员遵循。拉兹在《法律的权威》中论证"权威"这一概念时说："权力对他者的支配即是权威在他们身上的体现。"[①] 法律确立的对人之精神性的张扬成为一种权威，也就表明他者亦必须承担不损害他者文化—精神领域的义务，对这种义务的违反将遭到法律的强制力。这种强制力是国家层面的强制力，它形成的保护和修复机制自然具有不可抗拒的属性。因此，唯有以法律作为调整人类文化—精神领域的机制，对该领域的保护才能实现它的应有力度。反之，借助非强制力或强制力甚弱的道德、惯例等，保护则显得乏力许多。

所以，对人类文化—精神领域的调整是应当以法律作为调整方式的。这既取决于法律的形式理性和人文之维，也取决于人类文化—精神的利益正当性。二者之间的有机套嵌，让我们更加坚定地追逐法律对人类文化—精神之域的调整范型，也更加坚定地力图完善这种范型，从而走向对法律的文化—精神之维的探索之路。

三　法律如何调整人类文化—精神领域？

仅仅在学理上证成法律对文化—精神领域调整尽管具有理论说服力，但我们绝不能忽视法律调整的具体操作，毕竟"纸上得来终觉浅"，法律的生命在于实施。就如斯蒂文森所说："一个对手段一无所知就去推荐具有内在价值的目的的人，也许正在推荐一个无法达到的因而不切实际的目的。"[②] 因此，我们还要将视野置于法律具体以怎样的方式调整文化—精神领域的问题上。唯有将上述的理论阐述转化为独特性作业，我们方能全面体悟理论带来的自信。

结合上文的相关论述，法律对文化—精神领域的调整应以如下方式展开。首先，在法律文本中确立对人的文化—精神之域的保护原则。对言论、作品创作、教育与受教育、意思自治等领域的保护在各部门法中以原

---

① J. Raz, *The Authority of Law*, Oxford University Press, 1979, p. 19.
② [美] 斯蒂文森：《伦理学与语言》，姚新中、秦志华译，中国社会科学出版社1991年版，第199页。

则形式确立下来。就如德沃金提出的"法律=原则+规则"的结构一样，原则在法律中确立了法律的基本精神，而德沃金也是将自己的权利命题"借助原则结构一以贯之的"。① 对人之文化—精神之域的维护是法律的重要使命，也是制度文明对精神文明予以结构的重要体现。以文化—精神领域保护的原则性表达统摄了整个法律规范，使得规范的调整能够沿循保护人的文化—精神之域的大致方向。同时，法律应对不同群体、不同个体的文化取向予以区别保护，梁治平认为文化解释着眼于不同人看待同种问题的不同态度和处理同种问题的不同方式。② 用人类既有的文化—精神意义作为法律的调整方向，是法律在这一领域的核心原则。从当下的规范表达来看，《宪法》中的人权保护原则、《义务教育法》中的义务教育普及原则、《著作权法》中的鼓励作品创作与传播原则、《民法总则》中的从事民事活动自愿原则等都表达了现有规范对人之精神世界的维系。当然，现有的原则表述尚有需要完善的地方。比如《义务教育法》应针对义务教育的内容设立对教育对象的精神素质培养原则，比如《民法总则》的"自愿原则"表述为"意思自治"原则更能体现人的精神主体性。但即便如此，原则层面对文化—精神领域的调整确乎促进了规范对这一价值取向的实现。

其次，对人的文化—精神领域的保护要以权利的方式确定下来。人的文化—精神世界是人性自由舒张的体现，因而它应被视作人的利益构成部分。而权利意味着具有正当意义的自由。③ 可见，权利是具有正当性基础的，对权利的探求不能离开正当性。既然法律对文化—精神领域应秉持一种认同的态度，法律也应以权利的形式认同这一领域的利益，以使得对其的保护能以权威的方式展开，从而站在国家的立场上实现保护力度的最大化。文化—精神领域的权利或以明文的方式规定在法律条款中，比如言论、出版、集会、结社、游行、示威、宗教信仰的自由，比如进行科学研究、文学艺术创作和其他文化活动的自由，比如受教育的权利。包括程序法规定的不公开审理的案件中，涉及个人隐私的案件即在其中。除此之

---

① See Ronald Dworkin, *Freedom's Law: The Moral Reading of the American Constitution*, Oxford University Press, 2005, pp. 24-26.
② 梁治平：《法律的文化解释》，梁治平主编《法律的文化解释》，生活·读书·新知三联书店1994年版，第37页。
③ 严存生：《法律的人性基础》，中国法制出版社2016年版，第493页。

外，新型权利也应接纳文化—精神领域方面的利益。新型权利指向的是"国家实在法上没有规定，但在司法实践中当事人向法院诉请要求保护，法院或以推定和裁定的方式肯定之，或尽管未予肯定，但该请求得到了社会的普遍理解、默认和接受而形成的权利"。① 法律不可能、也无必要以权利话语穷尽社会的一切利益，但现实中需要对未穷尽的文化—精神利益予以保护时，新型权利理论即应做出回应，个案中被事实结构的精神利益应被相关的国家机关认可并适用。事实上，权利规定的"沉默"本已构成了对文化—精神领域的正当性调整。因为在私权利领域"法无禁止即可为"，既然对这一领域应采取"放任性调整"，沉默式的表达自然体现出了法律的"放任"性姿态。

再次，既然法律认可了人们在文化—精神领域的权利属性，就应以义务和责任的规定以防范他者对其的侵害以及实现对权利主体遭受侵害后的救济，因为文化—精神领域的权利具有对世性。《民法总则》对消除影响、恢复名誉、赔礼道歉的责任承担方式的加以规定，明文要求追究侵害英雄烈士姓名、肖像、名誉、荣誉且损害社会公共利益的行为。《刑法》对侮辱、诽谤罪的刑事责任加以规定。都无疑为文化—精神的权利设置了保护与救济机制。就如上文所言，法律对文化—精神领域的调控意味着借助国家层面的权威实现强有力的调整。法律中的义务和责任，也因之借助了国家强制力而得以实现。

复次，在法律适用的场域，我们应考量精神—文化权利视角下的法律方法的应用。由于立法者的理性有不及之处，法律往往存在着病灶，比如法律模糊、法律冲突、法律漏洞②。除却立法的修正之外，在个案裁断中需要以法律方法回应存在病灶的法律以实现裁断的正当。而法律方法的应用必然结构着法律的价值。比如法律解释中的目的解释方法就需要探究法律追求的价值使命。利益衡量的方法也一定不能脱离对价值精神的考量。法律续造也倚赖"法官的善良心愿、主观认知、价值好恶和政治立场等主观要素"。③ 既然精神—文化利益是法律追逐的重要利益，就意味着在法律方法的运用上这种利益取向会促进法律方法的正当运用。一旦案件涉及精神—文

---

① 谢晖：《论新型权利生成的习惯基础》，《法商研究》2015 年第 1 期。
② 谢晖：《法律哲学》，法律出版社 2017 年版，第 25—384 页。
③ 同上书，第 350 页。

化之域，法律方法的应用就应尽可能地向这一领域的利益倾斜，即以精神—文化领域所结构的主体性利益弥合法律的不足。在法律解释、法律论证、法律续造、利益衡量、漏洞填补等方法技术层面，精神—文化领域释放出的人性价值将这些方法的走向结构在人性之维上，从而实现法律适用的正当性。事实上，上文提及的新型权利问题与法律方法的应用密切相关，法官对没有规定的精神性权利的认同，可以看作对法律病灶的修补。

最后，在法律的评估层面，法律对精神—文化之利益的维护效果应纳入评估标准上，这同样源自法律对这一领域调整的使命。我们在检验法律适用的效果时，必然要考量它与人的精神世界的关系。我们对法治的评估要以其对精神—文化利益的保护为重要参考指标。我国在 21 世纪初开始尝试建立法治指数，并在一些地区开展评估。的确，法治指数使得我们有了对法治的可测量标准。然而不可否认的是，法治还包括了主观性判断，但它"实现了法治测度的相对客观性和可比较性，使得法治发展程度更为直观、具体"。[①] 党中央也提出"建立科学的法治建设指标体系和考核标准"。不可否认的是，法治指数评估确乎为法治的实现状况提供了相对清晰的参考。但量化的评估也难免会遭遇法治实质价值理论的拷问。比如，法治指数评估的目标究竟为何？其很容易滑向对官员的政绩考核层面，而忽视了法治的普世性指向——对人性的考量。法治指数带来的量化性难以描述法律对人性调整的实效。但人类精神—文化属性是法律调整的必然面向。因而，评估法治工作应逐渐以法治受众的精神世界的满足程度为重要指标，可适度借鉴法治指数的衡量，比如借助以"法治幸福感"为主题的调查问卷的发放统计在现有法律的调整之下精神领域得到观照的人的数量和百分比，但更应当通过实质性的因素，比如文化性法律的制定状况、出版物的发行等考量法律对精神—文化利益的调适效果。

总之，我们对法律如何调整文化—精神世界的考量应从规范、意识、主体、行为和反馈五个方面加以考量，因为对法律调整之正当性问题的评析与建构归根结底是制度的问题，对制度问题的观照离不开这五个方面。而笔者上文对法律如何调整文化—精神领域的论述也都建立在这五个方面的基础上。既然我们能从理论的宏观角度证成法律对文化—精神世界的调整，我们亦有信心从微观层面找到对具体问题的解决之道。在放任性调整

---

① 钱弘道：《法治指数：法治中国的探索和见证》，《光明日报》2013 年 4 月 9 日第 11 版。

机制的技术理性的指引下，规范对文化—精神领域的调控终将提升人类的幸福感。同时，正如上文所言，法律在调整人的文化—精神世界时意味着一种长期稳定的机制作用于人的心灵，这种"作用"将反过来促进人们以文化—精神结构法律，即认同法律的这种调整。要促成这种反向的心灵建构，上述的调整机制通过全方位的放任性调整技术的运用亦能产生显见的生发共鸣的作用。

第二节 社会关系的本质是精神主体间的交往合作

人类的存在必然被三种关系结构：天人关系、群己关系、身心关系。前者是指人与自然的关系，中者是指人与他人的关系，后者则是指人自身的定在。其中的群己关系，与主体的精神属性密切相关。正如前文所言，文化—精神之性裹挟着人的利益，法律调整这种利益的重要原因之一在于它会在主体际关系中产生利益纠葛。它预设的前提在于，人具有社会属性，其必然要在社会场域中实施交往行为。而交往行为的实质，与主体的精神性是密不可分的。

一 重申"人是社会关系的总和"

马克思早已提出人具有两重属性——自然属性和社会属性。并提出社会属性指向了人的本质，因为他有过这样的观点："人的本质不是单个人所固有的抽象物，在其现实性上，它是一切社会关系的总和。"[①] 而作为生物性的存在，人也是群居而生的。坚强的人也不会孤独地生活，因为他"按本性来说是社会的，并且是参加实际活动的"。[②] 与自然相比，个人显得渺小而无助，只有相互的结合并形成分工才得以生存。这种"结合"就意味着人必然要参与社会活动，也只有在主体际的关系中，我们才能实现对自我利益的全面观照。毕竟，"一种明显的'利他主义'充盈于社会生活；人们渴望互利并对他们得到的好处给予报答。但这种表面的无私之下，能够发现一种潜在的'利己主义'；帮助他人的倾向常常受到这样做

[①] 《马克思恩格斯选集》第 1 卷，中央编译局编译，人民出版社 1995 年版，第 56 页。
[②] 《马克思恩格斯全集》第 3 卷，中央编译局编译，人民出版社 1960 年版，第 145 页。

会带来社会报酬的期望的激励。"① 这种利益也"绝不只是物质层面的利益,即使是我们的情感,我们关于自身的好感觉或坏感觉,也在很大程度上依赖于他人是如何回应我们,以及我们如何想象他人正在评价我们"②。就如亚里士多德所说:"城邦的长成出于人类'生活'的发展,其实际的存在却是为了'优良的生活'。"③ 无论是家庭、社区、单位,还是乡村、城市、国家,它们都以群聚化的形式彰显社会关系与人类生活的密不可分。唯有置身具体的社会关系,我们才能实现人的全面发展,这不仅仅能从理论层面予以证成,在经验中人们也在践行着社会关系与人类存在的紧密联结。

反过来,对社会关系的研究也一定会走向对人的本质的探寻。迪尔凯姆的社会学理论的核心概念就是社会事实,而他对"社会事实"的解读,又是建立在对"关系事实"的理解的基础上的。④ 而关系事实,表现为"人作为社群活动动物而生之关系事实和由此而引申出的关系事实"⑤。调控人们行为的法律,也"根源于人们的社会实践关系,即根源于社会事实"⑥。因此,社会关系的向度是面向具体的个人的。但社会关系如何体现人的本质呢?具体说来,在社会关系编织的网络中,个体与他者之间通过政治关系、经济关系、文化关系等诸多具体的联结纽带产生联系,因而马克思认为人的本质属性指向的是"一切"社会关系。马克思本人更注重人的生产劳动属性,毫无疑问,生产劳动这一人类活动必然是社会关系应当观照的部分。社会关系还勾连着人类的精神诉求,安德森在探讨"民族"这一社会关系时认为"民族被想象为一个共同体,因为尽管在每个民族内部可能存在普遍的不平等与剥削,民族总是被设想为一种深刻的、平等的同志的爱"⑦。然而从更为宏观的角度观审社会关系,人作为万物

---

① [美] 彼得·M. 布劳:《社会生活中的交换与权力》,李国武译,商务印书馆2012年版,第55页。
② [美] 迈克尔·施瓦布:《生活的暗面——日常生活的社会学透视》,汪丽华译,北京大学出版社2008年版,第99页。
③ [古希腊] 亚里士多德:《政治学》,吴寿彭译,商务印书馆2006年版,第6页。
④ [法] E. 迪尔凯姆:《社会学方法的准则》,狄玉明译,商务印书馆1995年版。
⑤ 谢晖:《法律的意义追问——诠释学视野中的法哲学》,法律出版社2016年版,第276页。
⑥ 同上书,第200页。
⑦ [美] 本尼迪克特·安德森:《想象的共同体》,吴叡人译,上海人民出版社2001年版,第7页。

之灵，要以超越于纯粹的物质和精神需求的姿态表达一种主体自觉。滕尼斯认为"共同体的出发点是人的意志完善的统一体"①。意志当然地表现为人的主体性定在。在社会关系的语境中考察，这种意志将宰制人类文明必需的物质和精神。社会关系还意味着一种归属感。就如莫兰所言："诞生于西欧的现代民族国家建立了一种新型的社会/共同体模式。这一模式在个体或群体、经济或意识形态层面上造成竞争、敌对和角逐的发展。但同时，它又在祖国概念扩展到民族国家整体范围的过程中，创建起一种共同体归属感。"② 这种归属感，意味着人们唯有融入一定的社会关系中，且基于这种社会关系寻求到精神的寄托。

而将个体的人整合在社会关系中，需要处理好个体之间的差异性与维系共同体的同一性之间的关系。"差异与多元来自于人们自由意识的不断获取，而整合与秩序则来自于科学力量的不断发达。"③ 表面上看，用社会关系结构人的定在存在着自由与秩序的冲突，但这种张力也仅仅停留在表面。秩序仅仅是对社会共同体的存在的维系，共同体成员的自由因这种秩序性的保护而得以实现。就如上文所言，孤独的个人很难与自然的伟力相颉颃，生存尚且难保，更遑论个人自由的实现？霍布斯、洛克、卢梭等热衷于"天赋人权"理论的西方学者最终也都试图借助"社会契约"整合人性的利益，而"契约"，又何尝不是社会关系的体现？契约唯有在主体际的协商中方能达成。因此，试图以为个人主义的绝对自由张目而否弃人的社会关系属性的做法，事实上背离了人性。事实上，对自由和秩序的平衡借助社会关系这一机制方能实现。主体间的依附程度控制在何种范围内，这当然还是以社会关系为视角施展权衡技术。所有对伦理的关注"都应当承认自我中心主义的必不可少和利他主义发展的根本动力"④。伦理的核心要义在于如何达到"善"的境地，而这种"善"不可能脱离社群关系而存在。亚里士多德已经用他经典的城邦伦理论证了这一结论。国内的学者俞可平也认为："社群既是一种善，也是一种必需，人们应当追求

---

① [德] 斐迪南·滕尼斯：《共同体与社会》，林荣远译，商务印书馆1999年版，第58页。
② [法] 埃德加·莫兰：《伦理》，于硕译，学林出版社2017年版，第218页。
③ 谢晖：《法律的意义追问——诠释学视野中的法哲学》，法律出版社2016年版，第276页。
④ [法] 埃德加·莫兰：《伦理》，于硕译，学林出版社2017年版，第34页。

而不应当放弃。"① 当然，正如笔者所言，这种善，是社会关系之中的自由与秩序的平衡实现的"善"。

同时，对社会关系的理解也必然要涉及私域与公域的关系。当人们通过结合产生共同体之后，部分利益也因这种聚合而具有公共属性。但我们对社会关系的审视要厘清何种利益应属于公共利益而何种利益应属私人利益。"社会契约"理论的提出的目的之一也是证成公域的逻辑。社会关系对人类本质的凸显也在于它使得公共利益能够服务于人。所以，社会关系与公共事务相伴相生，而公共事务本就源自个人利益的结合，因此它应当面向具体人的利益。而且公共利益的形成在于运作的便利。它以超然于个体利益的运作方式实现利益的正当分配与保护，也在社会关系中具有权威性与稳定性。而公共化的实存只有在社会关系中才能实现，如果人类仅仅以特立独行的方式活动，自然也就失却了公共化的服务，利益也因而难以保存。

即使一个不食人间烟火的人以纯粹认识论的角度看待这个世界，他也不可能脱离社会关系。在纯粹主体的世界里，不存在真理，尽管纯粹的主体拥有思维。真理是主观见诸客观、主体见诸客体的概念。唯须继续说明的是：这里的主体，从广义上讲指所有的人，但具体说来，人既可以作为主体存在，也可以作为客体存在，因此，当某人成为他人的认识对象时，他便以客体方式存在。② 也就是说，对真理的认知，尤其是在社会科学领域，只有认知主体进入社会关系的场域，才有达至真理的可能。这种认知倘若以诠释学的观点来看，同样展现的是主体际的活动。认知是对现象的认知，在狄尔泰看来："一切生活现象都要被赋予意义，因而都要被解释。"③ 意义的赋予意味着人们在认知生活现象的时候，他的视域将与生活现象的赋予者的意义世界产生交融，这种交融表现出的又是一种主体之间的对话，从而被结构在社会关系当中。

总之，人不可能以离群索居的方式生存，其必然是社会共同体的一员，因此，人是一切社会关系的总和这一经典命题充分反映了人的本质，

---

① 俞可平：《社群主义》，中国社会科学出版社1998年版，第21页。
② 谢晖：《法律的意义追问——诠释学视野中的法哲学》，法律出版社2016年版，第395页。
③ 周国平主编：《诗人哲学家·狄尔泰：生活是什么》，上海人民出版社1987年版，第269页。

建立在对这一命题的确信的基础上，我们也应努力从社会关系的维度回应人类的诉求。孔德从神学和形而上学的反思中开出了实证主义，他本人也成为社会学的开创者。的确，从某种程度上来说，对人的实证不可避免地走向对人所属的社会关系的考量。并且，我们将人类导向应然的"善"之理想，也必然要借助对社会关系视野下的人类生活的审视。"我们甚至可以毫不夸张地说，道德行为是一种连结行为：与他人连结，与社区连结，与社会连结，直至与人类种属连结"。① 社会关系将人的本质彰显并力图将人结合人的本质为人类的发展指明道路。社会关系与人自身定在的有机关联使得人成为一切社会关系的最大公约数。

二 申论"人是交往行为的动物"

维特根斯坦说："事物就其能够出现在一切可能的状况中而言是独立的，但是这种独立性的形式是一种与事态相联系的形式，即一种依赖的形式。"② 人当然也是如此，其在保持独立的同时也与他人保持一种联结。人是社会关系的总和，这是确凿无疑的。但要深度挖掘这一命题背后的人类学奥义，我们应从人的交往性入手。主体间性是关系学的基础，也是关系学的实践之维。而主体间只有借助"交往行动"才能实现社会关系的生成，并且，交往本身也是人之为人的存在样态与发展路径，就如哈贝马斯所说："个人的统一乃是通过与同一集团中他人的关系形成的。"③ 失却了交往能力或交往环境，人类文明将裹足不前，甚至自我生存都难以做到。

交往行为表明主体间的互动，它既有可能是经济上的交换，也可能是文化层面的沟通。交往本身就意味着理性，它是一种平和的信息交流的姿态。尽管"它绝不是那种告诉行动者应该做什么的主观能力"，④ 但交往行动的主体必然"预设了一些理想，比如赋予表达式同一性，为话语提供超越情境的有效性主张，具有自主性与真诚性"⑤。并且，正如前文所言，

---

① [法] 埃德加·莫兰：《伦理》，于硕译，学林出版社2017年版，第218页。
② [奥] 维特根斯坦：《逻辑哲学论》，贺绍甲译，商务印书馆1994年版，第26页。
③ [德] 哈贝马斯：《交往与社会进化》，张博树译，重庆出版社1989年版，第114页。
④ [德] 哈贝马斯：《在事实与规范之间——关于法律和民主法治国的商谈理论》，童世骏译，生活·读书·新知三联书店2003年版，第5—6页。
⑤ 同上书，第6页。

人是符号的动物,符号即包括了语言和文字,这使得"一切人与人之间的称谓以及人对对象的称谓,都表征着一种确定性"①。所以,在一定意义上人们通过符号的指涉功能形成了共同体。② 可见,交往命题本身就蕴含着一种人类向往的理想,它本身达到的目的也并非不重要,但交往也绝不仅仅体现为工具理性,它结构着人的生存状态。康德认为权利"涉及一个人对另一个人的外在的和实践的关系"③。也就是说,个体的利益的正当化其实是在交往实践中证成的。康德的普遍自由法则也是强调人与他人行为的协调,其也是在人的交往关系中推崇这一法则。季卫东在论证法治在中国的重要性时也说:"在社会转型期,最重要的议题就是如何重建共识。"④ 而唯有交往才可能达成共识。人是交往的动物,其含义在于:第一,人是群居的动物,其被结构在或大或小的社群单位中,必然要与其他社群单位的成员发生关系,而且通常,个体是复杂关系网络中的一环,他的言行举止,往往会影响到其他多个主体,所以"交往"是不可能避免的。第二,人是需要互助的,正如前文所言,单独的个人没有能力应对复杂多变的世界,只有人与人之间的分工合作,才能维系人类群体的存在并推动其发展,分工合作自然离不开交往,没有相互之间的信息沟通,这种协同关系断不可能形成。信息又是以符号作为依托的,人是"符号的动物"这一命题,已充分显示人参与交往活动的必要性。第三,交往意味着人类的文明,它是理性的表现,是人作为高等动物区别于其他生物的重要特征。只有在以遵循沟通基本准则——对他人的人格的尊重、恪守基本的沟通程序(比如罗伯特议事规则)等——为前提下的交往才是有意义的交往,一切借助原始的蛮力,或以理性之外的其他途径压服他人以达到某种目的绝非笔者论证的"交往",那是种"异于禽兽者几希"的低等生物的行动方式,它远离了人类的文明理想。第四,交往活动体现着人的表达本性,是人类释放表达欲的场域。社会交往活动未必是功利性的,茶余饭后那些家长里短式的闲聊,表现出的就是一种纯粹的以表达本身为目的的社会交往活动。或者说,是人之为人的这种表达本性,使得人参与交往活

---

① 谢晖:《法律的意义追问——诠释学视野中的法哲学》,法律出版社2016年版,第37页。
② [德]恩斯特·卡西尔:《人论》,甘阳译,上海译文出版社2013年版,第43页。
③ [德]康德:《法的形而上学原理》,沈叔平译,商务印书馆1991年版,第39页。
④ 季卫东:《通往法治的道路——社会的多元化与权威体系》,法律出版社2014年版,第87页。

动成为必然。总之,人生存于社会关系中,在交往活动中实现自我追求的价值,也从而使自己成为"交往行为的动物"。

交往行为必须借助言语,因为言语是承载信息的重要中介。所谓"以言取效","既是言语交往行为的重要目标,也是进一步实现言语交往行为其他目标,如'以言行事'的重要前提"。① 在讲求民主的社会,言语行为更主要地表现为"主体间的对话、交涉、博弈或商谈"②。可以说,"言语行为的以言行事力量存在于被言说内容的交往性功能的'固定到位'中"。③ 同时,言语的形成本身被约定俗成的语法、语音等表达方式所结构,人们在交往活动中的言语的运用本身也包含了基于这种约定俗成而达成的共识。正如哈贝马斯强调的那样,言说者应使用能让听者接受的话语系统。④ 随着人类文明的进程,人们逐渐开始使用书面的言语——文字来实现交往,德里达推崇文字对世界的揭示时甚至提出:"文字是言语的前夜。"⑤ 赵元任也认为"有史以来在文化上占重要地位的语言是有文字的"⑥。文字之于人的重要意义又意味着人作为符号动物的存在。即便是在初等几何学中,我们关注的仅仅是空间关系,却也需要借助适当的符号系统来表示这些关系。卡西尔认为这一符号系统就是语言,而"没有人类语言这一准备性步骤,这样的成就是不可能的"⑦。也就是说,如何借助言语文字的艺术实现信息的互动,也是实现交往的前提。

但言语和文字仅仅是交往行为的织体,交往还需要以切实的行动作为支撑。"一个向他人提供有偿报酬性服务的人使他人负有了义务,为了偿还这一义务,第二个人一定要反过来向第一个人提供利益。这里考虑的是外在利益,基本上不是内在于交往本身的报酬,尽管所交换的社会'商品'的意义从来没有独立于交换伙伴之间的人际关系"。⑧ 社会交往需要一种外在形式的利益互养予以维系,尤其在商业社会,人们很多时候需要

---

① 谢晖:《制度修辞论》,法律出版社 2017 年版,第 56 页。
② 同上。
③ [德] 哈贝马斯:《交往与社会进化》,张博树译,重庆出版社 1989 年版,第 35 页。
④ 同上书,第 3 页。
⑤ [法] 雅克·德里达:《论文字学》,汪家堂译,上海译文出版社 2005 年版,第 347 页。
⑥ 赵元任:《语言问题》,商务印书馆 1980 年版,第 140 页。
⑦ [德] 恩斯特·卡西尔:《人论》,甘阳译,上海译文出版社 2013 年版,第 65 页。
⑧ [美] 彼得·M. 布劳:《社会生活中的交换与权力》,李国武译,商务印书馆 2012 年版,第 154 页。

和陌生人往来，陌生人世界的交往需要构建的信任不能仅仅依靠言辞的取效，外化的行为才是关键。换句话说，社会交往作为人类文明的理性表征，其离不开人与人之间的信任。对他者失去了信任，人们也会失去参与交往的动力。但建立信任的最有效方式是实际的行动，因为那能带来最为直观的利益。

交往应当成为重要的认知事物的方式。人的有限理性使得人们往往难以全面认知世界。人们在形成公共领域之后对相关问题的看法往往形成的是公共意见，也就是说，"交往之后形成的大众舆论——多数人看法的集合——被视为对事物的论断。这种论断未必符合事物的客观真实，但人们借助交往行为达致的交往理性——它也因人作为交往的动物而成为理性的一部分——达致的结论能够得以认同。因为有时候我们追求的不见得是一个真理，而是一种意义。真理是一种意义，但意义未必一定表现为真理"。① 可见，交往行为在某些需要做出意义性结论的情境中是不可或缺的。在这些情境中，人们的聚合就是为了得到一种论断。比如法院在审理案件时，合议庭成员的组成即是为了实现对案件事实和法律适用问题的决断，这种决断是由成员之间的意见交换形成的。比如在议会制国家，法律的制定当然也是借由议会成员的协商做出的决断。案件应如何评判？法律对某项事物应如何调整？对这一系列问题的认知都不是、客观上也无法借助某种逻辑自洽的理论展开，而只能基于交往产生的多数决断得到结论性意见。因而法律制度具有修辞性。毕竟"法治首先是一种价值性的预设，任何价值性的问题，都是在价值权衡和博弈中的产物，而不是所谓价值'普世'或'普适'的产物"。② 权衡和博弈，必然发生在主体之间，是人类交往活动的表现。所以我们不妨认为，为了对某些事项做出断言，我们会通过交往行为实现一种认知，而参与这些交往活动，就成了人之必须。

人是交往行为的动物，这一命题建立在人的社会关系的总和这一论断的基础上。社会关系是一种静态的描述，交往则是社会关系的动态化，它能实现人性的理性舒张。我们不啻从理论上证成这种交往性，制度事实对

---

① 谢晖：《法律的意义追问——诠释学视野中的法哲学》，法律出版社2016年版，第159页。

② 谢晖：《制度修辞论》，法律出版社2017年版，第31页。

物质事实和精神事实的勾连，交往本身又结构着后两者，所以，对制度层面的观照是我们的实践导向。也就是说，我们的制度设计应面向人的交往理性，在肯认人的交往属性的前提下，完善交往的外部环境以努力提升人们的社会交往参与度，保护人们因交往行为而产生的权利以维系人们现有的交往关系。当人们被结构于共时性的维度，频繁的交往活动才能展现人的意义世界。

三 交往行为的实质是主体间的精神合作

我们还需要进一步追问交往行为的实质，从最本源的角度探讨交往行为的意义。交往行为从形式上看表现为一种主体间性，属于主体—主体的互动范式。阿伦特认为人的活动可分为劳动、工作和行动，其中的行动的前提就在于人对社群活动的参与。她曾说："一切人的条件都与政治相关，而群体性则是所有政治生命的重要条件，不仅仅是充分条件，而且还是必要条件。"① 参与也意味着交往活动的形成。从实质上看，交往的性质是精神性的。原因在于，人因精神—文化而存在，人作为高等动物具有灵性，它超越了物质客体的定在，追逐着人类憧憬的世界，即使这个世界是虚幻的。人参与交往活动中，和他者的精神性产生触碰，为了维系这种交往，触碰必定是良性的触碰，亦即形成一种合作关系。所以人际交往以内在的精神—文化之性为助推，人际交往的实质也就因之转化为主体间精神—文化的合作。交往的载体——语言文字则充分体现人的符号性存在，而符号，也是人之精神的外显。罗兰·巴特评价古典语言时说："古典语言以对话为前提并建立了这样一个世界，在这个世界中人不是孤单的，言语永远没有事物的可怕重负，言语永远是和他人的交遇。"② 现代的言语又何尝不是如此，它基于符号的指向为人们的主体精神提供桥梁。因此，交往行为必然勾连着人的精神属性。我们也应当以主体的精神合作为切入点剖析交往行为的本质。

莫兰说过："在个人心目中，连结始于责任、智慧、创意、互助和爱。"③ 这些都无疑指向人的精神世界。换句话说，人类的交往选择本就

---

① [美]汉娜·阿伦特：《人的条件》，竺乾威译，上海人民出版社1999年版，第1页。
② [法]罗兰·巴特：《符号学原理及其他》，李幼蒸译，生活·读书·新知三联书店1988年版，第89页。
③ [法]埃德加·莫兰：《伦理》，于硕译，学林出版社2017年版，第55页。

发端于精神需求,在此种需求的感召下,人们试图广泛参与交往活动,并选择交往的对象。并且,人们在交往活动中实现对精神利益的满足。人们借助交往的平台通过对他人的观审以及借助他人对自我的观审也找到了自我的本质定在,就如马克思所说的"那些能成为人的享受的感觉,即确证自己是人的本质力量的感觉",是一种精神层面的体验。并且,交往需要借助言语的表达,而实施言语表达行为的同时人们也在释放一种情感。即使这种情感并没有得到他者的回应或全面准确的回应,也因这种释放而得到情感的满足,更何况,情感的抒发往往在交往活动中是相互的,而人们借助相互的信息交换能够实现对积极情绪的共享和消极情绪的抚慰。这种"共享"与"抚慰"表现为一种合作关系,即在相互的精神关切中凸显人性的积极意义,因为人的精神属性得到了最大可能的彰显。

精神合作则凸显出人的主体性特质。苏格拉底的"认识你自己"强调哲学对人自身的探索。中世纪的社会思潮将人性置于神性之下,但宗教改革、文艺复兴等"除魅化"运动将人的地位推崇到极致。从社会思想整体发展的趋势来看,人类的利益满足是一切命题的终极指向。诸如康德"把人当作目的"①的论调契合了人类的精神指向——渴望被视为万物之灵的夙愿。马斯诺认为人的需求的最高阶段是人的自我实现,这种"自我实现"当然也属于精神的范畴。在物质、安全得到满足之后,人的精神性需求成为需求体系的主要部分。法理层面探讨的平等问题在个人的世界表现出的情况是,"平等体现了人们一种强烈的内心渴望,它表明一个具有主体意识的人不愿被物化、矮化,而是冀图和他人一样,是同样具有尊严、人格的主体的主观意识"②。"平等"也因涉及主体的尊严而属于精神层面的价值,并且即便是从个人的角度看"平等",它也是借助人与他者的关系学维度实现的。前面提到的康德的目的论也是如此,因为只有在社会交往领域,我们才有可能涉及人是被当成"手段"还是"目的"的问题。反之,不参与交往的个人无法在精神层面与他者共鸣,也就很难全面实现自我的精神利益。

纯粹的知识层面也是如此,我们的认知路径有时依赖的是诠释学原理。诠释事物绝不仅仅是主体对客体的存在性的揭示,尽管传统的解释学

---

① [德]康德:《形而上学原理》,苗力田译,上海人民出版社1986年版,第81页。
② 胡玉鸿:《平等概念的法理思考》,《求是》2008年第3期。

进路曾一度试图遵循这种笛卡尔式的科学认知,就如施莱尔马赫认为的那样:"解释的重要前提是,我们必须自觉地脱离自己的意识(Gesinnung)而进入作者的意识。"① 但人们很快发现,解释活动不可能抛离解释者自身的主观性,海德格尔和伽达默尔提出的"前理解"或"前见"的观点充分论证了主观性之于解释行为的不可或缺的角色。前者认为"像一般的解释命题一样,命题必然在先行具有、先行视见和先行掌握中有其存在论基础"②。后者认为"个人前见比其个人的判断来说,更是个人存在的历史实在"③。人作为精神的存在,必然具有智识与灵性。人们用前见作用于事物时,个体的精神也融合到事物本质中来。但事物不一定是自然界的事物,它或许出自他者的筹划,这就因此融入了他者的精神,而诠释的前见精神与这种筹划蕴含的精神相互的碰撞,就形成了一种主体间的精神合作。就如狄尔泰认为的那样,人是有目的的,人与他的产物,如他在过去与现在建立的社会世界,他的艺术作品、文学、科学和宗教,得"从里面来理解"④。狄尔泰所举之例的特点在于,这些知识都是以语言文字形式出现的。事实上正如福柯所言:"不具有确定的话语实践的知识是不存在的,而每一个话语实践都可以由它所形成的知识来确定。"⑤ 所谓"里面",指的正是人的精神之域。法律也是如此,德沃金认为"法律是一种阐释性概念"⑥。他试图通过对法的诠释寻求法的平等关怀与尊重的价值。法律当然也出自人类的创造,它体现着立法者的理想,因而"在字里行间无不流露出立法者的精神定在。或者说,法律作为存在,首先是人们精神结构的产物,或者说它首先是精神性的存在"⑦。甚至,"法学家和其他学

---

① [德]施莱尔马赫:《诠释学箴言》,洪汉鼎译,《理解与解释——诠释学经典文选》,东方出版社2001年版,第23页。
② [德]海德格尔:《存在与时间》,陈嘉映、王庆节译,生活·读书·新知三联书店1999年版,第184页。
③ [德]伽达默尔:《真理与方法——哲学解释学的基本特征》,洪汉鼎译,上海译文出版社1999年版,第355页。
④ 张汝伦:《意义的探究——当代西方释义学》,辽宁人民出版社1986年版,第40页。
⑤ [法]福柯:《知识考古学》,谢强、马月译,生活·读书·新知三联书店2003年版,第203页。
⑥ [美]德沃金:《法律帝国》,李常青译,中国大百科全书出版社1996年版,第80页。
⑦ 谢晖:《法律的意义追问——诠释学视野中的法哲学》,法律出版社2017年版,第107页。

者相比，有着更强烈的社会参与精神和热情"。① 所以我们对法律的诠释也彰显的是精神的交往。总之，人类的认识论层面也离不开交往的必然要义——主体间的精神对话。这种精神对话，又何尝不能理解为一种精神合作？它体现的不正是认知主体的与认知对象的筹划主体之间的"知识合作"吗？

　　社会交往既然结构着主体的精神，我们就应从主体际的维度上寻求精神利益的保护。正如哈贝马斯所说："人民主权在商谈意见形成和意志形成过程中获得法律形式……人权的实质就在于这种过程得以法律建制化的形式条件之中。"② 制度的产生源自平等主体间的交涉，这种交涉方式本就是制度的一部分，制度因这种交涉而具有效力，因为交涉的内容充分表达了精神世界的理想，交涉行为本身也意味着因这种精神合作而实现的精神情感的释放。既然是自我情感的表露，也就自然地取效于大众。我们必须承认的是，"将理解深深置于我们的精神中将会推动文明的深化"③。理性的制度是人类文明的产物，其也将人类社会推向文明的纵深。制度理性的产生形式源自社会交往的精神合作，它的实质内容也关怀着人类社会交往背后的精神利益。因此，制度建构与社会交往的双向机制为人类精神合作提供了保护，这也是我们基于人类的精神理想而应当构建的机制。

　　因此，人类的交往行为的内核在于人际的精神合作，这种合作张扬了主体性意义，也结构着人类文明的走向。"以精神合作为鹄构建人类交往环境是制度的使命，在社会交往和比较中，需求从来是多元和冲突的"。④而这种多元和冲突恰恰源自不同个体的不同精神取向，也恰恰说明了人类交往的精神性的作用。我们需要以制度之力在多元的精神对话中寻求整合方式，这种"整合"，又是借助社会交往的精神对话实现的。因而，社会交往的本质——精神合作的出场是一种循环的方式，制度与交往行为的相互嵌套，人的精神本性显现于其中。人是交往行为的动物，这一命题已经充分考量到了人作为特殊动物的精神之性。交往关系在这个意义上，就意

---

① 谢晖：《法律的意义追问——诠释学视野中的法哲学》，法律出版社2017年版，第214页。
② ［德］哈贝马斯：《在事实与规范之间——关于法律和民主法治国的商谈理论》，童世骏译，生活·读书·新知三联书店2003年版，第128页。
③ ［法］埃德加·莫兰：《伦理》，于硕译，学林出版社2017年版，第184页。
④ 谢晖：《法律的意义追问——诠释学视野中的法哲学》，法律出版社2017年版，第215—216页。

味着人的精神合作的外化。

第三节　社会关系在本质上是文化—精神关系

参与社会活动，是人类存于世的必然选择，无数社会关系的形成也是不可阻逆的人类发展之潮。"人类的实践关系，最终要落实在人与人的关系上"。① 人们参与社会关系的时候放逐着自我的精神，交往关系从而在本质上乃是一种主体间的精神合作。但同时，人的精神性又充分彰显人的文化特质，精神与文化的密切联系使得人们在参与社会活动时无意中赋予了社会关系文化—精神的性质。而人作为高等动物的精神本质，使得社会关系的本质被定位于文化—精神关系。"人类的类生活又无时不处于物质世界和精神世界这对矛盾中"。② 而我们对这层关系的深度剖析的关键在于，要全面解读社会关系的内涵、物质内容和精神纽带。

一　什么是社会关系？

社会关系源自人和他人的关系联结。这种关系或源自生活生产所需，或源自精神愉悦的分享。从人类的发展走势来看，个体所处的关系网是从单一走向复杂的。初民时期的人们仅仅被结构在以血缘为纽带的简单家族关系中，但当下的人们与越来越多的他者接触，接触面也愈加广泛，网络等先进信息技术的普及也极大地拓宽了人们的交流渠道，几乎无论身居何处都能相互对话。因是之故，我们也越来越重视关系学对人类发展的重要影响。探究"人"的问题的绕不开对社会关系问题的探究。但当下关系的多元化往往令我们难以琢磨出其中的规律，学界的诸多论断往往也只是冰山一角。笔者希冀借助对"社会关系"的内涵的揭示，全面展现人类的关系世界。

正如笔者刚才介绍的那样，社会关系涵盖了物质关系与精神关系，而这些，已经是人类生活的一切，所以人们从摇篮到坟墓都离不开社会关系。《说文》对"社"的解读是："社，地主也。"③ 但这里的"地主"是

---

① 谢晖：《法律的意义追问——诠释学视野中的法哲学》，法律出版社2017年版，第177页。
② 同上书，第107页。
③ （汉）许慎：《说文解字》，中华书局2013年版，第3页。

人们供奉的土地神灵,"社"之所以从"示",就在于它表明祭祀之礼。先民时期土地是重要的生产资料,它是人们生活的一切保障。人们将"社"礼与土地相联系,意味着"社"的至高无上的地位,并且它内化为人们须臾不离的精神认同。所谓"社会",即因"社"而形成的"集会",也就是因特定生产资料(土地)而产生的人与人的聚合。当然这种解读是源自前现代时期的简单生产关系的纽带,随着时间的推移,这种聚合的纽带已经扩张到所有与人相关的事实,但是"社会"之于人的意义的重要地位不可动摇。这种人类的基本聚合形态既能实现对共同体内部的成员的发展——这一点笔者已多次提及,人在社会关系中的合作是一种常态,它通过细化的分工极大地弥补了关系内部个体的能力不足,又能实现对外部不利因素的抵御。马长山在谈及市民社会的时候说:"市民社会组织的多元化、自主化发展,形成了对国家权力的分割与制衡。"[1] 当人们成为社会关系的一部分时,人类形成的合力是超乎想象的,它足以帮助人们达至人之为人的应然理想。毫无疑问的是,人类具有社会属性,不过,我们对社会关系的真谛究竟应如何全面地把握?

社会关系的基点还在于人与人的联合。人是一种"类"的存在,绝不是莱布尼茨所认为的相互间没有因果关系的单子,同类之间具有本能的互动关系,这种"本能的"互动难以用一种先验的理论深度剖析,经验事实告诉我们,同类之间会存在某种自生自发的吸引力。所以哈贝马斯在探讨交往理性的时候提出:"交往合理性表现在由诸多先验地提供可能和建造结构的弥漫性条件所构成的一种非中心化的背景中,但他绝不是告诉行动者应该做什么的主观能力。"[2] 因此,以"交往"为主要形式的社会关系与人在"类"场域之下的沟通欲望本性相关,人会因同类的存在而滋生表达的欲望。日常的打招呼,甚至仅仅是点头微笑,都体现了人的这种"类"存在而产生的自发式的联动。就如笔者上文所言,人的交往行为的本质是一种精神合作,精神的释放也是人面对同类的一种自发的互动欲的体现。所以说,社会关系在某种程度上来自人性本能,这种属性统摄了社会关系的具体维度。

---

[1] 马长山:《国家、市民社会与法治》,商务印书馆2005年版,第161页。
[2] [德]哈贝马斯:《在事实与规范之间——关于法律和民主法治国的商谈理论》,童世骏译,生活·读书·新知三联书店2003年版,第5—6页。

人类形成的具体社会关系必然和具体的生活语境有关。首先，人需要追逐物质利益，而生产生活利益促使人们结合为关系族群。满足基本的生存需要，毕竟是人类存在的底线。但即使是底线的需求，个体自身也难以完全做到自给自足。男耕女织的分工本身已经说明了社会关系的生存性面向。工业社会更是如此，社会关系在其中表明社会化大生产的运作。这是从产业结构的角度来看的。经济体制上也是一样，计划经济时代的人们生活在"人民公社"的集合体中，一切经济行为都为国家政府控制，但这种管控也必然要借助整合的力量，之前提到的"人民公社"就是将人们的生产生活关系整合在集体化的场域中，基于个体对集体的心理认同而实现这种管理，也就是说国家对人们的经济行为的管制也必然要先使得人们被某种社会关系所结构。市场经济强调对个体的经济能力的释放，但它对分工的细化使得人们基于产业技术而形成人际关系，这显然也属于基于经济利益而产生的社会关系，没有这种社会关系的联结，亚当·斯密所说的"看不见的手"也无法发挥作用。因此，社会关系的重要维度之一在于物质利益关系。

其次，人是精神性的存在。如果说物质利益勾连着人的理性世界的话，精神利益则表明人类生活的感性空间。莫兰认为"在智者和疯子中难以找到明确的界限，原因是情感、激情、纵欲及狂热之间不存在清晰的界限"。[1] 智者和疯子是人的两种精神性极端化的存在，在智者和疯子之间状态下的人类存在样态也同样被所谓的情感、激情等精神形式裹挟。社会关系联结着人这一情感动物，也必然存在着精神的维度。它的形成和运作机理促进了精神利益的实现。因为精神是人处于"类"的关系下方能得以抒发的，具体而言，个体需要借助与他者相互表露情感以达至精神的享验，个体精神利益的减损也需要寻求他者的慰藉。这些情形都说明社会关系也观照着人的精神情感。而远离了社会关系，人的精神利益也难以得到全面满足，尽管孤独的个体能够在深度的思考中玩味思想，但这种不食人间烟火的"玩味"终究因缺乏人际分享而难以升华到精神享验的高度。

依据上述的论证，我们可以确立"社会关系"的概念。它是指人们基于"类属性"而产生的自发的与他者互动而形成的关系世界，这一关

---

[1] ［法］埃德加·莫兰：《伦理》，于硕译，学林出版社2017年版，第203页。

系世界涵盖了人们的物质和精神需求，人们被根深蒂固地结构在这一关系中。但社会关系与人的精神之域有着更深的亲缘关系，同类间的信息沟通在本质上是一种精神层面的交流，它在内容上对物质利益的主张也必须通过语言文字的介质，语言文字是文化内蕴于人的精神之后在特定场域中的外显，人的文化—精神存在就是在语言文字的符号世界中得以证成。符号，尤其是制度化的符号，必然是人的精神情感的外化。正如乔姆斯基认为的那样："任何已知的动物交流系统都是由固定且数量有限的符号构成，人类的语言则可以表达更为广泛的思想、意愿、情感等内容。"① 换句话说，社会关系的重要运作机理——社会交流——与人的精神情感息息相关。而当社会关系直接面向人的精神利益时，情感的互融将更加凸显人的精神定在。

尽管如此，我们也绝不能否认物质因素在社会关系中的重要地位。生产力的水平对生产关系具有重要的影响。在马克思看来："人们按照自己的物质生产的发展建立相应的社会关系。"② 而且这些关系"总是同物结合着，并且作为物出现"③。不同物质条件下人们的社会关系也可能会有区别，经济基础的差别甚至导致了不同阶层的划分，其使得人们在交往对象的选择上也有所不同。但物质利益导向的社会关系在本源上依然体现为主体的精神选择，是主体通过对物质的价值取舍方形成与他者之间的关系世界，其最终还是落足于主体际的层面而非人—物的层面。马尔库塞的"单向度的人"的观念批判的正是资本主义社会单一的物质世界对个体的"奴役"。毕竟社会关系的中心词在"关系"上，它既然着眼于人和人之间的世界，必然期待的是温情脉脉的交往关系而不是赤裸裸的经济利益，尽管经济利益也在社会关系中扮演了重要角色。

所以，我们对"社会关系"概念的安放在寻求对概念本身全面阐述的同时，也要注重它的价值意蕴。社会关系结构着物质世界和精神世界，但释放出的精神韵味更加浓烈。我们对社会关系的理解应以"关系"中的人为着眼点，实现对人在社会关系中的实际需求的关切。

---

① ［美］诺姆·乔姆斯基：《语言与心智》，熊仲孺、张孝荣译，中国人民大学出版社 2015 年版，第 75 页。
② 《马克思恩格斯全集》第 4 卷，中央编译局编译，人民出版社 1958 年版，第 144 页。
③ 《马克思恩格斯选集》第 2 卷，中央编译局编译，人民出版社 1995 年版，第 44 页。

二 社会关系的物质内容

社会关系涵射了关系参与者的物质利益,我们有必要通过对这些物质内容做进一步的梳理。人的生活、生产、交换活动都关涉到物质内容。关键在于,如何将这些物质内容在社会关系的网络中体现出来。

社会学家布劳在他的著作《社会生活中的交换与权力》开篇就说:"谈及社会生活就是谈及人们之间的交往。"① 就生活本身而言,很多人概括为"柴米油盐酱醋茶"或是"衣食住行",可见生活在一定程度上就是一个围绕着人应如何借助物质资料生存的概念,而人类的基本生存必然表现为较强的物质性,反映的乃是人的生活物质之欲的满足。人们在日常生活中基于诸多物质生活问题时常会参与社会关系中,对菜价的讨论结果使人们决定去哪家超市或菜市场购买,对农作物收成的讨论促使人们决定今年播种何种庄稼,这些社群活动中的话题无不表明人们会借助参与社会关系以实现对生活物质利益的最大化。而在很多情况下,人们甚至会基于对生活物质的考量自发地组织某种社会共同体,人类历史上很多集会游行活动与物价、福利问题有很大的关联。毫不夸张地说,"人类的一切价值关注,归根结底是对人类自身生活状况的关注"。② 人类不断改善自身的生活状况,这种改善不可能离开对生活的物质所需的改善。

人类的生活资料有一部分来自生产活动,大量生产活动需要在社会合作中完成,生产活动往往是由若干序列组成的一整套系统,不同的工序需要不同的人参与。生产一套服装,既需要有人对服装做艺术设计,又需要有人用绫罗绸缎编织不同尺寸的服装,甚至需要模特试穿以检验服装的成色。只有这些主体共同参与生产活动构建某种生产关系——这也是社会关系的一种形式,物质生产才能实现。这首先源自生产个体能力的不足——我们不能期待一个人是"多面手",个体的专长往往是单一的,这就需要社会的精细分工赋予每一个参与生产的人某个特定的角色,但分工之后还需要这些角色的配合以达到生产效率和总量的最大化,这种"配合"就是社会关系在物质生产域的体现,正是"社会整合的过程——群体成员在

---

① [美]彼得·M. 布劳:《社会生活中的交换与权力》,李国武译,商务印书馆2012年版,第49页。

② 谢晖:《法律的意义追问——诠释学视野中的法哲学》,法律出版社2017年版,第179页。

这个过程中用他们的杰出品质给彼此留下印象——引起了地位的分化，而社会分化加强了对影响社会整合的过程的需要"。① 社会关系对物质生产的重要性还源自生产对象自身的特性，毕竟作为客体的生产对象需要满足主体的多元利益，其也往往须具有多元的属性才能具有使用价值。这些都充分说明了物质生产需要以社会关系为推手。

物质的满足不能仅仅依靠生产，因为个体生产的物质资料不足以应对人类的多元需求，不同人拥有的物质资料具有差异且同一时间内不同人的需求也有所不同，因而交换行为是必不可少的活动，在没有"一般等价物"这一概念的初民时期，人们尚且知道以物易物换取所需物品的道理，市场经济体制下的经济交换活动则更加频繁。"今天金融市场已经在许多方面取代了家庭的保险以及其他经济交易功能，没必要再把亲情和经济利益交换混在一起，也没必要再接受'三纲五常'对个人自由的约束"。② 物质的交换发生在人与人之间，是典型的关系学行为。交换行为本身对社会关系的形成具有积极作用。因为交换可以促进信任关系的形成甚至是延续。③ 信任则是稳固社会关系的重要前提。参与物质交换也必然意味着对社会关系的参与，在交换需求的表达与讨价还价当中达成交易，而这些行为只有在主体际场域才能实施，交换各方也都被交换规则约束，所以布劳认为"交换关系的建立涉及作出构成对另一方的责任的投入"④，也就是说交换规则通常面向交换双方以平衡这种社会关系，也就进一步说明社会关系对物质交换的重要性。"交换伙伴之间的关系、交易的利益特征、交易的社会情境都会影响社会交换的过程"。⑤ 因此，在社会关系的视域下观照物质交换，更能反映物质交换的本性。

综上所述，物质内容是社会关系的重要组成部分，缺乏对社会关系的参与，人的很多物质利益无法得到满足。人们借助生活、生产和交换行为获得物质利益，而这些行为甚至又会对社会关系产生构建作用，所以我们需要透过社会关系的形成与运作的考量才能全面体悟人类物质活动的真

---

① ［美］彼得·M. 布劳:《社会生活中的交换与权力》，李国武译，商务印书馆2012年版，第475页。
② 熊培云:《重新发现社会》，新星出版社2011年版，第77页。
③ ［美］彼得·M. 布劳:《社会生活中的交换与权力》，李国武译，商务印书馆2012年版，第166页。
④ 同上书，第165页。
⑤ 同上书，第164页。

谛，或者反过来，当我们以人类的物质活动为认知起点，也必然会揭示社会关系的种种形态，尽管这种揭示也许并非认知的初原目的。物质活动直接关联着人类的生存，而它与社会关系的相互耦合也意味着社会关系同样也在观照着个体的生存。

社会关系的物质意义促使我们思考如何在现有基础上以社群的建构和完善为着眼点实现物质利益的最大化。制度的特质则能够面向大千世界的物质归属问题，就如《商君书》所言："一兔走，百人逐之，非以兔可分以为百也，由名分之未定也。夫卖兔者满市，而盗不敢取，由名分已定也。故夫名分定，势治之道也；名分不定，势乱之道也。"① 这里所说的名分之"定"，体现的正是法家代表人物商鞅试图以制度寻求物的归属。而个体的物质利益与社会关系对物质利益的理性分配有时会形成张力，在市场经济高度发达的今天，个体逐利行为被正当化，但制度设计对个体逐利导致的垄断现象保持警惕，原因就在于垄断行为虽是个体经济活动自由的表现，却极有可能对社会整体的物质利益分配造成不利影响。这就使得我们需要借助制度对社会整体发挥作用实现物质资源分配的公平，这种公平的关键就在于满足个体的物质利益所需。不可否认的是，"人类作为社群的生存，无处不在矛盾的冲突中，求诸权力则是最权威的解决方式"②。更何况，不少垄断现象的产生原因正是来自政府某些部门的"一家独大"，罔顾社会层面的经济关系的自主性。熊培云也因土地问题呼吁"打破政府对土地的垄断，明确地权，还土于民"③。物质资源在社会层面的自主流动也是制约权力扩张的主要途径。但是无论如何，以权力——这一人类集合的世界才产生的机制——调和人类在物质行为中的纷争，是人类物质活动的经验，权力也是社会关系之下的物质活动应当遵从的权威。我们当然应考量如何完善权力的理论、践行正当的权力，但我们不能否认，权力在社会关系结构中是不可脱离的，它对物质利益的取得具有不可替代的作用。对权力的安放，就需要以制度作用于社群的物质利益。

毋庸置疑的是，人类的物质取向与物质内容密不可分，而物质关系又是社会关系的重要部分。社会关系结构的生活、生产与交换活动体现了物

---

① 《商君书·定分》。
② 谢晖：《法学范畴的矛盾辨思》，法律出版社2017年版，第229页。
③ 熊培云：《重新发现社会》，新星出版社2011年版，第146页。

质世界的理性,我们应当努力探究人类聚合之下的物质活动的运作,这是完善物质文明的重要途径。

三 社会关系的精神纽带

正如前文所言,社会关系的形成主要源自人的"类"属性产生的吸引力,同类之间的交互行为本质上是一种精神纽带。"爱是人类从根本上进行连结的体验。从人类复杂性的最高层面上而言,连结不可能不是爱"。① 人们正是由于这种对同类的相爱的联结,达成了社会关系。"相互的爱慕"表现的是人的精神世界,因此这种"爱"对社会关系的维系而言是一种精神纽带。对社会关系的追根溯源也就落足于这一精神纽带上。人们的相互爱慕程度勾连着主体际的融合度,孟德斯鸠就认为根植于人性的理性自然法的内容之一即是人们相互间的经常性的自然爱慕,而理性层面的主体际关系甚至可以理解为一种"法",因为在他看来"法就是基本理性和各种存在物之间的关系,同时也是存在物彼此之间的关系"②。社会关系的稳固化与有序化也一定有赖于人对他者的"好感",这种"好感"与人的品性没有太大的关联,正如斯密所说的那样:"无论人们会认为某人怎样自私,这个人的天赋中总是明显地存在着这样一些本性,这些本性使他关心别人的命运。"③

我们对他人的这种爱慕外化为一种与他者行为的一致性,这种行为的"模仿"、对他人的行为模式的"传染"也成为社会关系形成的标志。勒庞在《乌合之众》里就提出过这样的观点:"在群体中,每种感情和行动都有传染性,其程度足以使个人随时准备为集体利益牺牲他的个人利益。"④ 在群体世界,与他人的行动越是趋同化,在他人看来就越是一种努力融入群体的表现也就容易被群体所接纳。反之,与他人相异的行为有可能被群体排斥。勒庞就法国大革命的场景举出例证:"1848年革命期间,在占领杜伊勒里宫时呼啸而过的群众,并没有染指那些让他们兴奋不

---

① [法]埃德加·莫兰:《伦理》,于硕译,学林出版社2017年版,第58页。
② [法]孟德斯鸠:《论法的精神》(上册),张雁深译,商务印书馆1963年版,第1页。
③ [英]亚当·斯密:《道德情操论》,蒋自强、钦北愚、朱钟棣、沈凯璋译,商务印书馆2013年版,第1页。
④ [法]古斯塔夫·勒庞:《乌合之众》,冯克利译,中央编译出版社2005年版,第17页。

己的物品，而其中的任何一件都意味着多日的面包。"① 为了能够参与社群生活，人们迎合群体多数人的价值。包括南京大屠杀的日军士兵个体或许平日里也是一个谦谦君子，但在右翼指挥官的屠城指令下达后，士兵个体也放纵了自己的欲望以融入他的"邪恶团队"。这些现象看似表现在人的行动上，但人的行动模式又何尝不是由作为具有意志自由的人的思想支配的？所以社会关系的架构完善的推动因素还落足于人的精神之维。我们对这一现象的本质分析也还是要从人的精神世界入手。但人们总喜欢试图以外在的行动推断行动者的价值理念，所以行动本身也并非不重要。什托普姆卡对社会生成模型的部分假设就在于："社会过程的驱动力量是人的行动（human agency），即特定的有天赋的行动者在现存结构所提供的机会框架内所做的个体和集体的行动、决定和选择。"② 也有学者从群体性事件的层面揭示了这一机理："内隐于参与者认知结构中的认知偏见，对参与者认知准确性的消极影响尤为强烈突出，会使参与者在理解和解释群体性事件的相关信息时，作出符合自我价值标准或自我易于认可接受的主观推断与参与动机，发生社会认知误差，由此成为诱发群体性事件主要的、深层次的心理本源。"③ 只是，行动者的思想与社会关系的结合更为密切。思想的结合力则意味着精神性的结合力，它以超乎想象的黏合度把性格迥异的个体联结在特定的群体中，因而人的精神成为社会关系的纽带。从社会心理学的角度来看："群体通常总是处在一种期待注意的状态中，因此很容易受人暗示。最初的提示，通过相互传染的过程，会很快进入群体中所有人的头脑，群体感情的一致倾向会立刻变成一个既成事实。"④ 这种信息的潜在传播也一定是建立在个体对社群他者的信息接纳的前提上的，其显然指向的是对个体的精神情感的触动。

　　世上找不到两片相同的树叶，更遑论精神世界的绝对同质！社会关系结合的精神纽带也并不是要求不同个体之间的思想一致，毋宁说它体现的是一种"和而不同"的境界。个体与他者的精神所指在底线共识的基础上相互包容，从而形成良性互动。但底线共识体现的也是精神纽带，是建

---

① ［法］古斯塔夫·勒庞：《乌合之众》，冯克利译，中央编译出版社2005年版，第40页。
② ［波兰］彼得·什托姆普卡：《信任》，程胜利译，中华书局2005年版，第161页。
③ 王林松、王庆功、张宗亮：《社会认知偏差：群体性事件生成的社会心理启动根源》，《山东大学学报》（哲学社会科学版）2012年第4期。
④ ［法］古斯塔夫·勒庞：《乌合之众》，冯克利译，中央编译出版社2005年版，第24页。

构社会关系的重要前提,其意味着个体能够期待其他人也同样遵循这种共识,这种期待形成了信任关系,信任也当然是精神层面的,它指向未来的他者行为的某种可能。它"不仅是计算的关系,也是一种心理的倾向"。①人们因相信他者可能的行为会契合自我的利益需求而心情愉悦,显然是一种精神层面的满足。而如果只是偶然的相遇,就不能说形成了组织。"一千个偶然聚集在公共场所的人,没有明确的目标,从心理学意义上说,根本不能算是一个群体"。② 因为他们之间没有精神的纽带,所谓"没有明确的目标",指的就是这种精神向往。

同时,个体成员的精神利益也构成了社会关系的运作目标。人们经常地相互倾诉各自内心的情感以分享快乐或是排挤苦闷,有人甚或求助于专业的心理咨询师治愈受到伤害的心灵。为自我的精神利益而相互作用的行为一定是主体际行为,即人们只有结合为特定的社会关系才能较大可能地获取精神利益,即使是以观看影视作品和舞台剧的方式寻求快乐,也可以理解为主体际行为——发生在演员和观众之间的情感关系。毕竟人的精神利益只有"人"才能理解。这其实也构成我们维护言论自由的原因所在。但同样,如果失去了社会关系的依托,这种利益的获得就会捉襟见肘,人们会因找不到情感抒发的渠道而郁郁寡欢。当然,"对某一种精神交往的需要一旦社会化,需要亦会促进这种精神交往有组织有系统地发展"。③所以,和物质利益一样,精神利益的满足如果成为社会关系结合的目的,这种情形下的精神也成为社会关系运作的纽带。

社会关系的精神纽带也应当以契约理论的视角观审。上述的人的"类结合"建立在每个个体都渴望他者尊重自我的"类存在"的基础上,而他只有尊重他者的"类存在",才能获得其期待的精神结合。同样,当人们试图在既有的社会关系下寻求精神利益时,人们也必须体察他者的精神利益,寻求精神利益的互相满足。推己及人式的考量,秉持的乃是契约精神。

对组建并推动社会关系的精神纽带的分析,凸显了社会关系的实质精神。和社会关系的物质之维相较而言,社会关系与人的精神世界有着更强

---

① [波兰] 彼得·什托姆普卡:《信任》,程胜利译,中华书局2005年版,第94页。
② [法] 古斯塔夫·勒庞:《乌合之众》,冯克利译,中央编译出版社2005年版,第12页。
③ 陈力丹:《精神交往论——马克思恩格斯的传播观》,开明出版社1993年版,第16页。

的亲缘关系。人的精神性是构建社会关系的前提质素，社会关系的运作也始终努力回应着人们的精神需求。并且，二者的紧密关联也同样需要制度事实的结构。毕竟，"事实是和人类交往相关的事实，法律是人类交往的规范依凭"①。在推崇法治的当下，国家法律当然是重要的社会制度。同时，作为制度事实，社会关系之内的自生自发的民间性规范——习俗、行规等——也应发挥其调整精神世界的作用，对于契合人类正当精神旨趣的民间规范，国家法也应予以认同甚或吸纳。就社会关系的精神维度而言，既然它有赖于社会关系成员对他者的精神"依赖"，而制度，就如有的学者所言："（它）能使我们每个人依赖于其他成千上万并不认识的他人的行为，尽管我们对他们的个人意图和计划根本就不了解。"② 因此，在制度的实践之域，我们首先应借助制度以维护人性的精神取向，将人的精神价值视作法律的重要价值，对表达的保护、对人的文化利益的保护都是制度理性的旨趣所在。换句话说，我们需要以制度的力量支撑人类既有的精神世界。其次，我们对制度的设计应着眼于人类在社会关系的精神参与以努力使上述的社会关系与精神利益契合起来。这就需要我们着力完善民众参与公共领域精神互动的环境，充分考量人类需要在何种社会关系下应当释放怎样的精神情感，充分考量不同精神取向的个体如何整合在同一个社会关系之下，充分考量被不同精神纽带联结的不同社会关系之间如何共存。最后，制度对于精神纽带而型构的社会关系领域发生的纠纷应启动回应机制，以其特有的强制力和约束力对精神纽带—社会关系的错位予以纠偏。当然，制度本身就源自人类的精神纽带。制度的生成大多需要借助民主协商机制，而协商的前提就在于制度筹划的主体对与制度相关的他者的精神利益考量。

马克思曾一针见血地指出："工人参与更高一些的享受，以及参与精神享受——为自身利益进行宣传鼓动，订阅报纸，听讲演，教育子女，发展爱好等——这种使工人和奴隶区别开来的分享文明的唯一情况……"③ 也就是说，对精神利益的追逐显现出人的主体性。精神纽带对社会关系的作用也表现出人的重要地位。因此，对社会关系的精神纽带的阐述从理论

---

① 谢晖：《法律的意义追问：诠释学视野中的法哲学》，法律出版社2016年版，第120页。
② ［美］拉齐恩·萨丽：《哈耶克与古典自由主义》，秋风译，贵州人民出版社2003年版，第191页。
③ 《马克思恩格斯全集》第46卷上，中央编译局编译，人民出版社1980年版，第246页。

上推动了精神性与类群体的关联命题的确证,也从实践层面推动了制度针对人的精神意义的理性调整。面对人对精神利益和社会关系的理性结构的诉求,我们的制度选择方向也再度回归到制度与精神的关联命题中来。而对这二者的关系的审视,是文化法治研究视域的重心。

第四节 法律——精神化的社会关系之制度化、模式化和一般化

社会关系与人的精神性的密切关联使得我们不能仅仅浅尝辄止地论及制度推动的必要性,而应深度论证国家法律这一重要的社会制度对社会关系和其内蕴的精神意涵的调整机理。我们之所以在前文耗费大量笔墨探讨人的精神本质,主要原因在于,人的精神本质结构着法律的调整机理。法律本身的特性、它对社会关系的调整机理以及它在调整社会关系之后释放的可能的意义世界都是我们要考量的重点。主体的精神既是社会关系的形成及运作机理,也是法律调整应当考量的人性利益。法律、精神、社会关系三者的结合构建的场域,也是我们即将步入的论域。

一 法律——社会关系的符号载体

法律是以文字为载体的社会规范,马克斯·韦伯推崇"法理统治"的原因就在于法律秩序意味着形式理性,就如同19世纪德国的学说汇纂学派心中的法律理想一样。[1]"实在法律不论以何种方式表现——行为的、语言的还是文字的,其实都是符号化的人造对象"。[2] 中华传说中的造字者仓颉就是通过观察交叉纵横的线条,以象形的方法将交错的笔画组为文字。所谓"文",原本指的是"纹"的交互构建形成的符号。文字符号的价值,在任何文本中都是根本性的,否则世上也无文本可言了。"人类精神交往正在从一般的原始的面对面交往,经过文字媒介的阶段,重新走向'面对面'的交往,一种更高层次上的面对面交往"。[3] 文字的媒介和面对面交往的功能一样,都能实现信息的传播,但其之所以在文明社会被广泛

---

[1] [德]马克斯·韦伯:《论经济与社会中的法律》,张乃根译,中国大百科全书出版社1998年版,第211页。

[2] 谢晖:《法律的意义追问:诠释学视野中的法哲学》,法律出版社2016年版,第224页。

[3] 陈力丹:《精神交往论——马克思恩格斯的传播观》,开明出版社1993年版,第98页。

采纳，在于文字的表意本身具有一种内在的理性。恩格斯认为人类"由于文字的发明及其应用于文献记录而过渡到文明时代"①。语言和文字的表述使得法律的形式化具有独立于法律内容的价值，很多法学家孜孜不倦地探求法律的语言文字之理，就在于实现法律符号的理性指向。正如前文所述，符号对人的行动指引是人的文化—精神特质的体现。卡西尔区分了命题语言和情感语言，而"命题语言是人之外的动物世界不具备的，它里面的语词绝不仅仅只是感叹词，并不只是感情的无意识流露，而是一个有着一定的句法结构和逻辑结构的句子的一部分"②。法律文本的符号表达体现的正是这种命题语言，它以庄重、简洁的词句表现出对人类的某些价值的青睐。庄重意味着立法者的权威姿态，简洁意味着法律文本对民众的有效指引。人类的治理模式经历了神灵治理—伦理治理—法律治理的选择，它的这种"除魅化"进程说明人类对文明的向往很大程度上是对理性世界的向往。人们选择法治的重要原因就在于法律的高度理性化，当一种外在于人们行动的可计量理性成为社会的权威的时候，人们的行动将借助这种理性从而有所依凭，也能通过法律的文字符号传递的信息预判或者评判他者的行为。就如哈特所说："相对于实例的不确定性，借由明示的一般化语言来传播一般化标准，似乎更为清楚、可靠和确定。"③ 我们运用法律的重要前提在于解释法律，"解释法律的活动固然要关注事实，关注人们的行为，但更要关注文字文本法律的现实"④。我们与法律最先的触点就在于法律的文字符号，透过这种符号的表达，我们才能领略法律的意义。"社会上为其成员规定的行为模式，普通称为规矩，书本上也称礼制或法度。它确是人为的，不是由本能决定的；是经世世代代不断积累和修改传递下来的成规"⑤。符号的意义也在社会成员的世代积累中形成某种准则，当它成为制定法的"符号"时，法律的符号化定在也就契合了符号含义对人类的有效指引，也迎合了人对符号的依赖。

社会关系的结合是人必要的生存状态，法律的符号化建构本身就源自

---

① 《马克思恩格斯全集》第 21 卷，中央编译局编译，人民出版社 1965 年版，第 37 页。
② [德] 恩斯特·卡西尔：《人论》，甘阳译，上海译文出版社 2013 年版，第 49—50 页。
③ [英] H. L. A. 哈特：《法律的概念》，许家馨、李冠宜译，法律出版社 2011 年版，第 114 页。
④ 谢晖：《法律的意义追问：诠释学视野中的法哲学》，法律出版社 2016 年版，第 229 页。
⑤ 姚建宗：《生活的场景与法治的向度》，《吉林大学社会科学学报》2000 年第 1 期。

这种基于主体际的符号表意。究竟何种符号表达何种含义，要源自人和人之间的约定，人们唯有和他者协商，才能将符号的所指推行于整个社群。否则，符号只能在个体的内心指向个体的意义世界而不能向他者传递这种意义，因而不具备对人际的联结功能。但法律是普遍化的调整机制，其必须借助抽象的涵摄机制应对社会可能出现的情形。所以法律的符号表达应当建立在民众的约定俗成的基础上。人们形成社会关系之后使用的公共符号系统是借助不断的交往行为而达成的共识，这种符号共识又指引人们联结新的社会关系。符号的特殊表现——语言结构正如罗兰·巴特描述的那样，"基本上是一种集体性的契约，只要人们想进行语言交流，就必须完全受其支配"①。在现代文明国家，法律的产生多源自多元主体的协商，其遵循的符号指向原理大量地源自对人类既有符号指向原理的吸纳，因为那已扎根于人们既有的认知系统，无疑将更有利于法律的取效。社群之内的人们为了表意而共商的符号形态如果被上升到法律的形成层面，法律对社会关系的调整也必定依托着这种符号的社群面向。法律就是这样因其符号的建制整合着人类的社会关系。

因此，社会关系的存在需要借助符号的纽带，法律的表意又是对社群符号的吸纳，二者之间的区分也就仅仅在于其是否具有国家层面的权威。这与人的本质——规范性动物息息相关。人们需要借助符号命名大千世界，符号与事物却不能自动地对应起来，这需要人们对符号如何命名有所约定，这种约定也就构成了一种支配人们行为的规则。这一规则促使人们确立某种符号所指的权威，这种权威规则的确立无疑是将社会关系的符号载体视作法律。人们之所以选择以法律调控生活，就在于人们在法律的形式理性的优越性的前提下赋予法律内容一种人类基本生活的特性，法律与人性因而具有强大的亲和力。而如果法律的内容本就指向人们固有的社会关系中的符号规则，就意味着法律的形式和实质都结构着社会关系的符号。这样的法律却比比皆是，因为法律必须借助概念所指构建权利义务的指向，我们之所以经常在法律文本中见到"本法中的……是指……"这样的表述，就是基于立法者对概念符号所指向的内容的阐明，也是基于对社会关系的符号意义的青睐。这种阐明与青睐，也正意味着法律对社会关

---

① ［法］罗兰·巴特：《符号学原理及其他》，李幼蒸译，生活·读书·新知三联书店1988年版，第116—117页。

系以及推动社会关系的精神质素的推崇。社会关系的符号载体,事实上是法律制定的重要来源。法律形成之后,它的符号所指也当然地承担着社会关系的符号职能。

从深层次上看,符号所指之于人而言体现的是人的文化—精神属性。人对物的精神观照才能产生一种对符号所指的需求,对物描述、评价的行为都是用人的视角去结构外物,是以语言文字符号表达对物的某种精神期待。就如江山所说,符号"依据各原创者的觉悟倾向和学养而成立"[1]。同时,符号的选择与表意方式,亦体现的是某种情感。就如湖南邵阳的交警自创红绿灯的读秒手势以一种赏心悦目的舞蹈方式呈现给交通参与者,是以一种美感的注入,使人们在愉悦的心情中获知交通规则。比如故宫的乾清宫的建筑布局象征着"十二星辰",这样的建筑符号指涉的是对上苍的敬仰。符号的指涉机理,都是从人的文化—精神维度着眼的,它不会像物质世界那样寻求逻辑上的对应,依托的是人的思想。

如果符号的指向上升到法律的调整层面,那么法律自身的符号又何尝不是面向人的文化—精神的呢?法律的叙述依循的规则在一定程度上就是面向如何以言行事、以言取效的问题。对法律的解释活动从某种意义上看就是对法律文字的含义说明,即使在文义解释之外还存在体系解释、历史解释、目的解释这样的解释方法,也不可能离开字词本身的符号。甚至在美国的各级法院,词典成为法官审理案件的重要辅助工具。可见法律与个案的调适必须围绕字词本身的意义展开,原因就在于规范字词的符号所指与法律受众的日常符号所指具有强大的契合度,日常的字词符号在社会关系的场域下为人类的行为已经提供了范型。法律的符号构造的文本世界因符号的所指型塑着人们的行为,这种型塑勾连着符号构建的秩序为人们的生活提供的安定感,人们的安定感则是对自我生活的精神满足——它本身并不能为人们增加财富,而是人们因这种安定体会到生活的快乐。符号与事物之间的联系使得人们能用精神统摄物质,尤其是在法律这种社会权威的符号所指下。

社会关系的形成与运作离不开符号的指引,符号因这种指引的机理而化作调控社会关系的法律,但法律的形式理性又成为一种新的符号发挥更加权威的指引作用。我们对"人是符号的动物"这一人类学命题的肯认,

---

[1] 江山:《法的自然精神导论》,法律出版社1997年版,第31页。

意味着我们在思考如何以法律回应社会现实的时候，也要以人与符号的紧密关联为鹄，而这种关联又要回归到人的精神世界上。社会关系的符号载体是生活在社会关系中的具体的人的精神寄予，当它成为法律世界的重要组成部分时，对人的精神关怀是矢志不渝的。这是法律的人文维度的重要环节。

二 具象的社会关系何以能抽象地法律表达？

问题在于，社会关系是纷繁复杂的。不同种类的社会关系由不同的精神纽带联结，其多元性可想而知，即使是在同一社会关系之内，不同关系成员的不同性格、价值观也会使得群体内部形成复杂的系统。法律却是抽象的体系框架，其试图以沉静的文字结构灵动的现实，二者看似会相互龃龉，但法律对社会关系的调整又确乎是目前被人类经验所证实的最为良性的调控机制。因此我们需要探究法律如何以其符号的定在将社会关系纳入制度轨道上。

首先，法律对社会关系的调控采用的是类型化的技术。所谓类型化，意味着法律不能以精确的概念化表述将所有调整对象全部纳入文本中，那样将耗费大量的经济成本且肯定无法穷尽所有的社会关系，新型社会关系的奔涌而出让立法者目不暇接。我们只能依据某种分类标准为某一"事物群"赋予同样的权利义务。除了这种表述的便利之外，就如拉伦茨所说："类型这种方式又可以用来详细描述某些形态的法律关系。"[①] 类型化意味着对法律关系的命名，命名本身也就将立法者的某种对法律关系的理解表达出来。以相对抽象却清晰的表述尽可能地涵盖一切社会关系，确乎是立法技术的理性。考夫曼就法律的类型化调整做了深入研究，他认为，法律在遵循事物的本质的基础上体现为一种类推的技术："在一个已证明为重要的观点之下，对不同事物相同处理，或者我们也可以说，是在一个以某种关系为标准的相同性中（关系相同性，关系统一性），对不同事物相同处理。"[②] 而这种"相同处理"就表现为以规范的文字对类似或相近事实的法效果的同一化。而对不同类型的事实，法律则设置了不同的权利义

---

① ［德］卡尔·拉伦茨：《法学方法论》，陈爱娥译，商务印书馆2004年版，第340页。
② ［德］亚图·考夫曼：《类推与"事物本质"》，吴从周译，学林文化事业有限公司1999年版，第59页。

务。比如对不同种类的证据——物证、书证、证人证言、鉴定结论、勘验笔录等，相关的证据规则就做出了不同的规定，而在司法实践领域，我们需要对提交的证据予以分类，确定其适用的规则从而判断它的证明力。社会关系也是一样，基于股东关系而形成的公司社会关系、基于教学关系形成的学校社会关系、基于游行集会活动形成的社会关系、基于交通参与活动形成的社会关系等也都适用不同的法律。这种类型化的立法无疑能为各种社会关系寻求制度上的定位。考夫曼认为："确定生活事实是否对应于（符合）规范事实，一直是一种'目的论的'判断。因为并非法律的文字在适用，而是它的精神在适用。"① 对人类结合为社会关系的"目的"的考量，是抽象的规范对社会关系的类型化的着力点，也是法律对社会关系的涵摄的方向。考夫曼所言"目的"更多地还是站在立法的类型化技术上而言的，也正是这种类型化的调整，才使得法律的理念进入现实。

其次，抽象的法律要想涵摄具体的社会关系，还应借助法律原则的表达。德沃金认为："在构建我们的法律原则以使其反映我们的道德原则的过程中，我们创造了权利。"② 德沃金将法律的结构分为原则和规则，其之所以反对哈特认为的由法律的空缺结构会导向法官的自由裁量，就在于他认为法律原则已经能够涵盖法律应当覆及的领域。而他主张的法律权利论就是从原则出发，将道德"善"引入规则领域，法律将借此成为对人类平等关怀与尊重的良善之法。原则相对于规则而言具有更强的抽象度，这就意味着原则涵摄的面更为宽泛，从而能够将繁杂的社会关系都纳入原则语词的射程范围。原则对既有的规范对社会关系调整的不力也有纠正或补足的功能。因为原则本就是法律的价值取向的表达，其反映的是法律的精神内核。就社会关系领域的法律调整而言，比如《公司法》对股东的责任的原则性规定——有限度的责任，就已经将一切以公司形态结合的社会关系的维系方式之一表达出来了，其下的对有限性责任公司和股份有限公司的股东责任的具体规定都围绕着这一原则展开。原则化的立法技术同样借助语言的表现艺术实现，因而"解释者应在可控的准则帮助下寻求接

---

① ［德］亚图·考夫曼：《类推与"事物本质"》，吴从周译，学林文化事业有限公司1999年版，第33页。

② ［美］德沃金：《认真对待权利》，信春鹰、吴玉章译，中国大百科全书出版社1998年版，第21页。

近这种意义的内容,而不是任意解释它"。① 然而即使在"可控的"范围内解释法律原则,原则的弹性亦使得我们对构造原则的文字的解读能够考量到具象的社会关系。

无论是类型化的调整还是原则化的规定都是依托于文字符号的表意,符号的所指联结着立法者的表意与客观世界的实存。布莱克认为我们"可以用文化的量、文化的多样性和法律自身的文化位置与方向来解释法律"②。法律的符号表意本就出自人类的文化—精神域,人们早已学会用便利的表意技术与简洁的表意符号表达社会关系的存在,表意本身出自人们的文化,表意的结果又构成一种文化。法律对社会关系的调整毋宁说是吸纳了人们的这种精神走向。就如孟德斯鸠所说:"法律的用语,对每一个人要能够唤起同样的观念。"③ 所谓"同样的观念",就在于人们在社会关系之中已然将语言文字指向的含义约定俗成为一种精神共识。而当文字被固定在法律文本上,其取效的机理即是用文字释放的意义世界沟通人们的精神旨趣。人的精神属性正是在符号的所指意义上彰显的。

文字的表意本身又源自社会关系意义上的共识。笔者不厌其烦地强调语言的契约属性,就在于社会关系本身就是产生文字符号的重要来源。就如汉字的构造主要有象形、指事、会意、形声、假借。这其中的前四种主要就是将现实世界的种种样态吸收到文字的形状中去,人类在肇始之初只有咿咿呀呀的言语却没有文字,言语借助声音用来表述人们的生活日常,文字则用形状附会人们的生活日常,后者的表意技术与社会契约的关系更为紧密,毕竟语音有可能在不同群体中会产生较大区别,但由目力观察到的具体事物,由于差异较小,共识性也会较强。法律的汉字表意,何尝不是来自人们对现实万物"形状"的共识?失却这种"共识"而仅仅由某种权威的力量编造这些汉字而罔顾人们在社会交往中已经达成的信息交流方式,则人们一时间难以体会它们的含义。当然,其他语种的法律,也结合自身语言的指涉特点,实现法律文本对法律受众的指涉。这就涉及社会关系中的信息交流的效率问题。抽象的法律对具象的社会关系的调整实现的价值在于效率,而人们的共识性符号也是源自社会交往的信息交流的效

---

① 张汝伦:《意义的探究——当代西方释义学》,辽宁人民出版社1986年版,第84页。
② [美]布莱克:《法律的运作行为》,唐越等译,中国政法大学出版社1994年版,第75页。
③ [法]孟德斯鸠:《论法的精神》(下册),张雁深译,商务印书馆1963年版,第297页。

率价值,这一效率价值的吸纳也是立法者对人类的"结社"智慧的吸纳。人类以简要的符号将具象的世界结构于其中,从而为信息交流提供便利,这说明人们具有以符号表述客观世界的能力,这种能力置于一种社会权威的场域也就表现为立法的效率智慧。

制定法也必须经由精英智识的理性协商形成,并不完全是对乡土的符号世界的吸纳。精英智识对现有符号的制度化加工往往会形成法律特有的符号系统。"法律拟制"这一概念反映的就是法律自身的话语与现实话语的不同。但法律的这种"自创生"系统也同样遵循的是符号指向的便利化原则。其通过对特有的法律概念的释明表明立法者对某种社会关系的所指及其价值期待。法律表达的简洁化要求也是立法者与法律读者的沟通之道,这使得我们对法律特有意义的表达也必须是简洁的,法律的特有符号也就必须以一种框架性的存在将复杂的社会关系予以涵盖,这种涵盖的机理又不可避免地滑向了人类社会既有的符号指涉机理,人们既有的社会关系又再度得到了立法精英的尊重。

正如笔者之前强调的那样,人是规范的动物。"就交往活动而言,社群交往的行动虽然不是法律本身,但却蕴含着法律的规范性内容"。[①] 这种先验的"规范向度"的表现之一就在于人们将符号与事物的联系视作调控人们交流沟通行为的社会准则。就法律而言,它的抽象性就在于法律语言的表述是以文字符号的形式出场的。有学者认为:"从法律方面讲,我们意识的具体化,首推方式化(Formaliser),就是把我们的意识用言语、文字等方式(也即概念)表达出来。"[②] 而文字这种相对凝滞,甚至呆板的符号结构对具象的社会关系的指涉必然依托人们的约定俗成——一种精神交往的重要路径。这种约定俗成关联着人的规范性实质,即人的精神性存在,最终被转化为国家层面的权威。一旦人类的社会关系能够由抽象的法律加以调控,人类的社会交往活动即有了强有力的制度保障,同时,人类的精神利益也因这种抽象—具象的规范结构而得到尊重。法律的制定者应当,也能够将具体的社会关系整合到文字表达中,这是立法的重要使命,也是我们对未来立法的期许。

[①] 谢晖:《法律的意义追问:诠释学视野中的法哲学》,法律出版社 2016 年版,第 183 页。
[②] 王伯琦:《近代法律思潮与中国固有文化》,清华大学出版社 2005 年版,第 152 页。

三 法律就是把主体精神交往关系的客观化

法律对社会关系的调整具有正当性和可行性，已经法律化的社会关系就成为一种客观存在。社会关系本是以具有主观性的精神纽带联结的，但法律化的社会关系上升为权威性的制度，也是具有效力的社会准则。就如马克思所言，立法者"把精神关系的内在规律表现在有意识的现行法律中"①。如此一来，主体的精神交往关系不仅仅是一种事实，也成为立法者期待的价值。

首先，这种客观化在于法律以权利的制度规则结构这种交往关系。权利规则表明人们"可为"或"不可为"某种行为，表明人们享有行为的选择权利。就主体的精神域而言，法律的调整乃是放任性的调整。主体在精神世界的自由驰骋应受法律的保护，由此生发出一系列的权利制度。主体间的精神互动也同样是人性的自然抒发。哈贝马斯认为"交往行动者必须预设某些理想化的意义"②，亦即在精神的助力下才能构造交往行动的场域。精神交往表现为人的正当利益，因为它有助于人类的类群体的结合。法律唯有将这种精神交往的利益固化为一种客观存在——权利，以正当化人们的精神交往活动，而这种固化是形式理性的表达，意味着立法者基于对人的精神交往的认同，以权利的方式精神交往活动的客观化。当然，精神交往活动的复杂性使得权利的规定不可能详尽地列举，学界对新型权利的关注表明对权利的保护或许并不是依托某个明文规定的权利名称。我们之前已提到"新型权利"的概念，它需要"法院的推定和裁定"，或是"社会的普遍理解、默认和接受"。③ 我们也不难发现，无论是推定、裁定，还是普遍的理解、默认和接受，新型权利一旦被法院认同，它也因被司法文书的文字结构，而成为一种客观化的存在。且指导性案例制度的逐步完善，客观化了的新型权利或许具有对类似案件的普遍适用的作用，也就和实在法一样具有权威的约束力。而在精神交往领域，新型权利的出场对人们的精神利益的保护是至关重要的，精神交往的复杂性需要以人们的交往实践形成根深蒂固的权利意识，由此生发的精神利益也需要

---

① 《马克思恩格斯全集》第1卷，中央编译局编译，人民出版社1956年版，第45页。
② [德]哈贝马斯：《在事实与规范之间——关于法律和民主法治国的商谈理论》，童世骏译，生活·读书·新知三联书店2003年版，第6页。
③ 谢晖：《论新型权利生成的习惯基础》，《法商研究》2015年第1期。

被司法实践客观化。

其次,这种客观化在于对精神交往活动的相关权力的客观化。社会契约论的经典叙事已经说明了权力的来源——自然权利的让渡。权力的使命在于服务于权利的保障。对人们的精神交往活动而言,权力也应当保障其运行。但我们需要警惕权力的天然扩张性,在消极层面,不能让权力过多干涉人们的精神交往活动。然而权力也应从积极层面为人们的精神交往活动提供制度环境,否则就沦为权力不作为。就公权力"法无明文规定不可为"的原则出发,凡是"法律没有明确标示的都是公权所不能涉及的范围"。① 这就需要以制度化的表达确立权力的界限。权力的来源、权力的行使主体、权力的行使方式等都必须明文规定在具体的条文中。而对精神交往行为而言,权力的规定需要维护人们自发的精神交往行动,即权力导生的秩序应围绕着精神自由展开。这当然意味着精神交往的另一个客观维度:权力的客观化为精神交往铺设了客观的行动框架与行动保障。这种客观化的精神交往以强制性的规范为人们提供了确定性的指引模式,人们以此为凭而不恣意地实施精神交往活动。这也是法律的形式理性特点在精神交往领域的表现。

最后,对于精神交往活动,法律规定了相关的义务(责任)。法律责任也是法律义务的一种,一种因违反了义务而产生的第二性义务。义务(责任)和权力一样,也应当以明文方式表现在法律条文里,也包括了义务(责任)的承担主体和承担方式。法律对精神交往活动虽以放任式调整为主,但权利的存在本身也就预设了他者的义务——不侵犯他人精神交往权利的义务。如果缺乏对相应义务和违背此等义务的责任的规定,人们的精神交往活动难免会受到他人行为的阻滞,或是被破坏的交往关系得不到修复。而针对精神交往关系设立义务(责任)的目的,就在于为精神交往关系排除不当妨碍。当然,对义务(责任)的规定也是法律对精神交往关系的客观化表达的一种方式,它同样为人们的精神交往活动提供了确定性的指引。

法律的形式理性特点和人们对符号化指引的精神需求,使得法律对精神交往活动的保障借助的是客观化的调整机制,尽管精神交往活动本身是

---

① 周赟:《"应当"一词的法哲学研究》,山东人民出版社2008年版,第269页。

人的主观意志的表现。"人的社会存在,是一种语言的存在"。① 法律借助语言的表达结构着精神交往活动的价值取向与精神交往活动应当依循的准则。法律语言一经表达,就必定形成客观且权威的意义世界。既是客观的存在,就意味着人们有着同一的适用标准。精神交往活动的展开也就有所依凭。法律客观化的积极影响使得我们需要对涉及精神交往活动的权利、权利和义务(责任)予以全面设定。立法对精神交往关系的考量应面面俱到,充分彰显制度对精神域的理性结构。

当然,法律对精神交往关系的表达不能仅仅局限于对之的形式意义的客观化处理。如何从实质层面将人们的精神交往关系纳入"善"的轨道上,也是法律制定的重心。笔者强调的对人们精神交往活动的放任性调整需要法律以权利为本位,将视角置于人在精神交往活动的利益上。但我们对法律的形式价值的追逐脚步不能停歇,我们之所以推崇法治,就在于当法律成为权威文本时,它的客观定在能够超脱于个人意志、情感的支配。亚里士多德认为古希腊的城邦治理模式应当推崇法治的原因就在于和人治的主观性相比,客观色彩更浓烈的法律站在理性的治理角度能最大限度地实现城邦的善德。而柏拉图描绘的哲人王之治虽然是治理模式的理想状态,在现实中却难以落实。唯有将治理的价值融入客观化的规则表达中去,才是当下的治理最优选择。

而就如笔者反复强调的那样,法律对精神交往行为的客观化表现乃是对人的自发性社群关系的符号指涉机理的吸纳,符号如何指引人类,如何为人的命名提供精神前提,就出自这种"类结合"之后的协商。所以"法的关系不仅根源于'物质生活关系',它也根源于与其相对的'精神生活关系'"。② 法律自身也同样来自这种交往理性结构的精神指涉。当法律记载的内容正是人类的精神交往事实时,法律自身的形式理性促进了精神交往关系的客观化。因此,"法律是记载着人类交往关系之客观背景的规范文本"。③ 这种对精神交往关系的客观化,是契合了人类的认知惯常的良性权威。而反过来,"追寻法律字面意义背后的逻辑法则,最终目的要指向法律的社会实践"。④ 用客观化了的精神交往关系去指导实践的精

---

① 周赟:《"应当"一词的法哲学研究》,山东人民出版社2008年版,第269页。
② 谢晖:《法律的意义追问:诠释学视野中的法哲学》,法律出版社2016年版,第153页。
③ 同上。
④ 同上书,第182页。

神交往活动,我们对精神交往活动的制度性推动才能找到方向。专制时期的"刑不可知则威不可测"的立法取向试图以主观化的人治调控社会,人们无法预测规则的实效而生活在恐怖的氛围中。法律的明确性是法治的形式维度,只有在民主的社会,法律的制定者才会因民众的理解力而强调其形式价值,对法律的表达方式的调整也是依据民众对法律的诠释能力和诠释角度而调整的。

精神交往活动是主观的精神运动和客观的符号指向的辩证,法律对精神交往活动的调整也使得精神活动的主观性与法律文本的客观性结合起来。我们对法律客观化问题的探究目的,在于为人们的精神交往活动构建共识性的符号秩序,在于以社会权威的姿态强力地将精神交往活动导向正当的轨道。伏羲画卦、仓颉造字、周公制礼……这一系列的行为都是社会精英以某种客观的标准结构人类生活的体现。当我们的交往行为从大量的良法调控中获益时,我们也逐步认同了这一调控机制,并将精神交往的机理融合到立法活动中,立法活动本身也成为精神交往活动的一部分。

人类未来的精神交往活动应当尊重法律表述出的客观意义,在法律规定的权力、义务框架内从事精神交往活动,并且从法律表述的精神交往权利中探求这一活动的权利精神要旨,以此为基础"续造"相关的新型权利。让法律的客观表述为人们的精神交往提供良性秩序与理性交往预期,人类终会因法律的形式理性而在精神交往中体会人类应有的获得感。

第 二 章

人类文化—精神领域如何展开法律调整？

既然人类文化—精神领域需要法律调整，那么在此领域如何展开法律调整就成为我们不得不面对的问题。当谈论法律调整时，我们习惯于把其与"强制""制裁""惩罚"等概念关联起来。不可否认的是，法律的效力常常需要强制、制裁、惩罚等方式予以实现，使法律能够结构于人们的日常交往之中。但是，法律实效要能够得以充分的实现，还必须进一步结构于社会中每一个成员的生活之中，结构于他们的心灵与需求之中。所以，法律调整还具有更为丰富的内涵，它不仅包括导向性调整与制裁性调整，也包括放任性调整与奖励性调整。特别是在人类文化—精神领域，法律的强制性调整效果不佳，成本也比较高，而放任性与奖励性的调整不仅能产生良好的效果，还能够彰显人类的主体性、创造性。

据此，下文将从法律调整的四种方式出发，具体分析人类文化—精神领域是如何展开法律调整的。事实上，法律调整方式是与不同法律规范之规定性及因之而产生的人们的行为方式紧密相关的。[①] 具体而言，在人类文化—精神领域，合乎权利规范的行为适用放任性调整方式，文化—精神权利构成了放任性调整的对象；合乎义务规范的行为适用导向性调整方式，文化—精神义务构成了导向性调整的对象；引起责任规范的行为适用制裁性调整方式，文化—精神伤害构成了制裁性调整的对象；合乎道德规范的行为适用奖励性调整方式，文化—精神贡献构成了奖励性调整的对象。下面将分别予以具体分析。

---

① 谢晖：《法理学》，北京师范大学出版社2010年版，第200页。

第一节　文化—精神权利与放任(保障)性调整

即便在现如今这个"权利时代",人们主要关注的是能够拥有多少权利以及拥有怎样的权利,而不太过问所拥有的权利如何能够得以实现。只有当权利遭受侵犯时,或者由于其他原因导致权利难以实现时,[1] 主体才意识到权利实现的重要性。在社会实践中,权利常常与一定的利益相关联,[2] 权利的实现有时需要消耗一定的社会公共资源,也可能需要社会主体履行一定的义务,促进其他社会主体权利的实现。权利并不能当然实现,它的实现需要一定的条件,这就使得权利人在实现权利过程中极有可能遇到阻碍,也会因此增加实现权利的成本。[3] 因而法律不仅需要对主体所拥有的权利予以确认,更应该通过法律调整,使主体在法律上拥有的权利能够得以充分实现。同样,人的发展具有多个维度,[4] 文化—精神权利的实现,对于主体获取思想、思维的自由、利益至关重要,也是主体实现更高层次发展的基础条件,它在实现过程中也可能遇到一系列的阻碍。因此,下文将对权利的放任性调整方式予以分析,在梳理放任性调整对权利的一般调整规律后,也将对法律如何展开对文化—精神权利的调整进行探究。

一　什么是放任(保障)性调整?

虽然人们拥有广泛的权利,但这些权利仍然需要法律的调整,进而使

---

[1] 最典型的就是权力对权利的侵蚀,即便权力之于权利可以是"管家"型的、"父爱"型的,这时权力有利于权利的实现,但权力也可能是"恶棍"型的,此时,权力就不利于权利的实现。参见郭春镇《权力的"助推"与权利的实现》,《法学研究》2014年第1期。

[2] 当然,权利与利益相关,这并不代表权利与利益相等;其实,在诸多情况下,法律对权利与利益进行了区别保护。参见阳庚德《侵权法对权利和利益区别保护论》,《政法论坛》2013年第1期;史玉成《环境利益、环境权利与环境权力的分层建构——基于法益分析方法的思考》,《法商研究》2013年第5期;马岭《利益不是权利——从我国〈宪法〉第51条说起》,《法律科学》(西北政法大学学报)2009年第5期;冯玉军《权力、权利和利益的博弈——我国当前城市房屋拆迁问题的法律与经济分析》,《中国法学》2007年第4期。

[3] 关于权利的成本的相关论述,可参见凌斌《法律的性质:一个法律经济学视角》,《政法论坛》2013年第5期;王启富、马志刚《权利的成本——效益分析》,《政法论坛》1999年第4期;欧树军《权利的另一个成本:国家认证及其西方经验》,《法学家》2012年第4期;陈少英《权利的成本——环境权依赖于环境税的解读》,《税务研究》2009年第8期。

[4] 朱巧玲:《人的发展指标的构建——基于马克思主义人的自由全面发展理论的分析》,《改革与战略》2011年第9期。

人们在日常生活中拥有更广阔的自治、自决、自由空间，真正使自由意志成为权利的内在核心要素，[①] 这也才能把权利规范结构于人们的行为之中。此种法律调整方式就是放任性调整，所谓放任性调整，就是主体根据主体的需要将法律权利规范贯彻、落实于其行动中。当谈论宗教信仰自由时，我们最能直观地理解放任性调整方式，即公民在是否信仰宗教，信仰何种宗教，何时信仰宗教等问题上，都可以根据自主意志进行决断。

既然放任性调整是赋予社会主体根据自治的需要对某些事项做出判断，做或者不做以及怎样做都完全仰赖于社会主体的自主意志，那么社会主体的此类行为是否有必要通过法律进行调整，法律对它们进行调整会有怎样的意义？首先，放任性调整是实现法律权利规范的具体方式，也可以说法律权利规范是放任性调整的基础，放任性调整的前提就是要把社会主体的权利规范化、制度化，实现权利的民主化与法治化[②]。即便社会中广泛存在一些新型权利、习惯权利，[③] 但它们并不能直接被纳入法律调整范围中，还必须通过某些方式把它们结构在法律秩序中，[④] 进而成为放任性调整的对象。更重要的是，通过放任性调整，法律为社会成员如何行为提供了权威性的指引，也赋予了社会成员更大的自主行为空间。放任性调整就是要向全体社会成员宣誓他们既可以做什么，也可以不做什么，既可以这样做，也可以那样做，这在某种程度上也构成了每一个社会成员的"前见"，因而他们不仅能在法律的指引下自觉实现权利，也能自觉保障他人实现权利，这就是法律权利在社会实践中得以完满实现的状态。[⑤]

其次，放任性调整是满足人们内心世界秩序需求的方式，进而使法律结构于他们的心灵和需求之中。归根结底，放任性调整是使社会主体具有

[①] 方新军：《为权利的意志说正名——一个类型化的视角》，《法制与社会发展》2010年第6期。

[②] 佟德志：《权利的复合制度化及其内在紧张》，《天津社会科学》2008年第1期。

[③] 详细论述可参见谢晖《民间规范与习惯权利》，《现代法学》2005年第2期；《论新型权利生成的习惯基础》，《法商研究》2015年第1期；《论作为人权的习惯权利》，《法学评论》2016年第4期。

[④] 虽然正式法律秩序难以直接建构在习惯权利之上，但民间秩序却可以直接建立在习惯权利基础上。参见尤陈俊《明清中国房地买卖俗例中的习惯权利——以"叹契"为中心的考察》，《法学家》2012年第4期。

[⑤] 放任性调整是为权利的实现创造条件，鼓励社会主体积极实现权利，即便不同社会主体实现权利的具体方式不一样，但只有权利得以实现，全民守法的状态才可以实现，因为积极行使权利也是守法的一个重要维度。参见冯粤《论积极守法》，《伦理学研究》2008年第3期。

更为多样性的选择、判断,而且往往是对他们可能的每一种行为都做出明确的、肯定性的规定;又因为这是在法律上做出的规定,得到社会普遍的认同。因此,放任性调整为人们行为提供了多样性的选择,而且不同的选择均具有明确性的、肯定性的、权威性的规范依据。在此种法律调整下,人们才可以根据自我的利益诉求,根据自主的意志做出个性化的行为,而不必担忧他人为此做出消极评价,进而可以充分实现自身的各项权利,构建"合乎权利的秩序"①。同时,正是因为放任性调整可以为社会主体行为提供稳定的预期,仅有助于法律权利规范的实现,也把权利规范结构于社会主体的日常生活中,并进一步结构于他们的心灵之中,使他们能够从内心接受法律规范,②主动行使自己的权利。如果法律一味地强调运用强制措施落实其各项具体规定,强调对社会成员的外在约束,那么人们就会认为法律始终是外在于他们生活的一种限制性因素,即便法律对人们的各项权利进行了详细的规定,即便社会中的权利观念深入人心,即便法制体系趋于完备,但这些也不可能带来人们对法律的自觉意识,最终还得仰赖于放任性调整方式。

最后,虽然说放任性调整主要是为了保障人们权利的充分实现,为人们自由行为提供基本的指引。但在实践中,人们的权利常常都有被侵犯的可能,自由行为也往往得不到充分的实现,而权利救济又不完全等同于纠纷解决,③此时,放任性调整方式也有利于人们获得法律上的救济。即便民间法也是为纠纷解决预备一套方案,④甚至它能为法律合法性缺陷提供外部救济,⑤但在大多数情况下,社会纠纷还是仰赖于运用国家法解决,在国家法中找寻解决纠纷的方案,因而当权利被侵犯时,权利规范就成为了提供救济的制度依凭。也因此,放任性调整方式具有了更为广阔的意义,它不仅对人们行使权利提供基本指引,也能在权利难以得到充分实现时,为其提供必要的救济,从而为人们行使权利,发挥个人的主动性、创造性提供全方位的保护。放任性调整方式应该关注社会主体的利益诉求、

---

① 周濂:《合乎自然的秩序与合乎权利的秩序》,《哲学研究》2009 年第 12 期。
② 权利的实现过程也是人们逐步接受法律的过程,当然,影响人们法律接受行为的因素有很多,即便民间法也能在法律接受中发挥一定作用。参见高中意《论民间法在法律接受中的作用》,《甘肃政法学院学报》2016 年第 6 期。
③ 范愉:《权利救济与多元化纠纷解决机制简议》,《广东行政学院学报》2008 年第 1 期。
④ 谢晖:《论民间法与纠纷解决》,《法律科学》(西北政法大学学报)2011 年第 6 期。
⑤ 谢晖:《论民间法对法律合法性缺陷的外部救济》,《东方法学》2017 年第 4 期。

现实需要，并把它们升华为法律权利，通过具体法律规定固定起来，同时，当这些权利受到侵犯时，也能使它们得到法律上的救济。如果说法律效力的终极动力源头在于主体对法律规定的自觉，[①] 那么法律对主体需求的关切，则是他们对法律规定产生自觉的基础，在这里，法律与主体之间产生了积极的互动，而放任性调整就在二者的此种互动中逐步贯彻到社会实践中。

二 放任（保障）性调整的一般规范——权利

在法学中，对权利有多种不同的解释，如"自由说"，认为权利乃是法律所保护的自由；"利益说"，认为权利乃是法律所保障的某种利益；"意志说"，认为权利乃法律上所确认的自由选择的意志。权利的结构本身就比较复杂，不同的学说往往是从某一个维度对权利做出解释。我们在诸多解释之中可以发现，任何权利之含义总是少不了主观之"权衡"，对于基本权利而言，它不仅可引起主体在主观上的权衡，甚至它本身就需要在社会不同层面的自由之间实现"价值权衡"[②]。这是权利的主观性方面，也即主体可以选择做或者不做，也可以选择这样做或那样做。此外，权利还包含了"利得"这方面内容，主体根据权利规范进行权衡与选择之后，他们可以从中得到一定的利益，当然，此处所得之利益既可以是物质上的利益，也可以是精神上的利益。在这里，只是把权利规定为"纸面上"的法律，还必须通过权利规范的实施，把此种权利转化为主体所实际享有的"权利"。其实，权利通过法律实施由应然状态转化为实然状态的此种过程，归根结底，这就是通过放任性调整予以实现的，就是放任性调整的具体表现，就是放任性调整发挥作用的过程。如果我们要探究放任性调整的作用机理，就必须首先对放任（保障）性调整的一般规范——权利做出阐释，又因为权利总是少不了主观的"权衡"与客观"利得"两个方面。所以，我们可以从这两个方面探究作为放任（保障）性调整的一般规范的权利。

一方面，权利赋予主体更大的选择空间，他们可以依凭自己的自由意志对诸多事项进行充分的选择。因而权利能够为主体构造增加自由的行为

[①] 谢晖：《法理学》，北京师范大学出版社2010年版，第244页。
[②] 李忠夏：《基本权利的社会功能》，《法学家》2014年第5期。

空间，能在生产、生活中发挥更大的主动性、创造性。这也是社会中任何主体的主体性得以彰显的前提，倘若某一个主体不能凭借自我的意志行为，那么我们也很难说其具有多大的主体性。当然，社会中的婴儿、精神病患者、智识上的残缺者等不能完全凭借自身的意志行为，但他们仍然享有各种权利，只是在大多数情况下，他们的监护者辅助或帮助他们做出选择、判断。所以，在一般情况下，权利往往与主体的自主性关联起来，社会主体可以根据自主意愿行为，只要是此种行为不违反法律的禁止性规定。如果说科学技术的进步使人类在很大程度上摆脱了自然的约束，而权利则是使我们个体摆脱了家族、集团、他人等的约束，因而这才能实现社会"从身份到契约"的跨越，[1] 这也才是权利时代的应有之义。法律保障权利实现的过程，就是放任性调整方式发挥作用的过程，权利实现的方式与放任性调整发挥作用的机理具有一致性，这也许可以解说为什么我们社会如此关注权利，而并没有过多关注放任性调整方式。因为，权利相较于法律上其他核心范畴，诸如义务、责任、权力等，它的实现更多仰赖于主体的自治，有时候并不需要调动全社会资源辅佐、保障其实现，特别是在大多数情况下，权利的实现并不需要调动国家有形的强制力机器、机关。因而社会逐步形成了这样一个观念，权利的实现似乎就是一个自然而然的过程，似乎拥有权利后，主体就能够自然而然地实现权利。

事实上，在权利时代，特别是在以权利为本位的法律的语境下，不管法律上设定义务、责任，还是设定权力，它们归根结底都是为了保障权利的实现；也不管是导向性调整或制裁性调整，还是奖励性调整，它们最终都是为了使权利能够得以有效的实现，只是说放任性调整是直接保障权利实现的法律调整方式，而其他法律调整方式则从不同的维度对权利的实现予以间接的保障。如果说宪法是公民权利的保障书，根据宪法制定的法律又何尝不是公民的权利保障书，所有法律调整方式最终都是为了落实公民的权利，而它们只是选择以不同的具体路径保障权利的实现。我们在学理上对它们进行类型化的处理，只是为了对它们进行更为细致的研究，这并不会影响各个法律调整方式的最终目的的变化。就本文所类型化了的几种法律调整方式而言，权利与义务密不可分，义务的履行有利于权利的实现，针对义务的导向性调整也间接地有利于权利的实现；侵害他人权利的

---

[1] [英]梅因：《古代法》，沈景一译，商务印书馆1959年版。

主体需要承担一定的责任，制裁性调整是针对责任的一种调整方式，因而它也有利于权利的实现；社会道德规范之中本就包含一定的权利因素，更包含了大量有利于权利实现的义务因素，针对道德的奖励性调整方式也因此有利于权利的实现。此外，主体主观上的权衡是权利的重要因素，这些不同的调整方式大都有利于保障主体进行主观上的权衡，保障主体在进行选择时不被过多的不必要的因素干扰，因而保障他们作为主体的自主性。因此，当主体因为具有某项权利而进行主观上的权衡时，法律就已经展开了其放任性调整，虽然说法律并没有以外在的某种有形的方式介入主体权衡的过程中，但主体展开权衡过程的规范依据，就是直接来源于法律的明确规定，法律为主体预设了诸多的选项，他们只需要根据自身的利益诉求选择一定的选项，就可以在放任性调整方式的指引下实现权利。

另一方面，权利的内容主要表现为主体在客观上的"利得"，这就进一步扩展了主体在主观上进行权衡的意义，解说主体展开权衡的原因，更可以展现主体进行权衡的最终目的，由此真正把权利落实为现实生活中的自由与利益，进而完成放任性调整的整个过程。法律的任务就是承认、保障、实现某些利益，[1] 在一定程度上，法律权利也是受到法律保护的利益，[2] 主体能够通过权利获得一定的利益，这是权利在客观上的一种功能，这也使权利是"有用的"，而不是可有可无的。也因为权利在客观上能够使主体获得一定的利益，使得他们在主观上更愿意拥有权利，更愿意把自己拥有的权利落实到日常生活中，也更愿意"为权利而斗争"，为实现权利而斗争。虽然"利得"是主体选择的物化表征或应然的实物结果，[3] 它更多地反映了一种客观上的结果，但是，它仍然深刻地影响着主体权衡的过程，不仅影响着主体如何选择，更影响着主体是否展开选择。此时，"利得"这一权利客观上的结果，不仅对权利是必不可少的内容，也对整个放任性调整方式是必不可少的内容。如果主体难以通过权利获得利益，或者是主体不仅不能通过权利获得利益，反而会因为拥有权利损害他们既有的利益，那么放任性调整在法律运作过程中就难以产生实际的法

---

[1] [美]罗·庞德：《通过法律的社会控制法律的任务》，沈宗灵、董世忠译，商务印书馆1984年版，第35页。

[2] 严海良：《以利益为基础的权利本位观——拉兹的权利概念分析》，《法制与社会发展》2010年第5期。

[3] 谢晖：《法学范畴的矛盾思辨》，法律出版社2017年版，第147页。

律效果,它最终会沦为一种纸面上无用的规定。当然,在权利实现过程中,到底什么是利益,我们很难用一个统一的标准予以界定。① 其中,最主要的原因就是,主体对利益有着不同的诉求,对同一利益又有着不同的看法,甚至对于同一具体的利益,这个主体可能认为这是利益,而某些主体根本就不认为这是利益,社会中某些群体冲突往往就是由利益差异效能累加造成的②。也正是因为不同主体对利益有着不同的追求与认识,故而权利能够为不同主体提供多样化的选择,赋予他们更多的选择空间,在具体权利实现的过程中可以根据自身的利益诉求做出个体化的选择,这其实也是放任性调整方式发挥作用的具体表现。

此外,也是由于权利与利益密切相关,它应该由法律进行调整,也适宜由法律进行调整。法律运行需要成本,不可能任何社会事项都能够纳入法律的调整范围里,有些事项不适宜也不应该由法律调整,那些事项大都属于社会主体的"私事",③ 或者社会主体间完全有能力进行恰当的调整,而完全无须国家法律的介入。即便社会中有众多事项与利益相勾连,但此种"利益"还不是属于"法益",④ 因而这些事项也不能引起法律的关注。当法律赋予主体某项权利,其实也就许诺给了主体一定的利益,这种利益虽然不一定是当下的一种现实利益,但它是一种可预期的利益,是一种客观上存在的利益,又因为法律对此种利益做出了明确的规定,因而它又是一种受到了法律关注、保护的利益。⑤ 从逻辑上讲,法律应该关切社会整体的利益诉求,应该体现社会的基本共识,权利所蕴含的此种利益就一定是社会的利益共识。当全体社会成员对于某些具体的利益取得了极大的共

---

① 关于利益问题的相关讨论可参见洪远朋、高帆《关于社会利益问题的文献综述》,《社会科学研究》2008 年第 2 期。
② 参见刘勇《利益差异效能累加:群体冲突的触发根源——以斯梅尔塞的"价值累加理论"为诠释框架》,《福建论坛》(人文社会科学版) 2011 年第 1 期。
③ 例如,在一般情况下,纯粹的情谊行为就不属于法律调整的范围。参见王雷《情谊行为、法外空间与民法对现实生活的介入》,《法律科学》(西北政法大学学报) 2014 年第 6 期。
④ 参见刘芝祥《法益概念辨识》,《政法论坛》2008 年第 4 期。
⑤ 其实,在社会各个领域,法律对"预期利益"进行保护是较为普遍的现象。参见安晋城《论股票窃用交易中的预期利益损害赔偿及其限制——评"张春英股票被窃赔偿案"》,《政治与法律》2016 年第 3 期;王建东、杨国锋《预期利益赔偿:建设工程承包人合理利润索赔研究》,《浙江学刊》2015 年第 3 期;袁勇《合法预期利益之诉初论——以 WTO 非违法之诉为鉴》,《海南大学学报》(人文社会科学版) 2006 年第 2 期;陈海萍《论对行政相对人合法预期利益损害的救济》,《政治与法律》2009 年第 6 期。

识，他们对这些利益具有相似性的认知，具有一致性的认同，这些一致性的认知、认同将作为全体社会成员处理这些利益的一种"前理解"，在权利实现的过程中起到极大的作用。因而当一部分社会主体实现权利时，其他主体因为也对这些权利有基本相似的认同，他们就更倾向于保障权利主体实现权利的行为。此时，权利主体更容易按照法律提供的实现权利方式的备选项，并基于自己的个体化的需要实现权利。即使某些社会主体妨碍了权利主体实现权利的行为，权利主体也可以得到法律上的救济，又因为大部分社会成员对此种权利具有相似性的认同，因而权利主体除了能够得到法律上的救济，或许还可以得到社会道义上的某种"救济"，至少权利主体相较于侵害者，他们在道义上更"有理"。这个过程也是放任性调整的具体作用过程，也因此，我们可以想象，放任性调整虽然在大部分时间中没有凭借外在有形的方式落实权利，但它在诸多情况下却是"无所不在"，也可以说它已经结构在了人们的日常生活中，以一种无形的力量保证权利的实现。

三 文化—精神权利作为放任（保障）性调整的对象

文化—精神权利是权利的一种具体形式，它同样构成了放任性调整的对象，同样遵从权利实现的一般路径，但它作为一种具体的权利，具有某些与其他权利所不同的特征，这些特征必然会在一定程度上对它的实现产生或大或小的影响，其在遵从一般权利实现路径的同时，又会表现出一些不同的特征。人类是文化—精神性的存在，[1] 甚至文化—精神权利最初源于个人主义和浪漫主义对尊重个人创作和个性的要求[2]；而法律所关切的社会关系在本质上是一种文化—精神关系，法律最终要把此种精神化的社会关系制度化、模式化和一般化，也因此法律与文化之间可以相互阐明[3]。文化—精神权利就是精神化社会关系的制度化、模式化和一般化的具体表现方式，法律也试图通过文化—精神权利实现对精神化的社会关系制度化、模式化和一般化，关注主体行为模式中的诸多因素，[4] 这也就解

---

[1] 谢晖：《法治讲演录》，广西师范大学出版社2005年版，第143页。
[2] 张建邦：《精神权利保护的一种法哲学解释》，《法制与社会发展》2006年第1期。
[3] 梁治平：《法辨——中国法的过去、现在与未来》，贵州人民出版社1992年版，第11页。
[4] 黄建武：《法律调整：法社会学的一个专题讨论》，中国人民大学出版社2015年版，第49—65页。

释了文化权利保障法体系建设的重要性①,甚至我们可以把法律体系理解为具有文化内在相关性的法律整合体②;然而法律只规定文化—精神权利还不够,还必须促进此种文化—精神权利在主体间的交往实践中予以充分实现,促成社会的"精神交往"③。为什么是通过放任性调整实现文化—精神权利,而不是通过其他法律调整方式?因为,文化—精神权利属于一种具体的权利,它当然适宜于权利的一般调整方式。但是,并不是所有权利都需要法律的调整,也不是被放任性调整方式所调整的权利都遵循完全一样的调整路径。对于前一个问题,我们在"人类文化—精神领域为何需要法律调整?"这一章中已经进行了详细的论述,接下来我们将回答后面一个问题,也是从权利的一般性内容中找寻文化—精神权利的独特的因素,进而从文化—精神视角,对法律如何在人类文化—精神领域展开调整做出初步回应。

首先,就权利主观上的"权衡"而言,文化—精神权利本就是人的一种精神性权利,主体因为拥有此项权利而可以自主地表达和创作,追求精神上的愉悦等,法律就是要通过放任性调整方式确认、保护主体在文化—精神领域的创造。④ 人类文化—精神领域是由每一个个体的思想、思维等人的内蕴性因素组成,法律似乎难以到达人的精神领域,难以对他们文化—精神上所做出的任何"权衡"进行干涉,似乎人的思想、思维等完全不具有法律上的规定性。确实,在一般的情况下,法律不可能直接干涉到人的思想,也不可能直接对人的思维过程进行调整。且不说法律能否直接过问人的思维活动,就算是我们个体自己也常常难以察觉到或完整地表述我们的思维、思想过程,更不要说观察或表述他人的思维过程。因为我们每一个个体在日常生活中,都要做出众多的"权衡""选择",每个人的思维都是异常活跃的,我们难以通过某种方式记录所有的这些思维活动;况且,针对同一事项,不同的社会主体会有不同的做出权衡的路径,就算是同一个人在不同时刻,也可能具有不同的权衡路径,这也就注定不管是法律,还是其他任何方式,都难以完整关注人类的思想、思维过程,也不

---

① 蔡武进:《我国文化权利保障法体系建设的进路》,《学习与实践》2014年第8期。
② 谢晖:《论法律体系——一个文化的视角》,《政法论丛》2004年第3期。
③ 张洪武:《试论精神交往的职能》,《长白学刊》1990年第1期。
④ 关于权利与自由关系的具体论述,参见谢晖《法律信仰的理念与基础》,山东人民出版社1997年版。

可能对人类权衡的过程进行完整的表述。① 因而纯粹的人类思维也就没有可调整性，即便法律试图进行调整，这样的调整不会产生太大的效果，也将因调整成本过高而无法进行持续性调整。

"权衡"这一要素是如何在文化—精神权利中得以体现的？放任性调整方式又是如何在权利主体权衡过程中展开的？一方面，虽然权利主体的权衡过程常常表现为他们思维的活动，特别是在文化—精神领域，诸多权衡过程都是在主体的思维过程中潜移默化的完成，但权衡过程具有外显的趋向。权利主体之所以展开权衡，主要是由于外在的因素引起，否则他们所进行的完全个体化的思维、思想难以影响到其他主体，甚至这些就是一些惯性的思维所触发的。② 而当某些外在因素引起权利主体的权衡过程，法律就能够把此过程以放任性调整的方式规定下来。在著作权领域，著作权人被法律赋予发表权，即决定作品是否公之于众的权利，虽然权利人是以思维的方式完成了是否发表作品的权衡过程，但此种思维过程一定会以他们发表了作品或没有发表作品这样的行为体现出来。也因此，法律对发表权的此种放任性规定具有实现的可能，对权利人权衡过程的规定也具有了规范意义。另一方面，法律对权利的放任性规定也会影响到主体权衡的过程，使纯粹思维上的权衡成为一种规范性的权衡，赋予权衡以规范意义与社会意义，而不仅仅是主体主观上的一种思维、思考过程。权利的实现，特别是文化—精神领域权利的实现，是需要主体通过一定的作为与不作为方式完成。即便法律对某些惯性权利并没有明确的规定，但经由权利代入的自治性保护、契约沟通的互治性保护和权力强制的他治性保护可以实现对习惯权利的保护。③ 然而，如果法律对某些权利没有进行明确的规定，这不仅会使得这些权利没有规范意义，也会使得权利人仅仅在主观上进行权衡，而没有通过一定的行为把主观上的权衡予以外显。此时，法律对文化—精神权利所做出的放任性规定，既可以认为是引发主体进行权衡的规范性因素，也可以认为是主体判定其权衡所产生的结果的一种参考性材料。

---

① 正因为如此，司法过程中的直觉才可能会产生偏差，进而使司法判断产生偏差。参见李安：《司法过程的直觉及其偏差控制》，《中国社会科学》2013年第5期。

② 比如，人并不天然具有法治思维，是通过后天习得而来，而且往往是我们因为学习、研究法律时习得的。参见杨建军：《法治思维形成的基础》，《法学论坛》2013年第5期。

③ 谢晖：《论作为人权的习惯权利》，《法学评论》2016年第4期。

其次，虽然在文化—精神权似乎仅与主体的思想、思维相关联，与主体的利益关联不大，但这里的"利益"，不仅包括了物质上的利益，也包括了精神上的利益。① 这些权利，"它通常包括公民个人的表现自由、创作自由、发表意见的自由、追求美感和精神愉悦的自由、从事科学研究的自由、充分发挥个人精神人格力量的自由、宗教信仰自由、语言文字自由、文化娱乐的自由，等等。这些自由权利有利于发展公民个人健全的人格和健康的心理结构，有利于逐步改造和克服人性中的弱点，增加个人的文明素质和精神修养。"② 因而文化—精神权利首先有利于个人的发展，特别是有利于个体作为社会主体所需的健全人格的发展，使作为社会主体的个人在精神层面上得以发展。其实，文化—精神权利中客观上的"利得"内容也包括了物质利益。在当代市场经济潮流中，社会中的各类要素，不管是财产方面的，还是人身方面的，它们都逐步被市场化、资本化。因而权利，特别是文化—精神权利也被利益化。③ 作为社会的主体，我们不仅具有文化生活，也可以从事文化生产；不仅可以进行纯粹的思维活动，也可以进行思维生产；不仅可以进行纯粹的精神消费，也可以进行通过物质方式实现精神上的消费。从我国著作权法对著作权的规定，就可以很直观地观察到文化—精神权利中精神利益与物质利益两方面内容。著作权法规定著作权包括了人身权和财产权两方面内容，法律在对权利主体的著作权进行放任性调整时，既能够关注到权利主体物质上的利益，也能关注到他们精神上的利益；而对权利主体的物质与精神两方面进行综合性的放任性调整，不仅有利于展开对权利主体权利的全方位保护，更有利于对人的社会主体地位进行法律上全方位的确认，这也为其他权利的充分实现积累了主体因素。

放任性调整方式通过保障权利人的权衡与选择过程，使他们能够因此在客观上获得一定利益，这是法律对权利进行放任性调整的一般路径。但法律展开其对文化—精神权利进行放任性调整时，不仅遵循以上的一般路

---

① 当然，文化—精神权利不仅可以使社会个体获益，也能使社会团体获益。比如，学术自由的权利对于构筑我国现代大学法制，破解我国高等教育"行政化"就有极大的益处。参见王德志《论我国学术自由的宪法基础》，《中国法学》2012 年第 5 期。
② 莫纪宏：《论文化权利的宪法保护》，《法学论坛》2012 年第 1 期。
③ 具体分析可参见王福友、张雅萍《从权利利益化视角谈公众人物名誉权保护》，《国家检察官学院学报》2013 年第 2 期。

径，还具有一些不同的特点。一方面，权利人可以按照法律的权利规范主动实现其拥有的权利，进而获取权利中所蕴含的利益，这是放任性调整方式的一个方面；另一方面，法律把主体生活中的一些日常行为以权利规范的形式规定在法律之中，即便没有法律的规定，权利人也每天都在"无意"中实现权利，在法律上对行为人的行为进行规定，主要是为了当他们这些行为被侵犯时能得到法律上的救济，甚至权利遭受来自公权力机关具有普遍效力的行为的侵害时，也应当获得救济，[1] 这也是放任性调整方式的一个方面。当然，法律对任何权利进行放任性调整都会或多或少包含这两个方面，但有可能会侧重于某一方面。文化—精神权利并不是因为法律的规定而产生的新型权利，也不是任何法学家在学理上梳理出来的新型权利，它是结构在人们日常生活之中的权利，是结构在人的精神需求之中的权利，甚至人们无时无刻不在实现着某些文化—精神权利，无时无刻不在享受着文化—精神权利所带来的利益。在大多数情况下，这些权利的实现不大会受到什么障碍，而一旦有任何因素阻碍了这些权利的实现，不仅使得这些权利难以得到实现，更有可能使得社会主体的生活难以正常进行。此时，法律根据权利的特征，对文化—精神权利进行了规定，当它们的实现受到不当干涉时，因为法律上的规定而可以获得强有力的救济，进而为文化—精神权利的实现，特别是为主体实现权利中的利益，提供全方位的保障。所以，法律通过对文化—精神权利的放任性调整，不仅要对权利主体应当享受的利益做出法律上的规定，更要为此种利益在日常生活中的实现创造必要条件。

最后，在对文化—精神权利进行放任性调整时，权利主体的权衡过程与获得利益的结果有着密切的联系。在文化—精神领域，倘若主体的某项行为并没有与利益有着直接或间接的关系，那么这项行为就仅仅属于主体个人的纯粹思想、思维行为，它还不是"法益"，[2] 并不适宜于通过法律调整。在这里，我们可以说利益是引起权利主体按照放任性调整方式实现权利的最主要因素，是利益开启了法律的放任性调整方式。在以往，我们常常因为没有充分认识到利益在文化—精神领域中的存在，

---

[1] 柳经纬：《从权利救济看我国法律体系的缺陷》，《比较法研究》2014年第5期。
[2] 关于"法益"与"利益"的关系，参见刘芝祥《法益概念辨识》，《政法论坛》2008年第4期。

或者是认为精神性的利益难以通过法律调整，因此否认整个文化—精神领域中放任性调整方式的存在。其实，蕴含着精神性利益的文化—精神权利不仅是放任性调整的对象，而且它还与放任性调整作用机理具有极大的契合性。精神性利益中就蕴含着主体对诸多事项做出的判断，并通过一定的物质载体予以表现，精神利益的最大利益性就表现在主体希望其他主体以及社会尊重其思想、思维；同时，只要其他主体不侵犯权利人的思考，文化—精神权利就可以得以充分实现，放任性调整就是为其实现排除障碍。比如，署名权，即表明作者身份，在作品上署名的权利。作者可以自主决定是否在自己的作品上署名，即便决定在作品上署名，既可以署真名，也可以署化名、别名、艺名、笔名等。[①] 在大多数情况下，作者是根据自己的利益诉求而以不同的方式实现署名权，如果作者并没有想利用作品获取物质利益，那么他可以不署名；如果作者创作本作品就是为了获得物质利益，那么他往往会选择署真名实现署名权。所以，正因为文化—精神权利中也包含了不同的利益内容，这使得此项权利具有法律上的可规定性，而主体不同利益诉求，又使得此项权利能够成为放任性调整的对象。

　　总之，对文化—精神权利的放任性调整，既符合权利的放任性调整的一般作用机理，也具有某些特殊之处。如果说法律对权利的放任性调整着眼于为主体提供多样性的选择，而且常常为主体进行选择提供备选项，那么，在对文化—精神权利进行放任性调整时，更侧重于保障主体的选择自由，在诸多情况下并没有为主体提供备选项，使文化—精神权利的实现更能体现人类的主体性。同时，在对某一项具体的文化—精神权利进行放任性调整时，如果此项权利的实现主要关切到主体的精神利益，那么法律对此项权利的具体规定要侧重于防止其被侵犯；如果此项权利的实现主要关切到主体的物质利益，那么法律要通过具体规定为权利的实现创造条件；如果此项权利既关切到主体的精神利益，也关切到主体的物质利益，可以综合运用以上两种方式对此项权利进行调整，也可以进行利益间的虚拟"转化"，进而运用其中一种方式调整此项权利。

[①] "署名"的权利享有者为作者，即便在作品上冒他人之名并非侵犯他人"署名权"的行为，由此，我们也可以观察到权利主体的自主性对于权利的实现极为重要。参见王迁《"署名"三辨——兼评"安顺地戏案"等近期案例》，《法学家》2012年第1期。

第二节 文化—精神义务与导向性调整

虽然义务的设定最终也是为了保障社会每个成员权利的有序实现,但相较于权利,义务则直接要求主体必须或不得从事某些行为,并要"对他付出""对他抱抑",这就使得义务的实现更难,需要法律更多地"干涉",甚至在一定程度上,义务的实现状况对法律实现的效果产生根本性影响。[①] 在文化—精神领域,主体实现权利的行为与滥用权利的行为转化更为容易,[②] 而相对于影响主体的行为,法律更难以对主体的思想、思维等产生实质性的影响,因为法律常常需要主体的思想、思维引起了一定的行为,并且此类行为属于一定的法益,它才能对主体履行文化—精神义务行为展开调整。法律如何能够通过导向性调整,实现公共文化—精神利益,构建公共文化—精神秩序,塑造公共文化—精神自治空间,申明文化—精神价值共识,最终保障主体文化—精神自由的实现,这些问题是我们下文探究文化—精神义务的导向性调整的向导。

一 什么是导向性调整?

在日常生活中,权利的实现往往都能为社会主体带来一定的利益,他们不仅期望拥有更多的权利,也会按照放任性调整所预设的方式充分实现所拥有的权利;然而,社会主体履行义务常常就代表着他们的行为将受到一定的约束,也将会付出一定的利益。是故,在法治实践中,义务的实现就显得更为重要,也更为紧迫,义务及其调整方式在整个法律调整中都具有重要地位,我们有必要首先对导向性调整进行学理上的梳理。不可否认的是,任何法律规范都具有导向性的功能,[③] 甚至大部分民间规范也具有此功能[④]。因为任何规范都是通过对人们思想、行为的导向发挥其作用,使人们都按照规则规定的方向行为,进而构造社会的良好秩序。但是,法

[①] 谢晖:《法理学》,北京师范大学出版社2010年版,第203页。
[②] 在知识产权领域,禁止权利滥用原则也同样适用,参见易继明《禁止权利滥用原则在知识产权领域中的适用》,《中国法学》2013年第4期。
[③] 其实,导向功能是法律的基本功能,行使权利与履行义务恰恰是实现此功能的具体方式。参见付子堂、胡仁智《关于法律功能实现的若干思考》,《法学评论》1999年第5期。
[④] 民间法可作为裁判规范,为解决纠纷的活动提供规范指引,参见谢晖《民间法与裁判规范》,《法学研究》2011年第2期。

律义务规范具有更明晰的导向性功能,法律义务对人们行为的调整,也就是通过其导向性而实现的。① 本文所要讨论的导向性调整是作为义务规范的调整方式,是一种特定的法律调整方式,它是指法律对主体能做什么、不能做什么做出了明确的规定,指令社会主体按照规定行为。导向性调整常常通过"必须"和"不得"等关键词对人们如何行为进行规定,使主体在交往行为中明白并遵行"必须"和"不得"这两种相反的行为(法律义务),② 这两个关键词也就成为我们理解导向性调整的关键之所在。下文将以"必须"与"不得"这两个关键词为线索,对导向性调整做进一步的解读。

"必须"是法律展开导向性调整的关键词,③ 它指令主体完成特定的某些行为,为行为人如何行为做出了明确的规定,当行为人的行为被纳入此类规范中,他们没有其他的选择,只能按照业已制定的规则行为。虽然"必须"是从正面规定行为人如何行为,但它也蕴含了行为人实施反面行为的后果。如果行为人没有按照该指令完成一定的行为,或者只按照指令的要求完成了部分行为,那么行为人将受到法律的制裁。在这里,"必须"就完全不同于"可以",④ "可以"不仅没有对行为人的行为做出一定的限制,反而要为行为人行为提供多样化的选择,此时规定的某些行为,只是行为人行为时的备选项,行为人可以在这些行为中做出个体化的选择。"必须"这一指令,不仅限制主体行为时的选择,而且要求主体完成特定的行为,主体也能够通过此指令预知其不按此行为的后果。"可以"为主体提供行为的自由,主体可以根据自身的利益诉求,把此种行为自由转化为切身的利益,这也是"可以"这一指令为主体所预设的一种结果,主体按照"必须"这一指令行为能够得到怎样的结果?以上分析的主体不按照"必须"这一指令行为将受到法律制裁,这只是主体违反这一指令的后果,并没有说明主体按照指令行为将会得到怎样的结果。如

---

① 谢晖:《法理学》,北京师范大学出版社2010年版,第202页。
② 谢晖:《论法律调整与社会管理创新》,《西北大学学报》(哲学社会科学版)2013年第1期。
③ 关于"必须"一词的历史演进,参见朱冠明《情态动词"必须"的形成和发展》,《语言科学》2005年第3期。
④ 当然,在立法中,"必须"一词也与"应当"有较大的区别,相关研究参见周赟《论作为立法用虚词的"必须"——主要以"应当"为参照》,《苏州大学学报》(哲学社会科学版)2013年第1期。

果说"必须"指令主体该如何行为,是为主体去向何处指明了方向,那么该指令还必须告诉主体行为的"目的地",即该种行为会引起怎样的后果。只有当导向性调整具备以上两方面的条件,它才可能对行为人的行为具备有效的导向作用,才是一种完备的法律调整方式。所以,下文将对主体按照"必须"指令行为的后果进行分析。

"必须"所表达的是一种积极的法律义务,所对应的法律规范为必为性法律规范,所对应的社会事实是公民在日常生活中"对他付出"的行为要求。[1] 倘若主体按照"必须"指令完成一定的行为,并同时满足"对他付出"的行为要求,那么,我们就可以说法律对主体完成了一个导向性调整过程,也可以说导向性调整对主体产生了预期的效果。我们每一个社会成员在实现自身利益时,都在一定程度上要求他人付出一定的利益;而当他人实现法律所赋予其的利益时,我们也不得不付出一定的利益。这是我们在与其他人进行交往时的必然要求,只有通过社会成员之间的互动,促进社会利益的动态变化,才有可能使得社会利益实现最优的配置,也才能使我们社会成员结成最紧密的有机共同体。特别是我们社会实现了从身份到契约的跨越,人与人之间形成"契约团结"[2],在契约共同体里面,主体既可以因为契约而获得一定的利益,也必须因此付出一定的利益,这也是契约共同体得以维系的基础。此外,人类的交往实践,本质上是一种利益互动过程。随着社会的发展,不同的主体具有了不同的利益诉求,同一主体也具有了不同的利益诉求,社会利益会因此而不断分化,社会整体的秩序是否会因此而被消解呢?社会或许只有通过主体间的利益互动,回应社会的不同利益诉求,优化配置不断分化的社会利益,使社会利益从分化走向优化。而社会利益互动的前提就是主体的"对他付出"行为,此时,我们与其说导向性调整是一种法律"创造"出来的调整方式,还不如说它是一种法律"发现"出来的调整方式。

另一方面,"不得"也是理解导向性调整的要点与核心。[3] "不得"在法律中的指令是要求主体不能从事某种行为,如果从事某种行为,必然面

---

[1] 谢晖:《论法律调整与社会管理创新》,《西北大学学报》(哲学社会科学版)2013年第1期。

[2] 刘斌:《"契约团结"的法理疏释:面向主体化时代》,《北方法学》2015年第1期。

[3] 关于"不得"一词的详细研究,参见魏治勋《禁止性法律规范的概念》,山东人民出版社2008年版。

临法律制裁。① 这是法律明令禁止主体不能从事某些行为，如果从事了禁止的这些行为，主体必将遭受法律的制裁。在这里，导向性调整是要告诉人们不能从事哪些行为，而导向性调整通过"必须"，则告诉人们一定要从事某些行为。导向性调整通过对人们行为的这正反两方面的导向，使人们的行为能够朝着预设的轨道发展，而不易偏离轨道，因而作为一种法律调整方法的导向性调整，指令人们一定得为某些行为，也要求人们不得为某些行为。如果说禁忌是法律制度的最初形式，那么它常常就具有禁止、勿为的意思。一方面，它可能是崇高的、神圣的，是值得我们遵守的规范；另一方面，它也可能是禁止的、神秘的，是我们必须遵守的规范。② 因此，禁止性规范是任何时代法律制度中都会具有的一种规范形式，也是社会成员相对熟悉的一种法律规范，例如，不得无故伤人、不得盗窃他人财物、不得背信弃义等都是大多数社会成员极为熟悉的一些禁止性规范。即便在当今权利时代，通过"不得"指令调整人们行为，也是必不可少的一种方式。最显而易见的原因就在于，社会主体任何权利、利益，都必须在一个有序的社会中得以实现。如果我们每一个人都不注重保护社会公共利益，通过损害他人利益获得自身利益，那么，社会就必将陷入"一切人对一切人的战争"的状态中，此时，大多数的社会成员的正当利益都无从实现。

同时，"不得"所引出和表达的是一种消极的法律义务，所针对的法律规范是禁止性法律规范，所对应的社会事实则是"对他谦抑"。③ 这要求社会任何主体必须对自身的行为予以限制，从而为他人实现自身的正当利益创造条件，也为社会利益的实现创造空间，使导向性调整具有实实在在的社会效果。其实，导向性调整之所以要求主体"对他谦抑"，并不在于为主体行为施加限制，而在于通过保持社会利益互动的持续进行，使社会利益在总量不变的情形下，形成"利益位阶"④，进而满足尽可能多的主体的不同利益诉求。虽然社会利益的总量并不能完全满足每一个主体的需求，社会利益的供给侧与需求侧始终都会处于难以平衡的状态中，但

---

① 谢晖：《论法律调整与社会管理创新》，《西北大学学报》（哲学社会科学版）2013 年第 1 期。

② 魏治勋：《禁止性法律规范的概念》，山东人民出版社 2008 年版。

③ 谢晖：《论法律调整与社会管理创新》，《西北大学学报》（哲学社会科学版）2013 年第 1 期。

④ 王利明：《民法上的利益位阶及其考量》，《法学家》2014 年第 1 期。

是，社会可以通过优化利益的配置，满足更多主体的不同利益诉求。而导向性调整在本质上就是实现社会利益最优配置的一种方法，它虽然要求主体"对他谦抑"，但它始终关切社会每一主体的正当利益诉求，保持不同主体间利益的有序流通，也为主体的利益互动做出法律上的确认。也因此，导向性调整对主体的"不得"指令具有实践上的正当性，"对他谦抑"也能进一步结构于主体的行为之中，成为主体做出任何"权衡"的参考性因素，成为主体在客观上"利得"的前提。

二 导向性调整的一般规范——义务

在任何一部法律中，导向性调整都是通过义务实现的，法律上的义务规范规定了主体必须做或不得做某些行为。法律义务为何能产生？学者们一般认为，义务起源于禁忌，但这只是说明了义务产生的因素，并不能说明义务产生的目的、原因。在现代法律中，法律义务必须以法律权利为目的。[①] 法律权利总是意味着某种个人取向，它也总能为主体带来一定的个体利益，使得社会主体总是愿意拥有更多的权利，也更愿意积极创造条件，促使权利的充分实现；而法律义务意味着某种集体取向，它总是要求主体必须付出一定的利益，或者对自身的行为施以必要的限制，以此维护社会公共利益。通过这样的对比，我们似乎可以发现，权利与义务不仅难以在同一社会主体的行为内相互兼容，它们还可能处于冲突状态中。但是，法是互助合作的规范，法律一方面使主体感到束缚的义务，另一方面也使他们感到应得的权利，这是其所以异于其他条文之点。[②] 又因为法律调整的正当目的是社会有序。[③] 因而，导向性调整并不是一味地限制主体的行为，只是为了保证每一社会主体都能够有序行为；它也不是一味地限制主体利益的实现，只是为了保障主体间利益的有序互动。当然，虽然义务与权利在设定的目的上具有一致性，这也并不代表二者实现的方式一样。[④] 义务的实现，必须对主体的行为施加一定的限制，对主体行为的方

---

① 谢晖：《法学范畴的矛盾思辨》，法律出版社2017年版，第147页。
② [英] 马林诺夫斯基：《蛮族社会之犯罪与习俗》，林振镛译，华通书局1930年版。
③ 谢晖：《法学范畴的矛盾思辨》，法律出版社2017年版，第261—276页。
④ 即便某些事项，既是主体的权利，又是主体的义务，但当它们作为权利或义务时，它们的实现方式也是不一样的。计划生育或许是较好的例证，参见翟翌《论计划生育权利义务的双重属性——以我国人口政策调整为背景》，《法商研究》2012年第6期。

向予以规定；而权利的实现，不仅不限制主体的行为，更要保障主体行为的自由。这就最终导致了导向性调整与放任性调整的作用机理不同，法律上就因此对二者进行了区分，我们更应该在学理上展开对二者的研究。

以上仅仅是从宏观上对作为导向性调整对象的义务进行了分析，下文将对此进行更为细致的分析。具体而言，义务规范可以在学理上划分为命令性规范与禁止性规范，二者都是导向性调整在法律中的具体体现。"命令"与"义务"是相互联系的，当命令被表达出来的时候，一个义务也就被设定了。① 命令性规范的引导性功能是通过肯定的语句表达和实现的，它所导向的内容是主体必须或应当做一定的行为（义务）。② 如果某一具体的法律规则中含有"必须""应当""得为"等词时，它常常就属于此类命令性规范。仅"应当"一词在我国《民法总则》里就出现了八十余次，由此可见，命令性规范是法律中一种普遍性的规范，导向性调整也是法律常用的一种调整方式。同时，命令性规范不仅把义务与导向性调整勾连起来，还能引起其他的法律调整方式。需要注意的是，在一定程度上，命令性规范把义务转化为导向性调整方式，因而使义务结构于人们的行为之中；而它并不能承载其他的调整方式，只是具有"引起"其他调整方式的功能。其实，命令性规范能够引起制裁性调整，因为当主体按照命令性规范行为，他就履行了法律义务，同时法律的导向性调整也随之得以完成，如果某一社会主体违背了命令性规范，他就必然要接受法律的制裁，此时，他的行为也会使得制裁性调整得以启动。因此，联系上文的一系列论述，我们也可以发现，即便社会强调权利本位，但在法律实际运作过程中，义务却起着至关重要的作用，它以保障权利为目的，也同时勾连着其他的法律调整方式，因而能为权利的实现提供全方位的保障。③

---

① ［英］约翰·奥斯丁：《法理学的范围》，刘星译，中国法制出版社2001年版。
② 谢晖：《法理学》，北京师范大学出版社2010年版，第202页。
③ 其实，义务不仅能够引起制裁性调整，它也能引起奖励性调整。如果说主体拒绝履行义务或不充分履行义务，那么，他的行为可能引起制裁性调整；如果不仅能完成法律上规定了的义务，还能完成"超法律义务"，那么，法律该对此类行为进行何种调节？行之有效的办法就是对此类行为进行奖励性调整。虽然不同的学者对于法律的核心范畴有不同的认识，但在法律调整的语境下，权利与义务是法律的核心范畴，责任、权力等范畴往往是围绕着权利与义务这对核心范畴展开的。即使我们如今的权利时代，义务也应当成为法律中的核心范畴，如果我们对义务关注不够，权利是难以在法律的实际运作中实现的。

此外,"必须""应当""得为"等词是构成命令性规范的核心词汇,因而命令性规范都是以一种肯定性的语式结构对主体的行为予以引导、指示,在肯定性的语式结构面前,法律能够对人们应当如何行为做出明确的指示。① 这就是义务对主体行为进行的肯定性导向,它是通过命令性规范,规定主体必须或应当积极从事某些行为,如果他们放弃此类行为,就会构成"消极不法"或"消极违法"。经过义务对主体的此种调节,法律所预设的社会秩序结构于不同社会主体的行为之中。如果说法律在文本上对义务予以规定,这是为了在法律上为社会实践创造一种秩序,我们可以把此种秩序称为"文本上的秩序",那么,经由法律的导向性调整,人们的行为不断契合于法律上的此种规定,义务也逐渐被结构于主体的行为中,此时,义务在实践中也逐步构建了另外一套秩序,我们可以把其称为"实践中的秩序",也是一套充分发挥"社会自我秩序化功能"的"法治秩序"②。所以,义务不仅勾连着法律规范与主体的行为,也因为义务本身具有对主体行为进行导向的功能,它还是法律调整主体行为过程中的关键性因素。在这里,义务是指令社会每一个主体都积极构建社会秩序,通过他们积极的行为,法律所预设的秩序得以不断实现,可以说每一个社会主体都是社会秩序的创造者。

事实上,义务不仅能通过对主体的导向,使每一个主体都积极参与社会秩序构建中,更通过对主体行为的限制,保障社会业已形成的秩序,使每一主体都能成为社会秩序的维护者,形成规范化的人类生存方式。③ 义务在法律中也常常被以禁止性规范固定下来,要求社会主体不得从事某些行为,此类规范的关键词主要是"禁止""不得"等,例如,在我国《民法总则》里,"不得"一词出现了近三十次,可见禁止性规范在法律中也比较常见。一方面,义务的此种否定性导向功能,可以通过对主体行为的一定限制,使某一具体的社会行为主体在行为时,不仅要关注自身利益、权利的实现状况,也要充分尊重他人正当利益实现的行为,维护社会公共利益。更重要的是,义务的否定性导向功能还在于对社会既有秩序予以法

---

① 虽然"应当"的规范指向是弱强行性规范,但它也对行为人如何行为做出了明确指引,当其与规范属性是限制任意性规范的"参照"搭配时,就在形式上是非理的。参见谢晖《"应当参照"否议》,《现代法学》2014 年第 2 期。
② 庞正:《法治秩序的社会之维》,《法律科学》(西北政法大学学报)2016 年第 1 期。
③ 谢晖:《论法律秩序》,《山东大学学报》(哲学社会科学版)2001 年第 4 期。

律上的确认，使社会主体不仅结构于社会秩序构建的实践过程中，也能够成为维护社会秩序的实践者。社会既有的一些秩序归根结底也是社会成员在交往实践中逐步构建起来的，如果法律通过导向性调整确认此类社会秩序，不仅有利于为法律实施节约成本，提高法律施行的效率，更有利于维护社会成员的自治实践，保障社会成员的最大自治空间。① 在此维度上，民间法与国家法也能实现良好互动，民间秩序与官方秩序共同形成推进法治建设的合力。例如，我国《民法总则》规定，民事主体从事民事活动，不得违背公序良俗，公序良俗常常就是社会中已经形成的某种秩序状态，甚至是在法律秩序之外形成的秩序状态，法律通过否定性导向，就确认了此类社会秩序在法律上的正当地位。

然而，导向性调整不仅可以确认社会自有的秩序，还能起到维护此类秩序的作用，由此扩张义务与导向性调整在整个法律体系中的意义。民间秩序由于没有国家强制力支持，它往往只靠特定空间内的舆论、纪律、文化认同等因素维系，但这些因素只能在较为封闭的空间中发挥作用，② 一旦外界的诸多因素导入，就会使空间内的秩序难以维系。而在现代社会，不管是社会"文化空间"③，还是社会"自治空间"，它们都是一种开放性的社会空间，其中的成员往往因为一定的原因，而在某些特定时段结构在一定的社会空间中，他们并不从属于这些社会空间。因此，民间秩序既容易形成，也容易被社会主体打破，它们要能够持续在社会中发挥作用，就必须使社会主体更自觉地遵守此类秩序。否定性导向禁止主体从事违反民间秩序的行为，这是对民间秩序在法律上的确认；如果主体从事了违反民间秩序的行为，那么，他们的此类行为就属于法律禁止的行为，从而构成"积极不法"或"积极违法"。此时，导向性调整就为民间秩序在社会中发挥作用提供了强有力的保障。民间秩序是社会成员共识的体现，也是他们利益互动的最优结果，如果说义务更侧重于对社会公共利益的关注，那么，通过导向性调整，把民间秩序导入官方秩序中，使其能够发挥持续的

---

① 易军：《"法不禁止皆自由"的私法精义》，《中国社会科学》2014年第4期。
② 当然，任何社会空间的封闭性都是相对的，封闭中也或许具有开放因素，正如中国乡村具有闭合性，而闭合性并非完全的封闭，而是有着一种从闭合到开放的自我转化能力。参见赵旭东《闭合性与开放性的循环发展——一种理解乡土中国及其转变的理论解释框架》，《开放时代》2011年第12期。
③ 关于"文化空间"的解读，参见伍乐平、张晓萍《国内外"文化空间"研究的多维视角》，《西南民族大学学报》（人文社会科学版）2016年第3期。

作用，这也是社会利益得到关切的具体表现。

三 文化—精神义务作为导向性调整的对象

当谈论文化—精神义务时，我们可能首先想到的是作为保障公民文化权利的国家义务，① 甚至国家在文化权利方面还有域外义务，② 然而，文化—精神义务有着更为丰富的内涵与外延。"没有无义务的权利，也没有无权利的义务"，义务总是与权利相对的，既然人类文化—精神领域有着诸多的权利，那么总会有与这些权利相对应的义务。即便是精神流浪权，也会有与之对应的流浪义务，自然条件、人际关系、制度等都会使人的精神流浪受到各种限制。③ 又如，在一般情况下，著作权人对其作品都享有广泛的权利，但他们行使著作权，不得违反宪法和法律，不得损害公共利益，国家对作品的出版、传播依法进行监督管理。总之，文化—精神义务就是社会主体在文化—精神领域享受权利时，所受到的某种限制，此种限制使主体在实现文化—精神权利、自由时，不得不关注、尊重他人权利与自由的实现，也必须保护社会公共文化—精神领域的利益，进而构建文化—精神领域的良好秩序。法律把人类在文化—精神领域内的一些利益、自由上升为权利，并通过放任性调整方式保障主体文化—精神权利的实现，此时，主体的文化—精神权利虽然被纳入法律调整的视野中，但法律也只是从个体的视角下保障文化—精神权利的实现。而通过在文化—精神领域创设义务，并导入导向性调整，法律就可以从公共的视角对人类的文化—精神利益予以保护。

首先，文化—精神义务把个体行为由单纯地实现个人利益导向实现个人利益与公共利益并重的状态。人因文化—精神而在，实现文化—精神领域自由与利益是人类的一种最纯真的追求，也是人类得以持续发展所必不可少的。因此，当讨论人类文化—精神领域时，我们更容易想到主体的自由、利益，似乎只要能够直接保障每一个社会主体在文化—精神领域内的利益，他们的文化—精神权利就能得以充分实现。殊不知主体在实现文化—精神权利时，还会受到诸多限制，且不说主体自由思想受到的自身的

---

① 陈佑武：《文化权利保障的国家义务》，《学术界》2007年第5期。
② 于亮：《国家在经济、社会和文化权利方面的域外义务》，《法制与社会发展》2016年第1期。
③ 谢晖：《民间法的视野》，法律出版社2016年版，第369—375页。

限制，还将受到其他主体的侵扰，受到社会的干预；有人又可能产生这样的疑问，在权利受到侵犯时，也有相应的法律救济途径，缘何还需要创设义务保护主体利益的实现呢？在法律上创设义务，并通过义务调整主体的行为，使他们也关切其他主体在文化—精神领域的利益，这有利于保护文化—精神领域内的公共利益，维护主体间文化—精神利益互动的良好秩序。① 具体而言，通过文化—精神义务，明确指令主体在文化—精神领域必须从事某些行为，以促进他人利益的实现，保护公共利益；同时，也要求主体不得做出某些行为，以防止主体侵扰他人思想的自由，侵犯公共文化—精神利益。因为人们在文化—精神领域内的诸多利益体现为精神利益，此种利益被侵犯后难以恢复，事前防止他人侵扰的机制，更有利于保护此种利益。② 而且，有诸多的文化—精神利益、自由，都需要社会与国家进行保护，构建公共文化—精神服务体系，③ 就是为个体利益的实现创造自由的公共空间与社会环境。

其次，法律在对文化—精神义务进行调整时，逐步构建公共文化—精神秩序，实现主体在文化—精神领域的良好互动、互惠。不管通过导向性调整怎样保护公共利益，最终都是为了构建文化—精神领域内的秩序，使主体能够在有序的环境下充分实现自身利益。特别是在当今社会，网络使处于不同地域、阶层的社会主体都能分享着共同的文化—精神利益；在实际生活中，主体又被结构在一个个不同的社会空间中，这些不同的社会空间是禁锢他们的文化—精神自由，还是保障他们的文化—精神自由，对于他们能否充分实现文化—精神权利至关重要。而构建公共文化—精神秩序，就是要使社会中的每一个单位，不管是个体，还是任何社会空间，④

---

① 就正如礼法制度对古代中华民族的精神秩序整合一样，现代法治不仅影响个体的行为，同样会型构整个社会的精神秩序。参见冯秀军《传统礼法制度对古代中华民族的精神秩序整合》，《社会科学论坛》2005年第4期。

② 特别是当纯粹精神利益损害赔偿纳入法律的调整范围时，对精神利益的"赔偿"往往是一种事后的"补偿"，很难使精神利益，尤其是纯粹精神利益恢复到"原状"。关于纯粹精神利益损害赔偿的相关论述，参见鲁晓明《论纯粹精神损害赔偿》，《法学家》2010年第1期。

③ 夏国锋、吴理财：《公共文化服务体系研究述评》，《理论与改革》2011年第1期。

④ 虽然我国现行司法解释不支持法人享有精神损害赔偿请求权，但是，根据诸多国家的法治实践以及社会团体向自然人传递与分配非财产损益机制的社会事实的存在，法律应该具备精神损害赔偿请求权。相关具体论述参见王冠玺《法人精神损害赔偿请求权问题再探索——基于比较法上的观察》，《法制与社会发展》2010年第5期；张力：《论法人的精神损害赔偿请求权》，《法商研究》2017年第1期。

都要受到法律的导向性调整，按照义务的规定构筑文化—精神秩序。同时，还要实现主体在文化—精神领域的良好互动与互惠。互动主要体现为主体间有序的交往，而互惠则体现为主体间利益的有序流通。例如，在专利领域，主体基于自身的思想、思维，而创造了诸多的新方法、新技术，如果要想获得专利法的保护，发明人就必须把其关于新方法、新技术的思想、思维过程清清楚楚地展现出来，使得一个普通的工人都能按照他们的思想、思维过程创造新方法、新技术。一方面，发明人把其思维过程展现出来，就体现了主体间的思维交流；另一方面，其他主体虽然可以学习发明人的新颖的思维与思想，但他们只可以在此基础上进行创新，而不可以按照此思维过程生产新产品，这就体现了主体间在思维层面的某种互惠。每个人的思想都必然会有局限性，而不同人的思想之所长又不尽相同，通过在文化—精神领域内的互动、互惠，可以丰富每一社会主体的思想，扩展我们思维的广度，延伸我们思维的深度，最终使得我们充分享受思想、思维的自由与愉悦。

再次，义务对主体的导向性调整还体现在塑造公共文化—精神自治空间中。在文化—精神领域，义务要求主体必须或不得从事某些行为，这是基于怎样的标准确定哪些行为主体必须从事，而哪些行为主体坚决不得从事？当然，基于保护主体的文化—精神权利，也可以甄别出哪些行为主体必须从事，而哪些行为主体不得从事。但是，如果从文化—精神领域行为的类别化出发，我们认为，所有法律规定的行为大致可以分为：必须从事的行为、可以从事的行为、禁止从事的行为。[①] 由此，可以从事的行为属于放任性调整的范围，除此之外的行为皆为导向性调整的行为。主体是否从事"可以从事的行为"主要基于自身的意思自治，而由此类行为所构成的社会交往空间则为社会自治空间，所以，放任性调整是对社会自治空间内部的要素进行优化组合，以此维系社会自治空间的运转。而导向性调整就是要从社会自治空间外部保障它的运转，指令主体必须从事某些行为，同时又禁止主体不得从事某些行为，这样就使得社会自治空间外部的众多行为能够有序展开，使人类文化—精神领域的自治空间获得外在公共

---

① 当然，除此之外，还有能够引起法律制裁行为与道义行为，能够引起法律制裁的行为往往都是主体从事了法律禁止的行为而产生的，而并不是所有道义行为都纳入法律体系中，所以，也就没有把这两种行为归入此分类中。

条件的支持①。所以，在文化—精神领域中，义务通过对主体行为的一定向导，而且是限制性的向导，使得社会自治空间能够持续运转，为主体实现文化—精神自由创作安定的环境。

最后，在文化—精神领域，义务的导向性调整功能主要是影响主体的行为，但也能对主体的思想、思维造成影响，并由此凝聚整个社会的价值共识。法律主要是直接调整主体的行为，并在调整主体行为的过程中，或多或少地对主体的思想造成一定的影响。特别是在文化—精神领域，不管何种法律调整方式，最终都会影响到主体的思维、思想。其实，文化—精神领域的法律调整就是要影响主体的思想、思维，此种"影响"，既可以是保护、放任，也可以是规制、惩罚。然而，义务的导向性调整功能对主体的思想影响更大。法律通过义务确认了哪些行为在法律上是被禁止的，哪些行为是法律要求必须做的，不管是某些行为是被禁止，还是被要求必须做，它们都将在社会心理层面得到某种评价。如果某种行为是法律明令禁止的，那么，此类行为常常会得到社会的负面评价；如果某些行为是法律要求主体必须做的，主体实施此类行为不可能会得到社会的负面评价。长此以往，法律在文化—精神领域对某些行为的评价，就会成为整个社会的"前见"②，成为社会中每个成员理解其他一些行为的参考材料，有利于社会"重叠共识"的形成。在这里，我们可以说，通过义务的导向性调整功能，主体接受了法律的"规训"，不仅是对身体所发出的行为的"规训"，更是对身体所创造的思想的"规训"，最终实现对主体肉身的全方位塑造。③ 也正是因为主体是通过法律的导向性调整获得某些文化—精神领域的"前见"，每个主体的"前见"都具有大致相同的源头，经过社会主体的交往互动，此种"前见"就会逐步汇集为文化—精神领域的一些基本价值共识，这些基本价值共识也是在文化—精神领域创造安定秩序的基础性因素。

以上分析表明，文化—精神义务的导向性调整功能，既符合义务的导向性调整的一般作用机理，也具有其自身的一些特点，尤其是文化—精神

---

① 王欧：《文化自治与共识秩序——公共政策视角下少数民族在现代社会中的文化保护》，《贵州民族研究》2009年第6期。

② ［德］汉斯－格奥尔格·加达默尔：《真理与方法——哲学解释学的基本特征》（上卷），洪汉鼎译，上海译文出版社1999年版。

③ 正如现代社会的全景敞视监狱，它不再强调对肉体的严酷刑罚，而是对身体进行全方位的规训，强调对思想意志的改造，因而实现了对人从肉体到心灵的规训。参见［法］米歇尔·福柯《规训与惩罚：监狱的诞生》，刘北成、杨远婴译，生活·读书·新知三联书店1999年版。

义务在实现公共文化—精神利益，构建公共文化—精神秩序，塑造公共文化—精神自治空间，申明文化—精神价值共识方面，表现出了更为突出的特点。对文化—精神权利的放任性调整，主要是从主体自身出发，保障他们权利、利益、自由的实现。但是，对文化—精神义务的导向性调整，则主要是从主体外部出发，构造主体实现其权利的安定环境。从权利到义务，法律调整的视域从主体到主体间再到公共领域，因此，法律从放任性调整到导向性调整，不仅是一种调整方式的转化，更是法律调整的一种视域扩展。

第三节　文化—精神伤害与制裁性调整

当社会公众谈起法律时，总能将"制裁""惩罚""责任"等词与法律关联起来，虽然法律制裁不断演进，[①] 社会公众普遍对"制裁"这个词汇也比较熟悉，甚至认为法律人"还不是用绳绳绑人的"，[②] 但对何为制裁性调整，以及制裁性调整的机理是怎样的却不一定了解。当权利受到侵犯时，或者当另一方不履行对自己的义务时，他们就会要求适当的社会主体承担其所引起的不利法律后果，此种法律上的不利后果也是主体被强制赋予的额外义务，以此回应社会对于报应正义的期望，这其实就是制裁性调整的过程。在文化—精神领域，对主体的伤害也时有发生，这里的伤害不仅来自其他社会主体，也可能来自于社会团体、国家，甚至来自被伤害者自身。且不说法律在文化—精神领域如何展开制裁性调整，就算是文化—精神伤害的甄别、认定、评价也是极其困难的，需要法律进行科学的制度安排。因此，我们有必要首先在学理上对文化—精神伤害的制裁性调整进行探索，期望能为相关的制度设计提供学理上的参考依据。

一　什么是制裁性调整？

法律设定导向性调整，要求主体必须做什么，不得做什么，能使这些规定在实践中得到有效的遵守，防止主体对上述指令的任意违反，法律还必须设定主体违背法律指令的后果，对主体违反法律义务的行为进行惩

[①] 邓子滨：《法律制裁的历史回归》，《法学研究》2005年第6期。
[②] 谢晖：《法治讲演录》，广西师范大学出版社2005年版，第327页。

罚。在这里，就开始关涉制裁性调整。所谓制裁性调整，是指对违反法律义务的行为所依法科加的额外义务。[①] 不管是放任性调整，还是导向性调整，它们都是在主体行为前，对主体做出的法律上的影响，而制裁性调整则主要是在主体行为做出后，对其进行法律上的消极评价，并强制主体付出一定的代价。因而，制裁性调整使法律调整的视野在同一行为的不同阶段转换，能够关切某一行为的不同阶段，对这一行为的全过程进行调整。放任性调整主要是把社会主体作为一个独立的调整单位，分别对不同社会主体予以调整；导向性调整把社会作为一个调整单位，调整社会中主体间的行为，所以，从放任性调整到导向性调整，是法律调整在不同行为主体间的视野扩展。由此，制裁性调整关注到了主体行为的不同阶段，能对主体的行为产生更为直接的影响。其实，强制力是法律的核心要素，[②] 也是一切规范最重要的属性，不管是民间规范，还是国家法律，它们都具有一定的强制力，只是不同规范的强制力属性不同。制裁性调整所运用的强制力，是法律规则确定的强制力，是由国家所保障的强制力。

当法律调整由关注对违法行为的预防，到对实际发生的违法行为的制裁，法律规则所具有的强制力也将由抽象的转为具体的，制裁性调整就是要把国家强制力具体化，具体方式就是对从事了违法行为的主体施加额外义务。如果说法律的两个基本特点是"指导人类行动"与"强制力量"，[③] 那么，在制裁性调整中，这两个基本特点都得以体现。法律义务规定人们必须从事某些行为，如果人们没有从事或没有按照规定完整从事某一行为，那么，他们是消极地抵触法律上的必为行为。制裁性调整就是强制主体付出一定的代价，对他们没有从事某一行为而损害的利益做出补偿，有时不仅要求他们付出大致相当的代价，甚至还要付出更多的代价，以使他们今后能够积极从事法律上规定的必为事项。[④] 在另外一种情况中，法律

---

① 谢晖：《论法律调整与社会管理创新》，《西北大学学报》（哲学社会科学版）2013年第1期。

② 钱锦宇：《法律强制力观念的弱化与法家思想的时代性危机——一个初步的批判与阐释》，《理论探索》2017年第1期。

③ ［意］托马斯·阿奎那：《阿奎那政治著作选》，马清槐译，商务印书馆1982年版，第121页。

④ 不同领域内的制裁要求主体付出的代价也不一样，这是因为不同领域内的制裁的目的不一样。对于刑事制裁而言，其主要目的是预防犯罪，而民事制裁则主要是补救被害人的损失。参见沈宗灵《论法律责任与法律制裁》，《北京大学学报》（哲学社会科学版）1994年第1期。

明确规定主体不得从事某些行为，他们因为某些原因从事了这些禁止性行为，并因此侵犯了他人利益、公共利益。此时，制裁性调整不仅要如第一种情况一样，要求他们付出一定代价以补偿所损害的利益；制裁性调整还要通过强制性他们付出代价，使主体在今后的行为中，通过权衡违法行为的非法收益与成本，进而能够自觉抑制自身的行为，不再从事法律所禁止的行为。此外，在某些情况下，不管主体是消极地抵触法律上必为的事项，还是积极地从事了法律上禁止的行为，他们可能并不会因此获得多少利益，但他们的行为一定会对他人利益、公共利益造成一定的损害或构成某种威胁，所以，对违法主体的强制性制裁，不单单是为了制裁从事违法行为的那个主体，也是为了补偿遭受侵害的那个主体的利益，进而伸张法律正义，维系有序的社会关系。

由此可见，额外义务的科加，乃是对人类古已有之的复仇方式的法定化处理；制裁性调整所对应的社会事实，则是对人们报应正义要求的满足。① 对违法主体施加额外义务，这只是说明了制裁性调整具体的作用方式，并不能解释其内在的作用机理。为什么对违法人科加额外义务就能使无序的社会关系得以恢复？为什么是通过对违法者科加义务实现制裁性调整的运转？回答上述问题，就需要从人们报应正义要求谈起。复仇是人类古已有之的社会制裁方式，虽然复仇在古代出现主要是由于公权力没有能力有效解决纠纷，② 而复仇中的一些核心因素仍然影响着社会主体对正义的认知。因而，在一定程度上，额外义务的科加，也是复仇方式法定化的一种表现；额外义务也把法律蕴含的强制力有形化，③ 使法律能得到严格遵守。虽然复仇并不是实现正义最好的方式，也不是维护社会秩序最好的路径，但它能满足社会普通民众对于正义的心理需求，契合大部分民众朴素的公平正义观念。实际上，人们对报应正义的要求的满足，构成了制裁性调整的社会事实，成为制裁性调整运转的内在动力机制，也是我们理解

---

① 谢晖：《论法律调整与社会管理创新》，《西北大学学报》（哲学社会科学版）2013 年第 1 期。
② 苏力：《复仇与法律——以〈赵氏孤儿〉为例》，《法学研究》2005 年第 1 期。
③ 霍布斯在分析防止陷入一切人对一切人的战争状态时，特别强调通过"有形"的力量抑制人性中的恶的因素；福柯在分析全景敞视主义的监视原则，也强调通过"有形"之物承载权力，实现对人的全方位的"规训"。参见［英］霍布斯《利维坦》，黎思复、黎廷弼译，杨昌裕校，商务印书馆1985 年版；［法］米歇尔·福柯《规训与惩罚：监狱的诞生》，刘北成、杨远婴译，生活·读书·新知三联书店1999 年版。

制裁性调整不可以回避的一个方面。也因为制裁性调整是对社会民众的报应正义的回应，而不仅仅是对国家强力推行法律制度的回应。所以，制裁性调整中的强制力不仅是一种纯粹的国家强制力，还是一种基于契约的强制力，① 并使此种强制力成为保证法律得以有效实施的强制力，而不是一味对主体进行惩罚的强制力。

根据以上分析，我们可知，制裁性调整是一种事后性的调整机制，是一种以结果为导向的机制，但它却影响主体行为的整个过程。首先，对主体的行为进行消极评价，并对主体的此种行为进行惩罚，这并不是制裁性调整的唯一目的，也不是最重要的目的。制裁性调整最重要的目的在于，通过对违法行为施以强制力，向社会展示法律的此种基于契约的强制力，以此提示社会公众遵守法律义务，使法律得到充分的实施。所以，一个完整的制裁性调整应该包括以上两个方面，制裁性调整的影响力也包括以上两个方面。② 其次，制裁性调整不仅调整主体的违法行为，还会对主体的心理造成影响。当主体违反法律义务时，法律调整不再是一种纸面上的调整方式，它将是处分主体利益的一种方式，也将是对主体施加某种强力的方式。在实践中，主体可以通过法律的这些具体"行动"，更加切身感受到法律的存在。在此后的生活中，主体在做出任何行为之前，就更可能会把法律的制裁纳入行为的成本中。最后，制裁性调整不仅是强调对违法主体进行惩罚，更要强调怎样合理处罚主体，并会把科学的处罚方式完整地罗列在法律文本中。其实，这些处罚方式也是社会自身解决纠纷时，可供参考的一些方式，并会使得社会私人之间的处罚更契合于法律的规定，保证私人之间也能够做出理性的惩罚。因此，制裁性调整对于私人之间，甚至是不同社会空间内部，做出合理的民间性质的惩罚具有重要意义。此时，制裁性调整的作用单位不仅仅局限于社会个体，整个社会都可能直接受到制裁性调整的或大或小的影响。

概言之，制裁性调整承载着法律中的国家强制力与主体间的契约强制力，它通过科加违法主体以额外义务，把其所蕴含的强制力具体化。然而，制裁性调整运转的动力却来源于对人们报应正义要求的满足，如果说

---

① 谢晖：《论法律调整与社会管理创新》，《西北大学学报》（哲学社会科学版）2013年第1期。

② 例如，刑罚的目的应是一般预防与特殊预防，而且还要实现二者的统一，具体分析参见田宏杰《刑罚目的研究——对我国刑罚目的理论的反思》，《政法论坛》2000年第6期。

对主体施以额外义务是制裁性调整的外在机制,那么,回应主体对报应正义的要求,则构成了制裁性调整的内在机制。在主体从事违法行为后,直接引发了制裁性调整,所以,制裁性调整似乎只是一种事后性调整,但它的作用的发挥,还会影响到主体做出行为的权衡过程,它有能力关涉主体做出某一行为的全过程。

二 制裁性调整的一般规范——责任

人们对正义的要求构成了制裁性调整的社会事实,而在法律上,责任条款则是制裁性调整的规范对应。[①] 当然,在不同学科中,对"责任"有不同的理解,即便在法学上,对"责任"也有不同的理解。例如,哈特在分析一个假想的沉船案例后,认为"责任"具有四种含义:角色责任、因果责任、法律责任、能力责任;[②] 而凯尔森认为,应当在不法行为与制裁之间的关系中理解法律责任[③]。在法律调整的视野下,我们认为,法律责任是主体因不履行或不完全履行法律义务而应承担的额外义务。在这里,法律责任也是一类特殊的法律规范,它是作为违法行为的后果而存在,并且这是法律上的后果,是作为罚则的法律规范。其实,任何法律义务背后都必然具有罚则支撑,虽然法律义务的运行并不是完全仰赖于罚则的支持,但是,没有罚则支持的法律义务,就极易沦为一种可选择性履行的道德义务,此时法律义务就难以实现。[④] 既然法律责任作为一种罚则,它必然也是一种普遍性的规则,运用它保证法律义务的运转,可以使法律义务得到社会普遍的遵守。在当代中国社会,有些法律之所以没有得到普遍遵守,就在于法律常常对不同主体进行差别适用,这就会逐步导致人们对法律信心的丧失,最终使得有法不依的想象屡见不鲜。

具体而言,在法律调整的实践中,作为制裁性调整的一般规范的责任,它首先是作为一种评价主体行为的标准而存在。任何法律责任的设定都必须遵循相应的原则,[⑤] 法律责任的运行也必须按照具体的程序展开。

---

① 谢晖:《论法律调整与社会管理创新》,《西北大学学报》(哲学社会科学版)2013年第1期。
② [美] H. C. A. 哈特:《惩罚与责任》,王勇、张志铭、方蕾等译,华夏出版社1989年版。
③ [奥] 凯尔森:《法与国家的一般理论》,沈宗灵译,中国大百科全书出版社1995年版。
④ 谢晖:《论法律调整与社会管理创新》,《西北大学学报》(哲学社会科学版)2013年第1期。
⑤ 叶传星:《论设定法律责任的一般原则》,《法律科学》1999年第2期。

因为，对违法主体施以法律责任，往往就代表着要对主体利益进行强制性的处理，主体会因此承担额外的义务，如果法律责任不能公正评价主体的违法行为，就难以做出合理的处罚，这样不仅不能恢复社会的正义，还有可能使社会的正义遭到进一步的破坏。这也就可以解说，为什么在刑法领域必须遵守罪责刑相适应的原则，正如贝卡利亚在谈论"刑罚与犯罪相对称"时所言的，赏罚上的分配不当就会引起一种越普遍反而越被人忽略的矛盾，即：刑罚的对象正是它自己造成的犯罪。① 况且，即便主体在客观上从事了一定的违法行为或不履行相关约定，但由于其他原因，他也不一定需要承担责任，② 即便要承担一定的责任，确定其承担多少责任之前，也必须对其行为进行准确的评价。我国《民法总则》规定，因不可抗力不能履行民事义务的，不承担民事责任；因正当防卫造成损害的，不承担民事责任；因紧急避险造成损害的，由引起险情发生的人承担民事责任。当某个社会主体在客观上从事了一定的违法行为，我们应分析其行为是否属于以上三种情况的范围，如果不属于，他们就有可能要承担责任，即便属于以上三种情况，也有可能要承担责任。所以，对行为人进行准确的评价，对法律责任的制裁性调整功能的发挥至关重要，也是法律责任展开其制裁性调整过程的基础。

其次，根据责任条款规定，对主体的违法行为进行准确的评价，并不会对主体产生任何实质性的影响，还必须对主体科加额外义务。法律的压制力需要借助反抗力证明其存在，③ 主体承担额外义务也显示了责任的存在。在对主体违法行为进行法律上的评价时，法律责任仍然只停留在纸面上，通过对主体施以额外义务，就能把纸面上的法律责任转化为实践中的责任。但是，在此转化过程中，有两个问题值得我们特别注意。其一，对主体施加的额外义务，并不是我们常规意义上理解的"法律义务"，它是一种对主体不利的法律后果，它的直接目的就是使违法主体付出相应的或更多的代价。正因为对违法主体施加的额外义务是一种不利的法律后果，

---

① ［意］切萨雷·贝卡利亚：《论犯罪与刑罚》，黄风译，中国法制出版社2002年版，第75页。

② 例如，在民事领域，侵权责任中有诸多免责事由，双方在合同中也可约定免责条款。参见袁文全《不可抗力作为侵权免责事由规定的理解与适用——兼释〈中华人民共和国侵权责任法〉第29条》，《法商研究》2015年第1期；崔建远：《免责条款论》，《中国法学》1991年第6期。

③ ［法］迪尔凯姆：《社会学研究方法论》，胡伟译，华夏出版社1988年版，第5页。

所以，在施加额外义务时，必须要以回应被侵犯者的报应正义为导向，指令违法主体通过履行法律责任的行为，主动修复被破坏的社会关系。其二，制裁性调整方式对违法主体的调整，不考虑其是否愿意，而是强制性地把不利法律后果施加给他们。此时，法律运用强制性的力量把额外义务分配给主体，也通过强制性力量指令主体承担额外义务。当然，此种强制性力量既包括了国家强制力，也包括了法律作为契约的强制性力量。因为违法主体履行的额外义务，不是道德上的额外义务，而是法律上要求其不得不承担的一种不利后果，法律责任对此种不利后果的规定，就构成了被侵犯主体寻求违法主体遭受制裁的正当化理由，也为法律关系双方提供了稳定的预期。

再次，法律责任通过其制裁性调整功能，可以惩罚违法主体，回应社会报应正义要求，"现代法律责任是将道义责任、社会责任融为一体的责任"[①]，因而责任的设定也是为了维护社会公共秩序，促进社会公共交往。在一般情况下，法律责任都是由主体的违法或违约行为引起的，通过对主体的行为进行法律上的评价，并据此对主体施加一定的额外义务，这就是法律责任的制裁性调整的一个完整过程。在极少数情况下，虽然受害人和行为人对损害的发生都没有过错，但是，行为人的行为确实在客观上造成了一定的损害。此时，法律责任条款一般都会指令双方根据实际情况共同分担损失。有研究表明，法律上此类的所谓公平责任，并不体现公平或正义价值，而是旨在实现损失分担的效率价值。[②] 当然，我们可以把此种情况理解为法律对行为人与受害人双方都进行了法律上的评价，对二者都施加了一定的额外义务，旨在提示双方在今后生活中应尽"注意义务"。法律责任对此类行为的制裁性调整过程，向我们直观地展示了作为制裁性调整规范的法律责任的最终目的，它致力于维护公共秩序，促进社会公共交往。任何在客观上引起损害的结果，都会对社会现有利益格局产生影响，最终对社会秩序构成或大或小的威胁，由与损害相关的主体共同分担损失，有利于社会秩序的快速恢复，也有利于不同社会主体交往的持续发展，降低不同主体之间因社会合作所带来的风险。

---

① 余军：《法律责任概念的双元价值构造》，《浙江学刊》2005 年第 1 期。
② 余小伟：《"公平责任"是否"公平"——以二十世纪新侵权法理论为视角》，《政治与法律》2017 年第 12 期。

最后，作为制裁性调整规范的法律责任除了与法律义务具有内在的关系，还与法律权力有着紧密联系。在当代社会，权力对于保障权利，构建社会秩序，凝聚社会共识，都起着重要的作用；而权力如果得不到必要的限制，又会对整个社会造成消极影响，正所谓绝对的权力导致绝对的腐败。古往今来，对权力制约有着诸多不同的设计，其中，责任也是限制权力的一种重要方式。[①] 因此，责任的制裁性调整，不仅局限于私人领域，也适用于公共领域，更适用于对国家权力的制约。在日常生活中，与公权力常常产生联系的一个概念就是"职责"，社会公众可能更偏向于把与权力相对的责任理解为一种"积极责任"，即享有权力的机关或个人必须从事一定行为，承担某些额外义务，以使权力的作用得以充分发挥。然而，此种责任还具有"消极责任"的含义，就是当权力对主体造成一定损害后，权力拥有者也不得不承担一定额外的义务，对某些社会成员的国家赔偿，或许就是此种责任在法治实践中的具体表现。当把责任作为一种制约权力的规范，制裁性调整也因此被带入一个新的领域中，制裁性调整的作用半径也得到了一定的延伸。特别是我国《宪法》规定，一切违反宪法和法律的行为，必须予以追究。这就为我国法律责任与法律制裁的制度设计提供了指导原则，[②] 也使法律制裁性调整在更广领域发挥作用有了基本遵循。

总之，法律责任作为制裁性调整的一般规范，是我们理解制裁性调整的重要途径，也是法律制裁性调整自身的重要规范依据。在制裁性调整视域下，法律中的责任规范首先会对主体违法行为进行评价，并根据评价结果，对违法主体施加额外义务，以回应社会报应正义的要求，维护社会公共秩序，促进社会公共交往的持续展开。值得注意的是，责任所要对违法主体施加的额外义务是一种不利的法律后果，并且是运用强制力量指令主体承担的额外义务。

三 文化—精神伤害作为制裁性调整的对象

在文化—精神领域，制裁性调整也同样能发挥作用，人在思想、思维

[①] 谢晖：《法学范畴的矛盾思辨》，法律出版社2017年版，第195—246页。
[②] 沈宗灵：《论法律责任与法律制裁》，《北京大学学报》（哲学社会科学版）1994年第1期。

层面对法律的认知,对法律的实施具有较大的影响,比如,法律信仰的减弱,法律就必须更多地援引制裁来保证服从达到令人满意的水平①。文化—精神领域的制裁性调整也遵循着上述一般的调整过程。具体而言,文化—精神伤害是制裁性调整的对象,制裁性调整通过调整文化—精神伤害,把法律规范运用于整个文化—精神领域,实现对文化—精神领域的多维调整。在一定程度上,法律在文化—精神领域展开调整的最终目的是保障所有主体的文化—精神自由、利益。放任性调整侧重于直接对社会个体的文化—精神自由予以保护,把主体的文化—精神权利纳入法律调整的视域下;导向性调整则是为主体的文化—精神自由的实现创造条件,对主体间的文化—精神利益进行合理分配;制裁性调整是在主体间的文化—精神利益交往呈现无序状态时,法律对不同主体间的紧张状态加以调整,促进主体间的文化—精神利益交往。而出现主体间的文化—精神利益交往的无序状态的具体表现就是,某一或某些主体的受到文化—精神伤害,他们的文化—精神权利不仅难以充分实现,而且还可能被剥夺,甚至文化—精神伤害行为可能构成犯罪②。因此,放任性调整是直接促进主体文化—精神利益的实现;导向性调整是为文化—精神利益的实现创造条件,也即间接地促进文化—精神利益实现;制裁性调整不是直接促成文化—精神利益的实现,也不是间接地为其实现创造条件,而是要使社会被破坏的文化—精神利益关系结构恢复到正常状态。文化—精神伤害在本质上表现为主体间的利益交往的失范,并且此种失范的利益交往可能使文化—精神领域呈现无序状态,此时,需要法律介入此种失范的利益交往中,对不同主体间的利益关系进行再调整。所以,我们可以从引起此种伤害的主体为切入点,把制裁性调整运用到文化—精神领域。③

第一,主体伤害自身的文化—精神伤害的制裁性调整。此种情况类似于主体对自身精神的自残,主体对自身文化—精神利益的自我放弃。有些读者可能会产生这样的疑问:主体对自身文化—精神利益的放弃难道不属

---

① [美]劳伦斯·M. 弗里德曼:《法律制度——从社会科学角度观察》,李琼英、林欣译,中国政法大学出版社1994年版,第249页。
② 孙东东、刘克鑫:《论精神伤害行为的犯罪构成》,《法学杂志》1993年第2期。
③ 当然,在医学领域,精神伤害的成因是多种多样的,但并不是每一种成因都值得法律关注,所以,从伤害主体的视角观察文化—精神伤害,可能具有更为丰富的法律意义。关于精神伤害在医学上的成因,参见刘治民、王声涌、荆春霞《精神伤害的成因探讨》,《疾病控制杂志》2003年第6期。

于他权利的一种实现方式吗？是的，在大多数情况下，主体对其某些文化—精神利益的放弃也属于权利实现的一种方式。因为社会每个主体的利益诉求不同，对于同一文化—精神利益，对某些主体而言，这是有用的、有价值的，但对其他主体可能就是没有用的、没有价值的；即便对于同一主体的同一文化—精神利益而言，在不同时期，主体对它们的需求也不一样。然而，在某些情况下，一些利益既可以是主体的权利，也可能是主体必须履行的义务。例如，适龄学生的受教育权，是一个主体的一种重要权利，为实现此权利，国家必须为此创造有利的条件；同时，在一定条件下，接受教育也是一个社会主体的义务，他必须接受一定的教育。所以，制裁性调整在对主体的行为进行评价时，还必须首先判定主体的哪些自我伤害的行为适用制裁性调整，在此基础上才能展开对这些行为的进一步评价。如果主体在文化—精神领域的自我伤害行为侵犯了他人利益或公共利益，则需要对此类行为进行制裁性调整。如果社会主体在完全私人化的地点观看黄碟，即便观看黄碟也会对其精神造成一定伤害，但此时却不能对其行为进行制裁性调整；而如果主体在公共领域内观看黄碟，则有可能适用制裁性调整。[①] 同时，主体放弃自身文化—精神利益时，对主体造成的影响是最大的，对其他主体的影响常常不是实质性的，更多的是对其他主体利益或社会利益构成某种威胁。因此，制裁性调整在对此种伤害进行调整时，应对行为主体施加较少的额外义务。

第二，其他主体造成的文化—精神伤害的制裁性调整。不仅是在文化—精神领域，在社会任何领域中，主体间的伤害都是最常见的伤害形式，也是制裁性调整在实践中主要调整的伤害类型。但是，在文化—精神领域，主体间的伤害具有某些新的特点，特别值得制裁性调整的关注。在社会的众多领域中，某一主体把其伤害行为直接作用于另外的某一主体，并由此造成一定的伤害，伤害行为与伤害的结果具有直接的联系，法律在对此类行为进行制裁性调整时，对于行为主体的责任认定相对简单。而在

[①] 关于该案的详细解读，可参见叶传星《在私权利、公权力和社会权力的错落处——"黄碟案"的一个解读》，《法学家》2003年第3期；林来梵《卧室里的宪法权利》，《法学家》2003年第3期；余凌云《亟待法治建构的警察裁量权》，《法学家》2003年第3期；卢建平《从"黄碟案"看刑法的界限》，《法学家》2003年第3期；张新宝《从隐私权的民法保护看"黄碟案"》，《法学家》2003年第3期；陈卫东、李训虎《法治的胜利还是程序的失败——"黄碟案"的刑事程序法解读》，《法学家》2003年第3期。虽然以上系列论文都从不同学科对该案进行了具体分析，但都没有从法律调整这一维度进行剖析，也就难以从法律实现这个方向梳理该案。

文化—精神领域，某一主体对另外的主体造成文化—精神伤害，并不是由于加害人的行为直接引起的，加害人的行为只是引起伤害的主要原因。在刑事领域，故意杀人犯罪嫌疑人往往在主观上具有剥夺他人生命的故意，由此实施了剥夺他人生命的行为，并造成了他人死亡的结果。在这里，犯罪嫌疑人可能只是对被害人实施了一定的行为，并没有对被害人家属实施任何行为，也可能并没有伤害家属的故意，但是，犯罪嫌疑人的行为会在客观上造成受害人家属精神上的伤害。法律除了要对犯罪嫌疑人的故意杀人行为进行评价、惩罚，也会对该行为间接地对被害人家属造成的精神上的伤害进行评价、制裁。不管是在刑事领域，还是在民事领域，文化—精神伤害一般是引起侵权责任，而侵权损害赔偿不限于财产损失，可包括精神赔偿，[①] 精神赔偿越来越成为一种重要的承担责任的方式，除了其中一部分是由国家公权力机关的直接行为引起的，大部分还是由加害人的加害行为引起的。而加害人在实施加害行为时，可能并没有指向受害人的精神领域，也没有加害受害人精神的故意，但只要在客观上引起受害者精神上的伤害，就会进一步引起法律的制裁性调整。此时，法律制裁性调整不能够单独在文化—精神领域发挥作用，还必须配合刑事、民事领域的制裁，二者共同形成对加害人的不同制裁层次。

第三，社会空间引起的文化—精神伤害的制裁性调整。在现代社会，人从身份关系中解放出来，基于契约而团结在一起，每个个体都是社会的主体，也都是社会的一个基本单位。但是，我们个体团结在一起，不管此种团结是"机械团结"，还是"有机团结"，[②] 都会形成一定的社会群体，由此构造成为了一个个具体的社会空间。社会空间中的每个个体都会对空间的形成产生一定影响，社会空间形成后，也反作用于空间中的个体，这里的"作用力"既可以是积极的力量，也可以是消极的力量。又因为社会空间可以分为文化空间与自治空间。文化空间具体表现为一定的家族、民族、村落等文化单位，这些文化空间中的某些不合理的习俗，极易对空间中的个体造成精神上的伤害。法律在对这些文化空间中的伤害进行制裁性调整时，必须要正确处理好法律自身与文化空间中固有的规范之间的关

---

① 王利明：《违约责任和侵权责任的区分标准》，《法学》2002 年第 5 期。
② ［法］埃米尔·涂尔干：《社会分工论》，渠东译，生活·读书·新知三联书店 2000 年版。

系，此时，制裁性调整既要以法律为基本遵循，也要充分考虑到文化空间的具体情境，制裁性调整发挥功能的目的不仅是对伤害行为人进行惩罚，也要通过惩罚对空间中消极的规则进行调整。在自治空间中，文化—精神因素依然存在，任何企业都要强调企业文化就是很好的例证。在社会自治空间中，文化—精神伤害的形式多样。例如，在文化生产单位，员工就常常会与任职单位发生著作权归属的纠纷，进而对员工的思想、思维可能造成一定的伤害，此时，制裁性调整就必须要理清员工职务行为与纯粹个体思想、思维的关系，进而对加害人施加制裁；有些企业生产了某些不合格的产品，对消费者造成身体上的伤害，也会间接地对他们的精神造成一定伤害，法律甚至要对此类企业付出惩罚性赔偿；更有些企业甚至生产某些不健康的文化产品，不仅会对具体消费者构成伤害，也会对整个社会构成文化—精神上的伤害，此时，不仅要对此类企业施加民事制裁，也可能施加刑事制裁，需要运用多种类型的法律制裁形式。

第四，国家公权力机关造成的文化—精神伤害的制裁性调整。公共服务的概念正在逐渐取代主权的概念成为公法的基础，[1] 国家必须在文化—精神领域"有所作为"，也可能是"乱作为"。如果说社会空间对主体构成的文化—精神伤害是由社会权力作用产生的消极后果，那么，国家机关对主体的文化—精神伤害则是由国家公权力作用产生的消极后果，此种后果也是更严重的后果。[2] 社会个体因为司法机关的错误判决，人身自由受到了长时间的限制，国家对这些主体赔偿中的很大一部分就是精神赔偿，这也是制裁性调整的一个结果。据此，制裁性调整不仅适用于社会个体以及个体之间，也能适用于社会空间，更能适用于国家机关与社会个体之间。而不管制裁性调整适用于怎样的社会层次中，我们都可以发现作为制裁性调整的文化—精神伤害具有某些共同特质。这些文化—精神伤害是在社会关系中产生的，既有社会个体之间的关系，也有社会个体与社会空间、国家的关系；而且，文化—精神伤害往往代表着这些社会关系出现了紧张状态，社会关系双方之间的文化—精神利益平衡被打破。故此，制裁性调整始终要关注文化—精神伤害中双方或多方利益诉求，着眼于维护主

---

[1] [法]莱昂·狄骥：《公法的变迁》，郑戈译，中国法制出版社2010年版，第33页。
[2] 例如，国家文化治理缺失，公共文化服务保障措施不到位，这些都可能使社会成员的文化—精神自由难以实现，进而构成对主体的文化—精神伤害。关于国家文化治理的相关论述，参见周笑梅、高景《公共文化服务视阈下的国家文化治理转型》，《社会科学战线》2015年第5期。

体间和谐的文化—精神关系。即便是国家公权力机关造成的伤害，也要关注伤害双方的利益关系。此时，国家公权力机关只是作为施加伤害行为一方存在，社会个体是另外一方，制裁性调整就是要维护和保障社会个体的文化—精神利益，对国家公权力机关施加额外义务，这也生动地体现了责任对权力的限制功能。当然，国家公权力机关对社会个体造成文化—精神伤害的情形还有许多，比如，国家公权力机关具有保障社会个体实现文化—精神权利、利益的职责，如果没有履行或没有完全履行该职责，国家公权力机关也将受到制裁；一些地方的立法机关出台一些规定，这些规定对社会个体的文化—精神自由构成了不必要的限制，这也是文化—精神伤害的一种具体形式；甚至可能出现程序性违法，导致文化—精神伤害，引起"程序性制裁"[①]。

值得注意的是，制裁性调整是一个极为复杂的法律调整过程，特别是在法治实践中，制裁性调整发挥作用需要考虑诸多因素，对于同一事实，有时甚至需要反复调动制裁性调整。在文化—精神领域，伤害本身就是一个极难认定的社会事实，它不仅是一个客观上的结果，也是一个关联了众多主观因素的结果。这也许可以解说，为什么法律在认定社会个体肉体、财产上的伤害时分歧不大，而对文化—精神伤害的认识却具有较大的差异。这就需要法律在实践中不断完善制裁性调整机制，对不同的文化—精神伤害进行更为细致的规定，构建更加科学的文化—精神伤害认定机制。

第四节 文化—精神贡献与奖励性调整

即便社会成员普遍对放任性调整、导向性调整、制裁性调整的关注不多，学理上的研究成果也不多，但至少人们一般认为以上三种调整方式是法律调整方式。对于奖励性调整，不仅社会对它的关注度不高，甚至有部分社会公众认为其不能构成一种调整方式，至少不是一种法律上的调整方式。在社会日常生活中，奖励行为普遍存在，法律上也有诸多关于奖励的规范，[②] 这也能在一定程度上说明奖励性调整应当成为法律的重要调整方

[①] 陈瑞华：《程序性制裁制度的法理学分析》，《中国法学》2005 年第 6 期。

[②] 其实，惩罚的另一面就是奖励，即便惩罚性赔偿制度中也有奖励的因素，参见李友根《惩罚性赔偿制度的中国模式研究》，《法制与社会发展》2015 年第 6 期。

式，但还需要在学理上对奖励性调整的可行性予以说明。同时，奖励主要是对主体进行精神上的激励，它不可能完全是对主体贡献的一种等价补偿，但在文化—精神领域，贡献如何能够被有效地奖励？此种奖励又能如何发挥其社会示范作用？这些都是值得进一步探讨的问题。下文将从奖励性调整所对应的社会事实以及奖励的实施机构、实施程序等方面，证成奖励性调整是一种重要的法律调整方式，并将对文化—精神贡献的奖励性调整进行详细分析。

一 什么是奖励性调整？

制裁性调整是对减损自身义务的行为进行惩罚，并对行为人科加额外义务，由此促进社会主体积极履行义务。在社会日常生活中，不履行义务的主体毕竟只是少部分，大部分都会积极履行法律义务，也会有一部分主体自愿承担法定义务之外的额外义务。因此，制裁性调整只能对不愿承担义务的行为进行调整，而对模范地承担义务以及承担法定义务之外的额外义务行为却不能调整。虽然法律不能也不应当强制要求主体承担法定义务之外的义务，但法律可以鼓励主体履行法律之外的额外义务。因为法律在某种程度上就是一套人为预设的价值体系，[①] 法律规则的设定，不仅要对人们的行为进行调整，还要引导社会价值观念的形成。而法律的此种目的就是通过奖励性调整实现的，奖励性调整就是指法律对主体模范尊重、践行高尚道德的行为给予一定的奖励。虽然在任何社会中都有相应的道德调整，它与法律调整是两种相对独立的社会调整体系，[②] 法律把高尚道德纳入调整视野，并不否定道德调整，而是对道德调整的一种辅助。此时，法律调整的视域已经由法律本身转向了法律之外，放任性调整、导向性调整、制裁性调整都是对法律视域内的主体行为予以调整，只是它们从不同角度对主体行为进行调整，而奖励性调整虽然属于一种重要的"法律"调整方式，但它关注的调整对象却在法律之外，也可以说此种对象是一种"修辞性法益"[③]。由此可见，法律对社会的影响是全方位的，既要关注社

[①] 谢晖：《论法律价值与制度修辞》，《河南大学学报》（社会科学版）2017年第1期。

[②] 公丕祥主编：《法理学》，复旦大学出版社2016年版，第156页。

[③] 法律关注哪些利益，把哪些利益上升为法益，都需要综合考虑各种因素，法律要成为一种开放性的规则结构，最主要的就是法益必须具有开放性的结构。在法律中创设奖励性调整，把高级道德纳入法律的调整范围之中，正是满足了开放性法益结构的需要。

会主体的行为层面，也要关注社会价值层面，使法律不仅成为社会利益分配的一种工具，也能成为社会价值理念形成、延续的一种基本规范遵循。更重要的是，法律对社会价值层面的影响，并不是通过强制性手段形成的，而是通过倡导性的方式实现，这能使法律与社会形成良好互动的局面，使法律结构于社会主体思想、行为之中。

虽然奖励性调整在法治实践中运用的并不多，对于"奖励"的学理研究也不多，法律规范结构理论长期将其排斥在法律规范结构之外，[①] 但我们并不能因此认为奖励性调整就是可有可无的一种法律调整方式，我国宪法中也有一些条文涉及奖励性调整。其实，我国现阶段的奖励性调整主要集中于生产领域，强调对社会成员在科技领域的重大贡献予以奖励。但是，奖励性调整是一种处理法律规范与道德规范关系的重要方式，它既能把二者关联起来，又能使它们之间不相互冲突。关于法律与道德关系的研究很多，有学者认为法律与道德相分离，也有学者认为法律是最低限度的道德，其他学者则认为道德是法律的基础。不可否认的是，这些研究都分别根据不同立场对法律与道德之间的关系予以阐释，但都没有从法律调整，也即从法律实践这个维度探讨二者之间的关系。只有在法律的实际运行过程中探讨其与道德的关系，才能使此种解说更具说服力，否则难以说明法律与道德产生某种关系的原因。正如有关法律道德主义的主要争议一样，法律与道德的关系并不在于道德是否能够入法，而在于其入法的限度和具体方式。[②] 法律在运行过程中，通过奖励性调整把道德导入法律视野下，并对道德予以法律上的认可。这不仅有利于道德规范的实施，也同样有利于法律的实施。因为，如果一个社会普遍愿意遵守高尚的道德，对这些高尚道德具有较为一致的认同，那么，作为最低限度道德的法律当然也能够得到社会普遍的认可、遵守。况且，奖励性调整主要提倡社会成员从事某些行为，对社会成员的此类行为予以奖励，它在运行过程中需要调动国家执法、司法等公共资源较少，从而更有利于节约法律运行成本。当然，奖励性调整的重要意义还有很多，这里限于篇幅就不再赘述。

尽管奖励性调整所关注的视域与制裁性调整方式不同，但它们在社会

---

① 漆多俊：《经济法基础理论》，法律出版社2017年版，第179页。

② 孙海波：《道德难题与立法选择——法律道德主义立场及实践检讨》，《法律科学》（西北政法大学学报）2014年第4期。

效能上都体现的是社会的报应正义及其需要。①"恶有恶报,善有善报",如果说制裁性调整是一种对主体"恶行"的"恶报",也同时满足受害者以及社会公众对报应正义的需求,那么,奖励性调整则是一种对主体"善行"的"善报",它同样符合社会成员对报应正义的期待。在奖励性调整具体发挥作用过程中,它首先是满足行为主体的此种报应正义需要,不能使他们"流汗又流泪",而是要使他们获得更多的利益。此时,法律对此类主体的奖励行为,不仅向社会展示法律对此类行为的认可,更鼓励其他社会成员也积极从事此类行为。同时,奖励性调整不仅在法律上鼓励人们从事高尚道德行为,也因此对人们从事的违反道德却不违法的行为予以否定。② 在民事领域,诚实信用原则与公序良俗原则是法律要求主体遵循的重要原则,如若主体遵循上述原则,他们在解决纠纷时就能处于有利地位;但是,只要某些主体违背上述原则,他们在纠纷解决时,即便他们的行为合乎法条的规定,仍然可能被法律施以否定性评价。③ 所以,奖励性调整虽然关注主体在法律外之外的行为,但它却能通过不同的方式,使社会的报应正义要求在法律上予以实现,进而为主体从事高尚道德行为提供稳定的后果预期。

奖励性调整的实施主体不仅具有多样性,而且具有与其他法律调整方式的不同特点。放任性调整、导向性调整以及制裁性调整的实施主体主要是国家执法机关或司法机关,但奖励性调整的实施主体可能不是国家执法机关或司法机关,而是某些国家机构或社会组织。例如,某些社会主体舍己为人,是社会的道德楷模,他们所任职的地位可能会根据相关法律的规定对他们予以奖励,他们所在的行业组织也可以根据法律对他们的行为进

---

① 谢晖:《论法律调整与社会管理创新》,《西北大学学报》(哲学社会科学版)2013 年第 1 期。

② 在一般情形下,见义勇为行为属于道德调整,即便社会主体见死不救,这也不违反法律,但是,如果法律把见义勇为纳入调整范围中,它就不仅适用道德调整,同样也适用法律调整。相关论述可参见徐国栋《见义勇为立法比较研究》,《河北法学》2006 年第 7 期;叶名怡《法国法上的见义勇为》,《华东政法大学学报》2014 年第 4 期;杨立新、王毅纯《我国地方立法规定好撒马利亚人法的可行性——兼论我国民法典对好撒马利亚人法规则的完善》,《法学杂志》2016 年第 9 期;王道发《论中国式"好人法"面临的困境及其解决路径——兼论〈民法总则〉第 184 条的理解与适用》,《法律科学》(西北政法大学学报)2018 年第 1 期。

③ 甚至违背上述原则的行为都可以类型化,有利于此类基本原则在司法实践中的实现。参见李岩《公序良俗原则的司法乱象与本相——兼论公序良俗原则适用的类型化》,《法学》2015 年第 11 期。

行奖励。在这里，是社会组织按照奖励性规范的规定，促进法律奖励性调整的开展。还需稍加分析的是，一旦在法律上设定了对高级道德的奖励措施，那么，奖励高级道德行为，对相关国家机构或其他社会组织而言，就是一种法定的国家义务或者社会组织的义务。[①] 这一点对于奖励性调整在实践中运行至关重要。奖励性调整是法律的一种"调整"方式，而不是法律的一种宣言，它是促进规范实施的一种机制，而不是规范本身。因此，奖励性调整把道德规范导入法律的视野，并不是要把它转化为法律规则，而是要促进这些道德规则本身的实施，以及由此促进法律的实施。社会主体履行道德义务本就是承担额外义务的一种表现，势必会对主体的利益造成一定的减损，奖励性调整又不具有对主体的强制力。在此情况下，如果奖励性调整实施主体不明确，这些机构实施奖励性调整的义务也没有法律上的明确规定，可想而知，奖励性规范势必会形同虚设，奖励性调整也难以运转起来。故此，在对奖励性规范做出制度性安排时，必须对执行主体的义务予以明确规定，同时也对它们不履行奖励实施义务的后果予以明确规定，以此确保奖励性调整的高效运转。

在设定奖励性规范时，或者是奖励性调整运行过程中，对"道德行为"的认定至关重要，它直接影响到奖励性调整的效果。正如在制裁性调整中需要准确认定伤害行为一样，在奖励性调整中，道德行为的准确认定也十分重要。因为诸多道德行为已经法律化，甚至一些公共利益也被法律化了，[②] 它们大都成为了法律上的义务，对它们的调整就主要适用导向性调整。子女赡养年迈的父母的义务，这既是道德义务，也是法定义务；在一般情况下，公众爱护环境是道德义务，法律也可以把其上升为法定义务。如果一项道德义务被转化为法律上的义务，那么，它当然适用导向性调整，否则法律把这些道德义务法定化也就没有什么意义了。除此之外，我们在社会中，还需要面对大量的纯粹道德义务，即这些道德没有被法定化，奖励性调整主要是对它们予以调整。这些道德现在还没有被法定化的条件，但它们对社会秩序的构建又十分重要，法律就可以通过奖励性调整把它们纳入法律视野下。然而，纯粹的道德又具有不同的层次，有些行为

[①] 谢晖：《论法律调整与社会管理创新》，《西北大学学报》（哲学社会科学版）2013年第1期。

[②] 倪斐：《公共利益法律化：理论、路径与制度完善》，《法律科学》（西北政法大学学报）2009年第6期。

体现了社会的基本道德，或者说体现了"中民道德"，这就是一种互惠互利、利己利人的社会道德；另外一种道德可称为"圣人道德"，它是一种损己利人、大公无私、只求奉献的道德。在面对这两种不同类型的纯粹道德时，法律对它们是否进行调整以及怎样调整都是不同的，需要在设定奖励性规范或在奖励性调整运行时，对它们予以差别对待。至于法律到底是怎样对它们分别予以调整，我们将在后文中进行详细论述，这里就不再过多论述。通过以上对不同层次道德的描述，我们想说明的一个问题就是，法律并不是对任何道德都予以调整，也不是对对任何道德都适用奖励性调整，即便是适用奖励性调整，对于不同的道德行为，奖励性调整的具体作用路径也可能不一样。因此，奖励性调整在运行之初，必须首先对主体从事的道德为给予评价，评价的结果则是奖励性调整运行的基础。

二 奖励性调整的一般规范——道德

道德具有不同的层次，既有法定化了的道德，也有纯粹道德，即便是纯粹道德也包含了"中民道德"与"圣人道德"；甚至对于法律而言，我们也可以把道德归为法律的内在道德与法律的外在道德[①]。法律也对不同类型道德的态度不一样，有些道德已经被法定化了，转化为了具体法律规则；有些道德是法律关注的对象，即便它们都适用奖励性调整，但具体调整的方法有所不同；有些社会道德则根本不属于法律调整的范围，至少法律在当前还没有关注到它们。[②] 这也就可以解说，缘何对主体道德行为进行准确的评价对于奖励性调整如此重要。又因为本文在有限的篇幅内，不可能对道德进行完整的梳理，对它的研究不仅涉及了法学，也涉及伦理学、政治学等学科。故此，下文将在法学视野下，对法律所关注的道德进行初步分析，特别是从道德作为奖励性调整的一般规范这一视角下展开相关研究。具体而言，奖励性调整作为一种必不可少的法律调整方式，作为一种促进道德在法律层面予以实现的方式，它所涉及的奖励范围主要可类型化为三个方面：其一，对累积的模范道德行为进行奖励；其二，对突出

[①] 当然，富勒在论述法律的道德基础时，把道德又划分为义务道德与愿望道德；而内在道德与外在道德主要是从法律的道德结构方面进行的划分。参见［美］富勒《法律的道德性》，郑戈译，商务印书馆2005年版。

[②] 关于道德与法律的一般关系，参见谢晖《法治讲演录》，广西师范大学出版社2005年版，第130—196页。

的模范道德行为进行奖励；其三，对部分义务道德进行奖励。①

第一，作为奖励性调整规范的累积的模范道德行为。社会成员在日常生活中，或多或少都会因为某些原因从事一定的模范道德行为，任何模范道德行为都应该得到提倡，社会应该鼓励更多的成员从事更多的模范道德行为。但是，法律不可能对社会中发生的每一项行为都纳入法律调整的视野中，并对此类行为进行奖励。社会没有足够的资源支撑法律奖励每一项模范道德行为，这不仅不利于奖励性调整的展开，还有可能违背奖励性调整设定的初衷；况且，正如法律一样，道德也是一种社会控制的方式，②它自有其独特的调整方式，法律也应为社会保留道德作用空间③。奖励性调整主要是通过把社会中发生的一少部分道德行为纳入法律调整视野，以此鼓励社会所有成员积极从事道德行为。奖励性调整设定的根本目的并不在于保障所有道德规范的实施，而在于鼓励社会成员自觉践行高尚道德，把法律的此种价值理念传递给全社会。相较于社会主体的偶发性模范道德行为，累积的道德行为更能体现行为主体的高尚道德观念，对社会的示范性更强。因为偶发性的道德行为，更可能是由于一些偶发性的因素引起的，此时，主体不得不从事这样的模范道德行为；而某一社会主体如果长期从事模范道德行为，往往能说明其内心对模范道德行为具有强烈的认同感，今后也更可能继续从事此类行为。如果法律对此类行为进行奖励，就能把行为人的个人对模范道德行为的选择导向升华为社会公共示范，把持续从事高尚道德行为引导为社会的一种行为风尚。此类累积的模范道德行为发生于一个时间段内，法律对此难以进行准确的观察、评价，所以，法律只是在某些特殊情形下，才对累积的模范道德行为予以奖励。换言之，法律对于累积的模范道德行为的奖励性调整，不是一种经常性调整，而是一种偶发性调整。

第二，作为奖励性调整规范的突出的模范道德行为。在一般情况下，法律只对累积的模范道德行为进行奖励，单次或某几次的道德行为往往不是法律的调整对象。然而，社会主体可能从事了某次突出的模范道德行

---

① 谢晖：《论法律调整与社会管理创新》，《西北大学学报》（哲学社会科学版）2013年第1期。
② 谢晖：《法治讲演录》，广西师范大学出版社2005年版，第134页。
③ 刘作翔：《法律与道德：中国法治进程中的难解之题——对法律与道德关系的再追问和再思考》，《法制与社会发展》1998年第1期。

为，它对社会的示范作用可能比累积的模范道德行为更大，法律就必须对其展开奖励性调整。其实，任何奖励性调整视域下的道德行为，都是具有"突出"的特点，因为只有突出的行为才能引导社会道德风尚。累积的模范道德行为的突出之处在于，行为人持续的从事模范道德的行为，行为过程比较"突出"；而我们这里讲的"突出的模范道德行为"主要指基于特定的一次事件、一次特定的行为，它对社会的影响比较突出。事实上，社会对人的行为评价主要是以结果为导向的，即便在法律上对行为人的评价，也主要是以行为的结果为根据，法律对突出的模范道德行为予以奖励性调整就是以行为结果为导向。法律对突出的道德行为比较容易进行准确的评价，因为行为人的行为结果往往是易于观察的；又因为此类行为在社会中引起的反响比较强烈，对社会的道德示范性又极为强烈。因此，对此类行为的奖励，必须实现日常化、程序化，把尽可能多的此类行为都纳入奖励性调整之中。

第三，作为奖励性调整规范的义务道德。如果法律把某些道德行为法定化，是这些道德义务转化为了法律义务，那么，对这些法定化的道德义务往往就适用导向性调整，而不再适用奖励性调整。法律偏爱例外，这主要是由于法律所关注的社会事实就常常出现例外。虽然义务道德是主体必须承担的，可当这些义务和主体的最大法益——生命、健康的付出相关时，或者因为其义务履行挽救了他人、社会、国家可能面临的巨大法益损失时，或者因为其义务履行给共同体带来了巨大的共同荣誉时，按照法律规定的程序和条件，就应予以奖励。[①] 在第一种情况下，主体虽然从事的是职务行为，但因为该职务行为可能会对主体的健康或生命构成威胁，或者主体从事职务行为已经对其健康或生命造成了损害，此时，法律可以对此类行为予以奖励，这里的奖励是对主体的此种奉献精神的一种报偿措施。在后两种情况下，即便主体是在其从事职业行为中取得的巨大荣誉或挽救了公共的巨大法益损失，但他们的此类行为常常超出了职业义务对他们的预期，可以说他们在做好本职工作的同时，又因为工作而为社会做出了巨大贡献。对此类行为予以奖励，一方面是对他们的行为给予一定的报偿，另一方面也是为了鼓励社会其他成员积极为社会贡献自己的力量。我

---

① 谢晖：《论法律调整与社会管理创新》，《西北大学学报》（哲学社会科学版）2013年第1期。

国《科学技术进步法》就规定，国家建立科学技术奖励制度，对在科学技术进步活动中做出重要贡献的组织和个人给予奖励。科技人员往往是在从事本职研究中取得重大成就，当此种成就远远超过了职业对他们的预期，并为社会带来了巨大效益或荣誉时，国家就应当对这些科技人员予以奖励。当然，法律在对义务道德进行奖励性调整时，必须严格按照法定条件对这些行为进行评价，进而确定奖励的具体对象；在诸多情况下，法律也可能对义务道德施行双重调整。主体正常履行义务道德时，受到导向性调整；如果主体没有履行或没有完全履行义务道德，则受到制裁性调整；如果主体不但完全履行了义务道德，还为社会做出巨大贡献，那么，此时就应当适用奖励性调整。

总之，权利、义务、责任都是法律上的重要范畴，可以说大部分法律条款都是对它们的具体化、规则化，因此，放任性调整、导向性调整、制裁性调整都是为了使法律在社会生活中得以充分实现；而道德是主体日常生活中的重要规范，即便法律可以把其法定化，但它仍然不可能成为法律中的主要规范，奖励性调整把其纳入法律调整的视野中，主要是为了运用弹性的奖励性调整整合弹性的道德规则，实现社会治理中的自律与互律的沟通，[①] 也是为了实现法律在社会中更高层次的价值，增进法律的社会效用。

三 文化—精神贡献作为奖励性调整的对象

在文化—精神领域，奖励是特别常见的，我们就经常把奖励区分为物质奖励与精神奖励，精神奖励可能在日常生活中更为常见。但是，在法律的奖励性调整视域下，奖励是一种法律调整机制，它必须具有明确的调整对象，这个对象就是文化—精神贡献。可以说奖励性调整就是围绕着文化—精神贡献展开的一种法律调整方式，确定奖励的对象不仅是奖励性调整的初始阶段，是引起奖励性调整的重要因素，奖励的对象还可能对整个奖励机制产生根本性影响。因为奖励的认定、奖励的形式、奖励的实施机关都可能因为奖励的对象不同而不同，对奖励的具体环节的设定都不得不考虑奖励对象的特征。[②] 即便我国法律的奖励性调整还有待加强，但不管

[①] 谢晖：《法治讲演录》，广西师范大学出版社2005年版，第146—153页。

[②] 例如，在科技奖励中，奖励对象是"科技成果"，还是"完成科技成果的人员"，这对奖励制度的设定就会产生较大的影响。参见王炎坤《我国科技奖励对象和分配探析》，《科学学研究》1993年第2期。

是在有限的奖励性规范中，还是在奖励性调整的法治实践中，文化—精神贡献都是作为一项十分重要的奖励对象。我国《科学技术进步法》对我国奖励机制进行了详细规定，这使科学技术领域的奖励性调整具有了规范依据。在一定意义上，科学研究成果与技术发明创造属于主体文化—精神贡献的范围，是创新文化建设的重要组成部分[1]。

当然，文化—精神贡献本质上就是主体在文化—精神领域内的贡献，此种贡献可大可小，任何贡献都可能获得一定的奖励，但并不是任何贡献能成为奖励性调整的对象。首先，主体在文化—精神领域内产生的成果，必须能够对社会产生重大影响，这样的成果才能称得上是"贡献"。如果法律规定对任何成果都予以奖励，那么，这样的奖励行为就难以对社会其他成员产生示范作用。例如，即便可以设定对知识分享的奖励，那也只是一种企业的奖励制度，而难以成为法律的奖励性调整对象。[2] 其次，即便可以把主体的某些文化—精神成果认定为文化—精神贡献，还必须把不同的贡献予以等级化，对不同等级的成果予以不同力度的奖励。特等奖、一等奖、二等奖、三等奖的设定，可能就是为了实现差别化奖励，差别化奖励对社会的激励作用更大。再次，在文化—精神领域，除了对主体做出的具体成果予以奖励，还应该对主体的行为予以奖励。换言之，在文化—精神领域进行奖励，不仅要以最终成果为导向，还应该关注主体行为的过程。最后，在文化—精神领域，法律也应该注重区分行为人的职务行为与他的实际贡献之间的关系。所以，对文化—精神贡献的归属予以明确，是法律对贡献进行奖励性调整的基础。其实，文化—精神贡献的认定是一个极其困难的问题，主体的一定文化—精神成果对社会的影响不是立竿见影的，可能在主体有生之年，他的作品并没有对社会产生任何重大的影响，而是在若干年之后才能产生影响，凡·高、伦勃朗、巴赫、舒伯特、卡夫卡等著名艺术家都是如此。

倘若法律能够对文化—精神贡献予以准确认定，那么，又该怎样对贡献的主体进行奖励？不管怎样的贡献，都是具体社会主体从事的

---

[1] 王大明、胡志强：《作为创新文化建设重要组成部分的中国科技奖励制度》，《自然辩证法研究》2005年第4期。

[2] 谢荷锋、刘超：《"拥挤"视角下的知识分享奖励制度的激励效应》，《科学学研究》2011年第10期。

具体行为而产生的，也不管怎样的奖励，最终都要以贡献的主体为奖励的最终对象。特别是在文化—精神领域，社会主体是文化—精神贡献得以产生的最重要因素，即便在文化—精神贡献的产生过程中，有诸多因素都能对此过程产生影响，但影响最大的一定是做出贡献的那个具体社会主体。① 文化—精神贡献是主体思维、思想的结果，不同主体之间的思想、思维水平相差也比较大，主体能否为全社会做出文化—精神贡献与他自身的思维、思想水平高低相关。因此，通过法律的奖励性调整，不仅要向社会展示文化—精神贡献，期望其他社会成员也能做出如此巨大的贡献，而且更要向社会宣扬对做出此贡献的主体的褒奖，也期望其他社会成员能够像该主体一样为社会做出巨大贡献。既然奖励的对象要最终作用于社会主体，也要对其他社会主体产生影响，那么，法律在设定奖励性调整时，必须关注到贡献者。法律的奖励是对贡献者的一种报偿措施，主要是要使贡献者在精神上得到鼓励，由此进一步激发贡献者在文化—精神领域的创造力，也因此激发全社会的创造力。不管是对贡献者进行物质奖励，还是进行精神奖励，这些奖励不可能是对贡献者的等价报偿，它只是一种激励措施。这就使得对贡献者奖励性调整，不得不综合运用物质与精神奖励方法，这样才能起到积极的激励作用与示范作用。就正如在著作权领域，虽然某些职务行为下产生的作品，其著作权归属于单位，但具体完成人仍然享有署名权，该单位也可以对其进行一定的物质上的奖励。至于具体该以何种方式对贡献者予以奖励，这常常要视工作者行为的初衷而定，如果他主要是在文化—精神领域内的生产活动中对社会做出巨大贡献，此时，物质奖励对贡献者的激励作用更大，也更能满足社会的报应正义要求；如果主体是在从事纯粹文化—精神活动中做出的巨大贡献，那么，精神上的奖励能取得更好的效果。

　　不管法律对文化—精神贡献的奖励性调整做出怎样的精细化设定，如果没有明确的实施奖励的机构，这样的奖励性规范也将形同虚设。法律主要是通过奖励性调整倡导社会成员从事某些行为，它不可能对奖励

---

① 虽然大部分奖励是以"成果"为直接对象，但有些奖励也是以社会主体为直接对象。例如，在国家功勋奖励制度中，奖励对象是"为国家和社会发展做出杰出贡献的各类人才"。参见左高山《论国家功勋奖励制度的内涵与结构》，《科技进步与对策》2007年第7期。

哪些贡献、何时奖励、以怎样的形式奖励等具体事项进行完全确定性的规定，因为这些事项还需要针对具体的贡献进行判断，但法律应该对奖励的实施机构予以明确规定，虽然不能完全强制某些机构必须进行奖励行为，法律的规定却可以对这些机构产生一定的约束力，至少能够让社会公众了解实施奖励的机构应该是哪些。而在文化—精神领域，社会主体从事的行为具有个体化倾向，可能文化—精神贡献的主体并不属于社会的任何生产单位，此时，能如何有效地发现他们的这些贡献？又能如何有效地对这些贡献予以奖励？即使创造者属于某个特定社会单位，那么，怎样的机构实施奖励行为才能引起社会公众的普遍关注，才能把此种奖励的示范作用扩展到全社会？同时，文化—精神领域内的创造是一项十分专业化的行为，有时候需要专业性的机构才能对不同创造成果予以正确评价，才能对主体的贡献给予准确的认定；[①] 但是，一项奖励活动要能够引起社会的普遍关注，又需要对全社会都具有普遍影响力的权威机构做出。因此，在选定奖励机构时，可能会遇到相互矛盾的情形，即文化—精神贡献需要专业化机构认定，这些重要性机构实施奖励行为又难以引起社会的普遍关注，而有些机构实施奖励行为虽然能引起社会的普遍关注，但不一定能对贡献进行较为准确的认定。至少是在文化—精神领域内，实施法律奖励性调整的机关不应该局限于某一些领域，要普遍调动社会各个层次的机构实施奖励行为的主动性，发挥不同社会机构在奖励行为过程中的各自优势作用。

　　在对文化—精神贡献进行奖励性调整时，不仅要对奖励的对象予以准确认定，对奖励的形式与奖励的实施机构进行明确的规定，还应该建立奖励反馈机制，确保奖励行为能够对社会产生积极影响。法律效力是一个恒量，而法律实效是一个变量，[②] 在任何法律领域，都应该建立完善的反馈机制，这样才能把法律的效力与实效勾连起来，使法律体系始终保持开放的姿态。放任性调整、导向性调整、制裁性调整在实际运行过程中，都应该构建起反馈机制，把主体权利实现的状态、义务履行的状态以及制裁的

---

① 其实，在文化—精神领域，大部分成果主要的社会功能就是为社会成员创造精神上的愉悦，例如，社会公众通过对艺术作品的欣赏而获得精神上的享受。但是，不是任何能够供人们欣赏的作品都能称为对社会的贡献，至少不能是奖励性调整视野下的文化—精神贡献，它们常常还需要经过专业化的评价，才能由文化—精神成果转变为值得奖励的贡献。

② 谢晖：《法理学》，北京师范大学出版社2010年版，第260页。

效果反馈到法律调整过程中,因为法律调整不是一次性就能完成的,只要法律还是社会的一种重要规范,法律调整就会一直发挥作用。文化—精神贡献往往不会对社会产生强烈的感觉冲击力,而是对社会产生潜移默化的影响;又因为不同的社会主体对文化—精神贡献的认同会产生巨大差异,他们对文化—精神成果是否能成为贡献以及贡献的大小都有不同的认识。因而法律对文化—精神贡献奖励的社会示范作用会有所减弱,对整个社会的感召力也会减弱。毕竟不是所有社会成员都爱好文学,即便一部文学作品能为丰富人类精神世界做出巨大贡献,但也有可能众多社会成员并没有关注到该作品;即使在这些作品被奖励后,也不会激发其他社会主体的创造热情,而更可能成为社会成员的"谈资",因为大部分社会成员并没有能力从事文学创作。由此可见,在文化—精神领域,法律期望奖励对社会产生的效果与奖励实际上产生的效果差异较大,这并不是由于奖励性调整设置不合理导致的,而是文化—精神贡献的特点所决定的。只有通过奖励性调整的反馈机制解决此类问题,法律逐步根据文化—精神贡献奖励性调整的实际社会效果完善奖励性规范,并逐步依据奖励性规范构建有效的奖励性调整系统。

此外,奖励性调整中的反馈机制也可以对奖励性行为进行评价、监督。作为社会制度首要价值的正义,① 虽然具有一张普洛透斯似的脸,总是变幻无常,② 但不管其如何变幻,最终都是在社会制度的实践中予以实现的,同样,也只有在奖励性调整的实践中满足社会的报应正义期待。毕竟奖励性调整的最终结果都是要对某些主体予以一定的物质或精神上的奖励,而这些奖励必然会消耗一定的社会资源,如果实施机构是社会团体,也会消耗该团体的公共资源。只有这些奖励资源配置合理,才能真正实现社会报应正义要求,才能满足人们对公平正义的期待,也才可能对人们产生激励作用。况且,实施奖励行为的机构大都为国家机关或社会公共机构,在要求这些机构履行一定奖励义务时,也同时赋予了一定的奖励权力,此时,可以通过奖励效果反馈机制对奖励权予以监督。不管是在对文化—精神贡献进行奖励时,还是在对其他什么贡献进行奖励时,因为要对

---

① [美] 约翰·罗尔斯:《正义论》,何怀宏、何包钢、廖申白译,中国社会科学出版社 1988 年版,第 1 页。

② [美] E. 博登海默:《法理学:法律哲学与法律方法》,邓正来译,中国政法大学出版社 1998 年版,第 261 页。

这些所奖励的对象进行评价，这必然就会使得在奖励行为中导入诸多主观性因素，如果在奖励行为中对该类主观因素设定过多的约束，会使得奖励行为难以进行。所以，在奖励行为完成后，奖励的社会效果显现时，就能通过奖励效果评估奖励行为是否客观、公正，以此为法律奖励性调整的完善积累经验。

第三章

人类文化—精神领域的法律处理类型

第一节 物质生产生活关系的文化升华与法律处理

或许有人会认为自"物质"与"精神"实现分野之后，文化应被归属于纯粹的精神范畴，而与物质无涉。因为"文化"这一概念本身以人的主体性为基础，物质却似乎与人的主体性相对立，乃"客观"的代名词。然而，"物质"本身是否真的只具客观性而不掺杂一丝主观性？"物质"是否完全不体现任何"文化"的特征和属性？答案是否定的。可以说，当自然物质进入了人类生活并为人类所用，它就已经成为了人类文化的一部分并已包含着人的某种主观性。想象一个生活在原始部落中的人偶然在水边拾得一块鹅卵石，并将它带回了自己的住所。此时，这块鹅卵石就已脱离了纯粹的自然状态而成为了人类世界中的一种"工具"。它的主人可能会将其磨尖并捆绑在一根长长的树枝上，用以充作捕猎或战斗时的兵器，也可能会将其放在火堆中烤烫，以作宗教祭祀之用。另一些物质如铁和陶土可能会被加工成锄头和锅碗，用来生产新的物。这些参与进人类生活与生产活动中的物已不能再被视为纯粹的自然物，因为它们已被无形地镌刻上了人类的历史，并成为某一段特定文化的载体。几百甚至几千年后，未来的人类将凭借这些物来重新追溯和认识自己的祖先，并还原历史进化的过程。

物的文化性来源于自身的生产过程以及自身在人类日常生活中充当的角色，但物的生产生活得以有序进行的根本性前提，则在于对物之分配关系的有序处理。一把战国时期选用上等原料制成并被某一贵族所有的青铜剑，它的文化性反映出了贵族阶级在当时社会对生产原料的把握，它作为贵族身份阶级的象征而被赋予一定文化意义。如果它的生产原材料最初无法确定归属,那么它将不可能被铸造而出。当它被铸造成形之后,若又无法被"某人(团体)"所有,那么就不可能进入人类的生活并被文化所结构。有序的物之分配并非自然天成,乃是规范运作之结果,其中法律的作用最为重要。因此,法律对物之分配秩序的制度性处理,也间接地与文化产生了关联——正因为法律将物在人类社会中的位置进行了分配和定位,因此物才能在人类社会中取得文化性意义。因此,本节将围绕"物质生产生活关系的文化升华与法律处理",依次探讨如下问题:何为"物"或者说何为具有文化属性的"物"?人类的物质生产生活为何需要文化升华,如何升华?法律如何处理人类社会的物质生产生活关系,为什么说法律对人类社会物质生产生活关系的处理本身就是一种"文化"处理?

一 "适应自然"的动物与"运用自然"的人

自从人类有了文字记载,人与动物的关系探讨就不断出现在各种文献中。这是"几个世纪以来哲学家们最为关注的问题","无论在哪里,一提到动物,人们就会联想起人类文明"。德里达将"人与动物"相关的思想分类为两大学术传统:其一,将动物作为人类所关照的对象,并以此来突显出人之主体与动物之客体的地位;其二,肯定人内在地具有动物性,客观看到人与动物间的密切关系。海德格尔对动物存在方式和本质特征的判定即属于第一种传统。他在《形而上学的基本概念:世界、有限、孤独》一书中描写了一只趴在石头上懒洋洋地晒太阳的蜥蜴,并提出了三个命题:石头无世界、动物的世界是贫乏的,以及人是建构世界的。他认为动物以"贫乏于世"的方式存在着,其与世界所建立的联系仅仅是出于本能需要。如同蜥蜴会自动寻找一块可以躺着晒太阳的石头,若它被人从这一石头上移开,它也会尽可能地去寻找另一块温暖的石头。将石头与蜥蜴做对比后就会发现,蜥蜴与周围环境具有某种互动的关系,但这种互动只是出于本能。在选择石头时,它并不懂得何为太阳、何为石头,认识不到事物之间的相互联系,也无法通达其他存在者。而人类不仅可以认识到自然中事物之间的联系,还可以改造自然。列维纳斯——海德格尔的后学——更加鲜明地强调了这一立场:动物是人类所关照的对象,属于大自然的一部分,只有人类才可能成为所谓的"他者"。在《总体与无限》中表示:"非人类的存在(包括动物)有许多在场的方式,它们可以作为工具而为人所用,可以是人类享乐的对象和审美的客体……"因此,动物与人之间存在着本质的差别：前者仅仅只是"适应"自然，而后者却是"运用"自然。

动物辗转捕猎、腾挪造筑只为一个目的，即从自然界获取粗陋的可食之物和栖身之处。它们认真而急切的劳作全都用于寻找日常必需品，至多是为季节交替做准备。一只只蚂蚁拖着玉米上斜坡，来来去去不停忙碌，这一幕一次次重演。虽然动物也从事生产活动，也要为自己或幼崽营造巢穴和住所，但它只是依照本能片面地生产肉体所直接需要的东西。也就是说，动物只是自然界的一部分，它们单纯地用自己的存在方式来改造着自然界。但人却有一种独特的才能，可以留下一些东西证明自身的存在。人类开垦田地、挖掘运河、种植园林，还建造桥梁、夷平山脉，在地球上树立起一座座的城堡、教堂和高塔。因为人类的活动，大地被改变了样貌：一座座高山被炸平、一片片森林被砍伐、一条条河流被更改了流向。每一代人都为人类文明的创造做出了自己的贡献，其劳动都促进了个体或整体社会思想上的进步。试想我们升入空中以更开阔的视野俯视自己居住的地球，成片的平原、连绵的丘陵、冉冉的森林、纵横的河流以及所有大自然带给其子民的富庶产物将尽数呈现在眼前。我们同样会看到人类劳作的痕迹，看到人类如何施展自身的力量对自然万物加以经营和统筹。人在长期的生产劳动过程中自觉能动地运用自然、改造自然并在一定程度上支配自然，给自然打上自己的印记并结构出一定的生产关系。从这个意义上说，人对自然加以运用和改造的过程中所获得的"物"，将与其他动物生产劳作所获得的"物"严格区分开来：后者依然是单纯的自然物，而前者已被烙上独特的"人工"印记并从自然物中分离出来。这就是"自然的人化"。人类在走向文明的过程中创造了许多奇迹，工业社会的迅猛发展使得人类征服和改造自然的力量空前强大。而人类通过劳作的方式运用自然并获得"物"的过程被称为"物质生产"，围绕着这些"物"所形成的不同生活形式被称为"物质生活"。物质生产生活关系是人类社会最基本的关系，这里的"物"也因人的主观性和能动性而从自然物中分离了出来，并具有了独立的客体地位和研究价值。

恩格斯（Friedrich Von Engels）和德国著名工程技术哲学家德绍尔（Friedrich Dessauer），从哲学的角度对物质生产生活关系中"物"的独立地位及其价值做了深度阐述。首先，物质生产生活关系中的物必须是经由人之劳动而加工、改造过后的物，它与自然物形成了一组对立并独立于自然物的存在。康德曾在《纯粹理性批判》中将世界分为现象界和物自体世界，后者是人类经验永不能企及的超验实在，是存在于现象界背后的不可知的对象自身。恩格斯认为，既然人类可以创造出自然的过程，并依照其条件服务于自我目的，这就足以证明人类的创造性，康德所谓的"自在之物"也将就此完结。恩格斯将自然物的物自体与技术人工物的物自体区别开来，并认为在一定条件下前者可知且能转化为后者。他认为，在有机化学将植物和动物身体中所包含的化学元素制造出来之前，植物和动物一直属于自在之物。而在化学的成功后，自在之物也就成为了服务于人类自我目的的"为我之物"。德绍尔在物自体问题上建立了不同于康德和恩格斯的观点，认为人类不可能真正把握自然物之物自体，而只能无限接近于它。但是对于人工物的物自体，德绍尔认为它是以发明者思维着的精神为中介，借用人类的双手对自然物的物自体进行加工之后的产物。这些都是人类本质力量的表现，是"完全进化的人类大脑皮层组织和结构赋予人类思维的独特功能"。因此，作为人工物的物自体是以自然物之物自体为基础构建的，它是人类以理想中的虚拟模型所铸成的模板。它独立地存在于人类社会与自然界之中，既与自然物之物自体有着某种必然联系，又携带着自身的独特性。它由人类的思维和实践活动所构建，包含了人类自我的意向与目的，不仅可思、可知且可造。其次，物质生产生活关系中的物独立于人类主体而存在。人工物虽然是经人类思维和实践活动而创造的产物，且和人类的意向与目的息息相关，但并不意味着它是作为主体之人类的附属。因为它并不是人们随心所欲凭空创造出来的，而是以天然的物质材料为原型，是对天然物加工、改造和重组的结果。人类发明了人工物品，但并没有创造物质本身。因此，人工物一旦被创造出来即为对象化了的客观实在。它是认识主体再意识着的客体，不依赖于认识主体及其意识而存在。

　　物质生产生活关系中的"物"从广义上讲包括了食物、器具、药品、房屋、工业品和艺术品等，它是人类创造物质世界的产物，是为人类之生活与工作而服务的工具。当人类生存环境比较恶劣之时，创造物质只是为了满足自身的生存需求。而在生产力进一步发展、基本生存需求已经完全得到满足之后，造物之获得感就越来越多地注入了人类的精神和感情，其意义也变得更加丰富。当原始人类只是捡起天然的石头或树枝来进行捕猎时，他仍然同自然界中其他动物一样，仅仅只是在"适应"着自然。而当人类首次有意识地制作锐利石器以作为狩猎之工具时，人对自然的主体性运用随即诞生。人类运用自然、改造自然的过程中，经由自身劳动加工而生产出来的"物"显示出了人类的目的性。不断地创造物、生产物、提升物，这样的活动伴随了整个人类文明的进程。

二 物质生产生活关系为何需要文化升华

法国社会学家让·鲍德里亚（Jean Bauderillard）在其著作《消费社会》一书中如此概括我们所生活的物质世界：我们生活于物的时代，能够在一代代人之后存在下来的只有物，只有经久不衰的建筑或者工具。这些由人类思维活动和实践活动建构起来的物不仅是生产生活中满足人之需要、被人创造和使用的现实工具，还是人类文化的重要载体，保留着人类存在于世的珍贵记忆。生活中我们常见到人们对某一物的丢失怀着强烈的恐惧感，因为这些珍贵的物一旦丢失，也就意味着一段活生生的、曾被物之拥有者视为值得留存和纪念的记忆正面临着消逝的危险。人们自觉或不自觉地保存着历经时间洗礼的物，并为它们建立各式各样的博物馆和展览馆。这种保存和挽留的冲动与物本身的现实功能、交换价值并没有直接关系，它是对物之"多样性"品格的一个侧面反映：对于个人的生存和发展而言，物是可以创造、使用和消耗的必需工具；对于社会的交往合作而言，物凝结着劳动者的心血和智慧，绝大部分可以通过"价值衡量"的方式确定其在整个社会交往中的层级位置；而对于整个人类历史而言，物是对人之存在及其活动的重要佐证，是其所属社会之文化的重要体现。

米勒（Daniel Miller）认为物的意义和形式要从人们对待物的态度来进行理解，也就是说物的焦点在其文化性而非物质性。研究民俗生活、部落文化的社会学家或者人类学家往往会奋力收集和保存人们生活中看上去毫不起眼的日常生活物件，如锄头、烤铲和挤奶凳。从农业工具、农场建筑到家庭陈设，他们不知疲惫地抢救正在消失的现实"文化"：在废弃谷仓崩塌前必须加紧测量，在最后一块公用地被圈占前必须加紧记录。人们收藏某一社会中被遗忘于阁楼或棚屋的物品，并不是因为它可以兑换成等值货币或满足其自身的生存需求，而是因为在漫长的历史河流中，每一个经人类双手创造的物都展现了某一社会在一定时期所呈现出的审美倾向、器物制作水平和社会生活关系，因而是历史的重要构成部分。例如在人类社会发展的早期，"铁"器的使用被视为是生产力发展进步的重要标志。

人们将铁制作成开垦植被的锄头或其他农业工具，也将其制作为狩猎和杀戮的工具。然而，不同地域文化的人们可能会设计出多种不同风格的铁器，哪怕它们具有完全相同的实践功能，就好像欧式风格的建筑与中式风格的建筑最终都只是用于居住。铁器的外形反映着其所处社会中人们的集体审美倾向，锻造铁器的过程中使用的方法和工具则反映出这一社会中人们的器物制作之水平——是手工打磨还是机器轧制。除此之外，铁器本身还被赋予了一定的文化内涵，这种文化内涵只有被放置在某一特定社会关系中才能被全面地理解。在喀麦隆草原地区，人们认为铁器作坊与暴力、流血相联系，必须将其隔离出来并修建在远离聚居区的丛林中，因为它们对家庭秩序有害。在这一地区的人们看来，狩猎与炼铁相似，两者都与危险力量相联系。

显然，我们要严肃地看待"物"。物质生产生活关系并非只有其表面所见的"物质"面向，还有其隐藏着的"文化"面向。许多物质文化研究者关心某一社会群体如何理解自身，并通过汽车、时装和家具等"物"而成为自身：如果物不存在，那么身份就不能实现——年轻并非是拥有时装、赛车和摇滚音乐的先决条件，而是它们的后果。而且，人也可以因为失去物质而失去自我，"贫困得无法活着或更好地活着"即是最好的例子。在许多社会，作为物的衣服、装饰和工具可以被看作与其所有者相统一的整体中的一部分，甚至是所有者之人格的一种替换。当其主人死亡时，这些物将跟随主人一同安葬或焚毁。物质的文化性应由人化的语境来定义，即穿着一件印度纱丽或买一杯特立尼达"饮品"之所以使身份成为现实，取决于附着在物上的传递和惯习。莫斯（Marcel Mauss）在其著作《礼物》中强调"物"（礼物）的交换不仅涉及参与交换的人、创造人工产品的劳动，也涉及所有道德的、宗教的、经济的和司法的标准。这些标准在"物"（礼物）中不可分割，并使得"物"（礼物）成为了一种"完全的"社会现象。物越是客观，主体就越是主观地凸显出来，我们所讲的有关世界的知识就越发变成关于人的主张。物作为非人领域的诞生，与人类作为人的诞生是同步的。人与物时时刻刻处在一种变动着的互动关系之中，物的物质性及其文化性相互混杂、不能分离。

我们生活于、穿行于物质材料构筑的世界，从稻田到牛仔裤，从农场到城市中的教堂。不论是饮食、服饰，还是建筑、交通以及生产活动中所使用的各种工具，都是我们"文化"的一个重要组成部分。人类创造性地为自己建构起一个物质世界,同样地,物质也反过来塑造和限制人的思维和行动方式:一把由普鲁士锁匠精心制作的"柏林钥匙"并非只是冷冰冰的金属,它还是一个帮助记忆的工具,迫使其主人记住白天关门与晚上锁门的不同之处;一辆18世纪的马车并非只是由马和木头组合在一起的冷冰冰的框架结构,它还展现出了这一时期人们"慢速"(对比汽车、火车乃至飞机出现之后)生活的优雅和诗意,以及人们出行时"并无更快交通工具可供选择"的妥协和无奈。社会学家将物所展现出来的"文化"面向称为"物质文化",它是特定时间、地点和社会内部人类思维的某种反映。人们的习惯、饮食与会面的方式以及内心深处的价值观念离不开其所生长的物质环境,离不开他们的房屋结构、衣服质料和食物构造。甚至在某些时候,物本身可能就构成了某种社会文化。例如,在喀麦隆的草原地区,陶罐、石器、碗和包(用酒椰草或者绳索织成)只要经过了药物的处理,就可以成为灵魂的容器并对人类事务施以福祸影响。瓦尼尔(Jean-Pierre Warnier)认为,这些作为容器的物品在当地人看来象征着生育和抚养、疾病与死亡——为了防止死者或野生动物的灵魂在人间作恶,必须为其提供一个"容器"模样的居住地并献酒、供奉。于是,这些容器就与社会关系的创造、维持和消解的条件错综复杂地纠缠在了一起。

　　由此看来,对物的保存和珍藏不仅是为了满足人类最基本的生存需求,还是为了给后代留下其祖先曾经活动过的"集体记忆",并将集体的文化通过这些器物一代代传承和延续。物可以记录下人类生产活动的痕迹,还可以记录下人类的日常生活——不论是受压迫的艰苦劳作还是诗意地流浪栖居。不管是作为圣地的宏伟建筑,还是生活中最普通且渺小的陶瓷、碗筷,它们都是集体记忆被物化与客体化的象征。在其中,文化与器物之间产生出了微妙的关联:物在特定的生产活动和日常生活中被创造和塑形,受到彼时彼刻文化的影响与制约;若干年之后,物又将成为文化的线索和佐证,人类的子孙后代将从物的蛛丝马迹中认识和重构祖先早已遗失的社会及其关系。然而不得不承认的是,我们生活中的绝大部分人都不会以社会学家或者人类学家的眼光来看待物。对于普通民众而言,物最重要的特性是其在现实生活中的功能和效用,以及在市场交换关系当中以货币来衡量的高低价值。人们谈论着考古出土之文物的昂贵——那些生产工艺和精致程度远远赶不上现代作品的汉代陶瓷,在市场上的售价动辄百万——却也很少有人真正了解它们在文化研究中所扮演的重要角色,更遑论日常生活中随处可见的廉价小物件。因此,将"物质生产生活"升华为"文化",与其说是将物质强行带入文化的视野,还不如说是对物质本身"文化性"之面向的重申和强调。

三 法律——对物质生产生活关系的一种文化和制度处理

物本身的文化性隐含在人类的物质生产和生活之中:前者乃是人类社会"物"之产出的重要途径,后者则是人类社会生产之"物"最终的流向和归依。人们从事物质生产活动最终是为了改善自己的物质生活,而人类的物质生活水平又受到物质生产水平的限制。可以说,是物质生产与物质生活共同结构了"物"的文化性:一把由青铜锻造的剑,其文化性往往要通过追溯其生产的过程与工艺,及其在当时社会生活中的功能、用途和特殊意义才能展现,而前者关涉生产活动,后者则关涉生活方式。不论是生产活动中的物还是生活方式中的物,都是人类"文化"的重要组成部分。而人类社会物质生产和生活关系之核心,乃是对物的分配和处理。在物质生产过程中,何者应拥有更多的原材料和生产工具,生产出来的新物品在进入人类生活环境时应归属于谁?对物的不同分配和处理将直接影响社会物质生产发展水平和某一特定团体的物质生活水平,或者反过来,某一社会的物质生产发展水平和物质生活水平本身也将从侧面折射出其对物之分配和处理的态度,而此种态度本身就具有文化之属性。例如,某一社会可能将"盐"和"酒"等特殊物品的生产和制造严格限制在某一阶级范围之内,又将"珠宝"和"香烟"的消费严格限制在另一阶级范围之内。因此,这一社会对"盐"、"酒"、"珠宝"与"香烟"的生产与分配活动本身就带着强烈的文化属性,因为它反映出了此社会在物质处理和分配之上的一种"规范"性内容。法律就是此种规范性内容在制度层面的具体化身,法律与物质生产生活(包括物质生产生活文化)的直接关系,就体现于法律在引导和规范物之分配和处理过程上的作用。

物质生产生活关系的核心,即在于物的分配和处理。人对物质生产生活资料的需要表现出了人对自然界的必然依赖性,而人的此种依赖性在某种意义上讲乃是一种对"物质利益"的依赖。现实生活中,人们在物之归属与分配问题上的矛盾和斗争常常表现为一种物质利益冲突。当作为主体的人需要依赖物质而活,他们就会对物质产生一种渴求和欲望的心理状态,而此种心理状态可以推动人们以一定的方式为了获取更多的物质而进行积极的活动。"天下熙熙，皆为利来；天下攘攘，皆为利往"，人的大部分行为与其对物质利益的渴求和欲望分不开。人们为了获取自身生存和发展的物质利益，才去发展生产力、努力利用自然并改造自然。历史上不同社会利益集团通过政治纲领所表现出的政治利益，基本上都以一定的物质利益为基础。任何个人、组织都有自己的物质利益，世上不存在无物质利益要求的个人和组织。且利益具有一定的排他性，在利益博弈的过程中，不同群体因为"排他"地占有了某种物质，才有可能显示出自己对此种物质的"利益"。也因为如此，不同社会主体只要存在着对同一物质需要的渴求和欲望，相互之间或迟或早都会产生利益之上的冲突。

　　社会关系中最为基础的关系，即为人的物质利益关系。绝大多数的社会冲突和社会矛盾，其根源皆在于人们的物质利益关系。首先，"利益是需要的生存性展开"，人的不同种类和不同层次的各种需要必然产生不同的物质利益，且原有需要得到满足后新的需要也会随之诞生。需要是无限的，人类的首个历史活动即是对满足衣食住行基本生活资料的生产，也就是所谓的物质生活生产。当第一个需求被满足后，又会进一步引发新的需求。其次，在一定的历史条件之下，人类所需要的物质资源总是稀缺和匮乏的。人类的需要无限，但满足物质欲望的条件和能力却有限，不仅因为人之物质欲望的实现与满足受到社会生产力发展水平的制约，还因为生活阅历、家庭环境、文化修养和职业性质导致人类个体实现物质需求的能力有较大差异。因此，物质需求的无限性与其实现程度的有限性之间的矛盾，使物质利益之冲突成为了社会生活的常态。处理人类社会物质生产生活的关键，就是要对物的归属和分配做出处理，只有某物成为了某个"人"的物，此人才可能利用此物来进行生产和生活。如果某物在某一人类社会中无法明确其归属，那么它将属于所有人，也将不属于所有人。因为每一个人都可能主张自己对此物的权利，而每一个人的主张都相互冲突。物质利益的此种冲突内在地蕴含了规范之需要，必须在社会中寻找一种可以达成共识的规范，此规范可以将这一社会的所有"物"都安排到合理的位置之上。因此可以说，人们日复一日、年复一年的日常物质生产生活本身就生成、复制和内含着某种规范，或者说物质文化本身就是一个规范性命题。而法律的作用，就是将原本自觉的物质文化之规范上升为制度性规范。

　　在人类的物质生产生活中，物质利益冲突引发了物质利益冲突协调之需要，从这一角度讲，用一种规范手段确立社会主体的平等地位，界定其合法的物质利益范围，规范其自由的逐利活动，给予其均等的获益机会，使其受益于合理的分配制度，并在通常的利益表达渠道中得以沟通和发泄的利益整合制度就成为了物质利益冲突控制的关键。在所有的制度规范中，法律规范乃是控制物质利益冲突最重要的一环。通过制定和实施法律规则，可以最为理性地控制社会物质利益冲突，使各利益主体在一定的制度框架内平等有序地实现自己的物质利益要求。从法理学上讲，确认、保护或限制各种社会行为和社会关系背后的物质利益，是法的重要功能之一。立法也一般被视为是一种分配和调节利益、促进各种不同物质利益各得其所，避免社会主体相互冲突的活动。法律文本是对物质利益的第一次权威性分配，法的运行的过程就是对各种物质利益进行评估、界定、衡称的过程，通过诉讼机制解决物质利益矛盾冲突，对物质利益进行再分配。衡量法的实效和评判法的价值的重要标准是法能否肯定保护人的合法物质利益追求，促进生产力发展，推动社会文明进步，实现个人、社会、国家物质利益的最大化；法律作为一种重要的物质利益调控保障机制，能否给各种物质利益关系以恰当的价值定位，以最小的代价解决各种物质利益矛盾冲突。

　　法律对物质利益的确认、保护或限制之内容规定本身就是一种"文化"。不同的民族、国家与社会在不同发展阶段，或许会对物质利益的分配形成不同的认识并将此种认识上升到法律制度之层面。人类将自己的聪明才智应用于物质生产生活中，同样也将自己的聪明才智用来处理物质生产生活过程中对"物"的处理与分配，以期减少因物之争夺而引发的流血牺牲。一个团体、一个国家在漫长的历史中经过总结和修正，最终在物之分配问题上形成的习惯与达成的共识将最终结构于其法律中。因此，法律直接反映了一个团体、一个国家内部对物之处理和分配的态度。从这个意义上讲，法律对物质利益的处理和对物质生产生活关系的处理既是一种制度性处理，同时也是一种文化性处理。

　　首先，法律对国际间物质利益关系和物质利益冲突的处理是一种文化性处理。在国际法诞生以前，国家间的物质利益冲突往往通过相互之间的谈判和战争来解决，前者具有极大的主观随意性，后者则会造成生灵涂炭之局面。在强者更强的竞争中，整体实力较弱的国家往往受到实力强国之打压与掠夺。随着文明的进步，实力较弱的发展中国家可以寄期望于依靠国际法来平衡自己与发达国家之间的物质资料分配，保护自己不受强国掠夺的同时，在物质分配上尽量为自己争取更多优惠。例如，联合国大会于1972年通过了《关于自然资源永久主权的宣言》，这一宣言承认各国对自己境内所有自然资源享有永久性主权，又于1974年通过了《各国经济权利和义务宪章》，确认各国的经济主权不能被侵犯、让渡与剥夺。这些代表着"文明"与"进步"的法律规范本身就是一种文化，反映了"主权神圣""主权平等"等文化理念，是现代文明社会的重要文化标志之一。

其次，法律对公民与国家间物质利益关系和物质利益冲突的处理是一种文化性处理。公民的权利和国家的权利从来都是此消彼长，公民的物质利益与国家的物质利益也常常处于一种冲突的关系之中。一个独裁、专制的国家很有可能抢夺公民的物质资源并劫掠其物质财产，古代的"苛税"就是最好的例证，而其法律就是对这一"独裁"和"专制"文化的最好记录。现代国家理论将国家设定为"国家—公民"关系中的天然强势者，要求对国家的行为进行严格控制，防止公民个人权利受到国家权力的恶劣侵害。此种文化亦结构于现代法律中，并依靠现代法律实现自身。

最后，法律对公民与公民之间物质利益关系和物质利益冲突的处理是一种文化性处理。在所有部门法中，最为集中地体现法律对公民与公民间物质利益之界定、分配和平衡的是物权法和知识产权法。现代物权法建构的出发点就在于坚持"定分止争"目标的同时，最大可能地保证"物尽其用"。它保障并约束公民个体对物进行支配、利用并取得收益之权利，保证这一权利不受其他公民的干涉。若权利人为一己私利而破坏公共利益并导致社会资源无法有效利用，物权法也可以借助诚实信用、公序良俗等原则以及权利滥用之禁止，对此种行为予以限制。知识产权法则是以"利益平衡"为核心追求目标，努力将各种冲突因素控制在相互协调的和谐状态中，使得物之创作者、传播者和使用者达成平衡关系。同时不可否认的是，原则性的平等保护总会出现例外——当坚持形式上的平等很有可能在实质上造成更大的不平等时，将产生从法律角度保护社会弱势公民之必要。不论是《社会保障法》《消费者权益保护法》，还是《妇女儿童权益保护法》《未成年人保护法》和《残疾人保护法》，它们都是法律维护弱势群体之利益，缓解利益两极分化的重要表现，其中不乏对弱势群体物质利益之偏重保护的规定。不论是"物尽其用""利益平衡"还是"弱者保护"，都是特定社会、特定时代在物质分配理念上的文化缩影。法律将这些理念升华为制度，并最终成为这一社会及时代特定物质分配文化的承载与记录者。

第二节　纯粹文化生产生活关系的法律处理

人类生存、发展对物质资料的依赖促使人类展开了物质生产活动，并最终形塑了自身的物质生活。而人类在精神领域的思考、探索以及娱乐自身的精神性需要，则催生了人类的纯粹文化生产生活。将文化作为商品并进行商品化大生产，是发达市场经济的大趋势。这些经由社会化大生产而诞生的文化产品，在经历流通和消费环节之后，又将对人们的精神活动产生重要影响并最终形塑出形形色色的文化生活。然而，文化生产活动和日常文化生活本身内含着对"规范"的需要：为了保障文化生产者的劳动果实不受他人恶意侵占，必须建立文化生产成果保护机制；为了防止文化生产者利用文化生产成果危害国家社会、宣传邪教迷信，必须对文化生产者的生产行为进行一定程度的约束和引导；为了保证社会中每个成员的文化生活能顺利进行，必须为其创造一定的文化生活条件并严格保障其文化生活权利……因此，本节将围绕"纯粹文化生产生活关系的法律处理"，依次探讨以下问题：什么是纯粹文化生产生活关系？法律如何调整文化生产关系？法律如何调整个人的文化生活？

一　何谓纯粹文化生产生活关系

现代社会中的纯粹文化生产一般是指文学、电视、电影、艺术的生产和传播，其组织结构呈现为产业之形态。自20世纪以来，资本主义生产关系和生活方式逐渐渗透到文化领域，给传统文化格局造成了强大冲击并最终形成了市场化的文化产业。通说认为，文化生产的理论起点乃是马克思和恩格斯对物质生产和精神生产的两项划分。他们认为社会发展到一定阶段后，物质劳动与精神劳动将会彼此分离，于是产生出了一批相对脱离物质生产劳动的艺术家。从这个意义上看，艺术和文化本身也属于一种"剩余价值"。有学者将"文化生产"之概念的内涵等同于"精神生产"，认为它是区分于物质生产的上层建筑之生产。纯粹文化生产具有制度化和社会化特征，与个体的灵感、想象有着严格的区别。美国学者费斯克（John Fiske）认为它是"感觉、意义与意识的社会化生产和再生产"，是

"将生产领域（经济）与社会关系领域（政治）联系在一起的意义领域"。只有文化商品的工业化生产才能被称为文化生产，它强调文学、绘画、电影、电视和音乐等文化产品的社会性和制度性，所指向的是大众群体，而非孤独个人。伊格尔顿（Terry Eagleton）在《批判与意识形态》一书中，以文学生产为例对文化生产的这一特征进行了细致分析。他指出，文学生产方式是文学生产力与社会关系在特定社会组合形态之中的统一，其内在的结构包括了生产、交换、传播与消费。文学创作之文本是多种因素在多元决定状况下进行生产的产品，是一种意识形态生产，文本与生产之间的关系是一种劳动关系。"文学可以是一件人工产品，一种社会意识的产物，一种世界观；但同时也是一种制造业。"伊格尔顿认为，书籍不仅是一种思想和意识的载体，同时也是出版商为了获取利润而销售到市场上的商品；作家不仅是思想和意识的创造者，同时也是出版公司雇用的职员，是能生产、赚钱的劳动者。因此，文学并非是学院式赏析的对象，而是一种与社会化关系紧密联系的意识形态生产。文化生产的这一特征遭到了一些思想家的猛烈抨击，他们将此形容为一种"文化工业"，并认为它是资本主义社会文化生产的一般形态。它掠夺了个人的感性经验并使观众丧失了独立思考的能力，操纵了大众的意识形态，"从外部祛除了真理，同时又在内部用谎言把真理重建起来"。

　　文化不但是一种生产，它还是联系着各种关系的生产。当文化进入生产、流通与消费环节时，将与大众市场紧密关联在一起，与生产者、消费者以及文化创造的资助者紧密关联在一起。作为一种生产类型，文化生产必须有经济资本的积累；作为一种文化类型的生产，文化生产又必须有文化资本的积累：前者是能够直接转换成可度量之金钱的资本，而后者则是文化产品在文本内涵上所展现出来的深度、广度，以及其所能满足消费者欣赏需求的程度。在文化生产中，经济资本的分布是显性的不均衡，比如不同制片人或导演在生产同一部电影时所能筹集到的资金明显不同，而文化资本的分布则是隐性的不均衡，它凭借个体的文化能力、代表作品和体制认可等多种方式逐步确立，并依靠文化生产领域中的竞争获胜而得以巩固。不论如何，市场化文化生产所要求的经济资本和文化资本，决定了文化生产不可能是一个不需要制度规则介入的完全"自我"之域。在经济资本和文化资本筹措的过程中，文化生产行为主体将发生各种各样的关系事件，并围绕文化产品之产出而生成一定的产业链条。各个文化产业部门之间基于一定的技术经济关联、供给与需求之关系，有可能形成一个具有某种内在联系的企业群结构。从文化产业的内部结构来看，"小说—剧本—电影—影院—后续产品开发（旅游、玩具等）"明显具有一定的牵连关系；从文化产业的外部结构来看，"剧本投资、电影技术制作、设备制造、消费市场攻坚"具有明显的分工性与合作性。在文化生产的过程中，各种文化产业的关联链条有可能同时指向多个企业并形成一个立体交叉的产业关联网络，其中可能包括冠名赞助商、广告代理商、文化品牌运营商、电信运营商、娱乐包装公司和网络公司等多个文化生产参与者。

纯粹文化生活关系则是文化生产的下位概念，主要是指围绕着文化生产之成果——文化产品而形成的文化消费关系。文化生产强调的是文化产品从无到有的动态产出过程，文化生活强调的则是文化产品在流通和使用中形塑而成的社会文化形态。文化生活只是文化的一个方面，它与人生存活动过程中精神方面的需求相联系。文化学者和社会学者将人的基本需求分为六项：物质生活需求、婚姻需求、教育需求、政治活动参与需求、宗教信仰需求以及娱乐创造需求，每一种需求又包含着丰富多彩的表现形式。这些需求可以被分类为物质和精神两个层面，与后者相关联的即为纯粹文化生活。人类精神上的需求（如接受教育、文学创作、宗教信仰、看电视电影、听广播音乐）需要借助一定的外在介质才能得到满足，这一介质就是文化产品。因此，文化产品是连接文化生产和文化生活的中介。人类对文化产品的需求情况会对具体环境中的文化生产形成一定的导向，而具体环境中文化生产活动创造的文化产品也可能影响并塑造这一地域中人的文化生活形态。例如，在一个全民信仰伊斯兰教的国家，民众对宗教类型电影的需求，有可能促使投资商将资金投入到宣传这一宗教（而不是宣传基督教或佛教）的电影中。反过来，由此形成的文化产品在这一地域的市场上传播并获得巨大收益，或多或少正面肯定并强化了这一地域的宗教意识形态，满足了民众的需求并内化成这一地域人民文化生活的一部分。

有人认为文化生活是一个私人的事件：一个人要过怎样的文化生活——愿意买文化类书籍还是科普类书籍、愿意进剧院观看高雅艺术还是只欣赏街头文化、愿意为更高的教育支出学费还是仅停留于文化普及——似乎都只与此人自己做出的选择相关。其实不然，私人文化生活在很大程度上受到了群体的限制，这些限制包括群体文化的导向、群体在文化领域的设施建设水平等。例如，一个长期定居在经济发展水平较为落后的偏远乡村的居民，不大可能拥有参加高级文化培训、免费大学课堂旁听、常常去大剧院聆听古典音乐的文化生活，甚至有可能他所在的地方连购买一本高深的哲学书籍也是难事。国家或者地方的文化策略、发展战略，当地的文化活动经费、管理水平和文化基础设施建设都会对私人的文化生活产生一定影响，政府也可对以上环节进行操控来调节当地的文化建设。在这一意义上，个人的文化生活就从私的领域进入到了公的领域，并在此意义上产生了制度保障之需要：国家或者地方性制度应该以"保障每个人的文化需求都得到满足"为目的，详细规划地区文化建设的经费分配，对建设水平较低的地域或人群进行政策性倾斜。也正因为如此，联合国将"参加文化生活"列为基本人权之一，意图通过诸多关于参加文化生活权利的国际公约、宣言和决议推动文化生活权利保障的进步和发展，并督促各缔约国进一步完善参加文化生活权利的保障措施。经济、社会和文化委员会指出，"缔约国不仅要以建设博物馆和组织展览作为保护和促进文化的方式，而应走得更远，确保所有发展举措都事先与当地社区进行有效协商；进行社会审计时，要认真考虑任何可能对人人有权参加文化生活的权利造成的负面影响"。国家和政府是人权关系中的首要义务主体，承担着履行国际人权条约的义务。因此，世界各国主要通过不同的人权保障机制，包括法律机制和行政机制，来保障本国人民文化生活权利之实现，例如：制定综合性文化领域基本法和各方面单向立法，并对权利被侵害者进行司法救济；制定文化政策、设立管理单位、保障相关资金投入或进行国际文化交流合作等。

二 文化生产的法律调整

文化产业是进行文化生产的主体，法律对文化生产的调整主要体现于其对文化产业发展和促进的保护上，包括立法、司法、执法与法律监督等各环节。其中，立法是最为重要的环节之一。最早将文化产业化并创造出其商业价值的国家是美国，其相关法律制度非常健全。1790年，美国颁布并实施了第一部《版权法》，随着社会经济和科学技术之发展而不断对此法进行调整和完善，以确保其对文化产业的促进作用。韩国则是世界上最早制定"文化促进法"的国家，其在1999—2006年相继出台了五部旨在保护和促进文化产业发展的法律。2000年以后，日本先后通过了《形成高度情报通讯网络社会基本法》和《文化艺术振兴基本法》两部法律，并以此为根据成立了"知识财富战略本部",制定了一系列促进文化产业之发展的政策法规。2004 年,日本制定并通过了《促进创造、保护及应用文化产业的法律案》,即"文化产业促进法",其文化产业已成为带动经济增长的重要新型产业。上述国家皆根据自己的实际情形建构了保护和促进文化产业发展的法律法规体系,我国亦不例外。改革开放后,我国相继出台了一系列规制文化产业的法律规范,如《著作权法》《商标法》和《音像制品管理条例》等,又制定了一系列与之相配套的实施细则。随着文化产业的进一步发展,我国的文化产业保护制度也逐渐完善,如今已构成了一个较有层次的文化产业法律保护体系。我国法律对文化产业之发展和促进的调整主要体现在以下几个方面。

表 3.1   我国法律对文化产业之发展和促进的调整

推动文化市场建设并允许社会资本进入	1988 年,国家工商行政管理局和文化部共同发布了《关于加强文化市场管理工作的通知》,并首次在政府文件中使用了"文化市场"一词,界定了相关的管理原则、范围及任务,结束了文化市场管理无法可循之局面。《通知》指出:"凡以商品形式进入流通领域的精神产品和文化娱乐服务活动,都属于文化市场管理范围","各级文化主管机关对文化市场要进行日常的行政管理和业务指导"
	同年 9 月,国务院批准了文化部的《关于加快和深化艺术表演团体体制改革意见》,开放了演出及演出人才市场并进一步规范了艺术表演团体的经营内容
	1988 年,第七届全国人大一次会议通过了《宪法》修正案,中国的根本大法中第一次出现了"私营经济"这一提法。私营企业可以经营的行业包括了营利性文化、艺术、旅游等行业,这使得各种文化娱乐产业如雨后春笋般涌现出来
	2000 年之后,文化法制建设取得了突飞猛进的发展,国家开始加速培育市场主体,文化产业的所有制准入政策更加灵活。国务院、文化部、国家广播电影电视总局、国家新闻出版总署等发布了多项法规,扩宽文化产业的投融资渠道,保障了国有、集体、个人和外国资本进入文化产业的条件和途径
规范市场秩序并加强知识产权保护	党的十五届五中全会通过了《中共中央关于制定国民经济和社会发展第十个五年计划的建议》,在这一建议中正式地提出了文化产业发展总体性思路,要求进一步完善文化产业的政策,强化文化市场的建设和管理。同一时期,全国人民代表大会、国务院和文化管理部门先后颁布了几百部法律、法规及部门规章
	1989 年,国家版权局局长受国务院委托,就《中华人民共和国著作权法(草案)》向第七届全国人大常委会议做了说明
	1990 年,第七届全国人大常委会第十五次会议审核通过了《中华人民共和国著作权法》,由此进一步强化了文化领域内知识产权之保护
	除此之外,还有《电影管理条例》《出版管理条例》《广播电视管理条例》和《音像制品管理条例》等各种位阶较低的规范性文件,它们对繁荣文化产业发展和规范文化市场亦起到了相当重要的作用

续表

规范国家对文化产业的宏观扶持和引导	2009年，国务院发布了《文化产业振兴规划》，鼓励金融机构和银行业加大对文化企业的金融扶持力度，积极鼓励、倡导担保及再担保机构大力开发并支持文化产业的发展，此乃文化产业成为国家发展战略重要内容之标志。《规划》提出了支持和促进文化产业之发展的五项措施——降低准入门槛、加大政府投入、落实税收政策、加大金融支持以及设立中国文化产业投资基金
	2010年，财政部、文化部、中央宣传部等九部委联合发布了《关于金融支持文化产业振兴和发展繁荣的指导意见》，提出了七个方面十二条用以改进我国文化产业金融服务、支持文化产业的振兴发展的措施，其中包括：推动多层次、多元化信贷产品的创新和开发；探索适合文化产业项目的多种贷款方式；进一步完善文化企业的金融服务；积极开发文化消费的信贷产品；完善文化企业外汇管理并推动符合条件的企业上市融资；鼓励多元资金支持文化产业发展等
规范对外文化交流活动	2002年制定的《中外合作音像制品分销企业管理办法》
	2004年制定的《境外卫星电视频道落地管理办法》《境外电视节目引进、播出管理规定》
	2005年制定的《关于〈国产音像制品出口专项资金管理办法（试行）〉的通知》《关于加强文化产品进口管理的办法》
	2007年制定的《三星以上涉外宾馆接收境外卫视范围》
	2007年出台《关于奖励优秀出口文化企业文化产品和服务项目的通知》

三 文化生活的法律调整

法律对文化生活的调整，主要体现在其对文化生活参与主体参加文化生活权利的保障之上。只有通过国家法律的转化，应有权利才有可能获得国家强制力的保证，并真正转化为实在的权利。因此，公民参加文化生活的权利也必须被法律所认可，才能真正在现实中得以实现并不受他者侵犯。国家对公民参加文化生活之权利的法律保障体现为两个方面，其一是从立法上加以确立，其二是从司法上加以救济。

从世界各国的立法实践看，各国对公民参加文化生活权利的立法确认主要有两种方式：一是通过本国宪法对该权利进行根本性确认，二是通过某些综合性立法和专门性立法对该权利内容进行具体规定。所谓稳定综合性立法一般可以被视同于文化领域之基本法，乃是对宪法规定的参加文化生活权利的进一步明确，其内容一般包括参加文化生活权利的范围、国家的基本政策和原则等。例如，加拿大联邦议会1988年通过的《多元文化法》、塔吉克斯坦1997年颁布的《文化法》、贝宁1991年颁布的《文化宪章》等。专门性立法一般则是针对某一具体文化领域的单项立法，即使是某些已制定完善了文化基本法的国家，也往往会颁布某些必要的单项文化立法来规范具体的文化活动。世界各国单项文化立法所关心的内容，主要是文化设施之建设以及特殊主体参加文化生活权利的保障。首先，为了保障公民参加文化生活的权利，许多国家都颁布了规范文化设施建设的专门性立法，如墨西哥的《图书馆一般法》、瑞典和拉脱维亚的《图书馆法》、捷克共和国与英国的《博物馆和美术馆法》等。其次，社会中某些弱势群体（如土著、妇女、儿童和残疾人等）自身处于不利地位，其参加文化生活方面的权利更容易受到侵犯。因此，许多国家都颁布了相应法律对以上特殊主体参加文化生活的权利予以倾斜性保护，如匈牙利1993年颁布的《少数民族法》规定少数民族自治政府实行文化自治，以确保少数民族以自我身份参与文化活动之中并做出自己的文化决定。

从世界各国的司法实践看，司法对公民参加文化生活权利的保障主要体现在对权利受侵害主体进行司法上的救济。参加文化生活权利作为一种行动上的自由，内在地要求国家和其他公民不得干涉和侵犯作为个体的公民从事文学艺术创造、科学研究、保持和发展文化特性、传播文化和选择文化生活方式的权利。一旦国家或第三人侵犯了公民主体所享有的文化权利，就会自然而然地产生司法救济问题。国际上有关公民文化权利司法救济比较典型的案例，有1984年德国"街头戏剧案"和1997年日本Nibutani大坝案。1980年德国联邦竞选期间，有人以讽刺性的戏剧对当时的基督教民主联盟总理候选人进行了嘲讽，随即被所在的州和联邦最高法院处以罚款。该被告不服判决，并根据《德国基本法》第5条所规定的艺术自由向联邦宪法法院提出了申诉。之后，德国联邦宪法法院认为被告的行为构成了第5条第3款所规定的内容，并指出"即使艺术家参与现代事件，任何具有约束力的规则和评价都不能禁止艺术活动。所谓涉及政治的艺术领域并不排除这项自由保障"，撤销了普通法院的罚款决定，要求其重新做出判决。1997年，日本政府在阿伊努人奉为圣地的地方建造了一座水电站，由此导致阿伊努人的神圣礼仪场所被毁灭，传统文化面临消失的危险。日本札幌地区法院裁定政府淹没阿伊努人重要文化、宗教和考古遗址的行为是非法行为，从而保护了阿伊努族的文化权利。

通过对现有法律进行梳理可以发现，我国宪法和其他法律中也有许多关于公民参加文化生活权利的规定，如表3.2所示。

表3.2　　　我国宪法和法律中对公民参加文化生活权利的规定

《宪法》第4条	规定国家保障少数民族的文化权利，帮助少数民族地区加速经济和文化的发展，且承认各民族都有使用和发展自身语言文字的自由和保持改革自身风俗习惯的自由
《宪法》第47条	规定我国公民有进行科学研究、文学艺术创作和其他文化活动的自由，国家应给予鼓励和帮助
《宪法》第48条	我国妇女在政治、经济、文化/社会和家庭生活等各方面享有同男子平等的权利
《宪法》第119条	赋予民族自治地方自治机关管理民族文化事业的自主权
《民族区域自治法》第38条	民族自治地方有权自主地发展具有民族形式和民族特点的文学、艺术、新闻、出版、广播、电影、电视等民族文化事业，收集、整理、翻译和出版民族书籍保护民族的名胜古迹、珍贵文物和其他重要历史文化遗产
《民族区域自治法》第42条	民族自治地方的自治机关积极开展和其他地方的教育、科学技术、文化艺术、卫生、体育等方面的交流和协作。自治区、自治州的自治机关依照国家规定，可以和国外进行教育、科学技术、文化艺术、卫生、体育等方面的交流
《未成年人保护法》第29条	要求各级人民政府应当建立和改善适合未成年人文化生活需要的活动场所和设施，鼓励社会力量兴办适合未成年人的活动场所，并加强管理
《妇女权益保障法》第3章	国家机关、社会团体和企事业单位应当执行国家有关规定，保障妇女从事科学、技术、文化、艺术和其他文化活动，享有与男子平等的权利
《老年人权益保障法》第32条	国家和社会采取措施，开展适合老年人的群众性文化、体育、娱乐活动，丰富老年人的精神文化生活
《残疾人保障法》第41条	国家保障残疾人享有平等参与文化生活的权利，并在第五章对残疾人的文化生活做出了具体性规定，要求社会和政府采取多种措施来丰富残疾人的精神文化生活，以保证残疾人有机会接触文化、进行文化创作并参加文化活动
《刑法》第324条到第329条、第251条	妨害文物管理罪和侵犯少数民族风俗习惯罪，对公民享有的文化权利及少数民族保持其特有文化风俗的权利起到了一定保护作用

相较于丰富且多样的立法，我国司法对公民参加文化生活权利的救济较为薄弱。第一，宪法在法律实践中没有可诉性，我国公民不可直接援引宪法条款作为提起诉讼之依据，人民法院也不能直接按照宪法的条款进行裁决。但是，南美洲就有许多的国家通过本国宪法的相关条款，对土著居民参加文化生活的权利进行了司法救济。在这些国家里，参加文化生活的权利是可以通过宪法的司法化而获得司法救济的，我国目前却并未建立起这样的制度。第二，虽然《经济、社会和文化权利国际公约》经由全国人大常委会批准并生效，但我国法院判案时不能对其作直接援引，亦无相

应国内法可依。经济、社会和文化权利委员会曾经特别关注《公约》在我国法院的适用，并要求我国说明"多大程度上在法庭援引本《公约》"，鼓励将《公约》作为国内法院的一个法律渊源。目前，继《公约》之后的新制之法未完成，而在《公约》生效前又无基本的文化法，因此造成了法院不能直接援引《公约》且又无相应国内法可依的尴尬境地。第三，某些有关文化权利的法律条款（例如有关妇女、未成年人、老人和残疾人特殊文化权利保障的规定）欠缺法律责任，并没有规定公民文化生活权利被侵害时，侵害人是否应承担法律责任、应承担何种责任、应由哪些机关予以追责等，使得公民享有的平等参加文化生活权利难以真正实现。

第三节　纯粹精神活动的法律处理

人类的纯粹精神活动，不论是科学思考还是美学欣赏，无疑都建筑于一定的文化基础之上，并且是文化的表现形式。当人们在进行理论思考时，必须借助先前的理论成果并以一定的语言、文字和符号为载体。而先前的理论成果、语言、文字和符号本身就是特定社会、特定时期文化的承载，由此诞生的理论成果亦会重新融入文化之中，使得原有文化朝向未来而开放。当人们在进行艺术欣赏时，其欣赏的对象很有可能本身就是文化的结晶（绘画、音乐、雕塑等），而此种审美活动又可能会影响到这些文化的发展动向。除此之外，人类内心的道德活动、宗教信仰活动更是被结构于文化中：没有道德伦理文化的感染和说教，很难有下意识地遵守社会公德、倡导诚实信用的个人；没有基督教文化的熏陶和教养，很难有懂得面对上帝而忏悔的个人。因此，人的纯粹精神活动本身就是一种文化的结果，也是文化的表现形式。有人认为纯粹的精神活动是绝对的个人之域，并不受法律规制且也不能受法律规制，法律只对人的现实性实践行为进行调整。虽然现代法律并不直接以纯粹精神活动为直接性调整对象，但并不代表法律与人之精神活动毫无关系。从整体来看，法律宏观引导着社会集体性意识形态的发展方向，并会潜移默化地进入人日常生活中的精神世界。除此之外，法律还会对人的精神消费渠道进行控制，在引导个人精神活动方向的同时保障个人进行精神活动的权利和可能性。因此，本节将围绕"纯粹精神活动的法律处理"，依次对以下问题做出回答：到底什么是纯粹精神活动？法律是否应规制并如何规制人类的纯粹精神活动？法律是否应规制并如何规制人类的精神消费活动？本节拟对以上问题进行深入探讨，并依次做出回答。

一 什么是纯粹精神活动

人类活动可以被划分为物质和精神两个面向：前者借助物质性劳动来把握对象，其主要中介是实在的劳动工具；后者则借助象征性符号体系来把握对象，其主要中介是语言符号。许多哲学家对精神之"标准"问题进行了系统探讨，并致力于释清何为"精神"、何为"精神现象"。沙弗尔（J. A. Shaffer）认为，"有目的的行为"是传统哲学用以区分"精神"与"非精神"的两个重要标准：当一只饥饿的动物寻找并攻击其猎物、一只猿猴想方设法将够不着的香蕉弄到手、一只龙虾设法从滚烫的锅中逃脱时，它们的行为都是一种有目的的行为，因而有"精神"成分之参与。但是，"有目的的行为"并不是"精神活动"的充分必要条件，因为情感和想象（这两种活动很可能并无现实客体，即使有，也很可能并不携带对这一现实客体的目的）往往也被视为是人类的精神活动，但它们的目的性却并不是很强烈。存在着无目的的情感——某人内心深处对某一对象的热爱、厌恶、怜悯或是嫉妒，也许仅仅是一种无明显外在"行为"表现且不携带任何现实性目的的纯粹主观性态度；存在着无目的的想象——某人静坐窗前散漫地发呆，既不是为了怀念过往，也不是为了展望未来。因此，有哲学家用"意向性"取代了"有目的的行为"，并认为前者包含后者但比后者范围更广。一个人对某一对象所包含的某种情感，对它的寻求、期待、信奉、怀疑、幻想、缅怀、支持以及反对等，不管有没有表现出明确的目标性，它都是一种具有"意向性"的精神活动。也有哲学家将精神活动等同于主观性体验这一意识状态：当一个人从睡梦中睁开眼睛，或者麻醉剂药力失效之后恢复知觉的那一刹那，光、色彩、情感、思想等诸多体验将如潮水般向他涌现而来，即使他正躺在地上一动不动，但就其意识状态而言，他也正在经历着一系列的主观体验——精神活动。主观体验必然是一种意识状态，然而，有没有非意识的精神活动呢？在弗洛伊德（Sigmund Freud）之前，人们普遍认为"无意识"的精神现象在逻辑上是不可能的。而弗洛伊德为无意识研究做出了巨大贡献，并将精神的概念加以扩展，从而把无意识现象也包括了进去。

无论如何，我们认为人类的精神活动存在着三种基本表现形式——思维、想象和信仰，而在此之外的其他样式暂时不作讨论。首先，思维是人类最基本的精神活动之一，在西方传统哲学中居于人类其他活动之上。作为一种由表及里、由浅入深、由感性到理性的过程，它要从感性的表层朝着纵深方向发展，追求永恒的、抽象的、本质的和普遍的答案。思维的对象可以是物理世界的客体实在，也可以是抽象世界的习俗、准则和价值。它是一种运用演绎、归纳或者假设、求证等方式并根据形式逻辑规则，去分析社会、自然或心理领域中深层秩序的精神程序。其次，想象也是人类最基本的精神活动之一，康德认为它贯穿于人类一切精神活动中，既是一种艺术创造过程，也是人类普遍区别于动物的心理功能："我们必须假定一种想象力之纯粹先验的综合为'使一切经验所以可能'之条件"；"制约一切先天知识的纯粹想象力，乃是人类灵魂的基本能力之一。"它采用和客观世界相似的形象来反映客观世界，但却并不追求对客观必然性的把握，而是追求对客观的再创造。与思维不同，想象的进行并不通过概念的抽象，而是通过生动的形象。最后，在强调了思维和想象之后，我们还不能忽视了精神活动的另一种重要表现形式——信仰。虽然很多情形下，人类在信仰某一对象的同时一并夹杂着对这一对象的思维和想象，但信仰作为一种精神活动之状态毕竟还是与纯粹的思维、想象有明显的区别。人常常追求一种现世的超越，身处有限却又怀着对无限的终极关怀，而信仰就是这种精神渴望实现的最重要的途径。德国当代哲学家蒂利希（Paul Tillich）就曾指出，信仰是人类精神生活的一种状态和方式，是人类精神之底层。需要注意的是，人类的纯粹精神活动应严格区分于人类的文化生产生活，前者强调"个体性"精神，而后者却是一种"群体性"精神的外显和表达。虽然前者依然要通过语言、图像和行动等方式表现出来，但却是一个相对"自由"的领域，且并不生成可以流通于市场的文化商品。它是对人之精神世界和精神活动的纯粹关切，重在人的"意志自主"，并不关心物质环境和历史环境对人之自主意志的限制与塑造。

经由人类纯粹精神活动的三种基本表现形式，产生了人类纯粹精神活动的三种基本样式：理论的精神活动、艺术的精神活动、道德与宗教的精神活动。人类理论的精神活动是思维的具化，是对外部世界所进行的概念式把握。作为抽象语言符号的概念表达的是对象的本质和一般规律，不同于只用感官知觉反映一个事物之表象。本质或规律并非只是对现实世界的直接写照，而是超越于其之上并进入到可能世界，感官知觉只是反映事物之直接存在。所谓的思维活动，就是通过概念或范畴之形式将事物放置在可能性背景之下，通过其直接存在的现象而推理其本质。理论精神活动的典范是科学与哲学——前者指向可经验事物的理论活动，后者则超越了可经验的范围而指向作为整体的世界。人类艺术的精神活动是最典型的想象之具化，科林伍德（Robin George Collingwood）认为艺术是人类特有的一种想象性创造活动，一件艺术作品"不是看见的，也不是听到的，而是想象中的某种东西"。康德将想象区分为再现的想象与创造的想象，前者竭力重现一个熟悉的对象，后者则竭力创造一个全新的对象，而艺术的想象属于后者。虽然也需借助经验世界中的对象，但与科学不同，艺术精神活动乃是通过形象的语言符号即意象去把握世界，而非通过概念和范畴来把握世界。它是对一个被意识到了的意象的体现，因而也就从纯粹的概念认知中分离了出来。在艺术精神活动中，主体和客体消融为一。它所展示出来的可能世界与科学以抽象概念语言所展示的中性客观世界不同，是一个浸透着人之情感的精神世界，由此产生了几千年以来诗与科学的对立、形象思维与逻辑思维的对立。人类道德和宗教的精神活动则是信仰之具化，所指向的不是外部世界，而是人类自身。在人类之初，无论是信仰主宰人之命运的神灵还是半人半身的祖先，抑或是信仰有精神和灵魂的自然现象，信仰这一精神活动最终都会与一定的规范意识（或是道德或是宗教）相联系。它将人之现实行为置于理想的背景之下予以观照，并根据所设想的理想中人的行为标准来引导人们的现实行为，使之越来越趋于理想。道德则要求人自觉地用一种理想标准来规范自我行为，自觉地抵达最高之至善文明时代的宗教生活本身就是道德生活的一种特殊表现形式，其特点是通过来世之幸福释解人类在现世所受之痛苦，遵循有助于维系现世之秩序的道德规范。

二 对人类精神活动的法律态度

在法学界，人们普遍认为纯粹的思维或思维活动不能为法律所调整，只有行为或行为关系才是法律调整的对象。从思维生成的基本规律以及法律调整的理论逻辑上讲，这样的看法无疑是有道理的。但是，法律不直接调整思维活动却并不意味着法律与思维毫无关系。在实际生活中我们不得不承认，法律不仅直接影响着社会主体的行为方式，还常常潜在地影响着社会主体的思维方式。它对社会主体思维活动的影响是一种非调整性影响，从总体上看表现在价值取向的引导之上，包括价值评价、价值认知和价值选择等。而这种价值取向上的间接引导，在社会主体的理论、艺术、道德和宗教等精神活动等具体领域中皆有体现。从法律的创制和实施上看，它本身是社会主体价值共识的产物，能够在某种程度上揭示所在社会最基本的价值取向并赋予其一定的强制性效力。不可否认，近代以来科学研究的蓬勃发展受到了一系列价值观念的影响，"人"之概念的重生（作为理性、自主、自由的人）激发人类投入对自然界的理论探索之中。这样的思潮不仅影响了作为个体之人的理论精神活动，还使人重新思考自己的道德与宗教观念，并由此影响到了艺术与审美——从赞美神到关注人类自身之伟力，从热衷于歌颂英雄史诗到展现市井小民的喜怒哀乐。法律亦受到了这一系列价值观念的影响，并最终将自己改造为自由、平等、民主和法治之样态。从这一角度上讲，法律并不直接调整人的精神活动，且其样态本身是社会中精神价值取向之产物。然而，法律一旦形成，将借助自身强制力对所选择的价值取向进行强化，助推这一价值取向在社会中的生长与持续，并反过来间接地维系此价值取向之下理论、艺术、道德和宗教精神活动的总体动向。在这一意义上，法院既是社会主流价值文化的产物，也是实现和维护社会主流价值文化的重要机构。因而，法律既是一种谈论行动和行动关系的话语，也是一种保障社会主体文化价值认知、评价和选择的话语。法律对人们精神活动价值性之影响，总体而言表现为将人们思维、想象及信仰中所意识、承认的内容进行制度化。因此从本质上讲，法律是一种文化控制力量和精神活动影响力量。

首先，作为社会价值取向之集中体现的法律概念、原则及规则体系，可以对社会主体的精神活动产生影响。人们在总结社会交往经验的基础之上将相同类型或类似现象归为一类，概括出其共同特征而形塑为权威性范畴，即法律概念。法律概念的规范化特点决定了其准确性和稳定性，能够为人们的判定和推理提供认识前提。借助于法律概念，人们可以进行法律上的交往与沟通，不管是进行理论性精神活动、艺术性精神活动，还是道德或宗教式精神活动，人们或许偶尔会用法律上的概念符号来进行思考和创作。法律原则集中表达了人类社会最为基本的价值取向，其所表达的价值最能够深入人们的心理空间：当它渗入人的情感世界时，可以矫正人们对现实世界某一对象或行为的喜恶；当它渗入人的意志领域时，可以引导人们对现实世界某一对象或行为的正误判断。而最为具体且系统地表达国家价值取向的法律规则体系，则能在现实生活中给予社会主体最为直观的精神活动指引，为其认识某一对象和行为给出直接性的评价指引。历史上存在着许多法律入侵理论和艺术精神活动之阵地，维护社会主流思想价值并排除、消灭异端观点之事例，如布鲁诺认为"地球是圆形"而被处以火刑。虽然现代社会的法律总体上讲，已经为理论和艺术精神活动留下了足够的自由空间并尽力缩小了自己的影响边界，但法律的这一种"自我退缩"和"保障理论及艺术精神活动之自由"的倾向本身就是对"思想自由""意志自由"这一现世主流价值的确保和强化。法律与道德、宗教精神活动的关系更为密切，它将"诚实信用"确认为正确的价值原则以引导商业主体交往中的精神活动，将"打击邪教"和"维护宗教自由平等"确认为正确的价值范式以引导社会主体树立远离法轮功、尊重少数民族的宗教信仰和文化风俗的精神信念。

其次，法律价值观念在传播和教化的过程中将潜移默化地对社会主体的精神活动产生影响，最终可能使社会主体形成一种独特的思维方式——法律思维方式。在现实生活中，普通民众对法律的理解和把握，乃是基于自身对法律价值观念的体悟来掌握与运用法律知识。现代法律价值观社会化的目的，就在于帮助社会主体形成理性的责任意识、培养权力制约观念并确立正确的权利本位观。法律教育机制在社会成员中传播着法律所承载的文化意识和价值观念，使得人们以"法律"似的思维思考问题——懂得如何在与人交往的过程中维护自身合法权益，如何防止公共权力对自身的侵害，以及当侵害发生之后应如何寻求法律上的救济。法律看似与我们相离很远，可是当你仔细审视之后会发现，以上的日常思维实际上本身内在地包含着一种法律思维。所谓的法律思维已经渗透到了日常思维之中，以至于难以发觉。在我们日常的精神活动中，随时随地充斥着"一种平常而实在的法律"——当我们在考虑孩子出生、亲人去世时应该办理的事项，与心仪之人步入婚姻殿堂组建家庭时需履行的手续，以及应该在何处停车、不能在何处停车时。在一个追求法治的社会中，社会主体的思维方式不可能永远与法律无涉。实际上，社会中的个人在日常生活思维模式中所涉及的法律内容越多，这一社会的法治程度就越高。在当代社会中，"我们对法律的体验既是陌生的又是熟悉的；既是我们生活插曲式的事件，又是一种恒常的特征；既非常严肃，又是幽默和消遣的源泉；既与我们的生活不相干，又是组织我们生活的中心方式"。对于现代人而言，融贯着法律思维的日常思维活动随处可见，现代法律虽不直接对人类的纯粹精神活动进行调整，但人类日常生活中的纯精神活动却无时无刻不受法律的影响。或者说，现代社会中个人精神活动之样态，本身就是法律与其他因素共同塑造之结果。

三 对人类精神消费的法律态度

人类的日常生活消费有物质和精神两个层面，前者是指物质生活资料的消耗，后者是指人为了满足精神之需而对精神文化产品的追求与享受。人类进行精神消费往往并不是为了满足生存最基本的衣、食、住、行，而是为了自身情感的愉悦和智识的深层次发展。工作之余，或是坐在电视机前看看新闻，或是邀朋友去电影院欣赏一部影片，或是阅读一本小说，或是前往风景名胜地旅行，这些都能使我们获得精神上的快慰并为我们增添生活的乐趣。经济越发达、对人民物质需求水平之满足越趋于饱和的国家，在精神消费方面的需求就越高。作为一种观念形态的消费，精神消费需要依托精神文化的载体和设施，例如一部蓝光电影往往会以光盘为存储载体进入市场。从表面上看，"光盘"是一种物质形态之存在，因此对"光盘"这一物品的消费似乎应归属于物质消费之层面。但是，消费者在购买光盘之时实际上并不是要纯粹地购买"光盘"本身，而是要购买其内部储存的蓝光电影。从这个意义上讲，"光盘"只是作为消费对象之载体，而不是消费对象本身，除非消费者的本意就是要购买一个"空"的存储工具自己进行"填装"。消费者的物质消费能力主要与自身经济水平相关，精神消费的消费能力虽也离不开经济支持，但主要与消费者自身的文化素质及受教育程度相关。物质层面的衣、食、住、行只需占有消费资料就可进行消费，但精神层面的消费却需要人具备科学理论的理解能力、文学艺术的欣赏鉴别能力以及生产技能的接受能力。不同能力的消费者对精神消费品的自觉选择有很大差异，青少年群体偏好网络文化，普通工薪阶层很少问津高档娱乐场所，高文化层次人群则倾向于参观博物馆和大剧院。人们教育程度不同、思想素质不同，使得精神文化消费层次差异大、需求弹性大。进入21世纪之后，随着我国经济、科技和文化的进一步发展，人们的精神消费需求也发生了极大变化，大众消费群体对已经多样化、商品化的文化产品有了更广泛的需求和更加独立的选择：网络文化在城市中迅速风靡并吸引了一大批中青年消费群体；激烈的工作竞争加剧了人们的生存压力，独具魅力的山水文化成为了人们陶冶情操的胜地；传统民俗文化热力不减，通俗的电影、电视剧、相声、小品、也充斥着市井百姓的每一天。可以说，精神消费无处不在、无时不在，它是人类社会中普遍得不能再普遍的行为和需求。

然而，社会主体个人性的精神消费行为并不是完全不需国家和法律的调整，因为在精神文化消费过程中，消费者的权利与其在物质文化消费过程中的权利一样，都容易受到他者（特别是精神文化商品的生产商、提供商、销售商等）的侵害，比如花高价看了一场放映技术很差、质量极度低劣的电影或录像，或者买回装订粗糙且错误百出的书籍。歌星们屡屡用放录音来代替现场演唱的行径也被屡屡曝光，连迈克尔·杰克逊等世界歌星也不例外。又比如，夜总会、卡拉厅等娱乐场所价格暴利，酒水、零食标价奇高，且偶尔出现"宰客"现象。消费者碍于自身情面，无奈付出了极不合理的高价来享受品质一般的服务。美容美发行业也频现"宰客"，广州一美发厅曾被曝出一次美发要价八千多元的事情，使得整个舆论界哗然。最近十年以来，各地民营性质的辅导机构、培训班和学校如雨后春笋般蓬勃兴起。这些培训机构和学校常常虚假宣传、夸大自身的资质和能力以吸引更多生源，最后又无法按照广告上做出的承诺来设置课程，使得学生们付出了时间和金钱却又无法学习到相应的技能和知识。精神消费过程中发生的损害消费者权益的行为，并不如物质资料消费过程中发生的损害消费者权益之行为那样，容易被界定或容易留存证据。当消费者在进行精神消费时发现自己上当受骗，往往维权困难。低劣的精神商品或服务又不能像劣质的家用电器与过期的食品饮料一样退换索赔，一旦消费者发觉精神商品或服务的提供者对自己进行了虚假诱导，多半大呼上当之后就不了了之。物质资料的消费时有打假人士出现，而在精神消费方面奋起打假维权的人却并不多。

迫使消费者以极不合理的价格购买所需精神产品和服务，或者诱骗消费者购买与宣传严重不符的精神产品和服务，都是一种典型的损害消费者权益的行为。消费者处于此种弱势地位，急需法律对其合法权益进行保护。但事实上，相比精神资料的消费，我国法律更重视物质资料消费活动中消费者权益的保护。虽然我国很早就颁布了《消费者权益保护法》，并且各个省市还颁布了相关保护条例。但从法律条文上看，有关精神产品及服务权益保护之界定并不明确、清晰，且保护的重点仍在物质消费而非精神消费。此外，该法对消费者权利的界定也并不明确，如该法第七条规定"消费者在购买、使用商品和接受服务时享有人身、财产安全不受损害的权利"，其中的商品是否包括精神商品，其中的服务是否包括精神服务呢？因购买、使用商品和接受服务时受到的损害，是否包括由精神商品或服务引发的损害呢？而在我国各省所制定的"保护消费者合法权益条例"之中，也只有上海、甘肃、河南、西安、贵州以及山西明确地将精神消费囊括了进去。例如，《上海市保护消费者合法权益条例》第2条规定"本条例所称消费者，是指有偿取得商品和服务，用于物质和文化生活需要的单位和个人"。

精神消费应是法律所调整的对象，精神消费中消费者权利的法律保护是目前我国法律迫切需要完善的对象。法律对精神消费的调整应是一个涉及民事、行政和刑事的综合性调整：首先，必须完善《消费者权益保护法》，将精神消费明确纳入此法调整之范围，并对精神文化产品的制造者、经营者以及精神文化服务提供者的各项责任与义务做出专门性规定，释清消费者在进行精神消费时所享有的具体权利内容；其次，要完善精神消费管理的行政法规，对文化市场进行特殊管理，比如文化业的市场准入、价格监督，将文化市场的管理纳入法制化轨道；再次，要强化对精神消费行为的刑法保护，严惩走私、制作、贩卖、传播淫秽书刊、录像带、图片或其他物品的犯罪分子，而精神商品及服务的提供者做出的其他欺诈或暴利行为如果构成犯罪，也应被追究刑事责任。最后，完善的立法还应配以经济且完善的司法救济程序以及强而有力的普法宣传。否则即使有完善的立法，普通消费者仍很难意识到自己所享有的权利并知晓正确的救济途径，以求得最终维权之胜利。精神文化进入市场，应该与洗衣机、电冰箱进入市场一样，由消费者定优劣，由法律定规矩。今天，人们对精神消费的需求与日俱增，精神消费过程中精神商品及服务提供者侵害消费者权益的问题也日益严重。法律不能仅仅只着眼于人类基本生存所需的物质消费，而对占我们生活半壁江山的精神消费视而不见。由于精神商品和服务的观念性与无形性，现实生活中消费者在进行精神消费时合法权益一旦受到侵害，或许难以举证，有关部门也难以对精神商品和服务质量进行明确定性。因此，精神消费不应成为法律在保护物质资料之消费时的附属，而应成为法律独立规制之对象。

第四节　法律自身作为人类文化的制度化呈现

不管是在古代还是现代，人类物质生产生活关系中物质文化的形成和发展都是以物质分配为前提。作为制度规范的重要内容，法律长期主导着整个社会的物质分配，并确定了人类社会中的每一个物从诞生到毁灭这一时间段内，在人类社会关系网络中所占据的全部位置。正是物在社会关系网络中占据的位置为物留下了人类文化的烙印，使物不再只是人类生存活动中的消耗。而人的精神生产和生活（不论是个人性的精神生产生活，还是社会化产业性的精神生产生活）也必须接受法律的规范性调整，否则生产秩序和生活秩序都难以为继。从这个意义上讲，法律既关联着物质文化，也关联着精神文化。不仅如此，法律还是沟通物质文化和精神文化的重要桥梁。与此同时，法律本身也呈现为一种文化。人们很容易理解法律在保护物质、精神文化上的重要作用，但却很难想到法律自身也是人类文化的一种重要形式。文化不仅包含着思想观念、发明创造以及价值信念，它还包括了经济制度、政治制度、法律制度、社会风俗习惯、宗教信仰等，后几项被统称为制度文化。而在现代社会，法律无疑是制度文化的核心内容，是人类日常生活中起决定性作用的制度规范。作为制度文化之核心的法律文化，最终如何成为了物质文化和精神文化的桥梁？想要对此做出回答，必须首先释清以下几个问题：第一，文化到底有几种表现形式，为何要将其划分为物质文化、精神文化和制度文化？第二，法律为什么是制度文化的核心内容？第三，法律文化如何在物质文化和精神文化中架构起一座桥梁，或者说为什么法律文化对物质文化和精神文化具有桥架功能？本节将围绕"法律自身作为人类文化的制度化呈现"这一命题，依次对以上问题进行详细探讨。

一　制度、精神和物质，人类文化的三个面向

"文化"的结构和分层在文化界向来有着较大分歧：一些学者将其分为"高雅文化"和"低俗文化"；另一些学者将其分为"精英文化"和"大众文化"。庞朴从物质、心理及两者相结合的角度提出了文化结构三层次说，认为广义上的文化结构包括物质文化、理论制度文化和心理文化，其他学者将其总结为"制度、精神和物质"三文文化。这一理论逐

渐为我国文化界所普遍接受，并成为了我国文化理论界关于文化结构及分层的主流观点。

物质文化在"文化"的三大分层结构中居于基础地位，其研究的乃是人与物之间的辩证关系：人创造和使用物质，物质也造就了人，主体和客体总是随时随地联系在一起，它奠基于对人类最基本生存需要（如衣、食、住和行）的满足。美国历史学家普莱斯哥特（William H. Prescott）根据墨西哥的人工制品和生活器物而非语言文字来了解其历史，并在自己的旅行日志中第一次使用了"物质文化"的概念。物质文化是衡量某一社会发展程度和生产力水平的重要标志，人类社会的每一个发展阶段都以一定的物质生产工具及技术水平为特征。对于人类社会来说，不同民族、地域或同一民族、地域中不同发展阶段相互之间的文化差异首先体现在物质之上。当人类学家和社会学家想要对某一地域或民族的独特文化进行深入研究时，总绕不过它们以"物质"为表现形态的耕作与放牧方式、民居建筑和服饰风格等。

在物质文化之上，人类社会还孕育出了无形、无相的精神文化。它是人类社会实践和意识活动长期蕴化出的思维方式、审美情趣、道德观念和价值取向。特定民族或地域的共同心理、价值观念一般来说具有一定的稳定性，甚至在共同地域、共同语言和共同经济生活改变之后仍能保存下来。例如：客家的汉族有迷信风水、尚鬼信巫的特点；苗族人有典型的祖先崇拜情结，其祭祖仪式因血缘关系而带有浓厚的宗教神秘色彩；果洛地区的藏族人则有强烈的崇尚勇武之特征，酷爱刀、马、枪等武器以及竞技比赛，并以坚强勇敢、粗犷强悍闻名于整个藏区。制度文化是文化的一个重要层面或表现形式。它区别于物质文化和精神文化，是人们用以指称各种社会组织形式、社会关系形式，以及社会运行与控制形式的某种概念。它是凝结了文化精神的社会制度，也是社会精神的实在化、格式化和具体化。作为人类行为与活动的规则，制度文化制约着物质和精神文化，并为人类提供了观察自身行为活动的手段。首先，制度文化具有一定的民族性。不同人类群体赖以生存的自然、地缘条件之差异，往往使它们形成不同的价值系统、思维模式和行为倾向。其次，制度文化具有一定的稳定性。制度文化一经形成，就可以在相当长的时期内保持相对稳定，若没有巨大社会变革的冲击，一般也不会轻易改变。制度文化的这种稳定性既容易使其成为社会秩序控制的工具，又容易使之成为社会发展的保守力量以及人类社会前进的阻力和包袱。最后，制度文化具有一定的连续性和变迁性。同时，制度文化总是反映着某一特定民族在特定时代的社会生活之状况。它随着时代之变迁而处于连续性运动变化之中。因此，每一个民族的制度文化都不可能永远停留于原有的水平之上，它总是随着时代的进步发生着变化。

综上所述，作为一个复杂的整体结构，"文化"乃是由物质、精神和制度三个子系统所组成。制度文化是"文化"这一复杂整体不可或缺的组成部分，它与文化的物质层面及精神层面紧密联系，三者无法绝对地进行分离。当制度诸因素形成之后，又会对人类的物质生产生活带来不可磨灭的影响。作为文化整体的一个组成部分，制度文化既是物质文化的工具，又是精神文化的产物。正如马林诺夫斯基所言，"所有文化进化式传播过程都首先以制度变迁的形式发生。无论是以发明的形式还是以传播的形式，新的技术装置总要被结合到业已确立的组织化行为系统之中，并逐步对原有制度产生全部的重塑。"

二 法律作为制度文化的核心内容

制度文化是一个宏观概念，其内容非常广泛：不仅包含经济文化、政治文化、道德文化、法律文化、宗教文化，还包含教育文化、婚姻文化等各方面。上述每一种文化形态又下辖更为具体的制度文化形式。而在这些各式各样的文化形式中，应当看到，法律文化乃是制度文化的核心内容。经济、政治和宗教等文化形态经过实践的检验、修正和完善，经过去粗取精、去伪存真的过程，最终将上升为法律文化。也只有将经济、政治、道德和宗教诸文化上升为法律文化，它们才能被赋予更为稳定和权威的存在形式。因此，法律文化是制度文化的最高级形式，它是制度文化中具有特殊意义的环节和内容。

然而，并不是所有社会、同一社会的每一个发展时期都将"法律文化"作为制度文化的核心。中国古代虽然也有法律文化，但其在制度文化中并无核心地位。梁漱溟说中国社会本礼俗以设制，融国家于社会，而不寄托于法律。当人们相互之间发生了冲突和争端，一般情形下会尽量采用和解与调停的方法在衙门之外解决，而不是诉诸法律手段。人们信仰着道德之"礼"，却不亲近法律。在此种社会环境中，法律文化的重要性自然被相对淡化，而道德伦理则成为人们所关注的核心内容。这样的后果就是我国传统法律文化被裹挟上了浓厚的儒家伦理色彩，自我发展的张力却日益衰微并逐渐沦为道德文化的附庸。"在中国人看来，法律不是秩序的条件和正义的象征，而是专断的工具和混乱的因素。良民不应该想到法，他应该按不主张权利又不打官司的方式生活。人们第一件操心的事不应是守法；每个人的行为与任何法律考虑无关，应不停顿地寻求协调与和睦。和解较之起诉更有价值，与其用法来解决争端，宁可用调解来消除争端"。道德和权力共同分治了整个社会，法律仅仅是这两者的附庸，并不具有独立的重要地位。因此，在中国传统社会中权力文化、道德文化往往凌驾于法律文化之上，法律文化只是制度文化中并不被人们所重视的一员。以至于"以农耕经济见长的中国文化，虽也强调天理的至上性和人伦的至纯性，但法律却始终是一个狭隘的领域"。

一贯将"法律"作为制度文化之核心的乃是西方文化之传统。西方法律文化源远流长，虽然古希腊时期，其法律文化往往与道德和宗教等制度文化混杂在一起，尚未从一般社会控制体系中分化出来。但到了古罗马时代，西方法律日渐专门化，法学家也逐渐成为了一个较为独立的阶层。法律在西方社会中对保障公民的权利和自由发挥了非常重要的作用，西方人普遍将法律置于崇高地位。在西方人眼中，法律是"促成全邦人民都能进于正义和善德的永久制度"。在漫长的历史进程中，西方人早已清醒地意识到了依赖于掌权者之意志的极大危险性以及道德伦理的不确定性，并逐步发展出了一套严格的法治理论和实践。对于西方社会来说，法律文化在所有制度文化中居于完全的核心地位，几乎无人会认为权力、道德文化的重要性应在法律文化之上。正如马克斯·韦伯所言，"近代的理性资本主义不仅需要生产的技术手段，而且需要一个可靠的法律制度和按照形式的规章办事的行政机关。没有它，可以有冒险性的和投机性的资本主义以及各种受政治制约的资本主义，但是，绝不可能有个人创办的、具有固定资本和确定核算的理性企业。这样一种法律制度和这样的行政机关只有在西方才处于一种相对来说合法且形式上完善的状态，从而一直有利于经济活动。"

近几百年来中、西文化的较量，使得中国传统以权力、伦理为统治的社会秩序日益暴露出严重弊端。从19世纪60年代晚清政府的"洋务运动"，中途经历1911年辛亥革命和1949年中华人民共和国成立等一系列历史大事变到现在，中国的现代化进程持续至今。19世纪末，学习西方文化、建立现代法律制度已经成为了一个不可阻挡的历史潮流。中国法律现代化的发展起源于中外法律文化的交流，又受制于中外法律文化的交流。借助于现代西方法律文化的输入，我国传统的权力、道德统治格局已越来越趋于瓦解，建立"法律至上"的法治社会已得到了社会整体的普遍认可。"我国不必以今天的目光来非议过去，时代如此，其势然也。文化逐渐进步，建立一个抽象概括的原则，原是人类千万年心血的累积。"中国近代法学家王伯琦更是指出，法律的普遍性决定了法律不加区别地适用于一切人及一切行为。与之相较，道德的适用乃是个别且相对，而个别情况却是无穷无尽，适用结果也无法像"法律后果"那样明确清楚，因此极容易出现不公平、不一致的现象。因此，王伯琦也将西方法治视为进步的观念，认为应当使法律成为治理社会的根本武器。美国著名法学家劳伦斯·M. 弗里德曼教授在1997年来华时就指出，"法治的概念并不是专属于'西方'的"，"'法治'的观念的确在加速发展，以这样或那样的方式遍及全球"。在这样的历史背景之下，法律文化已然（事实上）成为了现代中国制度文化中最为重要的一环。

当然，法律文化也应当成为现代社会制度文化的核心内容。在传统的乡土社会结构之中，个人从属于家庭，而家庭又逐步发展成村落。当时的社会交往关系并不复杂，落后的交通也使得人更倾向于安土重迁。在家庭和村庄的范围之内，人际关系并无陌生性，人与人之间互为亲人或朋友，自然视人情更甚于规则。在身份等级的基础之上，人们通过道德的调节和教化，并利用人情之纽带而达到一种表象的和谐。然而，当社会生活越来越发达，商业社会的日益发展以及交通工具的日益更新使得人与人的交往也越来越趋向于"陌生性"。面对大量涌现的陌生人，纯粹的道德和人情已很难维系相互之间权利和义务的平衡。因此，法律规则的重要性日趋突显，并逐渐成为社会控制最为重要的一个环节。无论平民大众还是官员领袖，在法律面前都要受到平等的制约和束缚。法律自然成为了整个社会制度文化的中心，当其他制度与法律产生冲突时必须以法律为重："在法治时代，法律规范和其他一切社会规范相比较必须是至上的。这表明：一方面，当法律规范和其他社会规范没有根本性的冲突时，即其他社会规范的存在并不违背法律规范的基本价值取向和基本精神时，法律规范和其他社会规范可以并存。否则，当法律本身是良法，并且其他社会规范与这种良法具有明显的冲突时，则应以法律规范为标准,取缔、改造、风化其他社会规范。"法律又有很多优点乃是其他制度无法比拟的,例如不带直接感情色彩或者集合了多数人的智慧,唯有体现共同意志的法律才能使各社会团体之间形成稳定而良善的秩序。因此,在现代社会或者说以"现代化"为目标的发展中的社会,法律文化应当成为制度文化的核心内容。

三 法律文化对物质文化和精神文化的桥架功能

人具有物质和精神二象性,因此人既有物质需要又有精神需要。作为物质性存在,人必须要依赖物质才可能维系自己身体的健康和生命之延续。作为一种精神性存在,人有思考并追问宇宙万物、从事精神性活动使自身获得愉悦的自然冲动。因此,由人与他人结构而成的社会生活既包含了柴米油盐酱醋茶,也包含了诗书歌舞与游戏竞技。"这两种生活既可以是纯粹个人的选择,也可以是组织化、系统化的规范内容,从而形成人们的集体行动与选择"。然而,自初民社会的村落和城邦开始,就已不存在纯粹意义上的个人物质生活和精神生活。人类文明的持续推进,就在于将分散的个体性物质生活与精神生活结构在有组织的规范生活之中。法律就是"规范"中最为重要的一环。从这个意义上讲,法律文化乃是架通物质文化和精神文化的主要桥梁。

物质文化乃是"反映人与自然的物质转换关系"之文化,它是由"物化的知识力量所构成","是可触知的具有物质实体的文化事物,即人们的物质生产活动方式和产品的总和"。谢晖认为物质文化本身是一个规范性命题,也就是说人们日复一日、年复一年的物质生活本身就已生成、复制和涵摄着某种规范。而法律对物质文化的调整,就是将此种自觉性规范上升到制度层面。从古至今,人类的法律无不围绕着"利益分配"这一核心问题而展开。虽然地球上的自然资源从总体上看丰富而广博,但却分布得极不平衡,且人对自然资源的利用水平和程度以自身的能力为限,由此导致人类相互之间常常处于一种"资源竞争"的态势中。人类需要物来维系自身的生存,然而,不论是一袋粮食、一件衣服还是一头耕牛,如果无法以大众普遍认可的方式来处理其归属权,就有可能成为众人竞相争夺的对象。人们为物之生产、归属和转让确立了一定的规则,不同地域和民族的规则可能相去甚远,此中产生了风格各异的物质文化。法律则对这些自觉性规则进行选择和整合,并最终将其上升为制度性规范。

　　法律对物质的"定分止争"之功能，乃是社会正常运作的前提条件。两千多年前，慎到就曾对法律的定分止争功能做出详细论述："今一兔走，百人逐之。非一兔足为百人欲，由分未定也。分未定，尧且力屈，而况众人乎？积兔满市，行者不顾，非不欲兔也，分已定也。分已定，人虽鄙不争，故治天下及国，在定分而已矣。"可以说，"分未定"乃是一种面对物质匮乏、利益稀缺时人类竞相争执的野蛮状态，但"分已定"却是一种面对物质匮乏时人类以规则平息争端的文明状态。"只要人类的物质生活是在交往中进行而不是纯粹的私人生活，则以制度规范的文明来防治无序'逐之'的野蛮"、以法律文化规诫物质生活，是提升物质文化的必然选择。精神文化亦是一定物质文化基础之上的产物，它为法律文化提供舆论准备、精神动力以及智力支持。任何阶级想要创造或变革一种法律文化，总是要先塑造一定的舆论并宣传旧法律文化之落后与新法律文化之合理。作为精神文明首要因素的道德与法律文化有着剪不断、理还乱的牵连，且长期帮助法律充实自身内容。同样，某种精神文化要长期在社会取得统治地位，就必须借助法律文化的制度力量来清除异己、巩固权威。中华民族史上向来不缺乏文教传统，此种传统要求人们致力于提升个体修养，并以谦谦君子的德化为目标服从于某种约定的文化状态。但很多时候，这一精神文化的追求是借助了制度化的法律才能得以真正执行。

　　法律在精神文化建设中的重要作用毋庸置疑。它是规范人们行为的强力手段，强制人们严格遵守社会公共生活准则。某些道德要求一旦通过法律形式予以确认，就同时成为了人们在法律上的现实义务。不同于纯粹道德所要求的自省，法律的约束乃是一种无情、刚性与外在的约束。它可以将某种特定的精神文化从无形转化为有形，并强迫性地要求人们去接受和延续这一精神文化。"历史的镜像，可以映照出把精神文化结构在制度中的得失。但以制度来结构、规范、诱导、默许和鼓励精神文化，使精神文化的发展体制化，或者借制度力量与法律推进，弘扬、发展、创新精神文化，则大体可以肯定。"我们不能因为祖先曾经在制度与教化中"罢黜百家、独尊儒术"，就否定法律对精神文化的规范、弘扬之功能，也不可因为晚清科举考试的八股之风，就否定考试这一正当程序扩大、推行精神文化的现实功能。法律不仅可以通过惩罚的方式执行文化、道德，还可以通过默许、放任、诱导和奖励等方式助推学术、科技、道德和文艺的兴盛。法律将精神文化纳入自身的调整范畴之中，使之从道德的自觉性规范上升为制度的强制性规范，极大地提升了精神文化的生命力，为精神文化在全社会中的具体实践提供了重要保障。因此，要真正发展精神文化，就必须要正视"制度—法律"层面对精神文化的涵摄与调整。

第四章

我国文化法治化存在的不足

在我国,"文"和"化"成为一个整词——"文化"使用的情况出现在西汉以后,其本义可理解为"以文教化",主要指对人们的思想品德、品性等进行教育、培养和陶冶,属于精神领域范畴。随着时间的推移和人们认知能力的提升及深化,"文化"一词不断演化为内涵丰富、外延宽泛的复杂概念,想要对其进行一个清晰的界定是一件很困难的事情。通过法律保障文化权利,不仅是对人们思想意志自由的尊重,也是对思想之创造力的保护,更是对人们基本权利和文化繁荣发展的保障。不过,当前国内并没有制定一部名为《中华人民共和国文化法》的法典,而是针对不同的文化部门制定专门的法律法规,如《文物保护法》《非物质文化遗产法》《著作权法》《公共文化服务保障法》等。之所以会出现这样的情况概因文化法治不仅调整"平等主体间文化交往活动的私法关系",也调整"文化管理关系、文化权利保护关系"等国家文化治理权与公民文化自治权的公法关系。[①] 文化法可谓是各法律部门中调整文化领域法律关系相关规范的混合体。调整对象和法律关系的复杂性决定了文化法是各种相关法律规范的综合,也决定了文化权利的复杂性,进而决定了法律调整方式多样性的需求:为确保文化自主性发展和文化自由权利的实现,为促进文化行政部门依法、有序管理文化事务,创造良好的文化法治环境,防止文化权利被侵害以及来自社会或个人对文化造成的破坏或威胁,应综合使用放任(保障)性调整、导向性调整、制裁性调整和奖励性调整四种调整方式。

当前学界对于文化法相关方面的讨论主要涉及调整对象、指导原则、

---

① 详细论述参见周叶中、蔡武进《中国特色社会主义文化立法初论》,《法学论坛》2014年第5期。

制度设计等文化法体系建设基本内容的概括性、理论性研究，对于文化法治之调整方式的研究则非常罕见。仅有个别学者提出文化法治侧重政府管理而忽略公民文化权利之保障，但对具体的调整方式的相关论述、评判则凤毛麟角。更多的是对相关单行法制定的现状、未来走向进行必要性、合理性及现实性探讨。文化法属于国家整个法律体系的一部分，是我国法律体系的一个部门，作为一种新近产生的法律部门其制定必然在遵循宪法精神的指导的同时借鉴其他部门法的经验与模式。文化法与国家法是局部与整体的关系，当前国家法在调整方式上所具有的一些不足之处必然也将影响并体现在文化法律部门，又因其自身调整对象的特殊性，文化法治又表现出调整方式的独特性。就当前我国出台的相关文化法律规范来看，文化法治存在的不足之处主要体现在：对放任（保障）性调整的保障不足，导向性调整的所指有待明确，制裁性调整的力度不够，奖励性调整的体系模糊四个方面。

第一节　放任（保障）性调整的保障不足

我国文化法在规范社会关系过程中重视社会效益优先的原则，公共利益、集体利益重于个人利益的倾向致使相关文化法律规范轻视放任（保障）性调整而强化对导向性调整和制裁性调整的适用。文化自由涉及言论自由、学术自由、出版自由、艺术自由等公民基本权利，对这些自由的保障，不能仅依靠导向性调整和强制性调整对行为主体课加义务和责任，更多地应适用放任（保障）性调整方式实现对公民各项自由权利的确认与保障。然而由于当前学界对放任（保障）性调整方式的学理认识欠缺，人们权利意识还有待加强，反映在立法方面则表现为相关制度设计缺位或不足，如目前我国文化领域相关的法律法规中出现最多的规范性词汇是"不得"和"应当"，而授予权利之"可以""依法享有……"等规范则较少；反映在行政方面则是对放任（保障）性调整的设施保障不力。

一　学界对放任（保障）性调整的学理认识不足

放任（保障）性调整对应法律赋予人们为或者不为一定行为自由的权利规范，体现"权利优位""人权保护"等类似一些权利意识，指"主体根据自治的需要将法律权利规范贯彻、落实于其行动之中，因此，这一调整方式反对任何形式的外来干预。"① 放任（保障）性调整为权利主体划定广阔的自由空间，在这一空间范围内，凡是法律没有禁止或规定的，皆可以推定为权利，主体享有充分的自由选择权。行为空间的扩大自然带来思想空间的扩大，文化—精神权利在主体间的交往关系中得到充分的肯定与实现。文化—精神权利主要体现为主体思想、意志的自由表达，放任（保障）性调整通过给予思想、意志充分的自由空间和保障，充分发挥主体的自主性、创造性，相比其他调整方式具有促使权利主体主动实现自身文化—精神权利、节约权利实现成本的优势。然而，目前国内相关研究则对法律的放任（保障）性调整方式存在一定的认知不充分，乃至轻视或忽略法律的放任（保障）性调整方式的现象。

在我国，"放任（保障）性调整"这一术语的较早提出者应为中南大学谢晖教授，2003 年他在其文章《论法律调整》中提出法律调整的四种方式："放任性调整""导向性调整""奖励性调整"和"强制性（制裁性）调整"，并对四种调整方式进行了细致的论述。他的这一理论思想也体现在其 2005 年与陈金钊教授合编的《法理学》一书中。暂抛开"放任（保障）性调整"这一法律调整方式不讲，当前学界即便是关于"法律调整"的相关论述都非常少见：目前对法律调整进行专门论述的主要以谢晖、公丕祥和黄建武、孙国华等的著作及其相关文章为代表。② 在琳琅满目的《法理学》著作中仅有少数几部对"法律调整"设专章进行论述，其余则是对其缄默其口，而对于"法律责任"的专章论述则在诸多《法理学》著作中几乎无一缺席，对"法律调整"的认知匮乏和对"法律责任"的高度重视形成鲜明对比。那么这些相关"法律调整"著作或文章，对"放任性调整"的认知又是怎样一个现状呢？谢晖教授在其著作或文章中直接明确"放任（保障）性调整"为法律调整方式的一种，其含义是指"主体根据自治的需要将法律权利规范贯彻、落实于其行动中。这一

---

① 谢晖：《论法律调整》，《山东大学学报》（哲学社会科学版）2003 年第 5 期。
② 相关内容参见谢晖《论法律调整》，《山东大学学报》（哲学社会科学版）2003 年第 5 期；谢晖、陈金钊《法理学》，高等教育出版社 2005 年版；公丕祥《法理学》，复旦大学出版社 2002 年版；黄建武《论法律调整技术手段的选择——法与社会利益构成的关联分析》，《哈尔滨工业大学学报》（社会科学版）2014 年第 3 期；黄建武《法理学教程》，法律出版社 2006 年版；孙国华《法理学》，法律出版社 1995 年版。

调整方式反对任何形式的外来干预，对权利规范的放任性调整乃是法律的一种绝对姿态。"[1] 其他学者虽没有提出法律调整方式的放任（保障）性调整，多是赞同法律调整方式分三种：允许、积极的义务和禁止。"允许"也可称为"授权"，是指赋予主体积极做出某些行为的权利。[2] 杨思斌在其文章中所指出的法律调整的授权性调整方法，其实质与前述"允许"内涵一致，表现在立法上就是授予权利，进行权利立法。[3] 学界对于"允许""积极的义务"和"禁止"多数主张为法律调整方式，也有的称其为法律调整模式或法律调整方法，方式、方法、模式等学术用语的不统一，也是造成学界对"放任（保障）性调整"认知不清的原因之一。[4]

　　对比可见，"允许"调整方式可在一定程度上等同于"放任（保障）性调整"，但我们认为其过于狭隘，可称为"狭义的放任（保障）性调整"。"允许"调整方式强调的是法律对主体权利的授予，在具体的法律规范中表现为"可以"条款，赋予主体依照法律规定从事一定行为的自由。"赋予"一词则隐含着权利之法律明确规定，法律规定、允许的主体权利自由空间，法律没有明确规定但在实际交往生活中存在并践行的部分"权利"是否应受法律的肯定与保障？仅从"允许"调整方式来看不得而知，这些"权利"在自发行使、实现的过程中无须国家强制力的过多干预，但一旦发生权利侵害时，这些"权利"能否得到国家法律的有效救济？如何救济？这些都将成为阻碍主体权利实现的悬而未决的问题。我们所指称的"放任（保障）性调整"赋予公民的权利，不仅包括国家法律规范以"允许"的方式赋予主体一定行为自由的权利，还包括在国家法律没有禁止或没有规定的广阔空间内，主体享有充分的权利实现之自由，只要其自由权利之行使不损害国家、集体或他人的合法权益即可。可见，

---

[1] 谢晖、陈金钊：《法理学》，高等教育出版社2005年版。
[2] 也有学者将"允许"解释为"赋予人们享有某种福利的资格和自己做出某些行为的自由"。参见黄建武《论法律调整技术手段的选择——法与社会利益构成的关联分析》，《哈尔滨工业大学学报》（社会科学版）2014年第3期。多数学者还是将其解释为"赋予主体积极做出某些行为的权利"，具体可参考阅读以下一些著作，孙国华《法理学》，法律出版社1995年版，第230页；公丕祥《法理学》，复旦大学出版社2002年版，第191页；黄建武《法理学教程》，法律出版社2006年版，第141页。
[3] 杨思斌：《构建社会主义和谐社会与法律调整方法的改进和创新》，《当代世界与社会主义》2006年第4期。
[4] 如杨思斌就在其文章中将其称为"法律调整的三种模式"。见杨思斌《构建社会主义和谐社会与法律调整方法的改进和创新》，《当代世界与社会主义》2006年第4期。

"允许"调整方式仅调整主体之间因法律明确赋予公民权利之行使或实现而形成的法律行为；而我们所称的"放任（保障）性调整"，不仅包含法律规定了的主客体之间的交往关系过程，还包括法律不禁止（或未规定）之主客体间交往关系之过程。例如《中华人民共和国非物质文化遗产法》规定："县级以上地方人民政府应当对合理利用非物质文化遗产代表性项目的单位予以扶持。"[1] 这一类条款对于政府相关部门来讲属于导向性调整，赋予其职责，虽然法律规范没有明确以"允许""有……权"等规范词明确赋予被扶持对象一定权利，但事实上对于被扶持对象来讲则在符合一定条件的情况下有要求政府给予扶持的权利，也有放弃该权利的自由，属于法律不明确规定的放任（保障）性调整。

公民权利意识的觉醒与逐步增强，不仅包括公民对享有权利的认知内化于心，也包括在权利意识支配下外化于行动，依照法律规定对权利的实现以及权利受到侵犯时寻求法律救济。但就目前来看，对放任（保障）性调整的认知还无法回应日益成熟的权利意识。"历史决定着观念，观念又左右着历史"。[2] 尽管权利意识觉醒，惩罚性法律文化逐步转向权利法律文化，意识是在不断变化、更新的，但仍离不开传统的影响。谈及法律，首先出现在我们脑海中的对应词仍然更多的是"违法犯罪""制裁""惩罚"或"强制"，"义务本位"观念和"官本位"观念仍然具有根深蒂固的影响。对放任（保障）性调整的认知欠缺在具体文化法律规范中主要体现为法律条文中大量出现的义务性规范、禁止性规范和对法律责任的专章规定，授权性规范则屈指可数，条文中充斥大量的"应当""不得""禁止"等条款，而"可以"条款则寥寥无几。文化法治更多的是"政府之治"和"制裁之治"，强调文化管理部门对相关文化事务的管理、监督以及对违法行为的制裁，体现的是国家统治意志对公民权利的绝对优势挤压。文化法所调整和保障的文化—精神权利中蕴含利益之隐蔽性造成大众缺乏对文化权益放任（保障）性调整的重视，甚至忽略其存在。而对公共利益和集体利益的重视与强调，使现行法律规定更多体现了作为国家公器的政府部门对文化事务的治理以及法律对个人权利的限制，法律调整偏重于导向性调整和制裁性调整。放任（保障）性调整对权利的确认

---

[1] 参见《中华人民共和国非物质文化遗产法》第37条第3款。
[2] 梁治平编：《法律的文化解释》，生活·读书·新知三联书店1994年版，第281页。

与保障，在权利实现的这一过程主要以权利人的特定行为自由、自然而然的、以平和方式达成为常态，权利受侵害后产生的法律后果以及惩罚是作为权利实现的事后救济手段而出现的。因此放任（保障）性调整直接保障权利之实现，而导向性调整和制裁性调整则是权利实现的间接手段，是对权利的一种强制救济。权利的实现过程中应以合法为常态，以强制为反常，因此法律的调整方式也更应重视放任（保障）性调整。授权性规范意识的欠缺不仅不利于公民权利的行使与实现，更无法为受侵害之权利提供及时、有效的救济。文化法治需要利用放任（保障）性调整、导向性调整、制裁性调整和奖励性调整的综合作用实现对主体行为的规范、指导，促进主体权利的实现与保障。

尽管放任（保障）性调整强调权利主体极大的自治、自由和自决空间，但放任不代表无限制。放任（保障）性调整排斥任何外来形式的干预，义务主体负有依法不予干涉的义务，但不代表权利主体可为所欲为，权利人在行使权利时不得损害国家、集体或他人的合法权益。若人人之权利不受任何限制，拥有绝对自由，那么人人都是不自由的：你可以随意侵害他人，他人反过来也可以随意侵害你，如此循环，人人都处在侵犯他人和担心被他人侵犯的境地，自由便无从谈起。自由若没有限制，便无自由可言。卢梭有言："人生而自由，却无往不在枷锁之中"，[①] 放任（保障）性调整不代表绝对的自由，法律规范在给权利人提供权威性指引、赋予其自由的同时也应对其自由设置必要的限制。在赋予自由的同时也隐性地为其自由划定了边界，放任不等于放肆。

二　立法对放任（保障）性调整的制度设计不够

理念上对放任（保障）性调整的认知欠缺和忽略反映在立法上就是对放任（保障）性调整的制度设计不够，制度设计的缺位又会导致权利意识觉醒下主体权利受到侵害后无法得到及时、有效救济。当前我国文化法治化过程中立法对放任（保障）性调整的制度设计存在的不足主要体现在以下几个方面：立法对文化权利确认与保障的法律原则不明确；法律规范对权利的确认力度不够，放任（保障）性调整对应的权利性条款缺少；权利行使条件、实现制度不完善；权利内容不清晰导致的责任缺失；

[①] ［法］卢梭：《社会契约论》，何兆武译，商务印书馆1963年版，第4页。

权利救济制度不完善。制度设计的不完善直接影响放任（保障）性法律调整对权利的确认以及对权利行使、实现和救济的有效保障。

放任（保障）性调整对应法律赋予人们为或者不为一定行为自由的权利规范，为权利主体划定广阔的自由行为空间，在这一空间范围内凡是法律没有禁止或规定的，皆可以推定为权利，主体享有充分的自由选择权，体现的是"权利本位"的精神。当前文化法领域相关立法在确认和保障主体权利自由以及体现"权利本位"方面还存在以下不足之处。

第一，立法对文化权利确认与保障的法律原则不明确。当前国内文化法律规范，更多的是在法律文本中以专门条款规定相应的立法目的，而缺乏对相关法律原则的明确规定。比如我国《电影产业促进法》规定："为了促进电影产业健康繁荣发展，弘扬社会主义核心价值观，规范电影市场秩序，丰富人民群众精神文化生活，制定本法。"① 我国《非物质文化遗产法》规定："为了继承和弘扬中华民族优秀传统文化，促进社会主义精神文明建设，加强非物质文化遗产保护、保存工作，制定本法。"② 法律原则是法律精神的集中体现，也是一部法律的灵魂，对法律规则的制定和实施都具有重要的意义。文化法的重要目的之一便是保障人们的文化权利、满足人们的精神文化需要，这一点从前述《电影产业促进法》的立法目的中也可窥见一斑，文化法也是对宪法所赋予的公民享有的文化权的具体实现。从这一层面来讲文化法具有权利法的特征。因此在具体法律文件中应体现对公民文化权利的确认与保障原则，确立文化权利在相关文化法律规范中的核心地位，为文化权利的确认与保障提供原则支撑。

第二，法律规范对文化权利的确认力度不够。文化法因其所调整的文化活动、文化事业以及文化产业的特殊性，法律保障权益的原则是坚持公共利益优先于个人利益，体现在法律条文中则是相关文化法律规范更多地强调政府的管理职责和权力，对于一般行为主体（公民、法人和其他社会组织）则是多分配责任、负担，少赋予权利。文化法应以保障权利为本位，然而当前文化法律文件中还存在较多"可以"条款对相关文化行政机关授予"职权"的规定，如我国《文物保护法》规定："根据保证文物安全、进行科学研究和充分发挥文物作用的需要，……国务院文物行政部

---

① 参见《中华人民共和国电影产业促进法》第1条。
② 参见《中华人民共和国非物质文化遗产法》第1条。

门经国务院批准,可以调用全国的重要出土文物。"① 此处所赋之"权",体现为职权(权力)。另外,对于法律规范中一些鼓励和支持性条款,常被看作一种政策性规定或倡导性规定,然其在某种程度上也可视为授权性规定而被纳入放任(保障)性调整方式之中。如我国《电影产业促进法》规定:"国家支持建立电影评价体系,鼓励开展电影评论。"② 从中可以看出,国家对建立电影评价体系和进行电影评论行为采鼓励和支持的态度,是对这些行为的一种倡导,同时也是一种赋权行为,行为主体可以选择为以上两种行为,也可以选择不为;建立电影评价体系可以选择此种方式的评价体系也可以选择彼种方式的评价体系,行为主体具有广泛的自由选择空间。但这些权利却被隐含于鼓励性条款当中,权利属性缺失,法律规范对文化权利的明确确认与保障不明晰。

第三,文化权利行使条件、实现制度不完善。法律对权利进行确认是为了保障权利的实现。我国文化法律规范在对权利确认时采用不同的规范方式,如典型的"可以"条款的规定,以及明确规定"有权……""依法享有……"等不同表达方式,不同规范方式的权利确认条款对应不同的权利实现方式。一般对于"可以"条款,法律规定了一定的权利实现方式,如我国《档案法》明确规定档案的个人和集体所有者"可以向国家档案馆寄存或者出卖。严禁卖给、赠送给外国人或者外国组织"③。这类条款所确定的权利实现方式较为明确,操作性较强。然而对于法律规范以"有权……""依法享有……"等方式确认权利的条款,权利实现方式则并非具体明确。如我国《公共文化服务保障法》规定:"公民、法人和其他组织通过公益性社会团体或者县级以上人民政府及其部门,捐赠财产用于公共文化服务的,依法享受税收优惠。"④ 本条赋予公民、法人和其他组织在特定情况下享有税收优惠的权利,然而对于享受税收优惠的种类、额度、方式等都没有具体规定,由相关政府部门自由把控,权利主体只能被动接受,权利实现路径受阻。另外,对于混合了奖励与授权双重属性的含有鼓励、支持、表彰、奖励等规范词的文化法律规范,在重点强调鼓励性特质外,也在某种程度上赋予公民、法人以及其他组织在特定条件下享有

---

① 参见《中华人民共和国文物保护法》第35条。
② 参见《中华人民共和国电影产业促进法》第10条。
③ 参见《中华人民共和国档案法》第16条第2款。
④ 参见《中华人民共和国公共文化服务保障法》第50条。

获得国家鼓励、支持甚至表彰和奖励的权利，对于这类权利亦没有具体的权利实现方式，只能是被动接受国家相关政府部门单方面的意志决定。

第四，权利内容不清晰导致的责任缺失。法律制度的实施需要以执行力为保障，授权性规范所赋予的主体权利的实现需要相应的强制力（制裁措施、法律责任）予以保障。文化权利内容的不明确导致的后果之一便是责任缺位，追责困难。当前我国出台的文化法律文件中，一般都设有"法律责任"一章，但内容则侧重规定对违反相关行政管理部门管理行为的追责，对侵犯公民、法人和其他社会组织文化权利的行为的追责条款还不能够满足对侵权行为的有效追责。一些文化权利甚至缺乏相应的责任制度，如我国《公共文化服务保障法》规定："公民、法人和其他组织通过公益性社会团体或者县级以上人民政府及其部门，捐赠财产用于公共文化服务的，依法享受税收优惠。"① 立法没有明确相关政府部门的职责，对政府部门不予配合、满足的行为亦没有规定相应的追责制度，权利、责任不对等，权利之完满实现受阻。另外对于一些政策性规范也应设置相应的法律责任，如我国《公共文化服务保障法》规定："国家鼓励和支持公民、法人和其他组织参加公共文化服务。对在公共文化服务中作出突出贡献的公民、法人和其他组织，依法给予表彰和奖励。"② 对于此类在文化法律规范中出现的奖励性规范，虽然出于对高尚道德行为调整的目的更加侧重于对行为主体的激励作用，也因此被视为奖励性调整的代表性条款，但这类法律规范同时也是在一定程度上对行为主体进行的赋权行为，法律规范在强调国家对高尚道德行为的倡导和奖励外，也赋予了公民、法人和其他组织参加公共文化服务的权利以及特定情况下公民、法人或其他社会组织有依法获得表彰和奖励的权利。因其在实践中更加侧重"奖励性"特点而忽视"赋权性"特点，从而使得授权属性失落，权利属性的失落造成的结果则是法律规范中相应的责任条款缺失，追责困难。

第五，权利救济制度不完善。权利救济制度是权利实现的有力保障，无救济的权利不能称为完整的权利。权利救济制度是在权利受到侵犯时，权利主体在法律范围内谋求权利保护的路径，属事后救济。权利救济的方

---

① 参见《中华人民共和国公共文化服务保障法》第50条。
② 参见《中华人民共和国公共文化服务保障法》第13条。

法主要包括私力救济、公力救济以及融合两者特征的社会救济。私力救济是权利主体在法定范围内依靠自身力量如通过自卫、自救、双方和解等行为救济被侵害的权利；公力救济指主体在权利受侵害时诉诸国家公权力对被侵害权利实施的救济行为，包括司法救济和行政救济；社会救济则是融合了"公力"和"私力"的双重因素，主要方式为调解和仲裁。各种权利救济手段各有优势，共同致力于权利之保障。目前我国文化法律规范中与权利相对应的救济制度的不完善之处，一方面体现在一些文化权利没有明确对应的救济手段，使得权利被侵害时维权困难，如对于公民、法人和其他组织享有的接受国家或相关政府部门支持、表彰、奖励的权利，缺乏相应的救济手段，权利的实现仅靠国家或相关政府部门的单方面意志，面对国家或相关政府部门的不履行或不当履行，权利主体缺乏有效的救济渠道来使被侵害之权利获得一定的补救。另一方面体现为现有法律规范中设置的救济手段多为行政救济，且救济制度多是对应行政职权（权力）的不当或违法使用行为。尽管我国文化法律规范强调政府对文化行为、文化事业、文化产业的管理，文化法领域对相关文化部门管理职权的规定占有很大比重，对政府行为侵权设置完善的救济制度，对公民、法人和其他组织文化权的保护来讲有至关重要的作用。但也不能因此忽略对公民、法人和其他组织文化权利的确认与保障，对司法救济重视程度不够的表现也是对法律赋予的文化权利的轻视。无法进入司法程序的权利不能算是完整的权利。当前我国文化法体现出来的对行政救济的偏爱、对司法救济的轻视以及缺少对权利的社会救济和私力救济的相关规定等特点，严重影响文化权利的实现与保障。文化法的调整对象具有一定的特殊性，因此对文化权利的保障需要在借鉴其他部门法权利救济手段的基础上设置体现自身特色的权利救济制度，当前文化权利救济制度还无法为文化权利提供全方位的法律保障。

三 行政对放任（保障）性调整的设施保障不力

放任（保障）性调整强调的是权利的赋予，确认主体享有的文化权利以及在法律规定范围内主体享有充分的权利，反对任何外来的干预。对权利的确认、授予以及保障不仅应体现在立法上，更应体现在行政机关对其提供的设施保障方面。行政对放任（保障）性调整的设施保障可理解为行政机关为了主体文化权利之享有、行使与保障而建立的相关机构、组织、建筑等,主要指为权利之充分行使提供机会和可能性的保障设施,这方面的保障设施又可细分为两部分,一部分是国家为了保障文化权利的充分享有与实现以及为了公共利益而进行文化事务管理而专门设置的文化服务与管理机构;另一部分则是指国家为了促使公民充分参与文化活动和享受文化精神利益而设置的建筑物、场地或设备等公共文化设施,如图书馆、博物馆等。

放任(保障)性调整强调的是对文化权利的确认和保障,在行政保障设施方面首先体现为国家为了保障文化权利的充分享有与实现以及为了公共利益进行文化事务管理而专门设置的文化服务与管理机构,实践中主要体现为各种行政登记、审批、许可等机构。如为了对著作权进行保护和管理设置专门的著作权行政管理部门,为了文物保护需要设置各级文物行政部门等,都是为相关文化权的享有和保护提供了行政设施保障。从当前我国的文化行政部门来看,从中央到地方分别设置了相应的代表国家进行文化事务管理的专门机构,从中央到地方按层级依次有文化部、文化厅、文化局、文化站等,在横向上又有相应层级的文广新局、知识产权局、文物局、科技局等不同领域的行政机构,形成了较为完备的文化部门管理体系,为公共文化服务与文化事务的系统管理提供了较为有效的管理体制。这些文化部门在受上级同一系统部门管理的同时还要受到本地区党委和政府的直接管理,形成"归口管理和条款结合"的管理体制。[1] 因文化事务所涉内容不同而分为不同的管理机构,如在县级针对不同的文化管理事务设置文化局、广电局、新闻出版局、文物局、体育局、教育局、科学技术局、知识产权局等,文化事务被分割为多个不同部分由专门的部门进行管理,一定程度上有利于专事专管,提高管理质量;文化综合体制的改革也促使一些地方政府机构将文化局、广电局和新闻出版局整合为文化广电新闻出版局(简称文广新局),并形成文化市场综合执法局进行统一执法,有助于文化市场的统一管理。但当前文化管理体制仍旧过于分散,没有形成文化事务综合统一管理的"大文化部门",文化事务办理仍分散于诸多部门,没有充分体现便民服务的宗旨,也容易造成各部门各自为政,对于定性模糊的文化事务互相推诿,影响行政效率的提高,进而影响文化行政

---

[1] 参见李媛媛《深化文化行政管理体制改革问题探析》,《科学社会主义》(双月刊)2017年第5期。

机构对文化权利的充分保障。

　　文化权作为一种主观权利，既包括依法不受国家和其他法律主体任意干涉的内容，也包含要求国家提供必要的设施以保障文化权利的充分享有与实现，国家提供必要设施保障的义务主要体现在为了促使公民充分参与文化活动和享受文化精神利益而设置用于提供文化服务的建筑物、场地或设备等。我国于2016年颁布实施的《公共文化服务保障法》为公共文化权利充分享有和实现提供了法律依据和保障，该法对"公共文化设施"设置专门条款予以规定："本法所称公共文化设施是指用于提供公共文化服务的建筑物、场地和设备，主要包括图书馆、博物馆、文化馆（站）、美术馆、科技馆、纪念馆、体育场馆、工人文化宫、青少年宫、妇女儿童活动中心、老年人活动中心、乡镇（街道）和村（社区）基层综合性文化服务中心、农家（职工）书屋、公共阅报栏（屏）、广播电视播出传输覆盖设施、公共数字文化服务点等。"① 本法所列公共文化设施覆盖地域从城市到农村，受益主体从青少年到老年，涉及内容包括图书、文物、美术、科技、体育、广播电视等，这些都为权利主体充分、自由享有文化权利提供了设施保障，基本体现了文化受益主体、受益地域范围与受益内容的广泛性，但在实践中存在的一些问题，削弱了对公民文化权利实现的保障功能：首先，受地域的限制受益主体广泛性打折。文化设施的规模、等级等依据的是特定行政区域内的人口数量、分布以及环境和交通条件等，因此大型、高层次的文化设施多设置在首都或省会城市，城市的规模与发达程度在一定程度上决定着文化设施的规模，因此处于城市规模大、发达城市的公民所享受的文化保障设施与处于小规模城市、欠发达城市的公民所享受的文化保障设施则有很大区别。以图书馆为例，虽然我国《公共图书馆法》第14条规定："县级以上人民政府应当设立公共图书馆。地方人民政府应当充分利用乡镇（街道）和村（社区）的综合服务设施设立图书室，服务城乡居民。"但不同等级的图书馆规模、设备、馆藏量则有很大区别，而全国唯一仅有的国家图书馆则位于北京，尽管其藏书丰富且对全国公民免费开放，然而并非所有人都有时间、精力、物力支撑他们经常往返于国家图书馆与自己生活所在地。省、市级的图书馆在一定程度上规模较大且设备较为完善，但藏书量与国家图书馆比较而言则相差甚远，

---

① 参见《中华人民共和国公共文化服务保障法》第14条第1款。

目前特定行政区内图书馆数量不足以满足人们需求，人们对其利用频率的高低，一方面取决于藏书量与硬件设施，另一方面也受制于便利之故，图书馆数量多，覆盖率高，方便利用才能得到民众的青睐，因此可以讲地域在某种程度上限制了人民的阅读空间。同样对于其他文化设施也存在类似问题，如国家大剧院设在北京，国家博物馆与地方博物馆、不同等级科技馆之间的馆藏都存在很大差异。而对于在乡镇和村中设立图书室，要么难以实现，要么形同虚设，想要发挥普及农业文化知识的目的还需更大的努力。另外，随着互联网时代的到来，电子书籍日益受到青睐，如何通过网络设施促进文化权利的实现成为新的时代问题，亟待解决。其次，尽管法律规定了从城镇到乡村的文化设施建设，但相较而言，文化设施更多地集中于城镇，乡村文化设施主要限于一些公共体育健身器材、文化广场和一些多沦为虚设的图书室，对于像博物馆、科技馆、艺术馆等文化设施则很难出现在乡村地区；文化设施的充分使用与享有者主要为城镇主体，文化设施受益地域范围也主要是城镇地区。最后，受益主体主要为城镇居民和受益地域范围多集中在城镇地区的特点直接决定了受益内容的地域局限性，一方面乡村地区文化内容相较于城镇地区明显表现出极度匮乏的特点；另一方面不同地区的民众享受的文化内容亦有较大的差别，欠发达地区较之发达地区明显匮乏。这些都使得保障公民文化权利的充分享有与行使受阻。另外亦不应忽视的是政府对放任（保障）性调整的行政设施保障不足还体现在缺乏相应的文化维权组织。如缺乏专门的文化维权协会等类似组织对文化权利之被侵害实行咨询帮助服务，对政府违法侵权行为也缺乏专门的监督机制和监督部门，民间组织更是少见，使得政府不法行为造成的公民文化权利之侵害无法得到有效救济，维权无路，这些都是行政对放任（保障）性调整设施保障不力的表现，直接影响着文化权的充分实现。

第二节 导向性调整的所指有待明确

导向性调整对应的是法律规范中的义务性规范，包括依据法律规定主体必须做出某种行为或不得做出某种行为两种行为规范模式。在学界，主体必须做出某种行为的规范模式又被称为命令性规范，在法律文件中常表达为"应当……""有……义务"等，如我国《非物质文化遗产法》规定

"使用非物质文化遗产,应当尊重其形式和内涵"①,我国《文物保护法》规定:"一切机关、组织和个人都有依法保护文物的义务。"② 主体不得做出某种行为的规范模式又被称为禁止性规范,在法律规范中常表达为"禁止……行为""不得……"等,如我国《非物质文化遗产法》第5条第2款规定:"禁止以歪曲、贬损等方式使用非物质文化遗产",《文物保护法》第27条第2款规定:"地下埋藏的文物,任何单位或者个人都不得私自发掘"。命令性规范一般通过规定主体"必须或应当为某种行为"发挥导向功能,禁止性规范既可通过肯定语式规定"禁止……行为",也可通过规定主体"不得为某种行为"的否定语式来达到其导向功能。对命令性规范的违背是"应为而不为",对禁止性规范的违背则是"不应为而为之"。导向性调整面前主体的行为取向比较明确、具体,主要关涉的是主体义务的履行,在当前文化法律规范中占主导地位。目前学界对于导向性调整研究还存在以下几个方面需要加强:对导向性调整的学理认知需加强,导向性调整的具体场域有待进一步明确,禁止和强行之间的权衡与抉择也是导向性调整面临的一个重要问题。

一 对导向性调整的学理认知有待加强

常见的法理学课本将法律调整方式分为允许、禁止和积极的义务,对于"允许"我们在前文已经讨论过,不再赘述。"禁止"一般指"要求人们承担不为一定行为的义务,在我国法律文件中代表性的规范语言表达形式为'禁止'、'不得'"③,"积极的义务"指"要求人们做出某种行为,使其承担做出某种积极行为的义务。在我国法律文件中代表性的规范语言表达形式为'应当'、'必须'、'有……义务'"④。导向性调整对应规定主体必须做或者不做某种行为的义务规范模式,可进一步分为命令性规范与禁止性规范。命令性规范,通过要求主体必须做出一定的行为,以一种肯定性语式来引导主体行为,以此使得主体的行为取向清晰、明确,在法

---

① 参见《中华人民共和国非物质文化遗产法》第5条第1款。
② 参见《中华人民共和国文物保护法》第7条。
③ 黄建武:《论法律调整技术手段的选择——法与社会利益构成的关联分析》,《哈尔滨工业大学学报》(社会科学版)2014年第3期。还可参考阅读以下一些著作,孙国华《法理学》,法律出版社1995年版,第230页;公丕祥《法理学》,复旦大学出版社2002年版,第191页;黄建武《法理学教程》,法律出版社2006年版,第141页。
④ 同上。

律文件中表现为主体"应当""必须"为一定的行为或主体"有……义务"为一定行为,等同于前述"积极的义务";而禁止性规范则是在法律上规定主体不得为一定行为或禁止为一定行为,是一种否定性导向,这一行为导向内容亦是清晰、明了,主体一旦违反就要承受否定性的法律后果。禁止性规范是对人们行为自由的一种限制乃至禁锢,但其也是必不可少的:为行为划定边界,保证人人不越界,是社会有序的必然要求。法律通过规定主体必须为一定行为或不得为一定行为的方式为主体行为取向提供较为明确的指引、引导,并对违反法律规定的必为行为和不应为行为课加法律责任[1],促进义务的积极、有效履行。可见,我们所谓之导向性调整包含了前述三种法律调整方式之"禁止"和"积极的义务"。

"导向",可理解为引导的方向,严格来讲,法律规范中的任何内容都具有对主体行为的导向功能。放任(保障)性调整所引导的是公民享有某些权利和自由,这里也包含一定的导向功能,授权性规范给出的是一个自由范围,在此范围内公民可以具有较大的选择自由,可以选择为一定行为或不为一定行为,可以选择行使权利也可以放弃,甚至可以将权利转赠他人等。禁止性规范所引导的是主体不得为某行为,只有遵从这一禁令没有其他选择;命令性规范所引导的是主体必须或应当为特定行为,在此范围内亦没有其他选择。由此可见,之所以将禁止性规范和命令性规范统称为导向性调整是因为这类规范对主体行为导向明确具体,该调整方式下的主体行为具有较强的确定性。如我国《文物保护法》第27条第2款规定:"地下埋藏的文物,任何单位或者个人都不得私自发掘",该条款明确禁止任何单位和个人对地下埋藏文物的私自发掘,对法定行为主体的行为导向明确具体,一目了然,即不得私自发掘,如果违反规定就要承担相应的法律责任。而放任(保障)性调整对主体行为虽有一定的引导功能但强调的是对主体权利与自由的确认,如我国《非物质文化遗产法》第14条规定:"公民、法人和其他组织可以依法进行非物质文化遗产调查",该条强调的是公民、法人和其他组织在法定范围内的自由与权利,即"依法进行非物质文化遗产调查"[2],权利的行使与否主体可以自由选择;再

---

[1] 因违反禁止性规定和命令性规定而产生的法律责任在一定程度上也是法律对其行为课加的额外义务。但这一类型之"义务"与合法行为产生的义务负担不能同一而论。

[2] 参见《中华人民共和国非物质文化遗产法》第14条。

如我国《著作权法》中规定的公民享有对其著作的修改权，著作权人对其著作享有的修改权既可以选择行使也可以选择不行使，也可以选择授权他人行使，尽管也体现了对主体行为一定的导向作用，但权利主体享有极大的选择自由。放任（保障）性调整虽然对主体行为亦具有一定的导向作用，但其导向的行为方式具有多样化，更强调的是保障主体在法定范围内的选择自由。由此可见，导向性调整所具有的对行为主体明确、具体的引导作用与放任（保障）性调整存在巨大差别，导向性是禁止性规范和命令性规范的主要特点，强调对主体行为的明确引导功能，而放任（保障）性调整对应的授权性规范则主要强调法定范围内主体的自由与权利，二者侧重点不同，对于导向性调整方式所对应的法律规范应做限定理解，即主要包含禁止性规范和命令性规范。

另外，与放任（保障）性调整关涉权利规范不同，导向性调整注重义务规范对主体行为的指引作用。权利意味着自由，义务带来责任和对自由的限制。法律权利是法律赋予主体实现特定利益的选择自由，"意味着某种个人取向，更符合人们追求个体利益的动机"[①]；义务则是法律出于对主体利益与他人、集体或国家利益的衡量而强加给主体必须为或不得为的一种行为"负担"，体现法律在特定情形下对个人利益的抑制和对公共或集体利益的积极促成。正因为如此，人们对于权利表现为热衷的追逐与积极的实现，而对于义务则是消极、怠慢执行。例如，在我国当前的司法实践中存在一个很大的问题便是法院判决执行难，尽管全国各级法院针对"老赖"的整治各出奇招，针对执行难问题也建立了很多相应的配套制度，如将执行判决情况与个人信用挂钩等，但执行难问题依然顽固存在着。本人接触的一位基层法院执行庭助理法官也曾讲道：存在较多的被执行人明确有执行能力，但仍然要等到强制执行时才履行其义务，人们对义务的消极执行态度可见一斑。导向性调整作为与义务规范相对应的法律调整方式，在明确义务内容、促进义务实现方面具有重要作用。导向性调整通过赋予主体不得为或必须为的义务，防止为了私利而危害个人、集体或公共利益的行为，最终造成人人自危；通过引导人们"对他付出"和"对他歉抑"[②]，维

[①] 谢晖：《论法律调整》，《山东大学学报》（哲学社会科学版）2003年第5期。
[②] 谢晖：《论法律调整与社会管理创新》，《西北大学学报》（哲学社会科学版）2013年第1期。

护他人、集体和公共利益，进而维护每个人的利益，实现社会交往利益的多赢。

二 对导向性调整的具体场域有待明确

导向性调整对应法律规范中的义务规范，即禁止性规范和必为性规范，是"法律对主体能做什么和不能做什么的明确指令"①，文化法领域导向性调整的两种法律规范——禁止性法律规范和必为性法律规范表述的关键词为"应当"、"必须"和"不得"、"禁止"。尽管从广义上来讲，法律规范中的内容都对主体行为具有一定的指令、导向功能，但导向性调整所强调的指令、导向功能具有明确性，区别于其他法律规范对主体行为的选择性指令、导向功能。在选择性指令引导下主体的行为取向具有一定灵活的可选择空间，如授权性规范中，法律规定公民对其作品享有著作权，对于这一权利公民可以依法行使，也可以不行使，也可以依法授予他人行使；再如奖励性规范中，法律规定公民向国家捐赠档案的，档案馆应当予以奖励，② 这一规定对公民的行为有一定的导向、指令作用，即鼓励公民向国家捐赠档案，但这一导向或指令具有选择性，公民可以选择捐赠也可以选择不捐赠，行为主体具有很大的自由选择空间。而在确定性指令下，主体必须遵守，不得违背，否则就要承担相应的法律后果："应当""必须"指令下，意味着主体必须完成法律规定的相应行为，强调的是"作为"，如果主体违反指令不为某行为，就要承担相应的不利后果，如广播电台播放他人未发表的作品，应当取得著作权人的许可，并支付报酬，如果某广播电台在未经他人许可的情况下播放他人未发表的作品，就要承担侵权的法律责任；③ "不得""禁止"指令下，意味着主体不能从事某行为，强调的是"不作为"，如果主体从事了法律禁止的某行为，就要承担相应的法律后果，如《文物保护法》第25条规定："非国有不可移动文物不得转让、抵押给外国人"，法律明确指令行为主体不得从事将非国有不可移动文物转让、抵押给外国人的

---

① 谢晖：《论法律调整与社会管理创新》，《西北大学学报》（哲学社会科学版）2013年第1期。

② 参见《中华人民共和国档案法》第16条第3款："向国家捐赠档案的，档案馆应当予以奖励。"

③ 参见《中华人民共和国著作权法》第43条：广播电台、电视台播放他人未发表的作品，应当取得著作权人许可，并支付报酬。

行为，如果主体从事了转让、抵押中任一行为即构成违法，将要承担不利法律后果。在放任性调整和奖励性调整指向的选择性指令下主体对自己的行为可以自行决定，具有较大的自由选择空间，其主要目的不在于指令主体行为，而在于赋予主体行为自由；导向性调整指向的明确性指令对主体行为产生明确具体的导向，主体必须按照法律指令从事一定行为或不得从事一定行为，没有灵活选择空间，更不能向法律指令的相反方向行事，否则就要受到法律制裁。因此导向性调整适用场域区别于放任性调整和奖励性调整[1]，其更适应于需要对主体行为给予相对确定指引的法律关系中。

"必须""应当"表达的是主体必须完成某种行为，是主体所应承担的积极作为的法律义务，对应必为性法律规范，体现"对他付出"的行为要求。获得一定利益是人们交往行为的主要目的，当然这一利益不一定是即时发生。在与他人交往过程中，不仅要关注自身在交往中的利益，也要关注他人在交往中利益获得情况，若交往关系中仅是一方获利，利益分配失衡，则交往行为很难持续下去。当然，利益分配均衡不只是表现在某一交往过程，而是在整个社会交往过程整体中实现利益均衡分配。必为性法律规范指令下的行为主体履行一定的积极作为，是利益给出一方，他人或社会则是利益获得方，但是在他人为这一法律关系义务主体的情况下，原本的行为主体则转变为获利的"他人"一方，利益就是在这种我对他付出、他对我付出的情况下实现均衡发展的，比如《公共文化服务保障法》中规定公众在使用公共文化设施的时候，应当遵守公共秩序，爱护公共设施，[2] 在赋予公众享有使用公共文化设施权利的同时，使其承担遵守公共秩序、爱护公共设施的责任，这里主体履行相应的义务是为了维护他人和社会利益的需要，公民在行使权利的同时负担一些必为行为以保障他人享有的使用公共文化设施的权利能够充分实现，任何人遵守公共秩序、爱护公共设施的行为都是对他人和社会利益的维护。违反公共秩序、破坏公共设施，既是对他人权益的毁损，也是对公共利益的破坏，危害社会安定，个人利益也无法保障。个人只要处于社会交往关系之中，就会被结构于自身利益、他人利益、社会利益交织的复杂的利益之网，如果仅关注个

---

[1] 制裁性调整是对违反导向性调整如何惩戒的具体措施，其适用场域与导向性调整区别显著，在此不对二者区别进行赘述。
[2] 参见《中华人民共和国公共文化服务保障法》第26条："公众在使用公共文化设施时，应当遵守公共秩序，爱护公共设施，不得损坏公共设施设备和物品。"

人利益得失，无视他人利益、社会利益，不能做到"对他付出"，便会被他人、社会孤立、背弃，除非身处荒无人烟的孤岛，否则只要与他人共处，便不可避免地存在交往行为，"对他付出"则是这其中的交往准则。"为他付出"中的"他"包括他人或社会，"社会"又可理解为集体或公共。由此可见，导向性调整中"必须""应当"所代表的必为性法规规范强调为了维护他人或社会利益而指令主体做出一定行为，体现主体对社会或者他人应尽的责任和价值付出，主要适用于为了维护他人或社会利益的需要而指令行为主体必须为特定行为的场域。

"不得""禁止"表达的是依据法律规定主体不能从事某行为，如果违反法律规定，从事某行为，则要受到法律的制裁，体现的是主体应承担的消极不作为的法律义务，对应禁止性法律规范，体现"对他歉抑"的行为要求。"不得""禁止"规范性条款的存在是法律对特定行为的否定性评价和禁止性指令，行为主体可以从法律规范条文中明确行为的界限，为自己行为提供清晰的导向。"对他歉抑"也是社会交往中不可缺少的行为方式之一，人们的社会交往活动不仅需要对彼此利益的关注，为他人利益而付出一定的代价，实现利益的相对均衡发展，也需要在交往中对他人利益的尊重和保障，为了他人或社会利益节制自身行为，实现他人或社会利益的满足。"对他歉抑"表征人们对自我行为的约束以尊重、保障他人或社会利益。如果在实际交往中主体都各行其是，随心所欲，仅顾个人利益，实现自身利益的最大化，那么最后的结果可能是人人自危，任何人的利益都无法得到保障，彼此尊重才是有序交往的前提，这一前提要求的是对自身行为的克制，每个人的克制都是对他人或社会利益的尊重与保障，也是实现他人对自身利益的尊重与保障，人人克制，社会交往行为才能实现共赢。"不得""禁止"体现的就是要求主体克制自身行为，实现对他人或社会利益的维护，进而也是实现对自身利益的维护。因此，"不得""禁止"条款主要适用于为他人或社会利益而对主体行为进行限制。如"出版者、表演者、录音录像制作者、广播电台、电视台等依照本法有关规定使用他人作品的，不得侵犯作者的署名权、修改权、保护作品完整权和获得报酬的权利。"[①] 此规定便是出于尊重和保障著作权人的相关利益

[①] 参见《中华人民共和国著作权法》第 29 条规定："出版者、表演者、录音录像制作者、广播电台、电视台等依照本法有关规定使用他人作品的，不得侵犯作者的署名权、修改权、保护作品完整权和获得报酬的权利。"

而对使用他人作品的相关主体课加不作为的法律义务,即"克己为他"。再如,《著作权法》第 4 条规定:"著作权人行使著作权,不得违反宪法和法律,不得损害公共利益……",《档案法》第 17 条规定:"禁止出卖属于国家所有的档案",《非物质文化遗产法》第 5 条规定:"禁止以歪曲、贬损等方式使用非物质文化遗产",《文物保护法》第 34 条规定:"考古发掘的文物,任何单位或者个人不得侵占"等类似条款在文化法领域占有很大比重,体现的是为了国家或社会公共利益而对主体行为做出的某些禁止性规定,为国家或社会公共利益而约束特定主体行为。实际上通过对个人行为的克制以实现他人或社会利益的满足,也是对个人利益的满足,如国家利益的享有者实际上是每个公民,对国家利益的保障就是对个人利益的保障。文化法领域因其调整对象的特殊性以及利益受众多为社会公众,而且强调政府出于公共利益的维护而担负的服务与管理职责,因此更多的禁止性规范体现的是通过对个体行为的禁止性指令以维护国家、集体或社会公共利益。

由此可见,因立法者立法意图、目的以及所要保护利益的侧重点不同,导向性法律规范的表达方式亦有细微差别。首先是导向性调整,亦体现为禁止性法律规范和必为性法律规范,主要适用于为主体设定为或者不为的义务,为行为主体提供明确的行为导向,什么是必须或应当做的,什么是禁止或不得做的,一目了然。其次,导向性调整适用于为了他人或社会利益而要求主体"对他付出"和"对他歉抑",总体上表现为,为了他人或集体利益而要求主体主动做出一定利益牺牲或者抑制未来利益的获得,也就是一定程度上为他人或社会公共利益而牺牲自身一定的既得利益或未来潜在可得利益。可见导向性调整更多地适用于偏重公共利益价值取向的情形。文化法领域更是如此,更多的是为了维护国家、集体或社会公共文化—精神利益而对特定行为的禁止,为主体设定义务,体现一定公共利益的价值期待与选择。

三 禁止与强行之间的权衡和抉择

必为性法律规范表现为法律强行要求主体必须或应当做出某行为,对主体设定强行性作为之义务,是对主体行为的一种主动、强行干预,体现法律规范对主体行为的强行性行为指令;禁止性法律规范则表现为法律禁止或要求主体不得从事某行为,体现法律规范对主体行为的禁止性指令。

尽管二者同为导向性调整对应的法律规范类型，体现法律规范为主体行为设定义务、明确行为导向以及立法者集体或公共价值取向特性，但二者所体现的规范性程度、约束力以及所保护的法益等还是有细微的不同的，立法中对其进行的权衡与取舍体现着不同的价值取向。

首先，必为性法律规范的代表性规范词为"应当"和"必须"，尽管都体现强行赋予主体为某行为的义务，但二者适用场域也存在一些细微的差异。在必为性法律规范中，以"应当"为标志词所引导的法律规范，在强调主体应为一定行为的同时，又体现出法律指令对主体提出的一定的价值期许。如《非物质文化遗产法》规定："进行非物质文化遗产调查，应当征得调查对象的同意，尊重其风俗习惯，不得损害其合法权益。"[①]在为行为主体设定相应义务的同时体现出尊重民族习惯的价值取向，也期望行为主体在行动过程中按照这样的价值期望来行事。"应当"不仅强调法律上的必为性，也包含了"理应如此"和倡导性的意味。如法律规定"国务院文化主管部门应当组织专家评审小组和专家评审委员会，对推荐或者建议列入国家级非物质文化遗产代表性项目名录的非物质文化遗产项目进行初评和审议。初评意见应当经专家评审小组成员过半数通过。专家评审委员会对初评意见进行审议，提出审议意见。评审工作应当遵循公开、公平、公正的原则。"[②]在对评审工作设定强行需遵守的原则的同时也包含了理应如此的公平正义观念的价值倡导。以"必须"为标志词所引导的法律规范，则具有较"应当"更加强烈的命令意味，体现主体必须为某行为，否则将要承担不利后果。如《文物保护法》第 21 条规定："对不可移动文物进行修缮、保养、迁移，必须遵守不改变文物原状的原则。"可见"必须"引导的法律规范不仅是明确强令主体为一定行为，而且是必须做到，命令式规范，行为主体没有选择的自由空间。对比发现，"应当"和"必须"所引导的法律规范，存在以下细微区别："必须"引导的法律规范命令意味更强，具有更强的约束力，主体行为没有选择的自由空间；而"应当"引导的法律规范，对主体行为亦具有强行指令的导向作用，但因其常带有一定的"理应如此"和价值倡导的含义，往往强

---

① 参见《中华人民共和国非物质文化遗产法》第 16 条："进行非物质文化遗产调查，应当征得调查对象的同意，尊重其风俗习惯，不得损害其合法权益。"

② 参见《中华人民共和国非物质文化遗产法》第 22 条。

制性较"必须"要弱,"应当"引导的法律规范为主体行为提供了一定的选择空间,如《公共文化服务保障法》第 15 条第 2 款规定:"公共文化设施的选址,应当征求公众意见……"① 这里法律规定公共文化设施的选址应当征求公众的意见,但对以何种方式征求公众意见、多大范围内征求公众意见等没有具体规定,操作上存在较大的自由空间(尽管自由选择空间小)。而且在例外情形下可以不为"应当"要求的行为,而"必须"则一般不存在例外情况。正如有的学者指出的"'应当'句式可以包容但书条款,'必须'从语气上排除例外的可能。"②

对于"应当"和"必须"在法律规范中的用法,学界有对其进行专门论述,代表性的学者如周赟,在其著作与文章中,作者对"必须"和"应当"在日常生活中的一般语义和特征进行了详细的论述,并考察了二者在立法实践中的用法,最后得出结论:作为立法虚词,主要层面上二者是一致的,都属于广义上的"应当",在立法中"必须"并没有像日常生活中的用法那样具有唯一性或者不可选择性;二者的差别在于"必须"引导的指引语气比"应当"更加强烈,另外"'必须'作为限定语时还可以用来表达一种客观情势上的'必要',而'应当'则总是意味着立法者的某种价值判断或期许"。③ 因此周赟主张除了保留"必须"在表达一种客观情势上的必需之外,应用"应当"代替"必须"以保证立法用语的统一性。学者王波在其文章《"应当"及相关用词在法律中的意义诠释》中对"应当"和"必须"的意义进行了区分,他指出:"'必须'的语气更为强烈,它特别强调实施者的独断性,以及接受者服从的绝对性。其次,'应当'体现了与决定性理由的关联。""'应当'句式可以包容但书条款,'必须'从语气上排除了例外的可能。"④ 鉴于"必须"与"应当"所具有的细微差别,学者主张在立法中用"应当"代替"必须"的看法有一定的合理性,尽管二者在立法中的适用场域在很多情况下可以替换,但毕竟仍有一定的差别,不能因为法律用词的统一性而牺牲法律用词的准

---

① 参见《中华人民共和国公共文化服务保障法》第 15 条第 2 款:"公共文化设施的选址,应当征求公众意见,符合公共文化设施的功能和特点,有利于发挥其作用。"
② 王波:《"应当"及相关用词在法律中的意义诠释》,《法律方法》2016 年第 1 期。
③ 详细论述参见周赟《论作为立法用虚词的"必须"——主要以"应当"为参照》,《苏州大学学报》(哲学社会科学版) 2013 年第 1 期。
④ 王波:《"应当"及相关用词在法律中的意义诠释》,《法律方法》2016 年第 1 期。

确性。二者都是法律对主体行为的强行指令，大的范围内适用场域相同，但在细微之处仍有各自的价值取向。

其次，禁止性法律规范的标志性规范词主要为"禁止"和"不得"，引导的法律规范体现主体不得为一定行为的禁止性指令，是对主体课加不作为的法律义务，要求主体为了他人或社会公共利益而对自身行为的克制，意味着法律规范对特定行为的否定性评价和禁止性指令，主体必须服从，否则就要承担相应的法律后果。尽管"禁止"和"不得"引导的都是对某种行为的禁止性指令，但出于对不同法律主体和法益的侧重，二者在具体立法中的应用会表现出一定的差别。如《非物质文化遗产法》第5条第2款规定："禁止以歪曲、贬损等方式使用非物质文化遗产。"《文物保护法》第25条规定："非国有不可移动文物不得转让、抵押给外国人。"从这两个条文中可以看出"禁止"和"不得"后面引导的是法律规定主体不能为的行为，如果主体违反规定便要承担相应的法律责任。但是仔细研究会发现，运用"禁止"这一规范词的法律条文可完整化为"法律禁止任何人（行为主体）以歪曲、贬损等方式使用非物质文化遗产。"运用"不得"这一规范词的法律条文可完整化为"对于非国有不可移动文物，任何人（行为主体）不得转让、抵押给外国人"。可见在运用"禁止"的法律条文中主语为"法律本身"，在保证非物质文化遗产不受歪曲、贬损的同时，突出了法律的权威；而运用"不得"的法律条文的主语则是法律禁为行为的发出者，在规定法律规范禁为行为以保证非国有不可移动文物流失的同时，突出的是禁为行为的发出者，此种法律规范以行为主体为主语，为主体行为提供了清晰、明确的行为导向和法律依据。①

综上，以"不得""禁止"规范词为代表所引导的禁止指令和以"必须""应当"规范词为代表引导的强行指令，在立法中存在各自侧重的价值取向。禁止指令强调为了他人或社会公共利益而对主体行为的压制，禁为一定行为。强行指令则是强调为了他人或社会公共利益而强令主体必为一定行为。二者都是给行为主体课加一定的法律义务以保障他人或社会公共利益。但在具体要求的行为方式上不同，一个强调不作为，一个是强调积极的作为。强行，指向必为要求，为了他人或社会公共利益而强行要求

---

① 相关论述可参见魏治勋、陈磊《法律规范词的语义与法律的规范性指向——以"不得"语词的考察为例》，《理论探索》2014年第3期。

主体做出一定行为,是主体一定的"对他付出"的贡献精神,具有促使高尚道德形成的作用,为主体设定明确必为的行为导向外还包含有立法者对行为主体的一定的价值期望,体现的是法律规范对特定行为的肯定性评价和积极倡导。行为主体对法律强行要求的必为行为在特定情况下有一定的自由选择空间,起到保证义务(责任)被积极履行的规范作用。禁止,指向禁为要求,为了维护他人或社会公共利益而为行为主体设定的明确的禁止性指令,体现主体"对他歉抑"的行为指向,所规定的是主体的行为底线,体现"最低限度道德"。禁为行为的指令要求行为主体的绝对服从,主体除了抑制自己的行为外没有可选择的自由空间,主体负担的义务为消极不作为,不为便无义务(责任),也是对法律所规范的社会秩序的维护。规范法律秩序的建立既需要一定情况下的主体行为,也需要一定情况的不为,二者适用场域不同,体现的价值取向不同,对社会秩序的维护功能不同,因此对二者的抉择要综合考虑、衡量利弊。

  在文化法方面,对于强行和禁止该如何取舍?应依据不同文化领域法律规范侧重保护法益的不同进行调试。在公民文化活动领域,公民文化权的主要内容包括进行科学研究和文艺创作的权利以及文化成果受保护的权利,同时还应包括公民享受国家提供的精神文化产品和公共文化服务的权利等,这一领域注重公民文化权利之满足,侧重对主体文化权利自由行使的保障,更多关注的是私益,为了促进公民文化权利的最充分实现,应明确权利行使的最低限度,在明确必要的禁止行为之外赋予主体充分行使权利的自由,即强调"对他歉抑",在不损害他人或社会公共利益的前提下给予公民享有文化权利以最大的尊重和自由空间。文化事业领域强调的是为了公民文化权利的实现国家所承担的提供精神文化产品和公共文化服务义务以及为了公共利益而对相关文化活动进行的管理职权,体现的是促进公共文化权利的充分享有与实现,具有公益性目的,强调对相关文化部门管理职权的约束以及履行相关职责以满足公民的文化参与、受益权利,同时还强调公民在享受文化权益的同时兼顾他人和社会公共利益,履行相应的注意义务,因此应侧重运用强行规范,在明确主体相关义务的同时体现一定的公共利益倡导,即以规范词"必须""应当"引导的必为性法律规范促使政府部门积极履行职责,合理、合法行使职权,引导公民在行使自身权利的同时践行"对他付出"的奉献精神。文化产业是从事文化产品生产和提供文化服务的经营性行业,营利性是其区别于文化事业的最明显特征之一，注重在兼顾社会利益的前提下实现经济效益的最大化，文化产业的繁荣需要自由的市场空间，因此文化产业领域也应像文化生活领域一样在侧重规定禁止条款的情况下赋予市场主体较为自由的选择空间，即侧重通过禁止规范为行为主体设定必要的限制，明确主体权利界限；另外文化产业尽管强调经营性、营利性特点，其终极目的是促进人们精神文化生活的充分满足，因此也应注重强行规范的价值倡导作用，引导文化市场主体在注重经济利益的同时兼顾社会公共利益。

第三节　制裁性调整的力度不够

制裁性调整是在合法权利受到侵害时，或义务人不履行法定义务的情况下，权利受侵害者或权利人诉诸法律支援，法律强制赋予相应的主体承担其行为所引起的不利法律后果，属于事后救济的一种方式。既是放任性调整的"防火墙"，防止合法权益被侵害，也是对违反义务性规范和禁止性规范行为课加法律责任，回应社会正义，实现社会预防的效果。对于制裁性调整，尽管目前我国文化法规范中制裁性调整几乎都设"法律责任"专章进行规定，但在实际操作中，对日常违法行为的制裁力度不够，仍需加强；有关权力违法的相关规定较少，违法主体责任缺位，"权力侵犯权利"现象频出，权力违法归责困难；另外由于文化领域相关法律关系涉及面广，违法主体来自不同领域的不同群体、违法行为类型多样、违法行为严重程度各有差异等，这些问题都制约着"违法必究"的实践能力及实现程度。

一　对日常违法行为的制裁需加强

违法行为是指行为人在故意或过失的主观过错前提下，违反现行法律规定、危害法律所保护的社会关系的行为。按照违法行为的严重程度，可将其分为一般违法行为和犯罪行为，犯罪行为是指违反刑法规定，应该受到刑罚处罚的行为。"日常"一般理解为"平时的，经常的"，"日常"强调生活中经常发生的、比较常见的事情或行为，而犯罪行为属于严重的违法行为，是对法律所保护法益的严重危害行为，如果这样的危害行为是"日常"行为，那么我们的权利将时刻处于可能被严重侵害的危机之中，权利得不到保障，人人自危，法律所维护的社会相对有序状态也将不复存在。因此,"日常违法行为"应排除犯罪行为。"日常违法行为"主要是指一些生活中比较常见的轻度违法行为,具有危害程度低,社会危害性小的特点。当然,在实践中日常违法行为与犯罪行为之间并非具有不可逾越的鸿沟,有时仅仅因违法情节程度的加重,日常违法行为便有滑向犯罪行为的可能,如对于生活中常见的侵犯著作权的行为来讲,我国《刑法》规定:"以营利为目的,未经著作权人许可,复制发行其文字作品的,违法所得数额较大或者有其他严重情节的,处三年以下有期徒刑或者拘役,并处或者单处罚金;违法所得数额巨大或者有其他特别严重情节的,处三年以上七年以下有期徒刑,并处罚金。"① 这里并非只要以营利为目的、复制发行未经著作权人许可的文字作品就构成侵犯著作权罪,还要根据情节严重程度确定犯罪与侵权的问题。"日常违法行为"一般具有情节轻微、社会危害性小、社会生活中较为常见的特点。"千里之堤,毁于蚁穴",单一日常违法行为虽具有较小的社会危害性,不足为惧,但因其具有频发性,发案率高,且有常态化趋向,综合起来对法律所维护社会秩序则具有极大的危害性,因此对日常违法行为的有效追究与制裁才更能维护健康有序的法治秩序。

日常违法行为的特点使得对其进行有效的追究和制裁本就困难重重,再加上文化法领域所具有的自身特殊性使得对日常违法行为的追究变得更加困难。文化领域日常违法行为主要有以下几个特点:首先,违法主体的复杂性。我们身处一个由文化符号组成的意义世界,任何个人和组织都有接触文化的机会和需要,都可能成为文化领域日常违法行为的主体,比如对于侵犯著作权的违法行为,既可以是个人对他人著作权的侵犯,也可以是作为单位的出版商对著作权的侵犯;侵权主体可以是中国公民也可能是外国人等。加上网络在人们生活中应用的日益普及,侵权主体还可以是来自网络虚拟世界的"网民"。由于我国文化法律体系中更多地偏重于政府部门的文化管理职能,如《文物保护法》《非物质文化遗产法》等更多体现的是行政性法律关系,反倒是发生于平等主体之间的民事法律关系所占比例较少,主要体现在著作权法和侵权行为法之中,因此,文化领域日常违法行为主体还会更多地涉及行政主体的违法行为。可见,日常违法行为主体具有广泛、众多且杂乱的特点。其次,文化领域日常违法行为既涉

---

① 参见《中华人民共和国刑法》第 217 条。

及横向的平等主体之间的违法行为，如个人贩卖盗版书籍、影像制品等；也涉及纵向的行政主体与行政相对人之间的行政法律关系，如文化主管部门的工作人员在进行非物质文化遗产调查时侵犯调查对象风俗习惯的，违法行为产生在行政主体与其相对人之间。随着网络的应用，文化领域日常违法行为不仅扩大了发生的场域，更是在违法方式上花样百出。以往的日常违法行为多体现在现实生活中，如对于贩卖盗版书籍而言，以往多是在实体书店售卖，现如今到实体店买书的人越来越少，更多的是通过网络进行购买，而且随着数字化的发展，电子书籍的方便携带、随时随地阅读的优点也使得更多的人选择购买电子书籍，网络版权问题日益严重，著作权侵权方式不只是以往的贩卖盗版书籍，也体现为如今的贩卖未经授权的电子书籍。再如一些色情网站发布的含有暴力、色情的小说、视频屡禁不止，儿童"邪典"动漫游戏视频①以及网络文学作品抄袭等现象都表现出当前日常违法行为的发生场域在不断扩大。日常违法行为发生场域的不断扩大也使得违法方式更具多样性：如新兴的网络直播平台，在给每个网络用户提供向大众展示自我才能、特点的同时也存在一些传播低俗、暴力、色情等与社会善良风俗相悖的有害信息的现象，危害人们的精神健康；再如发生在网络上的各种"口水战"，不同观点的双方针对某一事件发表自己的看法本是言论自由的基本内容，但是常会出现一些不理智的网友仅仅是为了在争辩上战胜对方而不择手段，甚至捏造事实进行人身攻击，使得网络言论自由演变成"网络暴力"，网络言论自由变为网络侵权行为，"一个人挥舞胳膊的自由止于别人鼻子的地方"，网络言论自由亦应有其边界。文化是精神世界的产物，文化领域的日常违法行为造成的损害包括物质利益和精神利益两个方面，对于物质利益的损害比较直观，对于精神利益的损害则较难察觉和把握，例如对于常见的网络抄袭现象便很难界定。这些因素都增加了实践中对文化日常违法行为进行追究和制裁的难度，违法主体的复杂性和广泛性加上执法主体人力、物力、精力的有限性使得对违法行为不能面面俱到，只能是重点整治，很难实现彻底根除；违法方式的多样化，违法行为发生场域的扩大，以及网络违法行为的逐渐增多等特点都加大了对日常违法行为的追究、制裁难度，实践表现为违法行

---

① 儿童"邪典"动漫游戏视频是指在视频平台上流传的以利用经典卡通形象制作的涉及暴力、惊悚、残酷及软色情元素等妨碍未成年人健康成长的有害动漫游戏视频。

为制裁力度不够，日常违法行为屡禁不止、无力禁止、重点禁止等，加强执法力度成为我们面临的最大问题。

日常违法行为制裁力度不够除了表现在难以追究造成的无法制裁外，还表现为制裁力度不够无法有效预防再次违法行为。如"有下列侵权行为的，应当根据情况，承担停止侵害、消除影响、赔礼道歉、赔偿损失等民事责任；同时损害公共利益的，可以由著作权行政管理部门责令停止侵权行为，没收违法所得，没收、销毁侵权复制品，并可处以罚款；情节严重的，著作权行政管理部门还可以没收主要用于制作侵权复制品的材料、工具、设备等；构成犯罪的，依法追究刑事责任……"[①] 可见，对于侵犯著作权的违法行为一般的制裁方式是要求侵权人承担一定的民事责任，若有损公共利益，则可由"著作权行政管理部门责令停止侵权行为，没收违法所得，没收、销毁侵权复制品，并可处以罚款"[②]。这其中侵权人承担的赔偿损失的数额一般是以权利人的实际损失为标准的，[③] 然而现实中侵权人因侵权行为所获得的收益与权利人的实际损失之间的差距到底孰多孰少很难定论，仅以权利人实际损失作为侵权人所承担的赔偿额标准显然无法达到惩罚违法行为以防止其再犯的目的。对于日常违法行为因其多具有情节轻微、社会危害性小的特点，再加上目前我国文化法律体系以大量的行政法规、规章组成，因此违法行为的制裁多适用行政处罚或治安管理处罚，惩罚力度轻，不足为戒。从文化部公布的2016—2017年全国文化市场十大案件来看，主要以网络文化市场为重点，除3起案件触犯刑法规定，被依法判处刑罚外，其余7起案件均为一般违法行为，制裁手段主要是处以相应的行政处罚，如对濮阳市新艺文化传媒有限公司通过微信在手机直播平台宣扬淫秽、危害社会公德等禁止内容的网络表演的违法行为处以没收违法所得、吊销当事人"网络文化经营许可证"的行政处罚；对快乐迭代（北京）网络科技有限公司在直播平台提供含有禁止内容的网络表演行为，依法做出罚款的行政处罚，并依法关停平台14日；对四川艾尚飞

[①] 参见《中华人民共和国著作权法》（2010年修正）第48条。
[②] 同上。
[③] 参见《中华人民共和国著作权法》（2010年修正）第49条第1款规定：侵犯著作权或者与著作权有关的权利的，侵权人应当按照权利人的实际损失给予赔偿；实际损失难以计算的，可以按照侵权人的违法所得给予赔偿。赔偿数额还应当包括权利人为制止侵权行为所支付的合理开支。

扬网络科技有限公司提供含有宣扬赌博内容的网络游戏的行为，依法吊销当事人"网络文化经营许可证"等，对这些违法行为的制裁基本上没有超出行政处罚法所规定的 7 种处罚方式。[①] 尽管文化部加大对文化产业领域违法行为的大力惩治，但我们可以看到违法行为仍大量存在，网络知识产权侵权行为、传播含有禁止性内容的网络文化产品现象亦是层出不穷，文化环境的健康需要加强对日常违法行为的制裁力度。

对严重违法行为（犯罪行为）处以刑罚能够起到较好的惩治犯罪，产生直接的社会效应，如对犯罪行为的威慑作用，对被害人及其家属的安抚、补偿作用以及教育感化犯罪人和社会大众等，实现公平正义。但实际生活中犯罪行为的存在毕竟为少数，更多的是日常违法行为，这些行为频繁发生在人们的身边，人们可以具体感知其存在，对日常违法行为的制裁使违法者及其他违法者或潜在违法者直接感受到法律的威慑作用和公平正义在现实社会中的存在，法律在人们生活中产生直接社会效应的同时，更影响着人们对类似违法行为的态度。对日常违法行为的制裁力度欠缺直接影响着普通大众对法律的信仰以及对公平正义的看法，因此，应加强对日常违法行为的制裁力度，增强人们对法治的信心。

二 对有关权力违法的责任尚缺位

权力一方面可体现在不同社会团体或阶级的统治与被统治、命令与服从的关系状态中，如统治阶级利用其手中的权力，发号施令，将自己的阶级意志强加在被统治阶级身上，并对被统治阶级的行为进行支配以实现自己的意志。这种权力具有压迫性。另一方面权力还体现了社会分工、合作的特点，为了实现利益最大化和资源的优化配置，人们彼此之间分工合作，各司其职，通过出让一部分个人权利，将其赋予特定的组织或人集中行使以维护社会分工合作的有序进行，实现利益最大化，这种权力来源于个人权利的让渡，源自社会契约，源自人们的同意、授权。在我国，权力的性质更倾向于第二种权力，权力源自平等主体制定的契约，强调国家的权力属于中华人民共和国国民，国家立法、司法、行政机关只是代表公民

[①] 行政处罚法规定的行政处罚的种类有：（一）警告；（二）罚款；（三）没收违法所得、没收非法财物；（四）责令停产停业；（五）暂扣或者吊销许可证、暂扣或者吊销执照；（六）行政拘留；（七）法律、行政法规规定的其他行政处罚。参见《中华人民共和国行政处罚法》第 8 条。

行使权力。尽管强调主权在民，国家权力在根本上属于人民，但是权力的实际行使者则是立法、司法和行政机关，权力的所有者与行使者相分离，权力的所有者是全体公民，权力的直接拥有者、执行主体则是国家机关及其工作人员。权力所具有的对他人权利、利益的支配作用，促使权力拥有者对权力的欲望不断增大。在权利领域是"法无禁止即自由"，而权力领域则应坚持为"法无授权即禁止"，但在实际实践过程中却表现出"法无授权则自由"的趋向，权力扩张，挤压权利空间。孟德斯鸠指出："一切有权力的人都容易滥用权力，它是万古不易的一条经验。有权力的人们使用权力一直到遇有界限的地方才休止。……从事物的性质来说，要防止滥用权力，必须以权力约束权力。"①尽管权力的行使一般体现为社会的公共利益，权力是权利必不可少的保障力，但是为了切实保障权利的实现，对权力进行必要的限制与约束也是必不可少的。权力容易被滥用，因此需要制约与监督，要实现这一目的首先体现在立法上便是规定权力行使的界限，明确权力违法责任。

当谈论到"权力"一词，我们联想到的是"国家""政府"等符号，而权力违法主体涉及的便是代表"国家""政府"的行政机关及其工作人员②，权力违法也就意味着"国家""政府"行为违法，"国家""政府"代表着至高无上的权威，公民个人对于自己的错误都难以坦然承认，何况代表国家权威的行政机关，承认错误，承担违法责任，某种程度上是对其权威的一种损伤。因此，我们无论是在法律规范性文件中还是在实际生活中所谈及的违法行为较少涉及权力违法。但明确权力违法责任不仅有助于切实保障权利，更是对权力行使的一种督促、监督，可以促进权力合法、合理行使，也是提高权力公信力的有效渠道。权力违法若得不到有效的制止与管束，很容易造成人们对权力的失信，对政府失信，对国家失信，如此，政府、国家的存在就有民意基础动摇的危险。权力本身依赖国家强制力保障所具有的巨大的能量使得民众对权力违法现象也是多有畏惧，"屈死不告官""民不与官斗"反映的正是民众对权力的畏惧。因权力之"被放纵"，权力违法后责任缺位在百姓思想中形成对"官"亦即权力之畏

---

① [法]孟德斯鸠：《论法的精神》，张雁深译，商务印书馆1961年版，第154页。
② 当然权力违法还应包括立法权、司法权的违法行使，对这些权力违法行为有专门的立法以及相应的诉讼法等来做专门规定，文化立法中不必要专门规定此类内容，因此本文所述的权力违法主要指行政权的违法行使。

惧、避讳与无奈忍受。对权力的忌惮与不信任，使得权力的行使阻力变大，行使权力所得效果大打折扣，在"民怕官、怕权"的社会背景下，法治政府建设将困难重重，法治社会、法治建设将举步维艰。因此明确权力违法责任，让权力在法治阳光下运行至关重要。这里就要求立法首先明确权力违法责任，为权力运行提供明确的导向。

当前国家规范性法律文件中权力违法责任缺位为普遍情况，通常政府被赋予极大的权力，但却缺乏必要的对应责任以限制权力滥用。文化法因其调整对象的特殊性，文化领域的法律规范多体现政府管理职能，政府职权在文化法相关法律文件中被普遍呈现，正因如此文化法中权力违法的归责便显得更为重要，然而对应的法律责任则语焉不详。当前我国文化相关法律规范中对权力违法的责任缺失主要体现在以下几个方面：首先，对一些权力违法行为笼统归责，仅用"依法给予处分"概括。这一权力违法归责方式在我国文化法律规范中可谓大量存在，为主要权力违法责任形式，虽然规定了权力违法的责任形式，但是因过于笼统、概括而缺乏操作性，难以实现对权力的有效制约。例如，在我国《非物质文化遗产法》中存在大量政府相关部门对非物质文化遗产的管理和职权规定，但对其职权违法行为的规定则仅有两条，即第38条："文化主管部门和其他有关部门的工作人员在非物质文化遗产保护、保存工作中玩忽职守、滥用职权、徇私舞弊的，依法给予处分。"和第39条："文化主管部门和其他有关部门的工作人员进行非物质文化遗产调查时侵犯调查对象风俗习惯，造成严重后果的，依法给予处分。"整部法律中仅两处"依法给予处分"便企图涵盖所有的权力违法行为，处分做出主体是谁？处分的力度又是怎样的？具体处分方式为何？对于像侵犯调查对象风俗习惯这样的行为是否除了处分还有更加合理、完善的替代措施？执行处分的又是何者？处分执行有没有监督者，何者可担纲监督者职能？如果不履行处分规定又该如何？这些在该法律规定中都是未解之谜。仅用"依法给予处分"便概括包含了所有对权力违法的归责，过于笼统，使得多易流于形式，也体现出强烈的政府自我保护主义色彩，无法使受政府相关部门违法行为侵害之利益获得有效救济，权力被放纵的同时意味着权利的被挤压或侵害，也为相关部门违法执法大开方便之门。又如我国《文物保护法》第78条规定："公安机关、工商行政管理部门、海关、城乡建设规划部门和其他国家机关，违反本法规定滥用职权、玩忽职守、徇私舞弊，造成国家保护的珍贵文物损毁或者流失的,对负有责任的主管人员和其他直接责任人员依法给予行政处分;构成犯罪的,依法追究刑事责任。"权力违法仅是笼统规定,责任缺失,此类情况在其他文化相关立法中亦为常见,甚至有的完全没有关于权力违法行为归责的规定。其次,对一些可能存在权力违法的情况没有规定相关救济和归责方式。例如我国《公共文化服务保障法》第15条规定:"县级以上地方人民政府应当将公共文化设施建设纳入本级城乡规划,……公共文化设施的选址,应当征求公众意见,符合公共文化设施的功能和特点,有利于发挥其作用。"此条规定在公共文化设施建设选址时,政府相关部门有征求人民群众意见的职责和义务,但是若出现政府相关部门不按法律规定征求公众意见的情况时,政府相关部门是否要承担责任,承担何种责任,公众对于权利被侵害时该如何救济等,这些都是无法可依的。再如《全国人民代表大会常务委员会关于加强网络信息保护的决定》中尽管规定有政府相关部门的职权,但却没有关于权力违法行为的责任规定。

我国文化法治发展较晚,从现有文化法律体系来看,组成文化法的各相关法律规范层级较低,由全国人大常委会制定的法律主要是文物保护法、非物质文化遗产法、档案法、公共文化服务保障法、电影产业促进法和著作权法等,更多的是行政法规、部门规章、地方性法规等,且多为文化管理类。不同位阶的法所具有的国家强制力是有区别的,如根据我国《立法法》规定,对于剥夺公民政治权利、限制人身自由的强制措施和处罚只能由全国人民代表大会及其常务委员会制定的法律进行规定,行政法规则依据宪法和法律,规定除有关犯罪和刑罚、对公民政治权利的剥夺和限制人身自由的强制措施和处罚、司法制度等事项以外强制措施和处罚。[①] 不同法律规范性文件立法权限不同、设定行政处罚的种类和权限也是不同的,位阶越低,设定行政处罚的权限就越小,权限越小,对权力进行限制的强制力就越小,权力违法归责就越难。而且,法律规范层级低还会常常出现一些政府部门既是法律规范的制定者,又是法律规范的执行者,即"执法者做了立法者的事,执法者既是规则的制定者,又是规则的执行者"[②],出于"管理法"的定位,行政法规、部门规章等体现管理部

[①] 参见《中华人民共和国立法法》第8条、第9条、第73条、第80条、第82条。
[②] 黄虚峰:《文化产业政策与法律法规》,北京大学出版社2013年版,第74页。

门的意志，出现扩大本部门职权、法律规范中反映出政府相关部门责任缺失的现象便不难想象。

三 "违法必究"的实践表现很不力

"违法必究"从字面来看是指对违法行为必须追究的意思，违法行为是指违反现行法律规定的行为，违法主体包括自然人、法人或社会组织。"违法"一词，有广、狭义之分，广义的违法指一切违反现行法律规定的行为，包括一般违法和犯罪；狭义的违法则主要指违反法律规定但尚未构成犯罪。违法不一定犯罪，犯罪一定是违法的，对犯罪行为的惩罚主要对应的是刑事责任，而违法行为对应的责任主要有行政责任、民事责任或刑事责任，因此我们可将违法行为区分为一般违法行为和犯罪行为，具体到"违法必究"这样一个具体的语境中"违法"一词应采其广义之理解，即包括一般违法行为和犯罪行为。由于文化法调整对象的特殊性以及偏重政府的行政管理职能，对文化违法行为的追究不仅应强调对一般主体违法行为[①]的追究，更应重视对行政主体即重视对国家行政机关及其公务人员的违法行为的追究，亦即前文所述的权力违法行为。对违法行为的制裁，主要是以国家强制力为后盾附加给违法主体额外的义务负担。

对于行政侵权现象尽管在实际生活中时有发生，然而见诸网络新闻、报端的则少之又少，翻阅近几年最高人民法院以及最高人民检察院发布的指导性案例，关于权力违法案件踪迹无处可寻，文化部每年公布的全国文化市场十大案件，亦没有见到关于权力违法案件，这些案件都是经过官方筛选公布，并不能代表现实中权力违法现象不存在。对于权力违法行为来讲，首先因现行文化法律规范中对于权力违法的规则条款规定过于笼统且操作性不强，致使权力违法追责无法可依、有法难依，责任缺位为"违法必究"设置了障碍。组成文化法的各相关法律规范层级较低，多是行政法规、部门规章、地方性法规等规范性法律文件，出现立法者与执法者重合的现象，这一现实增大了执法者做出公平处罚决定的阻力。其次，权力违法行为主体主要为国家行政机关及其工作人员，其身份具有特殊性，代表

[①] 为作区分以及论述方便之故，我们用一般主体违法行为特指除了代表公权力的行政机关及其工作人员的违法行为以外的主体的违法行为，这些主体一般包括自然人、法人和不涉及公权力的其他社会组织。

国家权威，在文化法律规范中除非触犯刑法，依法追究刑事责任，一般违法行为主要的追究方式为"依法给予处分"，这一主要违法行为追究方式，不仅具有很大的模糊性，而且较难起到对被侵害权利的有效救济。权力违法行为追究不力还表现在人们对权力的敬畏乃至畏惧所导致的遭到权力侵害时选择忍气吞声的极大可能性，"民不与官斗"便是这一思想的最好体现，这也造成了对权力违法行为无法及时追责。另外，对权力违法行为的追究尽管是对被侵害权利的救济以及对权力违法的矫正以实现社会公平正义，但从另一方面讲也是对政府权威的一种折损，可能造成民众对政府权威的信任危机，因此出现对权力违法追究的懈怠抑或用其他方式进行掩盖也是在所难免。

一般主体违法行为主要是指除了权力违法行为以外的，由自然人、法人或其他社会组织所实施的违法行为。相比权力违法行为，对这类违法行为的归责在文化法相关条文中多有较为明确的规定。但因其违法主体的相对普遍性，违法方式、内容的多样化，为实践中对其进行归责造成了很大的阻碍。首先，对于侵权案件，一般遵循不告不理原则。拿生活中常见的书籍盗版现象来看，这一行为明显侵犯权利人的著作权，但因其情节轻微，如仅在复印店小范围内复印出售，抑或在小型书店出售盗版书籍等，这些情节轻微的侵权案件，一般得到了执法机关乃至社会的容忍。另外对于这类知识性传播的侵权案件，被侵权者一定的放任不追究态度也是造成违法行为不能得到及时追究的原因。我们经常接到的各种推销、骚扰电话，其实是个人信息被负有保护我们个人信息隐私的个人或组织泄露，是隐私权遭侵害的典型事件，常见的情况是我们对于打来骚扰电话的人感到反感，却很少去思考为什么我们的个人信息被泄露，抑或去追究相关责任人的侵权责任；同样，著作权人对盗版行为因追究难等原因存在一定程度的容忍，也使得盗版现象更加普遍，侵权行为主体增多造成对侵权行为的发现和追究更加困难，对侵权行为追究困难造成权利人一定的容忍，权利人对侵权行为的纵容、容忍又会导致更多的侵权行为发生，如此循环，对违法行为的追究也将难上加难。权利人对违法行为的容忍，一方面是法律救济的无力，另一方面体现出权利人的权利意识淡薄，对一些侵权行为司空见惯，维权意识淡漠。其次，文化领域违法行为方式的特殊性增加了追责难度。文化领域违法行为不仅出现在现实生活中如销售盗版书籍，对非物质文化遗产组成部分的实物造成损害等，而且随着互联网在人们生活中的迅速普及，各种网络违法行为迭出，如网络直播平台传播低俗色情暴力等违法有害信息、儿童"邪典"动漫游戏视频①和通过互联网侵犯他人著作权等行为，违法行为在网络世界频繁出现，且比重日益增大。文化法治领域违法方式具有多样性且不易被察觉的特点，如对于公民个人电子信息的侵权方式就有泄露、篡改、毁损、不得出售或者非法向他人提供，公民个人即便知道自己个人电子信息有被泄露、篡改、毁损、出售或非法提供的可能，却很难举证，违法行为的普遍性使得执法机关在查处大量的类似违法行为时显得力不从心，对违法行为的追究不力进而导致违法放纵。

文化领域违法行为造成损害结果的隐蔽性也是违法行为不能得到及时追究的原因。违法行为造成损害结果的隐蔽性是指文化领域违法行为侵犯的客体具有一定的抽象性，如侵犯著作权、泄露涉及公民个人隐私的电子信息等，违法行为造成的损害结果不具有直接性，违法结果不如身体伤害或物质利益损失来的直观，违法行为造成的结果一时不易察觉，具有间接性，较少是既得利益的损失，更多的是期待利益的减损，这一特点也使得被侵权人对损害结果没有明确直观的估量，而一般民事侵权行为坚持不告不理原则，违法行为现象丛生。

执法主体对违法行为的容忍、不追究就如同不公正的裁判，违法行为得不到普遍、公平追究，部分违法者受到惩罚，部分违法者逃脱罪责，不仅使被侵害客体得不到及时、有效救济，也使被追究主体在对比逃脱法律追究的类似违法行为主体时产生不公平心理，也助长了"漏网之鱼"的侥幸心理。长期的执法不严，也会导致法不责众的社会心态更加严重，违法现象恶性循环。法律规范的权威性和严肃性的维护需借助法律强制力课加违法行为以法律责任，"违法必究"实践表现的无力，不公正的执法，放纵的不只是犯罪，更是放任了公众对政府公信力的丧失、法律权威在公众心目中的减损乃至公众对法律的信心与信仰的逐步消减。

第四节　奖励性调整的体系模糊

我们所谓奖励性调整特指"以国家或政府的名义对模范遵守、践行高

---

① 儿童"邪典"动漫游戏视频是指在视频平台上流传的以利用经典卡通形象制作的涉及暴力、惊悚、残酷及软色情元素等妨碍未成年人健康成长的有害动漫游戏视频。

尚道义行为的奖励性措施"，① 对应法律规范中的奖励性规范。奖励性调整将法律和社会高尚道德勾连起来，是法律对高级道德的弘扬，也是对公民道德境界提出的新的希冀。"历史决定着观念，观念又左右着历史。"②语言是思想之表达，其始终受到历史、文化的影响与制约。注重法律的奖励性调整方式是权利观念的更新与道德意识的提高所要求的时代内容。文化法更加侧重对人类文化—精神领域进行法律调整，调整对象的特殊性更加强调奖励性调整应该和放任（保障）性调整、导向性调整、制裁性调整一道，成为法治社会治理方式和社会管理方式的利剑。当前奖励性调整主要存在以下几个问题：现有研究强调更多的是法律对权利、义务的明确以及对违法行为的制裁，即更多地强调导向性调整和制裁性调整，对于奖励则是从文明建设或道德建设的角度进行考察③，理念上尚未把奖励自觉纳入法律范畴；理念上的缺位反映在立法上则是尽管法律规范中有个别奖励性条款，但尚未建立完善的法律奖励体系，使得法律规范中的奖励性条款具体操作不明确，流于形式；理念缺失和立法上的不完善进而导致实践中对奖励性调整的轻视，没有建立专门的奖励机构，奖励性调整仅停留在倡导性、口号性层面。

一 理念上尚未把奖励自觉纳入法律范畴

"奖励"分物质奖励和精神奖励，通常可理解为"通过给予一定的荣誉或物质来达到激励、鼓励的目的"。我国古代法律传统多表现为"重刑轻民"，刑法是古代法律的重点，但综合运用奖励和惩罚两种方式实现对社会秩序的规范作用在我国古已有之。法家学说体现了强烈的国家主义法律观和对刑罚的重视，"法者，宪令著于官府，刑罚必于民心"④，但同时也强调赏罚结合的法律调整方式，"圣人为之国也，壹赏，壹刑，壹教"⑤；我国古代讲究的"恩威并施"，亦是在强调结合运用奖励和惩罚两种方式来规范人们的交往行为。尽管如此，我国固有的"法即为刑"的

---

① 谢晖：《论法律调整》，《山东大学学报》（哲学社会科学版）2003年第5期。
② 梁治平编：《法律的文化解释》，生活·读书·新知三联书店1994年版，第281页。
③ 谢晖：《论法律调整与社会管理创新》，《西北大学学报》（哲学社会科学版）2013年第1期。
④ 参见《韩非子·宪法》。
⑤ 参见《商君书·赏刑》。

传统仍影响至今，谈起法律，更多地表征为"义务""责任""制裁""惩罚"等，奖励则很少被认为与法律有所牵连，即便有，也是从道德层面上去看待对高尚道德行为的奖励措施。惩罚是对违法行为施加的一种额外义务，通过外在强制的方式规范社会交往行为，可看作一种反面激励，通过这一外在力量，主体为或者不为一定行为是迫于压力。而奖励则是对社会赞赏行为的一种正面激励，更能促进主体的自觉主动行为，促进高尚道德在法律调整下的实现。奖励和惩罚是相对应存在的，二者共同构成对社会行为的激励措施。

富勒把道德划分为"义务的道德"①和"愿望的道德"②，"义务的道德"基本上就是我们通常所讲的法律调整的最低限度的道德，而"愿望的道德"则对应我们的高尚道德。法律可以通过强制性力量如惩罚、强制执行等措施来要求主体执行法律要求的底线道德、义务道德，对这类道德的维护是社会有序发展的基础，底线道德是每个社会主体必须做到也能够做到的，但法律不能强人所难，亦即不能强制要求每个人都是圣人、都是高尚道德的践行者，如法律不能强制人们在遇到地震时选择舍己救人，遇到歹徒时见义勇为，更不能要求从事考古工作者一定要在考古发掘工作中做出重大贡献③，即便法律通过强制力量推行高尚道德，其效果可想而知，严重者或可能遭到抵制乃至被推翻。"法律是最低限度的道德"，强调法律调整所否定的行为是对最低限度道德的突破，是违背最低限度道德的行为，法律仅调整最低限度的道德，这其实是对法律的误解，忽视了法律也可以通过奖励将高尚道德纳入其调整范围。文明社会、法治社会的向前发展要求人们道德素质的不断提高，虽然法律无法也不能强制调整高尚道德，但却可以通过奖励措施来实现对人们践行高尚道德行为的鼓励和引导。在文化法领域，因其调整对象为文化—精神领域，惩罚方式有其存在的价值，必不可少，但奖励的运用使得人们心中"好人有好报"的报偿心理得到回应，在肯定人们高尚道德行为的同时又进一步促进人们对高尚道德的践行。然而在当前我们对奖励特有作用的忽视使我们在理念上没有

---

① 富勒：《法律的道德性》，郑戈译，商务印书馆2005年版，第7—8页。
② 同上。
③ 《中华人民共和国文物保护法》第12条规定对在考古发掘工作中做出重大贡献的单位或个人，由国家给予精神鼓励或者物质奖励。具体内容参见《中华人民共和国文物保护法》第12条。

把奖励纳入法律调整范畴，不仅奖励这一方式在普通民众心中没有被纳入法律调整方式的范围之内，从当前主流的法理学著作中可见大多学者们也未自觉将奖励视为法律调整的方式之一。在探讨法律调整方式时，学者们更多地是将法律调整方式概括为三种：允许、积极的义务和禁止，未给予奖励应有的法律调整方式之地位。法律调整对象主要是在行为这一主流认识的支配下，强调法律调整方式主要以外部调整为主，法律调整的是人们的外在行为，"对于法律来说，除了我的行为以外，我是根本不存在的，我根本不是法律的对象，我的行为就是我同法律打交道的唯一领域"[①]，受马克思这段话的影响，学界对法律调整方式的误解，加剧了法律对意识、高尚道德调整的无力感，忽视法律可以借助奖励对价值观、道德意识进行诱导进而将规范力量和个人能动性结合起来调整人们在意志支配下的外部交往行为。法律可以像道德一样不只调整人们的外部行为，也可以借助奖励机制作用于人们的内心世界，引导内心动机的选择，进而实现内在调整与外在调整的完美结合。

关于法律调整的上述观念体现在立法上则表现为立法理念重视义务性规范和制裁性规范，与奖励方式相对应的奖励性规范则屈指可数，且多为口号性、宣传性条款，缺乏可操作性。如在文化法领域，在《档案法》《公共文化服务保障法》《文物保护法》《非物质文化遗产法》和《著作权法》五部法律中关于奖励措施的规定仅有《档案法》《公共文化服务保障法》《文物保护法》中的27个条文涉及奖励措施。在此我们应予以说明的是在这27条涉及奖励措施的条款中仅有4条明确规定对特定行为给予奖励[②]，其余则仅仅是规定对某些行为的"鼓励和支持"[③]，如《非物质文化遗产法》规定"国家鼓励和支持公民、法人和其他组织参与非物质文化遗产保护工作"[④]。对于"鼓励和支持"条款是否应属于奖励的调整方式呢？

---

① 《马克思恩格斯全集》第40卷，人民出版社1966年版，第16—17页。转引自庞正《论法律调整的内在局限性及其与道德调整的协调发展》，《社会科学战线》2002年第6期。

② 这些条款包括：《中华人民共和国档案法》第9条第2款、第16条第3款，《中华人民共和国文物保护法》第12条，《中华人民共和国公共文化服务保障法》第13条第2款。这里仅列举法律中包含的奖励条款，不涉及行政法规、部门规章、地方性法规等法律文件中的规定。

③ 参见《中华人民共和国文物保护法》《中华人民共和国非物质文化遗产法》《中华人民共和国公共文化服务保障法》。但在行政法规、部门规章、地方性法规等法律规范性文件中亦有相关规定，在此不予一一列举。

④ 参见《中华人民共和国非物质文化遗产法》第9条。

前面我们讲到"奖励"是指通过给予主体一定的名誉或物质进而达到激励、鼓励主体从事某行为的一种调整主体行为的方式，奖励的目的在于引导主体从事体现高尚道德的行为。奖励的内容主要应该包括三个方面："累积的模范道德行为，突出的模范道德行为和部分义务道德"[1]。反观"鼓励和支持"条款，法律"鼓励和支持"的这部分行为一般是对公共福利有增益作用，对于主体而言并非其法定义务，其可以选择为或者不为，"不为"并不会带来负面后果或评价，"为"则需要付出相应的代价，是一种自加义务行为和高尚道德行为（奉献精神）。[2] 如公民从事国家鼓励的非物质文化遗产的保护工作，势必要付出相应的劳动、精力、物质财富等，经营性文化单位提供免费或者优惠的公共文化产品和文化活动,[3] 也是对自身可得利益的减损，体现的都是自愿承受一定对自身的不利义务而增益社会福利的奉献精神，是一种践行高尚道德的行为。法律对这类行为规定鼓励和支持措施，也是对人们行为的引导。奖励分为精神奖励和物质奖励，鼓励和支持本身便是对此类行为的肯定，是一种精神上的激励措施。因此，"鼓励和支持"条款在学理上既是一种政策性规定也应属于奖励的调整方式，但当前法律规定仅仅是口号性、宣传性的规定，国家鼓励和支持的某些行为，并未规定相应的具体鼓励、支持措施，实质上仅仅是将奖励作为一种道德鼓励方式，没有将其纳入法律范畴，没有上升为法律调整方式之一种。

当前法律调整主要利用人们趋利避害的利益选择机制来促使行为人选择合法行为，法律调整的制裁、惩罚理念在人们心中根深蒂固地存在着，而通过奖励的方式来引导人们践行高尚道德行为的观念则尚待发掘。然而我们在强调制裁性调整方式的存在符合趋利避害的利益选择机制时，忽视了奖励性调整亦符合趋利避害的选择机制。奖励措施的存在使得行为人在做出选择时增加了一种选择的可能，是选择合法行为，获得当然的权利之利得的结果，还是选择违法行为承担否定性法律后果——法律责任，抑或选择高尚道德行为进而获得名誉或物质利益的奖励。奖励的存在同样符合行为人趋利避害的选择机制，也将人们的道德选择（不仅指低级道德，更

---

[1] 谢晖：《论法律调整与社会管理创新》，《西北大学学报》（哲学社会科学版）2013年第1期。
[2] 同上。
[3] 《中华人民共和国公共文化服务保障法》第29条第2款规定：国家鼓励经营性文化单位提供免费或者优惠的公共文化产品和文化活动。

包括对高尚道德的选择）纳入法律调整范围。法律规范不仅应惩罚明确，奖励分明亦是实现社会正义的有效手段。不再仅是从道德建设层面去看待奖励，而是将其纳入法律视野，将其纳入法律调整方式，是实现社会治理法治化的内在需要。

二　立法上尚未建立完善的法律奖励体系

奖励性调整的目的是通过对特定行为给予一定的精神或物质奖励引导行为主体对高尚道德行为的选择，通过利益驱动机制鼓励法律关系主体舍己利他行为的选择，给予精神或物质奖励也是对这种利他主义支配下行为的一种报偿措施，实现"好人有好报"的社会心理与社会正义的满足。奖励措施将高尚道德行为纳入法律调整范畴，有利于社会良好风尚的形成。理念上对奖励这一调整方式的忽视表现在立法上则是仅有少量的概括性奖励条款，没有建立完善、配套的法律奖励体系，奖励性调整方式无法实现其应有的对人们文化—精神领域的有效规范与激励。概览当前文化相关立法，放任（保障）性调整、导向性调整和奖励性调整散落在法律法规前几章，一般对于违背导向性调整和放任性调整的制裁性措施（制裁性调整）则设专章规定，但对于奖励性调整相对应的具体奖励措施则只字不提，"轻奖重惩"思想显现无遗。

我国《宪法》规定："国家发展自然科学和社会科学事业，普及科学和技术知识，奖励科学研究成果和技术发明创造。"[1]"国家提倡社会主义劳动竞赛，奖励劳动模范和先进工作者。国家提倡公民从事义务劳动。"[2]这些规定是建立法律奖励体系的宪法依据。当前我国专门的奖励性法律规范以国务院颁布的《国家科学技术奖励条例》为主要代表，奖励措施主要体现、适用于对于科学技术做出贡献的领域，而其他领域对于奖励性调整方式的规定则仅限于概括性规定，如《公共文化服务保障法》第13条第2款规定："对在公共文化服务中作出突出贡献的公民、法人和其他组织，依法给予表彰和奖励"，诸如此类的概括性奖励条款在文化法领域普遍存在，造成实践中缺乏可操作性，文化法领域完善的法律奖励体系还未真正建立。完善的法律奖励体系不仅是高尚道德行为的引导，也是对法律

---

[1] 参见《中华人民共和国宪法》第20条。
[2] 参见《中华人民共和国宪法》第42条。

奖惩体系的完善，不仅有助于行为主体选择社会肯定的良好行为方式，更有助于对违法行为的克制与削减。例如，我国文化部公布的 2016—2017 年度文化市场十大案件中四川某网络科技有限公司提供含有禁止内容的网络游戏产品和服务案件，经调查，该案当事人违反了《网络游戏管理暂行办法》第 9 条的规定，被四川省文化市场稽查总队依法吊销其"网络文化经营许可证"。此类案件中，法律责任方式主要为行政处罚，亦即运用制裁性调整方式，但对违法行为的惩罚、制裁力度偏弱，能否有效制止此类行为之再发生我们并不抱乐观的态度。这样的制裁措施仅能制止某一具体违法行为，或仅能在一段时间内压制某一类违法行为的频发，但无法得到长期有效的社会效果。如果引入奖励性调整方式，通过给予举报违法行为的人员一定物质奖励或精神鼓励，又或者对模范遵守相关法律规范的主体给予相应的表彰，扩大其社会影响力，使其在获得一定利益（并非只是物质利益，也包括精神利益的获得）的同时，增强其维护社会良好风尚的高尚道德情操，既能促使全社会行动起来对违法行为进行打击、遏制，也能提高民众的道德责任感，增强社会责任性，实现对主体行为与道德的双向调整。奖励与惩罚是对应存在的，应综合运用奖励性调整与制裁性调整，奖惩分明，完善法律调整机制。

现行法律规范中对于奖励性调整方式主要是规定对于公民的某种行为进行奖励，法律奖励具体措施的不完善是造成当前奖励性调整无法充分发挥对高尚道德行为进行有效调整的主要原因。除了系统性奖励规范的缺失外，法律奖励体系的不完善主要还表现在以下几个方面：第一，执行奖励的主体不明确。及时有效地对被奖励行为主体进行奖励要求明确的奖励执行主体，是提高奖励性调整公信力的必要条件。明确奖励执行主体才能避免执行奖励过程中的互相推诿、懈怠以及明确奖励执行过程中不当行为主体，也才能在奖励无法实现时为被奖励主体提供明确的救济渠道。然而，目前我国文化法相关规范对于奖励执行主体的规定则不够明确，缺乏操作性。有的规定了明确的主体，如《档案法》第 16 条规定，档案馆应当向国家捐赠档案的所有者予以奖励；有的则笼统规定为国家，如《文物保护法》第 12 条规定"有下列事迹的单位或者个人，由国家给予精神鼓励或者物质奖励……"[①] 尽管在《文物保护法实施条例》第 6 条中将"国家"

---

① 参见《中华人民共和国文物保护法》第 12 条。

细化为"人民政府及其文物行政主管部门、有关部门",仍无法实现主体的明确性;有的更是直接规定为"依法给予奖励",如"对在公共文化服务中作出突出贡献的公民、法人和其他组织,依法给予表彰和奖励"[①]。执行奖励主体的不明确性使得应获得奖励的主体利益无法得到及时有效的满足,削弱了奖励性调整法律规范的公信力。第二,奖励的形式、内容模糊。目前我国文化法律规范主要是规定对特定行为给予奖励、鼓励和支持,但对于奖励、鼓励和支持的具体内容、措施规定不明确,奖励执行机关无明确的法律依凭,自由裁量,被奖励者及其社会大众无权也无法有效参与,公平、正义的实现仅靠一家之言。法律规定的奖励形式分为物质奖励和精神奖励两种,何种情况下适用精神(荣誉)奖励,何种情况下适用物质奖励,何种情况下应结合适用两种奖励形式,奖励是否需要像国家对科学技术的奖励措施一样根据情况分为不同的等级等这些问题都需要有相应的规定予以明确。第三,奖励措施、具体操作程序不完善。首先,缺乏明确的对被奖励行为进行评定、确认的标准。实行奖励措施需要对被奖励行为进行评定、确认,对应受奖励行为的认定、明确是实施奖励的前提,当前法律规范仅规定对某一行为可适用奖励调整,但行为的具体构成要件有待进一步明确以增强可操作性。如《公共文化服务保障法》规定:"对在公共文化服务中作出突出贡献的公民、法人和其他组织,依法给予表彰和奖励。"[②] 这里对"突出贡献"应如何认定缺乏明确、可操作的具体标准,应明确评定标准,综合评定。其次,奖励认定主体与执行主体是否有必要分开,如设立对奖励的宏观管理、指导部门和日常工作部门(如专门奖励办公室)对应受奖励行为进行认定、确认,奖励结论以及奖励建议得出是否有必要吸收社会人士的意见。由于奖励调整方式所调整的道德行为内容有别,奖励制度也应体现一定的差异性:对于累积的模范道德行为,一个人长期模范地做某件事,具有难以考察的特点,如认真执行文物保护法律、法规,保护文物成绩显著的,这需要长期的考察才能得出结论,所以法律对这类道德模范行为的奖励不可能实现经常性、普遍性,只能是选择性的奖励;而对于突出的模范道德行为,因其多是基于某一次事件、某一行为,如为保护文物与违法犯罪行为斗争而身受重伤,为了国家

---

① 参见《中华人民共和国公共文化服务保障法》第 13 条第 2 款。
② 同上。

利益而自愿使自身利益受损的，这类道德行为，取证容易，易发现，且具有较大的社会影响力和道德示范作用，因此对于此类道德行为应及时给予奖励，明确奖励程序，使奖励常态化，明确法律对这类道德行为的肯定，引导人们对高尚道德的追求；而对于部分义务道德，尽管做出的行为是其职责所在，履行的是法律义务，但因这类义务的履行与主体生命、健康的付出有很大的关联，或者义务的履行是对他人、社会、国家巨大法益损失的挽回，或者给共同体带来了巨大的荣誉和利益，义务道德的奖励调整必须设定严格的法律条件，否则极易导致滥用奖励措施。第四，缺乏与奖励措施相配套的罚则与救济制度。奖励调整方式的有效实行需要一定的保障措施，如物质奖励的经费来源问题。奖励措施作用的有效发挥以及建立一套完善的法律奖励体系同样还需要相应的罚则作保障。在奖励措施的运用过程中明确相关主体的权利与义务（职责），对违法行为加以追责才能真正实现奖励性调整对高尚道德的有效规范、引导作用。法律规范中的奖励性条款授予了相关部门具有根据情况给予特定行为主体一定荣誉或物质奖励的权力，特定行为主体在实施某些法律倡导的行为之后有获得一定荣誉或物质奖励的权利，但却没有规定相关奖励授予部门以及应受奖励之行为主体在行使权力或权利的过程中所应承担的责任和义务。如对于奖励授予部门在奖励过程中的不作为、拖延、徇私舞弊、滥用职权等规定相应的惩罚；对于被奖励者存在欺骗等其他不正当手段骗取奖励的是否应撤销奖励、追回奖金还是在撤销奖励、追回奖金的基础上再额外承担一定的不利后果等。明确奖励措施的罚则才能更好地运用奖励措施调整人们行为。对于奖励机关的不当或违法行为除了应设立相应的罚则以外还应提供有效的救济渠道。应获奖励主体的权利受到侵害时可采取的救济渠道有哪些，是否可通过行政复议或行政诉讼进行维权，这些都应该得到法律规范的明确规定。第五，奖励调整方式的监督机制缺位。权利或权力的行使离不开监督，有效的监督机制可以遏制权力（权利）滥用，奖励措施的实行涉及的是荣誉或物质奖励，利益的驱使极易导致腐败，因此监督必不可少。目前法律规范关于奖励措施仅仅规定相关政府部门的权力，但对于这种权力的监督主体、监督方式等则缄默无语，对奖励结果做出的具体过程何者具有监督的权力缺乏相应规定。执行奖励之主体、程序以及执行主体不履行奖励或不恰当履行奖励职责的后果规定不明确甚至是没有相关规定等，相关罚则以及监督制度的不完善，造成奖励性调整方式仅停留在形式规定层面，无法真正起到对社会价值的有效引导作用。

三 法律实践上并未建立专门的奖励机构

奖励措施在法律层面的落到实处，不仅需要理念上将奖励纳入法律调整方式之中，从法律层面审视奖励调整方式，进而建立完善的奖励法律体系，而且要求在实践中建立专门的奖励机构，真正实现奖励措施作为调整人们行为的法律方式之一，使奖励措施的实现合法化、正规化、秩序化、常态化。

在我国，治安管理处罚权由公安机关集中行使，刑罚权从其产生到具体执行则是由公安机关、看守所、监狱、社区矫正组织、法院等组成一个完整的刑罚机构体系。奖励作为与惩罚相对应存在的一种法律激励措施，立法上仅仅是一些概括性规定，实践中也没有相应的专门机构负责奖励的评定、执行工作。通过建立专门的奖励机构，赋予奖励机构一定的自由裁量权，使之对于奖励的具体评定、执行措施具体化，实现奖励方式的可操作性。法律规定对于为特定行为的主体，有关部门应当给予奖励，说明这种情况下为特定行为之主体有获得奖励的权利，有关部门则负有给予奖励的责任。然而奖励机构的缺失意味着义务主体的不明确，义务主体不明确，造成权利行使受阻，使有权获得奖励的主体无法主张权利，通过设立奖励机构为被奖励主体打开维权大门。奖励机构的缺失也意味着奖励评审标准、具体执行措施的不完备，奖励无法落到实处。通过设立奖励机构，明确奖励设置、评定和授予程序以及相关的罚则，即明确对法律倡导和鼓励的不同类型道德行为的奖金额度、荣誉等级、申报部门、评定部门及其标准、审定执行主体以及在此过程中相关主体对其所为不法行为的责任等，完善奖励的具体操作程序，切实保障奖励主体权利之充分享有，提高奖励性规范的社会公信力，真正实现奖励所具有的对高尚道德行为的导向作用。通过明确奖金额度和荣誉等级，明确对行为主体的奖励力度，不仅为执行机构提供操作便利，也使获奖主体明确自己的权利。不同等级的奖励也体现出法律对不同道德行为的肯定程度，对主体从事更高层级的道义行为起到明确的指引和心理暗示效果，促使人们形成"为公牺牲"的奉献精神。明确奖励的申报、评定、执行部门及其标准，社会组织和个人亦可以向其推荐候选人，扩大被奖励主体范围，促使更多值得被奖励主体获得应有的报偿，为社会树立更多的榜样，起到对高尚道德行为引导功能的常态化，也减轻相关部门自己发现应受奖励行为的繁重负担。明确申报、评定、执行部门也是明确社会监督的对象，改变奖励与否仅靠有关机关一家之言的"奖励垄断"现象，充分地发挥社会监督的作用。明确在奖励过程中的相关罚则，即被奖励主体通过不当行为或不法行为获得奖励时奖励机构可对其执行相应的撤销奖励、追回奖金以及使其承担其他不利后果的权利，申报、评定、执行主体在申报、评定、执行过程中存在弄虚作假、徇私舞弊、滥用职权等不法行为时应受到相应的处罚等，明确相关主体的权利和义务以及救济方式，才能保障真正应受奖励行为获得奖励，不法投机行为得到有效抵制，使奖励作为法律调整人们行为的方式之一不再只是停留于口号宣传层面，而是成为在实践中真正发挥引导高尚道德行为的法律调整方式。

奖励专门机构的设立是建立一个完善的法律奖励体系必不可少的组成部分，也是奖励成为未来法律调整方式的重要组成部分的前提条件。在科学技术奖励领域，国家和地方政府设立专门的奖励委员会、评审委员会负责对科学技术奖的评审工作，专门的奖励机构的设置使得我国科学技术奖励工作得以依法有序开展，使获奖者得到合理公平的奖励与肯定，激发获奖主体更大的创造力。实践中文化法领域专门奖励机构的缺失使得原本缺乏操作性的奖励性条款更加无法实现有效引导人们高尚道德行为的目的。科学技术领域奖励机构的设置或可为奖励机构的设置提供参考与借鉴。

文化—精神权利的实现一方面排斥国家非法干预的情况是对法律放任（保障）性调整的呼唤，另一方面国家提供保障又是文化权利得以实现的外部条件，是对思想自由、精神自由、文化自由权的必要"防火墙"，防止自由之被侵害，导向性调整更多地强调他人或公共价值取向以及制裁性调整侧重的对于违背导向性调整的惩戒功能对于文化—精神权利之保护亦必不可少。奖励性调整方式则与制裁性调整强调的"反面激励"不同，它更加强调对高尚道德行为的"正面激励"，通过给予物质或精神奖励、鼓励、支持等手段促使主体积极主动履行法定义务或为法律所倡导的高尚道德行为，实现对权利之维护从被动到积极主动的转变。四种法律调整方式各有优势，相互补充，共同构成法律调整的完整体系。

虽然，当前我国文化法治体系还有待完善，相关部门法律文件亟待出台，但审视现有法律文件，分析其调整方式之不完善之处，为后续法律、法规之制定提供借鉴和改善意见，更具现实意义。文化法构成的复杂性决定着文化法律调整方式的多样化。中南大学周刚志教授也曾在其文章中提出中国文化法律体系应包括"文化宪法""文化公法""文化私法""文化经济法"这样一个复杂的体系,[1] 可见文化法调整的法律关系的广泛性和复杂性,调整对象的复杂性决定着其调整方式不应是对我们前述四种调整方式之某种的偏爱,而是应该综合利用四种调整方式,形成"法律调整的网状结构"[2],促进文化健康、繁荣发展。

---

[1] 周刚志:《论中国文化法律体系之基本构成》,《浙江社会科学》2015 年第 2 期。
[2] 杨思斌:《构建社会主义和谐社会与法律调整方法的改进和创新》,《当代世界与社会主义》2006 年第 4 期。

第 五 章

文化法治的要素和结构

　　文化法治建设不仅要实证其所面临的问题，关于这一点第五章已经做出了阐释，更为重要的是要从应然层面分析文化法治的要素及其结构。探讨文化法治的要素是为了弄清文化法治所欲追求的理想样态，而探讨文化法治的结构则是为了明晰文化法治各部分的关系。

　　对于法治的要素学者观点不一，大致有以下说法。法治的要素包括：形式要素、制度要素、理念要素、观念要素。① 一个成熟的法治国家至少应当具备以下五个方面的内容：第一，法律成为基础性和终极性的治理方式……第二，法治之法是良法……第三，国家权力受到法律有效规制……第四，司法独立与司法权威……第五，有限政府和社会自治。② 法治国家必然会有一些基本的共同要素：（1）法治国家的基本目的乃在于……使得法成为规范社会生活的唯一准则；（2）法治国家的法乃必须为良法；（3）公布一部宪法确立权力分立以限制国家权力的集中；（4）赋予并保证公民免受他人侵犯或国家非法干涉的基本权利；（5）确立普遍的司法原则，即国家和社会生活的任何行为与纠纷都可以通过司法的途径解决；（6）司法独立的审判制度和禁止刑法溯及既往。③ 法治国家的特征包括宏观和微观两个方面，其中宏观特征包括民主完善、人权保障、权力制约、权利实现，微观特征包括法律至上、法制完备、依法行政、司法公正。④ 各种价值倾向的法治（自由法治、形式法治、公正法治），在其内在规定性上，有三点是共同的，也是至关紧要的：全面预设规则；预设的规则至

---

① 孙国华、朱景文：《法理学》，中国人民大学出版社2010年版，第181—185页。
② 严存生：《法理学》法律出版社2007年版，第281—283页。
③ 葛洪义：《法理学》，中国人民大学出版社2015年版，第371页。
④ 卓泽渊：《法理学》，法律出版社2009年版，第369—383页。

上；独立的机关专司规则。这三点对其他国际层面的法治标准也同样适用。①

综观这些说法，其中无论是良法之治，还是法制完备、抑或是全面预设规则都可以被称为法治的规范要素，而无论是法律至上、法律终极、司法独立，甚至包括限制权力、实现权利以及民主、人权等都可以被纳入法治的观念要素。然而，仅当规范要素和观念要素完备时，并不代表法治的完备。除此二者之外，我们还需要确证一套法治观念通过完备的良法之治是否存在完善的组织和人员予以实施，即法治的要素还包括主体要素。另外，即便有一套完善的规范体系形成威慑，主体也具有法治观念指导行为，但观念与行为之间是否一致也是制约法治的要素，因为法治乃是建立在理性的基础上的，但社会现实中人的行为并非全部是理性的。因此，法治的要素还要包括主体的行为要素。最后，应当指出的是，由于法治是建立在法律基础上的，无论法律是通过发现而确立的还是通过制定而创设的，都不可避免地带有局限性，这也就决定了法律在实然与应然之间存在某种差距，这就需要通过反馈机制查知这种差距，使实然的法律无限地接近应然极限。因此，法治的基本要素还应包括反馈要素。一言以蔽之，文化法治的基本要素应当包括规范要素、观念要素、主体要素、行为要素和反馈要素五个方面。本章第一节将对上述五个要素予以分析。

文化法治的结构是揭示文化法治内部组成部分之间关系的范畴，它包括两个维度：横向结构和纵向结构。横向结构所要揭示的是思想道德、文学艺术、科学技术、体育卫生等领域的文化法治，而纵向结构所要揭示的是文化法治的不同层次，既包括文化法治的整体性与分层性关系，体系性与分支性关系，国家性与地方性关系，也包括跨国文化交流中的外来文化与本土文化的关系。关于文化法治的横向结构和纵向结构，本章将在第二、第三节论述。

第一节　文化法治的基本要素

文化法治的基本要素主要包括规范要素、观念要素、主体要素、行为

---

① 郑永流：《法治四章——英德渊源国际标准和中国问题》，中国政法大学出版社2002年版，第196页。

要素和反馈要素等。其中规范要素乃是文化法治的基础性要素，任何法治都是建立在法律基础上的，没有完善的法律作为基础，任何法治都不可能完满实现。而观念要素是保证法律完善的重要支撑，也是保证法律实现的主观要件，只有建立在科学立法基础上，法律才可能具备"全面预设"的品质，也只有通过依法执法、公正司法以及全民守法，法律才能够有效运行，法治才能够得以实现。当然，规范要素与观念要素总是密切联系的。某种规范总是依据某种法观念而产生的，而某种规范又总是能够产生某种法观念，可以说法律规范凝结着法律观念，二者都是属于"形而上"的思维的产物。但是仅有形而上的要素并不能从"状态"上讲法治就实现了，法治从根本上说乃是一种状态，其必然要以"形而下"的东西作为支点。其中，无论是文化法治的规范要素还是观念要素都离不开立法者、实施者和守法者，因此，文化法治建设需要立法队伍、实施队伍以及民众素质作为动力，而它们则构成了文化法治的主体要素。法治作为一种状态，不是从观念层面讲的，也不是从规范体系角度言的，它是一种依法办事的状态，因此，法治是从行为角度认识国家和社会治理的一种概念。这也就意味着法治不仅要具备规范要素、观念要素以及主体要素，还需要主体依据法律规范、法治观念做出行为。当主体的行为符合法律规范和法治观念时，我们则可以说实现了法治。但这只是理想意义上的法治，由于社会关系的纷繁复杂和时空变迁，以及立法者、实施者、守法者的有限理性，社会主体的行为往往与法律规范和法治观念相悖，也有可能出现法律本身的缺陷，包括法律漏洞、冲突、模糊以及过度调整等问题。这就需要通过反馈机制解决法治行为要求与现实主体行为的差距的问题，正如社会主义核心价值观所界定，法治只是一种理想或者价值追求，法治永远在路上，只有进行时，没有完成时。因此，除了规范要素、观念要素、主体要素之外，文化法治的基本要素还包括行为要素和反馈要素。

一　文化法治的规范要素

（一）文化法规范的权利义务分配性

文化法规范首先应当具有权利义务分配性，这是法规范与其他社会规范在调整手段上最为根本的区别。文化规范是多元的，既有风俗习惯、道德、宗教等社会规范，也有法律规范，它们都调整着文化现象。但是其他社会规范与文化法规范存在区别，我们可以从多方面考量这些区别，包括是否明确，是否具有国家强制力，是否为正式调整，是否为第三方调整等。从明确性上看，文化法规范具有明确的表达方式，而其他社会规范要么属于不成文的规范，要么缺乏明确性的规定。从强制力角度看，文化法规范属于法律，乃是国家制定或认可的规范，获得了国家强制力保障，而其他社会规范则依赖社会强制力，并不具有国家强制力特征。从调整类型看，文化法规范属于正式调整和第三方调整，其规范具有普遍约束力，可以反复被适用，并往往诉诸第三方调整，而其他社会规范则属于非正式调整，很多规范只是就事论事，往往不具有普遍约束力，属于个别性调整，也往往只是由纠纷双方自行调整。但是以上区别只是量上的区别，并不是本质性的区别。其他文化规范与文化法规范相比，只是存在明确性程度的差别、强制力程度的差别①以及二者均存在规范性调整和第三方调整的情形。就本质区别来讲，文化法规范具有权利义务分配性表现形式，而其他文化规范并非如此。文化法规范以权利为本位，以义务为手段，通过权利义务的组合实现社会调整，其中无论是权利还是义务，都在法律规范中有着明确的表达。反观其他文化规范，无论是风俗习惯、道德还是宗教规范，虽然它们也以保障某种权利（力）为目的②，但它们往往以义务性规范为主，主要采取禁止性规范调整方式，而其权利性规定并未在规范中表现出来。因此，文化法规范最为本质的特征乃是具有权利义务分配性。文化法规范的权利义务分配性还需要从两个方面解读。一是应然层面的权利义务分配性；二是实然层面的权利义务分配性。从应然上讲，某些文化规范具有权利义务分配性，但由于没有被法律规范予以吸收或认可，这些文化规范是否可以成为法律规范，需要进行充分的论证，通过论证，这些规范可以成为法律规范，因而属于应然的文化法规范。从实然层面讲，无论某些文化规范是否应当成为法律规范，只要这些规范没有被正式的法律予以吸收或认可，那么它们就不是文化法规范。这就是说，文化规范仅仅具有权利义务分配性并不代表它就是文化法规范，这还需要途经必要的程序使其上升为法律规范。

（二）文化法规范的良法性

在西方，亚里士多德最早提出了良法的概念，他认为，法治的含义包

---

① 并不是指社会强制力弱于国家强制力。参见［奥］埃利希《法社会学原理》，舒国滢译，中国大百科全书出版社2009年版，第23页。

② 谢晖：《法的思辨与实证》，法律出版社2016年版，第92页。

括两个方面：其一，法律获得普遍的服从；其二，所服从的法律是良法。① 而所谓良法，"就应当尽其所能地界定各种问题，并且尽可能地少留未决问题让法官去解决。"② 霍布斯则认为，"良法就是为人民的利益所需要而又清晰明确的法律。"③ 在中国，关于良法的标准也有广泛的探讨。李龙认为，良法的标准包括，价值合理性、规范合理性、体制合理性、程序合理性。④ 赵震江认为良法有三重标准：民主性、科学性、道德性。⑤ 李桂林认为，良法标准包括：内容上的规律性、价值上的正义性、形式上的科学性。⑥ 上述观点往往将良法的标准定格在三个方面——法的价值、法的内容和法的形式，即法的价值要以道德为衡量，法的内容要以公共利益为标准，法的形式要明确、科学、无漏洞。笔者认为，良法的标准应当主要以价值衡量为标准，因为良法与否终究是一个价值判断的过程。在这里，一个较为简便的判断方法就是看法律是否具有广泛的可接受性。因为可接受性概念包含了法律的众多标准，无论是价值合理、还是内容合理，抑或是形式合理，只要某一方面存在缺陷，法律的可接受性就受到影响，当这种影响达到一定程度时，人们便以"恶法"标签它。另外，法律的良善与否不是立法者说了算，而是法律主体说了算。"子非鱼，安知鱼之乐"，任何人都不能越俎代庖为他人进行价值判断，法律主体基于所享有的法律权利与义务，自然有切己的价值判断。当他认为法律是良法的时候，自然会服从法律。当然，这种可接受性乃是主观上的可接受性，并不是客观上的服从性。也就是说客观上对法律的服从并不能证明法律的可接受性，即便不是良法，由于法律具有强制力和威慑力，人们可能会基于某种压力而被迫服从法律，但他们并没有在内心接受这种法律。是以，判断法律的良善性的标准便可以从两个方面进行，首先是客观上看该法律是否被人们普遍地遵守，其次是主观上区分该法律到底是基于强制还是自愿而获得的遵守性。至于具体的文化法规范也应该从这两个方面进行检视，一方面要看文化法规范的守法程度，当文化法规范被普遍遵守时，文化法规

---

① ［古希腊］亚里士多德：《政治学》，吴寿彭译，商务印书馆1981年版，第199页。
② ［英］哈耶克：《自由秩序原理》，邓正来译，生活·读书·新知三联书店1997年版，第208页。
③ ［英］霍布斯：《利维坦》，黎思复、黎廷弼译，商务印书馆1985年版，第113页。
④ 李龙：《良法论》，武汉大学出版社2005年版，第71—73页。
⑤ 赵震江：《法律社会学》，北京大学出版社1998年版，第326—327、520—523页。
⑥ 李桂林：《论良法的标准》，《法学评论》2000年第2期。

范才具有良法的客观基础，从而文化法治才有实现的基础；另一方面，要通过调查，研究这种守法现象的成因，如果是基于文化压制而形成的守法，那将只是文化法治的表象，只有建立在自愿遵守文化法规范的文化法治才是法治的本真。

（三）文化法规范的规范性

文化法规范的规范性是指文化法规范必须具备规范性特征。法律的规范性特征是法律之所以为法律的基本要素之一，它包括以下几个方面：首先，法律规范的规范性表现为确定性。法律必须具备明确公开的性质，明确公开性是法律的基本属性之一，也是法律与其他社会规范的区别点之一。法律的确定性是法律能够被准确理解从而保证切实实施的前提，它包括静态和动态两个方面的内容。从静态上说，法律的确定性反对模糊和歧义，模糊和歧义将导致法律运行不畅，危害法律的实现。因此，立法者在表达法律规范时应当尽量做到语言精确、避免歧义。从动态上讲，法律的确定性反对"朝令夕改"，并要求法律在相当一段时间内保持稳定，尤其是要限制法律溯及既往。其次，法律的规范性表现为抽象性。法律规范并不是为了调整某一具体法律关系而产生的，被法律所调整的主体并非特定的某个人或组织，而是某一类人。因此这决定了法律必须具有高度抽象的特征，或者说法律具有概括性特征，即法律"具有的能为一般人的行为提供一个模式、标准的属性"。[1] 另外，法律的高度抽象性又决定了法律规范不同于其他社会规范的另一特征，即法律规范具有反复适用的特征。法律的抽象性要求立法者在立法过程中要抽空事物的特殊性，并使用抽象性、概括性或者包容性的语言表达法律规范，而在具体的案件中对于某一事物的特殊性原则上交由执法者和司法者判断。再次，法律的规范性表现为法律的可预测性。法律的可预测性是指人们可以根据法律规范预测其行为合法还是非法、有法律效力还是无法律效力以及行为后果如何。法律的可预测性以法律的明确性为基础，以法律的指引与评价作用为中介，为人们守法提供了可能与便利，也为人们的行为提供了安全与保障。最后，法律的规范性表现为法律规范何以为规范，它与道德规范性之间又有什么联系与区别。虽然，在确定性、抽象性和可预测性方面，法律与道德等社会规范存在某种"程度上的"区别，但最为根本的区别在于法律的规范性

---

[1] 卓泽渊：《法学导论》，法律出版社2007年版，第15页。

具有"内在观点",即人们不仅根据法律规范在事实上出现行为的趋同性,而且将法律规范作为一个标准而看待。① 这也就意味着,文化法规范不同于其他文化规范,它必须建立在内在观点至上,如果某一文化规范不具有承认规则、改变规则和审判规则的话,它就不是文化法规范。因此,除了立法之外,我们还需要根据内在观点和第二性规则理论考察文化法规范。总之文化法规范必须具备确定性、抽象性、可预测性以及内在观点,才能够发挥应有的作用,以确保法律行为有明确的法律依据,使得文化法治得以实现。

二 文化法治的观念要素

（一）科学立法观念

文化法治首先需要科学立法观念。这有两个方面的原因,一是立法乃是法律运行的起点和终点。法律运行包括立法、执法、司法和守法,其中立法是基础,没有立法执法便没有法律依据,司法也没有适用的依据,守法也就谈不上。二是文化立法不可或缺。从法律的实施角度看,文化法规范的渊源是多元的,表现为国家法、道德、习惯、风俗、政策等。其中,国家法乃是文化法规范的主要表现形式,而且在法律的适用中享有优先的地位。非制定法由于其文化法规范需要通过法律方法才能适用,并且由于判例在我国不具有普遍的法律效力,因此,即便通过法律方法适用的文化法规范并不能给予人们明确的指引,这就需要通过立法对这一部分文化法规范予以吸收。因此,无论从制定法的效力还是从其与其他规范的关系来看,文化立法都是不可或缺的。

那么立法者应当具备的科学立法观念有哪些呢？冯玉军等认为,科学立法应当符合合理性、合法性、逻辑性三大标准。合理性标准包括：选择合理、内容合理、过程合理；合法性标准包括：形式合法、实质合法；逻辑性标准包括：立法同一、立法无矛盾、立法排中、立法理由充足。② 汪全胜认为立法的科学性包括：合宪性、合民意性、可操作性和合民族性。③ 关保英认为,科学立法科学性的构成要件包括：主体要件是立法权

---

① ［英］哈特：《法律的概念》,张文显等译,中国大百科全书出版社1996年版,第57—58页。
② 冯玉军、王柏荣：《科学立法的科学性标准探析》,《中国人民大学学报》2014第1期。
③ 汪全胜：《科学立法的判断标准和体制机制》,《江汉学术》2015年第4期。

的专属性、主观要件是立法过程的有准备性、客体要件是立法事态的法调整性、客观要件是立法行为的程序性。① 笔者认为，立法的科学性应当同时考虑"立法"和"科学"，仅有立法不代表科学，同样，仅有科学也不代表符合立法规律。所谓科学立法就是要将法律科学地表达出来，即法律是内容，科学是手段。

因此科学立法的标准应当有二：法律标准和科学标准。相应地，立法者也就应当具有法律求真的观念和科学表达的观念。科学立法的法律标准就是要让立法者立一部真正的法律，包括合法性、合理性、道德性三大标准，合法性要求法律必须合宪、立法权限合法、不与上位法冲突、立法程序合法等；合理性则要求法律实质合理和形式合理，前者要求法律内容和目标符合事物的本性和规律，后者要求法律必须符合逻辑，协调统一，并具有可操作性；道德性要求法律必须是良法、善法，不得违反社会公认的价值观念、社会公德、正义观念。② 科学立法的科学标准包括科学调研、科学论证和科学表达三个方面，即在立法之前要通过科学调研，论证立法的必要性、可行性，并通过科学、准确、无歧义的语言将草案表达出来，在经过广泛地征求意见的基础上，对草案进行修改完善，最终诉诸表决和公布程序。

(二) 依法执法观念

执法有广狭二义，广义的执法泛指一切有权的主体（包括行政机关、司法机关）依照法定权限和程序实施法律的活动。洛克的分权理论中的执行权就是指这种意义，他认为行政权和司法权都属于执行权。狭义的执法是指行政主体依照法定职权和程序实施法律的活动。这是三权分立理论——将司法权从执行权独立出来的产物。本节内容是从狭义上理解执法的，然而，即便狭义的执法也存在两层含义，一是泛指行政主体行使行政权的一切活动，二是仅指行政主体将法律、法规运用于具体的人或事的活动。③

文化法治的实现离不开执法，主要原因是文化的属性决定了执法的必要性。文化的属性之一就是弱排他性。从宏观上说，无论是传统文化、现

---

① 关保英：《科学立法科学性之解读》，《社会科学》2007年第3期。
② 严存生：《法理学》，法律出版社2007年版，第99—104页。
③ 葛洪义：《法理学》，中国人民大学出版社2015年版，第194页。

代文化，也无论是物质文化、精神文化，它们都是大众能够共享的文化，任何人分享文化，并不能排斥其他人共享文化，宏观文化的共享性导致了文化的弱排他性，这就无法实现私人对文化的保护，或者说私人对文化的保护存在正外部性，会产生极高的成本。这就决定了文化保护需要政府实施。从微观上说，无论是传统文化产品还是现代文化产品，由于文化产品的易复制性，生产者的权利极易被侵害，这就需要行政手段予以规制。

那么行政机关应该具备何种执法观念呢？首要的就是依法执法观念，因为，执法的前提就是有法律存在。这又包括两个方面，一是抽象行政行为要有法可依，二是具体行政行为要有法可依。对于抽象行政行为而言，最主要的是行政立法和行政机关制定规范性法律文件的活动。无论是行政立法还是行政机关制定规范性法律文件，都必须享有相应的权限，既不能无权而立法，亦不能越权而立法，同时还必须依照法定程序进行立法。对于具体行政行为而言，依法执法有三个方面的要求，一是执法主体要合法，包括执法主体具有执法资格、委托执法要有法律依据、执法人员要有执法资格等；二是执法权限要合法，不能越权执法；三是执法程序要合法，任何执法都必须在法定程序的约束之下进行。特殊情形下，当执法遇到自由裁量时，依法执法观念还应当包括合理执法，因为行政自由裁量的合理性乃是法律的要求。它要求执法行为要符合立法目的，要在正当性上考量拟做出的行政行为。

（三）公正司法观念

一般来说，法律运行是从立法开始的，它大致有以下四条运行路径。第一条是立法—执法—守法，第二条是立法—守法，第三条是立法—执法—司法，第四条是立法—司法。也就是说，法律目标的实现不一定以司法为手段，如果法律被依法执行，法律被遵守，那么法律目标就实现了。但是，无论是民法、刑法中的立法—守法路径，还是行政法中的立法—执法—守法路径，都会遇到障碍，形成纠纷，这就需要司法定分止争，因此，司法是保障法治实现的应然的最终环节，即法治的实现可能不依赖司法，但不可放弃司法环节。这也就决定了文化法治需要司法作为最后的保障。司法与执法不同，司法是专门的第三方适用法律的活动，而执法形成的是双方法律关系。这也就意味着，司法必须公正地适用法律，而执法是否公正依赖于法律是否公正，执法机关只需要根据执法原则进行执法即可。因此，司法更具有公正的品格。相应地，作为司法者，法官就应该具有公正司法的观念。

所以公正司法,"其基本内涵就是要在司法活动的过程和结果中坚持和体现公平与正义的原则。""按照这条原则,以法官为代表的司法人员应该在审理各种案件的过程中正当、平等地对待当事人及其他诉讼参与人,应该在审理各种案件的结果中体现公平正义的精神。"[①] 那么,法官应该如何把握公正司法呢?从实体上说,法官应当以裁判结论公正为目的,在审判过程中要以事实为依据,以法律为准绳。但是,这里需要解决两个问题,一是何谓事实?是客观真实还是法律事实?二是没有法律或者法律存在瑕疵又如何适用法律?对于第一个问题,司法者应当以法律事实为依据,而不是以客观事实为依据。因为,案件的事实永远都是一种历史,而任何历史都不可能被完全复原,所有的证据都是值得怀疑的,因此程序法总是要为证据的资格以及证明力做出规定,只有符合证据资格并在证明力上达到某种法官确信的程度时,法官才会认定这一事实,但究竟这一事实是否为客观真实在所不问。对于第二个问题,法律欠缺或者存在缺陷,法官依然不得拒绝诉讼,他需要通过两种手段解决这一问题,手段之一是通过内部救济,即通过法律方法实现法律的适用,手段之二是通过外部救济,即通过法律之外的规范予以弥补法律的缺陷。即公正司法既包括依法司法,也包括法官在个案中对法律缺陷的救济。从程序上说,法官应当具有中立意识,严格遵守法定程序,平等地对待当事人。尤其是在文化法规范的适用上,司法者应当摒弃自己的文化观念或文化偏见,并尽量以当事人的文化观念看待他的行为。

(四) 全民守法观念

文化法治要以全民守法为基石,全民守法所形成的依法办事的状态是文化法治实现的最终状态。这有两个方面的含义,一是从整个法的运行上讲,守法贯穿整个法律运行过程。无论是立法、执法、司法,它们的主体都必须遵守法律,法律才能够有效运行,如果立法不遵守宪法、立法法等法律规定,法律将会存在合法性瑕疵,不会被信仰,也不会具有绝对的权威,从而从源头上影响法律的运行。如果执法者、司法者不守法,那么法律在运行过程中将会出现功能异化。因此,全民守法是法律运行的基石。二是从守法之于法治的意义来看,法治是依法治理而不是被法治理,这意

---

① 何家弘:《司法公正论》,《中国法学》1999 年第 2 期。

味着法治的实现不仅仅是要求有一套法律,并能够根据法律解决纠纷,更为深层次的要求是人们普遍地守法,形成全民守法秩序,尽可能地避免纠纷。一个国家的法律,如果仅仅是能够处理纠纷,还不能达到法治的标准,只有人们形成普遍的法律信仰,将法律作为行为依据来看待,法治才可能得以实现。因此,全民守法是法治实现的最终指标。

全民守法要想形成,必然要和法律本身相联系,也就是法律需具备法治的规范要素才能被人们所遵守,这是全民守法的客观要件,关于这一点在法治的规范要素中已经探讨。这里所要谈及的是全民守法的观念,这是全民守法的主观要件。首先全民守法要求公权力机关及其人员守法。从社会契约来看,公权力机关必须遵守法律,否则根据社会契约公民亦可以不守法;从公权力的来源来看,公权力来源于法律授权,公权力机关的守法是法律的应有之义;从公权力的示范作用来看,公权力机关的守法具有引领作用,"只有一个人看到他的政府和公共官员尊敬法律为道德权威的时候,即使这样做会给他们带来诸多不便,这个人才会在守法并不是他的利益所在的时候,也自愿地按法律标准行事。"[①] 全民守法要求全民具有守法精神。何为全民守法精神,一个简便的判断标准就是权利意识,即认真对待权利。其含义包括两个方面,一是要认真对待彼者的权利,二是认真对待自己的权利。[②] 后者要求主体珍惜、捍卫、及时主张自己的权利,否则,主体若总是放弃自己的权利,虽然没有出现纠纷,我们也只能说法治并没有实现,或者说并非是基于守法而实现的,而毋宁是容忍他人侵犯权利的客观结果。前者要求主体对他人的权利主张积极地回应,若他人的权利对应着自己的义务,则应该切实履行义务,若他人的权利主张并不合法,则应予以抗辩。

三 文化法治的主体要素

(一) 立法队伍

立法是法治的基础,必须坚持科学立法,而科学立法必须有一支高素质的立法队伍作为支撑才能实现。在新时代背景下,人民不仅在物质上有

[①] [美]罗纳德·德沃金:《认真对待权利》,信春鹰、吴玉章译,中国大百科全书出版社1998年版,"序言"第21页。

[②] [日]川岛武宣:《现代化与法》,王志安等译,中国政法大学出版社1994年版,第74页。

所需求，而且愈发在法治上有所需求。实现社会的公平正义，保障人民的法律权利，化解社会矛盾，解决社会纠纷，都需要在法律框架内进行。随之而来的是，社会对立法的要求愈发高涨，立法者也愈发认识到科学立法的重要性。因此，在新时代背景下，若欲缘法而治，必须通过法治队伍建设实现科学立法。至于文化法治的立法队伍，应当具备以下素质。

首先是具有较高的文化法规范的发现能力。法律不是被发明的，而是被发现的。它广泛存在于一定时期的社会纪律和自由之中，立法者要从纷繁复杂的社会规范中提取出文化法规范。这就要求立法者不仅要有较高的立法调研能力，还需要具备较高的文化法规范的识别能力。他需要具备在某一文化规范中识别出权利义务要素的能力，并能够判断该权利义务是否与法律的一般精神相违背。这就需要他具备双重角色，一是作为立法者或者"外来人"的角色，二是作为"文化持有者"的角色。也就是说它必须既能够"跳进去"——以文化持有者的眼光去理解文化规范，还必须能够"走出来"——以法律概念去解释该文化规范。

其次是具有较高的文化法规范的立法论证能力。当文化法规范被立法者所识别时，下一步就要论证是否需要立法予以成文化表达该文化法规范。这就需要立法者具备文化法规范的立法论证能力。首先需要论证立法的必要性，要充分考虑文化法规范的成文化的主体诉求，不成文化的文化法规范是否对人们的文化行为产生不利影响，以及这种不利影响的程度是否需要正式法予以回应。其次，要充分论证文化法规范成文化的可行性，包括文化法规范是否能够体系化、逻辑化，该规范是否能够融进正式法律的权利—义务—责任—制裁。

再次是具有较高的文化法规范的制定能力。当文化法规范被识别出来，并且存在合理的立法理由时，下一步就需要立法者将文化法规范制定出来。在这一过程中，他需要具备概念抽象能力、语言表达能力、法律规范体系化能力。即它需要将众多的文化概念抽象为法律概念，将众多的文化规范的逻辑转化为法律规范的逻辑，并且清晰、没有矛盾地表达出来。

以上三个要素是一般立法中立法者应当具备的能力，除此以外，由于立法本身就是一个体系，它需要在一般立法之外顾忌特殊性的立法。地方立法、民族自治地方立法、区域立法还需要突出某一地区、民族的文化特性。

（二）实施队伍

文化法治的实施队伍包括执法队伍和司法队伍，法治实施队伍的素质影响着法律的实施。这种影响表现为两个方面，一是较低的素质极易导致法律的功能异化，二是较低的素质导致法律功能不能有效实现。法律功能异化不是法律的局限性，后者属于法律的属性，即任何法律都有局限性，都有发挥作用的条件和范围，而法律的功能异化是指法律在实施中产生了与其本性不同不一致甚至相反的作用，突出表现为执法腐败和司法腐败。[①] 较高的法治实施队伍的素质有利于实现法治队伍的自律，防止法律的功能异化。由于广义的执法包括行政立法，而行政立法主体的素质与前述立法队伍的素质并无太大差异，因此，这里的执法队伍主要是指在具体行政行为中的执法。又由于执法者做出具体行政行为属于法律的行政适用，与法律的司法适用一并组成了整个的法律的适用。因此，笔者在这里一并探讨法律适用者应当具备的素质。

首先，文化法治的实施队伍应当具备法律思维。法律思维包括两种思维形式，一是规范式思维，二是结果式思维。规范式思维是根据法律事实适用某种法律规范的思维形式，其中法律规范是大前提，法律事实是小前提。结果式思维是考量根据法律事实和法律规范做出的判决是否产生良好的社会效果，如果效果不好，就要修改规范，之后再进行法律适用。一般来说，规范式思维和结果式思维并不矛盾，因为一般情况下规范是结果式思维的产物，法律的实施者根据规范式思维适用法律即可。特殊情形下二者会发生矛盾，主要是规范所因应的环境发生了变化，此时，实施者如果一味地采取规范式思维，将可能导致个案的不公。因此，在特殊情况下，实施者应当采取结果式思维，通过判例完善先前的法律规范。

其次，文化法治的实施队伍应具备掌握和运用法律方法的能力。任何法律规范都具有抽象性，在规范式思维下进行法律适用，意味着要将抽象的法律适用于具体的案件，法律规范乃是立法者所制定，实施者作为法律规范的读者，由于其与立法者有不同的前见，需要实施者对抽象的法律规范进行解释，即需要实施者对法律规范理解和说明。另外，任何法律规范都可能存在着语言上的模糊性，不论是立法者造成的模糊，还是实施者理解上的模糊，都需要实施者对法律规范进行解释。而当法律规范存在漏洞

[①] 严存生：《法理学》，法律出版社2007年版，第74页。

时，实施者必须能够通过法律发现、法律续造等方法寻找裁判规范；当法律规范存在可选择、矛盾时，实施者还必须通过实质推理确定大前提。

(三) 民众素质

民众素质在这里主要是民众的法律素质，包括内外两个方面的内涵，其内在素质是民众具有较高的法律意识、崇尚宪法和法律权威、坚持法律至上理念、树立正确的权利义务观念以及怀有积极守法和自觉守法的心态。其外在素质表现为严谨的法律思维、丰富的法律知识、良好的法律行为、较强的实践能力等。民众素质是衡量法治状态的重要标尺，同时也是形成法治社会的要素之一。因为依法治国必须同时具备两方面的条件：一是"硬性"的法律法规的建立和法律制度的完善；二是"软性"的公民法律素质的不断提高，前者是前提，后者是关键。① 那么，公民的法律素质如何判断？公民的法律素质的表现是什么？公民的法律素质表现为何种状态才符合法治的要求？这就需要对公民的法律素质进行客观的量化，将公民的法律素质纳入科学的指标体系。②

首先，从社会调整手段上讲，公民的法律素质反映在社会调整手段的选择上，如果公民较多地使用法律手段解决纠纷，可以初步表明公民具有较高的法律素质，即公民的法律素质反映在公民使用法律手段与其他社会调整手段的比率上，这个比率越大，公民的法律素质就越高。但是这个比率可能忽视了法律规避的情形，即民众知晓法律知识和法律后果，但这种法律后果与诉诸其他手段相比不能给其带来更好的结果，他会选择规避法律，而法律规避却明显地表明了公民具有较高的法律素质，它是基于理性的选择。因此，这个指标仍然是粗糙的，它还需要下面一条指标作为辅助。

其次，从主观与客观的统一性上讲，公民的法律素质反映在公民的法律知识与法律实践上，我们可以假设既定的法律规范不变，以知法、用法以及知法与用法的比率三个指标作为考量。也就是说，在一个法律规范的稳定期内，无论是知法还是用法，它们都只能从某一侧面单独反映公民的法律素质，一般来说，知法以用法为目的，用法以知法为前提，知法与用法存在正相关关系，知法与用法的程度越高，越能说明民众的法律素质越

---

① 陈红、梁丽萍：《公民法律素质与法治社会建设》，《理论探索》2005 年第 4 期。
② 关保英：《公民法律素质的测评指标研究》，《比较法研究》2011 年第 1 期。

高。但是可能会存在以下两种情形，若存在知法而不用的情况，既有可能表明法律规避，也有可能表明用法能力不足；若存在用法而不知，则表明了民众就像电影中的"秋菊一样"对法律的盲目性选择，而非是基于真正的信仰而选择法律。因此，知法与用法的比率也是反映民众法律素质的指标，其比率应当大于1，即知法量要大于用法量（用法量不重复计算）。在比率大于1的情况下，由于用法是建立在知法的基础上的，用法比知法更能表明民众的法律素质，因此知法与用法的比率越低则民众的法律素质越高。

四　文化法治的行为要素和反馈要素

（一）文化法治的行为要素

规范要素为文化法治奠定了客观基础，观念要素为文化法治奠定了主观基础，主体要素为文化法治提供了队伍和人员支撑。但正如上文所言，法治始终是一种状态，借用刑法学的一个概念，它还必须有客观方面作为法治状态的表现。这里的客观方面可以简单归结为行为表现。言外之意，主体的行为与主体的观念并不能始终统一，主体的行为与规范的要旨也不能始终一致，只有当主体的行为符合法治要求，文化法治才能够实现。那么，文化法治需要人们表现出哪些行为特征呢？笔者认为这些特征可以简单归纳为三种：行为的合法性、行为的合理性、合法与合理行为的习惯性。

1. 行为的合法性。法律对行为的评价一般有三种结果：合法行为、违法行为、无关于法律的行为。合法行为是指合乎法律要求、能够产生法律积极评价的行为。违法行为是指违背法律要求、能够产生法律消极评价的行为。无关于法律的行为是指某一行为不具有法律意义，法律不对该行为进行评价，无所谓合法与违法。文化法治意味着主体要按照法律规范行为，其行为主要表现为合法行为。因为，违法行为极有可能表明主体故意违法或者主体不知晓法律，而无论是故意的违法还是对法律的无知，都不能符合法治的要求。另外，违法行为即便能够通过法律调整使受损的社会关系得以恢复，但这只能说明法律机制的良好运作，只能证明法律机制符合法治要求，而不能证明法治状态的形成。而与法律无关的行为由于其并不能反映主体对法律的认知与实践，该行为的多与少都无法说明法治状态如何。是故，文化法治的行为要素首先表现为主体行为的合法性上，其中行为的合法性与违法性的比率越大就代表法治程度越高。

2. 合法行为的自觉性

行为的合法性只是法治的行为要素最基本的行为要求，更高层次的要求则是合法行为的自觉性。所谓合法行为的自觉性是指主体是基于理性而做出的合法行为，它代表了主体的意志倾向于依法行使权利、自觉履行义务。为什么要给法治的行为要素设置这样一条标准呢？原因在于法治是主客观的统一，既要在客观上表现出主体依法办事，又要在主观上表现出依法办事的自觉性。如果主体的行为的合法性不是基于主体的理性选择，而是基于压力、强制被迫做出的，那么，这种合法行为的背后却可能反映出法律规范在正当性上的欠缺，从而反映出法治的规范要素存在缺陷。因此，法治的规范要素与行为要素是密切联系在一起的，行为要素反映了规范要素，只有合法行为是建立在理性、自觉的基础上，才能够表明规范要素与行为要素的一致性，才能够表明二者符合法治要求。从合法行为的自觉性看文化法治，文化法治应当是权利诱导的法治而不是强力压制的法治，其中赋予主体法律权利并使得该权利成为主体理性的选择乃是文化法治的要义。而对文化法治的强力压制的反对并不是意指法律缺乏义务保障，文化法治当然需要通过具有强制力的法律义务手段保障权利的实现，但这种强制力不是任意的、独裁的、命令的，而应当是建立在理性的基础上的，它应当促使主体通过理性选择而自觉履行义务。这也就意味着法律的强制力与法律权利、文化法治虽然存在相关关系，但并非绝对的正相关关系，并非法律的强制力越大就越能实现法律权利和文化法治。实质上，文化法治取决于强制力的梯度和威慑的边际。一方面强制力应当具有合理的梯度，使违法行为得到相应的威慑，既不能因强制力太小而产生威慑不足，亦不能因强制力太大而促使主体转向其他领域的违法。另一方面由强制力所产生的威慑，其边际威慑不能为零，一旦边际威慑为零，法律的强制力将无法威慑更大的违法行为了。

3. 合法行为的习惯性

文化法治的行为要素最高层次的要求是合法行为的习惯性。这可以从两个方面解读。首先从文化法治的行为要素来看，文化法治必然要求行为在主客观上统一，即合法行为（客观表现）与合法行为的自觉性（主观表现）的统一。那么二者统一于哪里？在笔者看来，习惯将是二者统一的载体。合法行为的习惯性不仅表明主体的行为在客观上具有合法性，而且表明它是建立在合法行为自觉性基础上的（详见后文）。因此，只有主体将依法行事形成习惯，按照习惯做出的行为则必然符合法治要求。其次从习惯的性质上讲，习惯乃是一种规范。主体依照习惯规范做出的行为往往是无意识的，即主体依习惯行事谈不上自觉与否，但习惯规范的产生却是主体"自觉"的产物。合法行为习惯规范的产生必须具备三个条件，一是合法行为的诱因性，二是合法行为的自觉性，三是合法行为的重复性。如果我们以主体知法为前提，那么某个合法行为的出现必然是主体基于某种诱因的选择，而当通过合法行为给主体带来利益时，主体便倾向于在以后类似的情形下自觉地做出合法行为，当合法行为一次次地重复出现，主体便会产生合法性行为习惯规范，并在以后类似的情形下无须再进行理性的考量与选择，直接合法地行为即可。因此，文化法治需要两类规范作为支撑，一是作为公共的规范的法律规范，二是作为个体规范的合法性行为的习惯规范。前者是文化法治实现的前提，后者是文化法治实现的保障。

（二）文化法治的反馈要素

文化法治存在两种状态，一种是静态的文化法治，另一种是动态的文化法治。静态的文化法治是对法治的规范要素、观念要素、主体要素和行为要素的判断，四种要素符合文化法治的要求，从静态和应然层面上说，文化法治就实现了。动态的文化法治是从实然和法治循环层面讲的，它要揭示的是上述要素如果不能符合文化法治的要求怎么办的问题，以及当某一法治状态的社会环境发生变化时文化法治又如何适应这种变化。应当说，文化法治从来都不是静止的，它处于永恒的变动之中，它必须适应社会环境的不断变化，不断回应人们的文化诉求，这就要求文化法治必须具备反馈要素。一方面对某一相对稳定的社会环境中的文化法规范及其实施进行反馈，另一方面对文化法规范与社会环境的相应性进行反馈。因此，文化法治的反馈要素不可或缺，通过反馈要素，文化法治才能得以完善，才能根据社会环境实现新的法治状态。那么，文化法治的反馈要素包括哪些呢？既可以从法的运行上将反馈要素分为立法反馈、执法反馈、司法反馈和守法反馈，也可以从法的内容上将反馈要素分为对实体法的反馈和对程序法的反馈，或者对公法的反馈和对司法的反馈，甚至更为细地对各种部门法的反馈。但是，这里笔者的目的主要是对反馈要素的标准进行判断，而不是探究其分类。也就是说，笔者要探讨的是，无论哪种分类，反馈要素应当具备什么性质才能符合实现文化法治的要求。窃以为，文化法治的反馈要素应当从反馈主体、反馈内容和反馈机制上判断,包括主体的积极性、内容的切适性和机制的畅通性。

1. 文化法治反馈主体的积极性

文化法治的反馈主体十分广泛。从空间上说,既有国内主体反馈,也有国外主体反馈,前者是本国的公民、法人或其他组织对文化法治的反馈,后者是本国以外的人或组织对本国文化法治的反馈;从法的运行来看,文化法治的反馈包括立法主体反馈、执法主体反馈、司法主体反馈和守法主体反馈,它们分别对各自所承担的法律运行的环节进行反馈;从法律规制的主体来看,文化法治的反馈既有法律主体的反馈,也有非法律主体的反馈,法律主体受法律规制,主要反馈规制自己的文化法律规范及其实施过程,非法律主体的反馈是不受某一文化法规范规制的主体对该法规范及其实施的反馈。无论哪一种类型的反馈,其主体都应当具有积极性。文化法治不是一蹴而就的,在其发展过程中总会遇到这样那样的障碍,包括规范不完善、实施不畅通、观念尚缺乏、行为不合法等,这些障碍的消除的前提就是要明确障碍所在,这就需要相关主体的反馈。而反馈又必须积极地做出,如果这些障碍被长时间地掩盖,将会延迟法治的完善,甚至导致法治走向错误的发展方向,久而久之,人们将会在错误的法治道路上形成制度依赖,继而再去纠正将花费巨大的成本。另外,主体的积极反馈反映着法治的观念要素,代表着人们具有更高的法治精神,法治不是法制、更不是专制,法治的达成需要人们对法治现状做出及时的评价,而不是选择沉默。因此,法治需要人们积极地去反馈,唯有如此才能保证法治健康地发展与完善。

2. 文化法治反馈内容的切适性

那么,主体对文化法治又会反馈些什么呢?或者说主体应该对文化法治反馈哪些内容呢?这就涉及文化法治反馈的内容问题。文化法治反馈的内容往往取决于反馈主体。有的主体是站在法治的整体性上进行反馈,如立法反馈,而有的主体是对法治的某一特殊或者个别问题进行反馈,如司法反馈、某些执法反馈和守法反馈。整体性反馈注重应然的权利义务分配的公正性,个体性反馈注重实然的权利的保障性。而无论是整体性反馈还是个别性反馈,都需要具备切适性特征,即反馈者必须提出切适性的问题。那么,哪些问题属于切适性的问题呢?笔者不可能穷尽法治的切适性问题,在这里仅仅指出笔者认为较为重要的一些问题。首先是关于文化法规范本身的问题。包括文化法规范的合法性瑕疵、体系结构不合理、存在漏洞等问题。其次是关于文化法规范的价值问题。包括文化法规范的价值目标不合理、文化法规范作用发挥受挫、文化法规范功能缺陷等。最后是关于文化法规范的实施问题。包括执法过程中存在的合法性与合理性问题、司法过程中的法律适用问题、守法中的法律规避问题等。总而言之，反馈者必须提出具有法治意义的问题，而不是对法治状态的埋怨、抱怨。但是，这些埋怨和抱怨必须受到重视，它们虽然不具有切适性，但却具有反馈特征，而且往往是形成切适性反馈的前提。

3. 文化法治反馈机制的畅通性

文化法治的反馈并不是随意的，它需要依托一定的反馈机制。文化法治的反馈机制大致有两类，一类是关于立法的反馈机制，另一类是关于法律实施的反馈机制。前者主要是反馈者如何提出立法建议的机制，这又包括两个子机制，一是初次立法的民主机制，二是建议修改或者废除某一法律的机制，后者是反馈者如何提出完善法律实施建议的机制。无论哪种反馈机制都必须是畅通的，因为反馈机制的畅通与否，既影响着反馈主体的积极性也影响着文化法治的完善。判断反馈机制是否畅通主要有两个标准，一是反馈途径的多元性，二是反馈机制的效率性。反馈途径的多元性是指反馈者的意见能够通过多种途径被收集起来。反馈机制的这一特征能够提升反馈意见的收集速度，并且能够防范某一反馈途径闭塞情况的发生，实现反馈意见的全面收集。反馈机制的效率性是指反馈意见能够被及时处理以回应反馈者。反馈机制的这一特征能够确保反馈与回应之间的有效关联，提升反馈者的积极性。总之，反馈机制必须依托多元的反馈途径收集反馈意见，并能够及时处理这些反馈意见，才能够符合文化法治的要求。

第二节　文化法治的横向结构

一　道德思想视域的文化法治

道德是关于人们思想和行为的善与恶、美与丑、正义与非正义、公正与偏私等观念、原则、规范和标准的总和。[①] 它有两方面的含义，一是个

---

① 严存生：《法理学》，法律出版社2007年版，第145页。

人道德，二是社会道德。个人道德是人的一种品质，这种品质无所谓好与坏，既包括正直、慷慨、善良等美德，也包括自私、吝啬等不良品质。社会道德是社会公认的道德规范，它包括两种，一是实然意义上的道德规范或者称为"实证道德"，即社会成员接受和分享的道德规范；二是应然意义上的道德规范或者称为"批判道德"，即用以批判社会制度和实证道德的道德原则。思想的概念可以从不同学科予以解读。语言学从词性的角度区分了作为名词的思想和作为动词的思想，前者指人的理性认识的结果或者特定的理论体系，后者指人的理性认识的过程。心理学认为思想是人的心理活动的结果，它受制于人的认知、情感、性格、能力等因素。笔者是从哲学角度上界定思想的，认为思想是人脑对客观事物的反映。思想有两种形态，一是个体化的形态，表现为一个个零散的个体思想，二是理论化的形态，理论化的思想是对客观事物进行理性认识并体系化的产物，是社会公认的具有指导意义的思想，如毛泽东思想等。

  道德思想与法治的联系在于三个方面：一是在个体意义上，道德思想未必符合社会公认的道德观念和理论化思想，需要规制。二是在社会意义上，道德乃是一种公认的道德规范，而某种思想乃是社会公认的具有指导意义的理论体系，它们需要实然化。三是无论上述两者中的哪一种，依靠道德或者思想自身都无法实现，需要借助法律的力量。由于二者与法治的联系存在相似性，笔者将主要分析道德与法治的联系。

  道德的法律化有广狭二义，广义的道德的法律化是指法律在其产生与发展过程中对道德观念、规范的转化、吸收与继承。狭义的道德的法律化是指通过立法将一定的道德观念和道德规范转化为法律规范的活动。① 道德之所以法律化的原因在于道德的法律化不仅必要而且可行。从必要性上说，首先，道德的局限性需要道德的法律化。道德的局限性主要表现为模糊性、弱强制性、标准不统一、应然性。道德的模糊性使得人们难以明晰道德规范，需要通过法律予以明确；道德的强制力主要依赖于信仰和自律，并不能足以保证道德调整的自洽，需要借助法律的强制力；道德的标准并不统一，一个观念或者一个行为在不同的人看来会有不同的道德上的评价，有些人认为是道德的，另一些人则可能认为是不道德的，这需要借

---

① 程明：《试论道德的法律化及其限度》，《北京师范大学学报》（社会科学版）2007年第2期。

助法律统一道德标准；道德权利与义务具有应然性，仅凭自身难以"实然化"，需要借助法律将道德的应然权利义务转化为实然的权利义务。① 其次，法律需要道德力量的支持。法律不仅仅是冰冷的规范体系，它还应当是良法，而法律的道德性是良法的重要品质之一。无论中外，也无论古今，法律都需要借助道德的力量以维护自身的正当性。另外，道德始终是评价实证法的标准之一，实证法在无限接近自然法的过程中必然需要道德的评价作用。从可行性上说，道德可以法律化的理由主要有以下几个方面：第一，道德与法律的价值追求的统一性。无论道德还是法律，它们都是社会规范，它们虽然在形态和调整方式上有所不同，但二者都以追求社会正义为目的。第二，道德与法律本就存在某种重合，或者说道德在广义上已经法律化。诸如禁止杀人、禁止近亲结婚、"矜老恤幼"、"见义勇为"、"拾金不昧"等既受道德调整也受法律调整。哈特说："实证道德在很大程度上已经成为法律的一部分，因为没有哪个国家的立法者会制定与社会成员所分享的道德相抵触的法律。"② 富勒将道德分为愿望的道德和义务的道德，而义务的道德与法律存在某种程度的重合。③ 第三，道德法律化以权利义务为中介。无论是道德规范还是法律规范，二者的内容都是以权利义务体现的，二者的规范都使用了"可以"、"应当"逻辑连接词，前者主要指代权利，后者主要指代义务。二者的权利义务特征使得道德可以转化为法律，其中，道德权利在法律中的转化形态为授权性规范，即通过法律赋予人们权利；道德义务在法律中转化为义务性规范（积极义务规范）和禁止性规范（消极义务规范）。④

由上可以说明，道德思想是受法律调整的，那么，它们又是如何被法律调整的呢？从法律规范来直观，法律几乎是调整行为的，法律总是给主体一个明确的行为模式。这就意味着一般情况下法律不会直接调整道德思想，而是通过对行为的调整来实现对道德思想的调整。当然也存在直接调整道德思想的法律规范，诸如关于宗教信仰的规范，关于爱国的规定等，但这些规范要么是一种倡议性的规定，要么需要更为详细的规范予以规

---

① 王淑芹：《道德法律化正当性的法哲学分析》，《哲学动态》2007 年第 9 期。
② 郑戈：《以法律实施道德的可能性及其局限——比较法视野下卖淫嫖娼的法律规制》，《中国法律评论》2017 年第 1 期。
③ ［美］富勒：《法律的道德性》，郑戈译，商务印书馆 2005 年版。
④ 郭忠：《道德法律化的途径、方式和表现形态》，《道德与文明》2010 年第 3 期。

制，即通过详细的规定以明确什么样的行为符合宗教信仰规范、什么样的行为被界定为爱国，以及什么样的行为会受到惩罚，等等。然而，道德思想的法律化需要通过立法确定何种道德思想需要法律化，以及需要将道德思想以明确的法律形式表现出来，这仅仅是第一步，更进一步，它还需要通过法律的实施保障被法律化的道德思想的遵守。如果道德思想的法律化只是停留在立法层面，没有相关的执法措施相配合，抑或仅仅是倡议性的规范而不具有可诉性，那么道德思想的立法目的将不能实现。因此，从横向来看，道德思想的法治化乃是文化法治的一个领域，它是精神文化的法治化的重要表现。

二 文学艺术视域的文化法治

汉语是世界上最为复杂的语言，从"文学艺术"这四个字上就可以反映出来它的复杂性。"文学艺术"可以解释成是对"文学的艺术"的简称，即"文学"与"艺术"是修辞关系，其主体部分是"艺术"；也可以将"文学艺术"理解成"文学与艺术"，即"文学"与"艺术"是两个并列的词语，其中"文学"和"艺术"是独立的，只不过省略了"与"这一连接词；还可以将"文学艺术"理解为一个具有整体性的概念。笔者在这里是从第二种意义上使用"文学艺术"的。其中文学是指由文字或语言所表现的作品，包括诗歌、散文、小说、戏曲等。[①] 艺术是指由非文字表现的作品，包括音乐艺术、舞蹈艺术、书法艺术、绘画艺术、雕刻艺术以及其他工艺性艺术形式。有时，文学与艺术密不可分，二者可能由同一载体表现，一种情形是某一载体上存在文学和艺术两种作品，如在一幅画上又创作的一首诗，另一种情形是文学作品兼有艺术性特征，例如书法作品《兰亭序》既是文学作品又是艺术作品。

文学艺术是一种客观的表现，反映着人的思想，属于由物质承载的非物质文化，它与法治的联系在于三个方面。

首先，文学艺术可以通过其特有的力量为法治服务。法律虽然需要国家强制力保障实施，但法治之法最好的实现方法却是自觉实现，它依赖于

[①] 文学的概念有广狭二义，广义的文学泛指一切文学作品，既包括文学的艺术性作品，如诗歌、戏曲、小说、散文等，也包括文学的理论性作品和鉴赏性作品等。狭义的文学仅指文学的艺术性作品，等同于"文学艺术"的第一种含义，即文学的艺术。参见聂珍钊《论"文艺"与"文学"概念的意义含混》，《上海师范大学学报》（哲学社会科学版）2014 年第 1 期。

法律之外的力量的推动，其中文学艺术所具有的特殊力量就是其中之一。文学艺术对受众的思想与行为不具有强制力，但却具有感召力、感染力、影响力，这种特殊的力量有利于法律的实施。对于文学作品而言，它与法律密切相关，无论是古代发动战争之前的"征讨檄文"，还是讼狱中的判决书，都极富文学性。它们不仅要使人们知晓理由何在，而且要通过艺术的感染力去凝聚共识。对于艺术作品而言，同样与法律联系紧密，无论是从"獬豸"的形象看法律的庄严性，还是从"龙"的形象看皇帝的神圣性，也无论是从天堂绘画看众神的威仪，还是从地狱绘画看鬼神的狰狞，也无论是从自由女神雕塑看法律的自由价值，还是从天平雕塑看法律的公正价值，它们都反映着艺术作品之于法律实施的作用。因此，法律总是通过文学艺术深化人们的法律信仰、提升人们的法律意识以及助力法律的实施。

其次，文学艺术乃为人的精神生活所必需，需要通过法治促进其发展。人从来都是两种存在，一是自然存在，二是精神存在，这两种存在决定了人需要两种食物供养：物质食粮（需要）和精神食粮（需要）。人的物质需要和精神需要是均衡发展的，一方面，物质需要是基础，精神需要要以满足人的物质需要为前提，另一方面，精神需要的满足能够激发人的创造力，从而创造更大的物质财富。文学艺术乃是人的精神需要的一种，它们不仅是创作者精神生活的反映，而且能够满足其他主体的精神需要。然而文学艺术的创作需要法治提供保障，历史证明，文学艺术的繁荣总是与法治的发展呈现正相关性。[①] 其中一个重要的原因就在于文学艺术作品的易复制性缺陷需要通过法律手段加以克服。从经济学上讲，文学艺术作品明显地存在正外部性，即它们所带来的社会收益明显大于生产者的成本，往往存在供给不足现象；再加上文学艺术作品的易复制性，"研发者所得到的回报将非常低，很可能比该信息的社会价值低得多，因此，在其他条件不变的情况下，信息的研发将会受到不良影响而放缓"[②]。为了刺

[①] 文学艺术与法治的正相关性是从一般意义上讲的，总体来看，法治越完善文学艺术作品越丰富，但文学作品的繁荣并不代表都是精品，历史上也存在这样一种现象：法治越不完善，越容易促生文学艺术精品，尤其是批判类的文学艺术作品。原因是，文学艺术作品与人的精神追求也存在相关性。因此，考虑到文学艺术作品的类型，其与法治的关系并不是严格的正相关。

[②] [美] 斯蒂文·沙维尔：《法律经济分析的基础理论》，赵海怡等译，中国人民大学出版社 2013 年版，第 122 页。

激文学艺术作品的创作与生产，国家将不得不进行干预，或者提供奖励，或者赋予作者一种垄断权。而无论是奖励还是赋权，它们都需要法律予以规制，在法治的框架内进行，以确保作者的权利能够实现。

最后，文学艺术反映的思想具有多元性，需要通过法治保障其良性发展。前文已经阐明了文学艺术的特殊性力量，而正是由于这种力量的存在，法律将不得不对其干预。因为文学艺术所承载的思想具有多元性，不同的文学艺术作品反映着不同的思想，有的可以激发人的正能量，为社会谋福利，而有的则具有负能量，徒增社会危害。古今中外无不重视对文学艺术的规制。在中国，从"焚书坑儒"到"独尊儒术"，从"禁毁小说"到"文字狱"，在国外，从"苏格拉底之死"到"柏林焚书"，从"火烧布鲁诺"到"卢梭的流放"，无论它们是好是坏，它们都反映了文学艺术的法律规制。即便是现代社会，也存在对文学艺术的规制，但这种规制是建立在法治基础之上的，一种更为文明的文学艺术的过滤机制被建立起来，以确保不再像上述典故一样在倒掉文学艺术脏水的同时将孩子也倒掉。

综上，文学艺术与法治有着紧密的联系，一方面文学艺术为法治实施提供了特殊的力量，另一方面文学艺术需要法律规制以及需要借助法律的力量才能够得以发展和繁荣。如此，文学艺术的法治化乃是文化法治不可或缺的一环，它是道德思想的法治化的具体表现之一。

三 科学技术视域的文化法治

与文学艺术一词的使用一样，这里的科学技术指的是科学与技术。科学对应的英文单词是 Science，源之于拉丁文 Scientia，从广义上讲，科学泛指一切学问和知识以及系统化的知识体系，包括自然科学和社会科学。自然科学是揭示自然现象、探索自然规律的知识体系，社会科学则是描述社会现象、探求社会发展规律的知识体系。无论是自然科学还是社会科学，它们都以科学的研究方法为手段，以揭示某种规律性为目的。狭义的科学仅指自然科学，它又分为两类，一类是揭示人之外的自然现象及其规律的学科，包括数学、物理学、化学等。另一类是揭示人的自然现象及其规律的学科，包括医学、生理学、卫生学等。技术对应的英文单词是 Technology，源之于拉丁文 Technotia，其在广义上泛指劳动手段、工艺方法和技能技巧，在狭义上指为实现自然科学成果而使用的技巧和方法。笔者将此处的科学技术限定为狭义，并且仅仅指研究人之外自然现象的自然科学和技术，以区别前述文学艺术以及下文的体育卫生领域的学问和技术。

关于科学技术的性质，不同学者有不同的认识，有的主张科学技术属于经济领域，在探讨科学技术与法律的关系时，将其放在法律与经济范畴之中。[1] 有的主张科学技术属于文化领域，从而在法律与文化范畴之内探讨科学技术与法律的关系。[2] 还有学者将科学技术与政治、经济、道德并列，单独探讨科学技术与法律的关系。[3] 笔者认为对科学技术的认识不能仅仅从功能上去界定，不能因科学技术能够促进生产力发展以及提升经济效率就将其放在经济范畴之中。从功能上去界定科学技术，科学技术将会被分化而被置于不同的范畴之中，既可以因科学技术的物质性作用将其放置在哲学范畴，也可以因科学技术的效率性作用将其放置在经济范畴中。实质上，科学技术本身也可以被纳入文化范畴，因为它不仅对文化的发展与繁荣有决定性作用，更为重要的是，科学技术本身就是文化的内容之一。其一，科学技术承载文化，是非物质性文化的一种；其二，科学技术成果直接反映着文化，科学技术成果的丰硕与否反映了文化的繁荣与否。人们每当谈起中国有着悠久的历史和灿烂的文化时，总会在科学技术上例数辉煌成就，华佗、张仲景、刘徽、祖冲之、郦道元、徐光启、墨子、毕昇、王祯、贾思勰，医学、数学、地理、科技、农学等名家都会如数家珍地捧出来。因此，科学技术是文化的内容之一。然而，证明了科学技术是文化不等于证明了文化法治包括科学技术的法治化，后者命题的证明还需要以下理由。

首先，科技繁荣依赖法治。科学技术与文学艺术的特性有些相似，它同样具有正外部性，其社会收益远远大于研发成本，而且也同样存在着易复制性。如果法律不给予研发奖励或者赋予研发者垄断权，研发者将缺乏研发激励。因此，科学技术的研发需要法律保护。现代社会一般都会通过法律赋予研发者产权以激励科学技术的研发，只不过在科学与技术之间有所偏重，即对科学研发的激励往往诉诸奖励制度，而对技术的激励往往诉

---

[1] 严存生：《法理学》，法律出版社2007年版，第130页。
[2] 孙国华、朱景文：《法理学》，中国人民大学出版社2010年版，第150页。
[3] 葛洪义：《法理学》，中国人民大学出版社2015年版，第97页；卓泽渊：《法学导论》，法律出版社2007年版，第78页。

诸专利制度。另外，科学技术的繁荣还表现在科学技术成果上，这意味着科学技术需要转化为具体的成果，在这一转化过程中，法律起着至关重要的作用，法律既能够通过保障权利从源头开启这一转化过程，也能够通过整合资源为这一转化过程的实现奠定基础，还能够通过程序性规定确保这一转化过程的有序进行。因此，科技的发展与繁荣必然要建立在法治的基础上。

其次，价值中立需要法治。科学技术是第一生产力，既然是生产力，那么它代表的就仅仅是人之于自然的一种力量，无所谓好坏。或者说科学技术的高低仅仅表明其认识世界、改造世界的功能大小，而不是作用的大小。功能是应然的，作用是实然的，功能是中立的，作用是褒贬的，功能是客观的，作用是主观的。因此，科学技术本身是价值中立的。当科学技术作用于对象时，往往会产生不同的作用，既可能是积极作用，也可能是消极作用，这就需要法律对科学技术的应用予以规制，保障科学技术向着符合人们公认的价值方向应用。当然，除了法律之外，还有其他规范规制着科学技术的应用，如道德、伦理、政策、宗教等，但由于科学技术的负面作用危害极大，极有可能产生事关人类社会存续的危害，因此它需要由强制力最高的法律予以规制。

最后，科技规范呼唤法治。科技规范是调整人与自然关系的规范，科技规范的产生是基于人对自然现象因果关系的认识。在科学研究或者技术应用过程中，必须遵守科技规范，否则将会受到自然因果关系的惩罚。然而，自然的惩罚是如此之强大，不仅科技工作者会受到惩罚，甚至某个群体或者整个社会也会受到牵连。以至于人们不得不在自然惩罚之前设置一个缓冲地带，那就是通过法律惩罚促使人们遵守科技规范。因此，科技规范需要法律规范予以保证实施。另外，有一些科技规范已经转化成了法律规范，成为了调整人与人关系的规范，主要表现为技术标准。这些技术标准的法律化仅仅是第一步，它不仅需要法律明确规定，同时也需要依法实施，因此，作为法律规范的科技规范也需要法治化。

总而言之，科学技术属于文化范畴，是文化的重要内容之一，它们与法治有着密切的联系，科学技术需要法治促进其发展繁荣，引领其发展方向，保障其规范的遵守，从而科学技术的法治化构成了文化法治的一环。

四 体育卫生视域的文化法治

体育的概念可以从三个语境下考察，一是在学科语境下，它是指一门隶属于教育学的独立的二级学科，即 Physical Education。此种语境下，"体育是在学校通过有选择的身体活动，对学生的身体发育和运动技能形成进行的有目的、有组织、有计划的教育。"① 二是在日常语境下，它是指体育项目，表现为各种体育竞技活动，此种意义上的体育大致与英文中的 Sport 同义。三是在文化语境下，它是指一种以身体活动或者运动为载体的特殊文化表现形式，即"体育是以身体运动为基本手段促进身心发展的文化活动"②，笔者是从第三种意义上界定体育的，认为体育隶属于文化范畴，是以身体运动为主要表现形式的特殊文化，这种文化是通过后天的教育和训练而形成的。"卫生"一词最早见之于《庄子》，在古代，"卫生"并非单一词，而是一个动宾词组，"卫"为动词，"生"为名词，组合起来意为"养生""保护生命"，卫生的这种含义一直延续到了20世纪。③ 出版于20世纪20年代的《中国医学大辞典》把"卫生"解释为"防卫其生命也"，表明"卫生"的含义在中国传统文化中历千年未有明显变化。当今的《辞海》将卫生界定为：为增进人体健康、预防疾病，改善和创造合乎生理要求的生产环境、生活条件所采取的个人和社会的措施。④

前文已经阐明了科学技术的文化性质，关于体育卫生是否为一种文化可以借由科学技术予以证明。自然科学有两大类别，一类研究人之外的自然现象，一类研究人自身的自然现象。体育卫生就是研究人身的自然现象的，它通过对人的自然现象及其规律的揭示，指导人们增强体质、防卫生命。因此，体育卫生隶属于自然科学，并因这种隶属性与科学技术一样承载着、反映着文化。具体来讲，体育的本质是一种身体运动，它通过各种体育项目显现出来，体育项目既是体育的手段，也是体育的表现，因此体育和体育项目是密不可分的。体育项目在发展过程中不仅延续了其强身健

---

① 韩丹：《论体育概念之研究》，《体育与科学》2012 年第 6 期。
② 杨文轩、杨霆：《体育概论》，高等教育出版社 2005 年版，第 22 页。
③ 张子伊：《近代中国"卫生"概念之嬗变研究》，硕士学位论文，北京外国语大学，2013 年。
④ 钱矛锐：《医事法与卫生法之概念比较与探析》，《中国卫生事业管理》2012 年第 6 期。

体的功能，而且发展了其展示功能、竞技功能、娱乐功能。展示功能使人之形体运动之美得以展现，竞技功能将人之形体运动之美得以比较，是展示功能之延续，娱乐功能满足人们对体育活动的精神生活需要，既表现在对观看他人体育表演的需求上，也表现在对自己体育活动的锻炼上。因此，体育无疑是文化的一种。卫生既可以是指个人卫生，也可以是指公共卫生，不论是个人卫生还是公共卫生，它们都反映着文化。无论是针对个人的"讲文明、讲卫生"口号，还是针对社会的"厕所革命"运动，它们都是文化现象。因此，体育卫生隶属于文化范畴是毋庸置疑的。

体育与法治的联系在于体育需要法治保障。可以从三个方面分说：一是体育规则需要借助法律的力量。体育规则大致有三种，一种是构成体育项目的规则，如足球规则、象棋规则等，另一种是保障体育活动的规则，如场馆规则，第三种是促进体育事业发展的法律规则，如《体育法》。这里主要指前两种规则。如果借用法律规范的一种分类去看待体育规则的话，第一种体育规则是构成性规范，它先于体育活动或体育项目而存在，没有此种规则根本就不会产生体育项目。第二种体育规则是调整性规则，是为调整体育活动中的社会关系而制定的。无论是体育的构成性规则还是调整性规则，它们都需要借助法律的力量以保证体育规则得以遵守。二是体育事业和产业的发展需要法治保障。体育文化自我繁荣是非常缓慢的，因为它同样具有正外部性，存在供给不足的现象，这就需要借助外力以繁荣体育文化。这种外力主要是国家和社会的力量，前者支撑着体育事业，后者支撑着体育产业。由于体育事业依赖于国家力量，那么这种力量就必须建立在法律规制的基础上，以确保国家力量的合理使用。而由于体育产业依赖于社会力量，那么它就需要通过法律给予有效激励，将分散的社会力量整合起来，并对其进行规制。三是体育文化的价值性需要法律予以明确。类似于科学技术，体育的本质目的在于培养人的体质与能力，可以说体育也是生产力，它本身是价值中立的，需要通过法律抑制体育负面作用的发生，确保体育文化符合正确的价值观念。另外，某些体育活动可能有违公认的价值观念，或者异化为不符合公认价值观念的体育活动。前者如"斗兽"，后者如"赛马赌钱"。这就需要通过法律对这些现象进行规制。

卫生与法治的联系与体育与法治以及科学技术与法治的联系存在重合，不再详细说明，这里仅指出要点。首先，卫生事关人之生命，属于社会核心事业，需要法治保障。其次，卫生规范与科学技术规范一样，是调整人与自然关系的，只不过这里的自然是人之自然。无论是个人还是专门负责卫生的组织和人员不遵守卫生规范都可能会产生严重的自然后果，而由于这种自然后果是反映在人身上的，因此也会导致严重的社会后果。这就说明，卫生规范和科学技术规范一样，存在"罪责不相配"的问题，这就需要法律规范设置缓冲地带进行防范，即以某种适当的法律惩罚避免较为严重的自然惩罚。再次，虽然卫生带有好的价值观念，但作为名词的卫生代表的却是某种措施或者技术，而它们是价值中立的，因此，卫生同样需要法治确立正确的价值方向。最后，卫生事业和卫生产业需要通过法治促进其繁荣，不再赘述。

综上所述，体育卫生不仅反映着文化，它们亦是文化的内容，作为文化的体育卫生与法治有着密切的联系，因此，体育卫生的法治化构成了文化法治的内容之一。

五 诸视域文化法治的横向结构构造

道德思想视域的文化法治表现。首先是宪法对道德思想的确认。宪法对道德思想的确认在宪法序言和宪法条文中均有体现。宪法序言明确指出"中国新民主主义革命的胜利和社会主义事业的成就，是中国共产党领导中国各族人民，在马克思列宁主义、毛泽东思想的指引下，坚持真理，修正错误，战胜许多艰难险阻而取得的。""中国各族人民将继续在中国共产党领导下，在马克思列宁主义、毛泽东思想、邓小平理论、'三个代表'重要思想、科学发展观、习近平新时代中国特色社会主义思想指引下……实现中华民族伟大复兴。"第24条规定："国家通过普及理想教育、道德教育、文化教育、纪律和法制教育，通过在城乡不同范围的群众中制定和执行各种守则、公约，加强社会主义精神文明的建设。国家倡导社会主义核心价值观，提倡爱祖国、爱人民、爱劳动、爱科学、爱社会主义的公德，在人民中进行爱国主义、集体主义和国际主义、共产主义的教育，进行辩证唯物主义和历史唯物主义的教育，反对资本主义的、封建主义的和其他的腐朽思想。"第36条规定："中华人民共和国公民有宗教信仰自由。"其次是法律对道德思想的保障与规制。《民法总则》第1条规定："为了保护民事主体的合法权益，调整民事关系，维护社会和经济秩序，适应中国特色社会主义发展要求，弘扬社会主义核心价值观，根据宪法，制定本法。"说明整个《民法总则》旨在弘扬道德思想。不仅如此，

《民法总则》还在其基本原则中明确了具体的道德思想，包括平等、意思自治、诚实信用、公序良俗，等等。最后是"准法律"对道德思想的保障与规制。这里的"准法律"是指不具有立法权的主体制定的或者与具有立法权的主体一起制定的行为规范，主要表现为政党和社会团体制定的规章、条例、政策等。如《中国共产党廉洁自律准则》《党政机关厉行节约反对浪费条例》《中国文艺工作者职业道德公约》《中国作家协会文学工作者职业道德公约》《新闻出版广播影视从业人员职业道德自律公约》，等等。

文学艺术视域的文化法治表现。首先是宪法规范。《宪法》第22条规定："国家发展为人民服务、为社会主义服务的文学艺术事业、新闻广播电视事业、出版发行事业、图书馆博物馆文化馆和其他文化事业，开展群众性的文化活动。国家保护名胜古迹、珍贵文物和其他重要历史文化遗产。"第35条规定："中华人民共和国公民有言论、出版、集会、结社、游行、示威的自由。"第47条规定："中华人民共和国公民有进行科学研究、文学艺术创作和其他文化活动的自由。国家对于从事教育、科学、技术、文学、艺术和其他文化事业的公民的有益于人民的创造性工作，给以鼓励和帮助。"其次是法律规范。文学艺术法律规范主要见之于《著作权法》，其目的之一在于通过保护文学艺术作品作者的著作权，鼓励有益于社会主义精神文明建设的作品的创作，繁荣社会主义文化。除了《著作权法》之外，《民法总则》也有关于文学艺术的规定，其第123条规定，"民事主体依法享有知识产权。知识产权是权利人依法就下列客体享有的专有的权利：（一）作品；……"另外，《商标法》对艺术作品的创作也有间接的激励作用，《刑法》也对文学艺术有所规定。最后是法规、规章及司法解释。在行政领域行政法规、部门规章、地方性法规和地方政府规章都对文学艺术有所规定，这里主要简单列举前两种。行政法规如《中华人民共和国著作权法实施条例》《计算机软件保护条例》《著作权集体管理条例》等，部门规章如《使用文字作品支付报酬办法》《著作权行政处罚实施办法》《计算机软件著作权登记办法》等。在司法领域，关于文学艺术的法律规范主要体现在司法解释中，如《最高人民法院关于审理著作权民事纠纷案件适用法律若干问题的解释》《最高人民法院关于审理涉及计算机网络著作权纠纷案件适用法律若干问题的解释》等。除了上述两类规范之外，"与著作权有关的知识产权国际条约、我国与其他国家签订的有关著作权保护的双边条约,通过立法程序,也可以转化为我国著作权的法源。"①

科学技术视域的文化法治表现。科学技术法律规范主要有两类,一类是激励科学技术研发的规范,另一类是激励科学技术应用的规范,它们广泛存在于宪法、法律、法规、规章以及司法解释之中。宪法第 14 条规定:"国家通过提高劳动者的积极性和技术水平,推广先进的科学技术。"第 19 条规定:"国家……对工人、农民、国家工作人员和其他劳动者进行政治、文化、科学、技术、业务的教育。"第 20 条规定:"国家发展自然科学和社会科学事业,普及科学和技术知识,奖励科学研究成果和技术发明创造。"第 47 条规定:"中华人民共和国公民有进行科学研究、文学艺术创作和其他文化活动的自由。国家对于从事教育、科学、技术、文学、艺术和其他文化事业的公民的有益于人民的创造性工作,给以鼓励和帮助。"法律关于科学技术的规定主要见之于知识产权法领域,如《专利法》《著作权法》《促进科技成果转化法》《科学技术进步法》等。除此之外,《反不正当竞争法》《刑法》亦有相关规定。《反不正当竞争法》中关于商业秘密的规定以及《刑法》中的侵犯专利罪、侵犯商业秘密罪等,都对科学技术的研发产生激励。科学技术法规、规章则更为广泛,前者如《专利法实施细则》,后者如《专利优先审查管理办法》,不再详述。关于科学技术的司法解释,主要有《最高人民法院关于对诉前停止侵犯专利权行为适用法律问题的若干规定》《最高人民法院关于审理侵犯专利权纠纷案件应用法律若干问题的解释》《最高人民法院关于审理侵犯专利权纠纷案件应用法律若干问题的解释(二)》《最高人民法院关于审理专利纠纷案件适用法律问题的若干规定》等。

体育卫生视域的文化法治表现。首先是宪法对体育卫生的规定。《宪法》第 21 条规定:"国家发展医疗卫生事业,发展现代医药和我国传统医药,鼓励和支持农村集体经济组织、国家企业事业组织和街道组织举办各种医疗卫生设施,开展群众性的卫生活动,保护人民健康。国家发展体育事业,开展群众性的体育活动,增强人民体质。"第 45 条规定:"中华人民共和国公民在年老、疾病或者丧失劳动能力的情况下,有从国家和社会获得物质帮助的权利。国家发展为公民享受这些权利所需要的社会保

---

① 刘春田:《知识产权法》,中国人民大学出版社 2009 年版,第 43 页。

险、社会救济和医疗卫生事业。"第46条规定："中华人民共和国公民有受教育的权利和义务。国家培养青年、少年、儿童在品德、智力、体质等方面全面发展。"其次是法律对体育卫生的规定。其中关于体育的法律规定主要见之于《体育法》，但在《教育法》、《义务教育法》和《高等教育法》中存在着关于体育教育的规定。《教育法》第5条、《义务教育法》第3条、《高等教育法》第4条都明确规定了体育教育。关于卫生的法律规定较为繁杂，大致包括三个子类，一是预防性的规定，二是管理性的规定，三是救济监督性的规定。前者如《传染病防治法》《职业病防治法》等，中者如《药品管理法》《执业医师法》等，后者尚缺乏专门的立法，主要存在于前两者的规定以及《民法总则》《侵权责任法》之中。最后是法规、规章和地方性法规对体育卫生的规定。我国的体育法规、规章是非常多的，现行有效的有《学校体育工作条例》等7部法规，《体育运动全国纪录审批制度》等32个部门规章，[①] 地方性法规和地方政府规章则更多，不再赘述。卫生法规、规章和地方性法规亦是如此，"我国现有与卫生相关的专门性法律有15部、专门性的行政法规50部以及与之相关的地方性法规与部门规章多达约100部，内容涉及了医疗、食品、药品、精神卫生及公共卫生等诸多领域。"[②]

第三节 文化法治的纵向结构

一 文化法治的整体性和分层性

文化法治的整体性与分层性是文化法治一对相联系的特征，也是文化法治纵向结构的一种展现。整体性与分层性密不可分，明晰了分层性及各分层之间的关系，自然也就把握了整体性。因此，这里本文主要论述文化法治的分层性。

对于"文化分层"，一般有两种语境。第一种语境是在探讨文化本身的层次结构时使用"文化分层"概念。这种研究视角是将文化作为整体来看待，它并不区分文化主体的文化差异性，而仅仅就文化本身进行解剖

---

① 参见《现行有效的体育行政法规、部门规章和规范性文件目录》，http://www.sport.gov.cn/n315/n331/n398/c782317/content.html。

② 覃慧：《健康权视域下我国卫生法律体系建构的脉络》，《医学与法学》2016年第2期。

式研究，其目的在于揭示文化的内部结构（分层），因此，这种研究使用的是哲学式的"整体与部分"研究方法。关于文化有哪些层次，黄韫宏比较了文化层次结构的模型，其中"同心圆模型"将文化分为两个层次、三个层次或者四个层次，两层次论是常见的"物质文化"和"非物质文化"层次或者类似的表述①，三层次论是在两层次论中又加上了"制度文化"，或者其他类似的表述②，四层次论是在三层次论上又加上了"行为文化"，表述为文化的器物层、制度层、行为层和观念层。③ 除了"同心圆模型"之外，还有"文化陀螺模型"和"睡莲模型"等，但它们基本上是"同心圆模型"的翻版，只不过更加重视文化观念层次的核心地位而已。任越在研究档案文化时指出了文化的三个层次——器物层、制度层和观念层，④ 这是沿袭文化三层次理论的结果。第二种语境是在探讨不同文化主体的差异性文化层次时使用"文化分层"概念。这种研究视角建立在文化多元理论基础上，它注重对文化主体的文化差异性的研究，实际上是一种社会学研究，其目的有二，一是揭示不同主体间的文化差异性及其影响，二是研究造成主体间文化差异的原因，因此这种研究不同于哲学式的"整体与部分"研究，而毋宁是一种社会实证研究。在这个意义上的文化分层研究较多，总体来看，他们基本上倾向于从社会阶层上来阐明文化的层次。有的学者采取二分法，将文化分为"上层文化"和"下层文化"，如台湾学者李亦园将文化分为"上层士绅文化"和"下层民间文化"，美国学者雷德菲尔德将文化分为"大传统"和"小传统"，⑤ 鲁迅将文化分为"统治阶级的文化"和"劳动人民的文化"。有的学者采取三分法，将文化分为"上层文化""中层文化"和"下层文化"。钟敬文认为，所谓上层文化，是指地主阶级所创造、享有的文化；中层文化是指市

---

① 相关表述有：实体文化和观念文化、外显文化和内隐文化、意识到的文化和意识下的文化等。

② 相关表述有：物质文化、观念文化和制度文化；物质文化、精神文化和文化价值；物质层、制度层和心理层。

③ 黄韫宏：《文化层次结构模型比较研究》，《贵阳学院学报》（社会科学版）2013年第2期。

④ 任越：《文化哲学视阈下档案文化层次问题研究》，《档案学通讯》2016年第1期。

⑤ 在大部分中国学者看来，中国的上层士绅文化或称精英文化，即相当于所谓的"大传统"；下层的民间文化或底层文化，即相当于所谓的"小传统"。参见黄国益《钟敬文的文化分层理论研究》，《民间文化论坛》2005年第3期。

民（城市人民）文化；下层文化是农民所创造和传承的文化。[①] 布迪厄则从资本的角度讲文化分为"上层阶级的文化""中间阶级的文化"和"下层阶级的文化"，前者对应支配阶级，主要是大资产阶级，中者对应中小资产阶级，后者对应无产阶级。[②]

对于"法治分层"而言，学界虽然不存在语境上的差异，但是对于法治包括哪些层次，也存在分歧。吴玉章认为法治的层次应当包括三个方面——法律意义的法治、社会意义的法治和价值意义的法治。大致意思是法治首先是法律规范体系，其次是通过法律规范的调整形成依法办事的社会秩序，最后是依法办事成为人们的价值理念。而从他的《法治的层次》看，其结构表明法治的层次应当包括价值、制度和技术三个方面。[③] 周晨认为法治的层次有二——工具的法治和信仰的法治。[④] 工具的法治就是将法治看作国之利器，信仰的法治就是让法律与法治成为人人认可的一种价值理念。秦强认为法治"是由层次结构不同但又高低依存四个部分组成的有机体，依据法治层次结构由低到高的顺序，法治依次表现为一种治理方式、制度形态、秩序状态和价值理念"[⑤]。从上述观点来看，关于法治的层次亦有两层次论、三层次论和四层次论。两层次论将法治的层次分为工具层和价值层，三层次论将法治的层次分为法律层、事实层和价值层，四层次论将法治的层次分为工具层、制度层、事实层和价值层。

综合文化分层和法治分层，笔者认为文化法治的分层应当兼顾文化分层和法治分层，其中法治层次是文化法治层次的共性，而文化层次是文化法治层次的个性。那么，文化法治的层次究竟有哪些？笔者建议采用三分法，将文化法治的层次划分为器物层、制度层和观念层。之所以如此，原因在于：首先，文化法治的层次不是在文化主体上划分的，即这里的分层仅仅针对的是文化本身，而不是社会阶层中的文化多元。其次，文化法治的层次必须建立在文化分层的基础上，这是文化法治层次与一般法治层次

---

① 黄国益：《钟敬文的文化分层理论研究》，《民间文化论坛》2005 年第 3 期。
② 王寓凡：《布迪厄文化分层的理论逻辑和现实意义》，《华中师范大学研究生学报》2016 年第 2 期。
③ 吴玉章：《法治的层次》，清华大学出版社 2002 年版。
④ 周晨、陈晨：《法治的层次性：工具与信仰》，《中国海洋大学学报》（社会科学版）2006 年第 5 期。
⑤ 秦强：《法治层次论与法治发展模式》，《北京工业大学学报》（社会科学版）2005 年第 1 期。

的不同之处，是文化法治层次个性的体现。而无论是二分、三分，还是四分，文化都包括器物、制度和观念三个层次。而且二分法将文化氛围物质和精神两层过于简化，忽略了主观的精神和客观的精神的区分，即观念和制度的区分；四分法将行为单列开来，难免画蛇添足，因为行为乃是法律规制的要素，其本身就被制度层次所包含。再次，文化法治的层次必须能融洽于一般法治层次理论。综观上述关于法治层次的论述，三分与四分理论都赞成法治层次包括器物、制度和观念，而二分理论其实不过是三分理论的简化，不过是将器物和制度统合为工具层。四分法也不过是对三分法的进一步分解，即将制度层进一步区分为法律制度和社会事实，其实，法律制度和社会事实都是"制度事实"，二者因分享这一概念而可以被统合进"制度层"。最后，将文化法治的层次划分为器物层、制度层和观念层是文化法治发展规律的体现。中国文化法治的发展经历了器物法治、制度法治和观念法治的发展过程。器物法治主要是指洋务运动时期的"法治"，这一时期，无论是官僚实业、官督商办实业、民族实业，它们都指向了大力发展器物，而清政府也都相继出台法律以支持国家实业振兴，因此，这一时期的"法治"主要是指器物层的法治。制度法治主要是指自戊戌变法之后的制度革新历程，包括戊戌变法、清末新政以及民国初期的法治，这一时期的文化法治聚焦在制度文化上，意图通过政治制度和法律制度的变革实现民族振兴。观念法治是指自五四运动以及新文化运动以来的民主、科学等观念的觉醒以及对传统法律文化的扬弃和超越。这一时期的权利观念、平等观念、独立观念、宪政观念都获得了前所未有的发展。[①]

是故，文化法治实乃由器物文化法治、制度文化法治和观念文化法治所组成的整体。其中观念文化法治乃是文化法治的灵魂，也是文化法治最终得以实现的终极标志。制度文化法治主要包括两个方面，一是正式的法律制度，二是非正式的社会制度，文化制度法治首先要形成完善的正式法律制度，其次要合理规制非正式的社会制度。制度文化法治是实现文化观念法治的手段和途径，虽然我们承认观念的先导性，但这往往限于精英群体，若从整体看，观念文化法治必然要建立在大众对文化制度的吸收、消

---

① 王申：《法律文化层次论——兼论中国近代法律文化演进的若干特质》，《学习与探索》2004年第5期。

化、认可、信仰之上。器物文化法治是实现制度文化法治、观念文化法治的基础。倘若没有器物文化法治，任何文化都不可能有直观的表现，器物文化法治为制度文化法治提供了物质基础，也是观念文化法治的落脚点，即文化制度既要回应文化观念又要发展和保护文化器物。

二 文化法治的体系性和分支性

在学术研究中，经常会使用"体系""体系化"和"体系性"概念，这里简单地阐明其各自的含义以及相互关系。关于"体系"，康德认为，所谓体系就是一个依据原则构成的知识整体。萨维尼则认为体系根源于哲学，判断是否为一个体系的标准是要看是否具有抽象性、无矛盾性以及是否避免了任意性和空洞性。[①] 也就是说康德的定义是描述性的，而萨维尼的定义是判断性的，前者给出了定义框架，后者给出了判断标准。综合来看，体系无外乎就是对事物的抽象性的整体性认识，它是对根据一定标准和原则对事物解剖为各个分支进行认识以及对各分支之间关系认识的结果。体系化与体系是紧密联系的一个概念，它的前提指向有一定联系但不成体系的事物，它的目的是通过一定的方法将不成体系的事物形成体系。因此，我们可以将体系化界定为基于某种目的和依据一定原则将若干相互联系的事物整合为体系的过程。但是体系化并不一定都能成功，它有赖于事物的体系性特质，倘若若干事物之间虽有联系但没有任何一个概念的体系性能够囊括它们，这些事物便不会被体系化，也就难以成为体系。可以说体系性是事物的一种属性，是事物体系得以形成的关键，也是体系化的必要条件。既然如此，那么文化法治的体系性就是文化法治的一种属性，是对文化法治体系属性的一种概括。这也就意味着，如果文化法治具有体系性就必然要考证文化法治是否为一个体系，而这里的关键是文化法治包含哪些分支才能说文化法治具有体系性，而判断的首要标准就是逻辑标准，包括无矛盾、无漏洞、无重复等。

学界对文化法治体系的研究多见于关于法治体系的文献上，专门研究文化法治体系的成果并不多见，而无论是法治体系研究还是文化法治体系研究都存在问题，主要反映在对体系的分支的划分上。先看关于法治体系

[①] 宋美桦、张荣华：《新时代全面推进依法治国的体系化发展研究》，《山东社会科学》2018年第6期。

分支的有关论述。张文显认为法治体系应当包括"法律规范体系""法治实施体系""法治监督体系""法制保障体系"和"党内法规体系"。① 胡明也持这种观点②、付子堂亦持这种观点③，陈金钊也赞同这种观点，只不过在"五个体系"中又解读出了第六个体系——法治理论体系。④ 再看关于文化法治体系分支的有关论述。蔡武进认为文化法治体系应当包括四个部分，一是"文化法律规范体系"，二是"文化法治实施体系"，三是"文化法治监督体系"，四是"文化法治保障体系"。⑤ 熊文钊的国家社会科学基金重大项目"文化法治体系建设研究"分为五个子课题，分别是文化法治的基本理论、文化法治的现状与问题、文化事业立法、文化产业立法和文化法治实施研究。可以看出熊文钊倾向于将文化法治分为立法和实施两个部分，其中立法又包括文化产业和文化事业两部分，实施又包括执法、司法、监督三个部分。⑥

上述研究成果表明，学界基本上是依据《中共中央关于全面推进依法治国若干重大问题的决定》来认识法治体系和文化法治体系的，只不过在文化法治体系中去掉了"党内法规体系"这一分支。然而问题在于：文化法治体系是否应当包括"党内法规体系"？如果包含，那么如何处理"党内法规体系"与其他几个分支的关系？首先《决定》将法治体系分为法律体系、实施体系、监督体系、保障体系和党内法规五个分支，从表面看这种划分在逻辑上并不严谨，因为前四个分支是从国家法的角度划分的，第五个分支属于非国家法领域，而且不能周延整个社会法领域。但《决定》起码明确了法治体系应当是一个纵横交织的体系，在横向上表现为国家法体系和非国家法体系，在纵向上表现为实施体系、监督体系和保障体系，只不过《办法》将国家法体系又进行了二次划分（实施、监督、保障），而在非国家法体系之中选择了代表性规范——党内法规，而且省略了二次划分。其次，文化法治体系应当包括党内法规在内的社会法体系。既然党内法规体系是法治体系的一环，文化法治体系自然也应包含这

---

① 张文显：《统筹推进中国特色社会主义法治体系建设》，《人民日报》2017年8月14日。
② 胡明：《用中国特色社会主义法治理论引领法治体系建设》，《中国法学》2018年第3期。
③ 付子堂：《建设新时代中国特色社会主义法治体系》，《学习时报》2017年12月22日。
④ 陈金钊、宋保振：《法治体系及其意义阐释》，《山东社会科学》2015年第1期。
⑤ 蔡武进：《文化法治体系建设的价值及路径》，《中国审计报》2015年7月29日。
⑥ 陈成：《国家社会科学基金重大项目文化法治体系建设研究》，《民族教育研究》2017年第7期。

一环节，否则文化法治体系就犯了逻辑不周延的错误，即在逻辑上有所遗漏。但是党内法规仅仅是众多社会规范中的一种，仅仅以党内法规替代整个非国家法同样存在着逻辑不周的问题。

因此，从学理上来解读《决定》关于法治体系的结构的表述，应当将文化法治体系的分支划分为"两横三纵"，"两横"是指文化的国家法体系和文化的非国家法体系，"三纵"是指文化的国家法的实施体系、监督体系和保障体系。文化的国家法体系是文化法治的核心，其中完善的法律规范体系是国家法体系的前提要件，是文化法治的起点。高效的法治实施体系包括依法执法、公正司法和全民守法三个环节，它是文化法治得以形成的关键。严密的法治监督体系是文化法治得以实现的必要环节，缺乏监督的法治或者建立在不严密的监督体系上的法治，终究是不完善的法治或者是有风险的法治。有力的法治保障体系是文化法治得以实现的力量支撑，无论是立法、执法、司法、守法、监督中的哪一个环节，都离不开人、物和组织的力量，这些力量将通过保障体系注入整个法治环节，助推法治的实现。文化的非国家法体系是文化法治得以完善的重要组成部分。法治是法治国家、法治政府和法治社会高度融合的统一体，国家法体系只是在国家、政府两个层面实现了法治，但这种法治还不完善，还需要法治社会予以补充。法治社会建设必然要面临着非国家法与国家法的冲突与融合问题，这就需要国家法回应这些问题，一方面可以通过"吸纳挑战机制"将非国家法吸收其中，另一方面可以通过"拒斥挑战机制"将非国家法置于自治领域。① 总而言之，文化法治必须通过法律明确界定法"治"和自"治"的界限，将法"治"和自"治"一并统摄于法治框架之内。

三 文化法治的国家性和地方性

探讨文化法治的国家性和地方性必须明晰两组概念，一是文化的一般性和特殊性，二是法治的国家性和地方性。

文化始终是一般文化和特殊（纵向）文化的整体，每个国家都有自

---

① 吸纳挑战机制和拒斥挑战机制是千叶正士在研究西方法时提出的两个概念，前者是指国家法（千叶正士称为官方法）吸收非国家法（千叶正士称为非官方法）对国家法的挑战，后者是指国家法放任非国家法对国家法的挑战。参见［日］千叶正士《法律多元——从日本法律文化迈向一般理论》，强世功等译，中国政法大学出版社 1997 年版，第 50—53 页。

己的一般文化以区别于其他国家。当你看到有人用筷子吃饭、有人用刀叉吃饭、有人直接用手吃饭时，你便很有可能联想到他们分属于中国文化、西方文化、印度文化。而每个国家又都存在特殊性的文化，这种特殊性体现在阶层、民族、地域以及信仰上，每个阶层都有自己特殊的文化，所谓"蓝领""白领"不过是一种反映文化差异的标签；每个民族更是在长期的生产生活中形成了独特的文化，蒙古族的马头琴与长调、傣族的泼水节、彝族的火把节、藏族的唐卡、维吾尔族的冬不拉，无不反映了民族文化的特殊与多元；地域也是制约文化的重要因素，黄土高坡塑造了陕北民歌，江南烟雨促成了江浙小调，白雪皑皑堆积出东北二人转，竹林月光辉映出巴乌丝竹声；信仰的不同也会产生不同的文化，木鱼声响那是佛，拂尘一挥那是道。总而言之，文化既是多元的又是一体的，文化多元是文化表现形式上的多元，文化一体使众多文化表现形式终归于文化本质。

同样，法治也是国家（意指中央）法治和地方法治的整体。无论是单一制政体还是联邦制政体都存在中央法治和地方法治。在我国，中央法治主要体现为中央层面的法律体系及其实施体系，包括宪法、法律、行政法规以及它们的实施。地方法治主要体现为地方层面的法律体系及其实施，包括地方性法规和地方政府规章以及它们的实施，它包括两个方面，一是地方为执行中央法律法规而制定的地方性法律规范；二是地方基于特殊性而制定的地方性法律规范。

另外，研究文化法治的国家性和地方性还必须厘清国家性和体系性、地方性和分支性的关系。文化法治的国家性不同于文化法治的体系性，文化法治的体系性既包括政治国家意义上的文化法治，也包括市民社会意义上的文化法治，而文化法治的国家性仅指前者。因此，文化法治的国家性是文化法治体系在政治国家意义上的体现。文化法治的地方性也不同于文化法治的分支性，前述谈及文化法治的分支性时将文化法治分为国家法体系和非国家法体系，显然与文化法治的国家性对应的文化法治的地方性应当在国家法体系内部去探讨，而不是将其置于非国家法体系。因此，文化法治的地方性是针对文化的国家法体系而言的，其主要目的是要探讨文化的地方法治问题，而不仅仅是地方文化的法治问题。也就是说文化法治的国家性和地方性应当在文化的国家法体系内部进行探讨，它是将文化法治体系分为国家法体系和非国家法体系之后又进一步对国家法体系进行二次划分的结果。

理清了上述概念的关系,我们就可以探讨文化法治的国家性和地方性了。无论是国家的一般文化还是地方的特殊文化都需要法治,这一点是毋庸置疑的,然而需要指出的是,无论是一般文化的法治还是特殊文化的法治都存在一个文化法治的国家性和地方性问题。即文化法治在政治国家意义上呈现出"两横两纵"结构,所谓"两横"是指一般文化的法律体系和特殊文化的法律体系,所谓"两纵"是指一般文化和特殊文化的中央法律体系和地方法律体系。因此,一个完善的文化法治应当包括四个方面——一般文化的中央法治、一般文化的地方法治、特殊文化的中央法治和特殊文化的地方法治。其中文化法治的国家性反映在一般文化的中央法治和特殊文化的中央法治上,而文化法治的地方性反映在一般文化的地方法治和特殊文化的地方法治上。

一般文化的中央法治是指关于一般文化的宪法、法律、行政法规以及部门规章体系。这些规范的总体特点有二,一是在立法观念上,立法者倾向于将文化作为整体来看待。二是在调整对象上或者不对文化做出区分或者仅对文化做出横向区分,但并不在纵向上区分文化。例如,宪法对一般文化的调整往往仅使用"文化"字眼,或者对文化进行横向划分,对科学技术、文学艺术、体育卫生进行调整。法律也是如此,虽然我国还不存在"文化基本法",但诸如《文物保护法》《体育法》等也只是表明法律只是在横向上区分了文化。这类规范之所以不对文化进行横向划分原因在于它的普适性要求上,即从横向划分文化并对之调整并不违反这类法律的普适性要求。

特殊文化的中央法治体现在法律、行政法规和部门规章针对特殊文化的规定上。这里的特殊文化是从纵向角度理解的,即特殊文化反映在阶层、民族、地域和信仰等方面。对于特殊文化而言,中央法律一般不做全面规制,但由于国家文化是由众多的特殊文化所组成的,因此中央法律也会对一些具有特殊性的文化予以规制,其中《非物质文化遗产保护法》就是特殊文化的中央法治的表现。从非物质文化遗产名录来看,其实绝大部分非物质文化遗产都是具有民族性、地域性、信仰性的文化。例如"苗族民歌""彝族民歌""朝鲜族长鼓舞""藏族螭鼓舞"等,这些被定为国家级非物质文化遗产,反映了具有民族特色的文化的中央立法的保护。而像"陕北民歌""高邮民歌""大别山民歌""酉阳民歌"等国家级非物质文化遗产又反映出具有不同地域特色的文化的中央立法保护。再如

"佛教音乐"和"道教音乐"这两项国家级非物质文化遗产，二者反映了具有鲜明宗教特色的文化的中央立法保护。再如《香港基本法》第10条规定，英文也是香港的正式语言，反映了中央立法对香港特殊文化的尊重。

一般文化的地方法治体现在地方性法律对中央法律的执行以及地方对一般文化的先行立法上。根据《立法法》第73条规定，"地方性法规可以就下列事项作出规定：（一）为执行法律、行政法规的规定，需要根据本行政区域的实际情况作具体规定的事项；（二）属于地方性事务需要制定地方性法规的事项。除本法第8条规定的事项外，其他事项国家尚未制定法律或者行政法规的，省、自治区、直辖市和设区的市、自治州根据本地方的具体情况和实际需要，可以先制定地方性法规。在国家制定的法律或者行政法规生效后，地方性法规同法律或者行政法规相抵触的规定无效，制定机关应当及时予以修改或者废止。"那么，地方立法可分为三大类，一是执行性地方立法，二是自主性地方立法，三是先行性地方立法。一般文化立法首先体现在中央立法层面，但中央立法必须通过地方立法予以实施，因此，地方立法的执行性规范既保证了文化法律、行政法规的有效实施，也保证了文化法律、行政法规和地方性法规的统一，从而形成了完善的关于一般文化的法律规范体系。当然，也可能存在另一种情况，即法律和行政法规关于一般文化的规定存在遗漏或者尚未立法，而地方基于现实需要可就一般文化进行先行立法，一般文化的地方先行立法既弥补了中央立法的缺漏，同时也是中央立法的前奏，而且为中央立法提供了立法经验。因此，一般文化的地方先行立法也是文化法治地方性的重要体现。

特殊文化的地方法治体现在地方性法规、自治条例和单行条例对具有地方特色或者本地内具有民族特色的文化的规定上，其主要途径是通过自主性地方立法。特殊文化的法治化虽然在中央法治层面有所体现，但主要还是体现在地方法治上，因为，地方最了解本地的特色文化，最明白本地民众的文化需求，也最清楚本地文化法治的重点。因此，《立法法》赋予了地方关于特殊文化的地方立法权。从《立法法》第72条可以看出，省、自治区、直辖市、自治州、设区的市都可以针对本辖区的特殊文化制定地方性法规。而从《立法法》第75条可以看出，自治区、自治州和自治县均可以根据当地民族的文化特点制定与文化相关的自治条例和单行条例，而它们无疑属于特殊性的地方文化立法。从《立法法》第75条还可以看出，经济特区所在地的省、市也可以制定关于特殊文化的法规，并在经济特区范围内实施。还有，由于港澳台地区高度自治，享有行政权、立法权和独立的司法权和终审权，无论是将港澳台制定的法律规范看作"法律"还是"地方性法规"，无疑它们都可以针对港澳台地区的特殊文化做出规定。基于上述划分，显然我国关于特殊文化的地方法治形成了"四驾马车"，即一般地方性法规体系、经济特区法规体系、自治条例和单行条例体系以及港澳台法律体系。

四　跨国交流中的文化法治

若将文化置于国际背景，显然某个国家或地区的文化都是特殊文化，人类文化就是由不同国家和地区的特殊文化所组成，所谓"只有民族的才是世界的"反映的就是这个道理。正如一个国家或地区内部的文化交流、碰撞与融合一样，国家间的文化也存在交流、碰撞与融合。国家间的文化交流既可能是显性的，即纯粹的文化交流，也可能是隐性的，即伴随着其他领域的交流而产生的文化交流。当你注意到中国的"国宝"到世界各地巡展时，你可以说这是显性的文化交流，而随着经济的全球化中国出现了"肯德基""德克士""麦当劳"等快餐文化，你便可以感受到隐性的文化交流。无论是显性的文化交流还是隐性的文化交流，都可能存在文化的碰撞与融合问题。记得2000年左右的一部名叫《刮痧》的电影，就将中西方文化碰撞反映得淋漓尽致，其大致情节是一位来自中国的爷爷在美国用中医刮痧治疗孙子的高烧，被美国的儿童福利局认定为虐待，并被剥夺了父母的监护权。好友亲自去中国体验了包括刮痧在内的中国文化后，才将监护权利争回来。其中控方将《西游记》的孙悟空解读为反科学、犯罪、暴力倾向，尤其反映了中西方文化的碰撞。然而同样是中国文学和电视剧却在东南亚有着很好的接受性，以越南为例，近年来越南加大了对中国电视剧的引进，《西游记》《红楼梦》等电视剧深受越南民众喜爱，不仅如此，伴随着电视剧的传播，电视剧中的音乐文化也在越南得以传播，其中《女儿情》和《枉凝眉》在越南广为传唱，或许"音乐无国界"乃是文化交流最好的注脚。

法律作为制度文化的典型代表，更是存在国际的碰撞与融合问题。千叶正士在研究法律多元时提供两个研究视角，一是国内视角的法律多元，二是国际视角的法律多元。关于国内视角的法律多元，千叶正士认为：

"单一政治共同体中有不同的法律体系或文化。多元表现为多种形式。它可能是水平的,即亚文化或次体系有平等的地位或合法性。……也可能是垂直的,即它们按等级安排成'较高的'或'较低的'法律体系或文化。……多元也可能是文化的,政治的或经济的。"① 即国内视角的法律多元是一种"二重结构"——国家法和次级法律文化(非国家法)。关于国际视角的法律多元,他说,人类社会中国家之间共存有不同的法系,"在国家法和国际法律文化之间关系中所提出的是基于法律文化的另一种法律多元,……我们就法律多元可得出概略的结论,它包含有次级法律文化、国家法和国际法律文化组成的三重结构,而不限于二重结构"②。因此,在国际视野下,法律多元的结构从"二重"增加至"三重",包括国际法律文化、国家法和次级法律文化。最后,千叶正士以"三重二分法"总结了法律多元,即"某个国家的法律由不同的官方法和非官方法组成,而每一种又分别由法律规则和法律原理、固有法和移植法构成。……每一个珍视自己固有文化的民族,都会通过改变这三种二分的组合和比例来保存其法律文化"③。现代国家的法律都脱离不了继承和移植两大要素,因而在法的结构上呈现出固有法和移植法的二元划分,无论是法律全球化还是两大法系的融合都反映了这一点。而我国的法律制度更是经过了法律继承和法律移植的洗礼,在清末以前,我国的制度文化主要以继承为主,之后便主要以移植为主,不论是清末移植"君主立宪"、民国移植"三权分立",还是中华人民共和国移植苏联的"法的本质",都说明了制度文化的国际性。

然而,包括法律在内的文化的国际交流既有积极作用同时也存在着问题。文化的国际交流的积极作用体现在以下几个方面:首先,文化的国际交流是多元文化被理解的前提。文化没有对与错的问题,只存在理解与不理解的问题,伽达默尔的"前见与理解"、哈贝马斯的"沟通理性"以及格尔茨的"文化阐释"都可以证成这一点。因此,只有通过国际间的文化交流,才能通过沟通、阐释让人们理解文化的多元与差异。其次,文化的国际交流是文化输入的重要平台。通过文化的国际交流使得文化得以理

---

① [日]千叶正士:《法律多元——从日本法律文化迈向一般理论》,强世功等译,中国政法大学出版社1997年版,第215页。
② 同上书,第223—224页。
③ 同上书,第192页。

解只是一个前提，更重要的是要在理解的基础上如何取舍外来文化。现代国家基本上都不会故步自封、闭关锁国，而是对优秀的外来文化持开放态度，合理借鉴和吸收外来文化，而文化的国际交流为文化的引进提供了"多个卖家"。最后，文化的国际交流是文化输出的重要平台。文化不仅存在如何"引进来"的问题，同时也存在如何"走出去"的问题，这就需要通过文化的国际交流平台描述、展现、诠释本土文化，争取赢得众多"买家"或者在众多"卖家"竞争中"中标"。然而文化的国际交流也存在着诸多问题，突出表现在文化霸权和文化殖民上。文化霸权总是将文化区分为先进与落后或者文明与野蛮的文化，总是把自己的文化标榜为先进或者文明的文化，而将其他文化标签为落后或者野蛮的文化。这种文化观总是不想、不去、不屑理解其他文化，或者虽然理解但仍然以我为尊而将其他文化标签化，甚至认为文化总是向着自己所认定的文化进化的。文化殖民是文化霸权的具体实施，它可能是单纯的文化殖民，也可能是伴随着政治、军事、经济的霸权而实施的。而不论是哪一种文化殖民，它们都力图将多元的文化变成单一的文化，从而桎梏、僵化人类文化。

既然文化的国际交流既具有积极作用又面临着问题，这就需要法律保障其积极作用的发挥、抵御文化霸权和文化殖民。法律对文化的国际交流的作用不外乎存在三个方面：一是国内法和国际法促进文化的国际交流，二是国内法对外来文化的规制，三是国内法对本土文化输出的保障。首先，文化的国际交流既需要国内法支撑也需要国际法支持。一方面国内法要积极促进国际间的文化交流，为国际间的文化交流提供平台，保障必要的物资投入，并保障国际间文化交流的有序运行。另一方面国家要重视国际组织、区域组织以及国际法对促进文化交流的作用，既要积极加入文化交流的国际组织、区域组织，又要切实履行关于文化交流的国际条约、多边协议和双边协议。其次，国内法必须立足本土固有文化合理取舍外来文化。上文言及每个珍视固有文化的民族都会通过改变固有法和移植法的比例来保存其法律文化，其实不仅法律文化如此，所有的文化均是如此。每个国家的固有文化是这个国家的文化根基，且不说外来文化必须符合固有文化，最起码外来文化不能与固有文化相抵触，不能侵害固有文化。当然这里的固有文化是从褒义上来理解的，并不包括文化糟粕。最后，国内法需要对文化输出给予保障。从文化产业看，当前文化的国际贸易竞争愈演愈烈，保障文化出口不仅能够为国家带来直接的经济效益，带动国内产业结构优化,同时也有利于增加进口国对出口国文化的认同感,提升本国的文化影响力。从文化事业看,虽然诸如文物巡展之类的文化输出不能带来较大的经济效益,但同样能够增加本国文化的国际认同感,提升本国文化的国际影响力。因此,国内法必须对文化输出给予必要的保障,一方面要通过完善的文化产权法体系保障文化输出者的权益,包括物权、债权、知识产权等,以保证文化产品的供给。另一方面要通过完善的文化经济法体系对文化市场进行宏观调控,既要打造文化知名品牌,又要保障文化产品的多元化,既要培育文化跨国企业,提升国际竞争力,又要防止国内文化市场垄断现象的发生。第三方面要通过完善的文化财税法体系促进文化输出,既要让文化企业享受到税收优惠政策,又要给文化事业单位提供财政资金支持。

五 文化法治的不同属性及层级结构构造

这部分内容是对上述四部分的总结,这里不再浪费笔墨,而是以"文化法治层级结构图"表现如下。

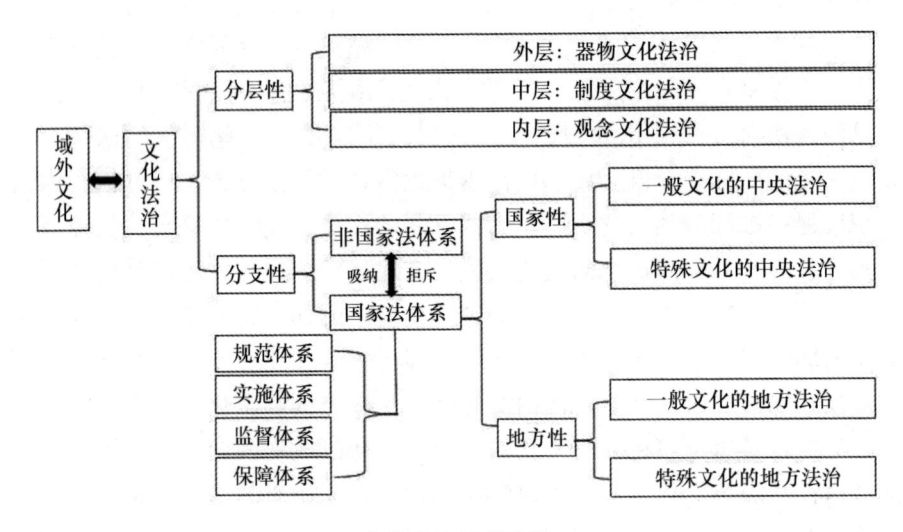

文化法治层级结构

第二编

文化法治建设基本问题研究

第 一 章

文化法治建设的必要性分析

　　文化是一个国家和民族的灵魂，不仅深刻长远地影响着人们的价值理念、生活方式，而且关系着国家的繁荣和民族的振兴。[①] 法治是良好的国家治理模式，是人类统治智慧的结晶，是人类社会一种文明的秩序。[②] 文化法治，是指文化主管部门以法治方式和手段管理文化领域的各项事务，调整文化领域的各种社会关系，实现引导、规范和促进文化健康、持续、繁荣、有序发展，保障和落实公民的文化权利的活动。所以，文化的繁荣发展，离不开文化法治的支撑。文化法治建设对于完善法治体系、保障文化发展繁荣、提高文化治理能力、维护国家文化安全、保障和实现公民文化权益，都具有重要意义。[③]

　　党的十八届四中全会进一步明确了新形势下，我国文化法治建设的方向目标、重点任务和基本遵循，为文化领域的依法行政指明了方向。党的十九届四中全会强调发展社会主义先进文化、广泛凝聚人民精神力量，是国家治理体系和治理能力现代化的深厚支撑。因此，在未来一个很长的时期内，推动文化法治建设将是全党全社会重中之重的工作。这就要求我们应当立足文化改革发展的全局和长远目标，充分认识加强文化法治建设的重要意义，统筹谋划，抓住机遇，趁势而为，把握好文化法治建设的着力点，大力推动文化法治建设，为文化改革发展提供有力的法治保障。

[①] 参见温家宝 2011 年 9 月 6 日在中央文史研究馆成立 60 周年座谈会上的讲话。
[②] 江必新主编：《新时代公民法治素养》，人民出版社 2019 年版，第 52 页。
[③] 参见原文化部党组书记、部长雒树刚出席 2015 年 5 月 20 日全国文化法治工作会议时的讲话。

第一节　文化法治建设是加强党对文化工作领导的内在需要

一　党对文化工作的领导是文化法治建设的政治保证

1987年10月，党的十三大报告指出："党的领导是政治领导，即政治原则、政治方向、重大决策的领导和向国家政权机关推荐重要干部。党对国家事务实行政治领导的主要方式是：使党的主张经过法定程序变成国家意志，通过党组织的活动和党员的模范作用带动广大人民群众，实现党的路线、方针、政策。党和国家政权机关的性质不同，职能不同，组织形式和工作方式不同。应当改革党的领导制度，划清党组织和国家政权的职能，理顺党组织与人民代表大会、政府、司法机关、群众团体、企事业单位和其他各种社会组织之间的关系，做到各司其职，并且逐步走向制度化。"①

党的十九大报告提出，必须把党的领导贯彻落实到依法治国全过程和各方面，坚定不移地走中国特色社会主义法治道路。党的领导是中国特色社会主义最本质的特征，是中国特色社会主义法治之魂，是社会主义法治最根本的保证，也是我们国家的法治同西方资本主义国家的法治最大的区别。坚持中国特色社会主义法治道路，最根本的就是坚持中国共产党的领导。离开了中国共产党的领导，中国特色社会主义法治体系、社会主义法治国家就建不起来。依法治国是我们党提出来的，把依法治国上升为党领导人民治理国家的基本方略也是我们党提出来的，而且党一直带领人民在实践中推进依法治国。②

正是基于党的领导，我国的思想文化建设取得了重大进展。因为"文化是意识形态的基础和载体，意识形态是文化的核心和灵魂"③。党的十九大报告在对我国的文化建设成果进行总结时强调，过去五年的工作中，"思想文化建设取得重大进展。加强党对意识形态工作的领导，党的理论创新全面推进，马克思主义在意识形态领域的指导地位更加鲜明，中国特

---

① 中共中央文献研究室、中共十三大政治报告：《沿着有中国特色的社会主义道路前进》(1987年10月25日)，《十三大以来重要文献选编》，人民出版社1991年版，第4—61页。
② 参见习近平《加快建设社会主义法治国家》，《求是》2015年第1期。
③ 刘春田、马运军：《习近平文化建设思想初探》，《求实》2015年第3期。

色社会主义和中国梦深入人心，社会主义核心价值观和中华优秀传统文化广泛弘扬，群众性精神文明创建活动扎实开展。公共文化服务水平不断提高，文艺创作持续繁荣，文化事业和文化产业蓬勃发展，互联网建设管理运用不断完善，全民健身和竞技体育全面发展。"

二 党对文化工作的领导需要法律化、固定化

党对文化工作的领导主要体现在党在文化领域路线、方针、政策、决策的制定。文化事业的繁荣和发展离不开党的领导。要始终牢牢把握党对文化法治建设的基本方针，坚持以社会主义先进文化为导向，坚持以人民为中心，坚持以社会主义核心价值观为引领。加强和改善党对文化事业的领导，需要将长期有效的方针政策法律化、固定化，这就需要加强文化法治建设。①

进入新的历史发展阶段，在总结了中华人民共和国成立以来党领导文化工作的正反两方面经验，特别是"文化大革命"的教训之后，邓小平同志及时强调，"党对文艺工作的领导，不是发号施令，不是要求文学艺术从属于临时的、具体的、直接的政治任务，而是根据文学艺术的特征和发展规律，帮助文艺工作者获得条件来不断繁荣文学艺术事业，提高文学艺术水平，创作出无愧于我们伟大人民、伟大时代的优秀的文学艺术作品和表演艺术成果"。② 同时强调，"文艺这种复杂的精神劳动，非常需要文艺家发挥个人的创造精神。写什么和怎样写，只能由文艺家在艺术实践中摸索和逐步求得解决。在这方面，不要横加干涉"。③

邓小平同志直接且明确地否定了党不能以政治任务的形式领导文化事业，而是应当根据文学艺术的特征和发展规律，为文艺工作者提供更多的创作机会和创作条件。而良好的法治是能够最大限度上为文艺工作者提供宽松的社会环境和舆论环境，所以，加强和完善文化法治建设，将党对文化领导的方针政策、反映文学艺术的特征和发展规律的要素上升为法，进

---

① 参见潘震宙、陈昌本主编《论有中国特色社会主义文化建设》，宁夏人民出版社1999年版，第358页。

② 邓小平：《在中国文学艺术工作者第四次代表大会上的祝辞》（1979年10月30日），选自《邓小平文选》第2卷，人民出版社1994年版，第213页。

③ 同上书，第213页。

而有效地实现文学艺术事业的繁荣和文学艺术水平的提高。比如，2016年颁布的《公共文化服务保障法》，该法将一些行之有效的政策规定和实践中的成功经验上升为法律，对公共文化设施建设进行了规定。比如，法律规定，公共文化设施的选址应当征求公众意见，就是对公共文化设施合理布局的约束。法律制约了地方政府在公共文化设施建设中的功利性和随意性，体现出以人民为中心的理念。①

三 在文化法治建设中切实加强党对文化事业的领导

要在文化法治建设中，切实加强和改善党对文化事业的领导。推进文化法治建设，是一项长期性、系统性的艰巨工作，需要有持续的政治定力，将文化法治建设不断推向前进。所以，必须坚定在文化法治建设过程中党的领导，坚持以习近平总书记为核心的党中央的坚强领导，充分发挥党对依法治国的、依法治文的领导核心作用。要站在加强党的执政先进性建设和执政能力建设的高度上，以强有力的政治保障、思想保障和组织保障为文化法治建设保驾护航。坚决防止在文化法治建设过程中出现否定党的领导的错误倾向。因此"面对改革发展稳定局面和社会思想意识多元多样、媒体格局深刻变化，在集中精力进行经济建设的同时，一刻也不能放松和削弱意识形态工作，必须把意识形态工作的领导权、管理权、话语权牢牢掌握在手中，任何时候都不能旁落，否则就要犯无可挽回的历史性错误"。②

2011年10月18日，党的十七届六中全会作出了《关于深化文化体制改革、推动社会主义文化大发展大繁荣若干重大问题的决定》，对大力加强社会主义文化建设、繁荣发展社会主义文化进行了规划性、政策性和制度性安排。这为我们下一步加强党的领导提供了方向。该决定要求各级党委必须高度重视对文化工作的领导，切实加强对文化工作的关心和支持，坚持把文化事业和文化产业发展与经济社会发展的目标任务一起部署、一起实施、一起检查、一起考核。在目标任务分解实施的过程中，要注重体现以人为本、全面协调、可持续发展的科学发展观，加强宏观管理

---

① 国家公共文化服务体系建设专家委员会主任、北京大学教授李国新讲话，见杜洁芳《公共文化服务保障法：揭开新时期文化立法大幕》，《中国文化报》2018年6月21日。

② 中共中央文献研究室：《习近平关于全面深化改革论述摘编》，中央文献出版社2014年版，第98页。

和行政监督，积极发挥文化工作在稳定社会、凝聚民心、创造和谐社会中的重要作用。要充分尊重社会主义文化发展规律，切实保护文化建设的正确方向，维护文化安全。要充分利用现代传媒，进一步发挥文化宣传的重要作用，引导全社会关心重视文化法治建设，为构建完善的公共文化服务体系和文化市场体系营造浓厚的氛围。①

第二节 文化法治建设是我国社会主义民主法治建设的重要内容

一 加强社会主义民主法治建设的重要性和紧迫性

2015年10月29日中国共产党第十八届中央委员会第五次全体会议通过了《中共中央关于制定国民经济和社会发展第十三个五年规划的建议》。《建议》开篇即言：到二〇二〇年全面建成小康社会，是我们党确定的"两个一百年"奋斗目标的第一个百年奋斗目标。"十三五"时期是全面建成小康社会决胜阶段，"十三五"规划必须紧紧围绕实现这个奋斗目标来制定。基于此，《建议》明确提出了"十三五"时期我国民主法治建设的主要目标。全面落实法治建设目标任务，对于确保如期全面建成小康社会，协调推进"四个全面"战略布局，最终实现"两个一百年"奋斗目标、实现中华民族伟大复兴的中国梦，具有十分重要的历史意义。

《建议》中强调要坚持依法治国。指出，法治是发展的可靠保障。必须坚定不移走中国特色社会主义法治道路，加快建设中国特色社会主义法治体系，建设社会主义法治国家，推进科学立法、严格执法、公正司法、全民守法，加快建设法治经济和法治社会，把经济建设发展纳入法治轨道。习近平总书记指出："我们要以宪法为最高法律规范，继续完善以宪法为统帅的中国特色社会主义法律体系，把国家各项事业和各项工作纳入法制轨道。"所以，"十三五"时期进一步加强民主法治建设是实现中华民族伟大复兴中国梦的必然要求，是国家政治稳定、经济发展、社会和谐、民族团结的制度保障，是实现国家长治久安的必然要求。

---

① 刘庆斌：《关于对进一步加强社会主义文化建设的认识和思考》，《贵州社会主义学院学报》2012年第3期。

二　文化法治建设是社会主义民主法治建设的重要组成部分

在科学总结我国社会主义民主和法制建设经验教训的基础上，党的十五大郑重地提出了"在中国共产党的领导下，在人民当家作主的基础上，依法治国，发展社会主义民主政治"，把依法治国作为党领导人民治理国家的基本方略，这标志着我们党领导方式和执政方式的重大转变。贯彻这一基本方略，必然要求进一步发扬社会主义民主，健全社会主义法治。因为法治能够为民主政治现代化提供制度支撑和法律保障，确保民主政治的健康有序发展。文化事业是社会主义事业的重要组成部分，文化建设是中国特色社会主义现代化事业五位一体总体布局的重要组成部分，进一步加强文化法治建设，是在文化领域落实依法治国基本方略的客观需要和必然要求。

文化法治建设是我国社会主义民主法治建设的有机组成部分，是社会主义文化管理的重要手段之一，是繁荣和发展社会主义文化必不可少的条件。尤其是改革开放以来，随着我国社会主义民主法治建设的不断加强，文化法治建设也有了相应的发展和进步。在文化立法方面，先后颁布了《文物保护法》《著作权法》《公共文化服务保障法》等法律和一系列文化行政法规及部门规章，使国家对文化领域的管理，逐步从单纯依靠政策，运用行政手段管理转向既靠政策更靠法律的法治化管理为主行政手段管理为辅的轨道。在文化执法方面，按照中央关于文化市场综合执法工作的要求，各地集中力量推进文化市场综合执法改革，经过长期的探索和实践，已建立起一支有较高素质的文化综合执法队伍，在贯彻和落实文化法律法规和规章制度、维护文化法制的权威，特别是维护文化市场管理秩序方面发挥了积极的作用。并且，通过"三个以案"（以案示警、以案为戒、以案促改）警示教育活动以及"谁执法谁普法"的普法责任制的落实，不仅文化战线广大干部的法制观念和法律意识普遍有了加强和提高，对于普通民众而言，文化法治意识也有了很大的提高和强化。

但是，从总体上来说，文化法治建设，相对于经济、政治、社会和生态环境等领域的法治建设来说仍比较滞后，成为国家民主法治建设进程中的"短板"，远远不能适应社会主义文化事业建设和发展的需要，影响到整个国家民主法治建设的进程。所以，民主法治的发展离不开文化的发展，文化的发展要依赖于文化的法治建设。只有积极进行文化法治建设，运用法律手段，对文化事务进行管理和规范，才能更好地发展社会主义民主法治，也才可以创造生动活泼有生机的社会主义民主法治生活新局面新形势。

第三节 文化法治建设是促进社会主义文化繁荣发展的重要途径

一 文化繁荣发展与文化法治关系的政策梳理

文化的繁荣发展，是一个国家文明进步的重要标志，也是人类社会文明进步的重要内容。早在20世纪90年代，党和政府就关注到运用法律手段对促进文化繁荣的积极意义。1991年3月1日，中共中央宣传部、文化部、广播电影电视部联合发布了《关于当前繁荣文艺创作的意见》，该《意见》针对当时文艺创作的实际，提出了十条意见。第十条强调"加强文化法制建设，促进文艺创作繁荣，保证文艺事业健康发展"。《意见》同时指出："文艺法制建设，是我国社会主义民主与法制建设的组成部分，是社会主义文艺管理的重要手段之一，是繁荣和发展社会主义文艺创作的一个必不可少的条件。它有利于保证党对文艺事业的领导，有利于保证社会主义文艺创作的正确方向，要在坚持四项基本原则的前提下，保障作家艺术家和其他从事文艺活动者进行文艺创作的自由，保障宪法赋予每个公民的这项基本的文化权利。要依法保护作家艺术家和广大文艺工作者的正当权益，合理调整作者、传播者和社会大众的利益关系，保护精神劳动成果权。"

党的十六大报告中指出："全面建设小康社会，必须大力发展社会文化，建设社会主义精神文明。当今世界，文化与经济、政治相互交融，在综合国力竞争中的地位和作用越来越突出。文化的力量，深深熔铸在民族的生命力、创造力和凝聚力之中。全党同志要深刻认识文化建设的战略意义，推动社会主义文化的发展繁荣。"我国是社会主义国家，社会主义国家进行生产的根本目的在于不断提供丰富的精神和物质产品，以满足人民群众日益增长的物质和文化生活的需要。改革开放以来，随着国家经济社会发展水平的不断提高和人民群众物质生活的显著改善，使不断发展的社会主义事业满足人民群众日益增长的文化生活需要，就成为社会主义文化法治建设事业面临的全新课题，需要正确处理好文化法治建设和文化繁荣发展之间的关系。

二 政府运用法律手段促进文化繁荣发展

政府对文化的管理应当能够促进文化的繁荣发展，进而有利于人类社会的文明进步。当下，如果仍然是依靠政府运用纯行政管理手段，对文化事业的大包大揽，大加干涉，会严重阻滞文化事业的发展和进步，那么将是无法满足人民群众对文化生活的现实需要的。文化的多样性、多元化和可选择性是现今人民群众文化生活的显著特点。公民文化活动的领域必须拓展，公民个人所享有的文化活动的自由权也必须增加。党的十九大报告指出，社会主义文艺是人民的文艺，必须坚持以人民为中心的创作导向，在深入生活、扎根人民中进行无愧于时代的唯一创作。同时，由于整个社会主义文化事业的发展，政府对文化事业领域也必须加大管理力度，通过各种保障手段来帮助公民有效地实现文化权利。[1]

但是，文化事业和文化产业的进一步发展繁荣也面临许多深层次的困难和问题，特别是体制机制方面的问题。比如，文化事业保障的稳定性和可持续性不足、文化产业高层次人才相对稀缺、文化市场主体地位尚待完整确立、文化市场规范管理有待加强等。这些问题的解决，进而为文化大发展大繁荣提供良好的环境，需要依靠文化体制改革和文化法治建设的协同推进。[2] 只有文化法治建设和文化体制改革协调推进了，才能实现文化建设的协调发展。而文化建设的协调发展最终的导向就是打造精品。文化大繁荣大发展的重要标准之一应该是出精品。我国这几年的文艺创作数量突飞猛进，甚至一度成为世界第一大电视剧生产国和第三大电影生产国，但是优秀作品很少，很多作品粗制滥造，渲染暴力、色情等，给受众带来很不好的观感体验，造成误导等负面影响。所以，我们应该加快文化法治建设，用法律的手段规范和约束文化市场主体的行为，抵制低俗、媚俗、庸俗的文化产品和文化行为，提升文艺原创力，推动文艺创新，繁荣文艺创作，坚持"思想深邃、艺术精湛、制作精良"相统一的文艺精品。

---

[1] 莫纪宏：《论文化权利的宪法保护》，《法学论坛》2012年第1期。
[2] 陈柳裕：《文化立法研究：共识、进展及其批判》，《浙江工商大学学报》2012年第6期。

第四节 文化法治建设是社会主义文化体制改革的必然选择

一 文化体制改革是激发文化事业发展活力的最根本途径

激发文化事业发展活力离不开文化体制改革,而文化体制改革又离不开文化法治的建设,否则激发文化发展活力就沦为一句空话。在计划经济时代,政府对文化事业主要采取以行政命令为主的直接管理模式。这种管理模式下,政府既是"教练员"又是"运动员",承担着双重角色。最终导致的结果是,不仅使政府陷入烦琐的具体事务管理之中,管了很多不该管、管不好、也管不了的事,造成行政效率低下,管理水平不高。[①] 1997年党的十五大报告提出"有中国特色社会主义的文化建设"以及"深化文化体制改革"的要求,使"文化"逐步脱离精神文明范畴转入独立话语体系的建构进程。[②]

2005 年,《中共中央国务院关于深化文化体制改革的若干意见》作为文化体制改革"纲领性文件"的面世,喻示着文化体制改革已经从一开始的行业系统自发探索转变为国家层面的主动性、自觉性战略行动。[③] 这次改革被誉为"继经济、政治、教育、科技等领域体制改革之后我国进行的又一重大改革"[④],改革"由点到面、由浅入深,大力度推进、全方位展开、纵深化拓展,给文化建设不断提供强大动力,使我国文化领域整体面貌和发展格局焕然一新,并初步走出了一条中国特色社会文化发展道路"[⑤]。

二 文化法治建设是文化体制改革的必由之路

党的十六大在全面规划建设小康社会的宏伟蓝图中,突出强调了文化建设的战略地位和极端重要性,做出推进文化体制改革的战略部署。党的

---

① 参见王永浩《关于加强我国文化立法工作的思考》,《社会科学家》2006 年第 6 期。
② 陈赓:《四十年来的中国文化体制改革研究:一个理论述评》,《山东大学学报》(哲学社会科学版) 2019 年第 5 期。
③ 同上。
④ 蒋建国:《深化文化体制改革》,《求是》2012 年第 24 期。
⑤ 同上。

十六届三中全会提出了建成完善的社会主义市场经济体制的目标，要求文化行政管理部门进一步转变职能，依法行政，逐步实现文化产业管理的法制化、规范化。党的十七大从中国特色社会主义总体布局的高度，提出要全面深化文化体制改革，提高国家文化软实力、推动社会主义文化大发展大繁荣、兴起社会主义文化建设新高潮。

党的十七届六中全会通过了《关于深化文化体制改革　推动社会主义文化大发展大繁荣若干重大问题的决定》，为加快文化改革发展提供了难得的历史机遇，标志着我国文化建设进入了一个新的繁荣发展阶段。

党的十八届三中全会要求不断深化文化体制改革，这一轮改革的重要特点和核心要求就是确保一切改革措施都在法制轨道上进行，政府通过法律法规对文化进行间接管理，从而实现适应管理法制化、规范化的客观要求。大力加强文化立法，完善文化方面的各项法律法规，将为进一步实现政府的职能和角色的转变，树立"小政府""大服务"的管理理念，积极推进政府依法管理文化建设创造必要的条件，也将为更好地把文化领域的各项工作纳入法治管理的轨道，充分发挥法律在文化管理的事前、事中、事后的引导、制约、控制作用提供必要的依据。①

第五节　文化法治建设是实现国家文化安全的重要保障

一　国家文化安全的基本内容

国家文化安全，是指国家文化生存和发展不受任何威胁时的状态，②换言之，即国家文化安全是国家文化不受威胁的客观状态，是国家安全的有机组成部分。2014年4月15日，习近平召开中央国家安全委员会第一次会议，首次提出"总体国家安全观"。习近平用71个字总结"总体国家安全观"：既重视外部安全，又重视内部安全；既重视国土安全，又重视国民安全；既重视传统安全，又重视非传统安全；既重视发展安全，又重视安全问题；既重视自身安全，又重视共同安全。并提出要构建集政治安全、国土安全、军事安全、经济安全、文化安全、社会安全、科技安

---

① 王永浩：《关于加强我国文化立法工作的思考》，《社会科学家》2006年第6期。
② 李淑梅、宋扬、宋建军：《中西文化比较》，苏州大学出版社2016年版，第180页。

全、信息安全、生态安全、资源安全、核安全等于一体的国家安全体系。党的十九届四中全会继续强调:"坚持总体国家安全观,统筹发展和安全,坚持人民安全、政治安全、国家利益至上有机统一。以人民安全为宗旨,以政治安全为根本,以经济安全为基础,以军事、科技、文化、社会安全为保障,健全国家安全体系,增强国家安全能力。"①

国家安全包括一个国家的政治安全、科技安全、经济安全、文化安全、信息安全、军事安全、生态安全等。作为国家安全中的重要组成部分,国家文化安全是指"在保证公民享有文化权利和拥有文化自信的基础上作为一种政治实体的主权国家的意识形态、价值观念、基本政治制度以及国家形象等主要文化要素,免于外部敌对力量的侵蚀、破坏和扭曲的状态"②。相对于政治安全、经济安全、军事安全等的直接性、外化性和对抗性的特点,文化安全具有一定的特殊性,表现为间接性、隐蔽性和缓和性等特点。以国家安全为框架的国家文化安全的研究中,对于文化安全的定义更多侧重于防范外来文化的入侵,以及在这个框架中国家文化安全指的不仅是国家文化主权的安全,同时也包括对国家身份与认同的安全。

所以说,"一个文化上不安全的国家不可能真正拥有良好的内部和外部安全环境,而文化上处于依附地位的国家的发展方向和进程容易受到其他国家的左右或控制"③。因此,对于我国而言,国家文化安全的主要任务就是要确保中华民族优秀的文化传统不被国外势力侵犯和瓦解,能够有效地保护我国人民的价值观、生活方式、社会主义制度,免遭来自外部或内部不良文化要素的侵蚀、破坏和颠覆,从而确保文化对提高中华民族的凝聚力而产生的影响,确保文化在我国社会主义法治建设中重要作用的发挥。

二 我国文化安全的处境及出路

当下,全球化已经作为客观存在的现实,从经济领域延伸到政治、文化乃至社会的各个角落中,从而造成了各种思想文化交流交融交锋的加

---

① 中国共产党第十九届四中全会报告《中共中央关于坚持和完善中国特色社会主义制度推进国家治理体系和治理能力现代化若干重大问题的决定》,《人民日报》2019年11月6日第1版。
② 文友华:《文化建设法制化研究》,博士学位论文,武汉大学,2013年。
③ 童萍:《当代中国文化安全的现状和对策》,《中共山西省委党校学报》2007年第2期。

剧。"文化安全是相对于文化扩张、文化霸权而存在的，它关切的是国家文化利益是否受到了损害，国家文化权是否受到了侵犯，能否独立自主健康地发展个性文化是衡量国际进行文化交流是否具有平等地位的尺度。"①法国前总统希拉克曾针对以消费主义为核心的美国大众流行文化的扩张发出警告："当今世界正面临着单一文化的威胁。"②

所以，当今世界，谁更加有力地掌握了文化话语权，谁就能主动且有效地维护自己的文化主权和文化安全。在这种情况下，文化在综合国力竞争中的地位和作用更加凸显。这对于正处于激烈国际竞争中的中国来说，维护国家文化安全、抵御外来文化渗透的任务就更加艰巨，增强国家文化软实力、民族文化国际影响力的压力和要求也随之紧迫。防范和抵制包括危害我国意识形态安全的文化、激化民族矛盾和宗教冲突的文化、违背社会公德的文化和侵犯个人权利的文化在内的"不良文化"的影响也是维护文化安全的主要任务。

"我国必须通过维护民族文化，消除'全球市场'中文化发展的不平等和不公正，保证世界新文化体系的建设。因此，重建民族文化话语权成为建设我国文化主权的关键。"③法治是法律之治，在世界范围内具有一定的普适性，因此"利用法律来规范人们行为、制裁违法行为、反对文化侵略、维护文化主权，在国际上具有无可置疑的正当性，有利于争取国际社会的认同和支持，争取在国际政治和国际舆论上的主动。因此，加快文化立法、提高文化建设法制化水平是维护国家文化安全，与各种文化侵略和文化渗透行为作斗争的重要途径"④。基于此，我们可知，文化法律法规的完善使文化事业和文化产业的发展有法可依、有章可循、有据可查，对于规范、制约文化生活中的不法行为有重要影响。近几年，陆续出台的《国家安全法》《网络安全法》均明确了文化安全在国家安全中的重要地位，肯定了文化安全法律治理的必要性。⑤

除了加强文化立法外，还应正确处理我国文化真正"走出去"与把

---

① 张云鹏：《文化权：自我认同与他者认同的向度》，社会科学文献出版社 2007 年版，第 237 页。
② 转引自花建《软权力之争：全球化视野中的文化潮流》，上海社会科学院出版社 2001 年版，第 232 页。
③ 陈华文：《文化学概论新编》，首都经济贸易大学出版社 2009 年版，第 361 页。
④ 陈柳裕：《文化立法研究：共识、进展及其批判》，《浙江工商大学学报》2012 年第 6 期。
⑤ 齐崇文：《论文化安全的法律治理》，《行政管理改革》2019 年第 8 期。

外国文化合理"引进来"的关系，即深化文化开放与保障文化安全的关系。对此，党和国家都十分重视文化的"走出去"。比如，2005年7月11日，中共中央办公厅、国务院办公厅发布《关于进一步加强和改进文化产品和服务出口工作的意见》、2006年4月25日，国务院办公厅转发财政部等部门发布《关于鼓励和支持文化产品和服务出口的若干政策》、2014年3月3日，国务院发布《关于加快发展对外文化贸易的意见》等。这些政策的出台，为我国文化真正"走出去"提供了政策支持。党的十八大也强调，要扩大文化领域对外开放，积极吸收借鉴国外优秀文化成果。一方面，通过立法推进文化开放，使世界优秀文化引得进来，挖掘和吸收各国文化的优质因子；同时，不断增强中华文化的吸引力和亲和力，扩大中华文化在国际上的影响力和竞争力，中华优秀文化"走得出去"，使之在世界文化发展竞争中赢得主动地位。另一方面，通过立法维护和保障国家文化安全，从维护国家利益和国家安全的高度，提高文化甄别能力，强化文化安全意识，制定文化安全战略，建立文化安全机制，完善文化安全措施，抵制各种不良外来文化的侵袭和冲击，确保国家文化安全。[①]

第六节　文化法治建设是增强我国文化国际竞争力的内在需要

一　文化成为国与国之间竞争的重要力量

随着世界多极化、经济全球化的深入发展和科学技术的日新月异，文化已经成为国家发展、民族振兴的重要支撑，成为国家核心竞争力的重要因素，[②]换言之，文化本身也成为了生产力。"文化生产力是指社会创造文化的能力以及生产的为社会所承认的精神产品。"[③] 对此，党的十六大报告在文化的地位和作用问题上有了新的认识。2002年11月，党的十六大报告中明确提出："完善产业政策，支持文化产业发展，增强我国文化产业的整体实力和竞争力。"党的十八大报告中继续强调："建设社会主

[①] 马纯红：《文化立法须处理好三种关系》，湖南省中国特色社会主体理论体系研究中心，《人民日报》2012年9月6日。

[②] 刘庆斌：《关于对进一步加强社会主义文化建设的认识和思考》，《贵州社会主义学院学报》2012年第3期。

[③] 张鸿文主编：《社会主义改革学原理》，天津大学出版社1991年版，第206页。

义文化强国,关键是增强全民族文化创造活力。"

新的文化发展观强调解放和发展文化生产力,强调文化带动经济发展的功能。同时,认识到文化作为一种精神力量,把人类的思想、观念和认识等作为产品内容,即强调文化生产力具有意识形态性、物质性、创新性、自主性、人文性等特征。对文化生产力进行广泛而深入的研究,认识到文化生产力已经成为社会生产力、竞争力、综合国力的重要组成部分,成为经济社会发展的深层驱动力。[1] 基于此,习近平同志指出:"提高国家文化软实力,关系'两个一百年'奋斗目标和中华民族伟大复兴中国梦的实现。要弘扬社会主义先进文化,深化文化体制改革,推动社会主义文化大发展大繁荣,增强全民族文化创造活力,推动文化事业全面繁荣、文化产业快速发展,不断丰富人民精神世界、增强人民精神力量,不断增强文化整体实力和竞争力,朝着建设社会主义文化强国的目标不断前进。"[2]

这也意味着,要想提升我国文化产品的国际竞争力,就要加强精品意识,推出优质的文化产品。"文化产品市场中的智力投入和物质投入,具备社会生产力诸要素的基本特征,文化产品的生产,形成物质形态的生产过程,与其他产品的生产一道,共同构成社会生产力的发展过程,文化产业是新兴产业,方兴未艾,它所创造的价值,在国内生产总值的构成中占有越来越大的比重,在国民经济中占有越来越重要的地位。"[3] 文化产品市场中的智力投入和物质投入要有完善且良好的文化法制进行保护和激励,否则,权益不能得到法治保障的情况下,文化创作者的积极性和主动性就不高,进而影响优质文化产品的产生。

二 我国文化领域面临更大的挑战和风险

党的十七届六中全会指出:"文化在综合国力竞争中的地位和作用更加凸显,维护国家文化安全任务更加艰巨,增强国家文化软实力、中华文

---

[1] 参见王玲《十六大以来我国深化文化体制改革的路径选择研究》,硕士学位论文,渤海大学,2013年。

[2] 《习近平在中共中央政治局第十二次集体学习时强调建设社会主义文化强国,着力提高国家文化软实力》,《人民日报》2014年1月1日第1版。

[3] 李长春:《在文化体制改革试点工作会议上的讲话(2003年6月28日)》,《十六大以来重要文献选编》(上册),中央文献出版社2005年版,第343页。

化国际影响力要求更加紧迫。"因此，在不同思想文化猛烈碰撞较量、道德价值之战愈演愈烈的情况下，我们必须警惕隔着居心叵测的价值渗透、文化同化等，尤其是我国加入世界贸易组织后，形势更加复杂严峻。我国承诺加入世贸组织后，在音像、电影、书刊发行、广告等行业有条件开放，我国文化产业面临着来自国外文化产品、文化资本和文化价值观的挑战，面临着更大范围的国际文化交流和更加激烈的文化竞争。①

所以，在全球文化相互交融与重构过程中，我国面临的文化安全威胁也进一步加大，中华文化民族精神面临着严峻的挑战。我们应充分认识到意识形态安全是文化安全的重要内容。"意识形态的合法性认同功能应体现在对主流价值体系的维护、论证、宣传及导向的全过程，其本质内容是要在社会成员中建构具有普遍认同的由价值原则、价值标准和价值目标所构成的核心价值体系，正确引导和合理解决构建社会主义和谐社会进程中的价值诉求问题。"②这就要求我们要加强意识形态领域的工作，使之成为凝聚社会共识、引导人民向心、维护国家稳定的重要方面，加强民众对国家的依附感、归属感和忠诚度。同时，积极推进文化法治建设，通过法治手段和方式维护国家文化主权，依法对允许进入国内的国外文化产品、文化资本进行规范管理，同时还要运用法律手段保障和促进我国文化产业的发展，提高我国文化的国际竞争力。③

---

① 明立志：《加强我国文化产业立法的几点思考与建议》，《今日中国论坛》2005年第12期。
② 黄传新、吴兆雪等：《构建和谐社会与意识形态建设》，安徽人民出版社2007年版，第208页。
③ 参见明立志《加强我国文化产业立法的几点思考与建议》，《今日中国论坛》2005年第12期。

第二章

文化法治建设的历史进程

作为社会主义民主法治建设的重要组成部分，我国文化法治建设经历了"从无到有、从粗到细、从分散到体系的发展过程"①，在文化立法、文化执法、文化司法等领域取得了令人欣喜的成果，为我国的文化法治健康良性的发展积累了丰富和宝贵的经验。

第一节 文化法治建设的萌芽阶段

中国共产党成立之初至中华人民共和国成立之前，是我国文化法治建设的萌芽阶段。

自1921年7月中国共产党成立之后，党就特别重视文化工作尤其是宣传工作，注重根据工人、农民、青年学生等不同群体的特点，采取切合对象实际的宣传教育内容和形式。1923年10月，党的第三届一次中央执行委员会会议决定由党、团中央共同组成中央教育宣传委员会，并制定了《教育宣传委员会组织法》。这是我党第一个专门的关于宣传工作的法规。随后又陆续通过了《对宣传工作之决议案》《宣传问题议决案》《关于宣传部工作议决案》等文件。党的六届一中、六届二中全会通过了两个《宣传工作决议案》，是这一时期党的文化工作的纲领性文件。不但提出了文化工作的各项任务，还提出了一系列文化工作的方针和政策。② 其中包括，"把工人、苦力、流氓无产阶级、兵士、职员、学徒、手工艺工人、小资产阶级知识分子、学生、小学教师等作为这种思想上联合战线的对象。"③

---

① 为了更全面系统地观察文化法治建设全貌，进行阶段划分时，是从中国共产党成立之初开始进行，特此说明。
② 转引自吴克礼主编《文化学教程》，上海外语教育出版社2002年版，第52页。
③ 《中共中央文件选集》第4集，中共中央党校出版社1989年版，第253页。

革命根据地实行着与国民党统治区完全不同的文化政策和文化制度。比如，宗教信仰自由政策，是中国共产党和中国政府对待宗教问题的一贯政策。1931年的《中华苏维埃共和国宪法大纲》第（四）条规定："在苏维埃政权领域内，工人、农民、红色战士及一切劳苦民众和他们的家属，不分男女……宗教，在苏维埃法律面前一律平等，皆为苏维埃共和国的公民。"[①] 第（一三）条规定："中华苏维埃政权以保证工农劳苦民众有真正的信教自由为目的，绝对实行政教分离的原则。一切宗教，不能得到苏维埃国家的任何保护和供给费用。一切苏维埃公民有反宗教宣传之自由，帝国主义的教会只有在服从苏维埃法律时才能许其存在。"[②] 此外，宪法大纲在妇女问题和工农劳苦民众受教育权方面，也涉及文化及其建设，如"中国苏维埃政权以保证彻底的实行妇女解放为目的，承认婚姻自由，实行各种保护妇女的办法，使妇女能够从事实上逐渐得到脱离家务束缚的物质基础，而参加全社会经济的政治的文化的生活"[③]，"中华苏维埃政权以保证工农劳苦民众有受教育的权利为目的，在进行革命战争许可的范围内，应开始施行完全免费的普及教育，首先应在青年劳动群众中施行。应该保障青年劳动群众的一切权利，积极的引导他们参加政治的和文化的革命生活，以发展新的社会力量"[④]。对于中国境内少数民族，"苏维埃政权更要在这些民族中发展他们自己的民族文化和民族语言"[⑤]。这一时期的文化建设具有重要的历史意义，为抗日战争时期确立新民主主义的文化教育方针打下了基础，也为新中国文化制度的形成积累了宝贵的经验。

1935年12月，瓦窑堡会议上，党中央确立了抗日民族统一战线政治路线，同时，也做出了转变宣传、文化政策的决策，并派出干部前往国民党统治区传达贯彻新的政治路线和各项政策，大大推动了抗日救亡文化运动。[⑥]

[①] 张晋藩：《中国宪法史》，中国法制出版社2016年版，第494页。
[②] 同上书，第496页。
[③] 《中华苏维埃共和国宪法大纲》第（一一）条，转引自张晋藩《中国宪法史》，中国法制出版社2016年版，第495页。
[④] 《中华苏维埃共和国宪法大纲》第（一二）条，转引自张晋藩《中国宪法史》，中国法制出版社2016年版，第495页。
[⑤] 《中华苏维埃共和国宪法大纲》第（一四）条，转引自张晋藩《中国宪法史》，中国法制出版社2016年版，第496页。
[⑥] 余信红：《掀开中国文化新的一页 土地革命时期中共对文化战线的领导》，江西人民出版社2000年版，第202页。

为了建立更广泛的文化统一战线，遵照《为抗日救国告全体同胞书》和中共驻共产国际代表团的指示，我党做出了解散"左联"和各左翼文化团体的决定，并且在党的统一战线的旗帜领导下，建立起包括各党各派、各种信仰、各种创作流派的抗日文化统一战线。

1936年11月，我党在陕北成立了中国文艺协会，协会的主要任务就是发展无产阶级文艺、宣传教育全国民众团结抗日、影响和推动全国的文艺工作者联合起来，促成巩固的抗日民族统一战线。

1941年，陕甘宁边区第二届参议会第一次会议通过了《陕甘宁边区施政纲领》，明确提出了发展抗日的"文化建设"之任务。如，"保障一切抗日人民（地主、资本家、农民工人等）的言论、出版、信仰之自由权""保障一切公务人员及其家属充分的文化娱乐生活""继续推行消灭文盲政策，推广新文字教育，健全正规学制，普及国民教育，……推广通俗书报，奖励自由研究，尊重知识分子，提倡科学知识与文艺运动，欢迎科学艺术人才""从文化上提高妇女在社会上的地位""在尊重中国主权与尊重政府法令的原则下，允许任何外国人到边区游历，……或在边区进行文化与宗教的活动"。[①]

1942年5月2日，中共中央宣传部在延安召开文艺座谈会，会上毛泽东对我党的文艺工作作出了一系列重要的论断，即著名的《在延安文艺座谈会上的讲话》，其对五四以来中国新文化运动的经验和教训的总结，结合延安和各抗日根据地文艺界存在的问题，有针对性地提出了中国共产党解决问题的理论和政策，是我党第一代领导人文化思想的集中体现，为新中国文化制度的形成奠定了思想基础。[②]

1946年4月，陕甘宁边区第三届参议会议第一次会议通过了《陕甘宁边区宪法原则》，其中规定：为人民提供"免费的国民教育，免费的高等教育""优等生受到优待""普施为人民服务的社会教育""普及并提高一般人民之文化水准，从速消灭文盲"。[③]《陕甘宁边区宪法原则》是马克思主义和中国革命实践相结合的产物，它把在根据地已经实行的政权组织、人民权利、司法制度、经济文化政策等，用法律的形式固定下来，确立了新民

[①] 中央档案馆编：《中共中央文件选集》（第十三册），中共中央党校出版社1991年版，第90—94页。
[②] 潘信林：《地方文化管理理论与实践》，湘潭大学出版社2014年版，第110页。
[③] 《民族问题文献汇编》，中共中央党校出版社1991年版，第1047页。

主主义宪治的基本模式，是宪法性的文献，具有重要的历史意义和地位。①

第二节 文化法治建设的初建阶段

从新中国成立初期到"文化大革命"开始前是我国文化法治建设的初建阶段。其中，新中国成立初期到 20 世纪 50 年代末期，这一阶段的立法工作主要是围绕如何建设新中国的人民文艺而进行的，制定的法规性文件总计 150 多件，不仅涉及面广，而且非常注重原则性和灵活性的统一。②而 60 年代初到"文化大革命"开始前，文化立法工作取得了较大进展，开始深入文化管理工作的内容，制定的法规也趋于完整。

1949 年 9 月 29 日中国人民政治协商会议第一届全体会议通过的《共同纲领》，新中国成立初期的施政纲领，是团结全国各族人民建设新民主主义的大宪章。在 1954 年《中华人民共和国宪法》颁布以前，它实际上起着临时宪法的作用。其中，第五章专门规定了"文化教育政策"，明确提出了新中国教育的新民主主义的性质，强调文化教育的民族性、科学性和大众化。同时要求肃清封建的、买办的、法西斯主义思想，突显了鲜明的时代特征；提倡全民公德，强调教育方法和教育内容的实用性；重视工农教育，确立了成人教育在新中国教育工作中的重要地位，重视技术教育和政治教育，提倡文学艺术为人民服务，启发人民的政治觉悟，注重教育对象的全面发展等。总体而言，《共同纲领》的"文化教育政策"符合新中国成立初期的中国国情，体现了新中国的教育特色。继承和发展了马克思主义的教育理论，为新中国的教育事业发挥了重要的推动作用。虽然这一纲领有着时代的局限性，但是它自身的科学内涵，仍然深刻影响着今天教育事业的发展。③

1950 年 11 月，文化部召集了全国戏曲工作会议，检讨了各地戏曲改革工作的情况，提出了今后工作的方针。政务院在听取文化部报告后作出《关于戏曲改革工作的指示》（经周恩来总理签署，由政务院发布于 1951 年 5 月 5 日）。主要内容有：戏曲应以发扬人民新的爱国主义精神，鼓舞

---

① 参见韩大梅《〈陕甘宁边区宪法原则〉论析》，《中共中央党校学报》2004 年第 1 期。
② 康式昭：《谈谈加强文化法制建设》，《文艺理论与批评》1992 年第 3 期。
③ 参见王红《〈共同纲领〉中的教育政策及其现实意义》，《中国地质教育》2009 年第 2 期。

人民在革命与生产劳动中的英雄主义为首要任务；戏曲改革工作应以主要力量审定流行最广的旧有曲目，对其中的不良内容和不良表演方式进行修改；鼓励各种戏曲形式的自由竞争，促成戏曲艺术的"百花齐放"；戏曲艺人应当在政治上、文化上、业务上加强学习，提高自己；旧戏班社中的某些不合理制度，应有步骤地加以改革；戏曲工作应统一由各地文教主管机关领导。①

除了对戏曲工作的关注外，国家也倾注了大量的人力物力在文物保护领域。新中国成立初期，文物保护工作处在严峻的局面之中。帝国主义势力与境内反对分子、投机奸商互相勾结，文物走私倒卖十分猖獗。一些不法分子也乘政局混乱之际，有计划、有组织地破坏文物。针对大量文物流失和遭到破坏的局面，1950年5月24日，中央人民政府政务院制定、颁布了新中国第一个保护文物的法令《禁止珍贵文物图书出口暂行办法》，同一天还颁布了《古文化遗址及古墓葬之调查发掘暂行办法》，7月6日政务院又发布了《关于保护古文物建筑的指示》；大规模经济建设时期，为有效解决经济建设与文物保护之间的矛盾，政务院于1953年10月12日发出《关于在基本建设工程中保护历史及革命文物的指示》、1956年4月2日发出《关于在农业生产建设中保护文物的体制》，这个阶段文物保护政策开始向法制化的方向发展；但是50年代后期文物保护被烙上了"大跃进"的痕迹，暴露出一些问题和矛盾；60年代初期，经过调整，文物保护重新走上正轨，这一时期出台了《文物保护管理暂行条例》《关于不配合建设工程的考古发掘问题》《古遗址、古墓葬调查、发掘暂行管理办法》《关于博物馆和文物工作的几点意见（草案）》和《文物保护单位保护管理暂行办法》等一些政策和法规，为有效地保护文物确立了政策依据和法规保障。②

1956年召开的中共中央政治局扩大会议上，明确提出了"百花齐放、百家争鸣"的方针。这个方针是基于当时我国具体情况提出的，也是在国家急于发展文化的基础上提出的。这一方针的确立，有效促进了当时我国社会主义文化的繁荣，文化创作得到空前活跃，文化建设取得了丰硕成

---

① 张晋藩、海威、初尊贤主编：《中华人民共和国国史大辞典》，黑龙江人民出版社1992年版，第74页。

② 参见刘建美《1949—1966年中国文物保护政策的历史考察》，《当代中国史研究》2008年第3期。

果，给我党的文化建设提供了有效的借鉴经验。①

60年代初到"文化大革命"前，这一阶段立法工作也取得了较大进展，制定的法律法规趋于完善、系统和统一。文化工作的许多主要法规都是在这一时期起草或者制定的。例如《剧院（团）工作条例》（文化部1961年8月8日）、《关于集体经营戏曲剧团的若干规定》（文化部1963年6月1日）、《直属艺术表演单位相互借用导演、演员、设计、制作等人员的费用支付办法》（文化部1963年12月31日）、《关于各种电影剧本与影片审查的规定》（文化部1962年12月11日）、《关于文化和社会科学书籍稿酬的暂行规定》（文化部1958年7月14日）等。但是，由于受反右派运动扩大化和"大跃进"的影响，立法工作反复较大，尤其涉及文艺工作者的创作自由与智力成果权的保护，出现了较大的曲折与倒退。例如，文化部于1956年颁发的《国营剧团试行付给戏剧作者上演报酬的办法》，1958年颁发的《文学和社会科学书籍稿酬制度》，可以说是我国实行版权保护制度的开端。但是在实行几年之后就被取消了。受计划经济体制的制约，这一时期的法规强调"管住"，忽视"搞活"。如对演员的流动一律视为"挖墙角"予以取缔，对艺术队伍的成长是不利的。②

第三节　文化法治建设的停顿阶段

从"文化大革命"开始到粉碎"四人帮"的十年，是我国文化法治建设的停顿阶段。这一时期，在法律虚无主义思潮的笼罩下，国家立法机关和行政机关受到严重冲击，文化法规的制定工作几乎中断，以往出台的法规实际上大多被废除，整个社会文化生活依照各种"文件"或领导人的指示，或临时的政治措施进行，文化法制工作受到严重破坏。③

"文化大革命"时期，从拉开十年动乱序幕的批判新编历史剧《海瑞罢官》开始，到"破四旧、立四新"和批林批孔、评法批儒运动，在文

---

① 葛震：《新中国70年文化建设的成就与经验》，《沈阳干部学刊》2019年第6期。
② 参见康式昭《谈谈加强文化法制建设》，《文艺理论与批评》1992年第3期；潘震宙、陈昌本主编《论有中国特色社会主义文化建设》，宁夏人民出版社1999年版，第362—363页。
③ 潘震宙、陈昌本主编：《论有中国特色社会主义文化建设》，宁夏人民出版社1999年版，第363页。

化领域以及各个领域里实现全面专政,那个时候的治理模式就是一种阶级统治型的,或者是阶级专制型的治理模式。① 在"中央文革小组"的煽动下,各地红卫兵大批"四旧",冲击学校、文化机构和全社会,中国的文化遗产遭到了历史上空前的破坏。② 所以这个阶段谈不上是法治模式。

第四节　文化法治建设的发展阶段

1978年改革开放到现在,是我国文化法治建设的发展阶段。改革开放以后,在经济发展的带动下,我国的文化建设也步入了一个新的历史发展时期。与此同时,国家的文化法治建设也稳步前进。既有宏观的文化行政体制的改革,也有具体的文化执法活动程序的进步。文化法治建设的过程,实质上就是党的文化方针政策成熟化、法治化的过程。③ 凡被实践证明是行之有效的具有普遍意义的党的文化方针政策,经过较长时间的实施后,便会上升为国家法律,条件不成熟时,就先进行行政立法或者制定行政规范性文件。所以,对不同领域的文化权利,既有国家层面的法律和行政法规,也有部门层面和地方政府层面的行政规章,以及数量众多的规范性文件。

1986年9月28日党的十二届六中全会通过的《关于社会主义精神文明建设指导方针的决议》是新时期加强我国社会主义精神文明建设的纲领性文献。1992年邓小平南方谈话和党的十四大召开,党中央采取一系列重大措施,加大精神文明建设工作力度,标志着我国改革开放和现代化建设进入了一个新的阶段。深化改革,扩大开放,发展社会主义市场经济,既为文化发展奠定了基础、注入了活力,同时也促进文化自身的体制改革。

1996年10月,党的十四届六中全会通过的《中共中央关于加强社会主义精神文明建设若干重要问题的决议》明确提出:"我国社会主义精神文明建设,必须以马克思列宁主义、毛泽东思想和邓小平建设有中国特色社会主义理论为指导,坚持党的基本路线和基本方针,加强思想道德建设,发展教育科学文化,以科学的理论武装人,以正确的舆论引导人,以

---

① 魏宏:《构建社会主体公民文化权利保障体系》,《探索与争鸣》2014年第5期。
② 《邓小平文选》第2卷,人民出版社1994年版,第171页。
③ 司春燕:《我国文化法治建设存在的主要问题及对策》,载张全新、刘德龙、张华等主编《中国特色社会主义:理论·道路·事业——山东省社会科学界2008年学术年会文集(3)》,山东人民出版社2008年版,第1797页。

高尚的精神塑造人，以优秀的作品鼓舞人，培育有理想、有道德、有文化、有纪律的社会主义公民，提高全民族的思想道德素质和科学文化素质，团结和动员各族人民把我国建设成为富强、民主、文明的社会主义现代化国家。"

2000年10月通过的《中共中央关于制定国民经济和社会发展第十个五年规划的建议》中提出要"完善文化产业政策，加强文化市场建设和管理，推动有关文化产业国际化"。这是"文化产业"第一次出现在中央正式文件中。2001年11月8日，党的十六大报告中第一次将文化分为文化事业和文化产业，强调要积极发展文化事业和文化产业，继续深化文化体制改革。党的十六届四中全会提出了深化文化体制改革、解放和发展文化生产力这一重要命题，这也是中央正式文件中第一次出现解放和发展文化生产力的提法，它反映了我党对文化体制改革的认识更加深入。

党的十一届三中全会以来，我国初步建立起包括国际法在内的由一系列法律、法规和规章构成的文化制度体系，在此基础上初步建立起一套完整的文化管理机制。包括：《文物特许出口管理试行办法》（1979年）、《专利法》（1984年）、《保护世界文化和自然遗产公约》（1986年）、《著作权法》（1990年）、《音像制品管理条例》（1994年）、《公益事业捐赠法》（1996年）、《广播电视管理条例》（1997年）、《传统工艺美术保护条例》（1997年）、《电影管理条例》（2001年）、《印刷业管理条例》（2001年）、《出版管理条例》（2001年）、《文物保护法》（2002年）、《互联网上网服务营业场所管理条例》（2002年）、《公共文化体育设施条例》（2003年）、《著作权集体管理条例》（2004年）、《营业性演出管理条例》（2005年）、《娱乐场所管理条例》（2006年）、《信息网络传播权保护条例》（2006年）、《长城保护条例》（2006年）、《关于非公有资本进入文化产业的若干决定》（2007年）等，批准加入了《保护非物质文化遗产公约》（2004年）、《世界知识产权组织版权条约》（2006年）、《世界知识产权组织表演和录音制品条约》（2006年）、《保护和促进文化表现形式多样性公约》（2006年）等国际条约。

除了在文化立法、制定文化法规规章规范性文件、批准和加入文化相关的国际条约和公约外，我国在文化领域还进行了文化行政体制改革、文化行政执法体制改革和完善、文化行政司法程序的完善以及文化法律意识的培育，后文有详述，此处不赘述。

第三章

文化法治建设的现实基础

第一节　文化法治建设的社会背景

一　国家文化安全面临国内外双重压力和巨大挑战

20世纪90年代末期，江泽民同志在全国对外宣传工作会议上提出要"维护我国的政治经济文化安全"。① 继胡锦涛同志在2003年首次明确提出"确保国家的文化安全"② 的要求之后，党的十六届四中全会③、十六届六中全会④分别把文化安全与政治安全、经济安全和信息安全列为国家四大安全。党的十七届六中全会通过的决定强调，在大发展大变革大调整的时期，文化在综合国力竞争中的地位和作用更加凸显，维护国家文化安全任务更加艰巨，增强国家文化软实力、中华文化国际影响力要求更加紧迫。党的十八大报告进一步提出要扎实推进社会主义文化强国建设，同时要完善国家安全战略和工作机制，高度警惕和坚决防范敌对势力的分裂、渗透和颠覆活动。党的十八届三中全会提出："建设国家安全委员会，完善国家安全体制和国家安全战略，确保国家安全"。

习近平总书记指出："今天，人类交往的世界性比过去任何时候都更深入、更广泛，各国相互联系和彼此依存比过去任何时候都更频繁、更紧

---

① 参见《光明日报》1999年2月27日第1版。
② 2003年8月12日，中共中央政治局第七次集体学习，时任中共中央总书记胡锦涛主持并发表讲话。
③ 2004年9月19日，党的十六届四中全会通过《中共中央关于加强党的执政能力建设的决定》，其中强调："始终把国家主权和安全放在第一位，坚决维护国家安全。针对传统安全威胁和非传统安全威胁的因素相互交织的新情况，增强国家安全意识，……确保国家的政治安全、经济安全、文化安全和信息安全。"
④ 2006年10月11日，党的十六届六中全会通过《关于构建社会主义和谐社会若干重大问题的决定》，其中再次强调："确保国家政治安全、经济安全、文化安全、信息安全。"

密。一体化的世界就在那儿，谁拒绝这个世界，这个世界也会拒绝他。"今天的世界是一个更加开放的世界，不同国家、不同民族的文化在人类日益增多的交往中产生碰撞和交融。在这种开放的大趋势下，我国文化安全正面临着来自国内和国际两方面的挑战。

在国内挑战方面，马克思主义在意识形态领域的指导地位受到一定程度的削弱。意识形态决定文化前进方向和发展道路，是国家文化安全的核心。具有独立的民族意识形态是国家文化安全至关重要的精神支柱。我国目前正处于并将长期处于社会主义初级阶段，属于加快发展社会主义市场经济的阶段，进入发展关键期、改革攻坚期和矛盾凸显期，所以，"社会思想空前活跃，各种思想观念相互交织，各种文化激荡，社会意识出现多样化的趋势，错误思想的影响难以避免。思想理论领域杂音、噪音时有出现，一些非马克思主义的思想意识也有所滋长。"[1] 主流文化和非主流文化、精英文化和大众文化、先进文化和落后文化、官方文化和民间文化的多元共存，成为当今中国文化环境和文化氛围，在满足人们多种文化需求的情况下，也对马克思主义意识形态造成了严重冲击。[2]

在国际挑战方面，国家文化安全在经济全球化和经济一体化的发展和推动下，已经成为当今世界各国的一个共同主题。以美国为代表的西方强势文化，利用其资本、技术和市场优势对其他弱势文化的渗透、控制和强行市场准入，直接威胁着民族国家文化多样性的生存与发展。"文化全球化"不仅成为资本掠夺的新形态，国家文化安全受到前所未有的威胁，被历史地和现实地推到了主权国家面前。[3] 中国作为世界上人口最多、经济发展速度最快的发展中国家，一直被西方发达国家视为"潜在威胁"，存在各种"中国威胁论"，对我国进行多方打压，尤其是西方发达国家加紧了对我国进行文化渗透，借我国加入世界贸易组织、文化市场逐步开放之机，向我国的文化领域进行扩张，冲击我国的文化市场秩序。

---

[1] 中共中央文献研究室：《十六大以来重要文献选编》（上），中央文献出版社2005年版，第530页。

[2] 参见舒绍福《文化领导》（中国领导科学前沿丛书），国家行政学院出版社2015年版，第140—141页。

[3] 参见李淑梅、宋扬、宋建军《中西文化比较》，苏州大学出版社2016年版，第178页。

二 大众文化兴起并且带来一定的消极影响

按照文化学的观点,大众文化的产生和发展是伴随着商品和市场经济的繁荣、政治民主化的提高、科技文化事业的发展以及传媒途径和手段的不断丰富和便捷高效而形成的。[①] 因此,可以说,大众文化是"在工业社会中产生的,以都市大众为其欣赏消费的受众群体,以大众传媒为介质,具有模式化、易复制性,批量生产等特征,旨在使大量普通民众获得感性愉悦,为一个社会或一定地区内大多数人所接受和欣赏的文化形态"[②]。

改革开放以后,我国开展思想解放运动,对文化领域的意识形态管理方式发生了很大变化。邓小平同志提出的"为社会主义服务,为人民服务"的方向使文化产品的衡量标准大大放宽。从 1984 年开始,党和国家做出了一系列重大决议,在全国各大中城市进行经济改革试点,同时将科技、教育、文化体制的改革与整个经济体制的改革紧密联系在一起。由此促成了我国文化市场的形成。1988 年,文化部、国家工商管理总局联合发布《关于加强文化市场管理工作的通知》,正式提出了"文化市场"的概念。随着文化市场的形成和扩张,20 世纪 90 年代,我国的大众文化异军突起,大众文化产业迅速崛起,以满足人们娱乐、消费、休闲为主要功能和目的的各种文化场所和文化产品遍地开花,通俗小说、流行歌曲、影视剧目、商业广告、网络文化等渗透到社会生活的各个领域,影响到社会各个阶层。

对于大众文化的价值作用和地位功能的认识和评价,学者之间存在分歧。有一部分学者从中国社会的现代化、世俗化转型角度肯定大众文化的进步意义,指出这种大众文化并非"人文精神"的对立面,恰是对人世俗本性的真实体现,是打破计划经济和长期"左"倾政治思想控制和影响,并与市场经济、政治改革相应的文化发展的必然要求和反映,并且,它还将进一步推动政治的民主化及文化的多元发展。[③]

有学者虽然也认为"大众文化的抚慰功能、娱乐功能对于人们心理结

[①] 翟爱玲、贾金玲:《中国现代文化大众化发展研究》,河南大学出版社 2009 年版,第 195 页。

[②] 冯红:《詹姆逊后现代文化理论术语研究》,南开大学出版社 2015 年版,第 104 页。

[③] 翟爱玲、贾金玲:《中国现代文化大众化发展研究》,河南大学出版社 2009 年版,第 197 页。

构的平衡和调整，对于社会秩序的建立和维护发挥着它的文化整合功能，在一定程度上可以促进文化的民主化和平民化进程"①，但是该学者更多地认为，这种大众文化的兴起，使得真正反映社会文化水平的精英文化和高雅文化受到冲击，导致整个社会文化格调的下降、低俗化，因为"在功能上，它是一种游戏性的娱乐文化；在生产方式上，它是一种由文化工业生产的商品；在文本上，它是一种无深度的平面文化；在传播方式上，它是一种全民性的泛大众文化"②，所以使"文化的政治功能、认知功能、教育功能甚至审美功能都受到了抑制，而强化和突出了它的感官刺激功能、游戏功能和娱乐功能，快乐成为凌驾于一切之上的文化标准"③。杨春时也指出："大众文化畸形膨胀，出现了这种现象：物质的富裕掩盖了精神的贫乏，感官的享乐取代了思想的追求，低俗的时尚排挤了高雅的趣味。这种文化生态的失衡，导致自由精神的丧失。青年一代不知道除了大众文化之外还有精英文化，不知道除了消费之外还有更高的价值，人沦落为消费动物，不知道人生意义是什么。这是很可怕的事情，不能不引起严重的警觉。"④

大众文化虽然会带来一定的消极影响，但是我们也应当认识到大众文化产生的深层次社会根源正是中国的"现代化进程，即农业文明向工业文明转化，计划经济向市场经济过渡所造成的伦理观念、价值判断体系、思想意识变迁在文化领域中的反映"⑤，所以，"面对当下中国文化的格局，全面地赞同或片面地否定，都不是一种积极正确地对待文化的态度"，"对娱乐功能的过分突出的强调都可能使大众文化走上单独追求经济效益而忽视社会效益的道路，而这是与社会主义时代的文化发展策略相背离的。……以等价交换为不二法门的商品交换与传统文化中的'重义轻利'有矛盾，也与主流意识形态倡导的集体主义和奉献精神有冲突；追求企业利润的最大化与社会主义国家和全民共同富裕之间也有对立"⑥。

所以，我国的文化法治建设应该理性面对大众文化带来的积极和消极

---

① 尹鸿：《为人文精神守望——大众文化批评导论》，《天津社会科学》1996 年第 2 期。
② 同上。
③ 尹鸿：《当代转型：当代中国的大众文化时代》，《电影艺术》1997 年第 1 期。
④ 杨春时：《贵族精神与现代性批判》，《厦门大学学报》（哲学社会科学版）2005 年第 5 期。
⑤ 金元浦：《中国文化概论》，首都师范大学出版社 1999 年版，第 694 页。
⑥ 同上书，第 698—699 页。

两方面的影响，从立法、执法、司法等各个环节对大众文化进行引导和规范。

三 文化产业体制机制存在不足阻碍文化产业的良性发展

随着现代科技的不断推进，经济发展的过程中，知识已经成为一种重要的资源，是经济发展的首要的推动力量。"知识经济"应运而生，已经成为经济社会发展的主要动力，是经济社会发展不可阻挡的必然趋势。知识经济的出现，促使人们认识到知识和技术是生产函数中的重要因素，是促进经济增长的重要因素。人类已经进入以智力为要素，靠智力发展的第三次工业革命时代，它必将对人类社会产生巨大影响，使人们的生活、经济模式出现根本性的变革。① 对此，党的十六大报告提出要"通过理论创新推动制度创新、科技创新、文化创新以及其他各方面的创新"，强调在确立文化建设战略地位的同时，要深刻认识文化创新的重要性。

但是，目前基于单一的经济发展意识，导致了我国在经济发展方式上依旧主要采取的是传统粗放型的增长方式，而社会经济的主要推动力不是智力而是高投资和高出口，经济体制上依旧未形成高智力转化为经济生产力的机制。这些从思想到制度层面的压力均对我国的文化创新造成了极大的阻碍。知识经济追求的是知识价值的持续更新，其本质是文化经济。② 而文化经济的核心是人才的智力，文化经济的发展需要人才支撑。目前我国的文化人才十分匮乏，严重滞后于市场发展的需要。

党中央提出的科学发展观，实质上是一种新型价值观、伦理观在经济发展到一定阶段后的弘扬，它更关注人的生存质量。我国建立社会主义市场经济的运行机制，本身就是一种自觉的、有目的的促使文化变迁行为，特别是党的十七届六中全会和党的十八大提出了文化强国战略等，以推动经济社会发展。但真正落实并依靠一种新的价值观来有力促进经济增长方式优化还需要付出巨大的努力。③ 因为目前我国文化领域人才的匮乏，除了在实践中我国企业对产业创新性的研究不够深入外，还因为政府在政策

---

① 邓俊荣主编：《企业组织设计与创业团队建设》，西安电子科技大学出版社2018年版，第81页。
② 文友华：《文化建设法制化研究》，博士学位论文，武汉大学，2013年。
③ 同上。

的制定中还留有传统文化体制的痕迹,更缺乏创新人才的培养机制。① 所以,要深化改革同调整结构和促进发展结合起来,理顺政府和文化企事业单位之间的关系,加强文化法制建设,深化文化企事业单位内部的改革,逐步建立起有利于调动文化人才的积极性和创新性,推动文化创新,多出精品、多出人才的文化管理体制和运行机制。②

四 文化法治建设水平与人民群众精神生活需求之间还存在差距

新中国成立以来,尤其是改革开放以来,在党和全国人民的共同努力下,文化建设不断向前推进,文化的社会和经济效益都取得了很大的成绩,群众的精神文化生活日益丰富,③ 为文化法律制度的建立提供了现实基础和社会条件。历经改革开放四十多年,在党的领导下,中国特色社会主义道路、理论体系和制度逐步完善,中国特色社会主义法律体系已经形成的历史节点上,"我们有条件也能够正确地把握客观规律,科学设定发展目标,对立法工作进行顶层设计和总体规划,有必要也能够在总结实践经验的同时,更加注重发挥立法对改革发展的引领和推动作用。""通过制度设计贯彻落实党中央关于经济社会发展的重大战略决策和部署,在法治轨道上规范和推进各项工作,并通过法定程序凝聚共识、协调利益。同时,要努力做到立法决策与改革决策同步。"④

随着社会经济的快速发展,我国人民群众的物质文化生活水平有了很大提高。党的十八大提出要在 2020 年建成全面小康社会目标,使人民群众对生活质量和社会公平正义的追求有了更多的要求和期待。人民对美好生活的向往和对精神生活的追求是文化法治最深厚的土壤,文化法治建设需要尽快跟上时代的步伐。"随着全面依法治国进程的推进,文化领域法治建设之短板日益凸显。文化法律的数量不足,大量的管理性规定散见于众多的行政法规、部门规章和内部文件之中,稳定性、透明性不够,相互之间还容易出现不协调的现象。这就使得文化产品的生产者和文化服务的提供者难以得到稳定的、可靠的法律预期,有时甚至无所适从,束缚了文

---

① 参见宋磊《中国对外文化贸易研究》,云南人民出版社 2016 年版,第 66 页。
② 参见闫玉清《推动文化创新》,《求是》2003 年第 10 期。
③ 王永浩:《关于加强我国文化立法工作的思考》,《社会科学家》2006 年第 6 期。
④ 王兆国:《在第十八次全国地方立法研讨会上的讲话》,《人民日报》2012 年 9 月 4 日。

化生产力的发展。"① 所以,应推动文化法治建设的全面发展,以适应人民群众更高的精神文化生活需求。

第二节 文化法治建设的政治环境

一 行政管理体制改革为文化行政体制改革提供制度保证

行政管理体制改革是深化政治体制改革的关键,对于发展社会主义民主政治、保障人民政治、经济、文化、社会等方面的权利和利益具有重要意义。改革开放以来,党中央一直积极探索实行职能有机统一的大部门体制的改革,加强依法行政和制度建设,行政管理体制改革的步伐不断加快。在我国权责一致、分工合理、决策科学、执行顺畅、监督有力的行政管理体制逐步形成。

2003 年 10 月,党的十六届三中全会审议通过了《中共中央关于完善社会主义市场经济体制若干问题的决定》,该《决定》强调:加快转变政府职能,深化行政审批制度改革,切实把政府经济管理职能转到主要为市场主体服务和创造良好发展环境上来。

2006 年 10 月,党的十六届六中全会做出了《中共中央关于构建社会主体和谐社会若干重大问题的决定》,对构建社会主义和谐社会做出了全面部署,强调要建设服务型政府,强化社会管理和公共服务职能。

2007 年 10 月,胡锦涛在党的十七大报告中明确提出建设"服务型政府",要求"加快行政管理体制改革,建设服务型政府。行政管理体制改革是深化改革的重要环节。要抓紧制定行政管理体制改革总体方案,着力转变职能、理顺关系、优化结构、提高效能,形成权责一致、分工合理、决策科学、执行顺畅、监督有力的行政管理体制"。"健全政府职责体系,完善公共服务体系","加快推进政企分开、政资分开、政事分开、政府与市场中介组织分开","减少和规范行政审批,减少政府对微观经济运行的干预"。

2008 年 2 月,党的十七届二中全会研究了深化行政管理体制改革问

---

① 原文化部政策法规司副司长王建华的讲话,见王立元《文化法治建设迎来新的发展机遇》,《中国文化报》2018 年 6 月 21 日,https://www.sohu.com/a/237065870_155679,访问时间:2019 年 5 月 13 日。

题，提出：深化行政管理体制改革势在必行。行政管理体制改革是政治体制改革的重要内容，是上层建筑适应经济基础客观规律的必然要求，贯穿我国改革开放和社会主义现代化建设的全过程。必须通过深化改革，进一步消除体制性障碍，切实解决经济社会发展中的突出矛盾和问题，推动科学发展，促进社会和谐，更好地维护人民群众的利益。会议通过了《关于深化行政管理体制改革的意见》，强调："深化行政管理体制改革的总体目标是，到2020年建立起比较完善的中国特色社会主义行政管理体制。通过改革，实现政府职能向创造良好发展环境、提供优质公共服务、维护社会公平正义的根本转变，实现政府组织机构及人员编制向科学化、规范化、法制化的根本转变，实现行政运行机制和政府管理方式向规范有序、公开透明、便民高效的根本转变，建设人民满意的政府。今后5年，要加快政府职能转变，深化政府机构改革，加强依法行政和制度建设，为实现深化行政管理体制改革的总目标打下坚实基础。"

党的十八大报告再次提出，要按照建立中国特色社会主义行政体制目标，深入推进政企分开、政资分开、政事分开、政社分开，建设职能科学、结构优化、廉洁高效、人民满意的服务型政府。党的十八届三中全会审议通过的《中共中央关于全面深化改革若干重大问题的决定》提出要"深化行政体制改革"，总体目标是，到2020年建立比较完善的中国特色社会主义行政体制。

在我国深化行政管理体制改革的过程中，坚持行政管理体制改革与文化行政体制改革协调发展，发展文化生产力，满足人民不断增长的文化需要。根据中共中央、国务院《关于深化文化体制改革的若干意见》，"文化体制改革的目标任务是：以发展为主题，以改革为动力，以体制机制创新为重点，形成科学有效的宏观文化管理体制，富有效率的文化生产和服务的微观运行机制，以公有制为主体、多种所有制共同发展的文化产业格局和统一、开放、竞争、有序的现代文化市场体系；要形成完善的文化创新体系，形成以民族文化为主体、吸收外来有益文化、推动中华文化走向世界的文化开放格局。"要实现这一目标，就要在行政管理体制改革的大背景下，在文化领域进行综合配套改革，文化行政体制改革深入发展，形成行为规范、运转协调、公正透明、廉洁高效的文化行政体制。要转变政府职能，切实把政府文化管理职能转到主要为文化产业主体服务和创造良好的发展环境上来，政府的文化管理重点是加强文化市场监管，建立依法经营、违法必究、公平交易、诚实守信的市场秩序，创造公开、公平、公正的市场竞争环境。①

二 国际政治格局复杂多变为文化法治建设提出了严峻的挑战

20世纪末的东欧剧变与苏联解体宣告了东西两大阵营对峙时代的终结，美苏争霸的局面被打破，国际政治力量格局发生了巨大转变，新旧交替时期出现了"一超多强"的新局面。随着世界经济全球化的发展，经济格局出现多元化的特点，国际政治格局随之也发生了变化。对此，享誉世界的美国已故世界历史学家斯塔夫里阿诺曾深刻断言：在全球大动荡中诞生的新世界将因其多重政治格局呈现出前所未有的局面；初生的新世界的特征不仅表现为政治格局的多重性，而且表现为文化发展的多元性。②

国际政治格局的多重性导致国家间的矛盾，"未来走向可能从经贸竞争转向更深层次的主义之争、文明之争和全方位战略碰撞"③。中国自改革开放以来，实行和平发展和民族复兴，大大增强了中国的综合国力，展开全方位的外交战略，提升了中国在国际政治格局中的地位，中国在世界上的影响也与日俱增。对此，国际舆论称：中国在世界舞台的再次崛起是近年来最有影响的地缘政治事件之一。西方国家认为新兴大国的崛起对现有世界秩序发出了挑战，造成了西方力量的失衡。尤其是中国独特的政治经济发展模式让西方国家感受到巨大的威胁。中国与西方国家之间的矛盾会继续存在，为此，中国要想屹立于不败之地，就要坚定不移地走和平崛起的道路。不仅要提升硬实力，更要发展软实力，充分认识和发挥文化这种软实力在国际政治格局中的独特且重要的作用。

三 国内民主政治的推进为文化法治建设提供了深厚的土壤

党的十九大报告在第六部分对社会主义政治建设做出了重要部署，要求长期坚持、不断发展我国社会主义民主政治，号召充分发挥社会主义民主政治的优势和特点。而文化权的实现需要来自政治环境的大力支持，对

---

① 参见范文《中外行政体制理论研究》，国家行政学院出版社2014年版，第190页。
② 孔根红：《国际政治格局的新变化及我国的应对策略》，《红旗文稿》2011年第3期。
③ 陆江源、李世刚、徐薪璐：《近期国际政治经济格局变化分析》，《产业创新研究》2018年第10期。

于文化权的实现来讲，优越的政治环境要具备民主与法治方面的底蕴，要有对应之权利文化的具体底蕴。[①] 中国特色社会主义民主应是维护人民根本利益的最广泛、最真实、最管用的民主。发展社会主义民主政治，就是要体现人民意志、保障人民权益、激发人民创造力，用制度保证人民当家作主。

党的十九大报告指出："有事好商量，众人的事情由众人商量，是人民民主的真谛。协商民主是党的领导的重要方式，是我国社会主义民主政治的特有形式和独特优势。要推动协商民主广泛、多层、制度化发展，统筹推进政党协商、人大协商、政府协商、政协协商、人民团体协商、基层协商以及社会组织协商。加强协商民主制度建设，形成完整的制度程序和参与实践，保证人民在日常政治生活中有广泛持续深入参与的权利。"民主政治的法治化、规范化和程序化能够为文化法治建设提供深厚的土壤，更加积极地调动人民的文化创新热情，增强人民的文化权利意识。

四　文化法治建设受到党和国家的高度重视

文化法治是我国面向未来的顶层政策设计。[②] 2002年，党的十六大报告明确指出"加强文化法制建设，加强宏观管理"的目标和规划，强调"当今时代，文化越来越成为民族凝聚力和创造力的重要源泉、越来越成为综合国力竞争的重要因素，丰富精神文化生活越来越成为我国人民的热切愿望"。2005年12月23日，中共中央、国务院发布《关于深化文化体制改革的若干意见》，强调"加强文化立法，通过法定程序将党的文化政策逐步上升为法律法规"。随后，《国家"十一五"时期文化发展规划纲要》（2006年9月13日）、《国家"十二五"时期文化发展规划纲要》（2012年2月15日）等文件都多次强调文化建设法制化。2012年11月党的十八大上胡锦涛在所做的《坚定不移沿着中国特色社会主义道路前进，为全面建成小康社会而奋斗》中强调，扎实推进社会主义文化强国建设，要加强社会主义核心价值体系建设，全面提高公民道德素质，丰富人民精神文化生活，要增强文化整体实力和竞争力。

[①] 唐文婷：《论中国公民文化权利实现的法治化途径》，硕士学位论文，湘潭大学，2017年。

[②] 郑毅：《文化法若干基本范畴探讨》，《财经法学》2018年第1期。

2013年11月党的十八届三中全会通过的《中央关于全面深化改革若干重大问题的决定》建设社会主义文化强国，增强国家文化软实力，必须坚持社会主义先进文化前进方向，坚持中国特色社会主义文化发展道路，坚持以人民为中心的工作导向，进一步深化文化体制改革。要完善文化管理体制，建立健全现代文化市场体系，构建现代公共文化服务体系，提高文化开放水平。

2017年2月发布的《文化部"十三五"时期文化发展改革规划》是指导"十三五"时期文化系统发展改革工作的总体规划，是《中华人民共和国国民经济和社会发展第十三个五年规划纲要》和《国家"十三五"时期文化发展改革规划纲要》的具体落实，明确了"十三五"时期文化建设的总体要求、目标方向、主要任务、重要举措等内容，是未来一段时期文化发展改革的路线图和任务书。

党的十九大报告虽然没有直接针对文化法治问题进行阐释，但却多角度、全方位地对思想文化建设、优秀传统文化、公共文化服务、文化事业和文化产业、文化软实力和影响力等构成要素进行了详细说明，最终提出中国特色社会主义文化及文化自信的核心愿景，为新时代文化法治的发展提供了宝贵的顶层设计指引。[1]

2019年10月30日党的十九届四中全会《中共中央关于坚持和完善中国特色社会主义制度　推进国家治理体系和治理能力现代化若干重大问题的决定》中强调"坚持依法治国和以德治国相结合，完善弘扬社会主义核心价值观的法律政策体系，把社会主义核心价值观要求融入法治建设和社会治理"。

和西方国家主要通过文化立法的方式规范和促进文化发展和文化建设的方式不同，我国主要是以文化政策方式促进文化发展和文化建设。在中国共产党领导文化建设的过程中，构建了十分丰富和富有智慧的文化政策体系。在新的历史时期，我国文化治理中依靠文化立法的程度正在不断加深。[2] 这说明党和国家充分认识到文化法治建设的重要性，强调必须在管办关系、文化事业和文化产业关系等方面取得突破，必须积极推进文化体制改革，进一步明确政府、市场、社会和公民等的不同主体在文化建设和

---

[1] 郑毅：《文化法若干基本范畴探讨》，《财经法学》2018年第1期。
[2] 参见景小勇《政府与国家文化治理》，文化艺术出版社2016年版，第86—87页。

发展中的不同角色与职能方式，在依法治国、依法治文的协调同步发展中，文化建设法治化的必要性、重要性已经得到党和国家的高度重视和协调一致。

第三节　文化法治建设的法治条件

一　中国的法治建设已经进入"全面推进依法治国"阶段

我国的法治建设蓬勃发展于改革开放时代。党的十一届三中全会提出加强社会主义法制建设的使命，并由宪法确认。1978年12月22日通过的《中国共产党第十一届中央委员会第三次全体会议公报》中明确指出："宪法规定的公民权利，必须坚决保障，任何人不得侵犯。为了保障人民民主，必须加强社会主义法治，使民主制度化、法律化，使这种制度和法律具有稳定性、连续性和极大的权威，做到有法可依、有法必依、执法必严、违法必究。从现在起，应当把立法工作摆到全国人民代表大会及其常务委员会的重要议程上来。检察机关和司法机关要保持应有的独立性；要忠实于法律和制度，忠实于人民利益，忠实于事实真相；要保证人民在自己的法律面前人人平等，不允许任何人有超于法律之上的特权。"[①] 从此，就把加强社会主义法治建设作为党的一项方针确定了下来。

1982年12月4日第五届全国人民代表大会第五次会议通过了《中华人民共和国宪法》则是将这一方针法制化和宪法化。宪法中对公民的基本权利和义务做了广泛的规定，对国家机关职权进行了细致全面的规定。其中第5条更是明确规定，"中华人民共和国实行依法治国，建设社会主义法治国家。国家维护社会主义法制的统一和尊严。一切法律、行政法规和地方性法规都不得同宪法相抵触。一切国家机关和武装力量、各政党和各社会团体、各企业事业组织都必须遵守宪法和法律。一切违反宪法和法律的行为，必须予以追究。任何组织或者个人都不得有超越宪法和法律的特权。"该条款直接而明确地表达了对宪法的信仰，反映了对宪治理想的追求。所以1982年的宪法对我国的法治建设、民主政治建设做出了巨大贡献，为我国的法治建设奠定了坚实的宪法基础。

1997年9月，中国共产党第十五次全国代表大会正式提出"依法治

---

① 1978年12月22日，《中国共产党第十一届中央委员会第三次全体会议公报》。

国,建设社会主义法治国家"。这标志着中国共产党关于社会主义法治的认识实现了从"社会主义法制"向"中国特色社会主义法治"的重大转变。1999年3月15日第九届全国人民代表大会第二次会议通过的宪法修正案,正式把"中华人民共和国实行依法治国,建设社会主义法治国家"写入了《宪法》。2006年10月11日,党的十六届六中全会把"社会主义民主法制更加完善,依法治国基本方略得到全面落实,人民的权益得到切实尊重和保障"作为构建社会主义和谐社会的目标和主要任务之首。2007年10月,党的十七大强调"全面落实依法治国基本方略,加快建设社会主义法治国家"。2012年11月,党的十八大报告提出"全面推进依法治国",表明我国法治建设进入新的阶段。2014年10月23日,党的十八届四中全会通过的《中共中央关于全面推进依法治国若干重大问题的决定》强调我们党高度重视法治建设,明确提出了全面推进依法治国的指导思想、总目标、基本原则。该报告标志着我国法治建设进入了前所未有的高度、深度和广度,中国法治建设进入新的历史阶段。2017年10月,党的十九大报告强调"全面依法治国是中国特色社会主义的本质要求和重要保障",为深化依法治国实践做出了全面部署,为建设社会主义法治国家提供了科学指导。2018年8月24日,中央全面依法治国委员会第一次会议强调全面依法治国的重要意义和新理念新思路新战略,为加快建设社会主义法治国家进一步指明了方向和道路。2019年10月30日,党的十九届四中全会进一步强调"坚持和完善中国特色社会主义法治体系,提高党依法治国、依法执政能力"。这为我国文化法治建设提供了坚实且良好的法治环境。

二 文化法治建设初步具备相应的法律依据

宪法层面,文化法治建设具备了来自《宪法》文本的坚实支撑。"文化"一词在宪法中共出现了25次,出现"文化"一词的条文共15条,从文化政策与文化权利两个方面形成了文化法治建设的宪法基础。

作为一国的根本法,《宪法》对于文化法治问题的支撑与回应同样至关重要。它直接关系到文化法治的实施与实现。[①]《宪法》中多个条文对公民的文化权利及文化权利的保障进行了规定。比如第4条第2款规定:

---

① 郑毅:《文化法若干基本范畴探讨》,《财经法学》2018年第1期。

"国家根据各少数民族的特点和需要，帮助各少数民族地区加速经济和文化的发展。"该条第 4 款中同时规定："各民族都有使用和发展自己的语言文字的自由，都有保持或者改革自己的风俗习惯的自由。"在公民文化权利保障方面，第 14 条第 3 款规定："国家合理安排积累和消费，兼顾国家、集体和个人的利益，在发展生产的基础上，逐步改善人民的物质生活和文化生活。"第 22 条第 1 款规定："国家发展为民服务、为社会主义服务的文学艺术事业、新闻广播电视事业、出版发行事业、图书馆、博物馆文化馆和其他文化事业，开展群众性的文化活动。"该条第 2 款规定："国家保护名胜古迹、珍贵文物和其他重要历史文化遗产等。"《宪法》中对于文化权利及相关内容的规定，有利于文化政策的法治化。

从文化法律法规层面对文化进行管理，是我国社会主义文化法治建设的重要内容，是依法治国的战略要求。随着社会主义法制建设的不断推进，我国文化法律体系也不断得以完善。在宪法规定的基础上，我国先后制定了一系列文化法律、法规和部门规章等。自 20 世纪 90 年代开始，我国出台了一些与文化产业发展相关的法律法规，包括《著作权法》《专利法》《商标法》《文物保护法》《网络安全法》《公共文化服务保障法》等法律，《营业性演出管理条例》《广播电视管理条例》《电影管理条例》《娱乐场所管理条例》《音像制品管理条例》《出版管理条例》《计算机信息系统安全保护条例》《广播电视广告播出管理办法》《互联网群组信息服务管理规定》《文化市场综合行政执法管理办法》等法规规章，为促进文化产业健康发展、保障人民群众享有高品质的文化产品、提升公共文化服务能力、规范新闻传播活动、规范网络行为等方面做了比较详细的规定，初步做到了"有法可依、有章可循"，为文化产业的法治建设提供了重要的法律依据。

在国际法层面，我国积极与国际接轨，批准和加入了多个国际公约。比如，在历史文化遗产保护方面，我国政府已批准加入了《关于禁止和防止非法进出口文化财产和非法转让其所有权的方法的公约》《保护世界文化和自然遗产公约》《国际统一私法协会关于被盗或者非法出口文物的公约》《保护非物质文化遗产公约》；在促进文化发展和进步方面，我国批准和加入了《经济、社会和文化权利国际公约》《保护和促进文化表现形式多样性公约》；在促进和保障文化产业发展方面，我国批准和加入了《成立世界知识产权组织公约》《保护工业产业巴黎公约》《世界版权公约》《保护文学和艺术作品伯尔尼公约》《保护录音制品制作者防止未经许可复制其录音制品公约》《专利合作公约》《世界知识产权组织版权条约》《世界知识产权组织表演和录音制品条约》等。我国批准和加入国家公约后，应当切实履行和有效担负作为缔约国在国际法上的义务。所以，我国批准加入、参与讨论、表决通过的文化领域的国际公约，应为我国文化法治建设的国际参照和依据。比如我国政府1997年10月27日签署《经济、社会和文化权利国际公约》，于2001年2月29日第九届全国人大常委会第二十次会议表决通过，2001年7月开始生效。2003年6月27日，中国政府首次向联合国提交了该公约的履约报告，全面介绍了近年来中国在促进和保护公民文化权利方面所做的努力。

三 公民文化权利意识初醒

公民文化权利是指："在一定社会历史条件下，每个人按其本质和尊严所享有或应该享有的文化待遇和文化机会（如在技术、法律、教育、科学、艺术作品等方面的待遇和机会）以及可以采取的文化态度和文化习惯（如习俗、道德、价值观念、思想观念等方面的自由和主张）。"[1] 尽管人生而平等地享有权利，但是权利本身却不是生而平等的，并非所有的权利一开始就受到重视。西方的人权意识也有一个演进过程，即财产权利意识（罗马时代）、政治权利意识（17—18世纪近代革命后）、经济权利意识（19世纪后）、社会权利意识（20世纪70年代以后）。文化权利意识的出现则比以上意识都要晚。[2]

权利意识是公民对自身利益和享有的自由的一种认知、主张和要求，以及对其他公民的利益和享有的自由的认知、主张和要求的评价，权利意识作为现代社会公民的一项基本意识是公民意识的核心之一。[3] 这些年来，中国社会的最大变化之一，就是公民权利意识的觉醒，其中，最为引人注目的是公民文化权利意识的初醒。一方面，因为，在我国很长一段时间内，人们对于自身在经济、政治、社会中的权利投入了更多的关注。而当自己的基本生活需求、工作条件、生活保障等方面得不到满足时，人们

---

[1] 赵晏群：《文化权利：一般认知与实现条件》，《思想理论教育》2008年第9期。
[2] 同上。
[3] 周宏璐：《中国当代文化转型期公民意识的构建》，博士学位论文，哈尔滨师范大学，2017年。

缺乏关注文化权利的精力和动力，甚至不知道文化权利为何物。自改革开放以来，"随着现代市场经济的发展以及社会基本结构的变化，人们逐渐从传统的人身依附关系中解脱出来，公民的权利意识，尤其是文化权利意识渐次萌发，并且趋于成熟，一种成熟而健全的市民社会逐渐形成"①。与之相适应的，人们的精神文化需求和文化权利的诉求逐渐被重视起来，特别是党和国家采取了一系列法律、经济、行政等措施，促进和保护公民的文化权利，进一步激发了公民的文化权利意识。另一方面，党和国家一直注重普法宣传工作，加强对公民文化权利意识进行培育和发展。早在1980年12月，邓小平在中央工作会议上就指出："在党政机关、军队、企业和学校和全体人民中，都必须加强纪律教育和法制教育。"1982年9月，党的十二大报告中指出，"要在全体人民之间反复进行法制宣传教育，……努力使每个公民都知法守法。"1985年11月5日，中共中央、国务院批转了中央宣传部、司法部《关于向全体公民基本普及法律常识五年规划的通知》，11月22日，第六届全国人民代表大会常务委员会第十三次会议审议通过《关于在公民中基本普及法律常识的决议》，决定从1986年开始我国的第一个全国性的五年普法活动。直至党的十八大，仍强调：要深入开展法制宣传教育，弘扬社会主义法治精神，树立社会主义法治理念，增强全社会学法尊法守法用法意识。党和国家通过培训、讲座、办刊等多种方式，开展文化法律法规的宣传教育，在文化系统内贯彻重视制定文化法律、依靠文化法律、遵守文化法律、运用文化法律的思维模式，强化公民的文化权利意识，包括文化权益保障意识、知识产权保护意识、文化遗传保护意识等。

公民文化权利意识的初醒有利于公民更加积极地投入文化法治的建设中去，实现宪法赋予的公民参与法治建设的基本权利。宪法规定，"中华人民共和国的一切权力属于人民。人民行使国家权力的机关是全国人民代表大会和地方各级人民代表大会。人们依照法律规定，通过各种途径和形式，管理国家事务，管理经济和文化事业，管理社会事务"，因此，公民参与"管理文化事业"的最佳途径和方式就是参与文化法治建设。公民参与文化法治建设需要其具备一定的法治能力和法治理念。在文化权利意识的指引下，公民能够更加知法、守法、懂法、用法，提高多方面的能

---

① 景小勇：《政府与国家文化治理》，文化艺术出版社2016年版，第18页。

力,为我国的文化法治建设提供更好的法治环境。

第四节　文化法治建设的经济环境

当今世界是一个开放的世界,国家之间的经济、政治、文化、生活等方面的交流和沟通越来越频繁。世界经济全球化和我国市场经济的不断发展,外来文化和本土文化、传统文化和现代文化出现了激烈的融合和冲突,因此对我国的文化法治建设也提出了新的机遇和挑战。同时,我国国内经济发展水平的提高也为文化法治建设提供了强有力的财力支持,而人民物质水平的提高有利于活跃和拓展文化市场空间,为文化法治建设提供良好的经济环境。

一　世界经济全球化给中国本土文化带来机遇和挑战

我们正处于一个经济全球化加速发展的时代。科技现代化的迅猛发展、经济交往活动的日益频繁、自由贸易的逐步扩大,正在把整个世界融合为一个全球性的统一市场。在这个过程中,国际交流和合作以前所未有的速度、广度和深度推进。对中国本土文化而言,世界经济全球化发展一把"双刃剑"。它既给中国本土文化带来发展上的机遇,同时也让中国本土文化面临前所未有的挑战。

具体而言,世界经济全球化给中国本土文化带来了发展上的机遇,产生了深刻的积极影响。主要表现在以下三个方面:首先,经济全球化使得不同国家、不同地区之间的文化交流日益频繁,有利于中国文化"走出去",在全球范围内得到更好的传播。一些优秀传统文化走出国门后,向世界展示了中国文化的魅力,扩大了中国文化的影响力,加深了世界人民对中国的进一步认识和理解。其次,世界文化具有多样性和丰富性的特点,世界各国、各民族的文化以自己独特的方式为人类文明做出了贡献,都是世界文化殿堂中的瑰宝。经济全球化发展有利于我国汲取世界各国、各民族文化之长处与优点,使中国文化不断得以丰富和发展。最后,经济全球化的发展使中国文化获得了其他国家和地区更多的关注和审视,有利于我们从不同角度对本土文化开展新的思考。我们看待同一事物的视野越来越宽,对我们的文化剖析就会越来越深刻,从而使中国本土文化焕发出更强的生命力。

但是另一方面，世界经济全球化也给中国本土文化带来了挑战，对中国本土文化造成了一定程度上的冲击。主要表现在以下三个方面：第一，外来文化产品的冲击。大量外来文化的涌入，西方文化迅速的扩张，使得外国文化产品不断挤占中国文化市场，越来越多的中国文化消费者热衷于国外文化产品，比如美国好莱坞电影，越来越多的年轻人热衷于过西方节日等，使中国本土文化甚至面临生存的现实威胁。第二，外来文化资本的冲击。"十三五"规划提出，要将文化产业发展成为国民经济的支柱性产业，而资本市场在文化产业发展中起着举足轻重的作用。但是受限于文化产业投资风险性较大、投资收益不可预期等特点，我国文化产业存在融资难、与金融资本融合性差等困难。而国际文化资本运作相对成熟。一旦国际文化资本进入中国文化市场，相关防范措施和手段不到位，就可能对中国文化市场带来负面影响。第三，外来文化价值观的冲击。经济全球化的过程中，现代科技手段的使用更加普及。西方国家通过互联网更快速更广泛地推行其价值观，进行意识形态的渗透。正如阿尔温·托夫勒在《权力的转移》中所言："世界已经离开了暴力与金钱控制的时代，而未来世界政治的魔方将控制在拥有信息强权人的手里，他们会使用手中掌握的网络控制权、信息发布权，利用英语这种强大的文化语言优势，达到暴力、金钱无法征服的目的"[1]。因此互联网成为意识形态较量的重要战场，我国文化消费者深受西方国家极端个人主义、拜金主义、享乐主义等不良价值观的影响。

二 中国市场经济对中国传统文化带来一定影响

作为社会意识形态的价值观，是人的指导思想的核心部分，直接构成人的行为动机。[2] 我国正处于建立社会主义市场经济体制的转型时期。社会主义市场经济体制的确立和不断发展，影响了人们的思维方式、道德观念和价值取向。市场经济体制是以市场为配置资源最基本方式的经济形态，以最有效的资源配置和自由市场竞争为核心，追求生产效果的最大市场效益和市场价值。在这种市场经济背景下，人们的利益关系也呈现出利

---

[1] [美]阿尔温·托夫勒：《权力的转移》，周敦仁等译，四川人民出版社1992年版，第105页。

[2] 王建文：《转型时期价值取向的多元化与市场经济条件下的法制建设》，《经济师》1995年第S1期。

益的多层次性和利益的多元化。这种变化的有利之处在于，能够有效地调动人们的劳动积极性和创造性，有利于人们更加务实地面对问题解决问题，有利于优秀人才的脱颖而出。

但是，另一方面，也存在一定的消极影响。中国传统文化经受市场经济的洗礼，中国传统文化架构出现崩塌，传统儒家思想讲求的"重义轻利"观念逐渐被淡化，新的文化孕育和诞生。计划经济的可控性、自足性、低效性，与市场经济的不可控性、开放性、高效性，是根本对立的。这种相异的社会结构，决定了有各自完全不同的思维方式和行为取向。中国人传统的价值标准和道德观念受迅速变化的经济关系、社会生活的影响，发生了变化。因此，在我国价值观念和道德标准出现了多元化和复杂化。[①]

在多元化和复杂化的价值观念和道德标准的指导下，人们的行为动机就更加复杂多样，这就向我们提出了市场经济条件下法治建设的要求，尤其是文化领域的法治建设更是迫在眉睫。比如，极端个人主义价值观的存在和蔓延，在市场经济中的突出表现就是唯利是图、金钱至上的拜金主义。拜金主义会不断侵蚀和消解我国的核心价值观。因为其"背离了先进文化的主旋律，冲击了社会主义核心价值体系的建构，会诱导人们形成畸形的文化心理和错位的价值观，更不利于社会转型期人们的健康心态的形成以及社会良好道德风尚的形成"[②]，而文化工作者如果陷入拜金主义，那么必将使文化作品沦为赚钱的工具，会"极大地改变了文化的传统功能，使娱乐大于教化，消遣大于宣传，把文化纳入社会化大生产和社会财富的再创造、再分配体系支柱"[③]，最终给社会带来灾难性的后果，因为"从某种意义上说，精神信仰和价值观念的混乱甚至比经济上的落后更为可怕，它必然导致人们精神上的涣散和信仰上的危机，使得社会离散力增强，民主凝聚力消解。"[④]

三 发达的经济水平为文化法治建设提供强有力的物质支持

文化法治建设的经济环境由经济结构与发展水平构成。经济发展水平

[①] 鲍平平：《经济全球化对中国文化的影响研究》，《商业现代化》2007 年第 29 期。

[②] 谢晓娟：《文化建设与社会主义核心价值体系构建》，《中国特色社会主义研究》2012 年第 3 期。

[③] 邴正：《马克思主义文化哲学》，吉林人民出版社 2007 年版，第 202 页。

[④] 俞思念、魏明：《当代中国文化发展战略》，华中师范大学出版社 2010 年版，第 256 页。

越高，能为文化建设提供的财力支持和市场空间就越大，而经济结构越合理，越具有多样性和先进性，也就越能为文化法治建设提供多样的和先进的产业文化思想，并以此影响到人们对生活方式和对文化的灵感创造与理性消费。①

不同于公民权和政治权，文化权具有显著的利益因素，所以经济自身的整体发展水平也限制着文化权的实现水平。一般来说，资源直接决定了公共文化产品和服务的数量和质量。体系越完善，产品越丰富，资源就会越多。那么，相应的文化权的具体实现程度就越高。这几年，中国经济在着重供给侧结构改革中稳定发展，因为人口的压力，税制的不完善，故而人均资源不但是有限的，而且是稀缺的。文化法治建设的重要内容是保障公民文化权利的实现。而公民文化权利的实现离不开经济条件的保障。在我国的客观现实是，经济水平和文化权利的实现之间并不成正比关系，而稀缺的资源对文化权利的实现产生了明显的阻碍。首先，经济资源本身的稀缺性限制了文化产品和文化服务的提供能力。其次，在稀缺的经济资源的条件下，不同地区所对应的文化权利的实现程度也不一样。一般来说，经济发展水平越高，政府能够投入公共文化产品以及文化服务之中的资源就越多，地区公民可以获得的文化权的水平也就越高。最后，稀缺的资源同时限制着个人消费文化的能力，这就造成文化权在具体实现的时候，明显存在着"贫富差距"。②

为了克服这种"贫富差距"，党和国家加大了文化领域的投入和着力推进基本公共文化服务均等化。2015年1月，中央办公厅、国务院办公厅印发《关于加快构建现代公共文化服务体系的意见》和《国家基本公共文化服务指导标准》，对构建现代公共文化服务体系做出了全面部署。2015年5月，国务院办公厅转发文化部、财政部、新闻出版广电总局、体育总局《关于做好政府向社会力量购买公共文化服务工作的意见》，明确要求将购买公共文化服务资金列入各级政府财政预算，逐步加大现有财政资金向社会力量购买公共文化服务的投入力度。2016年12月《公共文化服务保障法》出台，为明确政府责任，保障人民群众基本文化权益提供

---

① 参见中共惠州市委、惠州市人们政府、广东省社会科学院《惠州市文化建设战略规划：2003—2015》，2004年7月，第110页。

② 参见唐文婷《论中国公民文化权利实现的法治化途径》，硕士学位论文，湘潭大学，2017年。

了法律依据。2018年，中央财政通过一般公共预算安排公共文化服务体系建设相关资金208亿元，持续推进全国5万余个博物馆、纪念馆、美术馆、公共图书馆、文化馆（站）等公共文化设施向社会免费开放。引导和支持地方落实国家基本公共文化服务指导标准和地方实施标准，推动改善基层公共文化体育设施条件和加强基层公共文化服务人才队伍建设，其中安排资金11.6亿元，专门支持精准实施戏曲进乡村、村综合文化服务中心设备购置、县级应急广播体系设备购置等项目。2019年中央财政投入3.89亿元为12984个贫困地区乡镇共配送约8万场以地方戏曲为主的演出，为基层群众送上文化大餐。[①]

[①] 以上数据来源于中华人民共和国中央人民政府网站。

第 四 章

文化法治建设的功能定位

第一节 保障文化权利

何谓文化权利,学者并没有形成统一的学说和观点。比如,有的学者认为,文化权利的主体是公民。我国公民文化权利体系包括"公民的文化归属权、文化自由权和文化保障权"三个基本方面。其中,公民的文化归属权是中华民族认同的根本保障,文化自由权是实现现代公民文化权利的核心,文化保障权包括文化福利权、文化继承权和文化救济权。[①]"公民所享有的文化权利内容极其广泛","通常包括公民个人的表现自由、创作自由、发表意见的自由、追求美感和精神愉悦的自由、从事科学研究的自由、充分发挥个人精神力量的自由、宗教信仰自由、语言文字自由、文化娱乐的自由,等等"。[②] 保障公民享有文化权利是社会主义物质文明和精神文明共建的要求,也是社会主义文化事业的核心所在。[③]

当今社会,人民群众对自身享有的文化权利以及文化权利保护和文化权利实现方面的认识还存在较大误区。一方面,人民群众对自身文化权利保障方面的认知较少,导致文化权利保障力度较低。另一方面,文化区域发展之间存在差别,公共文化服务资源不均衡。加强文化法治建设,有利于从法律法规角度对文化权利进行明确的规定,经过普法教育,让民众对自身文化权利有更加清晰全面的认识,同时,当文化权利受到侵害时,能够寻求法律的救济。同时,加强文化法治建设,能够更好地督促和规范政府公共文化事业职能,使民众能够享受到更加均等化的公共文化服务。

[①] 参见魏宏《构建社会主体公民文化权利保障体系》,《探索与争鸣》2014年第5期。
[②] 莫纪宏:《论文化权利的宪法保护》,《法学论坛》2012年第1期。
[③] 同上。

第二节 规范文化行为

一 文化法治建设有利于规范立法机关的文化立法行为

文化法治建设对于立法机关的规范体现在三个方面：一是，立法机关通过立法及时且全面地将公民在《宪法》中的文化权利予以具体化，使之更有可诉性和可操作性；二是，立法机关不得制定侵犯公民文化权利的法律；三是，在没有充分理由的情况下，立法机关不得随意取消已经制定的保护公民文化权利的法律或法律条款。①

具体而言，立法机关应以宪法为依据，对公民文化权利进行具体化。"文化法的第一原则就应该是尊重和保护文化自由；自由之后则是文化实现权，故其第二原则便是文化利益切实、公平享用的原则。"② 所以，立法机关应充分尊重和保障公民的文化权利，应当普遍地规定公民的文化自由权、文化享有权、文化发展权和文化参与权，不得随意干预公民参与文化活动自由、创作文化成果的自由等。比如，我国《文物保护法》几经修改，但是"文物保护归根结底是要让文物发挥本身的作用，文物保护法就是通过法律使文物发挥作用，因此，任何修法的行为都应该建立在是否有利于文物发挥作用的基础上，任何想通过文物赚钱、把文物当成摇钱树的行为都要在法律中明令禁止"③。这意味着立法机关在制定法律、修改法律的过程中，都应当尊重和保护文化权利。

如果立法机关要对公民文化权利进行限制，应当具备充分正当合理的理由，并且限制的手段和方式要符合比例原则，应当尽可能控制在对公民文化权利最小侵害的范围内。比如，联邦德国《联邦德意志共和国基本法》规定，"不允许通过法律来对艺术和学术自由进行限制……只有由宪法自身来进行限制"④。日本《文化艺术振兴基本法》也存在"以促进文化艺术相关活动者（包含进行文化艺术活动的团体）之自主活动为宗旨"

---

① 参见喻少如《公民文化权的宪法保护研究——以国家义务为视角》，中国法制出版社2017年版，第109页。
② 宋慧敏、周艳敏：《论文化法的基本原则》，《北方法学》2015年第6期。
③ 中国文物学会名誉会长、国家文物局原顾问谢辰生观点。见杜洁芳《文物保护法：文物领域第一部法律》，《中国文化报》2018年6月21日。
④ ［德］唐拉德·黑塞：《联邦德国宪法纲要》，李辉译，商务印书馆2007年版，第316页。

"创造、享受文化艺术是人们与生俱来的权利""尊重文化艺术活动者的创造性""充分尊重文化艺术活动者的自主性"等表述。①

二 文化法治建设有利于规范行政机关的文化行政行为

徒法不足以自行。文化法律法规等的具体实施需要行政机关依法执行和实施。如果行政机关不能依法行政,那么其权力的行使极有可能侵犯公民的文化权利。文化领域几乎处处离不开政府权力的作用。比如,文化建设规划需要政府统筹,文化基础设施需要国家主导建设或者由国家投资兴建,文化遗产由政府采取措施进行保护等。行政机关在文化领域的权力行使范围甚广,干预程度甚深,更加需要在法治的约束下进行,规范其行为。

以《公共文化服务保障法》为例。2016年12月,《公共文化服务保障法》获得高票通过。仅用两年多时间,这部文化领域第一部基础性、全局性、综合性法律就制定出台。《公共文化服务保障法》最大的贡献是构筑起我国公共文化服务基本法律制度体系的框架。②《公共文化服务保障法》对于政府在文化领域的行为有重要的规范作用。比如在国家指导标准、地方实施标准制定出来后,县级人民政府制定的公共文化服务目录完成了多少?公共文化设施选址应当征求公众意见,怎么征求,涉及多大的人群范围,征求来的意见怎么吸收,这些都需要配套细则。③ 由法律和配套细则对政府行为进行规范和制约,政府不能恣意而为。

以《文物保护法》为例。从2010年至2016年,秦汉新城相关部门未经文物部门依法审批,在秦咸阳城遗址保护范围和建设控制地带批准开工建设项目。2017年1月,先后有20名失职失责人员受到问责,其中时任秦汉新城规划局副局长狄涛、文化文物旅游局副局长许光生,城建一局局长孙谦、城建二局局长郭社库、秦汉新城集团副总经理张黎刚、集团公司房产公司总经理吕东波受到行政记过处分。④ 对文物进行有效的保护,是文物主管部门的法定职责,也是文化主管部门工作人员的行为准则。本案中的

---

① 转引自喻少如《公民文化权的宪法保护研究——以国家义务为视角》,中国法制出版社2017年版,第111页。
② 杜洁芳:《公共文化服务保障法:揭开新时期文化立法大幕》,《中国文化报》2018年6月21日。
③ 国家公共文化服务体系建设专家委员会主任、北京大学教授李国新讲话,见杜洁芳《公共文化服务保障法:揭开新时期文化立法大幕》,《中国文化报》2018年6月21日。
④ 《中国经济周刊》2019年12月11日报道。

相关行政机关工作人员在保护文物方面，存在行为失范，因此而受到问责。

文化法治建设有利于实现文化法律规范下的政府行为，这对建设诚信政府和打造诚信文化起着重要的示范导向作用，尤其是政府在掌握文化行业管理权和社会经济资源在文化领域配置权的情况下，政府官员个人偏好的影响力可能往往超越社会民众共同的文化需求和文化创造，① 所以，"政府应当'节制'某些行为，承担某些消极的不作为义务来保障公民从事文化活动的自由"②。

总而言之，进行文化法治建设，有利于规范政府行为，从而进一步推动文化法治建设。两者之间能够形成良好的互动关系。

三 文化法治建设有利于规范司法机关的文化司法行为

文化活动与经济活动、社会活动一样，也会产生各种矛盾和纠纷。司法作为权利保障的最后一道屏障，对于妥善解决各类文化纠纷、保障公民文化权利、保证各类文化活动正常开展有着至关重要的意义。

当行政机关侵犯公民的文化权利或者公民之间因为文化知识产权受到侵犯而引发纠纷时，公民有权诉诸司法机关寻求司法保护。人民法院在对案件审理时，应当以事实为依据，以法律为准绳。文化法律法规作为人民法院的裁判依据，可以规范人民法院的审判裁决活动，尽量杜绝人民法院的枉法裁判或者滥用司法自由裁量权。

四 文化法治建设有利于规范文化主体的市场交易行为

在社会主义初级阶段，我国市场制度还不完善不成熟，一系列问题的解决最终均涉及社会道德伦理和价值观问题，例如保障社会弱势群体利益问题、解决社会诚信问题等。社会主义核心价值体系建设是文化建设的核心问题，如何运用中国特色的社会主义伦理道德规范人们的市场行为，是促进社会主义市场经济良性健康、可持续发展迫切需要解决的问题。③

另外，我们也要加强文化法治建设，来规范文化主体的市场行为。文化经济的市场运作规则是要使市场机制充分发挥作用，通过各种市场信

---

① 中共惠州市委、惠州市人们政府、广东省社会科学院：《惠州市文化建设战略规划：2003—2015》，2004年7月，第111页。
② 莫纪宏：《论文化权利的宪法保护》，《法学论坛》2012年第1期。
③ 王小佳：《文化创新与经济社会发展刍议》，《中共太原市委党校学报》2012年第1期。

号，来引导各文化经济主体采取符合市场要求的合理行为和符合法律要求的合法行为，以实现文化市场秩序的正常化和文化经济的良性循环。① 比如，通过文化法治建设的推进，建立文化市场正常的竞争秩序。通过法律来保障竞争机制，即使在我国带有明显垄断性质的文化产业如大众传媒类文化产业，也应提倡体制内的适度竞争。维护竞争的正常秩序包括限制不正当的垄断并保障公平竞争和正当竞争等内容。②

第三节 促进文化进步

马克思认为，文化有满足人民"文化生活需求"、呈现人性的功能。③ 在实践活动中，"人不仅像在意识中那样理智地复现自己，而且能动地、现实地复现自己，从而在他所创造的世界中直观自身"。④ 通过文化，人可以反观、确证和展现人性，这是马克思文化观的重要思想。文化的发展是人性全面自由发展的重要内容。⑤ 党的十九大报告指出："中国特色社会主义文化，源自于中华民族五千多年文明历史所孕育的中华优秀传统文化，熔铸于党领导人民在革命、建设、改革中创造的革命文化和社会主义先进文化，植根于中国特色社会主义伟大实践。"

实现文化权利是现代国家文明水平的一个标识，也是现代文化成长、发展和繁荣的必要前提和基本构件，是政府服务理念和民众成长诉求的重要内容，是"善治"的重要特征。实现公民文化权利，是推进国家治理体系和治理能力现代化的一个基础性环节，融合于我国现代化建设和改革发展的方方面面。⑥

伯尔曼认为，法律能够在分配权利义务的基础上为社会提供一种结构和规则，从而维持社会内部的聚合⑦。我们可以将其视为对法律的社会整

---

① 林国良、周克平：《当代文化行政学》，上海大学出版社2002年版，第300页。
② 同上书，第302页。
③ 马克思：《奥地利的海外贸易》，《马克思恩格斯全集》第12卷，人民出版社1962年版，第94页。
④ 马克思：《1844年经济学哲学手稿》，《马克思恩格斯全集》第42卷，人民出版社1979年版，第97页。
⑤ 王京生：《论文化治理与文化权利》，《中国文化报》2014年11月19日第7版。
⑥ 同上。
⑦ [美]伯尔曼：《法律与宗教》，梁治平译，生活·读书·新知三联书店1991年版，第38页。

合功能的界定。法律制度通过明确社会关系，规范人们的行为，设定权利、利益和意识形态和平共处的程序规则，统一人们的价值共识，引导社会的道德观念，进而承认、稳定、传递以及强化某种文化内容①，并以建构主义的方式促进文化的发展。吉尔兹曾特别强调法律在文化中的建构性价值："法律不只是摆平争议和矛盾，它还作出是非对错的界定。它不只界定什么是正义的，它还令正义成为可能。法律界定所构成的意义框架，是一种形塑人类行为并赋予其含义、价值、目标和方向的重要力量。"②尤其在经历思想启蒙之后，宗教的社会整合力量日渐式微，道德主观主义或道德相对主义不断强化，每个人都是自己的道德立法者，在这样的多元主义社会里③，法律的文化整合功能将得到进一步凸显。

在现代文明社会中，文化概念通常指，"人类通过创造性的活动获得并积淀于特定民族中的，以价值观为核心的信仰、习俗等行为方式和规范模式以及观念、伦理、认知、情感、心态等精神生活有机统一的生存式样系统"④。文化因为无论社会如何发展，基本的规范是不能逾越的，是所有社会成员必须共同恪守的，也只有恪守这些规范才会为社会发展的方方面面带来更大的自由。作为社会发展中必不可缺的文化发展亦是如此。法治是文化发展建设的内在要求，只有通过法治才能使多元文化既相互并存，又兼具发展，进而内化出更加具有创造力、凝聚力的一体多元化样态；也只有通过法治才能更加规范和保障文化的健康发展，让文化更加影响社会发展，创造出丰富的社会财富。⑤

第四节　推动社会发展

政治、经济、文化三位一体，紧密相连。将文化因素纳入社会进步的视野，这是人类在经济高度发达的时代寻求社会全面发展的必然要求。⑥

---

① ［美］霍贝尔：《原始人的法》，严存生等译，法律出版社2006年版，第256页。
② 转引自何锦前《文化决定论抑或法律能动性：文化立法的前提性论争》，《湖南科技大学学报》（社会科学版）2013年第6期。
③ 同上。
④ 吴爱英：《干部法律知识读本》，法律出版社2006年版，第262页。
⑤ 马明敏：《打造"文化库尔勒"必须加强文化法治化建设》，《和田师范专科学校学报》2016年第4期。
⑥ 云德：《文化的视点》，云南人民出版社2001年版，第3页。

习近平同志对文化的价值进行了总结,指出"文化的力量,……总是'润物细无声'地融入经济力量、政治力量、社会力量之中,成为经济发展的'助推器'、政治文明的'导航灯'、社会和谐的'黏合剂'"①。

文化法治建设是现代社会发展的重要保证。随着文化法治建设的不断推进,我国的文化领域会有更加宽松的创新环境,可以促使文化产品不断创新,文化体制不断完善,这种发展必将使我国整个社会的文化水平实现质的飞跃。以此为发展背景,我国的文化氛围也会因此而不断增强,为社会成员提升自身的科学文化水平提供良好且充分的保障,进而为整个社会的发展创造良好的文化环境。

另一方面,文化产品的不断创新,能够更好地带动人们的文化消费增长,实现既能够接受文化熏陶,又能创造经济效益的发展模式。人民群众日益增长的文化需求得以满足和实现。发展人、完善人是社会主义国家对每一个公民的期望。文化的发展和创新在整体上提高了社会成员的文化素质,为人实现自身的全面发展提供了文化保障。反过来说,高素质的社会成员能够创造的社会价值,进而更好地推动社会发展和进步。

全面依法治国是关系我们党执政兴国、关系人民幸福安康、关系党和国家长治久安的重大战略问题。法律是治国之重器,法治是国家治理体系和治理能力的重要依托。所以,要推动我国社会不断发展,必须全面推进社会主义法治国家建设。全面依法治国,总目标是建设中国特色社会主义法治体系,建设社会主义法治国家。而文化法治建设,作为社会主义法治建设中重要但又稍显薄弱的环节,继续加强文化法治建设,对于保障社会发展的重要意义就显而易见了。

第五节 增强社会凝聚力

社会凝聚力是指能够使整个社会成员在他所处的社会环境中保持共同行动的向心力和合力。社会凝聚力是伴随着社会自身特征所形成的具有本社会特色的凝聚力,它能够影响整个社会文化的发展以及社会意识向高一级阶段演变,是社会发展能否在一个预定的健康的发展轨道上运

---

① 习近平:《之江新语》,浙江人民出版社2007年版,第149页。

行的关键。①

习近平在主持中央政治局第十三次集体学习时指出:"核心价值观是文化软实力的灵魂、文化软实力建设的重点。这是决定文化性质和方向的最深层次要素。一个国家的文化软实力,从根本上说,取决于其核心价值观的生命力、凝聚力、感召力。"② 人类社会的发展是包含政治、经济、文化、社会等一系列社会存在的总体发展。国家强盛、人民幸福、社会和谐不仅要有坚实的物质基础,还要有强大的精神支撑,文化便是这一强大精神支撑的来源,它在丰富人们的精神生活、凝聚全民族的精神力量上发挥着无可替代的作用。③

历史地看,中国是一个由56个民族组成的人口众多的、多民族的国家。之所以能够在漫长的历史发展进程中不断向前发展,其中一个十分重要的原因就是中国社会所具备的不同于其他社会的强大的文化凝聚力、民族凝聚力。它对社会发展以及帮助社会成员协调各方利益有着极其重要的作用,这样才能超越彼此的差异而求大同,促进社会发展不断前进。

改革开放以来,我国的经济社会发展取得了前所未有的成就,极大地提高了人们的物质生活水平,与此同时,受经济全球化和西方思想的影响,我国的意识形态领域呈现出思想多元化的发展态势。很大程度上来说,文化纽带是社会共同体中社会成员协调自己与社会、自己与他人的精神支柱。正因为如此,文化在增强社会成员凝聚力中起主要甚至是决定性作用,它为社会成员团结起来共同促进社会发展提供了文化支撑。由此可见,文化在增强社会凝聚力方面起着非常重要的作用。

党的十八届四中全会提出的"坚持依法治国和以德治国相结合",关键是要"大力弘扬社会主义核心价值观"。用社会主义核心价值观引领社会风气,弘扬社会正气,形成社会风尚,为实现中华民族伟大复兴的中国梦,凝聚人心、凝聚共识、凝聚力量,这是培育和践行社会主义核心价值观的内在要求。④ 党的十九届四中全会强调:"坚持共同的理想信念、价

---

① 张明波、娄跃辉、赵恺、王驰:《马克思社会发展理论及其当代意义》,四川大学出版社2017年版,第225页。

② 《习近平在中共中央政治局第十三次集体学习时强调把培育和弘扬社会主义核心价值观作为凝魂聚气强基固本的基础工程》,《人民日报》2014年2月26日第1版。

③ 齐崇文:《文化法治指数测评:意义、方法及反思》,胡惠林、单世联、凌金铸主编《文化政策与治理》,上海人民出版社2015年版,第162页。

④ 江必新主编:《新时代公民法治素养》,人民出版社2019年版,第341页。

值理念、道德观念，弘扬中华优秀传统文化、革命文化、社会主义先进文化，促进全体人民在思想上精神上紧紧团结在一起的显著优势"。"一定要弘扬伟大的民族精神和时代精神，不断增强团结一心的精神纽带、自强不息的精神动力，永远朝气蓬勃迈向未来。"①

---

① 习近平：《在第十二届全国人民代表大会第一次会议上的讲话》，《人民日报》2013年3月18日第1版。

第五章

文化法治建设的基本原则

文化法治建设是一个系统工程。经过几十年的发展，文化法治建设已经初见成效，但是作为社会主义民主法治建设的有机组成部分，文化法治建设仍然任重道远。为了保障文化法治建设目标的实现，应当确立文化法治建设过程中贯彻和体现的基本价值理念，包括坚持党的集中统一领导原则、坚持文化法制统一性原则、坚持政府主导与公众参与相结合原则、尊重文化市场发展规律原则、坚持社会效益与经济效益相统一原则。

第一节 坚持党的集中统一领导原则

党的十九大报告指出中国特色社会主义制度的最大优势是中国共产党的领导，党是最高政治领导理论。坚持党对一切工作的领导，把党的领导贯彻到依法治国的全过程各方面，是我国社会主义法制建设的基本经验。党的领导和文化法治的关系是文化法治建设的核心问题。习近平总书记指出："全面推进依法治国这件大事能不能办好，最关键的是方向是不是正确、政治保证是不是坚强有力，具体讲就是要坚持党的领导，坚持中国特色社会主义制度，贯彻中国特色社会主义法治理论。"[1]

党的领导是中国特色社会主义最本质的特征，是社会主义法治最根本的保证。2017年10月27日，十九届中共中央政治局召开会议，研究部署学习宣传贯彻党的十九大精神，审议《中共中央政治局关于加强和维护党中央集中统一领导的若干规定》；为了加强对法治中国建设的集中统一

---

[1]《关于〈中共中央关于全面推进依法治国若干重大问题的决定〉的说明》(2014年10月20日)，《中国共产党第十八届中央委员会第四次全体会议文件汇编》，人民出版社2014年版，第79页。

领导，健全党领导全面依法治国的制度和工作机制，更好地落实全面依法治国基本方略，在 2018 年的党和国家机构改革中组建了中央全面依法治国委员会。该委员会负责全面依法治国的顶层设计、总体布局、统筹协调、整体推进、督促落实，作为党中央决策议事协调机构。这为加强党的集中统一领导提供了政策保障和组织保障。

文化法治作为社会主义法治重要的有机组成部分，更要坚持正确的政治方向，切实加强党对文化法治建设的集中统一领导，把党的领导贯彻到文化法治建设全过程和各方面中去。文化起源于人类劳动和生产生活，在一定程度上是人们处理各种社会关系的基本指引，尤其是随着当前各种现代化技术的快速发展，市场经济的完善，社会政治环境的开明，国家之间的文化交流和竞争也随之加剧，特别是西方文明的强势和冲击，许多民族文化被西方文化所侵蚀。民族文化的保护和发展对于维护世界经济、政治、文化和社会的多样性至关重要。所以在文化法治领域，我们更加需要观察党的集中统一领导，确保我们的文化法治建设之路走得更加坚实、顺畅。

第二节　坚持文化法制统一性原则

文化法制统一是实现依法管理和促进文化事业健康发展的重要条件。所以我国的文化法治建设必须坚持文化法制统一性原则。党的十九大报告强调："维护国家法制统一、尊严、权威。"《立法法》对此也有相应的明确规定。其中第 4 条规定："立法应当依照法定的权限和程序，从国家整体利益出发，维护社会主义法制的统一和尊严。"我国是单一制国家，只有一部宪法。宪法是国家的根本大法，是治国安邦的总章程，具有最高的法律地位、法律权威和法律效力，具有根本性、全局性、稳定性和长期性。

在宪法作为根本大法的前提下，我国目前采取的是多级并存、多类结合的立法权限划分体系，立法主体呈现多元化格局，不同的立法主体享有各自不同的立法权限。所以，宪法是其他一切法律、法规、规章的立法依据和效力来源。党的十九大报告明确提出"推进科学立法、民主立法、依法立法，以良法促进发展，保障善治"。这是党中央对新时代立法工作的新要求。这其中"依法立法"的要求，首先就是要依宪立法，将宪法作为评判立法活动及法律规范内容合法性的要求。依法立法是保障宪法实施的直接手段，是树立宪法权威的内在要求。①

具体到文化法治建设中的法制统一，需要通过以下三个方面予以实现：首先，文化法制应当依照法定的权限和程序进行。这是文化法制保持统一的前提性条件。依照法定的权限，实际上就是依照宪法、法律关于立法权限的划分，即立法体制和立法事项的规定。依照法定的程序，主要是依照《立法法》《行政法规制定程序条例》《规章制定程序条例》等程序要求。文化立法应当依照法定的权限和程序体现出立法的权威性和稳定性。其次，文化法制应当具有整体的统一性和内在的协调性。整体的统一性包括法律内容和法律形式的统一。法律内容的统一，要求文化法制的基本指导思想、基本原则、概念、术语等方面保持一致，不能相互矛盾和抵触。法律形式的统一主要体现在文化法律、文化法规和文化规章等立法形式的统一。最后，文化法制应当以国家整体利益为出发点。在我国社会转型过程中，人们在根本利益、共同利益保持一致的同时，也出现了更多的利益要求。多元化的利益关系、被打破和重建的利益格局，都需要在文化法制过程中对各种利益做出取舍和协调，这是文化法制工作的重点和难点所在。但是，这种取舍和协调都应当围绕国家的整体利益，满足文化法制"从国家整体利益出发"的立法要求。

应当明晰，部门主义和地方保护主义是目前文化立法当中的一个重要障碍。文化立法中的部门主义最突出的表现是各部门在起草法规和制定规章时片面强调本部门的利益，而忽视其他部门和全局利益。文化立法中地方保护主义最突出的表现是，地方人大常委会和地方人民政府在制定地方性法规和规章时，只强调本地方的利益，这是文化法制建设工作中要尽力避免的。②

党的十九大报告中同样强调了科学立法和民主立法，这就要求文化立法要反映文艺创作的规律。文学艺术事业发展的基础是文艺创作，没有创作的繁荣，就没有文艺事业的发展。文艺创作是一种特殊的精神劳动，特别需要发挥个人的创造精神，需要有一个有利于艺术家潜心创作的安定团

---

① 参见华燕《良法之治的基础与示范：依法立法》，《现代法治研究》2017 年第 4 期。
② 潘震宙、陈昌本主编：《论有中国特色社会主义文化建设》，宁夏人民出版社 1999 年版，第 375 页。

结、民主和谐的社会环境。在一个充满政治高压和禁忌的社会里，艺术创作的繁荣是做不到的。[①] 新时期以来，党中央多次强调对文艺要少加干涉，"写什么和怎样写，只能由文艺家在艺术实践中去探索和逐步求得解决。在这方面，不要横加干涉。"《中共中央关于进一步繁荣文艺的若干意见》更明确地指出："写什么、怎样写，文艺家应当享有充分的自由。要切实保障创作自由和评论自由，鼓励创造，提倡不同风格、流派、学派的自由竞赛，提倡科学的实事求是的批评和反批评。文艺创作上的问题，应当由文艺家自己去讨论、研究和探索，在艺术实践上逐步求得解决，党组织和政府机构不要横加干涉。"这些论述反映了我们党和国家经过历次政治运动对文艺事业的破坏后对文艺发展规律的深刻反省和认识，为做好文化立法工作奠定了正确的认识论基础。

第三节　坚持尊重文化市场规律原则

党的十八届四中全会强调要建立健全坚持社会主义先进文化前进方向、遵循文化发展规律、有利于激发文化创造活力、保障人民基本文化权益的文化法律制度。

文化市场是随着市场经济的发展而形成的。1988年，根据文化部、国家工商管理局《关于加强文化市场管理工作的通知》，文化市场管理的范围扩大到台球、气枪游戏、书摊、印刷、出版、音像制品等行业。党的十四大以后，中国逐步加强政府宏观管理和文化法制建设，整顿和规范文化市场。为了进一步促进文化市场持续健康发展，中共中央办公厅、国务院办公厅于2016年印发了《关于进一步深化文化市场综合执法改革的意见》，指出要高度重视文化市场管理问题，推动现代文化市场体系建设，更好地维护国家文化安全和意识形态安全，更好地促进文化事业文化产业繁荣发展。

文化市场是全国统一市场的重要有机组成部分，因此文化市场的运行，既应当遵循一般市场经济的普遍规律，又应当遵循文化市场经济的特殊规律。何谓文化市场规律？结合一般市场经济规律对文化市场规律进行

[①] 潘震宙、陈昌本主编：《论有中国特色社会主义文化建设》，宁夏人民出版社1999年版，第372页。

思考和总结，笔者认为，文化市场规律，是指经济规律、价值规律在文化市场中的具体反映，它包括一般经济规律对文化市场的适用性，也包括价值规律在文化领域的具体表现形式、具体内容、产生的作用以及产生作用的条件。对文化市场规律的把握，应当从多角度全方面地进行，具体可以包括以下几个方面的内容：文化市场整体运行、文化市场的变化及其发展规律；文化消费者心理差异及其变化规律；精神产品、文化产品的生产规律对市场的制约和作用；管理部门、经营单位对市场经营活动的深入研究；对文化市场的宏观研究和直接调查以及文化市场管理规律等。在此基础上，我们应当根据文化市场规律，强化经济杠杆的作用，以体现国家对文化市场及文化消费发展的引导意向。一方面，对那些弘扬民族优秀文化，体现时代主旋律，有利于提高国民素质和社会文明程度的文化商品，对其生产和流通给予经济优惠；另一方面，对那些平庸低俗的文化商品的生产经营活动，通过加大税收等经济手段，予以限制。总之，应通过法律确定文化市场中各种具体的经济关系，如产权、投入、税率、价格等，以体现社会主义文化市场的基本特点。①

第四节　坚持政府主导与公众参与相结合原则

"在今天的民主与社会国家中，如果没有国家提供全面规划和事先预防的安排，则社会生活是无法想象的。另一方面，国家又是在社会的协力中得以塑成，并且表现为各种交互以来和交互影响。所有这些都有赖于具体且分化的、能够确保防范两种极端的危险制度安排，这种制度安排是宪法和法律的分内之事。"②

实践证明，改革开放以来四十多年的经济发展成就要归功于公众参与，而新时期文化法治建设同样离不开公众的参与。文化法治建设的目的是实现和保障人民群众的文化权利，而文化权利是构建文化服务体系的价值基础。文化的产生是为了满足人民群众的需求，而公众需要什么样的文化产品，政府应该提供什么样的，或以怎样的方式提供文化服务，这便涉

---

① 潘震宙、陈昌本主编：《论有中国特色社会主义文化建设》，宁夏人民出版社1999年版，第373页。
② 转引自李忠夏《基本权利的社会功能》，《法学家》2014年第5期。

及文化需求的表达机制问题。在制定文化政策和法律时，应当充分听取公众的意见，引入公众参与机制，包括公众文化需求的表达意见、收集决策、听证和社会评估等环节，以保障公众参与的有效性。[1]

在进行文化法治建设中，应当坚持政府主导与公众参与的有机结合，这样才能形成有利于文化繁荣发展的体制。随着文化法治建设的深入展开，文化产业领域应当逐步转向以市场为主导的方向，但政府在文化法治建设中的主导性并不因此削弱。任何国家的政府对文化的发展都会采取各种措施加以规划和引导。政府主导文化建设并不意味着主导全面的文化领域所有的文化层面，政府负责贯彻党的文化政策和国家文化法律，把握和守护文化事业发展方向和文化产业发展底线。"我国长期的文化实践证明，采取政府主导与社会参与相结合的文化发展模式，在坚持政府主导文化建设的同时，重视发挥社会资源的作用，建立社会参与文化建设的体制，完善多元化多渠道的参与机制，适度开放文化领域的市场准入制度，降低文化准入门槛，鼓励社会资本参与文化发展，形成政府主导、社会积极参与的文化发展模式，更有利于'搞活文化'，促进文化大繁荣大发展"[2]。

第五节　坚持经济效益和社会效益相统一原则

文化法治建设要遵循"坚持把社会效益放在首位，坚持社会效益和经济效益有机统一"和"一手抓繁荣，一手抓管理，推动文化事业和文化产业全面协调可持续发展"的重要方针。在这些方针的指导下，全面提高文化建设法制化质量和水平。[3]

为推进文化的繁荣以及发展，国家采取了一系列措施。2011年，全国人大批准的《中华人民共和国国民经济和社会发展第十二个五年规划纲要》指出，"完善统一、开放、竞争、有序的现代文化市场体系，促进文化产品和要素在更大范围内合理流动"。2011年《中共中央关于深化文化体制改革　推动社会主义文化大发展大繁荣若干重大问题的决定》强调，

---

[1] 参见文友华《文化建设法制化研究》，博士学位论文，武汉大学，2013年。
[2] 肖金明：《文化法的定位、原则与体系》，《法学论坛》2012年第1期。
[3] 张廉、周晓军：《文化建设法制化：当代价值、现实困境及现实路径》，《新远见》2012年7月。

"促进文化产品和要素在全国范围内合理流动,必须构建统一开放竞争有序的现代文化市场体系"。2012年中共中央办公厅、国务院印发的《国家"十二五"时期文化改革发展规划纲要》再次强调,"健全现代文化市场体系。加快发展各类文化产品和要素市场,打破条块分割、地区封锁、城乡分离的市场格局,构建统一开放竞争有序的现代文化市场体系,促进文化产品和要素在全国范围内合理流动。"

党的十六大报告强调:"积极发展文化事业和文化产业。发展各类文化事业和文化产业都要贯彻发展先进文化的要求,始终把社会效益放在首位"。基于此,我们要认识到,"一方面,文化经济效益的提高有助于文化社会效益的实现。文化产业具有营利性,所以,必须最大限度地提高文化产业的生产效率和经济效益,为社会创造更加丰富多彩、内容健康的文化产品和服务,以获得最大的社会效益;另一方面,文化的经济效益立足于眼前,往往可以直接兑现为物质利益;文化的社会效益立足于长远,体现为营造社会健康价值体系人文环境和精神财富,忽视文化的社会效益而片面追求经济效益,极易导致文化生产传播突破社会'良俗'底线,损害文化的民族传统和社会文化的先进性"[1]。

所以,针对文化事业的公益性和文化产业的营利性,社会效益和经济效益应各有侧重,文化法治建设中,文化立法应遵循综合效益原则,即必须坚持社会效益优先,以社会效益与经济效益相统一为目标,坚持经济效益与社会效益的相统一,但不是二者保持绝对的并重,而是要保障文化长远的社会效益,以促进经济效益、社会效益相统一的综合效益为根本目标。

---

[1] 肖金明:《文化法的定位、原则与体系》,《法学论坛》2012年第1期。

第 六 章

文化法治建设的新进展

第一节　推动了文化行政体制改革

只有深化文化行政体制改革，夯实文化法治建设的制度基础，才能真正激发文化创新活力，推动文化事业全面繁荣发展、文化产业深度改革创新。正如习近平同志所强调的："要坚持走中国特色社会主义文化发展道路，弘扬社会主义先进文化，深化文化体制改革，推动社会主义文化大发展大繁荣，增强全民族文化创造活力，让一切文化创造源泉充分涌流。①"党和政府为了推进文化体制改革顺利开展，制定和颁布了一系列文件、政策。

1997年党的十五大报告首次提出有中国特色社会主义文化建设，阐明文化建设要同改革开放以来一贯倡导的社会主义精神文明建设相一致，要求文化建设与经济建设、政治建设同步发展，要求深化文化体制改革，落实和完善文化经济政策；2002年党的十六大报告提出大力加强文化建设，特别是要加大文化体制改革力量，首次将文化建设中的文化事业和文化产业区分开来，这是文化体制机制的重大变革；随后，2003年在全国进行文化体制改革试点②；2005年出台《关于深化文化体制改革的若干意见》，首次明确文化体制改革的指导思想、原则要求和目标任务；在党的十七大鲜明提出推动社会主义文化大发展大繁荣更高目标之后，2009年国务院出台《文化产业振兴计划》，首次将文化产业升级为国家战略；2010年党的十七届五中

---

① 深入学习《习近平关于全面深化改革论述摘编》，《人民日报》2014年6月3日第6版。
② 2003年6月，在北京召开了全国文化体制改革试点工作会议。7月，中共中央办公厅、国务院办公厅转发了《中央宣传部、文化部、国家广电总局、新闻出版总署关于文化体制改革试点工作的意见》，确定在北京等9个地区和35个宣传文化单位进行试点。

全会在"十二五"规划建议中首次表述"推动文化产业成为国民经济支柱产业";2011年10月18日,中国共产党第十七届中央委员会第六次全体会议通过的《中共中央关于深化文化体制改革 推动社会主义文化大发展大繁荣若干重大问题的决定》,首次提出文化强国战略。《决定》中指出创新文化管理体制,首先要"深化文化行政管理体制改革,加快政府职能转变,强化政策调节、市场监管、社会管理、公共服务职能,推动政企分开、政事分开,理顺政府和文化企事业单位关系。完善管人管事管资产管导向相结合的国有文化资产管理体制。健全文化市场综合行政执法机构,推动副省级以下城市完善综合文化行政责任主体。加快文化立法,制定和完善公共文化服务保障、文化产业振兴、文化市场管理等方面法律法规,提高文化建设法制化水平。坚持主管主办制度,落实谁主管谁负责和属地管理原则,严格执行文化资本、文化企业、文化产品市场准入和退出政策,综合运用法律、行政、经济、科技等手段提高管理效能"①。

2012年党的十八大首次将文化强国战略提升到前所未有的新高度②,从而使中国特色社会主义文化体制改革之路更加宽广。

文化法治建设推动了我国的文化行政管理体制改革,文化行政管理部门的职能得到进一步的明确和转移。自2002年行政审批制度改革工作开展以来,文化部陆续取消了行政许可和非行政许可行政审批项目28项,下放11项,划转5项,保留4项行政许可项目。2015年7月,文化部出台《关于落实"先照后证"改进文化市场行政审批工作的通知》(以下简称《通知》)。《通知》从做好工作衔接、简化申报材料、落实注册资本登记制度改革工作、简化住所(经营场所)登记手续4个方面,对贯彻落实文化市场主体准入"先照后证"制度工作做出规定。《通知》的印发意味着我国迈出了文化行政管理体制改革的重要一步,对各级文化行政部门完善工作流程,落实监管责任,依法规范行政审批工作提出了更高的

---

① 《中共中央关于深化文化体制改革 推动社会主义文化大发展大繁荣若干重大问题的决定》,《人民日报》2011年10月26日。

② 党的十八大将扎实推进社会主义文化强国建设列为"五位一体"总体布局的有机组成部分,认为全面建成小康社会是既要让人民过上殷实富足的物质生活,又要让人民享有健康丰富的文化生活。

要求。

2017年2月28日，习近平总书记主持召开中央全面深化改革领导小组第二次会议，审议通过了《深化文化体制改革实施方案》，这标志着我国新一轮文化体制改革进入全面实施阶段。2017年5月7日，中共中央办公厅、国务院办公厅印发了《国家"十三五"时期文化发展改革规划纲要》（以下简称《"十三五"文化发展规划纲要》），强调"全面深化文化体制改革。正确处理党委、政府、市场、社会之间的关系，建立健全党委领导、政府管理、行业自律、社会监督、企事业单位依法运营的文化体制机制。"截至2017年7月中旬，党的十八届三中、四中、五中、六中全会确定的104项文化体制改革任务已完成97项，其余7项正在抓紧推进之中。

在中央深化文化行政体制改革的统一要求和部署下，各地进行了积极贯彻执行，地方各级文化行政部门也对本级行政审批事项进行了认真梳理，提出了取消和下放部分行政审批事项的建议。行政审批制度改革的不断深入，使文化行政部门的职能逐渐转变到市场监管、社会管理和公共服务上来。

第二节　文化立法逐步推进

文化立法是指将文化创造、生产、传播、消费、传承、管理等各个环节和宣传、文艺、出版、广播、电视、档案、方志等各个领域的社会关系，通过法定权利义务、职权责任等的内容和法律制度、程序的形式加以规定，实现其中行为展开和利益流转的规范化、制度化和法律化。[1]

2007年10月15日，中国共产党第十七次全国代表大会《高举中国特色社会主义伟大旗帜　为夺取全面建设小康社会新胜利而奋斗》报告强调"文化越来越成为民族凝聚力和创造力的重要源泉"，提出要"推动社会主义文化大发展大繁荣"和"兴起社会主义文化建设新高潮"，明确把文化作为"国家软实力"提出来，指出文化"越来越成为综合国力竞争的重要因素"，强调加强对外文化交流，吸收各国优秀文化成果，提高中

---

[1]　石东坡：《文化立法基本原则的反思、评价与重构》，《浙江工业大学学报》（社会科学版）2009年第2期。

华文化的国际影响力。2012年11月8日，中国共产党第十八次代表大会《坚定不移沿着中国特色社会主义道路前进　为全面建成小康社会而奋斗》报告中提出了经济建设、政治建设、文化建设、社会建设、生态文明建设五位一体总体布局，系统深入地阐述了文化在当前社会发展中的重要地位，提出了建设社会主义文化强国的奋斗目标，把文化建设提到了一个前所未有的历史高度。中国共产党第十八届中央委员会第四次全体会议通过的《中共中央关于全面推进依法治国若干重大问题的决定》指出："建立健全坚持社会主义先进文化前进方向、遵循文化发展规律、有利于激发文化创造活力、保障人民基本文化权益的文化法律制度。"《"十三五"文化发展规划纲要》强调要"加快文化立法进程，强化文化法治保障，全面推进依法行政"。在党和国家高度重视文化法治建设的新形势下，文化立法面临难得的历史性机遇。

在国家层面，初步建立起了覆盖文化遗产保护、公共文化服务、文化市场管理、知识产权保护等领域的法律法规体系。

目前，与文化工作关系最为密切的法律有《著作权法》（2010年2月26日第二次修订）、《非物质文化遗产法》（2011年2月25日颁布）、《电影产业促进法》（2016年11月7日颁布）、《公共文化服务保障法》（2016年12月25日颁布）、《文物保护法》（2017年11月4日第五次修订）、《公共图书馆法》（2017年11月4日颁布）6部。

行政法规有《法规汇编编辑出版管理规定》（1990年7月29日发布）、《电影管理条例》（2001年12月25日发布）、《公共文化体育设施条例》（2003年6月26日发布）、《长城保护条例》（2006年10月11日发布）、《有线电视管理暂行办法》（2011年1月8日修订）、《传统工艺美术保护条例》（2013年7月18日修订）、《卫星电视广播地面接收设施管理规定》（2013年7月18日修订）、《博物馆条例》（2015年2月9日发布）、《营业性演出管理条例》（2016年2月6日修订）、《娱乐场所管理条例》（2016年2月6日修订）、《互联网上网服务营业场所管理条例》（2016年2月6日修订）、《文物保护法实施条例》（2017年3月1日第三次修订）、《历史文化名城名镇名村保护条例》（2017年10月7日修订）等20余部。

部门规章有《博物馆管理办法》（文化部2005年12月22日发布）、《文化志愿者服务管理办法》（原文化部2006年7月14日发布）、《文化科技工作管理办法》（原文化部 1990 年 3 月 28 日发布）、《文化市场行政执法管理办法》（原文化部 2006 年 3 月 16 日发布）、《文化市场综合行政执法管理办法》（原文化部 2011 年 12 月 19 日发布）、《艺术品经营管理办法》（原文化部 2016 年 1 月 18 日发布）、《互联网文化管理暂行规定》（文化部 2011 年 2 月 11 日发布）、《互联网新闻信息服务管理规定》（国务院新闻办公室、信息产业部 2017 年 5 月 2 日发布）等数十部部门规章。

与此同时，地方文化立法发展迅速。地方文化立法的制定和研究不仅有利于为进一步制定国家层面文化领域相关基本法律提供经验、奠定基础，还有利于挖掘和发展地方特色文化，保障和实现文化多元，为促进文化繁荣发展发挥积极作用。各地文化行政部门根据国家制定的文化法律和行政法规，结合本地具体实际，推动出台了一系列地方性法规和地方政府规章，涵盖了新闻出版、广播影视、公共文化服务、传统文化保护、文化产业等多个领域。中共中央宣传部政策法规研究室于 2012 年 12 月出版汇编，对我国 260 余部全国各地现行有效的地方文化法规和地方政府规章进行了统计。[①] 而据官方截至 2015 年 5 月的统计，与文化工作密切相关的地方性法规有 154 部，地方政府规章有 138 部，地方规范性文件多达 13000 余件。[②] 其后，《亳州国家历史文化名城保护条例》（2017 年 11 月 17 日发布）、《四川省非物质文化遗产条例》（2017 年 6 月 30 日发布）、《江苏省公共文化服务促进条例》（2015 年 12 月 4 日发布）等一系列重要的地方性法规和《安徽省历史文化名城名镇名村保护办法》（2017 年 6 月 19 日发布）、《贵阳市红色文化遗址保护管理办法》（2016 年 11 月 10 日发布）、《苏州市公共文化服务办法》（2015 年 11 月 12 日发布）一系列重要的地方政府规章出台。在国家立法尚处于空白或者难以出台的情况下，有的地方还针对现实需要，积极探索制定地方性法规或规章，比如，云南省制定《云南省民族民间传统文化保护条例》（2000 年 5 月 26 日发布），为国家层面立法提供了有益参考。[③] 这是我国第一个专门保护民族民间传

[①] 中共中央宣传部政策法规研究室编：《地方文化法规汇编》，学习出版社 2012 年版，见"出版说明"。

[②] 参见文化部党组书记、部长雒树刚出席 2015 年 5 月 20 日全国文化法治工作会议时的讲话。

[③] 同上。

统文化的地方性法规。[①] 并且，针对民族特殊性的文化类型也进行了立法，比如，为了保护纳西族东巴文化，继承和弘扬优秀的纳西族东巴文化，制定了《云南省纳西族东巴文化保护条例》（2005 年 12 月 2 日发布）。

第三节　文化执法方式创新

一　文化执法机构改革

目前，我国文化行政执法组织是以文化市场综合行政执法机构与文化市场单独行政执法主体并存的模式，[②] 并重点发展和规范文化市场综合行政执法机构。

我国文化市场综合行政执法机构改革是源于《行政处罚法》相对集中行政处罚权制度和行政委托处罚制度，是在借鉴城市管理综合执法经验的基础上，在文化市场管理领域进行的改革和探索，是文化行政管理体制改革的产物。2003 年 6 月，全国文化体制改革试点工作会议在北京召开，确定北京、上海、重庆、浙江、广东、沈阳、西安、深圳、丽江 9 个重点地区和 35 个宣传文化单位为全国首批文化体制改革试点。2004 年 9 月，在中共中央办公厅、国务院办公厅下发的中办发〔2004〕24 号文件中，对综合性试点地区建立文化市场综合执法机构提出了具体意见，以此拉开了文化市场综合执法改革的序幕。经过 8 年多的改革，"综合执法机构组建全面完成。截至 2011 年 12 月 31 日，全国列入改革范围的 401 个地级市（含副省级城市及直辖市的区县）及 2605 个县（区）基本完成了综合执法机构组建工作，其中 8 个地级市和 316 个县（区）因执法区域重叠等原因，由当地政府明确不组建综合执法机构。目前地级市综合执法机构组建完成率为 99.5%，县（区）综合执法机构组建完成率为 93.2%。"[③]

[①] 高轩：《我国非物质文化遗产行政法保护研究》，法律出版社 2012 年版，第 106 页。

[②] 文化部 2011 年 12 月 6 日发布的《文化市场综合行政执法管理办法》是我国文化市场综合执法改革的重要法律成果，是我国首部专门针对文化市场综合行政执法工作进行管理和规范的部门规章。除了该规章明确文化市场行政综合执法机构的权限外，我国还有很多单行法律、法规、规章赋予了相关部门单独执法的权限。参见王旭《文化市场综合行政执法机制研究》，《哈尔滨工业大学学报》（社会科学版）2014 年第 2 期。

[③] 《文化部：全国文化市场综合执法机构改革全面完成》，中央政府门户网站，http://www.gov.cn/gzdt/2012-02/23/content_2074391.htm。

2016年4月4日，中共中央办公厅、国务院办公厅印发的《关于进一步深化文化市场综合执法改革的意见》（以下简称《综合执法改革意见》）进一步明确了整合行政执法力量，组建文化市场综合执法机构的指导思想，肯定了我国文化市场综合执法改革的重大意义。《综合执法改革意见》指出："2004年以来，按照党中央、国务院决策部署，文化市场综合执法改革由试点逐步向全国推开，各直辖市和市、县两级基本完成文化（文物）、新闻出版广电（版权）等文化市场领域有关行政执法力量的整合，组建文化市场综合执法机构，提升了执法效能，规范了市场秩序，推动了优秀文化产品的生产和传播，促进了社会效益和经济效益有机统一"[①]。

全面完成文化市场综合执法改革。推进副省级及以下城市整合文化、广电、新闻出版等有关部门，组建综合文化行政责任主体，组建统一的文化市场综合执法机构，全面完成文化市场综合执法改革任务。积极推进政企、政事分开和管办分离，广电领域实现了局台分开，出版领域实现了局社分开。[②]

二 文化执法队伍优化

文化执法人员的素质直接决定着文化行政执法的效果和影响，因此加强文化市场行政执法队伍建设，优化行政执法队伍，是充分发挥执法人员在维护国家文化安全、促进文化市场健康稳定发展和不断持续繁荣、保障和维护广大人民群众文化权益的关键因素，是深化文化市场行政执法管理体制改革的根本要求。《国务院关于加强法治政府建设的意见》中要求"加强行政执法队伍建设，严格执法人员持证上岗和资格管理制度"。为加强和优化文化市场综合行政执法队伍建设，2010年11月23日文化部印发了《文化部关于加强文化市场综合执法装备配备工作的指导意见》和《全国文化市场综合执法队伍培训规划（2011—2015年）》。

为了进一步落实以上两个重要文件的精神，《文化市场综合行政执法管理办法》从六个方面对文化市场综合行政执法人员的条件做出了具体规

---

① 《中共中央办公厅、国务院办公厅印发〈关于进一步深化文化市场综合执法改革的意见〉》，中央政府门户网站，http://www.gov.cn/xinwen/2016-04/04/content_5061160.htm。
② 蔡武：《国务院关于深化文化体制改革　推动社会主义文化大发展大繁荣工作情况的报告》2012年10月24日。

定，尤其强调执法人员应"熟悉文化市场管理法律法规，掌握文化市场管理所需的业务知识和技能"。除此之外，还要求执法人员经岗位培训和考试合格，取得《中华人民共和国文化市场综合行政执法证》或者各级人民政府核发的行政执法证后，方可从事行政执法工作。为了保证执法人员有足够的业务水平和业务能力，确保执法工作有质量地顺利开展，综合执法机构应当每年对执法人员进行业务考核，对考核不合格的执法人员，应当暂扣执法证件。同时，执法机构应当有计划地对执法人员进行业务培训，鼓励和支持执法人员参加在职继续教育。同时，还制定了岗位轮换制度、执法监督和责任追究等其他综合执法人员管理制度、激励约束制度等。

2012年5月23日，为规范文化市场综合执法人员的执法行为，"建设一支政治强、业务精、纪律严、作风正、形象好的综合执法队伍"，文化部办公厅印发了《文化市场综合行政执法人员行为规范》，要求执法人员在开展执法检查、监督、处罚等各项公务活动时都应遵守该规范。《综合执法改革意见》中也强调要加强综合执法队伍建设，严格实行执法人员持证上岗和资格管理制度，健全执法人员培训机制。要求各地根据中央关于深化行政执法体制改革的精神，结合各地实际情况，探索文化市场综合执法机构设置的有效形式，明确机构设置、编制、人员和经费。这些规定有利于文化市场执法队伍的稳定和优化。

三 文化执法手段创新

随着科学技术的进步，文化执法方式手段也顺应时代的发展，用科学技术进行"武装"，为文化执法在文化法制建设中更好地发挥积极促进作用。2017年1月19日，国务院办公厅提出了《推行行政执法公示制度执法全过程记录制度重大执法决定法制审核制度试点工作方案》，方案中在"试点任务"部分明确提出了建立"执法全过程记录制度"的相关要求，即执法全过程记录制度。要求试点单位应当通过文字、音像等记录方式，对行政执法行为进行记录并归档，实现全过程留痕和可回溯管理。同时，推行音像记录。对现场检查、随机抽查、调查取证、证据保全、听证、行政强制、送达等容易引发争议的行政执法过程，要进行音像记录。对直接涉及人身自由、生命健康、重大财产权益的现场执法活动和执法场所，要进行全过程音像记录。要求试点单位积极利用大数据等信息技术，结合办公自动化系统建设，探索成本低、效果好、易保存、不能删改的记录方式。

四 文化执法程序规范

文化执法程序是行政执法主体实施行政职权时应遵循的方式、步骤、时限和顺序。执法程序规范化是文化执法队伍依法行使文化权力、保障公民文化权利的关键因素。《文化市场综合行政执法管理办法》在《行政处罚法》和《行政强制法》的框架下，对法律规定的行政处罚的适用、程序和执行等进行了梳理。这些程序既包括《行政处罚法》中已有的规定（如表明执法身份、说明执法依据、告知权利、听取当事人的陈述申辩等），也包括《行政处罚法》未明确规定的重要执法制度（如举报受理制度、重大案件管理制度、处罚决定抄告备案制度等），同时也包括对执法实践中存在的重难点内容进行了深化和细化的内容（如紧急措施、重大案件集体讨论、听证会召开的程序及听证报告的内容等）。《文化市场综合行政执法人员行为规范》从更加细化微观的角度，对文化执法人员的行为进行了规范，比如对文化执法人员的文明规范用语、着装规范等做出了具体规定。它们共同构建了完善而系统的文化综合行政执法程序。

五 文化执法监督强化

加强文化行政执法监督工作，是推进文化领域依法行政、实现和保障文化法治建设的重要环节。因为，"徒法不足以自行"，任何法律规范都需要靠具体的人加以执行和遵守方能生效，否则，就是一纸空文。对于掌握着国家公权力的行政执法人员来说，要做到公正执法，仅仅依赖于执法者本人的觉悟、良心、道德、自律是远远不够的，这就需要我们靠监督制度加以制约和实现。只有建立健全文化行政执法监督制度才能使文化行政执法责任落到实处。

党的十八届四中全会就新形势下加强执法监督工作做出了新部署、提出了新要求，《中共中央关于全面推进依法治国若干重大问题的决定》指出，"全面落实行政执法责任制，严格确定不同部门及机构、岗位执法人员执法责任和责任追究机制，加强执法监督，坚决排除对执法活动的干预，防止和克服地方和部门保护主义，惩治执法腐败现象"。对此，《文化市场综合行政执法管理办法》在第四章专章规定了"执法监督与责任追究",将监督和责任紧密衔接起来,强化了行政执法主体的责任意识和危机意识。该办法明确了执法监督的主体,即上级综合执法机构对下级综合执法机构及执法人员的执法行为实行执法监督。综合执法机构接受同级人民政府及有关行政部门的执法监督。同时,对执法监督的内容、执法监督的方式、执法监督的责任(包括赔偿责任、行政责任、刑事责任)进行了明确规定,确保文化执法监督的切实可行。

第四节 文化司法成绩显著

文化活动作为社会活动的一种,同样会产生各种矛盾和纠纷。妥善地解决各种文化纠纷,保障文化活动当事人的合法权益,保证各类文化活动正常进行,是文化司法的核心任务。文化司法,即文化司法审查,是一种国家文化审查的事后追惩制度,是指人民法院将文化法律法规具体适用于文化纠纷案件的一种审判和裁判活动[1],目的是依法解决各种文化纠纷。文化司法是将文化法律法规转化为现实的文化法治实践活动,从而在国家宪法和文化法律法规的框架内,实施国家的文化法治目标,既要实现保护文化权利主体合法的文化权利和文化利益,维护国家、地区文化公共空间的秩序和文化市场的自由有序竞争,又要制止和查处侵害他人文化权利和文化权益的行为,惩罚违法犯罪的行为。[2] "它既是国家文化法治体系的重要组成部分,也是国家文化审查制度的基本构成要素。"[3]

文化纠纷主要产生于文化经济活动和文化行政管理活动。文化经济纠纷中最重要的一类是文化知识产权如著作权受到侵犯而引起的纠纷,文化行政纠纷一般是文化行政管理过程中,行政相对人认为自己的合法权益受到文化行政管理部门侵害而引起的纠纷。各国经济社会发展的实践表明,法制越健全,知识产权保护越好,科学技术进步越快,科学技术运用到生

---

[1] 有学者认为文化司法审查包括两层含义,狭义上是指法院机关的文化司法审判,广义上包括文化司法审查与文化准司法审查,即法院机关的司法审判与国家文化行政机关的事后追惩。该学者将国家文化行政机关依法实施的行政救济作为文化准司法审查活动,并视作法院机关文化司法审查的前置性部分,因此,把文化司法审查分为法院审判救济与行政执法救济两大系统。见陈鸣《西方文化管理概论》,书海出版社2006年版,第234页。笔者不同意此种观点。笔者认为文化司法审查仅指法院的文化司法审查。

[2] 参见陈鸣《西方文化管理概论》,书海出版社2006年版,第234页。

[3] 陈鸣:《西方文化管理概论》,书海出版社2006年版,第234页。

产过程和经济过程的时间越短，经济也就越发达。法治是科学技术迅速发展的最强大激励机制和保障机制。①

所以，为了解决这两类文化纠纷，进一步加强知识产权司法保护，切实依法保护权利人合法权益，促进社会经济快速稳定发展，维护社会公共利益，对此，国务院《关于印发国家知识产权战略纲要的通知》（2008年6月5日发布）中强调，要加强司法保护体系和行政执法体系建设，发挥司法保护知识产权的主导作用；加大司法惩处力度，降低维权成本，提高侵权代价，有效遏制侵权行为；要完善知识产权审判体制，进一步健全知识产权审判机构，充实知识产权司法队伍，提高审判和执行能力；针对知识产权案件专业性强等特点，建立和完善司法鉴定、专家证人、技术调查等诉讼制度，完善知识产权诉前临时措施制度；针对反复侵权、群体性侵权以及大规模假冒、盗版等行为，加大行政执法机关向刑事司法机关移送知识产权刑事案件和刑事司法机关受理知识产权刑事案件的力度。同年12月12日，为了推进纲要的实施，国务院办公厅做出了《关于印发实施国家知识产权战略纲要任务分工的通知》，通知中在九个方面对最高人民法院在保护知识产权领域的司法权限提出了要求。

在全球新一轮科技革命和产业革命蓄势待发，我国经济发展方式加快转变，创新引领发展的趋势更加明显的情况下，国务院发布了《关于新形势下加快知识产权强国建设的若干意见》（2015年12月18日）以及国务院办公厅印发《〈国务院关于新形势下加快知识产权强国建设的若干意见〉重点任务分工方案的通知》（2016年7月8日），对知识产权的司法保护做出了更加科学合理的规定。

为推动实施国家创新驱动发展战略，进一步加强知识产权司法保护，2014年8月31日第十二届全国人民代表大会常务委员会第十次会议通过了《关于在北京、上海、广州设立知识产权法院的决定》。知识产权法院的设立，是我国知识产权司法保护事业发展进程中的里程碑事件，具有重大的历史意义和现实意义。为了推动知识产权法院审判工作更好地开展，最高人民法院发布了一系列重要的司法解释及司法文件，包括《关于印发知识产权法院法官选任工作指导意见（试行）》（2014年10月28日发

---

① 韦森：《市场、法治与民主——一个经济学家的日常思考》，世纪出版集团、上海人民出版社2008年版，第160页。

布)、《关于北京、上海、广州知识产权法院案件管辖的规定》(2014年10月31日发布)、《关于知识产权法院案件管辖等有关问题的通知》(2014年12月24日发布)、《关于知识产权技术调查官参与诉讼活动若干问题的暂行规定》(2014年12月31日发布)以及《知识产权法院技术调查官选任工作指导意见（试行）》(2017年8月8日)。

近三年的司法审判实践证明，知识产权法院在知识产权司法保护方面发挥了重大的作用，取得了可喜的成果。比如，截至2017年6月，三个知识产权法院审结著作权案件11664件，在奇异公司诉幻电公司侵害作品信息网络传播权纠纷等案件中加强著作权保护，充分发挥了知识产权审判对文化创新的引导和保障作用。结合"世界知识产权日"开展主题宣传活动，加大知识产权典型案例宣传力度，提升人民群众的知识产权保护意识，努力营造社会参与和支持知识产权司法保护的良好氛围。①

第五节 文化法治意识提高

卢梭曾言："一切法律之中最重要的法律既不是铭刻在大理石上，也不是铭刻在铜表上，而是铭刻在公民们的心里。"② 萨维尼也指出："法律深深地根植于一个民族的历史之中，而且其真正的源泉乃是民族的普遍的信念、习惯和共同意识。"③ 可见，仅有优良的法制而缺乏公民的接受与认同，最终依然难以达至法治的目标，而法制观念对于法治的实现无疑发挥了举足轻重的作用。

文化法治意识是文化法治得以繁荣发展的必备要素，应当贯穿文化立法、文化执法、文化司法、文化守法等各个环节。随着法治建设的推进，法治意识也随之得到很大提升。因而，在我国，文化法治、依法治文的法律意识也得到了增强。文化工作者的法治意识得到进一步强化，人民的文化法治意识在国家的继续推进和引导下也得到了提高，国家工作人员在文化立法、文化执法等环节的法治意识进一步落实。

法律实施的基础在于广大干部和群众学法、知法、守法和护法。江泽

---

① 《最高人民法院关于知识产权法院工作情况的报告》(2017年8月29日)。
② [法]卢梭：《社会契约论》，何兆武译，商务印书馆2002年版，第72页。
③ [美]E.博登海默：《法理学：法律哲学与法律方法》，邓正来译，中国政法大学出版社1999年版，第88页。

民指出:"加强社会主义法治建设,坚持依法治国,一个重要任务是要不断提高广大干部、群众的法律意识和法制观念。思想是行动的先导。干部依法决策、依法行政是依法治国的重要环节;公民自觉守法,依法维护国家利益和自身利益是依法治国的重要基础。广大干部群众法律水平的高低,直接影响着依法治国的进程"①。实践经验证明,有比较健全和完善的法律和制度,如果人们的法律意识和法制观念淡薄,思想政治素质低,再好的法律和制度也会因为得不到遵守而不起作用,甚至会形同虚设。②

---

① 《江泽民同志强调加强社会主义法制建设实行和坚持依法治国》,《人大工作通讯》1996年3月1日。

② 同上。

第 七 章

文化法治建设的主要挑战

通过前文介绍，可知我国的文化法治建设取得了巨大的进步，但是同时也应看到，文化法治的建设，与市场经济的突飞猛进和民主政治的快速发展之间，还存在很大的落差。作为我国法治建设最薄弱的环节，文化法治建设还远远不能满足人民文化权利保障的需要、不能适应市场经济对文化产品的要求、不能应对激烈的文化产品的国际竞争。总体而言，目前我国文化法治建设还面临以下的主要挑战。

第一节　与经济社会文化发展的要求不相适应

推进社会主义文化大发展大繁荣，必须不断深化文化体制改革。[1] 文化体制供给与需求的矛盾运动规律以及文化体制各参与方的相互博弈，客观上提出了进一步深化文化体制改革的需求。我国文化大发展、大繁荣战略方针的实施瓶颈也在于如何进一步深化文化体制改革。[2] 进入21世纪以来，我国的文化体制改革不断深入。2003年，中央确定了文化体制改革的试点，并在党的十六届三中全会上提出了"党委领导、政府管理、行业自律、企事业单位依法经营的文化管理体制和富有活力的文化产品生产经营机制"，为文化体制改革指明了方向。2005年，党的十六届五中全会的《中共中央关于制定国民经济和社会发展第十一个五年规划的建议》使文化体制改革目标及思路得到了进一步明确。随后，2006年1月出台的《关于深化文化体制改革的若干意见》与《国家"十一五"时期文化发展规划纲要》则标志着文化体制改革的全面推进。

---

[1] 周叶中：《加快文化立法是建设社会主义文化强国的必然选择》，《求是》2012年第6期。
[2] 江国华：《文化权利及其法律保护》，《中州学刊》2013年第7期。

但是，我们不能忽视和回避的问题是，由于我国长期的计划经济的模式，政府是集文化所有者、举办者、管理者、经营者等多重角色于一身。这种"政事不分""管办不分"的体制弊端对我国目前的文化产业发展带来了一定的阻力。比如，文化生产能力不足，文化资源大量闲置，文化活力没有充分激发，文化市场没有充分拓展和激活，当文化被作为"事业"来管理的时候，市场是遭到抑制的。

新中国成立以后，社会性质、制度、阶层、风气等方方面面都发生了急速而深刻的变化。新中国成立初期社会变革的特征表现为以下三个方面[①]：第一，浓郁的政治色彩。新中国成立初期社会变革主要依靠政治力量的推动，即"政治力量主要是指国家行政力量"[②]。国家行政力量渗透到社会生活的方方面面，因此新中国成立初期的各项社会变革基本依靠行政力量保障实施。第二，大规模的全民性。新中国成立以后，人民的主人翁意识逐渐强烈，人民积极反映问题、提意见、参与社会建设和管理活动中，对国家和社会做出自己的贡献，实现自己的人生价值。第三，不断增强的同质性。由于衣食等必要的社会物质生活消费资料被纳入国家计划经济体制，由国家进行统一定量分配，所以人们的物质生活水平、文化观念等发生趋同，整个社会变革呈现出同质性增强的特征。

随着社会和经济的不断持续发展，当今社会，互联网的应用和服务渗透到了人们社会生活的方方面面，成为信息传播的重要载体和渠道，对政治、经济、军事、科技、文化、社会等领域都产生了重大影响。[③] 互联网这种信息传播的方式对社会文明进程起到了极大的推动作用，正如有学者言："纵观人类信息传播的历史，重大传播技术的出现都导致了人类信息传播方式的改变，进而触发了社会的变革与发展。"[④]

通过对比新中国成立初期与当今社会两个不同阶段的社会变革的表现，我们可以看出，一方面，国家行政力量以一种惯性依然在当今社会生

[①] 参见华长慧、喻立森主编，宁波诺丁汉大学·中国文化课教研室编著《中国文化与大学生成长》，浙江教育出版社2015年版，第143—144页。

[②] 李立志：《1949—1956年中国社会风习的演变及其特点》，《教学与研究》2001年第1期。

[③] 参见侯书生《党员干部"互联网+"知识读本》，红旗出版社2015年版，第7—8页。

[④] 高钢：《传播边界的消失：互联网开启再造文明时代》，中央广播电视大学出版社2016年版，第159页。

活中发挥着极大的作用，文化产业的法治化道路仍然存在很多障碍和困难，目前只有《电影产业促进法》，其他文化产业促进法尚未出台，而另一方面，"基于互联网的文化产业新业态蓬勃发展，深刻地改变着文化产业的内在结构和人们的文化消费习惯"[①]。互联网时代激发了社会民众的文化消费需求，反过来又推动了文化产品的供给，这为文化产业的发展带来了全新契机。但是，目前我国文化产业还没有完全实现法治化，这与社会民众文化权利的实现与保障之间存在一定的矛盾，需要我们进一步加快文化产业法治化进程，满足人民不断增长的文化消费需要。

第二节　现行文化体制在一定程度上阻碍了文化法治建设进程

文化体制改革作为一种政策性和实践性取向，在我国已经积累了四十年的现实经验，历经了试错性探索和清晰化改革两个重要发展阶段逐渐走向改革的深水区。党的十八大和十八届三中全会均对深化文化体制改革做出了专门部署，党的十九大也对继续进行了强调。党和国家的宏观部署和政策举措为改革提供了持续的动能，但当下深化文化体制改革仍遭遇了多重阻力，面临着各种错综复杂的矛盾和短期内难以突破的困局。[②]

"文化体制改革实质上就是要厘清政府和市场的职能边界，并以此重构文化宏观管理体制和微观运行机制"[③]。重构文化宏观管理体制，需要政府转变角色，进行职能转换。"职能转变就是按照宏观管理和减少直接控制的原则来转变职能。"[④] 虽然近年来中央不断加大文化宏观调控的力度，制定和颁布了一系列促进文化体制改革、推动文化产业发展的政策、方针，但"有些地方政府不能认真贯彻中央关于宏观调控的政策，做到令

[①]　《"互联网+"：给文化产业带来什么》，《光明日报》2015年3月19日第14版。

[②]　陈庚：《四十年来的中国文化体制改革研究：一个理论述评》，《山东大学学报》（哲学社会科学版）2019年第5期。

[③]　凌金铸：《文化体制改革的拐点及意义》，《上海交通大学学报》（哲学社会科学版）2010年第6期。

[④]　徐碧芳：《浅谈文化行政部门的职能转变》，《广东行政学院学报》1993年第1期。

行禁止,导致了片面追求政绩和产值,忽视经济结构调整和生产方式转变,造成重复建设、经营粗放、地方分割、部门保护"① 等诸多问题和弊端,这与文化行政部门职能转变的基本目标还有段距离,因为"文化行政部门转变职能的基本目标是:建立以间接控制为主的宏观调控体系,使政府文化部门对文化工作的领导逐步由直接管理为主转向间接管理为主,由微观直接办文化转向间接管文化。运用文化政策和文化法规对文化事业实行间接调控"②。

地方政府不能彻底且全面地贯彻执行中央的政策、方针,这在很大程度上降低了中央文化宏观调控职能的执行效果。因此,应承认目前我国文化行政管理部门的职能的转变仍是任重道远的。党政的职能分工还没有彻底分清,"党委领导、政府管理"的目标没有最终实现。政府部门之间职能交叉关系还没有理顺,多头管理,条块分割的现象仍然存在。在政府与企业之间的关系方面,政府监管存在着越位和缺位并存的现象,政府仍然习惯用计划经济的手段管文化、办文化。在文化管理体制与文化发展趋势不相适应的情况下,有必要运用法治思维和法治方式,建立健全统一、开放、竞争、有序的现代文化市场体系,发挥市场在文化资源配置中的决定性作用;明确界定管理主体的职责权限、规范行政权力行使,改变多头、分业的文化管理主体结构;促进社会共治,实现文化管理主体多元化。③

第三节 文化立法质量仍存在很大提升空间

一 文化立法现状

文化权利在国际人权法领域已得到体现,《世界人权宣言》第 22 条、第 27 条,《经济、社会与文化权利国际公约》第 15 条第 1 款,确立了文化权利的一般国际法渊源,将文化权利作为人权予以保护。《世界人权宣言》第 22 条对个人享有经济、社会、文化权利作了原则性规定,即每个人。有权享受他的个人尊严和人格的自由发展所必需的经济、社会和文

---

① 唐铁汉:《我国政府职能转变的成效、特点和方向》,《国家行政学院学报》2007 年第 2 期。
② 徐碧芳:《浅谈文化行政部门的职能转变》,《广东行政学院学报》1993 年第 1 期。
③ 齐崇文:《论文化安全的法律治理》,《行政管理改革》2019 年第 8 期。

化方面各种权利的实现。第 27 条进一步对文化权利进行规范：人人有权自由参加社会的文化生活，享受艺术，并分享科学进步及其产生的福利；人人对由于他所创作的任何科学、文学或美术作品而产生的精神的和物质的利益，有享受保护的权利。1966 年通过的《经济、社会与文化权利国际公约》进一步确认了文化权利。该公约第 1 条规定："所有人民都有自决权。他们凭这种权利自由决定他们的政治地位，并自由谋求他们的经济、社会和文化的发展。"第 15 条规定：（一）本公约缔约各国承认人人有权：1. 参加文化生活；2. 享受科学进步及其应用所产生的利益；3. 对其本人的任何科学、文学或艺术作品所产生的精神上和物质上的利益，享受被保护之权利。（二）本公约缔约各国为充分实现这一权利而采取的步骤应包括为保存、发展和传播科学和文化所必需的步骤。（三）本公约缔约各国承担尊重进行科学研究和创造性活动所不可缺少的自由。（四）本公约缔约各国认识到鼓励和发展科学与文化方面的国际接触和合作的好处。

《国际文化合作原则宣言》《保护世界自然与文化遗产公约》《保护非物质文化遗产公约》和《保护和促进文化表现形式多样性公约》《世界文化多样性宣言》等不同领域的文化权利进行了更加细致全面的规定，使不同领域的文化权利有了国际法上的渊源。比如，在世界遗产的文化权利保护方面，目前，我国加入了 8 个保护世界遗产的国际公约。分别是：全国人大常委会 1999 年 10 月 31 日批准加入《关于发生武装冲突时保护文化财产的公约》及其《议定书》、中国政府 1989 年 10 月 25 日对《关于禁止和防止非法进出口文化财产和非法转让其所有权的方法的公约》交存接受书、中国政府于 1992 年 2 月 20 日正式递交加入书、7 月 31 日生效的《关于特别是作为水禽栖息地的国际重要湿地公约》、全国人大常委会 1985 年 11 月 22 日批准加入《保护世界文化和自然遗产公约》、全国人大常委会 1992 年 11 月 7 日批准加入的《生物多样性公约》、中国政府于 1997 年 5 月 7 日交存加入书的《关于被盗或非法出口文物公约》（该公约于 1998 年 7 月 1 日生效）、全国人大常委会 2004 年 8 月 28 日批准加入的《保护非物质文化遗产公约》、全国人大常委会 2006 年 12 月 29 日批准加入的《保护和促进文化表现形式多样性公约》。

1. 宪法规定

宪法是文化立法的基础和核心，其关于国家发展文化事业及保障公民享有从事文化活动的权利的规定，为文化法制建设提供了基本原则。[1]

比如，在少数民族文化权利方面，《宪法》第 4 条规定：国家根据各少数民族的特点和需要，帮助各少数民族地区加速经济和文化的发展……各民族都有使用和发展自己的语言文字的自由，都有保持或者改革自己的风俗习惯的自由。第 47 条规定：中华人民共和国公民有进行科学研究、文学艺术创作和其他文化活动的自由。国家对于从事教育、科学、技术、文学、艺术和其他文化事业的公民的有益于人民的创造性工作，给以鼓励和帮助。该条规定，前一句是对公民进行合法的文化活动自由权利的规定，后一句则是对受益权意义上的文化权利的确认。第 119 条规定：民族自治地方的自治机关自主地管理本地方的教育、科学、文化、卫生、体育事业；保护和整理民族的文化遗产，发展和繁荣民族文化。该条是对地方的自治机关自主管理本地方人民的文化权利进行了规定。

在自然资源、文化资源及环境保护方面，《宪法》第 9 条规定：矿藏、水流、森林、山岭、草原、荒地、滩涂等自然资源，都属于国家所有，即全民所有；由法律规定属于集体所有的森林和山岭、草原、荒地、滩涂除外。国家保障自然资源的合理利用，保护珍贵的动物和植物。禁止任何组织或者个人用任何手段侵占或者破坏自然资源。第 22 条第 2 款规定：国家保护名胜古迹、珍贵文物和其他重要历史文化遗产。第 26 条第 1 款规定：国家保护和改善生活环境和生态环境，防治污染和其他公害。以及上文提到的第 119 条。

在文化产业方面，《宪法》作为国家根本法的法律地位，从三个层面提供了依据：第一层面是关于文化权力总的条款，即第 2 条关于人民通过各种途径和形式管理国家文化事业的规定。第 14 条规定国家在发展生产的基础上，逐步改善人民的物质生活和文化生活。第 22 条规定：国家发展为人民服务、为社会主义服务的文学艺术事业、新闻广播电视事业、出版发行事业、图书馆博物馆文化馆和其他文化事业，开展群众性的文化活动。国家保护名胜古迹、珍贵文物和其他重要历史文化遗产。第 24 条规定：国家通过普及理想教育、道德教育、文化教育、纪律和法制教

---

[1] 郑祥福、林子赛：《文化资本背景下中国文化矛盾及其发展战略》，《浙江师范大学学报》（社会科学版）2009 年第 2 期。

育，通过在城乡不同范围的群众中制定和执行各种守则、公约，加强社会主义精神文明的建设。第 122 条规定：国家从财政、物资、技术等方面帮助各少数民族加速发展经济建设和文化建设事业。第二层面是关于文化权利的条款，包括公民文化权利的条款（包括第 35 条中华人民共和国公民有言论、出版、集会、结社、游行、示威的自由；第 47 条规定的国家对文化权利实现的鼓励和支持以及第 48 条关于保障妇女在文化方面享有同男子平等的权利）和民族文化权利的条款（第 4 条规定：国家根据各少数民族的特点和需要，帮助各少数民族地区加速经济和文化的发展。各民族都有使用和发展自己的语言文字的自由，都有保持或者改革自己的风俗习惯的自由）。第三层面是关于国家文化管理权限划分的条款，包括立法机构的文化管理权限划分（第 70 条规定：全国人民代表大会设立民族委员会、法律委员会、财政经济委员会、教育科学文化卫生委员会、外事委员会、华侨委员会和其他需要设立的专门委员会。在全国人民代表大会闭会期间，各专门委员会受全国人民代表大会常务委员会的领导；第 99 条规定的地方各级人民代表大会文化建设的权力）、行政机构的文化管理权限划分（第 89 条规定的国务院领导和管理教育、科学、文化、卫生、体育和计划生育工作；第 107 条规定的县级以上地方各级人民政府对文化的管理权限）和民族自治地方的自治机关的文化管理权限（第 119 条）。

2. 法律、行政法规

（1）新闻出版领域

在党中央、国务院和全国人大常委会的领导下，新闻出版总署自 20 世纪 80 年代开始负责组织起草《新闻法》《出版法》，进行了大量全国人大的立法计划，1994 年 8 月，《出版法》草案曾提交全国人大常委会八届十次会议审议。但在此之后，这方面的立法工作没有继续进行。

国务院先后颁布、修订了《法规汇编编辑出版管理规定》（1990 年 7 月 29 日发布）、《中华人民共和国外国常驻新闻机构和记者采访条例》（2008 年 10 月 17 日发布）、《地图管理条例》（2015 年 11 月 26 日发布）、《出版管理条例》（2016 年 2 月 6 日修订）、《音像制品管理条例》（2016 年 2 月 6 日修订）、《印刷业管理条例》（2017 年 3 月 1 日修订）。

（2）著作权领域

1990 年 9 月 7 日第七届全国人大常委会第 15 次会议审议通过的《著

作权法》，并于 1991 年 6 月 1 日正式实施。为适应国内市场经济和进一步完善著作权的需要，我国于 1991 年 5 月 30 日发布了《著作权实施条例》，同年 10 月 1 日发布了《计算机软件保护条例》，逐步形成了具有中国特色的著作权保护体系。

（3）广播影视领域

2016 年 11 月 7 日，第十二届全国人大常委会第二十四次会议表决通过了《电影产业促进法》。这部法律第一次从法律层面明确了电影产业的重要地位、发展方针、指导原则和扶持措施，为电影产业持续健康繁荣发展提供了全面的制度保障，对于激活电影市场主体、规范电影市场秩序、促进电影产业发展具有十分重要的意义。

除此之外，广播影视领域有七部行政法规。包括《进口影片管理办法》（1981 年 10 月 13 日发布）、《卫星地面接收设施接收外国卫星传送电视节目管理办法》（1990 年 5 月 28 日发布）、《广播电视设施保护条例》（2000 年 11 月 5 日发布）、《有线电视管理暂行办法》（2011 年 1 月 8 日修订）、《广播电台电视台播放录音制品支付报酬暂行办法》（2011 年 1 月 8 日发布）、《卫星电视广播地面接收设施管理规定》（2013 年 7 月 18 日修订）、《广播电视管理条例》（2017 年 3 月 1 日修订）。

（4）文化管理领域

文化市场管理总的规定，包括：《关于加强文化市场管理工作的通知》（1988 年 2 月 8 日文化部、国家工商行政管理局发布）、《关于加强文化市场管理的若干意见》（1994 年 4 月 4 日文化部发布）、《关于促进农村文化市场繁荣发展的若干意见》（1996 年 11 月 27 日文化部发布）、《关于印发实行文化经营许可证制度的规定的通知》（1994 年 1 月 19 日文化部发布）等。

在演出市场领域，《营业性演出管理条例》（2016 年 2 月 6 日第三次修订），《营业性演出管理条例实施细则》（2009 年 8 月 28 日文化部发布）。

在娱乐市场领域，主要有：《营业性歌舞娱乐场所管理办法》（1993 年 10 月 14 日文化部发布）、《关于加强台球、电子游戏机娱乐活动管理的通知》（1990 年 4 月 30 日文化部、公安部发布）、《关于加强对新兴文化娱乐经营项目管理的通知》（1996 年 4 月 24 日文化部发布）、《关于加强电子游戏机娱乐场所管理取缔有奖电子游戏机经营活动的通知》（1996 年 10 月 16 日文化部、公安部、国家工商行政管理局发布）。

在音像市场领域，主要有：《音像制品管理条例》（1994年8月25日国务院发布）、《音像制品批发、零售、出租和放映管理办法》（1996年1月30日文化部发布）、《音像制品出版管理办法》（1996年2月1日新闻出版署发布）、《音像制品复制管理办法》（1996年2月1日新闻出版署发布）、《音像制品进口管理办法》（1996年2月1日新闻出版署发布）、《音像制品内容审查办法》（1996年2月1日广播电影电视部、文化部联合发布）、《电子出版物管理暂行规定》（1996年3月14日新闻出版署发布）。

在艺术品市场领域，主要有：《美术品经营管理办法》（1994年11月25日文化部发布）、《传统工艺美术保护条例》（1997年5月20日国务院发布）、《城市雕塑建设管理办法》（1993年9月14日文化部、建设部发布）等。

在文化市场稽查领域，主要有：《文化市场稽查暂行办法》（1994年11月25日文化部发布）、《文化行政处罚程序规定》（1997年12月31日文化部发布）。

（5）文化遗产保护领域

以1982年11月19日全国人大常委会颁布实施的《文物保护法》为标志，我国对文物的保护开始走上法制化的轨道。严峻的文物走私、盗掘形势和民间收藏家艰难的生存现状使《文物保护法》历经四次修正、一次修订。20世纪90年代中期，开始了对《文物保护法》的修订工作。习近平总书记一直很关注文化遗产保护问题。2000年1月1日，他批示："保护历史文物是国家法律赋予每个人的责任，也是实施可持续发展战略的重要内容。"2006年6月10日，他在我国首个"文化遗产日"讲话时强调："保护和传承文化遗产是每个人的事。只有我们每个人都关心和爱惜前人给我们留下的这些财富，我们民族的精神和独特的审美情趣、独特的传统气质，才能传承下去。"

《刑法》第4节规定了妨害文物管理罪，设立了故意或过失损毁文物罪、故意损毁名胜古迹罪（第324条）、非法向外国人出售、赠送珍贵文物罪（第325条）、倒卖文物罪（第326条）、非法出售、私赠文物藏品罪（第327条）、盗掘古文化遗址、古墓葬罪、盗掘古人类化石、古脊椎动物化石罪（第328条）等罪名。

我国在2004年加入联合国教科文组织的《保护非物质文化遗产公约》后全面启动了非物质文化遗产的普查、抢救、保护与传承工作。国务院在

2005年3月下发了《关于加强我国非物质文化遗产保护工作的意见》，确立了我国保护非物质文化遗产的方针与目标。2005年12月，国务院又下发了《关于加强文化遗产保护的通知》。2011年6月1日，《非物质文化遗产法》正式生效实施，这标志着我国非物质文化遗产保护工作进入了一个新的阶段。

1990年颁布的《著作权法》首次确认民间文学艺术作品享有著作权并受到法律保护。2004年，国务院通过《著作权集体管理条例》。民间文学作品作为非物质文化遗产的一个重要组织部分，而少数民族中流传的民歌、歌谣大部分都在全国范围内广为传诵，产生了深远的历史影响。承认这些民间艺人对于自己创作的作品的专有著作权，这是国家法律第一次从保障民事权利的角度来具体确认非物质文化遗产的法律地位。

(6) 公共文化服务领域

党的十八届四中全会决定明确提出要制定公共文化服务保障法，促进基本公共文化服务标准化、均等化。2016年12月25日第十二届全国人民代表大会常务委员会第二十五次会议通过《中华人民共和国公共文化服务保障法》。这是我国文化领域的一部综合性、全局性、基础性的法律。公共文化服务体系的建立是现代文明国家的重要标志，其核心目的是保障人民的文化权利，实现文化公平，让人民群众在文化当中获得精神满足，树立人格尊严。[1] 公共文化服务体系建设是保障文化民生、夯实我国意识形态基础、构建和谐社会的根本任务。公共文化服务保障法最大的贡献是构筑起我国公共文化服务基本法律制度体系的框架。法律建立的主要制度包括：基本公共文化服务标准制度、公共文化服务设施免费或优惠开放制度、公共文化设施保护制度、公共文化服务公示制度等。其中的基本公共文化服务标准制度，堪称奠定现代公共文化服务体系基石、公共文化服务"中国创造"的基本制度。

为了加快转变政府职能，深化公益性文化事业单位改革，中宣部、文化部等7部门于2017年9月初联合印发了《关于深入推进公共文化机构法人治理结构改革的实施方案》。该方案围绕中央关于构建现代公共文化服务体系总体部署，加强党对公共文化机构领导，按照政事分开、

---

[1] 刘忱：《公共文化服务体系建设的实践考察与建议》，《中共中央党校学报》2012年第6期。

管办分离要求,以公共图书馆、博物馆、文化馆、科技馆、美术馆为重点领域,推动公共文化机构建立以理事会为主要形式的法人治理结构,吸纳有关方面代表、专业人士、各界群众参与管理,落实法人自主权,进一步提升管理水平和服务效能。具体目标是,到2020年底,全国市(地)级以上规模较大、面向社会提供公益服务的公共图书馆、博物馆、文化馆、科技馆、美术馆等公共文化机构,基本建立以理事会为主要形式的法人治理结构,决策、执行和监督机制进一步健全,相关方权责更加明晰,运转更加顺畅,活力不断增强,人民群众对公共文化的获得感明显提升。①

二 文化立法面临的问题

(一)文化法治理论研究薄弱,缺乏科学、统一的立法指导

文化立法的基本原理,包括文化法的概念、特征、调整对象、调整范围和体系,文化立法的基本原则、基本规律和基本经验,文化权利的内涵外延及其保障规则、文化行为规制的原则和基本制度设计方案、文化组织设置的原理和具体规则等诸问题。②

长期以来,我国文化法制机构不健全,缺乏相应的文化法制研究机构和队伍。同时掌握法律知识又深谙文化内涵的学者并不是很多。这导致了我国在文化法治理论建设领域,整体的研究水平偏低。理论成果尚未形成有中国特色的社会主义文化法学理论体系,难以有效指导当前的文化法治建设的各项工作。表现在文化立法领域就是,文化立法工作缺乏科学、统一的立法指导,带来一定的盲目性和体现出一定程度的被动性,部门立法、经验立法现象比较严重。

在没有统一立法的情况下,涉及文化安全的法律、法规、规章以及规范性文件之间就难免会出现相互冲突或衔接不畅的情形。以近些年来发展势头强劲的网络剧为例,从性质上看,网络剧为"互联网文化产品",应受《互联网文化管理暂行规定》(由文化部制定)调整,不属于《电视剧内容管理规定》(由新闻出版广电总局制定)的调整范围。但为

---

① 《关于深入推进公共文化机构法人治理结构改革的实施方案》,《中国文化报》2017年9月12日。

② 陈柳裕:《文化立法研究:共识、进展及其批判》,《浙江工商大学学报》2012年第6期。

了扩大市场、提高收视率，网络剧或电视剧的台网同播越来越普遍，而《电视剧内容管理规定》（由新闻出版广电总局制定）第 5 条和《互联网文化管理暂行规定》（由文化部制定）第 16 条对文化产品内容的管理规定却并不一致，人为地添加了传播壁垒。"相同内容、不同标准"现象的出现，一方面是因为在文化安全问题上分行业立法，另一方面是因为行政立法权分散，文化部和新闻出版广电总局在制定部门规章时缺乏沟通和协调。①

（二）文化立法不健全

法律对客观社会活动和社会关系进行调整和规范。

首先，长期以来，我国的文化立法明显滞后于文化社会活动和文化社会关系的实际，远远不能满足文化事业和文化产业蓬勃发展的要求。目前的文化立法，数量上，法律法规总体数量偏少，内容上，又是以文化管理方面的内容居多，公共文化事务和规范文化行为方面的法律法规十分欠缺，存在许多立法盲点。由于文化立法的欠缺，致使某些领域甚至还存在着"无法可依"的情况，如在新闻报道方面，因缺少《新闻法》，对采访权、报道权与拒绝采访权、拒绝报道权、采访范围和隐私范围等都没有明确的法律规定。②

其次，立法条文用词模糊含义不清、法律责任不明确也是目前我国文化立法存在的很明显的缺陷。例如，我国《刑法》《网络安全法》《广播电视管理条例》《艺术品经营管理办法》等均规定相关文化产品不得含有淫秽内容，但对什么是"淫秽内容"却并无特别说明。又如《公益广告促进和管理暂行办法》第 15 条虽规定："公益广告活动违反本办法规定，有关法律、法规、规章有规定的，由有关部门依法予以处罚；有关法律、法规、规章没有规定的，由有关部门予以批评、劝诫，责令改正"，但并没有指出哪些是"有关法律、法规、规章"、哪些是有权予以处罚、劝诫的"有关部门"。③

最后，我国的文化政策法律化程度不高。党的十八届四中全会提出要"实现立法和改革决策相衔接，做到重大改革于法有据、立法主动适应改

---

① 齐崇文：《论文化安全的法律治理》，《行政管理改革》2019 年第 8 期。
② 王永浩：《关于加强我国文化立法工作的思考》，《社会科学家》2006 年第 6 期。
③ 齐崇文：《论文化安全的法律治理》，《行政管理改革》2019 年第 8 期。

革和经济社会发展需要",协调好改革与法治、政策与法律之间的关系,一方面要提高立法的前瞻性,在确立基本制度和规则的同时保持必要的灵活性,为实践探索保留一定的空间;另一方面要做到立法及时跟进,将政策及时上升为法律。近几年,有关培育和践行社会主义核心价值观的政策文件,如中央办公厅《关于培育和践行社会主义核心价值观的意见》,中央办公厅、国务院办公厅《关于进一步把社会主义核心价值观融入法治建设的指导意见》,中央办公厅、国务院办公厅《国家"十三五"时期文化发展改革规划纲要》等均提出要把社会主义核心价值观融入法治建设,推动社会主义核心价值观入法入规。[①] 但是,目前没有相应的法律与之进行对接,导致文化政策的法律化程度严重不足,不能适应目前我国的文化法治建设的要求。

(三) 文化立法难度大

文化立法的难度相较于其他领域的立法来说,难度更大。正如原文化部政策法规司副司长王建华所言:"文化产品和服务具有意识形态属性,需要协调的部门多,程序相对复杂。同时,相对于经济领域的立法,文化法律效果的显现需要较长时间,难以引起足够的重视。"具体而言,文化领域立法具有相当难度,主要是文化自身的属性问题。表现在两个方面。首先,文化具有开放性、复杂性与抽象性,这就使得文化的内涵十分丰富,所呈现出来的文化权利就种类繁多,这就导致文化法律体系所调整的文化法律关系范围就非常广泛,既包括公益性文化事业,又包括经营性文化产业。而文化的抽象性又导致了对何为文化难以把握,遑论入法规范和保护了。其次,文化的发展和更新速度借助于现代科学技术,更加迅速和快捷,同时,我国文化的国际交流活动也日益增加,对外开放程度的不断加深,在我国出现了许多新的文化现象。而现行立法由于缺乏前瞻性,就无法与日新月异的文化发展相适应,对文化领域的新情况、新问题,立法难以跟上形势发展的要求。

(四) 文化立法效力层次低

从目前我国的文化立法来看,法律、行政法规过少,大部分是行政规章、地方性法规或其他规范性文件,效力层次偏低。一些与文化法治建设发展密切相关、必不可少的文化基本法律,如《广播电视法》《文化市场

---

① 齐崇文:《论文化安全的法律治理》,《行政管理改革》2019 年第 8 期。

管理法》等仍停留在行政法规或部门规章等较低的立法层次上，一些管理规范尚停留在政策文件管理层次上，一些行之有效的政策还未以法律法规的形式加以确定。

以文化遗产领域的立法形势为例。在 59 部（截至 2014 年底）中国世界文化与自然遗产专门保护法中，《长城保护条例》《世界文化遗产保护管理办法》和《大运河遗产保护管理办法》3 部法由国务院和文化部制定，占比为 5.08%。其余 56 部由具有地方立法权的机关制定，占比为 94.92%。[1] 按效力级别标准进行划分的话，特别行政区法律 1 部（占比 1.69%）；行政法规 1 部（占比 1.69%）；地方性法规、自治条例和单行条例 36 部（占比 61.02%），其中地方性法规 30 部、单行条例 6 部；规章 21 部（占比 35.59%），其中部门规章 2 部，地方政府规章 19 部。[2] 而在 66 部（截至 2014 年底）人类非物质文化遗产专门保护法中，法律 2 部（占比 3.03%）；行政法规 1 部（占比 1.52%）；地方性法规、自治条例和单行条例 48 部（占比 72.73%），其中地方性法规 25 部、单行条例 23 部；规章 15 部（占比 22.73%），其中部门规章 1 部，地方政府规章 14 部。[3]

（五）文化立法相对滞后

由于我国的文化立法工作仍处于初步发展阶段，现行的文化立法缺乏应有的严密性。一些法律概念、法学术语的界定还不明确，表述不清晰，一些条文、条款的规定不具体、过于含糊笼统、模棱两可。还有一些文化法律法规已明显与我国现在的文化建设实际相脱节，不能更好地适应当前文化建设的快速发展和文化建设所面临的新形势新任务。

比如，在我国 124 部中国世界遗产专门保护法中，由 34 部地方世界遗产专门保护法，包括 20 部世界文化与自然遗产法和 14 部非物质文化遗产法，其制定或修改时间距今已超过 10 年，占比为 27.42%，其中，有 9 部（占比为 7.26%）还是 20 世纪末制定后未曾修改的。由于制定或修改时间久远，导致立法理念已经落后。1997 年颁布实施的《云南省澄江动物化石群保护规定》第 3 条规定："对澄江动物化石群实行有效保护、有

---

[1] 姜敬红：《中国世界遗产保护法现状分析与体系化研究》，中国人民大学出版社 2017 年版，第 41 页。

[2] 同上书，第 71 页。

[3] 同上书，第 138 页。

度科研、有序开发的方针。"该条规定反映出保护与开发并重的陈旧观念。① 这与《保护世界文化和自然遗产公约》的主旨精神不符。该公约秉承的理念是确保世界文化和自然遗产的"真实性和完整性",按照这一要求,必须确立保护的绝对优先地位,保护是目的、是红线、是灵魂。也与我国的《文物保护法》的立法精神不一致。该法第 4 条明确了我国文物工作贯彻保护为主、抢救第一、合理利用、加强管理的方针。

(六)文化立法重管理轻服务

"法律的实质是保护人民的权利。"② 文化立法的内容应注重监督和规范行政管理权限,注重为满足人民群众不断增长的文化生活需要服务,但是,目前我国的文化立法内容存在片面性,呈现出重管理轻服务的倾向。我国现行的文化法律法规,立法的目的主要是对一些具体的、较为突出的社会问题进行管理,重在维护现有的文化管理体制。而在内容上,大部分带有计划经济色彩和痕迹,文化立法更多的是被作为管理、规制文化事务的手段,这就无法适应市场经济条件下出现的新情况、新问题。同时,缺少对公民文化权利保障的应有关注,这与整个世界潮流是不相符的,不适应对外开放、经济全球化的要求。这种"重管理、轻权利"的特点正是立法思路惯性使然,不少文化法规偏重于管理、规范、限制、义务和处罚内容的设定,而疏于发展、促进、保障、权利和服务内容的体现。③

(七)文化立法缺乏系统性

我国的法律层级分为宪法、法律、行政法规、地方性法规和行政规章等层级。按照这种划分,我国现在的文化法制建设可以概括为两头强,中间弱。或者更确切地说,两头比较健全,中间环节薄弱④,《宪法》对文化权利的规定没有很好地在法律、法规等下位法中得到落实和体现的现象。由于文化领域,政出多门,这就导致了我国现行的文化立法呈现出互相抵触、缺少必要的系统性。具体表现在:

首先,大量的调整文化关系的法律,如:新闻法、出版法、图书馆博物馆文化馆法等还未制定。国务院发布的文化行政法规也较少,这就造成

---

① 姜敬红:《中国世界遗产保护法现状分析与体系化研究》,中国人民大学出版社 2017 年版,第 268 页。
② 张庆福、崔智友:《加强文化法制建设》,《法学杂志》1998 年第 4 期。
③ 朱永新:《加强文化立法迫在眉睫》,《新京报》2011 年 3 月 5 日。
④ 张庆福、崔智友:《加强文化法制建设》,《法学杂志》1998 年第 4 期。

了当前我国文化法制建设的一个突出问题是由于缺乏着眼长远、统筹全局的立法规划,无法从整体上对文化立法予以指导,文化法规、规章的制定有时具有较强的应急性。

其次,文化立法层次不高也决定了文化立法缺乏应有的高度并形成上位法对下位法的指导。而各个部门之间的立法权限也不够清晰,立法时,各部门、各地方难免会从本部门、本地方的利益出发,为本部门、本地方设定各种审批权、管理权、处罚权,缺乏全局观和与其他相关部门协同的意识。这就导致了在实施中的相互矛盾、推诿扯皮,以及多头审批、多头执法和交叉处罚等不良现象,严重损害了立法应有的严肃性、稳定性和有效性。在缺乏上位法依据的情况下,文物、新闻出版和广播电视系统等各行政管理部门在职能上存在交叉重复、政出多门、法律法规配套工作不及时不合理等问题,各种规定"越权""错位""缺位"现象较为普遍。比如,音像制品和电子出版物本来性质相似,却分别按国务院的《音像制品管理条例》和新闻出版总署的《电子出版物管理规定》进行管理,管理规范上有诸多不同,使文化市场的公正性、公平性无法得到保证,不利于出版产业的健康发展。①

三 文化立法的发展

(一) 建构合理的文化法治理论

构建合理的文化法治理论,首先我们应坚持党的领导、人民当家作主、依法治国有机统一。在党的领导之下,切实地将人民的文化权利予以法律保障,使人民在法治的轨道里享受权利履行义务。其次,我们应结合文化本身的属性,立足于我国国情,确立文化立法的基本原则。比如有学者指出,文化立法应当遵循文化主权原则、文化人权原则、文化和谐原则和文化公序原则四个基本原则,以保障文化立法和文化发展相适应相促进。②

(二) 完善健全的文化立法体系

习近平总书记指出:"人民群众对立法的期盼,已经不是有没有,而是好不好、管用不管用、能不能解决实际问题;不是什么法都能治国,不

---

① 司春燕:《我国文化法治建设存在的主要问题及对策》,《中国特色社会主义:理论·道路·事业——山东省社会科学界2008年学术年会文集(3)》,山东人民出版社2008年版。
② 石东坡:《文化立法基本原则的反思、评价与重构》,《浙江工业大学学报》(社会科学版)2009年第2期。

是什么法都能治好国；越是强调法治，越是要提高立法质量。这些话是有道理的。我们要完善立法规划，突出立法重点，坚持立改废并举，提高立法科学化、民主化水平，提高法律的针对性、及时性、系统性。"① 因此，我们应实现文化立法的科学化和民主化，以完善健全现有的文化立法体系。

一个完善的文化立法体系应由宪法、法律、行政法规、地方性法规、部门规章、地方政府规章等不同位阶的规范构成。其中，作为核心的文化法律又分为文化基本法和文化单行法，文化基本法旨在为公民文化权利提供全面系统保障，也为其他文化法律、法规、规章、政策的制定提供指导。对宪法和文化基本法中保障文化权利的基本精神和原则加以细化落实，则是文化单行法之功能。② 在这个思路指引下，我们文化立法体系应该包括以下几个方面。

首先，制定文化权利的基本法律。由于文化权利的内涵很丰富、范围很宽泛，不可能穷尽文化权利的所有种类。应当以宪法中"国家尊重和保障人权"作为统领文化权利的一般条款，系统性地制定文化权利的基本法律。参照文化权利的国际人权文件以及文化权利的相关学术研究，尽可能地扩大文化权利的种类，以此保证公民能最大限度地享有文化权利。

其次，加强和丰富文化权利的专门立法。由于立法技术的局限性以及文化权利自身属性的约束，我们应当对文化权利的保护进行专门立法。比如，早在20世纪80年代，新闻法的立法工作就已经提上日程，但是由于各种考虑而一直处于搁置状态。虽然我们尚未出台专门的新闻法，但是制定了有关管理新闻条例和规范性文件，随着我国民主法治的不断健全，新闻法的出台应是民心所向、大势所趋。

最后，制定文化权利配套的行政法规、规章及政策。比如，行政法规和部门规章方面，国务院制定的《音像制品管理条例》《出版管理条例》《著作权法实施条例》《公共文化体育设施条例》等；文化部制定的《文物藏品定级标准》《互联网上网服务营业场所管理办法》《互联网文化管理暂行规定》《博物馆管理办法》等。地方性法规和地方政府规章方面，

---

① 《在十八届中央政治局第四次集体学习时的讲话》，《习近平关于全面推进依法治国论述摘编》，中央文献出版社2015年版，第43—44页。

② 毛兴勤：《人肉搜索与网络反腐"联姻"的原因分析》，《法制与社会》2016年第34期。

比如，《深圳经济特区公共图书馆条例（试行）》《内蒙古自治区公共图书馆管理条例》《湖北省公共图书馆条例》《北京市图书馆条例》《上海市公共图书馆管理办法》《河南省公共图书馆管理办法》等。

（三）提高文化立法的质量

目前，在文化立法领域，存在立法技术和质量有待完善，法律概念使用缺乏同一性，法律语言逻辑不严密，法言法语使用不严谨，法律规范操作性不强等问题，这严重影响了文化法制建设的推进。所以我们应切实提高文化立法的质量。习近平总书记指出："推进科学立法、民主立法，是提高立法质量的根本途径。科学立法的核心在于尊重和体现客观规律，民主立法的核心在于未来人民、依靠人民。要完善科学立法、民主立法机制，创新公众参与立法方式，广泛听取各方面意见和建议。"

所以，实现文化立法的科学化，就要坚持以科学发展观统领立法工作；创新立法思维，从文化法治建设的实际问题和重要领域出发，制定科学合理的立法规划和立法工作计划，按照立法项目的轻重缓急组织实施；坚持立、改、废、释并举，更加注重法律修改和法律解释；划清中央和地方、权力机关和行政机关的立法权限；建立科学系统的立法工作机制，诸如立法选项机制、法案起草机制、立法协调机制、立法后评估工作机制、法的清理工作机制、法律法规配套机制等。①

而推进文化立法的民主化则应落实以下几方面的措施：健全立法机关和社会公众沟通机制；开展立法协商，充分发挥政协委员、民主党派等在立法协商中的作用；探索建立有关国家机关、社会团体、专家学者等对文化立法中涉及重大利益调整论证咨询机制；拓宽公民有序参与文化立法的途径；健全法律法规规章草案公开征求意见和公众意见采纳情况反馈机制，广泛凝聚社会共识。②

除了从手段和方法上加强和提高文化立法的质量外，还应加强人才队伍的建设。习近平总书记指出："全面推行依法治国，建设一支德才兼备的高素质法治队伍至关重要。"③ 建设素质过硬的法治工作队伍是深化依

---

① 《关于〈中共中央关于全面推进依法治国若干重大问题的决定〉的说明》（2014年10月20日），《中国共产党第十八届中央委员会第四次全体会议文件汇编》，人民出版社2014年版。

② 参见冯玉军《法治中国：中西比较与道路模式》，北京师范大学出版集团、北京师范大学出版社2017年版，第88—89页。

③ 习近平：《加快建设社会主义法治国家》，《求是》2015年第1期。

法治国实践的组织和人才保障,有利于保障法治的权威和法律的正确有效实施。要坚持把思想政治建设摆在第一位,按照政治过硬、业务过硬、责任过硬、纪律过硬、作风过硬的要求,锐意改革创新,加强正规化、专业化、职业化建设,努力建设一支信念坚定、执法为民、敢于担当、清正廉洁的政法队伍。①党中央、国务院强调"文化实用人才队伍建设"。党的十七届六中全会强调文化人才为文化体制改革工作服务,指出"建设宏大文化人才队伍,为社会主义文化大发展大繁荣提供有力的人才支撑。文化大发展大繁荣,队伍是基础,人才是关键。"②党的十八大指出:"营造有利于高素质文化人才大量涌现、健康成长的良好环境,造就一批名家大师和民族文化代表人物,表彰有杰出贡献的文化工作者。"③

第四节 文化执法仍亟待完善

繁荣的文化事业文化产业,必须有完善的法律法规体系做支撑。完善的法制,要求立法机制、执法机制和监督机制的互相配合和有效运作。立法是前提和基础,执法是关键和保障。在有法可依的前提下,执法必严、违法必究,是文化法治建设的关键环节。随着我国政府职能的转变,文化行政部门对文化事业的管理将以法律为主要手段,行政执法将成为文化行政管理部门的重要任务。当前,一方面,文化部门的管理和执法权威还没有完全树立起来,文化管理法规的实施经常遇到困难和阻力;另一方面,由于缺乏有力的执法和监督机制,使许多规章不能得到认真实施,出现了"有法不依、执法不严"的现象,使执法成了文化法治建设中最薄弱的环节。④

一 文化执法的现状

文化执法是文化市场管理的最后一道屏障,担负着打击和纠正违法行为的任务,对于维护文化市场健康有序发展,创造公平、公正的经营环境

---

① 参见习近平《加快建设社会主义法治国家》,《求是》2015 年第 1 期。
② 胡锦涛:《中共中央关于深化文化体制改革 推动社会主义大发展大繁荣若干重大问题的决定——载中共十七届六中全会上的报告》,《人民日报》2011 年 10 月 19 日第 1 版。
③ 胡锦涛:《坚定不移沿着中国特色社会主义道路前进 为全面建成小康社会而奋斗——在中共十八大上的报告》,《人民日报》2012 年 11 月 9 日第 1 版。
④ 黄桂英:《关于加强社会主义文化法制建设的若干思考》,《上海大学学报》(社会科学版) 2002 年第 5 期。

起着至关重要的作用。

（一）文化综合执法机构的法律主体地位不明确

《文化市场综合行政执法管理办法》，这是我国第一部专门针对文化市场综合执法工作进行专门管理和规范的部门规章，首次确认了综合执法机构的委托执法模式，解决了执法合规性问题。同时，各地也初步形成了一套较为完善的执法制度，进一步推进了执法规范化建设。

但是事实是，很多文化市场稽查队伍是作为当地文化行政部门的下属单位，以接受授权或委托的形式从事执法活动。如此，其执法办案中上下级间"通气"或机关给机构定调子的做法，就很常见了。这是建立于计划经济管理模式时期的旧体制，早已不符合现代行政法治的特点和规律。这种体制难以排除地方保护主义、部门保护主义的干扰，其弊端日益显现，并成为一些队伍执法水平不高，办案不公的重要原因。[①]

（二）文化执法程序违法现象较为突出

虽然《行政处罚法》《行政强制法》以及《文化市场综合行政执法管理办法》对文化行政执法程序做了全面而系统的规定。但是实践中文化综合行政执法存在的程序违法现象还是比较突出的。主要有：法定步骤违法，表现在执法过程中随意省略或任意增加步骤；法定顺序颠倒，比如在行政处罚之后再告知当事人享有陈述权和申辩权；形式违法，主要指行政执法行为没有以法定形式表现出现；违反法定方式，主要是行政执法行为没有采取法定的方式完成，比如罚款时"打白条"；违反法定时限，主要是行政执法主体没有在法定期限内完成行政行为。

（三）执法监督力度不够

首先，监督机关的监督权力被淡化。由于文化执法处于行政管理工作的一线，而人大、法院、检察机关等专门监督机关却处于工作二线，这就往往导致一线在工作，二线却还不知情的尴尬局面，专门监督机关的实际监督权力也就被弱化了。

其次，文化执法部门内部监督被虚化。在文化执法部门的内部层级监督中，由于受到部分领导和工作人员自身法律素质的制约，再加上执法人员对行政复议制度认识不够深入，内部层级监督工作的开展就受到了影响。另外，在文法执法监督法队伍建设过程中，工作人员都是内部调剂，

[①] 参见董乃铭《新形势下文化执法之提升对策》，《文教资料》2007年第1期。

或者从其他部门中抽调而出，对执法过错的追究不到位，追究问责制度只是流于形式。

最后，人民群众的监督被弱化。人民群众有法定的监督权，但是却因为监督渠道不畅通，民众不知如何去监督，也不知监督发现情况之后该向哪个部门去控诉，甚至控诉之后，最终将办事权限又回到了被举报单位。另有一部分群众法律意识和自身维权意识淡薄，也导致其无法很好地进行监督。

（四）行政执法人员素质不高

当前，我国的文化市场管理水平还较低，被动性管理的窘境没有从根本上改变，管理者深感疲惫与被管理者认为"外行管内行"的声音时可听到。文化管理部门应有一批懂文化，会管理的专家。

文化法治建设的全面推进，离不开行政执法人员的专业素养。政法队伍建设，一要着力进行思想政治建设和理想信念教育；二要培育法治精神，做到严格执法、公正司法、信仰法治、坚守法治；三要加强职业道德建设；四要大力改进作风，要密切联系群众、依靠群众，想人民群众所想，急人民群众所急，勇于奉献，敢于担当；五要加强纪律建设，严明纪律；六要大力加强能力建设，全面提高法治队伍的职业素养和专业水平，确保更好地履行各项工作任务。[1]

实践中行政执法人员理解和运用法律的能力有待提高。比如，河北赵县"五道古火会"代表性传承人杨风申，因制作存放古火会上需要燃放的烟花，被警方拘留并移送司法机关。一审法院判处杨风申有期徒刑四年六个月，在社会上引起了强烈反响。二审法院考虑到杨风申作为非遗传承人，其制造烟火火药的目的是履行法定传承义务等原因，决定对其免于刑事处罚。这是《非物质文化遗产法》在实际生活中的一个典型案例。这个案例提醒各级文化部门要深刻认识到，一项非物质文化遗产列入名录，不仅意味着荣誉，更意味着沉甸甸的责任。在传承人从事传承活动遇到困难时，各级政府及其有关部门应当给予积极有效的帮助，否则就是失职。[2]

---

[1] 参见张文显《习近平法治思想研究（下）——习近平法治思想的一般理论》，《法制与社会发展》2016年第4期。

[2] 参见原文化部政策法规司副司长王建华的讲话，见王立元《文化法治建设迎来新的发展机遇》，《中国文化报》2018年6月21日，https：//www.sohu.com/a/237065870_155679，访问时间：2019年5月13日。

二 文化执法的问题分析

(一) 文化执法模式没有统一

改革开放以来,我国文化市场执法在促进和保障文化产业的繁荣发展方面发挥了巨大的作用。但是,伴随着文化市场的进一步发展,现有的文化市场执法模式暴露出诸多的弊病,难以有效地解决文化市场管理过程中存在的很多现实问题。面对文化市场执法中出现的各种问题,必须要坚持"一手抓发展,一手抓管理"的基本发展原则,采取多元化的举措,来构建一个全新的、与文化市场发展实际相匹配的执法模式,来为文化市场繁荣健康发展保驾护航。①《文化市场综合执行管理办法》确立了我国文化行政综合执法模式。同时规定了"综合执法机构与各有关行政部门应当建立协作机制"。在实践中主要是组建文件市场行政执法协作联席会议办公室,每年定期召开行政执法联席会议。联席会议偏向于信息共享、经验交流等协调性事务,尚没有深入到具体执法实践中的职能冲突、管辖权发生异议或需要公务协助等情况,②不同区域、上下级执法机构间信息共享机制尚不完善,为文化综合行政执法增加了障碍和难度。

(二) 文化执法理念不科学不合理

对于文化行政执法,我们应认识到,行政执法从本质上讲属于服务性质,是为市场更快更健康地发展提供更高层次的服务的,而不是单纯地进行监管。对于尚处于摸索阶段的文化市场来说,监管的方式主要应以正向激励为主,应以引导、理顺为主,而非单纯的罚款、停业整顿与吊销证照。树立执法服务理念、文明意识、群众意识,注重执法实效。

(三) 文化执法队伍的建设尚不成熟

"推动社会主义文化大发展大繁荣,队伍是基础,人才是关键。"③ 文化执法人员的执业道德素质和业务素质对于促进文化市场的发展有着重要

---

① 参见王正策《多元并举,构建文化市场执法新模式》,《法制博览(中旬刊)》2012年第10期。

② 王旭:《文化市场综合行政执法机制研究》,《哈尔滨工业大学学报》(社会科学版) 2014年第2期。

③ 《中共中央关于深化文化体制改革 推动社会主义文化大发展大繁荣若干重大问题的决定》,《人民日报》2011年10月26日。

的意义。文化执法人员在执行监管任务中要秉持公正的态度，尽职尽责，将人民群众的利益放在第一位，切实地为广大人民群众服务。① 但是实践中，有的行政执法人员受不当利益诱惑，滥用职权或者公器私用等。另外，当前的文化市场发展变化多端，文化执法部门在执法过程中一定会遇到各种各样复杂的问题，这就要求文化执法人员的业务知识随时进行更新。② 但是由于我国各地经济发展不均衡，有些地区的行政执法人员呈现出人员结构的极度不合理，比如老龄化、学历低等情况，这些都不利于文化执法的有效进行。

（四）文化执法的监督机制不够健全

文化执法领域，有法不依、执法不严、粗暴执法、徇私枉法等行为时有发生，特别是因执法程序违法或具体行政行为适用法律、法规、规章等错误，但是由于监督机制不健全，导致相关的领导人或者负责人没有依法受到追责，而具体的执法人员也未从相关事件中吸取足够的教训。

三 文化执法的完善路径

（一）建立高效、统一、权责分明的文化市场综合执法机构

确立文化市场综合执法机构的独立法律地位，以此增强文化执法机构的权威，进一步确认文化执法部门的行政处罚权、行政强制措施权和行政强制执行权，实行综合执法。比如，上海为了在文化领域实行综合执法，组建了上海文化稽查总队。因此而改变了以往娱乐归文化、音像归广电、图书归出版、文物归文管会、体育场所归体委的局面，把分散的"五指"握成了"拳头"。这就大大增强了文化行政的执法力度。不仅避免了多头管理、多头执法和机构重叠、职能交叉等弊病，而且增强了文化执法机构的权威。③

（二）健全和完善文化市场综合行政执法责任制等相关制度

建立文化执法责任制，用机制来约束和监督执法行为，促使执法机关和执法人员严格执法。通过内部监督和外部监督相结合的方式，强化对文化行政执法的执法监督。一方面可以通过开展单位内部监督，要求单位法

---

① 张跃阳：《文化市场发展中的文化执法的作用研究》，《戏剧之家》2016 年第 4 期。
② 同上。
③ 黄桂英：《关于加强社会主义文化法制建设的若干思考》，《上海大学学报》（社会科学版）2002 年第 5 期。

制部门严格按照程序规定各类行政处罚案件审核把关,定期或不定期开展文化综合执法案卷检查,经常深入文化市场,倾听行业和群众反映,调查了解行政执法人员执法情况,整肃懒政怠政行为。其次是加强监察部门的监督。监察部门定期组织召开执法评议,效能检查,加强对行政执法工作的监督。另一方面,要加强社会监督,建立互联网政务,拓宽监督方式和渠道,增加公众参与度,建立文化市场监督员制度,充分发挥监督员的监督作用,主动听取他们对文化市场行政执法的意见和建议。

(三)加强对文化市场法律和法规的宣传

法律实施的基础在于广大干部和群众学法、知法、守法和护法。加强社会主义法制建设,坚持依法治国一个重要任务是要不断提高广大干部、群众的法律意识和法制观念。实践经验证明,有比较健全和完善的法律和制度,如果人们的法律意识和法制观念淡薄、思想政治素质低,再好的法律和制度也会因为得不到遵守而不起作用,甚至会形同虚设。所以我们要花大力气加强对文化市场的法制宣传,以增强民众的守法意识和守法水平。

第五节 司法能动性有待加强

加强对公民文化权利的保护,允许公民寻求司法救济是最为有效的途径,因为"在很多情况下如果缺乏司法救济手段,那么行政救济等其他手段就不可能非常有效;对有些权利而言,缺少了司法救济手段就根本不可能得到充分实现。[1]"

2011年被称为中国文艺类非物质文化遗产维权第一案的"安顺地戏案"引人注目。2005年,张艺谋执导、日本著名演员高仓健主演的影片《千里走单骑》讲述了一位年事已高的日本父亲为消除与病危儿子间的隔阂,只身前往中国云南省丽江市寻找"面具戏"的故事。但作为故事主线贯穿影片的"云南面具戏"却是贵州省安顺市所独有的、被列入第一批国家级非物质文化遗产保护名录的"安顺地戏"。安顺地戏具有600多年的历史,是安顺屯堡人的魂和根,被誉为中国戏剧活化石。安顺市文化局认为影片这一做法,误导了观众,对"安顺地戏"造成了不良影响和

---

[1] 转引自王德新《经济、社会和文化权利可诉性问题探析》,《北方法学》2010年第6期。

严重侵权。为此，2010年1月，安顺市文化局以非物质文化遗产保护部门的名义对影片导演张艺谋、制片人张伟平、发行方北京新画面影业有限公司侵犯安顺地戏署名权向法院提起诉讼。法院经审理认为"安顺地戏"作为一个剧种并不构成受《著作权法》保护的作品，任何人均不能对"安顺地戏"这一剧种享有署名权，判决驳回原告的诉讼请求。一些学者指出，随着非物质文化遗产蕴含的巨大商业价值日益为人重视，与非遗相关的知识产权案件有增多趋势，而非遗法对此语焉不详，难以应对。乌丙安表示，当务之急是尽快出台实施细则，特别是对制裁性条款的细化，使非遗法落到实处，不要成了"没牙的老虎"。①

因此，司法机关应发挥能动作用增强司法服务能力。福建省在增强司法服务能力方面有突出的表现。2019年6月19日，福州闽侯县开展古村落·古厝文化生态司法保护专项行动，揭牌成立福建省首个"古村落·古厝文化生态司法保护示范点"，并为志愿者队伍代表授旗。此次行动旨在维护历史文化街区古厝文物安全和环境公共利益，增强群众文化遗产保护意识，更好地增强文化自信、弘扬优秀文化，传承中华文明。法官们还就古村落、古厝保护法律知识、生态保护的政策规定等进行普法讲解，增强当地村民对古村落、古厝文化生态司法保护的法治意识。②

同年11月，福建省高级人民法院出台《关于加强文化遗产司法保护的十项措施》，强调充分发挥司法职能作用，为新时代文物资源保护利用及文化和自然遗产保护传承工作提供更加有力的司法保障。具体措施包括：依法严惩文物犯罪活动、依法妥处民事行政执行案件、做好典型案例发布工作、探索建立文化遗产巡回法庭、强化文物行政执法与司法的有效衔接、形成文物保护协同合力、鼓励基层创新司法文物保护品牌、开展"传承文化、守护遗产"主题法制宣传、加大调研指导工作力度。同时，福建省在福州等历史文化名城或世界遗产地建立文化遗产巡回法庭，集"立、审、执"为一体，受理一定历史文化空间范围内文化遗产相关案件，提供一站式诉讼服务，树立全域遗产保护理念；将举办司法进古厝等

---

① 张贺：《文化发展呼唤法治跟上节奏 揭文化立法和执法现状》，《人民日报》2014年11月13日。
② 《全省首个古村落：古厝文化生态司法保护示范点成立》，https：//www.360kuai.com/pc/9c1f6ae626b06fbc8? cota＝4&kuai_ so＝1&tj_ url＝so_ rec&sign＝360_ 57c3bbd1&refer_ scene＝so_ 1。

普法宣传，增强全社会文化遗产保护法治意识。①

中国文化是由各民族、各地区的传统文化融合发展起来的，法治无论如何发展也消除不了传统文化、习惯在社会中的作用，而且在法治道路中，地方文化对法治的影响具有举足轻重的作用，传统与法律之间的冲突是不可消除、也无法消除的，但两者不是完全对立的。当大众利益与小众利益、司法理性和民主意志发生冲突时，这就需要司法人员充分考量当地文化对法治、社会发展的影响程度，司法人员应充分发挥主观能动性，在法律规定范围内，具体问题具体分析，能动司法，智慧司法，禁止不分情况将所有案件一刀切。②

第六节 公民文化法治意识薄弱

一个社会能否实现法治，先决条件之一是这个社会有无尊崇法治的心理，是否培养起了追求法治的信念，法律制度是否优劣，法律规范能否得到实施。关键也取决于人们的法律素质和法治观念。③

保障公民文化权利要提高公民行使文化权利意识。④ 当今社会，人们的权利意识有了很大的提高，越来越多的人在权利受到侵害时诉诸法律来解决冲突。与此同时，虽然国家在注重经济、政治发展的同时，也越来越关注文化的发展，并因此提出了一系列的文化理念，但是长期以来，我国文化方面法律知识的宣传、教育还不普及，对于什么是文化权利，公民享有什么文化权利等问题，大多人对此并没有清晰的认识。而一些从事文化事业的人员自身又不能自觉遵守有关文化建设方面的法律法规，难以起到带头模范作用。这些也导致了当人们的文化权利受到侵害时，难以充分运用法律武器有效地维护自己的合法权益，同各种侵犯文化法治建设尊严的行为做斗争。我们的文化权利意识仍然处于低水平状态，国家的一系列政策和决定，只是为文化权利意识的成长提供了土壤，公民文化法治意识仍

---

① 《福建出台10项措施加强文化遗产司法保护》，《中国文化报》2019年11月14日。
② 李贤春、金蕊古：《地方文化对司法裁判的影响研究》，《湖北理工学院学报》（人文社会科学版）2019年第3期。
③ 汤达金、梁玮、朱振进：《浙江法治文化及其建设路径》，《浙江社会科学》2006年第2期。
④ 贾玉娥、刘润苍、李倩：《关于公民文化权利实现路径的调查研究》，《河北省社会主义学院学报》2008年第4期。

有很大的提升空间。

　　从历史来说，中国经历几千年的封建社会，弄权观念、人治观念在当代仍有残留，在社会生活中表现为对法律和法治的抵触、拒斥或恐惧。从现实来看，社会问题和矛盾未必都通过法治手段得以妥善解决，基层党政系统表现出强烈的社会稳定偏好，处理问题有时呈现出反法治性，[①] 人们学法、信法、用法的意识和观念不强，甚至对法治存在抵触情绪，不善于运用法律武器维权，法治思维不能得以彰显。基层干部要面对一线的群众，将不同群体的利益协调好，就不只是口头上强调法治思维，而面对具体挑战，需要法治智慧和法治能力。基层干部在治理工作中亟须走上法治轨道，提高法治素养，发挥带头作用帮助群众树立法治观念。[②]

[①] 陈柏峰：《群体性涉法闹访及其法治》，《法制与社会发展》2013年第4期。
[②] 陈柏峰：《中国法治社会的结构及其运行机制》，《中国社会科学》2019年第1期。

第三编

公共文化事业立法研究

绪　　论

作为社会主义法律体系的一环，文化事业法的调整对象是文化事业领域的社会关系。文化事业立法是我国社会主义法律体系的重要组成部分，是我国社会主义文化建设事业的基本保障。过去的几年来，我国文化事业立法上升到了一个新的台阶，文化事业立法进入从多方呼吁上升到国家意志层面的跨越性阶段，从中央到地方都愈来愈重视文化事业的建设和发展。

文化事业是我国文化建设的重要方面，文化事业的发展从个体层面上看，可以满足公民日益增长的多元的公共文化需求，丰富和提高公民的审美水平、道德素养以及才智能力；从社会层面上看可以优化社会风气，引导和规范群体的行为及价值取向，提高整体国民的思想道德及科学文化素养。我国《宪法》第22条规定，"国家发展为人民服务、为社会主义服务的文化艺术事业、新闻广播电视事业、出版发行事业、图书馆博物馆文化馆和其他文化事业，开展群众性的文化活动。"可以看到，文化事业作为人民群众基本的文化活动，是受到宪法规定和保障的。

一国文化事业的繁荣具有重要意义。首先，文化事业具有意识形态属性，通常负有传承民族文化、延续民族精神的使命，也是一国精神文明建设的重要载体。其次，文化事业与文化产业是一国文化领域的两面，与文化产业相比，文化事业更多地承载着实现宪法规定的公民文化权、教育权的任务。发展文化事业，有利于提高一国国民的思想道德素质和科学文化水平，有利于提高整个民族的文化凝聚力。最后，在当今世界，创新是民族进步的灵魂。文化事业是一个国家、一个民族文化创新的推动器。相比于依靠市场筛选的文化产业，文化事业由政府财政支持，具有更为理性的选择标准，有利于保护民族文化遗产，有利于本国文化的可持续发展。

社会主义建设是经济建设、政治建设、文化建设、生态建设四位一体的总工程，社会主义文化建设的重要组成就是文化事业，文化事业的建设有利于保障公民基本的文化权利，有利于引领和带动社会主义核心价值观在全社会的形成，有利于构建公共文化服务体系，促进公共文化服务和产品提供，加强城乡一体化进程，丰富人民群众的文化生活。文化事业立法不仅是文化事业法制建设的基础工程，也是构建社会主义法制体系的重要组成部分，加强文化事业立法就是在深化文化体制改革，繁荣文化事业发展，同时，也是维护公民文化权利，保障人民基本文化权益的根本要求，更是推进依行政、完善中国特色社会主义法律体系的必要措施。

20世纪70年代，国家实行改革开放政策，我国文化事业立法的发展也迎来了春天。1999年文化部的《文化立法纲要》出台以来，我国文化立法工作取得了很大进展，2000年《通用语言文字法》第二次修订，2010年《著作权法》进行了第二次修订，2016年《档案法》第二次修订，2017年《文物保护法》第五次修订，同时一批新的文化法律出台：如《非物质文化遗产法》（2011年）、《公共文化服务保障法》（2017年）、《中国电影产业促进法》（2017年）、《旅游法》（2018年）、《公共图书馆法》（2018年）等。文化事业立法的进度明显比之前加快了，制定的法律文本也更加科学、民主，同时政府官员在执法过程中更加注重依法行政，可以说整个文化事业立法工作取得了很大的进步。与此同时，我国的文化事业立法领域仍然存在一些问题，如文化立法数量总体偏少、文化立法层次仍然较低、文化建设各领域立法不平衡等问题。

文化立法数量总体偏少。截至2017年，我国立法总数近4万件，但其中有关文化的法律、法规、规章和规范性文件数量占全部立法不到3%，仅有1000余件，这与统筹推进"五位一体"总体布局、协调推进"四个全面"战略布局，建设社会主义文化强国的要求不相适应。[①]

文化建设各领域立法不平衡。目前，我国在针对文化社团、文化人才、文化改革、文化交流等方面的立法还处在探索阶段，几乎是空白状态，而国家层面文化领域的现行有效的法律法规关注的基本上只在文化产业发展以及公共文化服务保障两个方面。对于即使是占到89%比重的文化产业法律法规，其内部仍存在很多的立法盲区。根据国家统计局最新印发的《文化及相关产业分类（2018）》通知，将文化产业分为文化核心领

[①] 胡芳：《数说文化立法：蓄积势能，驶入快车道》，《中国文化报》2018年3月20日。

域和文化相关领域两大类，下设九小类。从图表可以看出，现行有效的文化产业相关法律法规主要集中在内容创作生产、文化传播渠道、新闻信息服务、文化娱乐休闲服务、文化辅助生产和中介服务与创意设计服务，而对文化投资运营、文化装备生产和文化消费终端生产方面，立法仍缺乏及时回应。

文化立法层次仍然较低。目前，全国人大常委会制定的文化法律仅有9件，分别是《文物保护法》（1982年）、《档案法》（1987年）、《著作权法》（1990年）、《通用语言文字法》（2001年）、《非物质文化遗产法》（2011年）、《公共文化服务保障法》（2017年）、《中国电影产业促进法》（2017年）、《旅游法》（2013年）、《公共图书馆法》（2018年）。除此之外，我国文化立法层次大部分为法规和规章，其权威性、系统性、针对性不强，且法律效力偏低，对违规违法者没有约束和震慑作用。文化领域立法相对滞后，文化立法的结构有失均衡，一些法律法规缺乏应有的严密性，而地方性法规效力层次偏低，法规间存在冲突，给实际操作造成困难。

文化事业立法的滞后必将阻碍中国经济、政治、文化、社会、生态一体化建设工作的协同推进。这种立法现状与文化立法的公共文化服务的定位是背道而驰的，不利于实现对公民基本文化权利的保护，不利于与世界相接轨，也不利于社会主义公共文化服务体系目标的实现。

近几年，国务院接连发布了一系列文化方面的指导文件，推动了我国的文化事业进入快速发展时期。改革大局，立法先行。加快文化事业领域的立法，有利于调整文化事业领域各种社会关系，保障公民的文化权利，推进文化事业持续健康发展。近些年我国经济发展，文化立法工作也取得了很多成就，但是仍然落后于快速发展的文化事业，我们的事业成果需要法律来巩固，我们继续前行的路需要法律来保障。基于此，我们在党的十九大的开局之年，系统性地总结、研究文化事业立法具有极强的理论意义和实践意义。

第 一 章

公共文化事业立法概述

一般说来,立法模式是指一个国家创制法律的惯常套路、基本体制和运作方式等要素所构成的有机整体,它是一个历史范畴的概念描述,但对整个立法活动却具有十分现实而直接的影响力。[①] 概言之,立法模式是指一国立法所采取的方法、结构、体例及形态。文化事业法的立法模式则是指在文化事业立法的决策和制定过程中,立法机关所采取的运作方式、法律结构、立法体例及法律形态的总称。这将在一定程度上制约着文化事业立法。

第一节 公共文化事业立法的功能定位

一 文化事业的概念

要讨论文化事业立法,我们有必要先来了解一下文化事业立法所要规范的社会关系,即文化事业社会关系。要讨论文化事业社会关系,我们必须对文化事业的概念与性质了然于胸。许多人搞不清什么算是文化事业,也搞不清文化事业与文化产业的关系,自然也无法认识到文化事业立法的范畴和意义所在。下面我们就看一下这几个基本的概念。

文化事业是为社会公益目的、由国家机关或者其他组织利用国有资产举办的、在文化领域从事的研究创作精神产品和进行的公共文化服务等活动。它与文化产业是相对的,文化事业以社会效益为目标,不以营利为目的,具有非营利性、公益性,是着眼于向全体社会成员提供公共文化产品和服务的文化领域,与营利性活动的文化产业相对应。为了更好地理解文化事业,我们有必要同时了解一下文化产业的概念,根据2003年文化部

[①] 江国华:《立法模式及其类型化研究》,《公法评论》2007年第4期。

下发的《关于支持和促进文化产业发展的若干意见》，我们将文化产业定义为"从事文化产品生产和提供文化服务的经营性行业"，需要注意的是，文化产业和文化事业是两个相对应的概念，两者都是我国社会主义文化建设的重要组成部分。2004年，国家统计局对文化产业的界定是"为社会公众提供文化娱乐产品和服务的活动"，因此，文化产业偏文化娱乐性，而文化事业则具有国家意识形态性，这也决定了文化事业必须有正确的导向和主流色彩。文化产业可以分为新闻信息服务、内容创作生产、创意设计服务等九大门类。① 与文化产业相比，文化事业更加强调文化利益、文化目标的公共性，以及国家对文化市场缺陷的干预与补足。② 可见文化事业和文化产业是有不同着重点的，文化事业由于其自身属性需要更多的政府支持和引导，需要全民的参与，从而发挥应有的作用。文化事业的主要特征就是非营利性，其运营主要依靠政府扶持和社会赞助。在性质上，文化事业具有创造性和公益性，其不以营利为目的，而是以社会效益为目标。

二 文化事业的范畴

在我国，文化事业主要包括艺术创作事业（如艺术中心、音像影视中心）、图书文献事业（图书馆、档案馆）、文物事业（博物馆、纪念馆、文物考古等）、群众文化事业（群众艺术馆、文化宫、青少年宫等）、广播电视事业（广播台、电视台、杂志社）、编辑事业（各类编辑部、党史编辑、地方志编辑等）、演出事业（如各类艺术表演）、新闻出版事业。值得注意的是，虽然说文化事业是为社会公益目的、由国家机关或者其他组织利用国有资产举办的、在文化领域从事的研究创作精神产品和进行的公共文化服务等活动，但是只要是非营利性文化单位，都可以是文化事业，例如私人博物馆等非国有的公益性文化服务事业也属于文化事业的范畴，这几年，我国私人博物馆的建设和筹建屡见报端，它们也属于文化事业的范畴，也应该受到文化事业法律法规的规范。

---

① 国家统计局发布《文化及相关产业分类（2018）》，其中将文化产业分为九个大类，依次为新闻信息服务、内容创作生产、创意设计服务、文化传播渠道、文化投资运营、文化娱乐休闲服务、文化辅助生产和中介服务、文化装备生产、文化消费终端生产。

② 周叶中、蔡武进：《中国特色社会主义文化立法初论》，《法学论坛》2014年第5期。

三 公共文化事业立法的功能

公共文化事业立法既是我国社会主义法制体系的重要组成部分，也有自己独特的功能。我国正处于建设法治国家的关键时期，建设法治国家首先要构建一个完整的法律体系，文化事业立法则是其中重要一环。我国宪法赋予了公民基本的文化权利，而这种权利的实现正是依赖于文化事业立法的保障，同时也需要党和政府有力的文化政策的引导以及国家财政对文化基础的投入，要求弘扬中华民族传统文化和民族精神，因而其所具备的功能远远超出了其他部门法。所以说，为了给文化事业立法提供正确的方向，进行我国的文化事业立法必须强调文化事业立法的特有功能。

(一) 保障公民基本文化权利的功能

2011 年通过的《中共中央关于深化文化体制改革、推动社会主义文化大发展大繁荣若干重大问题的决定》高度重视文化立法等工作，从高效力等级的政府指导文件可以看出，我国公益性文化事业的发展就是为了使得公共文化服务成为实现人民基本文化权益的重要途径，保障人民群众的基本文化权益，保障公民基本文化权利是文化事业立法的首要功能。

公共文化事业立法的根本目的是由文化事业的非营利性和公益性决定的，实现最大多数人的基本文化权利，这些权利的实现要求通过文化事业立法来保障公共文化设施的建设、文化遗产的保护等方面，同时要求政府通过政策积极进行宏观调控，加大财政资金投入，因为文化事业的资金来源主要是政府财政投入。

我国政府的角色正面临从"管理型"向"服务型"的转变，因此，文化立法也应该更加注重公共文化服务功能，逐步形成以服务为导向和主旨的文化事业立法体系。虽然我国各地方积极保障公民的公共文化权利，让公民充分地享受和行使公共文化权利，但是也有相对不完善的方面，如区域间权利保护的不平等、权利的实现方式不完善等。区域之间与区域之间，对于公共文化权利保护呈现出不均衡的状态。

(二) 基层文化服务的功能

公共文化事业立法应当加强基层文化服务功能，突出基层组织在公共文化服务中的作用。基层组织在文化事业发展中不仅是进行管理与服务的重要单位，同时也是提供公共文化服务、实现公民文化基本权利的直接参与者。《城市居民委员会组织法》和《村民委员会组织法》规定，基层组织参与文化事业发展是其法定职责。我国文化事业立法应当突出居民委员会以及村民委员会在文化事业发展和公共文化服务体系建设中的作用，尤其是在立法上要着重强调基层组织在统筹文化资源、建立文化设施和组织文化活动、为社区公民提供公益性文化服务的作用，并予以财政扶持。基层组织是文化事业发展的基础，也是文化服务理念落到实处的基本保障。通过立法手段进一步加强基层组织的文化服务功能，对我国文化事业发展和公共文化服务体系的建立具有重要的现实意义。

（三）规范文化事业行为的功能

公共文化事业立法是调整人的文化事业领域行为的社会规范，文化事业行为规范功能指的是文化事业立法能够为人们的文化事业活动提供正当性的行为规范，引导人们的行为。例如《文物保护法》《档案法》《非物质文化遗产法》以及与之有关的条例能够引导人们保护文化资源，《博物馆条例》《图书馆管理条例》能够引导人们保护公共文化设施等。

公共文化事业立法的行为规范功能在于通过规定可为、应为和勿为的行为模式影响人们的外在行为从而影响精神世界。文化事业立法的规范功能与其他部门法相比较的不同之处在于，文化事业立法更多是赋予人们文化权利，丰富人们的精神生活，目的是促进公民树立正确的世界观、人生观和价值观，弘扬优秀的传统文化，增强作为中华民族的自豪感和民族凝聚力，因而是充满包容、弘扬的引导性规范，在立法时也会更多地适用授权性条款。

（四）满足人民日益增长的文化生活需求功能

党的十九大报告指出，"我国近年来思想文化建设取得重大进展，公共文化服务水平有所提高，文化事业蓬勃发展"；但是，必须清醒地看到，我国社会还存在很多矛盾，政府的公共文化服务还没有覆盖到每一个人的身边，这会限制人的"自由而全面的发展"。这对文化事业立法提出了要求，未来的文化事业立法不管是基本法还是专门法都应该以满足这样的需求为要务，同时我们的文化事业立法也有这样的功能。人民的文化生活需求得到满足，有利于增强全民族的文化自信和民族自豪感，增强整体文化素质。

第二节　公共文化事业立法的价值取向

一　维护公民的基本文化权利

1999 年，文化部《文化立法纲要》指出，"我国文化立法必须坚持保障公民文化权利的原则",这和党在文化事业领域一贯的方针政策是一致的,与我国建立和谐社会的总目标是协调的。大力发展惠及最广大人民群众的文化事业一直是中国共产党人孜孜以求的目标。要想使公民的文化权利得到充分的保护,文化事业立法就要明确国家在文化领域提倡与鼓励的内容以及禁止与限制的内容。在我国,宪法的基本原则决定了"一切权利属于人民",同样的,文化事业立法的实质也是要保护人民的权利。保护人民的文化权利是它的宗旨,满足人民群众不断增长的文化生活需要服务,实现人民群众充分享有文化权利是它的最高准则。公民的文化权利是人权的基本内容之一,我国宪法中赋予公民的文化权利包括言论、出版自由,受教育的权利,进行科学研究、文学艺术创作和其他文化活动的权利。除宪法之外,如民法、商法、经济法、知识产权法等法律也在不同程度上保障公民参与文化活动、进行文化创作、获得并享受文化资源及由此带来的财产和人身权利。

二 以公益性和普惠性为价值取向

新中国成立以后,以毛泽东为核心的第一代中央领导集体明确了社会主义的本质特征和根本任务就是发展高度的物质文明和精神文明,但在对怎样发展这一问题却走过一些弯路。在一段时间里,我们认为社会主义就是平均的、匀速的发展物质生产和精神生产,就是在物质产品和精神产品的分配上做到一律平均。然而,在实践中这种做法被证明是失败的。

党的十七届六中全会指出,"必须坚持政府主导,按照公益性、基本性、均等性、便利性的要求,加强文化基础设施建设,完善公共文化卫生网络,让群众享有免费或优惠的基本公共文化服务。"自改革开放以来,尤其是党的十八大以来,党和政府在文化的公益性和普惠性上十分重视,通过构建公共文化服务体系、发展现代传播体系、建设优秀传统文化传承体系、加快城乡一体化发展等措施不断努力扩大人民群众的文化享受范围,持续提高人民群众的文化享有质量。因此,公共文化事业立法应以公益性和普惠性作为基本价值取向。

三 传承中华优秀传统文化

党的十七大要求,大力发展教育、科学、文化事业,弘扬民族优秀传统文化,繁荣和发展社会主义文化。要继承和弘扬中华优秀传统文化,弘扬中华传统美德，弘扬时代新风，振奋中华民族精神。这一重要论述，体现了我们党高度重视中华优秀传统文化的鲜明立场和态度。党的十八大报告强调："建设优秀传统文化传承体系，弘扬中华优秀传统文化"，党的十九大报告进一步提出增强中华民族的文化自信。

纪录片《我在故宫修文物》、电视节目《中国诗词大会》、综艺节目《国家宝藏》等热播并成为现象级节目；文化遗产走出博物馆，通过文化创意产品开发走入百姓家；非物质文化遗产插上"共享经济""体验经济"的翅膀，开辟出产业发展新天地……近年来，优秀传统文化逐渐融入人民生产生活，重新焕发生机活力。我国作为一个有着五千年历史的文明古国，传承中华民族优秀传统文化是我国文化事业发展的重要内容。2017年1月，《关于实施中华优秀传统文化传承发展工程的意见》发布，这实现了首次以中央文件的形式专题阐述中华优秀传统文化传承发展工作。因此可以看到，传承中华民族优秀传统文化是我国文化事业立法的重要价值取向。

四　为文化产业发展提供依托

文化事业与文化产业犹如车之两轮，鸟之两翼，共同构成我国文化建设的整体。文化产业的发展需要文化事业的涵养。新中国成立初期，尤其是文化产业发展的初期，文化产业市场大部分依赖于以往的文化事业单位和个人的力量。

发展文化事业，不仅能够培养和促进民众对文化产品的消费需求，同时也能提高文化产业所提供的文化产品的艺术含量和文化品位，从而扩展了文化产业的市场，推动文化产业更快提高市场竞争力，获得消费者的认可。可以说，随着经济体制和文化体制的改革，文化事业和文化产业的区分越来越明晰，但若没有文化事业的繁荣，就不可能有文化产业的发展。文化事业是文化产业发展的基础。文化事业的不断前进，必然带动我国文化建设的进一步加强，必将促进文化产业的进一步发展。因为我们要给人民群众提供满意的公共文化产品，就必须要通过文化产业来生产这些产品。因而文化事业和文化产业其实是互相促进，互相影响的，公共文化建设也是对文化产业的支持和促进。文化事业立法同样要从为文化产业发展提供依托的这个价值取向出发，通过文化事业提供的内容、产品、设施、活动等来促进文化产业的大发展和大繁荣。

第三节　公共文化事业立法的基本原则

公共文化事业立法的基本原则是指贯穿于文化事业法律规范，对文化事业法律规范的制定和实施具有普遍指导意义。文化事业属于文化发展的一个组成部分，因此，文化立法的基本原则也适用于文化事业立法，同时文化事业立法由于其公益性和普惠性，也有着自己特有的立法原则。关于文化立法的基本原则，理论界一直有不同的见解，有偏政治性和时效性的，也有偏理论性和更加简洁凝练的。我们认为，文化事业立法应遵循以下原则。

一　文化主权原则

文化主权原则在文化立法中得以体现，并维护、保障和实现我国文化主权。文化主权作为国家主权的重要组成部分，诸多国际法文件均以成文的形式予以确定。比较有代表性的是联合国大会通过的《关于各国内政不容干涉及其独立于主权之保护宣言》（1965年）和《关于各国依联合国宪章建立友好关系及合作之国际法原则之宣言》（1970年）。文化主权原则包括以下三个方面的内容：第一，坚持本国文化发展的自主权，即坚持在本国文化发展方面的自主选择和自我判断的立场，维护本国的文化价值体系和意识形态、社会制度等的独立性、完整性和延续性，按照自主的发展道路开展本国的文化建设；第二，坚持对本国传统文化的保护，加强对文化遗产资源的保护。文化遗产保护是一国文化主权的重要体现，是一国国民文化认同、身份认同以及民族凝聚力的来源，因此文化立法中应当加强对本国民族文化遗产的保护；第三，坚持文化主权的平等权，辩证地对待文化开放和文化主权的关系。[①] 在保护本国文化的基础，合理地开展与外来文化的交流、借鉴，不断地充实和丰富本国文化，提升本国文化的竞争力和活力。

"文化的个性和独立，是一个民族、一个国家的立身之本，消泯了一种文化的特性与形态，就丧失了这个文化群体在人类社会中的存在地位和

[①] 石东坡：《文化立法基本原则的反思、评价与重构》，《浙江工业大学学报》（社会科学版）2009年第2期。

价值"①。当今世界,经济全球化趋势日益明显,文化霸权主义却并不想退潮。随着经济全球化的不断深入,文化已成为一股不可忽视的力量。一些西方发达国家凭借其在当今国际社会中的主导地位,通过各种途径向其他各国输入其文化价值观,借此实施文化霸权主义。②文化主权不仅是国家发展文化事业和开展文化交流的根本立场,也应当是文化立法中应当坚持的基本原则。

二 保障公民基本文化权益的原则

维护公民文化权利,保障人民基本文化权益是文化立法的重要任务和基本原则。作为一项基本人权,文化权利指在一定的社会历史条件下每个人按其本质和尊严所享有或应该享有的文化待遇和文化机会,以及可以采取的文化态度和文化习惯,主要包括参与文化生活的权利、文化创造权、享受科学进步的权利、保护作者物质和精神利益的权利、国际文化合作的权利等。文化立法的一个重要任务就是要有效维护公民的这些文化权利,保障人民基本文化权益的实现。随着我国加入《经济、社会和文化权利国际公约》等,我国公民的民主法制意识、权利义务意识的不断增强,这也要求文化立法必须依据宪法对公民的文化权利与义务做出具体规范。

三 社会效益优先原则

文化事业本身就带有极强的实现公共利益的目的,以保障公众的基本文化权益,促进社会主义文化事业的大发展、大繁荣为目的。文化事业是发展我国社会主义先进文化的重要内容,文化事业立法应当坚持为人民服务,为社会服务的原则导向,不断增强文化事业的发展活力,扩大文化事业的发展空间,保障和实现人民群众基本的文化利益,不断扩大人民群众的文化生活空间,普及群众性文化活动,丰富社会主义文化生活的内容,提高公众的文化生活质量。

---

① 花剑:《软权利之争:全球化视野中的文化潮流》,上海社会科学院出版社2001年版,第252页。

② 吴明君:《论全球化时代的国家文化主权问题》,《东华大学学报》(社会科学版)2008年第1期。

四 尊重文化的传承和内在发展规律的原则

公共文化事业立法应当尊重文化传承和内在发展的规律，根据不同领域的文化事业的性质和特征进行立法，减少对文化发展的不当干预，以扶持、引导、促进为立法的主要导向，保持文化的创造力，通过立法引导转变政府的文化管理方式。文化事业涉及文化生活的许多方面，如文学艺术的创作、知识产权的保护、文化遗产的保护等；这些方面既有共通之处，也有相异的地方。以文化遗产的保护和传承为例，物质文化遗产和非物质文化遗产的立法应当坚持的原则既有相同的地方，也有不同之处。物质文化遗产的保护应当坚持真实性和完整性的原则，非物质文化遗产由于是以人为载体活态传承的文化遗产，在立法则应当坚持原真性保护、以人为本、整体性保护、濒危遗产优先保护、民间事民间办的原则。

第四节　公共文化事业立法的基本模式

随着我国社会主义市场经济的深化和文化体制改革的不断摸索，在理论和实践上出现的一个重大变革，就是将传统的"文化事业"区分为公益性和经营性两个部分，分别确立了"公共文化"和"文化产业"的地位。这两个概念的明确提出，打破了长期以来在部门分割下新闻出版、广播影视、文化艺术之间的壁垒，正确反映了在社会主义市场经济条件下我国文化发展的内在规律。从属性上看，文化事业立法研究属于学科交叉型研究，既涉及政治学、法学、管理学等多个基础学科，也与我国文化体制改革的实践紧密相关。由此，除了关注该领域理论研究的成果之外，也应当注重文化立法、文化政策研究的相关进展与实践经验。[①]

一　统一式的立法模式

统一式立法模式是指在文化事业领域制定基本法，包括文化事业建设尽可能多的领域。统一立法把文化事业的发展视为一个有机整体，并遵循共同的规范和制度。统一的立法模式具有周延性，可适用于公共文化服务

---

① 陆晓曦：《中国公共文化服务保障性立法研究与实践综述》，《中国图书馆学报》2017年3月。

的各个细分领域，从而避免了由于某些领域的立法缺失而导致的法律真空，确保公共文化服务纳入法制化、规范化轨道。统一的立法模式也有一些固有的缺陷。

首先，其覆盖的面非常广，但是深度不足。统一的公共文化服务立法确实可以从大局观的角度上规定文化事业所有领域的通用制度和标准，并具有足够的应用空间，但是，这也在很大程度上限制了立法内容的深入扩展，很难像单独立法一样，深入地对某一领域做出详细规定。

其次，鉴于统一式立法涉及的领域太过宽泛，因而导致立法难度较大。除了涉及领域较多之外，与之相关的子领域除了共有的通用制度也各自具有一定的差异性，因此在立法过程中，对立法技术的要求较高，难度较大。除此之外，立法取向或目标选择也面临着两难的境地。公共文化服务有两个属性。其一，公众有权享受公共文化服务，作为服务型政府也有责任根据公众的需求提供文化服务，这是政府的职责；其二，文化管理本身作为一个独立的行政领域而存在，但公共文化管理和公共文化服务往往会有交叉重叠的内容，这就会导致公共文化服务体系建设过程中的一些措施和办法会带有管理和保障的双重内容。这两个属性必然会直接或间接地影响立法，导致法律的取向或目标不明晰。

二　分散式的立法模式

分散式立法模式指的是在公共文化服务体系内针对各个不同的要素制定分别的法律、法规或规章制度来进行规范，或者通过制定文化类立法中有关于公共文化服务相关的条款来进行规范，从而构建一个针对公共文化服务领域相关法律法规的分散式立法模式。如可以根据调整对象的不同，分为文物保护立法、博物馆立法、图书馆立法、文化馆立法等。分散式立法模式具有较强的适应性，且立法形式灵活多样，可针对不同的对象采取不同的方式，是典型的个性化立法。因为调整对象是特定的，因此大大提高了立法的可操作性，能在体例安排以及内容设置上使立法内容更为完整、丰富和深入。另外，分散式立法可以根据实际需要采用不同模式进行立法。重大立法项目的立法周期较长，适用于法律、法规的制定。急需的立法项目可采取周期较短的规章制定。大多数欧美国家都采用这种分散的立法模式。

然而分散式立法也存在一些缺陷。首先，分散式立法很难形成公共文化服务体系的统一观念。未来公共文化服务体系建设的一体性会越来越重要，立法保障机制作为公共文化服务体系顶层设计的一部分必须要确立这一概念。其次，分散式立法较容易出现立法空白的现象。分散的立法模式意味着每一部单独立法都只能适用于特定领域，即便与其他法律在法律精神、原则、法规或相关规定上具有普遍性也不能适用，而如果其他领域的立法没跟上脚步，立法调整就会存在盲点。最后，各种法律文件的效力等级不同。目前，一些现行有效和正在制定中的国家层面的公共文化服务类法律文件基本上涵盖了几乎所有法律规范的效力等级，这样效力层级多样化的立法让公共文化服务法制化的道路变得愈加艰难。

三 统一和分散相结合的立法模式

统一式的立法和分散式的立法模式两者皆有利弊，怎样取长补短、避免出现立法漏洞是推进公共文化服务立法必须面对的现实问题。通过以上分析可以看出，统一和分散的立法模式不是绝对排斥的，而是可以相辅相成的。因此，以恰当的方式协调两种立法模式的关系，不仅可以节省立法资源，还可以兼顾立法的稳定性与灵活性的要求，既有一般要求又有特殊规定。[1]

统一式和分散式相结合的立法模式在实践中也面临一定的挑战。首先是作为基本法的文化事业立法与下位阶的法规规章的关系。由于基本法属于法律，在法律效力等级上高于其他法规、规章，如果出现两者在规定、适用上的冲突，应根据相关的适用规定处理。其次，则是基本法与同位阶法律之间的关系。这也是难点问题，遇到对同一问题的规定不一致时，应当如何在"特别法优于一般法""新法优于旧法"之间选择适用规则。如果仅仅适用于"特别法优于一般法"，则可能会出现这样的现象，即基本法律被单行法律所架空；如果适用"新法优于旧法"，则可能出现基本法出台前的法律适用效力低于该法，而出台后的法律适用效力高于该法的现象，导致在法律适用上的不统一，这会对基本法在文化事业立法领域的地位造成影响。

---

[1] 梅昀：《论中国公共文化服务立法：现状、模式与路径》，《云南大学学报》（法学版）2013年第5期。

四　我国文化事业立法的模式：统一和分散相结合的模式

改革开放以来，随着我国文化事业和文化产业的蓬勃发展，文化立法的步伐逐步加快，立法水平也不断提高。中国特色社会主义文化立法体系从法律层级上来说，不仅包括文化法律，而且还包括文化法规、规章；不仅包含基础性的文化基础法，也涉及专门性的文化单行法。因此，我国文化事业立法为统一和分散相结合的模式，即以宪法为根本，以文化基本法、专门法和行政法规为主干，以地方性法规和部门规章为补充的一体、两级、多层次的立法模式。

（一）统一的基本法

公共文化事业立法中的基础法，是调整文化事业领域基础性法律关系的规范，构成了文化事业领域的顶层设计，其意在明确文化事业领域的基础性规则和法律原则，而且需要能够对文化事业领域各个单行法进行统领整合，相当于文化事业领域的小宪法。由于我国实行一元两级多层次的立法体制，制定文化基础法，有利于统合我国文化事业领域复杂的社会关系，也有利于协调不同渊源形式的立法。与将民法通则、侵权责任法、婚姻法等单行法简单整合到一起的民法典不同，文化事业基础法并非是将文化事业领域的所有法律规范统一到一部法典当中的含义，而是类似于刑法总则和刑法分则的关系，在文化事业法律规范领域发挥引导、统领作用，是一种一般的概括性法律。文化事业基础法的设计意义在于为文化事业领域的各项社会活动和社会关系提供最基础的行为规范，在这样一个大框架下促进整体的文化事业法治体系的协调一致，从而为文化事业法治领域打下牢固的基础。

2017年初刚刚通过的《公共文化服务保障法》就是一个我国文化事业的基础法，是文化事业领域的基础性、全局性、综合性的重要法律。作为文化事业领域基础法，明确了文化事业的范围，对文化事业领域的一般原则、规则、制度予以规定，对文化事业领域的基础性社会关系加以调整和引导。《公共文化服务保障法》的出台，维护了人民群众的基本文化权益，体现了落实宪法关于人民公共文化权益的精神，同时也把二十多年来党中央、国务院制定的公共文化服务方面的政策方针、有关决定以法律的方式固定下来，全面权威地保障了广大人民群众的基本文化权益，使得人民群众在享受公共文化设施，获取公共文化产品的时候都有法可依。公共文化服务是我国文化事业的出发点、立足点和落脚点。

（二）分散的专门法

公共文化事业专门法包括例如《公共图书馆法》《博物馆法》《文物保护法》《非物质文化遗产法》《电影产业促进法》《档案法》等。其他还应该包括行政法规和规章，例如国务院文化事业行政法规、国家部门文化事业行政规章、实施条例、地方性文化事业法规和地方政府文化事业文化规章等。

专门法可以包括以下几方面的单行法系统。

第一，关于文化遗产保护方面的文化立法。文化遗产是人类优秀文化的积淀，表征着各国的文化传承。《文物保护法》《非物质文化遗产法》就属于这一系统。

第二，文化基础设施建设和管理方面的文化立法。文化基础设施是"向公众开放、展示，用于传播知识、宣传教育、文化娱乐、文化艺术培训、文化产品（文物）展销及其他具有文化功能的公共设施和附属设施"，是公民参加精神文化活动、享受文化服务的平台。

第三，关于公共教育、科技方面的文化立法。从广义上讲，教育和科技也归属于文化范畴，是我国社会主义文化的重要组成部分，没有教育和科技的发展，就不可能有社会主义文化软实力的提升。

第四，关于公共体育方面的文化立法。与体育产业不同，公共体育事业主要侧重于公益性、福利性与国家性。它是指在国家相应部门的领导下，由国家财政支持生产或创造具有公益性、福利性的体育公共产品的组织的集合。体育文化是一国文化的重要组成部分，国家支持发展体育事业，有助于提升公民的体育精神和身体素质。

第二章

公共文化事业立法的程序

一般认为程序公正是实体公正的重要保障,这在立法领域也不例外。立法程序是保障立法科学性的前提。由于文化事业本身就属于公共事业范畴,所以,文化事业立法的立法程序具有更为重要的意义。

第一节 公共文化事业立法程序概述

一 公共文化事业立法程序的概念及内涵

公共文化事业立法程序,顾名思义,即是指有权的政权机关或者授权组织根据宪法制定、变动调整国家文化管理和社会文化生活中发生的各种社会关系的规范性法律文件的活动中应当遵循的法定步骤及方法。在此需明确以下几个问题。

首先,关于公共文化事业立法程序的主体限定为有权的政权机关,具体而言包括专门立法机关以及宪法、宪法性文件或者有关的法律赋予立法职能的其他机关。在后文中将会从不同的角度对这些主体进行分类和阐述。

其次,公共文化事业立法程序所涉及的内容仅仅是在针对调整国家文化管理和社会文化生活中发生的各种社会关系进行立法活动的过程中所要遵循的步骤及方法。这种步骤和方法被限定在有权的政权机关履行文化事业立法的职能之内,对于履行相关立法之外的其他职能则并不适用。

最后,公共文化事业立法程序中所涉及的相关立法职能的步骤及方法具有法定性。立法过程包括许多阶段,不同的阶段存在着各种步骤及方法,但并非全部阶段中的所有步骤和方法都属于立法程序的规范范畴。立法程序只规范立法过程中必要阶段的法定步骤及方法。而当这些必要阶段的步骤和方法经宪法、宪法性文件或者有关法律明确规定后,立法主体就必须遵守,并在违背规定时失去立法的正当性和权威性,由此做出的立法结果自然也不应当具备法律效力。

二 公共文化事业立法程序的价值

完善的立法程序是制定出良法、善法的必备前提,"无程序便无立法"已成为我们对于现代立法的基本理解。

第一,完善的立法程序保证立法的民主性。立法的过程实际上是有权机关对权利义务进行分配的过程。为了避免这种权利义务的分配成为少数人或者少数利益集团操控牟取利益的工具,就要求立法程序要能够充分地反映民意,适当兼顾多数和少数人的意志和利益,贯彻"民主合意"这一现代立法的精髓。我国的立法体系中所规定的民主参与立法以及立法听证的制度就是为了兼顾多方利益的协调和认同、防止立法过程中易产生的腐败,从而保证由此制定的法律不失其民主性、权威性以及民众的可接受性。

第二,完善的立法程序保证立法的科学性。立法活动过程中离不开立法者的主观意志,而既然是主观意志就难免存在认识上的局限性,完善的立法程序有助于减少和克服立法过程中的随意性和盲目性,防止因立法者认识上的偏差和局限而导致所立之法脱离客观实践规律、有失科学性。以我国《立法法》中所确立的三审制度为例,三审制度即指对于列入常委会会议议程的法律案,一般应当经三次常委会会议审议后方可交付表决的制度。具体而言,初次审议围绕的主要是该项立法的必要性、法律案的框架结构的合理性以及可行性、需要提出研究和修改的问题等。第二次审议针对的主要是法律案中的重点、难点问题。第三次审议则由分组会议对草案修改稿进行审议的方式,在第二次审议的基础上进一步深化审议。这样层层深化的审议制度使得各方不同的意见能够全面地被表达,更多、更详尽的信息和情况能够被了解,从而提高立法的质量和科学性。

第二节 我国中央公共文化事业立法程序

一 我国最高权力机关的公共文化事业立法程序

最高权力机关的文化事业立法程序是指享有立法权的国家最高权力机关就文化领域制定、变动相关规范性法律文件时所必须遵循的步骤及方法。最高权力机关就文化事业方面进行立法，也即制定法律，比如制定《著作权法》《拍卖法》等。

（一）提出相关立法议案

1. 议案的提出主体

对于立法议案的提出主体，在我国《立法法》中有较为详尽的规定。根据《立法法》中第 14 条和第 15 条的规定，可以分为两种情况。

第一，向全国人民代表大会提出属于其职权范围内的立法议案。有权的主体包括：全国人大主席团、全国人大常委会、全国人大各专门委员会、国务院、中央军事委员会、最高人民法院、最高人民检察院、1 个代表团以及 30 名以上的全国人民代表联名。

第二，向全国人民代表大会常务委员会提出立法议案。有权的主体包括：常委会的委员长会议、国务院、中央军事委员会、各专门委员会、最高院和最高检以及全国人大常委会组成人员 10 人以上联名。

2. 议案的提出要求

我国《宪法》《立法法》及其相关法律对立法议案对主体行使提案权提出了一些要求。

首先，议案提出主体所提出的议案必须是属于受案主体的职权范围之内。具体来说，即向全国人大提出议案的，议案所涉及的内容和事项必须是属于全国人大职权范围之内的；向全国人大常委会提出议案的，议案所涉及的内容和事项同样也必须是属于全国人大常委会的职权范围之内。

其次，议案提出主体提出立法议案受法定时间的限制。《立法法》第 17 条规定了全国人大常委会在提出议案时，《立法法》之所以仅对常委会提出议案的时间做出一个月的限制规定，是因为在实践中，只有全国人大常委会提出的议案能够在全国人大开会前一个月将草案发给全国人大代表，而其他提出议案的主体不能够在全国人大开会前将草案发给代表，所以《立法法》没有对其他提出议案的主体做出一个月的时间限制。

再次，要特别留意的是议案提出主体一般来说是机构主体，即使是全国人大代表和全国人大常委会组成人员作为主体提出议案，也必须在达到法定人数标准时才能够提出立法议案。

最后，既然是文化事业的立法程序，那么提案主体所提出的议案必然是涉及文化领域的。

(二）审议法律草案

审议法律草案是指有权立法的主体及其组成人员根据法定程序对列入议程的法案所附法律草案进行正式的审查和辩论的活动。法律草案须经充分的审议后才可能变成法，才可能最终对社会和公众发挥功效，所以法律草案的审议阶段可以说是立法过程中的关键阶段，它关系着法律草案是否能够被通过、是否能够对社会发挥功效。而在法律草案的审议过程中，从审议主体到审议的规则再到审议的步骤，都是值得注意和研究的地方。

1. 审议主体

审议主体，也就是行使审议权的主体，审议权是立法权的一个关键部分。也正因为如此，其归属不同于提案权。提案权的归属包括多种主体，不具有排他性和唯一性，而审议权只能由立法主体享有并行使。根据《立法法》第 18 条至第 24 条的规定，在全国人民代表大会的立法程序之中，法律草案审议权的行使主体主要包括小组代表、代表团代表、专门委员会和法律委员会委员、主席团成员以及代表大会的代表等；而在全国人民代表大会常务委员会的立法程序中，法律草案审议权的行使主体则主要包括小组委员、专门委员会和法律委员会委员、常委会全体会议成员等。

2. 审议的方式

我国立法程序中最主要的审议方式是会议审议。具体来说，包括以下几种。

（1）代表团审议。这是全国人大审议的基本方式。代表团是由全国人大代表按照选举单位组成的参加大会的临时性组织。由于全国人大代表的队伍规模比较庞大，如果每次审议都要求全体代表进行的话，实施起来不太具有可行性而且也会降低审议的效率，所以除非是举行全体会议，人大代表一般是以代表团的形式参与和组织活动。

（2）专门委员会进行审议。针对具有专业技术性的草案的审议，采取专门委员会审议的方式。全国人大下设 10 个专门委员会，这 10 个专门委员会作为全国人大的常设委员会，其范围涵盖农业与农村、教科文卫、法律、华侨、外事等多个方面。因本书所涉及的是文化事业立法程序，所以应由教科文卫委员会审议相关的法律案。在审议过程中，可邀请提案人列席会议并发表意见，也可在必要时邀请文化事业领域方面的代表和专家列席会议并发表意见。在完成审议之后，由教科文卫委员会向主席团提出审议的意见，并及时印发会议。最后针对相关的法律草案向法律委员会提出意见。

（3）法律委员会审议。法律委员会虽然也是属于前文所述专门委员会中的一种，但因为相比于其他的专门委员会，它在全国人大及其常委会的立法乃至整个法制活动中担负了更加重要的责任，所以法律委员会的审议是各种审议中的一道关键性的关口。

（4）分组会议审议。即将全国人大常委会的组成人员分成若干个的小组进行开会，在小组的范围内对草案进行审议。

（5）联组会议审议。即由全国人大常委会全体组成人员参加、由委员长或者副委员长主持召开的会议，其并不是草案审议的必经环节，而是视情况需要针对草案中的重大问题进行审议。

（6）准联组会议审议。即由全国人大主席团团长或者代表团所推选的代表参加、由主席团常务主席召开的，就草案中的重大问题进行审议。

除了上述的以会议形式进行的正式审议之外，还存在一些非正式审议的方式，比如全国人大及其常委会为审议草案而进行的调查，包括人大法制工作机构的调查和人大或其常委会调查委员会的调查。比如全国人大及其常委会向特定的单位、个人或者运用大众传媒工具向社会公众就有关立法征求意见。再比如法律委员会、专门委员会、常务委员会工作机构以及人大法制工作机构还可组织相关领域的专家座谈就草案所涉及的一些专门问题进行讨论。这些非正式审议的方式均在《全国人大议事规则》中有所规定，其中部分在《立法法》中也有所体现。

3. 审议的步骤

我国法律草案的审议步骤根据审议主体的不同而有所区别，具体如下。

（1）全国人大审议法律草案的步骤

全国人大在对法律草案进行审议时依据的主要步骤包括：首先，由提案人在全体会议上向大会就该法律草案的基本内容、精神等情况进行详细的说明；其次，由各代表团相关专门委员会以及法律委员会在充分讨论的基础上，向大会发表修改意见并印发会议；最后，由人大主席团负责审议上述报告和修改稿，若认为不存在问题便可通过该报告及修改稿。通过之后，印发会议，并将修改后的法律草案提请全国人大全体会议进行表决。

（2）全国人大常委会审议法律草案的步骤

全国人大常委会在对法律草案进行审议时依据的主要步骤包括提案人

在全体会议上对该法律草案进行说明，由专门委员会和法律委员会对草案进行审议，并且提出草案的修改意见和主要问题，最后，分组会议会在全体会议上听取法律委员会关于法律草案的审议结果报告，并审议草案的修改稿。

4. 审议的限制

法律草案的审议程序受到一些限制，主要包括两个方面：第一个方面的限制是对于审议会议上发言内容的限制，第二个方面的限制是对于审议会议上发言时间的限制。

（三）表决法律草案

表决法律草案即指享有表决权的主体依据法定的方式和程序对法律草案做出最终赞成或反对的表示。其直接的结果就是一个法律案能否上升为法律并对社会及公众发生效力。

1. 表决的方式

由于不同国家所主张和持有的民主、效率价值存在差异，以及各自的历史传统、风俗习惯的不同，在各国立法实践中，存在不同的表决方式。

（1）公开表决和秘密表决的方式

公开表决，顾名思义，即指在表决法律案时，表决者的表决态度及表决决定能够被外界所知道和了解的表决方式。

公开表决依据表决者的态度和姓名是否同时被记录并被外界所知晓的标准，可进一步划分为无记名公开表决和记名公开表决。前者是在表决记录中，只记录表决结果而不记录表决者的姓名，常见形式如举手、起立、记牌等；后者是在表决记录中，同时记录表决结果和表决者的姓名，其常见形式包括唱名、记名投票等。两者相比各有利弊，比如，记名公开表决因更具有公开性而在事后检查查证以及选民监督等方面具备优势，但另一方面该种表决方式花费的时间较长。

秘密表决，则是指在表决法案时，表决者的态度及决定不能够为外界所知悉的表决方式。可见，它与公开表决的主要区别就在于表决者的立场是否为外界所知。

我国的《宪法》《立法法》《全国人民代表大会组织法》等相关法律中并未明确规定所采取的表决方式。但根据相关议事规则中规定的"无记名方式、举手方式或者其他方式"并结合我国实践及惯例来看，我国采用秘密表决这一方式。并且，法律规定在修改宪法时必须采取无记名的秘密投票的方式。

（2）整体表决和部分表决的方式

整体表决，指的是表决者必须做出对整个法律草案或赞成或反对或弃权的明确的表示。部分则是指表决者对草案逐条、逐节、逐章做出或赞成或反对或弃权的表示，最后再对整个草案进行表决。两种方式划分的主要标准就是是否将法律草案全部文本作为一个整体而要求表决者对整个法律草案表示赞同、反对或弃权的态度。在我国立法实践中，通常采用的是整体表决的方式，但近年来随着《立法法》的不断完善，表决方式也得到发展。

2. 法案通过的多数决原则

立法机关需采取一定的规则和方式通过法律，从而使经过审议的法律草案成为正式的法律。对此，各国包括我国通常采取"多数决原则"，即法律草案必须获得超过多数的表决者的赞同方可通过。而这里的多数又可细分为"相对多数决"和"绝对多数决"，前者只要求赞成者过半数即可，而后者则要求赞成者超过三分之二、四分之三或者是五分之四。

事实上，多数决原则中的"多数"存在不同的计算基准，包括应到基数和实到基数。应到基数是以全体成员为计算基准，即无论立法机关组成人员是否出席立法表决会议或者参加立法表决，在对立法表决通过的法定人数进行计算时，都以立法机关全体组成人员作为基数。而实到基数则是以全体出席人数为计算基准，即在对立法表决通过的法定人数进行计算时，以立法机关组成人员出席立法表决会议或者参加立法表决为基数。由此可见，这里的实到基数又可根据其基数是出席立法表决会议的人数还是参加立法表决的人数而分为"出席会议基数"和"出席表决基数"两类。

在我国立法实践中，全国人民代表大会及其常委会均是以立法主体的全体组成人员作为计算基数，其中宪法修改以全体代表的三分之二的绝对多数赞成通过，法律草案则以全体代表或者常务委员会全体组成人员的过半数的相对多数赞成通过。因此可以看出，除宪法的制定和修改之外，我国权力机关现行的多数决原则中采取的是"应到基数范围"以及"绝对多数比例"两者相结合的理念，这在一定程度上也体现了民主的价值取向。

3. 表决的结果

在我国，立法机关对法律草案的表决的结果只有两种情况，即赞成通过和被否决。法律草案被赞成通过后就上升为法律自不用多说,而关于那些未获通过的草案如何处理的问题则稍显复杂。

（四）公布法律

公布法律是指法定的主体依据法定的程序,采用法定的方式将立法机关通过的法律文件向社会予以公开发布的专门活动。根据现代法治理念的基本要求,一部法律要想生效就必须向社会公布,未经公布的法律不能生效。所以公布法律是立法程序中的一个重要环节。

在我国,全国人大及其常委会表决通过的法律,由国家主席予以公布。并且由于公布法律的方式及渠道的适当性与否关系到社会公众知悉的程度,从而影响到法律的实际效用,所以我国《立法法》特意对此做出规定,规定法律签署公布之后,应以常委会公报上刊登的为标准文本及时在全国人大常委会公报和在全国范围内发行的报纸上刊登。

二　我国中央行政机关的文化事业立法程序

行政机关的文化事业立法程序是指享有立法权的中央行政机关在制定、变动文化事业领域相关的行政规范性法律文件的活动中所必须遵循的法定的步骤及方法。行政机关的立法程序兼具立法和行政的双重性质：一方面,它包括起草、审查、公布等一系列的立法所需的环节,是一种制定一定规则的程序；另一方面,它是由行政机关主导并且最终形成决定的程序,而不同于代议机关的立法,无须经过审议、表决等环节。

（一）文化事业行政法规的立法程序

1. 立项

立项,指的是把制定行政法规的项目纳入立法规划或者计划当中,或是由国务院批准或者决定开展对某个事项的行政法规制定工作。起草行政法规是由国务院负责组织,如若国务院有关部门认为需要制定相关行政法规的,要报国务院立项。

具体而言,立项包括报送立项申请、拟定和审批立法工作计划等工作。报送立项的申请是针对国务院有关部门认为需要制定行政法规的情况而言。以《中华人民共和国文物保护法实施条例》为例,当国务院有关部门认为有制定该条例的必要的,有关部门须于每年年初时,在编制国务院年度立法工作计划前向国务院报请立项。关于报请立项的申请需要明确该项目所要解决的主要问题、依据的政策或方针以及拟定所要确定的制度等。在部门报送了立项申请之后，由国务院的法制机构根据国家总体的工作部署，通过对报送的申请进行汇总和研究，从而编制和拟定国务院的立法工作计划并报国务院审批。并不是所有的行政法规项目都能够列入国务院的年度立法计划、完成立项项目需达到立项的三个基本标准方能进行立项。这三个基本标准包括：适应改革、发展和稳定的需要、有基本成熟的相关的实践改革经验，以及项目内容属于国务院职权范围之内并需要国务院制定行政法规的事项。

2. 起草

起草，指对于已经列入立法工作计划中的某一行政法规或规章的具体制定工作。关于起草的规定，主要集中在《立法法》第67条中。根据这条规定，以下两个问题得到明确。

第一个是行政法规的起草主体问题。关于行政法规的起草主体，修改后的《立法法》相较于修改前的《立法法》做出了较大的改动。根据修改后的《立法法》，行政法规的起草主体因行政法规的性质不同而有所不同：首先，行政法规由国务院有关部门或者国务院法制机构具体负责起草。这里的"行政法规"指的是一般的行政法规，而排除了重要行政管理的法律、行政法规。这里的"由国务院有关部门或者国务院法制机构具体负责起草"在实践中通常指的是如果是部门性的行政法规由业务主管部门负责，如果涉及几个不同部门的事项，则由主要的行政主管部门牵头，有关部门共同参加起草。其次，重要行政管理的法律、行政法规的草案是国务院法制机构负责组织起草，体现了这一类草案的重要性。

第二个是关于起草的过程问题。根据《立法法》第67条的规定，行政法规的起草不仅要依据深入的调查研究结果和深刻的实践经验，而且还应当广泛地听取有关机关、组织和公民的意见，从而来保证立法的民主性和公开透明性。

3. 审查

审查是指由国务院内部的专门机构对行政立法草案的拟定稿进行审核和复查。在具体审查时，国务院法制机构审查的内容主要包括：草案拟定稿是否合乎宪法、法律及其上位法的规定；其是否符合保障公民、法人及其他组织权益的精神以及有利于促进政府职能转变的精神；其是否与相关的行政法规或规章相协调；其对各方意见的处理是否正确等。在进行审查时，国务院法制机构除了要全面地了解行政法规的起草情况，还要通过召开座谈会、听证会等形式充分地听取各方意见，针对存在分歧的地方，要进行充分的协调和协商，若经协调、协商仍不能达成一致的意见，应交由国务院决定。

经过审查后的草案拟定稿的处理结果包括缓办或退回以及形成草案。根据《行政法规制定程序条例》第 18 条的规定，行政法规送审稿被缓办或退回的情形包括三种：制作的基本条件尚不成熟、有关部门对其中的主要制度存在较大争议而起草部门又未与之进行协商的以及送审稿未经起草单位负责人签名或所附材料不合要求的。对于不存在退回或缓办情形、符合要求的送审稿，国务院法制机构在充分听取意见并加以协商后，应对送审稿进行修改并形成草案及说明。

4. 决议

决议是指经由国务院法制机构修改所形成的行政法规草案交由国务院常务会议审议，或直接由国务院审批。决议可以说是所有程序中的关键程序，因为它决定着行政法规草案能否被通过从而成为正式的、具有法律效力的行政法规。在审议时，行政法规草案即使一次会议讨论未获通过，也可经两次或两次以上会议通过，换句话说，对于行政法规草案的审议是没有严格的次数要求的。另外，针对调整范围单一且各方意见较为统一的草案或是依据法律制定的配套性的草案，国务院可直接批准而无须通过会议讨论。

5. 公布

行政法规在获通过后还不具备法律效力，尚需公布而为社会公众所熟知，可见公布是行政法规制定过程中的最后一道程序，是区分草案有无法律效力的分界线。除此之外，行政法规在公布之后还应当通过一些载体进行公告。这些载体包括国务院公报、中国政府法制信息网以及全国范围内发行的诸如《人民日报》等报纸。其中国务院公报上所刊登的为标准文本，若其他文本与之存在不一致之处，以公报文本为主。

（二）文化事业部门规章的立法程序

文化事业部门规章既包括国务院文化部就文化事业方面相关问题制定部门规章，也包括其他部门或者具有行政管理职能的直属机构在涉及文化事业的问题上制定规章。对规章的制定和备案两方面的程序问题进行了较为系统的规定。根据这两大条例，其立法程序包括立项、起草、审查、决议与公布以及备案等环节，具体如下：

1. 立项

在报送部门规章立项申请时，报送主体应当对立项项目所针对的主要问题、依据的政策方针以及准备在部门规章中确立的主要制度等问题进行必要的说明，并根据具体情况附上相关的参考资料。

2. 起草

对已经被列入立法计划中的部门规章进行起草的主体是国务院的各部门，具体实施的主体则是各部门的内设机构或者其他机构，同时也可以委托组织专家进行。在对部门规章进行起草时，需要广泛听取相关机关、组织和公民的意见，所采取的形式既可以是召开听证会、论证会这些形式，也可以是书面形式。如果规章涉及其他主观部门的职责或者与其他部门关系密切的，起草主体还应当征求相关部门的意见，与其进行协商，比如国务院其他部门在制定规章时涉及文化事业发展方面的问题时，应当与文化部进行协商，征求其意见，在不能达成一致意见的情况下，须在进行上报时说明具体的情况和理由。

3. 审查

部门规章草案完成后，由起草主体将其与理由说明和相关参考材料一同报送审查，规章随之进入审查程序，部门规章的审查由其制定主体的法制机构负责。对于送审稿中的意见有分歧的，还需要重新进行协调，对一些重点问题，也需要重新进行论证。这种重复性的审查活动的目的就是保证相关部门的意见的成熟和一致，从而提高规章立法的正确性和科学性。在对送审稿进行审查后，如果存在其制定的基本条件不够成熟、有关部门对其中主要制度争议较大以及送审稿及其相关材料不符合要求这三种情况之一的，都会被退回起草单位或者被缓办。

4. 决议与公布

决议是立法程序中最关键的程序。根据《规章制定程序条例》第27条的规定，部门规章须经部务会议或者委员会会议决定。决议之后，法制机构应当根据有关会议的审议意见对其进行修改，草案的修改稿由此形成。

5. 备案

备案是对部门规章进行监督的一种手段，根据《立法法》第98条的规定，部门规章报国务院备案。在备案时须对规章再次进行审查，涉及条件不适合的应当予以改变或撤销。

第三节　我国地方公共文化事业立法程序

地方文化立法程序是指享有立法权的地方权力机关及行政机关就文化事业领域创制法规、规章和条例所应遵循的步骤和方法。

一　公共文化事业地方性法规的立法程序

（一）立项

立项是指依法享有法规制定权的地方国家权力机关在其自身的职权范围内，根据本地方的实际情况和需要所作的一定期间内对于制定文化事业方面的地方性法规的设想与安排。在立项这一环节中，包括地方性法规规划的编制和地方性法规计划的编制两个内容，最大的区别在于地方性法规创制设想与安排的周期上的不同。前者的周期通常是五年，属于中长期的设想与安排；后者的周期一般是一年，属于短期的设想与安排。

但在正式编制地方性法规规划和计划之前，还存在一些前期的准备工作。首先地方人大常委会要发出通知，向社会各界征集相关项目的建议，从而来启动编制的程序。征集相关建议的主体是有一定范围限制的，包括地方人大各专门委员会、地方人大常委会各工作机构、地方人大代表、地方人大常委会组成人员、地方人民政府及其工作部门、人民法院、人民检察院、党政机关、社会团体以及社会公众等。以《贵州省非物质文化遗产保护条例》为例，在进行正式编制之前，贵州省人大常委会教科文卫委员会、法制工作委员会就与省文化厅、省政府法制办公室共同进行立法的前期调研。在对地方性法规项目进行征集之后，也应对这些项目的形式、内容、必要性以及可行性进行审查，从而对关于立法的时机、技术等条件是否成熟和完备进行全面的分析。除了审查之外，还要立足于整体，对其进行系统的整理。在此基础上才能够拟定地方性法规规划或者计划的草稿或者草案建议稿，并由地方人大常委会法制工作机构经审议后交地方人大常委会主任会议讨论，再交地方人大常委会法制工作机构进行修改。修改后的草案经地方人大常委会原则通过后，报送至同级党委审批通过。至此正式的地方性法规规划或计划才最终产生。

（二）起草

地方性法规草案的起草工作的承担主体一般包括地方性法规草案的提

案主体及其所属机构或部门或者其所委托的组织和个人。《贵州省非物质文化遗产保护条例》就是由贵州省政府法制办和省文化厅通过公开招标委托贵州省非物质文化遗产保护中心和贵州天一致和律师事务所来承担《条例（草案）》的起草工作，当时还召开了新闻发布会，并现场签署了委托书。在起草方式上，可以由单一主体独立起草，也可以由多方主体共同起草，或者在多方主体分别起草后，综合整理相关提案形成最终草案。在起草的过程中，起草人员应在通过收集资料、实地考察、组织论证等多种方式对于该法规所涉及的领域、群体以及与其相关的国内外立法或法律文件、资料等进行调查研究后才开始着手起草条文。条文拟定后经起草班子认可后形成草案征求意见稿，起草人员通过召开听证会、论证会等形式向社会征求对于该稿的意见，并进行进一步的修改和完善。

（三）提出

地方性法规案的提出，意味着地方性法规的制定程序正式开始。提出地方性法规案的对象主体不同，所要遵循的程序也存在差异。

向地方人大提出地方性法规案的主体包括地方人大主席团及各专门委员会、地方人大常委会、地方人民政府、地方人大一个代表团或十名代表。根据不同地方条例的规定，地方人民法院、检察院是否能提出法规案的规定也有所不同。在地方人大闭会期间，可向地方人大常委会提出法规案。提出主体包括地方人大常委会主任会议、地方人大各专门委员会及其五名以上的组成人员、地方人民政府。同样的，地方人民法院、检察院根据不同地方的条例，是否能提出法规案的权限有所不同。需要注意的是，向不同主体提出的法规案必须是属于该主体的职权范围。

（四）审议

地方性法规案的审议主要是对法规案的合法性、合理性、必要性、可行性等方面进行论证，对其中可能存在的技术性问题进行解决和完善。

根据《立法法》以及实践中的做法，可以参照法律案的审议程序。具体来说，地方法规案的审议程序同样分为地方人大的审议程序和地方人大常委会的审议程序两类。在前者中，需经代表团审议和专门委员会审议，在专门委员会审议后，若有必要的话，主席团可就其中的重大问题召开各代表团团长会议，或就其中的重大的专门性问题召集代表团推选的有关代表进行讨论。在后者中，审议程序稍显复杂，主要是参照全国人大常委会审议法律案的程序进行规定的。只是实践中，地方人大常委会审议的次数一般是两次以上，对于意见比较一致的，一次审议即可。

（五）表决

地方法规案经人大或常委会审议之后，需交付全体会议或者常委会表决。根据《地方各级人民代表大会和地方各级人民政府组织法》第 20 条及第 54 条第 2 款的规定，地方各级人民代表大会表决地方性法规草案，全体代表过半数通过；常委会表决的，常委会全体组成人员过半数通过。

（六）公布

地方性法规的公布根据制定主体的不同而有所不同，具体如下。

省、自治区、直辖市的人大制定的地方性法规由大会主席团发布公告进行公布；省、自治区、直辖市的人大常委会制定的地方性法规由常委会发布公告予以公布；设区的市、自治州的人大及其常委会制定的地方性法规经批准后，由设区的市、自治州的人大常委会发布公告予以公布。

二　公共文化事业地方政府规章的立法程序

（一）立项

地方政府规章由地方人民政府法制机构根据本行政区域的实际情况以及本级人民政府确定的工作任务，拟定地方政府规章规划或计划。地方政府法制机构就该规划或计划通过召开座谈会、听证会等形式向社会征求意见，根据这些意见对拟定的规划或计划进行修改完善，最后报请本级人民政府批准公布。

（二）起草

由于地方政府规章大多与行政管理的关联性很强，因此规章草案主要是由地方政府所属的各个工作部门负责组织起草的。如果草案的内容涉及两个及以上的工作部门，可由相关工作部门联合起草，如果草案内容综合性、全局性比较强，则由地方政府法制机构组织起草。

（三）审查

地方政府规章草案送交政府法制机构后，法制机构会对草案首先进行初步的审查，初步审查主要针对草案是否符合法律法规规定、是否与部门职能一致、是否符合立法技术要求等方面。初步审查过后，政府法制机构将草案或者其中所涉及的主要问题送至有关部门、组织或专家征求意见，借助一些平台广泛听取社会意见，对于其中有重大问题的，还要召开座谈会、论证会等，听取意见并进行研究论证。对于存在不同的意见的，政府法制机构应积极进行协调,最后对草案进行修改,并提请本级政府有关会议审议。

(四)讨论决定

地方政府规章的讨论决定一般依据如下步骤:首先,规章草案由政府法制机构或起草部门负责解释说明,然后,由常务会议或全体会议的成员发表草案并听取意见,同时决定是否通过或再次审议,最后由政府法制机构会同起草部门,根据会议意见,做出修改,并报当地人民政府行政首长决定。

(五)公布

地方政府规章的公布是由省长、自治区主席、市长以及自治州州长签署命令的。在公布后,还要及时在本级政府公报、中国政府法制信息网、本区域范围内的报纸上予以刊载,其中,政府公报上的规章文本为标准文本。

第 三 章

域外公共文化事业立法的经验考察

基于共通的人性基础的文化是全人类共同的遗产。在全球一体化的多元格局下,世界浪潮早已席卷各国,无论是经济、政治、社会亦是文化,都离不开全人类的砥砺协作。因此,要推进文化事业立法进程,应将文化事业立法置于全球化的大背景之下,以域外之事反观己身,汲取精华摈弃糟粕,逐步完善我国的文化事业立法框架。

第一节 统一的文化遗产保护立法

19世纪以来,随着联合国层面依次通过了《保护世界文化和自然遗产公约》和《保护非物质文化遗产公约》,各国愈来愈重视对本国文化遗产的保护,纷纷出台统一的文化遗产法律,旨在为本国的文化遗产保护提供法律依据。

一 联合国的文化遗产保护法律文件

联合国教育、科学及文化组织于1946年11月4日正式成立,是联合国下属的专门机构之一,旨在促进各国在教育、科学和文化方面的国际合作,便于各国人民之间的相互理解,维护世界和平。该组织成立以来致力于保护世界文化遗产,通过了诸多文化遗产保护的法律文件,在保护世界文化遗产层面扮演了重要的角色。

第一个保护文化遗产与自然遗产的国际准则诞生于1972年,第17届联合国会议通过了《保护世界文化和自然遗产公约》。该公约明确了文化和自然遗产的定义,对文化和自然遗产的国家保护和国际保护机构工作、国际援助的条件和安排及报告制度等内容都做出规定,为世界各国文化遗产搭建了较为完整的框架。在该公约的基础上,"国际社会在强调文化遗产价值的同时，还突出了文化生态法则，尤其是文化多样性。因此在 2001 年 11 月 2 日，联合国教科文组织第 31 届会议通过了《世界文化多样性公约》，文化多样性的价值内涵被纳入文化遗产的框架体系中。2002 年 9 月，在土耳其伊斯坦布尔举行的联合国教科文组织第三次文化部长圆桌会议通过了以"非物质文化遗产——文化多样性的体现"为主题的《伊斯坦布尔宣言》，该宣言指出非物质文化是构成世界各民族特性的重要因素，保护和发展非物质文化遗产对于促进人类文明的多样性具有重要意义，重申了文化多样性的必要。在文化多样性理念的指引下，人们逐渐意识到有些文化遗产并以物质载体为依托，它们或是语言或是口头文学，形式虽迥但它们都因自身承载之价值成为世界人类遗产目录中不可或缺的一部分。因此，联合国教科文组织于 2003 年 10 月在第 32 届大会上正式通过《保护非物质文化遗产公约》，保护非物质文化遗产成为公约的主要宗旨；尊重有关群体、团体和个人的非物质文化遗产；同时，它延伸了《保护世界文化和自然遗产公约》的价值理念，创造性地提出了"非物质文化遗产"的概念。这一公约的通过，丰富了世界范围内的文化遗产内容，同时也推进了世界范围非物质文化遗产的立法进程。此外，在 2005 年 10 月 20 日，联合国教科文组织第 33 届大会通过了《保护和促进文化表现形式多样性公约》，该公约重申了 2001 年通过的《联合国教科文组织文化多样性宣言》，说明文化多样性是人类的基本特征之一，认识到文化多样性是人类的共同遗产，基于全人类的利益，应当珍视和维护文化多样性。[1]

综上，联合国教科文组织以上述公约为旗帜，为世界各国提供了文化遗产保护立法的宗旨，成为了连接各国文化遗产保护立法的中心和纽带。至此，散落在世界各国的属于全人类的文化遗产超越了国家和地域限制，逐步被纳入人类世界文化遗产的浩瀚星河中得到更为广泛的关注。

二 日本的《文化财保护法》

日本对文化遗产的保护始于 19 世纪 60 年代，至今已经有 100 多年的历史。100 多年间，日本针对地下文物、艺术品、历史建筑、名胜古迹、

---

[1] 才让塔：《少数民族非物质文化遗产法律保护研究——以青海热贡为例》，中国政法大学出版社 2016 年版，第 84—86 页。

天然纪念物以及无形文化遗产等方方面面颁布了十余部文化遗产保护法。最值得一提的是日本在1950年颁布后经多次修订的文化遗产保护的综合性大法《文化财保护法》，该法共13章，规定了总则、有形文化财产、重要文化财产、无形文化财产、民俗文化财产、埋藏文化财产、史迹名胜天然纪念物、重要文化的景观、传统的建筑物群保存地区、文化财产保存技术的保护、文化审议会以及补则和罚则等重要内容，首次以法律的形式界定了无形文化财产的范畴，并将其纳入国家法律保护的对象。东亚汉字系统的"文化财"概念，是由日本率先提出的。京都大学教授左右田喜一郎（1881—1927）在1919年"黎明会"的一次首倡"文化价值论"的公开演讲中，将德语的Kulturgiiter译为日语"文化财"。① 该法将文化财分为如下几类。

有形文化财，是指对国家具有较高历史和艺术价值的建筑物、绘画、雕塑、手工艺品、书法、典籍、古籍及其他有形文化遗产，以及考古资料及其他具有较高学术价值的历史资料。

无形文化财，是指对本国而言具有较高历史价值或艺术价值的戏剧、音乐、工艺技术及其他无形的文化财产。

民俗文化财，是指对理解本国国民生活演变过程不可或缺的有关衣、食、住、行、生活、信仰、传统节日活动的风俗习惯、民俗综艺、民俗技术，及被使用于前列各项的衣服、器具、房屋及其他物品。

纪念物，是指对本国而言具有较高历史或学术价值的贝冢、古墓、宫殿遗址、古城遗迹、旧宅及其他遗迹，对本国而言具有较高艺术或观赏价值的庭院、桥梁等对本国而言有较高学术价值的物。

文化景观，对理解本国国民生活、生也不可或缺的通过所在区域人们的生活、生业及风土人情所形成的景观地。

传统建筑物群，是指与周围环境融为一体而形成的历史景观具有较高价值的传统建筑物群。②

日本的《文化财保护法》对日本文化遗产保护具有重要意义，因为其具备的系统性和全面性，超越了日本文化遗产保护法中的任何一部法

---

① 吴真：《从无形文化财到非物质文化遗产的观念变革》，《中国人民大学学报》2018年第1期。

② 田艳主编：《域外民族文化保护法规汇编》，中央民族大学出版社2019年版，第90—91页。

律,在出台后的近70年中经过了数次大的修订,每次修订在理念、原则以及具体的操作细则上都有较大的突破,对后来整个国家社会文化遗产保护法的制定都产生了重要的影响,最近一次修订是在2014年。

三 韩国的《文化财保护法》

韩国政府在1962年颁布的《文化财保护法》,是韩国文化遗产保护领域的综合性大法,其后进行了多次修订,最近一次修订是在2018年。在这部法律中,韩国接受了日本提出的"文化财"的概念,同时也采纳了日本提出的"有形文化财""无形文化财""民俗文化财"的概念。在文化财的分类问题上,韩国基本上套用了日本文化财的分类体系,将文化才分为"有形文化财""无形文化财""纪念物""民俗文化财"四类,但是取消了日本《文化财保护法》中的"传统建筑群落"一项。韩国的《文化财保护法》将文化财分为四类。

有形文化财,包括建筑物、典籍、笔记、古籍、绘画、雕刻、工艺品等具有很高的历史、艺术、学术价值的有形文化财产及满足上述条件的考古资料。

无形文化财,包括下列世代传承下来的无形文化财:(1)传统表演、艺术;(2)关于工艺、美术等传统技术;(3)关于韩医药、农耕或渔捞等的传统知识;(4)口传传统及表现;(5)衣食住等传统生活习惯;(6)民间信仰等社会仪式;(7)传统综艺、祭俗、技艺、武艺。

纪念物,包括下列五种:(1)寺院、古墓、贝冢、城址、宫殿、窑址、包含遗物的遗址等具有很高的历史、艺术、学术价值的史迹地,以及具有纪念性的设施;(2)具有很高的历史、艺术、学术价值的名胜;(3)作为动物(包括栖息地、繁殖地、舶来地)、植物(包括自生地)的地形地貌,矿产洞窟,生物学上的生成物以及其他具有很高的历史、艺术、学术价值的自然现象。

民俗文化财,国民生活发展中所必需的风俗习惯、服饰、器皿、房屋等,以及饮食、住房、职业、信仰、年节活动等。[①]

这部法律在总则对文化财进行分类的基础上,还规定了文化财保护政

---

① 田艳主编:《域外民族文化保护法规汇编》,中央民族大学出版社2019年版,第156—157页。

策的制定及推进、文化财保护基础性事业、国家制定文化财、登记文化财、一般动产文化财、关于国有文化财的特别规定、国外所在文化财、市和道指定文化财、文化财买卖业、补则、罚则等内容,对于韩国文化遗产的保护和发展起到了极大的作用。

第二节 重要公共文化事业项目单独立法保护

世界各国除了以立法的形式出台统一的文化遗产保护法外,还针对本国特色的重要文化事业项目进行单独的立法,详细规定该项文化遗产的保护单位、程序等内容。

一 日韩的重要公共文化事业项目立法

昭和八年(1933年)四月,日本政府就出台了《重要的美术品等保存法规》,规定了重要美术品买卖、交换、赠予等流转程序。继《文化财保护法》后,日本于1974年制定了《传统工艺品产业振兴法》,该法的制定目的在于振兴传统工艺产业,增添国民生活丰富程度和情趣,促进地区经济的发展。该部法律规定运用传统技术或技法、使用传统的原料制作该地区传统的工艺品,使用官方指定的传统工艺品标示作为标志,极大地促进了日本传统技艺和工艺品的保护。[①] 近年来,日本政府更是不遗余力地开展文化遗产保护工作,其政府文化厅官网上就刊登了文化厅发布的政策和政令,其中就包括"文化行政基础""艺术文化""文化财""著作权""国家文化交流·国际贡献""国语政策·日本语教育""宗教法人和宗务行政""美术馆和历史博物馆""文化审议会"以及各种补助支援制度。各个板块项下均有涉及本国的重要文化事业项目立法内容。[②] 其中,日本政府针对高松冢古镇的保存工作出台了一系列法令,如平成18年(2006年)出台《关于高松冢古镇永久方针》对高松冢古镇开展长达四年的维修工程,详细规划了平成17年至平成20年(2005年—2008年)的保存维修计划。此外,平成24年(2012年)6月7日,文化厅出台了

[①] 才让塔:《少数民族非物质文化遗产法律保护研究——以青海热贡为例》,中国政法大学出版社2016年版,第86页。
[②] 文化厅官网,http://www.bunka.go.jp/seisaku/index.html。

关于本国剧场、音乐堂等活性化相关的法律，该法共 16 条，明确了国家和地方共同团体的责任，同时对剧场和音乐堂的基础环境保障做出规定，旨在通过剧场、音乐等的活性化，提高本国的表演艺术水平谋求艺术发展振兴，为实现富足的民生及充满活力的地区社会做出贡献。

1998 年，韩国提出"文化立国"战略，随后又出台和修订了数十部文化类法律。《韩国地区文化振兴法》规定，由文化体育观光部设立"文化城市"审查委员会，负责文化城市的审查和命名，并根据具体情况提供行政支持和财政补贴。同时，该法还规定了 50 万人口以上城市可在民间工艺集中、文化活动繁多、文化遗产丰富的地区设置文化街区，国家和地方政府会对区域经营提供行政支持和财政补贴。此外，韩国还颁布了《文化艺术振兴法》，规定国家和地方政府应扩大人民享受文化生活的机会，积极建立文化设施。对于大型建筑，应把建筑费用的比例金额用于绘画、雕刻和手工艺品，为使文化设施得到有效利用，可以委托非营利性法人或者个人经营。在这些政策的推动下，韩国每个城市都成立了自己的文化基金和文化财团，很多地区还建设了自己的文化剧场，不仅促使了本国文化遗产保护工作得到了长远发展，还形成了政府与民间、中央与地方联动的文化体系。

二 法国的重要公共文化事业项目立法

法国于 1840 年颁布了《历史建筑法案》，这是一部关于保护动产与不动产的法律，同时，它也是世界上首部关于文物保护的法律，这部法案的出台为后续专项立法的制定奠定了基础，具有历史意义和艺术价值的文化遗产得到了一定的保护。为了将有艺术价值的自然景观纳入法律保护范围，1887 年，法国出台了《纪念物保护法》并组建了古建筑管理委员会，负责法国传统纪念物的认定和保护工作。1906 年，法国颁布了《历史文化建筑及具有艺术价值的自然景区保护法》，规定除建筑外的树木、瀑布、悬崖峭壁等具有历史价值的自然景观都应纳入法律保护的范围内。世界上第一部现代文化遗产保护法——《保护历史古迹法》于 1913 年问世，它对具有历史价值和艺术价值的动产和不动产的历史文化遗产进行登记造册，将这些重要的历史文化遗产列入本国的保护名录。1930 年，法国出台《景观保护法》，不仅对自然纪念物进行保护，也把艺术上、历史上、学术上、传说中为人熟知的自然和人文景观纳入其中。1941 年，法国开始重视地下文物的历史价值，于是将1913年的《历史古迹法》中与地下出土文物有关的法律部分抽离后单独立法，出台了《考古发掘法》，为后来的考古发掘提供了法律保障。①

三 其他国家的重要公共文化事业项目立法

2003年6月19日，为协调全国那达慕庆典时各方的关系，蒙古国颁布了《全国那达慕法》。内容包括那达慕开幕式、闭幕式及其他庆典活动的相关规定，以及蒙古摔跤比赛、跑马比赛、射箭比赛及相关荣誉称号的具体内容。在这部法律中还对那达慕摔跤手、赛马师、射箭手的权利和义务都有相关的规定。例如，那达慕赛马师享受的权利有：取得国家、省、苏木级称号；就那达慕期间具有争议的决定提请仲裁；跑马比赛规则中规定的其他权利。与此对应的，那达慕赛马师也应当履行以下义务：只参加相应级别的比赛；不跟马，不故意赶撵；遵守裁判的要求；为儿童购买意外保险；履行跑马比赛规则中其他义务。上述规定将赛马活动中的行业规则或者说是民间规范合法化。这一特别立法既有利于规范蒙古国的那达慕活动，也有利于蒙古国优秀非物质文化遗产的有序传承与发展。

第三节　多元的公共文化事业组织

法律的实效依托于法律制度的实施。在具备一定的法律制度基础后，就必须要有某个或某些特定的执行主体将具体的法律条文落实到位。由于各国文化遗产保护的现实情况各异，这类执行主体也许是中央垂直领导下的地方各级单位，抑或是民间组织和社会团体。这些组织的行政权属不一，但它们都构成了多元的文化事业组织，共同助力本国的文化遗产保护工作。

一 中央到地方的纵向权力机构配置模式

综观世界各国，相当一部分的国家采用了中央到地方的纵向权力机构配置模式。在中央设立一个单独的部门或机构专项负责本国的文化遗产保护工作的总体计划，向下则在各级地方设立专门的文物保护单位，各司其

---

① 李墨丝：《非物质文化遗产国际法制研究》，法律出版社2010年版，第111页。

职，进而形成中央垂直领导地方的纵向文化遗产保护机构网。

　　日本的国家最高文化主管部门"文部科学省"下专设有直属厅局"文化厅"，对文化的振兴与普及、文化财的保存与利用，以及宗教等有关事务进行直接管理。总体来看，日本的文化遗产行政单位大致可分为文化和城市规划两个部门，它们的工作内容各有偏重，各自独立、权利平行。文化部门负责建筑群、建造物、自然景观等景观物品的保护，分为中央和地方两个层级，中央由设在文部省中的文化厅担任文化主管机构，地方由地方的教育委员会主管文化遗产保护工作。此外，日本的大学和图书馆也承担起了文化遗产的保护工作，如早稻田大学演剧博物馆、松竹大谷图书馆等，除了对有形和无形文化财的资料进行有效的保存之外还承担起了文化教育和推广的工作。这些大学和博物馆并不隶属于具体的行政职能部门，而是在本区域内承担传播文化的社会责任。

　　在韩国，国家总统权力项下设立文化观光部，文化观光部下设文化财厅主管全国文化遗产保护工作。文化财厅负责组建的文化财委员会承担起文化遗产保护工作的决策职能。作为文化财保护工作中唯一一个专门负责提供咨询审议的顾问机构，文化财委员会的职责是审议由文化财厅长提议的重要案件，审议结果不具备法律拘束力。文化财委员会设有有形文化财、无形文化财等分科委员会，分科委员会的资料收集、整理、研究等由非常任的专门委员会负责处理。[①] 同时，文化财厅下设有"无形文化财科"，分公演艺术、工艺技术、振兴业务、改善业务四个部门，这些部门作为实施机构，对无形文化财的传承和无形文化财的完善与推广进行有效监督。地方上，全国 16 个道、市（相当于我国的省级行政区划）一般都设"文化体育观光局"，内设文化遗产保护部门并配专门人员。

　　在法国，文化部是文化遗产保护的最高决策机构。文化部下设文化遗产司，专门负责文化遗产的保护工作。文化遗产司设有四个机构，分别是文化活动及事务处、遗址处、文化遗产管理处和文化遗产登记管理处，不仅如此，还包括人类学遗产管理科、影像类遗产管理科和推广暨国际事务管理科三科分司不同的文化遗产管理工作。此外，法国每个行政区的政府内部都设有文化事务部，负责各行政区域内文化遗产的保护及管理工作。文化遗产保护委员会则负责文化遗产保护、开发、运营与咨询业务的组织

---

① 李墨丝：《非物质文化遗产国际法制研究》，法律出版社 2010 年版，第 109 页。

工作。①

可见，中央统筹地方执行的权力配置模式将全国范围内的文化遗产资源纳入国家治理的框架中，有利于集中搜集和整理散落于各地的文化遗产资源，使这些资源得到及时有效的保护和管理，从而有利于文化遗产保护工作的顺利开展。

二　中央、地方与民间组织机构的三方协管模式

由前可知，不同国家的文化组织虽然不尽相同，但基本上都由中央政府的文化行政部门管理，具体保护措施由文化行政部门下属的分支机构实施。同时，各公共保护机构和具体文化组织负责具体事项的落实。在这种情况下，国家立法一般要求相应的机构和组织获得中央政府文化行政部门的授权。然而，一些国家虽然也设立了中央和地方的文化遗产管理机构，却将文化管理的部分权限和责任分摊给第三方，即民间组织机构。这些民间组织机构在实施权限范围内的文化遗产保护工作时，其权力直接来源于法律规定，而不需要专门的行政机构授权。俄罗斯、马其顿便是采用中央、地方与民间组织机构的三方协管模式的代表性国家。

《俄罗斯联邦民族文化自治法》的第1条就授权隶属于某些民族共同体、在相应区域内处于少数民族状况的俄罗斯联邦公民的社会团体，在此基础上为独立自主地解决保护和发展民族语言、教育和文化的自愿组织。第13条则规定了民族文化自治组织的权利，建立非国立的（社会的）民族文化机构：剧院、文化中心、博物馆、图书馆、俱乐部、艺术学校、档案馆及其他文化机构，并保障它们正常活动；等等。俄罗斯近年来，保护和重建民族文化传统的任务成为国家—社会合作的模式，比较活跃的社会组织有"活着的传统"论坛、民族文化论坛"沃格格达教堂""托木斯克民族论坛"等。②

无独有偶，马其顿也采取了相近的文化遗产管理模式。《马其顿文化遗产保护法》第8条规定，文化遗产保护的行政管理和若干专业问题，由文化部负责。具体实施由文化部设立的文化遗产保护局负责；档案资料保

---

① 李墨丝：《非物质文化遗产国际法制研究》，法律出版社2010年版，第113页。
② 马强：《服务于政治需求的俄罗斯非物质文化遗产保护》，《云南师范大学学报》（哲学社会科学版）2015年第5期。

护由马其顿共和国国家档案馆负责；在文化遗产保护领域，除上述问题外，应通过实施对可移动文化遗产（如博物馆、图书馆和电影档案馆）的保护来实现这一目标，这些遗产由公共保护机构、其他机构和其他法律实体根据本法和其他法律予以保护。这种三方协管的模式既有中央和地方机构的行政力量作根本保障，又赋予了第三方民间组织机构文化遗产的管理职能，一方面减轻了行政机构的文物保护压力，另一方面增强了民间保护力量的活性，有助于文化遗产保护工作走向民间，回归大众。

三 民间组织机构保护模式

民间组织机构保护模式是指由法定的民间组织开展文化遗产保护工作。需要澄清的是，民间组织机构保护模式并不意味着这个国家不设专门的行政机关，完全将文化遗产保护工作的管理职权转移给该国的民间组织机构。而是较之于上述提及的两种模式，民间组织机构保护模式下该机构基于本国的法律规定获得了文化遗产保护的管理职权后，该职权可能与行政机关的职权等量齐观，甚至在某些文化遗产管理领域有过之而无不及。这里，民间组织机构在该国的整个文化遗产保护体系中占有绝对性的地位。

如在美国，《美国民俗保护法案》确立了在美国国会图书馆下面建立美国民俗中心，以立法的形式去保存和展示美国民俗。整个法案有一半的内容是对民俗中心的设立、职责及其运行的规定。专门组织的法律地位是通过《美国印第安人艺术和工艺品法案》确立的，例如印第安艺术和工艺品组织就是指任何依法设立的由印第安部落组成的艺术和工艺品市场营销组织。挪威、瑞典和芬兰等北欧国家则通过在国内设立"萨米人议会"等组织来保护国内的驯鹿文化。综合世界各国的情况来看，民间组织机构保护模式并不是一种主流文化，但这一模式促使人们重新审视民间组织机构在文化遗产保护工作中的重要地位，如何在中央和地方垂直管理模式下发挥民间组织机构的社会力量也成为了各国亟须考量的权衡点。

第四节 充足的经费保障制度

文化遗产保护工作是一项巨大的人文工程，它从开展到后续的保护工作都离不开坚实的经济支持。这也意味着，单纯依靠个人或某一团体的力量是无法支撑这项庞大的事业的。因此，各国政府不仅从财政计划中单独划拨经费用于支持本国的文化遗产保护工作，还以设立行政法人或鼓励设立民间组织机构的形式吸纳社会资金，以便更好地开展本国的文化遗产保护事业。

一 国家财政对公共文化遗产事业的经费保障

基本上，各国基本上采用了国家财政专项支出的方式用于文化遗产保护工作，这也是保证本国文化遗产保护事业顺利进行的重要资金来源。据了解，日韩两国均十分重视对非物质文化遗产保护工作的经费保障。日本把文化遗产分为四类：重要的无形文化财和重要的无形民俗文化财；不是重要无形文化财，但特别有必要存在的应当采取作成记录等措施的无形文化财；不是重要无形民俗文化财，但特别有必要存在的应当采取记录作成等措施的无形民俗文化财，这些不同的文化财按其等级享有不同的补助。

韩国对于中央政府确定的具有重要价值的文化财的规定是，国家财政提供100%的资金保障；对于道、市政府确定的文化财，国家财政提供50%的资金保障，剩余由所在地区自行筹集资金予以相应的资助。同样的，韩国也视普查的文化遗产的具体情况进行分类定级，由文化财委员会承担这项责任，如按文化价值程度将文化遗产分为"国家级文化财""地方级文化财"，同时国家级文化财又细分为国宝、宝物、重要无形文化财等几个级别，韩国政府则根据所确定的不同等级对文化遗产保护给予不同等级的资助。[1]

除了日韩之外，意大利政府对本国的文化遗产事业也是高度重视。意大利政府每年对文物保护的财政投入约占当年税收的千分之八，达数亿欧元。值得一提的是，意大利政府规定，法定彩票收入的百分之八也应当纳入文物保护资金之列，而仅法定彩票这一项每年就有15亿欧元的经费，约合人民币150亿元。[2]

二 民间组织机构对公共文化遗产事业的经费支持

除了政府财政支持外，民间组织机构在文化遗产保护工作中也发挥了

---

[1] 莫代山：《韩国传统文化保护与发展的实践与经验》，《中国文化论坛》2015年第4期。
[2] 《中国"非遗"保护任重而道远，来看看国外是怎样保护"非遗"的》，https://www.toutiao.com/i6407675482384368129/。

重要作用。这些民间组织机构中有政府设立的行政法人，同时也不乏民间自发组织的社会力量。如上述提及的意大利，该国就注意发挥宗教组织的力量，依靠使用单位进行保护，对旧城古迹的保护上实行整体保护原则等，有效推进了该国的文化遗产事业发展。

日本国内尤其重视对现存的有形文化财和无形文化财的维护，因此，在日本政府的号召下，不少企业财团也纷纷为本国文化财的保护研究提供资金支持。日本企业财团主要赞助四个方面：一是文化财的修复，如财团法人文化财保护·艺术研究助成财团对道府县的制定文化财提供修缮赞助基金；二是文化财的保存与传承。由日本邮政对文化财保护事业、文化财保护活动提供活动资金；三是文化财的展示，财团法人花王艺术、科学财团向美术馆、博物馆主办的绘画雕刻等展览会提供赞助经费；四是文化财的调查研究由公益信托达成建设自然·历史环境基金向日本国内，以及发展中国家历史建筑物的保存、活用事业提供经费。[①] 另外，为促进非物质文化遗产的保护，日本政府专门成立了日本/教科文组织信托基金，每年为非物质文化遗产保护项目捐资 200 万美元，是第二、第三大捐助者捐助金额的 20 倍甚至 30 倍。[②]

三　针对文化保有者个人或团体的经费保障

上述两点都是各国政府或民间组织机构针对本国文化遗产事业项目本身的宏观支出，事实上，各国政府也纷纷意识到文化遗产的有效保护和传承始终依托于文化承载主体，这些主体的消亡伴随着的极有可能是该项文化遗产的毁灭。因此，有针对性地对那些保持本国民间传统文化的文化保有者进行经济扶持就显得尤为重要。

就代表性传承人而言，在韩国，一个人一旦被政府确定为无形文化财保有人，除可享有免费的家庭医保外每月还可获得 90 万韩元（约 5494 元人民币）的津贴。为了传承培训，保有者可以从履修者中选拔出几个传承教育辅助向政府举荐，辅助教练的任务是培训过程中辅助保有者。举荐的标准则根据履修者的成绩和集训时期的表现。在得到文化财厅的批准后，

[①] 孙洁：《日本文化遗产体系》（上），《西北民族研究》2013 年第 3 期。
[②] 李墨丝：《非物质文化遗产国际法制研究》，法律出版社 2010 年版，第 101 页。

辅助教练每月可以得到 30 万韩元（约 1831 人民币）的津贴。[①] 韩国《文化财保护法》第 50 条规定，重要非物质文化遗产保有者每年至少应当参加一次以上技艺公开活动。这些保有者进行的本国公演、展示等各种活动及用于研究、精进技艺的经费会得到政府的全额补助，同时每人每月还享有 100 万韩元（约合 5400 元人民币）的补贴。此外，团队成员每人每月有 40 万韩元（约 2441 元人民币）的津贴，如遇战争等纷争和灾难时，可以受到政府的及时有效保护。韩国将团体项目分为 ABC 三级标准，A 级共有宗庙祭礼乐、船索里山打令等 17 项，B 级则包含固城五广大戏、灵山斗木牛等 18 项，C 级则有密阳百中戏、北青舞狮等 17 项。根据不同的等级，A 级每月可获得团体运营费 4200000 韩币（约合 25664 元人民币）、B 级 3700000 韩币（约合 22608 元人民币）、C 等级 3200000 韩币（约合 19554 元人民币），用于开展本团体的技艺演出活动。

　　不同的是，日本将其经费补贴对象分为三类：第一类是个人认定，必须是某项技能或艺能才艺的高度精通者，一旦被确认个人为项目保有者，在日本这类人会被称为"人间国宝"。第二种是综合认定，如该项技能需要由 2 人或 2 人以上的团队共同展现，则该团队成员可以通过综合认定得到肯定。第三类是保持团队认定，即个人在某项文化遗产项目中所扮演的角色并不突出，掌握这项技能人数众多无法将技艺成果具体归属于个人，在这种情况下，就可以对这类人所构成的团队进行团体认定。这几类主体所需经费大体上由国家资助，用于传承工作。例如日本政府对重要无形文化财的持有者（人间国宝）每人每年的补助为 200 万日元（约合 10.6 万元人民币）。而综合或团体认定者，由文化厅长官根据相关的标准经过审查各项条件之后综合现场调查情况来决定。同时，这些主体所在的都道府县或者市町村也会根据需要给予一定资助。地方承认的项目由地方政府出资，补贴金额由地方政府确定。虽然国家和地方的出资比例不尽相同，但日本政府并不限制一个项目主体可获得的补助来源，也就是说，在各项条件符合的情况下，一个项目可能会同时获得国家和地方的资助。如栗东市对市内被认定的文化财产的补助金不超过所需经费的一半，若项目同时受到国家和县政府的资助，则补助金为扣除国家、县政府补助后经费的二分

[①] 许庚寅：《韩国〈文化财保护法〉的架构探讨》（概要），中日韩非物质文化遗产保护比较暨第三届中国高校文化遗产学科建设学术研讨会，2011 年 8 月。

之一以内。①

第五节　公有领域有偿使用制度

1998 年，由迪斯尼公司出品的动画电影，由托尼·班克罗夫特和巴里·库克联合执导的《花木兰》在美国上映，上映后迅速席卷全球，最终以 3 亿多美元的票房雄踞当年电影票房榜单之首。这部影片根据中国传统民间故事《花木兰》制作并在影片中使用大量中国传统文化素材，然而终篇未提及影片故事由中国传统民间文化改编而成，那丰厚的影片回报也未曾给予中国半点利润。无独有偶，2008 年，美国梦工厂动画沿袭了这个"优良传统"，推出的《功夫熊猫》又为他们创造了巨额的利润，可谓是盆钵满盈。由此则引申出一系列的问题，公有领域是否就意味着他人可以随意取用而无须附加任何条件，公有领域创造全人类最大福祉的理念是否有利于文化领域的繁荣发展。

一　公有领域与知识产权之博弈

公有领域的提法始于 19 世纪中期的法国，②当时的人们认为，一部作品权利保护期届满后便会陷入无主的境地，特别是这部作品已无法找到其最开始的权利归属主体，它就应当为全人类共同享有，为现在甚至未来的受众创造最大的福祉。随后的几十年，公有领域的概念内涵也逐渐扩大，从公有领域本质含义讲，将其定义为社会公众可以自由、免费以及有效接触的资源更为恰当。③然而，事物的两面性意味着公有领域理论并不能按照其最初设定的轨迹发展为人类共同的富矿区，相对的是知识产权领域的不断扩张、私权诉求的不断膨胀。

知识产权与公有领域的交集主要是指那些既是知识产权保护对象同时又属于公有领域元素的创作物。④ 以前述提及的《花木兰》看，由美国动

---

① 汪舟：《日本非物质文化遗产保护与传承经验对我国完善相关保护体系的启示》，《旅游纵览（下半月）》2016 年第 1 期。

② 刘蒙之：《论美国出版业对公有领域作品资源的商业使用》，《深圳大学学报》（人文社会科学版）2012 年第 6 期。

③ 曹阳：《论公有领域——以知识产权与公有领域关系为视角》，《苏州大学学报》（哲学社会科学版）2011 年第 3 期。

④ 曹新明：《知识产权与公有领域之关系研究》，《法治研究》2013 年第 3 期。

画公司出品的以中国民间传统文化为元素的影片就处在一个公有领域和知识产权领域的交锋口。美国方认为，花木兰虽然源于中国古典叙事诗但丝毫不阻碍它应成为全人类共同的财富，何况中国一方从来就没有将此类民间传统文化纳入知识产权保护体系。因此，对于文化起源国方，公有领域就不再成为一件全面利好的事情。在此情况下，涉及公有领域的文化遗产问题该何去何从？

二 "防御性保护措施"之尝试

在知识产权领域，考虑"公有领域"的作用、边界和结构至关重要。"公共领域"的概念在涉及非物质文化遗产时有着多种独特的影响。例如，非物质文化遗产往往被知识产权制度视为"公有领域"（无主知识），直到现在仍有人认为非物质文化遗产的公共领域特征有利于其保护和生命力的延续。然而，许多土著社区和成员国的代表不接受"公有领域"的概念，并且呼吁建立保护传统知识和传统文化表现形式的专门形式。这些复杂而敏感的问题一直是WIPO传统知识计划和WIPO政府间委员会审议多年的主题。

这些问题将在传统知识和传统文化表现形式的记录中更加突出，特别是采取积极措施，通过"防御性保护"措施，抢占传统知识和传统文化表现形式（非物质文化遗产）的专利权以及其他知识产权。由于这些专利和知识产权与非物质文化遗产的来源和公众可获得性等不受专利保护的信息和资料有不正当的关联，为预先防止或逆转对传统知识和传统文化表现形式（非物质文化遗产）进行专利和其他知识产权授权而采取的法律和行政措施，称为"防御性保护"。尽管土著和地方社区坚持认为传统知识和传统文化表现形式（非物质文化遗产）受到习惯法和法规的保护，但从现行知识产权制度的角度出发，它们在技术上仍可属于"公有领域"。

三 公有领域"有偿"使用的立法

针对处于"公有领域"的非物质文化遗产该如何使用这一问题，世界上有一些国家把非物质文化遗产作为国家文化遗产的一部分，因此，文化权利的主体就是国家，由国家来设立官方的"文化行政主管部门"行使相关权利，争取相关的利益。

非洲一些国家大多是如此规定。如多哥在1991年出台的《著作权、民间文学艺术及邻接权保护法》第 69 条规定，"不论以何种形式为营利目的而公开表演或者复制民间文学艺术，均应取得多哥版权局授权并支付版税，版税额依有关类型作品原有额度比照执行。"突尼斯在 1994 年 2 月出台《文学艺术产权法》第 7 条规定，民间文艺作为国家遗产的一部分，任何以营利为目的使用而抄录民间文艺的，均应取得文化部授权，并向依本法成立的版权保护代理机构的福利基金会支付报酬。① 意大利在其专门立法中规定"民间文学作品享受无期限的保护，任何以营利为目的的使用需要获得许可并交纳一定费用"。② 埃及的法律规定类似于意大利，其法律规定民间传统文化不应该属于个人，而是属于群体的集体财富，国家作为民间传统文化的拥有者，使用者在使用时应当向国家缴纳使用费，并且传统文化的保护期应当不受限制。③

根据这一制度，即使任何组织或个人使用"某些已经过了保护期的作品（根据本国著作权法）"或"原来根本不受保护的作品"，也要向版权管理部门或相应的作者权利保护机构支付版税。如上所述，突尼斯以立法形式对民间文学艺术实施著作权保护，并指定专门机构对民间文学艺术的使用进行许可和收费。这一制度背后的对价理念或许可以成为平衡公有领域与知识产权的新路径。

第六节 域外经验对中国公共文化事业立法的启示

一 整体性保护的保护理念

长期以来，整体性原则作为文化遗产保护的重要原则对促进历史遗迹的保护和修复发挥了重要的指导作用。在各国对非物质文化遗产保护的实践当中，这一原则也被列为一项重要的保护原则和方法。非物质文化遗产保护整体性原则的"文化生态观"，是以区域文化体系协调发展为基础，着眼于区域内文化遗产项目与其他文化问题的密切关系，从文化物质间的

---

① 郑成思：《版权法》，中国人民大学出版社 1997 年版，第 133—134 页。
② 意大利在 1889 年制定《文学艺术版权法》，是世界上第一个用知识产权保护民间文学艺术的国家。它给非物质文化遗产中的民间文学作品授予著作权，并特别规定其保护期不受时间限制。任何人以营利目的使用民间文学作品，既需征得文化行政部门的许可，还要缴纳一定的使用费，并把收来的使用费以基金的形式进行管理，用于民间文学艺术作品的保护。转引自曹新明《非物质文化遗产保护模式研究》，《法商研究》2009 年第 2 期。
③ 飞龙：《国外非物质文化遗产保护现状》，《文艺理论与批评》2005 年第 6 期。

普遍性出发，将非物质文化遗产放置于社会发展体系中，充分考察其与人文生态、社会系统等诸多因素的联系，寻求这些要素和谐共存的关键点。

下面将以云南哈尼梯田为例，加以详细说明。梯田分布于哀牢山脉中下段的红河流域，具体指的是红河州元阳县县城附近的四块梯田，2011年6月14日，哈尼梯田被世界粮农组织列为"全球重要农业文化遗产"，作为一种持续性文化景观，它在当今社会与传统的生活方式的密切交融中持续扮演着重要角色，具有突出的普遍价值：完整性和/或原真性的特性，与此同时，也有足够的保护和管理机制，确保遗产得到保护。哈尼梯田的整体性保护体现在以下几个方面：第一，梯田景观的完整性；第二，梯田文化遗产要素的完整性；第三，不可移动遗产，即梯田、森林、灌溉设施、村寨等（坟冢、房屋、神树林、水池）的完整性；第四，可移动文化遗产，即传统生产工具、生活用品、民族服饰、传统工艺品等代表性实物的完整性；第五，非物质文化遗产：包括传统知识和农艺、手工技艺、节日仪式、民间故事、宗教信仰、特色饮食、歌舞艺术等的完整性；第六，梯田生命循环系统的完整性，即森林→沟渠→梯田→粮食←人；第七，梯田农事活动系统的完整性；第八，梯田农耕礼仪的完整性。这八个完整性构成了一个完整的农业文化遗产，缺一不可。由此也可看出，整体性保护的理念不仅包括物质文化遗产，也涉及非物质文化遗产，因此，整体性保护原则应成为文化遗产保护领域的核心指导原则。

我国《非物质文化遗产法》第26条实际上是对这一原则的重申。如前所述，在具体的保护实践中，特别是在文化生态保护试验区建设中，要特别注重整体保护的理念。目前，急需在地方立法特别是专项立法中贯彻这一理念，不仅要保护非遗的核心技术和专有技术的突出价值，更要保护非遗的独特环境和非遗背后的价值理念、非遗背后的民众的生活方式等。

二 重视专项公共文化事业立法

在前文提到，蒙古国对重要非物质文化遗产单独立法，创设了《全国那达慕法》。在此方面，我国也有相关的成功经验，例如《甘肃敦煌莫高窟保护条例》《云南省纳西族东巴文化保护条例》《福建省"福建土楼"世界文化遗产保护条例》《安徽省淮南市保护和发展花鼓灯艺术条例》《贵州省安顺屯堡文化遗产保护条例》等都取得了不错的效果。在政策的实施上，从2014年开始，贵州省制定了《多彩贵州非物质文化遗产保规划》，逐年递增对非物质文化遗产保护方面的投资（1500万元）；贵州省还制定了《侗族大歌振兴计划2014—2018》，每年投入1000万元用于侗族大歌的保护与传承工作。

由于我国非遗项目众多，且非遗项目之间差异较大，更多地区应在地方立法中发挥积极作用，促进非遗的保护和传承。《立法法》第72条规定，设区的市拥有地方性法规制定权，自治州也是如此。第75条规定，民族自治地方的人民代表大会有权根据当地民族的政治、经济、文化特点，制定自治条例和单行条例。民族地区的人民代表大会及其常务委员会，应当积极发挥自己的积极性和主动性，适应社会保护非遗的实际需要，并及时将具有地方特色和民族特色的成熟非遗项目条件和保护措施上升为地方性立法并加以固化。

三 尊重少数民族与传统社区的主体地位

少数民族非遗的重要特点就是它存在于少数民族及传统社区民众的日常生活之中，也可以说，少数民族非遗就是该社区民众日常生活的一部分，少数民族非遗的主体就是传统社区的民众。因此，在保护非遗的过程中，少数民族与传统社区民众的主体地位是最为关键的，不论是政府、非法人组织，还是开发商、专家学者都不能越俎代庖，去代替、包办少数民族及传统社区在非遗保护中的主体地位。前文有相关记述，国外的相关立法也都非常重视尊重非物质文化遗产及来源群体，这是非遗保护的重中之重。这里的尊重包括许多方面，如非遗传统的仪式和程序、核心工艺、制作方法、表演时空、参与者、传承方法、传承环境等。如果"尊重"有底线或界限，根据国际劳工组织《土著和部落民族公约》和《联合国原住民权利宣言》的有关精神，"尊重"的界限是不能侵犯基本人权，即，"不违背国际公认的基本人权"。

四 积极探索文化遗产私权保护路径

我国《著作权法》在创作之初就规定民间文学艺术作品享有著作权，受法律保护。2001年第一次修正时规定民间文学艺术作品的保护由国务院另行规定。这相当于授权国务院制定民间文学艺术作品保护的行政法规。国家版权局代表国务院开展了有关起草工作，并委托有关专家学者进行多次讨论和探索，形成了初步建议稿。2014年8月，国家版权局在其官网上公布了《民间文学艺术作品著作权保护暂行条例》（草案），但由于存在着诸如权利主体、授权机制、利益分配等方面的问题没有解决，目前仍处于艰难推进阶段。根据我国的立法体制和《立法法》第8条第（七）项的规定，私法视角的非物质文化遗产法律保护只有在国家法律层面上才能确立，即属于"法律保留事项"。因此，在非遗私权保护方面同样应通过"法律"的形式进行，而不是目前的"行政法规"。在具体的保护方式上，对现行的法律保护机制进行创新是最重要的，然后确定相应的权利主体、权利客体和权利内容。

第 四 章

物质文化遗产保护立法

在文化遗产保护立法方面,统一立法的立法模式有别于概念型法律体系,概念型法律体系主要是指基于文化遗产概念的不断拓展的现实情况,通过制定相应的法律、法规等对文化遗产所涉及的各个方面予以保护的立法体系,在文化遗产保护方面采用概念型法律体系的代表型国家是法国。我国目前的文化遗产立法模式一定程度上类似于概念型立法模式,在物质文化遗产保护的中央立法层面,除了《文物保护法》,还有《历史文化名城名镇名村保护条例》《风景名胜区条例》《长城保护条例》等一系列的物质文化遗产方面的立法,在实施层面还有住房和城乡建设部主导的传统村落古村落保护和历史建筑保护,国家民族事务委员会主导的少数民族特色村寨保护等。

第一节 文化遗产保护立法概述

一 文化遗产的基本概念

什么是文化?不同学科给出了不同的答案,不同领域专家给出了不同的定义。1952年,美国著名文化人类学专家克罗伯(A. l. kroeber)和克拉克洪(D. kluckhohn)的《文化:一个概念定义的考评》(Culture: Critical Review of Concept And Definitions)一书共收集了166条有关"文化"的定义,到目前为止,新的文化定义仍在不断出现,累计已经超过2000多个。由此可见,真正把什么是文化说清楚,也不是一件容易的事。

据王建新博士考证,在中国古文献中,把"文"与"化"两个字连在一起作为一个词来使用始于西汉,刘向的《说苑》曾提到"圣人之治天下,先文德而后武力。凡武之兴,为不服也,文化不改,然后加诛"。这里的"文化"意为以文德教化,使人们成为合乎礼仪规范的人的意思。

在英文词典 culture 被解释为精神文明、教养、培训、栽植、繁衍、耕种、管教等，这些含义概括起来就是指通过人工劳动来培育和驯化自然野生动物，使之成为满足人类需求的品种。由上可见，中西"文化"一词的最初含义是不同的，中文的文化侧重对人的精神和风俗的改造，而西方早期"文化"一词侧重改造自然。目前，文化的倾向指两个方面：一是人类创造的物质文化和精神文化的综合；二是社会生活方式的总称。

"遗产"一词，在中文解释中，成为"财产"，是指祖祖辈辈遗留下来的物质财富，如《后汉书·郭丹传》载有"丹出典州郡，入为三公，而家无遗产，子孙困匮"[①]，《温国文正司马公文集》卷七六载有"诸兄欲分魏公遗产"，《述学外篇》卷一有"乃尽与遗产于诸弟，而独任丧葬之事"，等等。在诸多的古代文献记载中，"遗产"的含义一直都是祖辈的财产遗留，其范畴统统局限于"家有的"或"私有的"上，并没有扩大、上升到国有或公共财富的范畴里。随着时代的发展，赋予了很多词汇以更多的内涵，"遗产"一词也不例外。有学者使用"爆炸"一词来形容"遗产"的内涵变化与外延扩展，随着社会的发展，在近现代，"祖辈留下来的物质财富"[②]已不能涵盖"遗产"的所有含义，胡适于 1933 年在芝加哥大学曾作的演讲《中国的文艺复兴》，涉及"文化遗产"这一概念。他说："非常奇异的是，这场新的运动（指五四新文化运动）却是那些懂得他们的文化遗产而且试图用新的现代历史批评和探索方法来研究这个遗产的人来领的。"[③]

在人类社会发展进程中，人或自然力量创造的各种精神和物质财富的总和被称为文化遗产。不同的文化遗产或因生存区域而异（如沿海地区和内陆地区），或因环境的差异而相异（如热带与寒带），或因不同的民族而具备各自的特点（各民族都有自己的民族习俗）。各类文化遗产不仅是人类历史发展的见证，而且是进行研究历史的根据，更是社会发展的宝贵财富。根据联合国教育科学文化组织（教科文组织）《世界文化和自然遗产公约》（1972 年）、《保护非物质文化遗产公约》（2003 年），文化遗产

---

① 《后汉书》卷二七，中华书局 1965 年版。
② 参见杨志刚《试谈"遗产"概念及相关观念的变化》，复旦大学文物与博物馆学系编《文化遗产研究集刊》，上海古籍出版社 2001 年版，第 12 页。
③ 转引自杨志刚《试谈"遗产"概念及相关观念的变化》，复旦大学文物与博物馆学系编《文化遗产研究集刊》，上海古籍出版社 2001 年版，第 12 页。

主要由物质和非物质文化遗产组成。随着社会进步发展，对文化和历史的审视不断加深，在经历了不断深入和提升的认识过程之后，人类对自己的文化遗产有了更为清晰的认识。目前，人们将自身创造的文化遗产分为物质文化遗产、非物质文化遗产、双遗产（自然与文化遗产）、文化景观等。

在我国，过去的文化遗产被称为传统文化，以物质文化遗产为基础，在民间文化、民俗文化和民间艺术上更多体现的是精神文化遗产。当今，物质文化遗产和非物质文化遗产被国际遗产学界，称为文化遗产的基本框架。

物质文化遗产。物质文化遗产指具有历史价值、艺术价值和科学价值的文物，其中包括古遗址、石刻、墓葬、石窟寺、古建筑、壁画等现代重要文物古迹以及具有代表性的建筑物等一系列不可移动的文物，还有历史上遗留的各时代珍贵的实物、艺术品、文献、手稿、图书资料等可移动的文物，同时还包括具有突出的普世价值的历史文化名城（街区、乡镇）。[1]

"非物质文化遗产"随着特定的时代背景而出现。通过国际社会的反复磋商《保护非物质文化遗产公约》对非物质文化遗产做出概念上的解释，做出了具有国际通用性的语言表述和理论分类，为各国开展相关工作提供了指导意义。我国对非物质文化遗产概念所做过的两次界定基本上是一致的，没有明显冲突，是立足于联合国教科文组织声明，紧密结合我国基本国情和实际情况，做出的表达。

双遗产。双遗产指自然和文化价值相结合的遗产。一般指由自然力和环境形成的自然景观，又附上人文的因素，例如，中国的黄山，其载体是一座风景奇特、物产丰富的山体，人们在此又赋予其宗教、文化、艺术等杰出的人文内涵，成为具有自然遗产价值和文化遗产价值的双遗产的代表。

文化景观[2]，又称"人文景观"。联合国教科文组织世界遗产委员会于1992年12月在美国圣菲顺利召开的第16届会议上提出"文化景观"，此次会议是这一概念的首次提出，并将其纳入《世界遗产名录》。文化景

---

[1] 参见国务院《关于加强文化遗产保护的通知》，2005年。

[2] 对此有人持有不同的观点，认为文化景观大于人文景观的范畴，人文景观除了以具体形式存在的景观外，有时还以一种精神文化的形式出现。人文景观具有可变异性、可移动性；文化景观的空间位置则是相对固定的。

观是指由人文因素形成的景观。人文因素主要包括文化因素和建筑因素。根据古今人类成就的表现形式，文化景观主要分为以下几类：历史遗址、园林、建筑、民居、城市风貌、文化风貌等景观。人类在生产生活中产生的艺术成果和文化结晶被称为人文景观，它总结了人类发展过程的科学、历史和艺术等元素，体现在形式、色彩等整体结构上。自然因素在一定程度上对人文景观起到制约作用。人文景观虽然是古今人类文化和生活活动的产物，但其形成和分布不仅受到历史、民族和思想等因素的制约，还受到地质条件、地理位置等自然环境的制约。

二　文化遗产法的调整对象和特征

鉴于文化遗产对人类社会发展具有重要意义，各国皆对本国的文化遗产进行了法律保护，并且规范和调整了文化遗产保护和传承所产生的社会关系，由此产生了一个相对独立的、特殊的法律部门，或法律领域：文化遗产法。文化遗产法是为调整文化遗产的保护、享用、传承、发展所形成的社会关系的法律规范的总称。

（一）文化遗产法调整对象的类型

文化遗产法的调整对象是指因文化遗产的保护、享用、传承、发展而形成的社会关系。这种社会关系主要包括以下内容。

其一，国家及其职能部门在文化遗产保护、管理过程中形成的社会关系。这种社会关系基于国家为维护全体国民的利益，乃至全人类的共同利益，其产生主要是基于对文化遗产保护、管理的职能目的，是一种具有行政性质的法律关系。其中包含两方面：第一方面是政府、文化遗产行政主管部门由于行政隶属关系而产生的行政关系；第二方面是政府与文化遗产行政主管部门与公共文化遗产研究、收藏、保护机构以及文化遗产拥有者、享用者、传承者之间，基于文化遗产的管理、监督而产生的行政管理关系。

其二，平等主体之间在文化遗产的享用、传承、开发过程中形成的社会关系国家确认和保护公民、法人和其他社会组织对文化遗产的合法权益，其中包括对其继承、传承或其他合法方式取得的文化遗产的所有权、传承权、发展权，对其所属团体、社区所有的文化遗产的使用权、传承权、发展权，对他人所有文化遗产的接触、欣赏、利用权等。同时，这些主体在享用、传承、开发文化遗产过程中的地位是平等的，而且权利和义务是对等的，在享有和行使权利的同时，也要承担一定的尊重、保护文化遗产的义务。

其三，社会公众参与文化遗产保护过程中形成的社会关系，在某种程度上是人类社会的共同遗产文化遗产不能为个人绝对所有，也不能为某些机构或部门所垄断，所有的社会成员都有接触、欣赏和利用文化遗产的权利，也有保护文化遗产的责任，因此，在文化遗产保护过程中，社会公众的普遍参与和监督是必不可少的，因其参与文化遗产保护、监督而形成的各种社会关系也是文化遗产法的调整对象之一。

(二) 文化遗产法的特征

相对于其他法律部门，文化遗产法具有如下特征。

第一，主体的多元性。文化遗产法不仅调整文化遗产保护和管理的行政法律关系，也调整平等主体享受、传承、开发文化遗产过程中的民事法律关系，还调整社会公众参与文化遗产保护过程中的促进与监督等综合法律关系，其主体在不同的法律关系中呈现出多样性和广泛性在文化遗产保护行政法律关系中，其主体不仅包括各级政府及文化遗产行政主管部门，还包括行政相对人，比如各种文化遗产研究、收藏、展示、保护机构，拥有、享用、传承文化遗产的个人和团体，以及对文化遗产保护和监督有极大热情的社会公众和非政府组织在文化遗产民事法律关系中，其主体主要包括各种以个人或团体形式存在的文化遗产所有者、传承者，也包括以平等主体身份参与文化遗产的经营、使用、开发、利用等活动的所有个人和组织这些主体在文化遗产保护、享用、传承、发展中所享有的权利和承担的义务也具有多样性和复杂性不同主体可在不同层次上对文化遗产行使享用、传承、开发等权利，而且这些权利不仅限于对自己创造或拥有的文化遗产的享用、传承和开发，也延展到对他人、他民族或他国文化遗产的一定权利，如接触、欣赏、研究和利用不同主体的保护义务和责任具有多层次性和不对等性。国家及其机关和管理机构有积极采取一切措施保护文化遗产的义务。个人和其他社会组织主要是消极义务，主要包括依法尊重他人的文化遗产权利，不破坏文化遗产的义务。

第二，调整手段的综合性。文化遗产法既涉及国家保护和管理文化遗产的活动，也涉及公民、法人和其他社会组织对文化遗产的享用、传承、开发和利用。这些活动的目的和方法不同，所需要的法律调整手段或方法也完全不同。为保障国家保护和管理文化遗产的活动，需要对文化遗产资源的合理分配，文化遗产保护的阈内、方针、措施，保护机构的职责和权限，所有者、传承者和其他相关主体的权利义务等进行明确规定，这些法律规范的调整方法大都属于行政法律手段，带有明显的强制性。为保障公民、法人和其他社会组织对文化遗产的享用、传承、开发和利用，则需要用民事手段对处于平等地位的当事人的权利义务进行规范和引导，这些手段不带有强制性，然而一旦这些活动突破法律规范的底线，对文化遗产造成破坏并构成犯罪，则需要动用刑事手段加以惩罚。因此，文化遗产法的调整手段具有较强的综合性或多样性，任何一种单一的法律调整手段都不足以全面保护文化遗产、规范各种主体对文化遗产的权利和义务。

第三，保护利益的公益性。由于文化遗产是历史的见证，是文化多样性的表现，其所具有的独特历史文化价值不仅对于创造和传承它的个人或团体有不可替代的意义，对于其他社会成员甚至全人类而言都有重要的意义。因此，文化遗产既不能被任何个人与团体所掌控，也不能被国家所垄断。虽然文化遗产的所有权可以是特定个人或团体的，但这种所有权的行使与转让必须因社会共同利益而受到限制国家对文化遗产也不具有绝对的所有权，不能随意处置其拥有的文化遗产。2001年，阿富汗塔利班政权为了推行其极端宗教政策，因炸毁境内于公元3—5世纪建成的两尊巨型巴米扬大佛这一事件，遭受国际各界的强烈谴责。国际社会通过各种公约或其他法律文件对各国在文化遗产方面的保护和管理职责进行了约束，要求各国为了全人类的共同利益，应积极主动采取一切有效可行的措施，保护具有历史价值、艺术价值、科学价值的物质文化财产和非物质文化遗产在开发和利用文化遗产时，国家也必须制定合理的政策和制度，在确保尊重当地社区居民文化遗产权益的同时，为了全社会的共同利益，乃至子孙后代的长远利益，从可持续发展观出发，防止对文化遗产进行掠夺性开发和过度的商业开发。

（三）文化遗产法的地位

在其他传统法律部门无法全面确切地调整文化遗产的保护、享用、传承、发展社会关系的情况下，《文化遗产法》随之产生。要理解文化遗产法在整个法律体系中的地位，必须首先理解它与其他相关法律部门的关系。

1. 文化遗产法与相关法律部门的关系

（1）文化遗产法与行政法的关系

毋庸讳言，文化遗产法与行政法有着非常密切的关系，可以说是从行政法中孕育起来的。在文化遗产法调整范围中有相当一部分是国家与相关职能部门在文化遗产保护和管理过程中形成的社会关系，这是比较典型的行政法律关系。文化遗产法的主要渊源《文物保护法》《非物质文化遗产法》在很大程度上都可以看作行政法的范畴，因为它们主要是从规范政府对文化遗产的保护和管理工作出发，规定文化遗产保护的范围、原则和措施，文化遗产行政主管部门的职责和权限，以及文化遗产研究、收藏、展示、保护机构和所有者、传承者等行政相对人的职责和义务，很少涉及文化遗产所有者、传承者或社会公众群体对文化遗产的权利，但是，若仅仅把文化遗产法作为行政法的组成部分是不够的。一方面，文化遗产的保护和传承、发展不仅需要行政法这种指令式的强制性规定，同时也需要从私法的角度对有关主体之间平等地使用、开发、利用文化遗产提供引导性的非强制性规范，并且需要从宪法的角度确认和保障社会公众对文化遗产的享用权和参与保护权、监督权。另一方面，出于不干涉私权的顾虑，在行政法主导的文化遗产法中，也很少对所有者、传承者的所有权、使用权、支配权、处分权进行具体规范和限制，而这些限制原本是基于维护公共利益的目的而对文化遗产这种特殊财产必须提供的保护。因此，行政法无法涵盖文化遗产法的所有调整对象，也无法满足文化遗产保护和发展的长远要求。

（2）文化遗产法与民法的关系

在人类法制发展过程中，文化遗产曾经长期被当作一种普通财产，受民法的调整。但是，如果文化遗产仅仅被当作普通财产，在民法中就很难有特别的规范加以保护，甚至出土文物也仅仅被当作地下埋藏物而被视为土地的从物，与土地所有权紧密相连。比如罗马法处理地下埋藏物的归属原则是：在自己土地上发现埋藏物的归自己所有；在他人土地上发现埋藏物的，发现者和土地所有人各得一半。[①] 这个原则至今仍然被多数大陆法系国家民法所遵循。文物的使用、收益、转让、交易等问题也是遵从平等自由原则，悉听当事人自由处置甚至在善意取得等制度上，文物与其他财产也没有什么区别。因此，利用民法和民事诉讼法是无法解决历史上因为战争被掠夺，或者因被占领而被迫出让的文物的索回问题的，因为它们早已经过追索时效而成为当前占有人的合法财产了。

---

① 周柑：《罗马法原论》上册，商务印书馆1994年版，第335页。

但是，随着人们对于文化遗产重要性的认识逐渐加深，文化遗产不再被当作普通财产，很多国家都制定专门的法律来对文化遗产的使用、保存、转让、交易等进行特别规定，在确认所有人权利的同时也对所有权进行各种限制，随着非物质文化遗产成为法律保护和调整的对象，涉及民间文学艺术作品的著作权、传统知识的专利权和商标权等问题也对传统知识产权制度提出了挑战。

(3) 文化遗产法与环境法的关系

环境法也是个新兴的法律部门，是"调整人们在开发利用、保护改善环境活动所产生的环境社会关系的法律规范的总和"①。环境法与文化遗产法有很多相似之处，比如：自然资源和文化遗产都是不可再生的资源，环境法和文化遗产法的产生都是人类对过度开发和破坏这些不可再生资源行为的反省的结果；环境法与文化遗产法的调整手段都是综合性的；更为重要的是，它们都有公益性，都以保障人类的可持续发展为目标、在内容上，两者有交叉之处环境法将文化遗产作为人文环境和人文资源加以保护；而文化遗产法也将自然遗产作为保护对象，但是两者的区别也非常明显，首先，两者都不能涵盖对方的所有保护对象环境法保护的文化遗产只是不可移动文化遗产中的一部分，比如名胜古迹、文化景观等，对可移动文化遗产以及非物质文化遗产则不予关注；文化遗产法保护的自然资源只是其中具有科学价值、审美价值的自然遗产，无法包括其他自然资源和整个环境。其次，也是最重要的，两者关注的角度和重点不同，环境法关注的是人与自然的关系以及对环境污染的治理，关注的焦点是人的生命健康权；它并不关注文化遗产的财产属性以及文化遗产权所涉及的文化权利，不关注如何去挖掘和弘扬其历史文化价值，也基本上不涉及文化遗产的归属、经营、交易、博物馆管理等重要问题。而文化遗产法最初并不涉及自然遗产的保护，随着人们对文化遗产与自然环境关系的认识日益加深，国际社会才逐渐将自然遗产也纳入保护范围；但是文化遗产法是将自然遗产作为人类发展进化的一种历史见证而加以保护，与环境法的保护重点显然不同。因此，文化遗产法并不是环境法的一个分支，而是与之有所交叉的法律领域。

---

① 吕忠梅：《环境法学》，法律出版社2004年版，第46页。

2. 文化遗产法是一个综合性很强的相对独立的法律部门

文化遗产法由于其调整对象、调整方法的特殊性与综合性，无法完全纳入现有法律体系中的任何一个法律部门。事实上，在法律渊源上，它与现有诸多法律部门均有一定联系，这些部门的法律渊源中有关文化遗产保护的规范共同构成了文化遗产法律体系。宪法中有关国家保护历史文化遗产的宣誓性规定是文化遗产法律体系的基础，是包含所有文化遗产法律制度，并以此为依据而建立的文化遗产法领域范围的基本法，如《文物保护法》和《非物质文化遗产法》，以及大量的专门性文化遗产行政法规、部门规章和地方法规共同构成了该法律体系的主体，也是该法律部门相对独立的重要标志。《民法典》《拍卖法》《著作权法》《专利法》《商标法》的相关规定可以适用于平等主体之间在文化遗产的使用、经营、转让等活动中形成的法律关系。《刑法》中有关侵犯文化遗产所有权及文物管理秩序的犯罪与刑罚规定，是国家对文化遗产保护的最终法律保障。其他相关法律法规如《民族区域自治法》《城乡规划法》《环境保护法》《海洋环境法》《宗教事务条例》等也作为有机组成部分构成文化遗产法。除此之外，文化遗产法不仅涉及国内法，也涉及国际法。文化遗产法是一个国际性很强的法律领域，打击文物犯罪、制止文化遗产的非法流通、返还被非法转移的文物、提高文化遗产保护意识水准等都需要国际社会的广泛合作，中国已签署的所有文化遗产保护方面的国际公约和双边协定都是我国文化遗产法的重要组成部分。

（四）文化遗产立法的意义

第一，文化遗产法是保障文化遗产不受侵害的有效法律武器。

文化遗产是祖先留给我们的宝贵财富，经过漫长的岁月侵袭，已经非常脆弱，需要我们精心呵护，但是在现代社会，工业化、城市化和全球化对文化遗产保护的挑战巨大，部分国家的文物古迹都随着工业化和城市化而遭受严重破坏，尤其是发展中国家，例如中国，由于错误的发展观和政绩观，由于房地产开发、基础设施或旧城改造，许多文物古迹以惊人的速度消失。

第二，文化遗产法是政府及其职能部门履行文化遗产保护和管理的职责的法律依据。

文化遗产在很大程度上是一种公共产品，国家应当为了全社会的基本利益，以及子孙后代的幸福，对文化遗产予以积极的保护和管理。但是，这种公共产品具有多重复合价值和属性，有的文化遗产既具备历史、艺术价值，还具有很高的经济价值，而有的文化遗产既没有观赏性也没有任何经济价值，无法给当地经济增长带来直接利益。政府部门可能为追逐短期经济利益而对文化遗产保护的责任避重就轻，或者为了维护部门利益而彼此推诿。文化遗产法明确规定了保护文化遗产的原则、政策、措施和原则，以及各级政府和文物行政部门的职能以及职责，公共文化遗产保护机构的法律责任，使政府及其职能部门在履行文化遗产保护和管理职责时遵守法律。

第三，文化遗产法为公民和社会组织享用和保护文化遗产提供了坚实基础。

公民和社会组织是文化遗产保护的重要主体，其文化遗产权应由法律明确加以确认，对于私有的文化遗产，所有者或传承者可以依法享有使用、收益、经营、转让文化遗产的权利，但为了保证公共利益，其权益应受到法律的明确限制，对于集体所有的文化遗产的使用、经营和开发，法律保障当地社区参与决策和分享利益的权利，同时也鼓励社会公众的参与和监督。对于国有的文化遗产而言，所有公民都有权接触、欣赏和使用，有权作为志愿者或组织公益团体参与文化遗产保护，监督政府和公共文化遗产保护机构的保护和管理工作。法律是分配和保障各种主体对文化遗产所享有的不同层次权益的重要依据。

第四，文化遗产法为处理国际范围文化遗产争端提供法律依据。

文化遗产是全人类的共同财富，保护文化遗产不是某个国家的内部事务，应当是整个国际社会的共同使命。但是，国际社会通过公约对文化遗产进行保护只是最近几十年的事情，而人类对文化遗产的破坏和掠夺却是古已有之。清代学者龚自珍曾说过一句名言，"灭人之国，必先去其史。"[①] 也就是说，要毁灭一个国家，就不能让该国的人民知道自己的历史，就必须毁掉该国的史籍和文化，所以自古以来征服者通常会将被征服者的宫殿、神庙、史籍等一并烧毁，并将象征被征服者权威和历史文化的物品，比如图腾、王冠或精美的艺术品运回自己的国土，以炫耀自己的武力和功绩。两次世界大战给交战各方，尤其是被侵略国家的文化遗产带来的灾难，至今仍是被害国家及其人民无法弥合的伤痛。因此，制止这种悲

---

① 龚自珍：《古史钩沉论二》，《龚自珍全集》（上），中华书局1959年版，第22页。

剧的重演，并且为受害国家提供补偿，成为国际社会的重要任务。此外，文化财产的跨国非法流通也给文化遗产资源国的保护和管理带来巨大的灾难，打击文化财产非法贩运等犯罪行为，规范国际文化财产市场，需要国际间的密切合作。文化遗产法为保护各国文化遗产和处理有关的文化遗产的国际争端提供了有力的法律依据。

三 文化遗产保护立法的基本原则

文化遗产法的基本原则就是适用于各种文化遗产保护的基本原则。近年来学者们虽然对此有许多论述，但基本上是分别针对两种文化遗产的保护而展开的如对于文物保护，学者们多围绕《世界遗产公约》《中国文物古迹保护准则》《文物保护法》等相关法律文件，并结合中国文物保护的现实情况，提出"真实性（或原真性）""整体性""不改变文物原状""原址保护""最少干预""定期保养""正确使用保护技术""正确审美""不复建""可识别""可逆性"等主要原则。当然，这些原则有些可适用于整个文化遗产保护的各个环节，如"真实性""整体性"原则；有些则是文物修缮、修复工作中应遵循的具体原则，如"可识别""可逆性"原则。对于非物质文化遗产保护，有的学者提出"本真性保护""整体性保护""科学保护""濒危优先保护"原则；[①] 还有的学者甚至提出了"有形化""以人为本""整体保护""活态保护""民间事民间办""原真性保护""保护文化多样性""精品保护""濒危性保护""保护与开发并重"十大原则。[②] 从中我们发现，除了"活态保护""濒危优先保护"等非物质文化遗产保护工作特有的指导方针外，学者们基本上都提到了"真实性""整体性"原则。这两项原则可以说是文物保护与非物质文化遗产保护的通行原则。

（一）真实性原则

真实性（authenticity），即真实性、真实性原则要求，在文化遗产的鉴定、记录、保存、修复和传承过程中，全面、准确地保护文化遗产本身的历史信息和文化价值，不得任意改变或破坏。人们普遍认为，这一原则

[①] 参见李荣启《论非物质文化遗产保护的主要原则与方法》，《广西民族研究》2008年第2期。

[②] 参见苑利、顾军《非物质文化遗产保护的十项基本原则》，《学习与实践》2006年第1期。

是在 1964 年《保护和修复古迹和遗址国际宪章》和《威尼斯宪章》[①] 中确立的。该宪章并未对"真实性"的含义做明确解释，但强调："保护与修复古迹的目的旨在把它们既作为历史见证，又作为艺术品予以保护。"如果要作为历史的见证加以保护，它当然必须是真实的。[②]

2000 年，国际古迹遗址委员会制定《中国文物古迹保护指南》，阐述了"不改变现状"的原则，并提出了一系列具体要求。其《通则》第 2 条明确声明："……保护的目的是以真实和全面的方式保存和继续其历史信息和全部价值。……一切保护措施都必须遵守不改变文物原貌的原则"，而第 3 章的"保护原则"是"文物不改变"的原则，具体化，如对原址的保护，如少干预，保护现有物质状况和历史资料，正确把握审美标准。准则支持的《关于〈中国文物古迹保护准则〉若干重要问题的解释》3.1—3.3 进一步解释了"不改变文物现状"的原则：所谓"地位"既包括保护实施前文物古迹的状况，也包括过去修缮、改建和重建的宝贵状况，以及反映重要历史因素的原始环境的破坏状况。[③]

在非物质文化遗产保护中，真实性原则也是基本原则之一《非物质文化遗产法》的第 4 条表明，"保护非物质文化遗产，应当注重其真实性、整体性和传承性……"第 5 条规定："使用非物质文化遗产，应当尊重其形式和内涵。禁止以歪曲、贬损等方式使用非物质文化遗产。"这表明非物质文化遗产的保护和使用，也要追求保护和使用对象的客观真实性，正如立法部门解释的那样："真实、准确、客观地记录和反映非物质文化遗产的形态、内涵和其他信息。是一切保护和保存工作，包括调查、记录、建档、传承和传播的重要前提和基础。"[④] 当然，与物质文化遗产这种相对固化的文化遗产不同，非物质文化遗产是活态的文化遗产，处于不断的

---

① 《威尼斯宪章》序言第 3 段宣称："1931 年的雅典宪章第一次规定了这些基本原则，为国际运动的广泛发展做出了贡献，这一运动所采取的具体形式体现在各国的文件之中，体现在国际博物馆协会和联合国教育、科学及文化组织的工作之中，以及在由后者建立的国际文物保护与修复研究中心之中。"由此可见，《威尼斯宪章》的原则来源于 1931 年《雅典宪章》的精神，只是《雅典宪章》并未使用"真实性"（authenticity）这一提法。《威尼斯宪章》中文版，国家文物局等编：《国际文化遗产保护文件选编》，文物出版社 2007 年版。

② 《奈良真实性文件》"价值与真实性"第 2 条，国家文物局等编《国际文化遗产保护文件选编》，文物出版社 2007 年版，第 142 页。

③ 参见《中国文物古迹保护准则》，国际古迹遗址理事会中国委员会 2002 年发布，第 16—17 页。

④ 李树义等主编：《非物质文化遗产指南》，文化艺术出版社 2011 年版，第 55 页。

发展变动中。在确定一个非物质文化遗产项目是否具有客观真实性时，既要检测其形成、发展、流变过程的真实性，也要考察其流变结果是否与原来的本质属性相符，以及来源社区民众对其创新、演变的认同程度。如果一种非物质文化遗产经过长期的发展、不断的创新，其基本性质、结构、功能已经发生了明显的变异，成为一种面目全非的新的文化表现形式，而且其来源社区民众也不再认同其为本社区世代相传的文化遗产，那么，它就失去了本真性或真实性，也就失去了保护的基础。但如果对它的创新、改造构成了新的文化表现形式，并且得到来源社区或继受社区民众的认同，那么，它也可以从新的非物质文化遗产项目形式中得到确认和保护。

只有坚持文化遗产的真实性原则，才能在实践中坚决抵制"假古董""假民俗"，防止文化遗产保护走向庸俗，走向功利。

（二）整体性原则

整体性（integrity），即完整性。整体性原则要求在文化遗产保护中全面保护文化遗产及其自然和人文环境的一切形式和内涵。

整体主义原则首先要求对文化遗产本身的各个组成部分进行全面保护。从文物保护本身意义上讲，将每一处文物古迹作为一个整体加以保护是确有必要的。任何一处古迹所蕴含的历史信息和文化价值只有构成一个完整的信息链才能起到见证历史的作用，因此，不能任意以现代人的审美和价值观判断其中的哪些部分值得保护，哪些部分不值得保护。在世界遗产保护过程中，需要对每一项遗产是否具有突出的普世价值进行考察，整体性原则至关重要。《实施〈保护世界文化与自然遗产公约〉的操作指南》中的第 87 段明确指出："所有申报《世界遗产名录》的遗产必须具有完整性。"第 88 段指出："完整性用来衡量自然和/或文化遗产及其特征的整体性和无缺憾状态。"为了便利缔约国的申报，指南进一步规定了评估候选文化或自然遗产完整性的具体标准，[1] 非物质文化遗产也是如此。

非物质文化遗产项目的保护必须包括记录和保护技能、材料、设施和表演方法、媒介等，以充分体现项目的全部性质和价值。例如，古琴艺术不仅包括古琴演奏技艺、记谱方式和演奏方式，也包括古琴的制作方法和

---

[1] 《实施〈保护世界文化与自然遗产公约〉的操作指南》中文版，国家文物局等编《国际文化遗产保护文件选编》，文物出版社 2007 年版。

工艺，以及作为其物质载体的古琴本身。它是一个完整的有机整体，缺了任何一个内容都无法展现古琴艺术的本质特征和价值。

我国《文物保护法》的具体规定也体现了对不可移动文物，特别是文物保护单位的整体保护理念。不限于文物。它还要求尽可能保护其周围环境和整体外观。施工控制区内文物保护单位和经营活动的保护范围限制。《中国文物古迹保护导则》也将全面整体性保护文物环境作为一项基本原则。第24条明确规定："必须保护文物环境。与文物古迹价值关联的自然和人文景观构成文物古迹的环境，应当与文物古迹统一进行保护。……"在非物质文化遗产保护方面，还应重视非物质文化遗产在具体环境中的保护，将特定的人类和生态环境、非物质文化遗产中的具体信息放在其中。遗产将被贬损或扭曲。当然，如果某个非物质文化遗产项目的特定环境已经不复存在，则只能进行博物馆式的保护，恢复这种环境则是毫无必要的。比如，川江号子是作为原始航运文化的伴生物而产生的，随着现代航运技术的发展和长江沿岸环境的改变，川江号子已经失去其在原始航运中辅助拉纤、统一纤夫步伐的作用，如果非要恢复船工拉纤而保护川江号子，那反而是一种表演。

第二节　历史文化名城、传统村落保护立法概况

建设历史文化名城、名镇、村和历史文化街区，是为了更好地保护、继承和弘扬中国优秀建筑、文化的历史文化遗产，更好地保护、传承和弘扬历史文化名城。弘扬民族传统和地方特色。历史文化名城是主干，街区和村镇是枝节，下面便以历史文化名城为例学习。

一　中国历史文化名城保护制度的形成

最早在当代中国提出保护历史文化名城观念的是在新中国成立初期以梁思成先生为代表的一批学者。梁思成先生对北京的历史文化名城保护提出了宝贵的建议，他认为北京的古建筑保护不仅应当只保护建筑物本身，还应当包括历史建筑的地理位置以及包括所有建筑在内的文物环境整体，布局上的特点让这座名城变得更加壮美，因此必须被列在保护的范围之内。梁先生还提出，北京古城的个别建筑类型和个体艺术杰作具有很大的保护价值，但北京最重要的价值在于建筑间的不匹配，这是不可分割的。

与北京的总体规划和布局有关。这些建筑和街道系统的位置相辅相成，创造了"首都"的全面部署和庄严的秩序，从而形成了一个宏伟而优美的整体环境，北京的城市历史信息就藏在这些配合和环境当中，只有置身于此才能切身体会。中国许多古城都是按计划建造的，虽然在一些城市没有看到特别明显的规划，但从形成的布局和路网体系中也能窥探到这座城市的历史信息，也明显看到当时的时代特征和地方特色。如前文所述，仅对单个文物建筑进行保护是不充分的。梁思成先生的想法具有前瞻性与创新型，在那个时代国际上也很少有人意识到文物环境和城市整体空间秩序的重要性。

新中国成立初期，对将城市作为一个整体来保护的认识还处于萌芽阶段，对其认识不深。梁思成先生的北京发展规划是避开明清时期形成的旧城，保护好原有的古城的格局和精美的古建筑，将建设的重点放在老城的西面，这样既可以保存那些传统的有特色的胡同制的居住环境，也能更好地建设北京的新城区。然而由于当时"破旧立新"的观念占了上风，梁先生的建议没有被采纳。与之类似的，还有古城西安的重建。西安在重建过程中，给旧城中心开辟了一条宽阔的道路，建起了许多新房，还拆除了许多古建筑，著名的钟楼变成了交通岛中间的十字路，四周只有一圈城墙。自1958年北京拆除明朝修建的城墙以来，它激发了全国各地的仿制，如今，我们很难在全国范围内找到几个拥有完整的城墙的城市了。

20世纪80年代左右，国际上围绕历史文化名城的环境保护展开了讨论，这种变化逐渐为国内一些专家学者所认识和接受，因此，注重历史名城保护的思路开始在国内占据一定的话语权。改革开放以后，我国经济建设开始快速发展，许多城市和一些传统街区的文物古迹也受到不同程度的破坏。1978年，曲阜将明代的城墙进行拆除；山西省太谷、新绛、侯马等几座古城都拆毁了古城墙；绍兴填平河道改修道路，严重破坏了古城风貌，还有大量的城市街区的传统古建筑受到影响。在此种情况下，专家们认为对单个的文物古迹和古建筑进行保护是远远不够的，从城市整体的角度进行分析并采取保护措施是确有必要的，因此，向国家有关部门进行呼吁。令人高兴的是，国家的法律和政策及时响应，国务院于1982年、1984年和1996年公布了三批国家历史文化名城，共99座，后来进行了多次增补，截至2019年12月，共有135座全国性历史文化古城；除国家历史文化名城外,各省(自治区、直辖市)也批准并公布了各自的省级历史文化名城和城镇,历史文化名城保护规划工作全面启动,各项有关的政策法规也在逐步完善。

二 历史文化名城名录制度

历史文化名城的保护,需要有针对每个城市独特特点的规划和实施方法。这是为了确保每一座名城都能保持或恢复其独特的个性和魅力。对历史文化名城进行分类的目的就是要通过总结城市的共性、特点和问题,可以针对同一种情况采取同样的措施,对不同类型区别对待。需要注意的是,分类并不是最终目标,而是通过分类,采取不同的保护和更新方式,保持和发展城市的历史以及传统风貌。

当前国内外有关历史传统城镇分类研究的资料尚少。但已有的资料表明,国外对于不同性质的城市历史文化遗产,采取的保护方法和原则也不尽相同。

我国对历史文化名城的分类分为两种,一种是按名城所具有的特点和性质来分类,另一种是从名城的保护现状和制定保护策略为出发点。

表3-4-1 中国国家历史文化名城(共135座)(截至2019年12月1日)

华北地区	
北京市	
天津市	
河北省	承德市、保定市、正定县、邯郸市、山海关区、蔚县
山西省	平遥县、大同市、新绛县、代县、祁县、太原市
内蒙古	呼和浩特市
东北地区	
辽宁省	沈阳市
吉林省	吉林市、集安市、长春市
黑龙江省	哈尔滨市、齐齐哈尔市
华东地区	
上海市	
江苏省	南京市、苏州市、扬州市、徐州市、镇江市、淮安市、无锡市、南通市、泰州市、常州市、常熟市、宜兴市、高邮市

续表

	华东地区
浙江省	杭州市、绍兴市、宁波市、衢州市、临海市、金华市、嘉兴市、湖州市、温州市、龙泉市
安徽省	亳州市、歙县、寿县、安庆市、绩溪县
福建省	福州市、泉州市、漳州市、长汀县
江西省	南昌市、赣州市、景德镇市、瑞金市
山东省	济南市、曲阜市、青岛市、聊城市、邹城市、临淄区、泰安市、蓬莱市、烟台市、青州市
	中南地区
河南省	洛阳市、开封市、商丘市、安阳市、南阳市、郑州市、浚县、濮阳市
湖北省	荆州市、武汉市、襄阳市、随州市、钟祥市
湖南省	长沙市、岳阳市、凤凰县、永州市
广东省	广州市、潮州市、肇庆市、佛山市、梅州市、雷州市、中山市、惠州市
广西壮族自治区	桂林市、柳州市、北海市
海南省	琼山区、海口市
	西南地区
重庆市	
四川省	成都市、自贡市、宜宾市、阆中市、乐山市、都江堰市、泸州市、会理县
贵州省	遵义市、镇远县
云南省	昆明市、大理市、丽江市、建水县、巍山县、会泽县
西藏自治区	拉萨市、日喀则市、江孜县
	西北地区
陕西省	西安市、咸阳市、延安市、韩城市、榆林市、汉中市
甘肃省	张掖市、武威市、敦煌市、天水市
青海省	同仁县
宁夏回族自治区	银川市
新疆	喀什市、吐鲁番市、特克斯县、库车县、伊宁市

对我国的135个历史文化名城（见表1-4）的历史形成、自然和人文地理以及它们的城市物质要素和功能结构等方面进行对比分析，可划分为七种类型：古都类历史文化名城、传统城市风貌类历史文化名城、风景名胜类历史文化名城、民族及地方特色类历史文化名城、近代革命纪念意

义的历史文化名城、海运交通、边防、手工业等特殊历史文化名城和一般史迹类历史文化名城。

我们从总体的考虑上对历史文化名城类型进行了分类，但是每一座城市往往都具有多种特色。以杭州为例，它就兼具了上述七种类型的好几种：杭州既是七大古都之一，也曾作为吴国、越国的都城，南宋时又曾名临安为首都长达150年之久，一直以来又是地区统治中心；杭州的风景名胜又以西湖著称于世，有70多处名胜古迹，也是国家级风景区。因此，我们在划分杭州的城市类型时，将其归为古都类，也作为风景类的次要城市。在我国，像杭州这样兼具好几种类型的城市不在少数，因此划分的时候只能按照主要、次要或者一般情况下人们的习惯看法来确定。虽然划分不太严密，但这种划分主要是为了分清城市的主要特色，为了制定相应的保护对策和措施。

有历史价值的古代建筑作为记载历史信息的实物，特别是现今保存较好的，必须原封不动地保存历史的印迹，对待它们的方式应是"保护"。条件允许的以设立博物馆或遗址纪念地的方式给予绝对的保存和护卫，以供人们对历史文化的鉴赏。而现代保护的理念已扩大到建筑群或街区、地段或区域乃至整个城市。城市作为一个被保护体、作为具有更多真实历史信息的载体，在保护时必须树立以下几个重要的观念：（1）城市保护不同于单个建筑物的保护，要保护的应该是一个历史地区及其周围的环境，保护的是群体，是与之相关的除建筑以外的构成环境和氛围的要素，诸如道路、河道、树木等。（2）保护是保护它免受各种损害、不当使用、不必要的添加和损害造成的变化，如变化，将损害其真实性，以及各种形式的污染造成的损害。（《内罗毕建议》）[①]（3）城市是一个活的有机体，总是处于代谢状态，所以要更新，"保护历史地区及其周围的环境，并使之适应于现代生活的需要"（《内罗毕建议》）。（4）对于一般的城市而言，保护只是局部，不会也不可能是完全的一座城市，所以保留什么，改造什么，拆除什么，是城市保护的关键问题，在具体实施前要经过科学的论证。

历史文化名城保护的内容主要包括两个方面，即城市蕴含的物质文化

[①] 1976年11月，联合国教科文组织大会在肯尼亚首都内罗毕召开，通过了《关于历史地区的保护及其当代作用的建议》，简称《内罗毕建议》。

遗产和非物质文化遗产。物质文化遗产方面，主要包括以下三个内容：一是城市所植根的自然环境。不同的地理环境创造了不同的文化景观。历代自然环境的加工与处理，使环境具有人性和历史的内涵。从某种意义上说，如果文物古迹与历史环境相分离，其价值必将受到影响。二是城市独特的形态。这里的城市独特形态主要是指有形要素的空间布局。如城市与自然环境的关系、城市的几何形体、城市的格局、城市的交通组织、功能分区、城市朝代形态的演变等。三是城市物质构成要素。建筑是构成城市实体的主要因素，城市老城区及其形成的历史遗迹是由建筑构建的，它们仍然与现代城市生活有着密切的关系，现代城市生活构成了城市文化景观中最独特的部分。一些具有重大实物价值的文物，如小型文物建筑、地下文物等，是充分反映历史资料、描绘历史发展的重要资料。非物质文化遗产主要包括三个方面：一是语言、文字，二是城市生活方式和精神文明形成的文化观念，三是城市的社会群体、政治形态和经济结构生态结构。

对历史文化名城进行保护的关键是各城传统特色的保留与现代化建筑的有机统一，那就是合理规划。协调保护与建设，把文物、传统格局放在城市、历史景观上，从城市这个大系统的角度统一综合设计，才能达到理想的效果。我国有国家级历史文化名城135座，它们不仅在城市的性质和规模上，而且在它们所保存的历史和文化遗产的特征上，都有很大的不同。因此，保护工作应认真分析这些特点，研究城市文化价值的本质，有针对性地制定相应的方案。

加强立法，把保护历史文化名城纳入法制轨道。对各文化名城，应当按照《文物保护法》和《文物保护管理条例》的规定，划定各级文物保护单位的保护范围和建设控制范围。方位界线的划定对文物的历史环境、科学价值和艺术价值具有重要影响，因此对方位界线的划定需要严格的保护和控制。范围小，不利于文物保护，范围大，可能影响城市改造和建设，实施难度也比较大。这需要深入研究，为立法提供科学依据。在城市规划中，对历史遗迹的保护、建筑高度的控制、视觉走廊的保护等也应做出明确规定。

三　传统村落名录保护制度

党的十八大以后，《中共中央国务院关于加快现代农业活力的若干意见》于2012年12月31日下发，其中提出"制定专门规划，启动专项工程,加大力度保护有历史文化价值和民族、地域元素的传统村落和民居。"这是党和国家的重要文件中第一次出现传统村落的概念。传统村落作为中华文化遗产的重要载体,拥有深刻的文化内涵,对于传统文脉,实现中华民族的伟大复兴意义重大。传统村落主要包含以下三个方面的文化内涵。

首先,现有的传统建筑风格是完整的。换句话说,村庄应该有一定的规模和一些传统的建筑。同时,文物、建筑物和构筑物要集中、紧凑布局,土地面积要达到保护区建设总面积的70%以上;

其次,保持村庄的位置和布局,具有传统特色。也就是说,村庄的演进和发展,应该基本延续建设时期选址的特点,蕴含着天地人和与远古祖先的哲理,体现了人与自然的和谐共生关系,在一定程度上,它体现了建筑风水的概念,以及儒家的礼仪规范和伦理,同时,村庄的建筑布局和道路分布基本保持了传统的空间结构、空间纹理和空间形式。

最后,村庄仍然延续传统的生产生活方式以及生活形态,是以传统方式和形态为依托,以声音、形象和技艺为表现手段,在一代又一代繁衍生息过程中创造的,口述文化、身体文化、造型文化、综合文化等,以口碑为文化链。活体传承也需要国家和省级有关部门的非物质文化遗产传承人。

对传统村落的评价与认定,类似于对文物保护单位和历史文化名城、名镇、名村的评定,赋予其相应的法律或行政地位,成为立法保护和行政保护的对象。所有受保护对象的法定要求和评价标准,应当另行制定,并经有关行政主管部门批准。未经法律授权的行政机关批准,未经各级文物保护单位批准命名的传统村落、历史文化名城名镇、名村、传统村落,应当设有法定程序的法律、法规、规章和政策的保护地位。为了指导和规范传统村庄的发展评价、界定、登记和保护,有必要建立传统村庄的评价和认定制度。传统村落评价应根据其历史文化内涵分为三部分。

(1)乡村传统建筑评价指标。包括传统建筑,主要集中建筑年龄、建筑类型、风格特点、土地面积、保护区用地总量比例、整体保护程度。

(2)村庄位置和模式评价指标。包括村庄创业时代、历史环境要素、传统模式保护程度、与自然生态环境相协调、典型传统文化、民族文化、区域文化特征。

(3)村开展非物质文化遗产评价指标。包括非物质文化遗产类型、层次、传承方式、活动规模、代表性传承人等。作为传统的村庄评价和识别指标体系，有必要对传统文化形态及其包含语境三个组成部分进行量化和定性分析，并对其现有数量进行评价，如真实性、完整性和历史价值、科学价值和艺术价值。传统村庄评价和认定指标体系的建立，不仅可以统一传统村庄的评价和界定标准，使其更加科学、公正，而且可以有效地引导和评价传统村庄。

2012年，住房和城乡建设部、文化部、国家文物局、财政部印发的《传统村落评价认定指标体系（试行）》，正式开启了全国范围内传统村落的保护工作。截至2019年，由住建部牵头文化和旅游部、财政部、国家文物局、国土资源部、农业部的传统村落名录制度已分别于2012年、2013年、2014年、2016年、2017年分别将646个，915个，994个，1598个，2666个传统村落纳入名录制度进行保护。对于纳入传统村落名录范围的村落，可以申请中央财政支持。

目前，有关传统村落保护中央层面的立法尚属空白，保护的依据主要为行政法规及规范性文件。对传统村落保护进行保护的地方性法规很丰富。例如，北京市发布《关于加强传统村落保护发展的指导意见》，江苏省颁布了地方政府规章《传统村落保护办法》，浙江省人民政府办公厅发布了《关于加强传统村落保护发展的指导意见》，福建省通过了地方性法规《历史文化名城名镇名村和传统村落保护条例》，江西省也通过了与福建省类似的地方性法规《江西省传统村落保护条例》，湖南省人民政府办公厅发布了《关于切实加强传统村落保护发展的通知》，广东省颁布了地方政府规章《广东传统村落保护利用办法》等。

四 少数民族特色村寨的全面保护

国家民委《关于印发少数民族特色村寨保护与发展规划纲要（2011—2015年）的通知》中对特色村寨重点扶持对象包括"具有较浓郁的民族风情和较高的文化保护价值"村寨，在特色村寨保护的五项"主要任务"部分，有两项任务的布置涉及传统建筑的保护，一是"重点推进民居保护与建设"，二是"加强民族文化保护与传承"。有一些地方意识到立法保护的重要性并颁布了地方性法规，收效良好，如《云南省西双版纳傣族自治州民族传统建筑保护条例》《黄山市徽州古建筑保护条例》等。在缺少全国性立法的情况下，还有一些地方颁布了民族特色村寨保护的单行条例，如 2015 年广西三江侗族自治县就颁布了《少数民族特色村寨保护与发展条例》；相比其他自治地方立法保护走在前面的恩施州也在 2018 年颁布了立法草案，即《恩施土家族苗族自治州传统村落和少数民族特色村寨保护与发展条例（草案）》；还有的地方制定相关立法计划，如湘西州等。

民族特色村寨中的许多建筑物具有鲜明的地域特色，政府有责任对少数民族传统建筑的营造技艺的传承提供更多的保护措施，例如，苗族的吊脚楼营造技艺已经列入贵州省的省级非物质文化遗产代表性项目名录。今天，建筑工匠技艺传承面临着极大的困难甚至趋于失传的困境。藏羌彝寨传统建筑的工匠通常从较小的年纪起开始学习，技艺从上一代传承至下一代，一方面，要想成为技精艺高的匠师必须对建筑技艺有精湛的掌握，而这样的学习标准难度大、要求高，另一方面，因外来文化的渗透以及外来建筑模式的影响，传统建筑师赚钱机会日趋减少，许多人开始改行另谋他业，大家更愿意外出打工，而对传统建筑技艺的学习失去兴趣。一些村落今天几乎没有年轻的建筑匠人，越来越少的老工匠建造技艺面临失传的危险。

对于民族特色村寨缺少全国统一的保护标准，只有各地根据本地实际情况制定的地方标准。以云南省为例，近年来已经出台了一系列关于保护云南民族特色村寨的政策文件，例如《云南省人民政府关于加快推进民族特色旅游村寨建设工作的意见》《云南省关于做好国家级传统村落保护项目实施工作的通知》《云南省西双版纳傣族自治州民族传统建筑保护条例》《云南省西双版纳傣族自治州民族传统建筑保护条例实施办法》《文山州关于加强少数民族特色村寨保护与发展的建议》，在一定程度上探索了一些富有成效的保护民族特色村寨的方式，但是文件规定过于模糊，缺乏操作性与实施性，同时，云南省少数民族众多，目前有世居少数民族 25 个，不同的民族村寨具有不同的特点，苗族的特色村寨主要分布在文山等地，傣族木质结构杆栏式建筑颇具民族特色，哈尼族的蘑菇房与众不同，等等。目前政策文件中对于民族特色村寨保护的规定过于模糊，不同的民族特色村寨情况差异较大，在具体的村寨保护中，缺乏细致可行的保护标准，保护规划未经充分论证就付诸实践，这使得民族特色村寨的保护走了很多弯路，破坏了村寨原有的文化生态和风貌。

第五章

文物保护法治

物质文化遗产（Material cultural heritage），又称"有形文化遗产"，也是指传统意义上的"文化遗产"，文物是其中最重要的一类。

第一节 文物保护制度综述

文物是人类在历史发展过程中留下的遗物。它是人类宝贵的历史文化遗产。文物是指特定的物质遗迹，其基本特征有两点，第一，文物必须是人为创造或与人类活动有关；第二，到目前为止文物名称尚未统一，内涵和内涵也不相同，因此，对文物的统一定义尚未形成。

文物不仅具有历史价值，而且具有艺术价值和科学价值，其范围十分广泛，涉及各个领域。为了加强对文物的保护，1985年，中国正式加入《保护世界文化与自然遗产公约》，并于1982年通过了《中华人民共和国文物保护法》（1991年、2002年、2007年、2013年、2015年、2017年六次修正）。

一 文物的定义

《保护世界文化和自然遗产公约》规定，属于下列各类内容之一者，可列为（物质）文化遗产：①文物：从历史、艺术或科学角度看，具有突出、普遍价值的建筑物、雕刻和绘画，具有考古意义的成分或结构，铭文、洞穴、住区及各类文物的综合体；②建筑群：从历史、艺术或科学角度看，因其建筑的形式、同一性及其在景观中的地位，具有突出、普遍价值的单独或相互联系的建筑群；③遗址：从历史、美学、人种学或人类学角度看，具有突出、普遍价值的人造工程或人与自然的共同杰作以及考古遗址地带。

我国国务院在《关于加强文化遗产保护的通知》和《中华人民共和国文物保护法》中均提出"不可移动文物"这一概念。不可移动文物则包括古文化遗址、古墓葬、古建筑、石窟寺、石刻、壁画、近代现代重要史迹和代表性建筑等。可移动文物和不可移动文物之分是我国文化遗产框架体系与联合国教科文组织文化遗产框架体系的不同之处。

我们可以这样理解，文物是指由人类创造的具有历史、艺术、科学、纪念价值的，与人类社会发展过程中的活动有关的古代、近代乃至现代的物质文化遗存（如遗物、遗址）的统称，是人们建造和制造的遗产。尽管世界各国对文物的称谓还没有统一，其内涵和范围也有所不同，但对文物（具体的物质遗存）应该有两个基本特征的理解已经变得一致，第一，它必须是人类的创造或与人类活动有关，第二，它必须是一个无法重现的历史过去。

《文物保护法》第2条规定了文物的具体范畴，并进一步规定：文物鉴定标准、方法由国务院文物行政部门制定，报国务院批准。具有科学价值的古脊椎动物化石和古人类化石作为国家文物保护。

按照《文物保护法》的划分，文物可被分为可移动文物和不可移动文物两类。可移动文物是指人们制作的物品，其质地包括石器、骨器、牙器、玉器、蚌器、木器、竹器、藤器、铜器、铁器、金器、银器、铅器、锡器、陶器、瓷器、珐琅器、琉璃器等。按使用功能有生产工具、生活用具、车马器、度量衡、符节、装饰品、陈设观赏品、兵器、乐器、玩具、法器、祭器、礼器、明器、货币、文房四宝、玺印、灯具、香熏，等等。此外，还有雕塑、书法、绘画、古籍、古文献、文书、纺织品、服饰。从本质上说，有革命文物、反革命历史证据、侵略战争历史证据、民族文物、民间文物，等等。不可移动文物一般为人为建筑的对象，包括古文化遗址、古墓葬、古窑址、古作坊、采矿冶炼遗址、屠宰场、古战场、古建筑（宫殿、民居、宫观、寺庙、石窟寺、祭坛、石牌坊、石阙、陵园、亭、台、榭、桥、塔、园林）、摩崖石刻、巨型石造像、岩画、革命遗址、纪念性建筑物，等等。总之，凡是具有历史价值、科学价值、艺术价值、纪念价值的文化遗迹、遗物，都是文物。这些无法再造的珍贵文物是全人类的共同财富。

文物的时限，是指文物年代的上限和下限。前述文物应具备的两个基本特征，虽然各国已取得基本共识，但每个国家对于文物的时限划定却各有不同。对文物上限各国均已明确，即从人类诞生开始就有文物，但是下限的划定各国根据本国国情而有所不同。一个国家自己所划定的文物年代的下限也有发生变化的。在国际上，最初依据1830年美国的关税条例将文物的年代下限定为1830年。条例规定，1830年以前创作的艺术品免征税。因此，在国际上，许多国家将1830年定为文物时代的低端。有的国家把不超过百年的物件不视为文物。中国曾把文物下限定在清末，后限延伸到当代。

二 文物保护的相关立法

中华人民共和国成立以来，党中央高度重视文化遗产保护工作，同时颁布了一系列保护文物的法令。在接下来的几十年里，随着社会的发展，根据中国的国情、文物特点和文物工作的具体内容，对文物保护的方针、政策、法规进行了修订和颁布。这些法律为保护文物提供了法律依据。目前，我国已初步建立了具有中国特色的文物法律体系，基本有了法律依据，并取得了法律依据。

第五届全国人民代表大会常务委员会第25次会议于1982年11月19日召开，会议通过了《中华人民共和国文物保护法》，这是中国第一部文物保护法。1985年，中国作为首批成员之一加入《世界遗产公约》，随着中国列入《世界遗产名录》的遗产项目数量逐年增加，原《文物保护法》已不能达到文化遗产保护的需要，使《文物保护法》自那时起进行了六次修订。修订后的《文物保护法》对1982年《文物保护法》做了相应的补充和调整，如调整了文物定义的表述，并列出了一章。不可移动文物，严格控制文物进出。最新一次修改《文物保护法》是在2017年，由最初的33条增加到80条，在保留原有法律可以继续适用的一些原则和制度的前提下，为发展现实需要和文物保护理念增加了一些新的内容。

地方文物法律法规建设的快速发展和取得的显著成就，是改革开放以来我国文物法制建设的重要组成部分。各省、自治区、直辖市都实施了地方性文化遗产保护管理法律法规，大多数省、自治区、直辖市人大常委会根据《文物保护法》，依照当地实际情况，将原则性和灵活性相结合，制定并颁布了文物保护方面的地方性法规。为加强我国辖区内的文物保护工作，提供了法律依据。

第六届全国人大常委会第十三次会议于1985年11月召开，它批准了

《保护世界文化和自然遗产公约》（1972年），并自因此成为该公约的缔约国。1987年，中国首次成功申报世界文化遗产，截至2019年7月，已获批55处世界文化遗产，居世界首位。1989年9月，国务院批准通过了《防止文化财产非法进出口公约》和《非法转让所有权办法》，对文化退出起到了良好的指导作用。财产和所有权的转让。1999年，第九届全国人大常委会批准了《武装冲突时文化遗产保护公约》，保证在特殊情况下尊重和保护文化财产。

第二节 文物保护制度的完善

目前，区县基层政府在文物专门行政管理机构的设置上大体处于空白状态。全国大多数区县没有建立专门的文物行政管理机构，只是由文化局承担了文物行政管理职能。而且，即使在设立文物局的县，这些文物局也只是机构，没有行政机构，工作人员不是公务员，其执法即存在身份违法的问题。很多县级重点文保单位可能平均不到2人，连日常的保护工作都难以全面开展，更没有条件进行文物行政执法工作。比如，河北省大多数不可移动文物分布在县域，但全省县级设有文物局的只有14个；安徽省只有一个县设有文物局，还是县政府下属的事业单位。其次，由于文物违法行为大多是单位行为，而且有些文物违法行为甚至夹杂有政府的因素，区县一级事实上很难进行文物行政执法活动。虽然个别地区有所好转，从总体上看，当前文物违法案件从总体上看仍处于高发期，且绝大多数为法人违法案件，许多案件是地方政府片面追求GDP指标的短视行为所导致，只重视GDP不重视文物保护。[①]

全国仍然有相当数量的地级市没有建立专门的文物行政管理机构，由于文物执法以地域管辖为主，如果区县不再设置文物执法部门，则必须在市一级加强专门的执法机构和执法力量。当前，由于文物行政执法机构的不健全，导致有些地方把文物执法职能转托给其他部门，比如城管综合执法等，还有的地方进行文化市场综合行政执法改革，这就给实际的执法工作带来了相当大的困境，即城管综合执法和文化市场综合行政执法多在城

---

① 《国家文物局16日在京通报一批典型文物违法案件》，http://www.chinanews.com/fz/2014/10-16/6685620.shtml。

市进行，而各级重点文物保护单位及文物点多散布在乡村、田野、沙漠等偏远之地，二者的执法环境和执法难度等差别巨大。同时也有文物行政执法的技术问题，在违法的认定方面需要有专业的文物保护知识，才能有统一的文物行政执法标准。因此，要建立市级专门的执法机构和队伍，实行执法人员资格制度，建立规范的文物执法程序，建设文物执法队伍。基层文物执法机制要适应当前文物管理的需要。

省级文物行政机构也存在级别较低、独立性不够以及资源配置不足的问题。全国的省级文物机构大致可以分为三级：即一级局、二级局、三级局。一级局即省级政府直属的正厅级行政管理机构，二级局为省级政府组成部门下属的副厅级独立行政机构；三级局为省级政府组成部门的内设正处级机构。我国31个省的文物行政管理机构，一级局只有4个，大部分为二级局，三级局有近10个。[①] 可以说，大多数省级文物行政管理机构的行政级别、协调能力、行政资源等存在不足，而且省级文物行政管理机构的人员编制不足，部分工作人员并非公务员身份，专业执法力量也比较薄弱，因此，应该从加强组织机构建设、提升机构级别、强化管理职能、扩大行政编制的角度，大力提升省级文物行政机构的地位，以应对日益增长的文物行政管理工作。

一 将文物工作列入地方党委和政府的考核指标体系

鉴于文物行政执法实践中的执法对象主要是地方党委和政府，我们建议学习环保、国土等领域，将文物保护情况也列入地方党委和政府的绩效管理、社会综合治理、年终考核等考核指标体系。由于文物的不可再生性，在各类考核指标体系中，加大文物保护的权重。《国务院关于进一步做好旅游等开发建设活动中文物保护工作的意见》（国发〔2012〕63号）文中已经明确，国务院每两年组织开展一次文物保护法律法规执行情况的检查，如果领导不力、玩忽职守、决策失误，造成文物破坏损毁的，要严肃追究责任。在干部选用与晋升、单位的评优创建活动等方面，实行文物保护"一票否决制"。中共中央办公厅、国务院办公厅印发的《关于实施中华优秀传统文化传承发展工程的意见》要求各级党委、政府把发展中国

---

① 刘世锦：《中国文化遗产事业发展报告》（2012），社会科学文献出版社2012年版，第78—79页。

特色传统文化遗产列入重要议事日程。加强宏观指导，提高组织化程度，纳入经济社会发展总体规划，纳入考核评价体系，纳入各级党校、行政学院教学的重要内容。

二 文化遗产保护应纳入城市规划

《华盛顿宪章》保护规划中在对文化遗产进行保护时，其主要目的旨在保证城区与历史城镇属于一个整体，两者之间存在一种和谐的关系。对于哪些建筑需要保存，哪些在响应的条件下可以拆除，保护规划中都有明确的规定。无论做出何种的治理决定，都需要对相应地区的现有状况进行详细、全面的记录。而且，保护规划需要得到地区居民的支持，否则任何作为都不能继续进行。

对城市进行规划与计划的工作人员，需要将用于人们居住、工作、游戏的地方进行一种平衡的布局，而且还要建立起能够接连起三者的便利交通网。在对城市里的不同活动空间的关系进行考虑时，工作人员需要重点考虑居住是首要的因素，而且城市中的其他所有各部分都应该可以得到良好的发展。发展过程中的每一阶段，都需要保障每一部分之间的平衡状态。城市需要给个人的自由与集体的利益带来应有的物质与精神层面的享受。所以尽量满足人的需要，以人为出发点进行考量城市的规划工作才是最为关键的。

为了可以把传统建筑的保护工作也纳入城市规划工作中，就需要建立一个专业的咨询机构。《保护受到公共或私人工程危害的文物建议案》中有明确规定，队伍建设方面，有些官方的机构需要适当地承担起私人或者公共工程对文物造成损害时的保护与抢救的责任。与此同时，要设立一个对文物保护、城市规划、公共及私人工程等的部门代表进行有效协调与咨询的机构，共同对城市规划中出现的有些问题与文化遗产保护问题进行负责。

《华盛顿宪章》做出以下规定，在对历史城镇做出保护，对有些城区进行规划之前，一定要进行多学科的研究，对各方面情况进行科学的评估，考虑好所有的相关因素，并从历史学、建筑学、社会学、技艺学、考古学等方面进行综合的考量。

在《华盛顿宪章》中所说的传统建筑就是我们所指的文化遗产，进行现代城市的规划，我们要充分考虑文化遗产对城市未来发展的重要性，而且要对其采取的相应保护措施进行考虑。比如，北京市的城市建设就在经历了较为曲折的发展以后，于《北京城市总体规划 2004 年—2020 年》中明确提出了以下几点内容：文物保护单位保护、旧城整体保护、历史文化保护区保护、优秀近代建筑保护、市域历史文化资源保护等 7 项内容。这次规划明确提出整体保护的概念，而且在城市内看旧城，构建起科学、完善的保护体系，不仅要保护河湖水系、地下文物埋藏、风景名胜等的保护。而且要有效地结合自然与文化的整合保护，新规划与历史文化名城的兼容特点，新版的城市总体发展要与文化遗产保护统一纳入在城市总体的发展规划之中。

三　大型基本建设工程项目立项必须进行文物勘探

由于特定的文物依赖于特定的环境，文物具有不可再生性，因而，一旦因大型基本建设工程项目而使文物受到影响，将造成灾难性的后果。《文物保护法》第 29 条规定，在进行大型基本建设工程时，建设单位应当事先报请省、自治区、直辖市人民政府文物行政部门组织从事考古发掘的单位在工程范围内有可能埋藏文物的地方进行考古调查、勘探。

以浙江的余杭为例，设立了 3 万平方米以上工程项目强制文物勘探制度，在实践中对业主的开发形成障碍，上千万的勘探费用由业主承担也显失公平，因而建议在土地出让前先由财政垫付资金由土地储备中心与文物局共同进行文物勘探，勘探后形成"净地"再到土地市场上进行出让，勘探成本计入土地出让成本。这样，就兼顾了文物保护和开发商等各方的利益，有利于"文化影响评价"制度的顺利推行。《文物保护法》第 31 条的规定对建设单位不公平，对文物保护不利。（在需要调查、勘探和挖掘资本和生产的影响的情况下，仅建筑成本就包括在建设项目预算中。）

四　将违反文物保护法的行为列入企业征信记录

按照国务院《关于社会信用体系建设的若干意见》以及相关的规划部署，国家发改委、中国人民银行、中央印发的《关于在行政事项中使用信用报告和信用报告的若干意见》明确规定，建立和完善社会借贷主体信用卡是各级政府和有关部门在行政事务中使用信用卡和信用报告的主要工作。各地区要整合本地区各部门的信用信息，形成单一的信用信息交换平台。各相关部门要结合国家政府信息化项目，完善行业信用信息，加快行业信用信息互联互通。各地、各部门要积极促进政府信息公开，支持征信机构按照信用市场需要，建立信用信息数据库，提供专业化的征信服务。根据前述精神，我们建议将各种社会主体违反文物保护法的行为纳入企业征信记录，以给违法主体以相应的威慑，减少违反文物保护法现象的发生。

五　加强文物行政执法合作

文化部部际联席会议为各部门在文物执法上的合作搭建了一个良好的合作平台。法律关系是官方协助的关系，必须按照明确规定的法律和条例进行。其他各个政府部门都有义务协助文物部门进行文物行政执法，特别是与文物管理密切相关的政府部门，如消防部门、公安部门、园林部门、宗教事务管理部门、旅游部门等。如西安市文物稽查队成立之初，现场执法时面临各种困难，如出示执法证件时被对方扔掉，取证时被阻扰或设备被抢，要求停工时对方却继续施工，下发文书无人理睬，甚至发生过工地人员围攻殴打执法人员的事件。在这种情况下，稽查队领导主动与公安部门联系，公安部门派2名干警常驻稽查队，协助执法工作，稽查队每年给公安部门一定的费用。这种做法很快取得了效果，宝鸡、渭南、咸阳等地的文物执法单位纷纷学习采用。2012年2月，经西安市政府批准，成立西安市打击文物违法犯罪联合工作办公室（属临时机构，非正规编制），由文物局、财政局、公安局的相关领导和工作人员组成，加强公安机关和文物行政管理部门联合打击文物违法犯罪活动的工作力度，形成执法合力。

六　将文物保护志愿者作为文物行政执法的补充力量

文物保护不仅仅是文物部门的职责，作为中华民族的文化遗产，每一个公民都有保护文物的职责，促进全社会对文物保护工作的理解、重视、支持及参与，是文物行政执法工作良性运行的最重要的条件。因而，发挥文物保护志愿者的作用非常重要。对文物保护志愿者，各地的称谓不尽相同。浙江省江山市所有木结构建筑居民被指定为"文物保护人员"，由兼职民防人员创建，所有民防人员都有检查记录，一旦发现问题及时上报，检查内容主要包括渠道的分道，是否有可燃物，检查结果将送交基层政府。陕西省对全省旅游景点的文物保护人员享受免费门票的优惠政策，有效地激发了他们保护文物的积极性，同时对其文物保护的贡献给予认可和赞扬，这种做法值得一学。考虑到全国的情况，我们邀请文物保护人员到旅游景点各地旅游，实行半价门票的优惠政策，鼓励更多的人参与保护文物。

第六章

非物质文化遗产保护法治

尽管我们在非物质文化遗产保护方面做了很多卓有成效的工作，但是非物质文化遗产保护的现状仍然是不容乐观的，首先是缺少一个比较科学的传承保护体系。虽然"非遗"保护工作已进行了多年，相关部门和单位也付出了大量的劳动，但是，由于缺少理论的支撑，很多工作都是在摸着石头过河。因此，对非物质文化遗产保护的法律及制度的研究迫在眉睫。

第一节 非物质文化遗产概述

一 非物质文化遗产的概念

非物质文化遗产的概念是经过不断修改逐渐完善的——由民间创作、民间文化等概念演变发展而来的，其内涵在人们对民间文化的深入理解中不断丰富。在联合国教科文组织于2003年颁布的《保护非物质文化遗产公约》中的表述为："被各群体、团体、有时为个人视为其文化遗产的各种实践、表演、表现形式、知识和技能及其有关的工具、实物、工艺品和文化场所。各个群体和团体随着其所处环境、与自然界的相互关系和历史条件的变化不断使这种代代相传的非物质文化遗产得到创新，同时使他们自己具有一种认同感和历史感，从而促进了文化多样性和人类的创造力。在本公约中，只考虑符合现有的国际人权文件，各群体、团体和个人之间相互尊重的需要和顺应可持续发展的非物质文化遗产"。截至2018年5月11日，随着所罗门群岛的加入，该《公约》已有178个缔约国。目前，美国、英国、加拿大、澳大利亚、新西兰、俄罗斯、以色列、利比亚等国尚未加入该公约。2004年8月，中国加入了该公约。加入该公约是中国政府对我国的非物质文化遗产保护工作的合法地位进行承认的表现，也是认可世界文化与中国文化都是世界文化的一部分的表现。从此以后，中国开始通过立法与颁布政策等方法，对非遗保护展开了进一步的工作。

2005年，国务院下发的《关于加强文化遗产保护的通知》中，对非物质文化遗产的概念进行了界定："非物质文化遗产是指各种以非物质形态存在的与群众生活密切相关、世代相承的传统文化表现形式，包括口头传统、传统表演艺术、民俗活动和礼仪与节庆、有关自然界和宇宙的民间传统知识和实践、传统手工艺技能等以及与上述传统文化表现形式相关的文化空间。"当时，我国政府对此概念的表述主要是借鉴了《保护非物质文化遗产公约》中的相关表述，在此基础上提出的符合我国非物质文化遗产国情的表达与理解性的概念。

就此概念有一部分学者提出应对其进行广义与狭义的区分，广义的理解"应该是包括前人创造并遗留下来的全部口头形态、非物质形态的文化遗产"，也就是包括全部的非物质文化遗产；狭义的理解"联合国教科文组织所希望予以保护的范畴"，也就是要与联合国教科文组织颁布的《人类口头与非物质文化遗产条例》中的评定标准相符。

二　非物质文化遗产的内涵

在对非物质文化遗产的内涵的理解上大众也都有诸多不同的看法。2003年依照非物质文化遗产的定义，古奥瓦尼·皮那对非物质文化遗产的类型做出三种分类：（1）通过身体表现出的文化或社区存在的创痛失衡或方式；（2）不需通过身体表现的形式展示的个体、集体文化表现；（3）物所象征与隐喻的内容。其一并指出，每一个类型的界限都是难以确定的，而且第三种属于的是无形遗产。然而苏东海就对这一无形遗产的内涵给出了自己不一样的看法，其认为此概念十分复杂。无形遗产无固定的物质外壳，需要特殊的介质而得以表现，其具有无形性，也一并指出"无形遗产就是无形遗产，而不要去模糊它"。还有学者认为，非物质文化遗产与物质文化遗产之间存在有无相生和辩证统一的结合，应以其"虚实相生的观念来认识文化遗产的保护"。此观点其实就是对古奥瓦尼·皮那观点的进一步解释。所有的这些观点都是从非物质文化遗产的类别着手探讨了非物质文化遗产的内涵，也有从非物质文化遗产的概念入手探讨非物质文化遗产内涵的。更有从非物质文化遗产的指向理解其内涵的，非物质文化遗产的实质就是表达，是群体或个人在认识和改造主客观世界过程中，所产生的情感和动机的表达。

经过短短十多年，中国的非物质文化遗产保护工作已经取得了令世人瞩目的成就，包括建立各级非遗保护机构，开展非遗资源普查、建立了四级代表性项目和代表性传承人名录制度、设立生态保护实验区、开展非遗社会宣传推广等。全国31个省、市、自治区均成立了省级非物质文化遗产保护中心，21个省、市、自治区文化厅（局）成立了独立的非物质文化遗产处（室）。保护资金投入的不断加大，机构队伍的不断扩大，也表明了非物质文化遗产保护工作获得了更多的重视，地位也在不断地上升。

三 非物质文化遗产的特性

顾名思义"特性"其实指的就是事物特有的性质，是区别于其他事物的重要标志。非物质文化遗产相对于物质文化遗产具有自己独特的一面，其特性具体包括以下几点。

1. 非物质性，也有学者称其为无形性。非物质文化遗产的根本特性就是非物质性，"非物质文化遗产的存在形态与物质文化遗产的存在形态完全不同，前者是非物质的、无形的。这是它的质的确定性，是我们观察非物质文化遗产的出发点和归宿"。而且非物质性也是人类口头的主要特性，此特性也是非物质文化遗产区别于物质文化遗产的主要特点所在。如依靠口传心授，在藏族、蒙古族、土族、裕固族中代代传唱千年的史诗《格萨尔》（也叫《格萨尔王传》），其主要是由大众称为"奇人"的民间艺人，运用不同的风格，代代相传。由于非物质文化遗产的无形性，有时又可称为无形文化遗产，无形性或非物质性是它存在的最基本、最主要的特征之一。

2. 活态性。"非物质文化遗产是一种'活态'文化，这就说明其具有变化性与活态性，这一特点在非物质文化遗产的口头传说与表述，以及语言、社会风俗、表演艺术、节庆、礼仪，和传统工艺技能等的遗产之中的表现最为突出。其文化内涵是依靠人的具体活动而得以体现，也是通过人的活动传达给大众。换一个角度出发，也正是非物质文化遗产中的表述、传说、表演者和传统工艺技能的表演人员，是非物质文化遗产'活态'文化创造的主体，其具有能动性，也处在'活态'文化的核心地位。"此与物质文化遗产不同，物质文化遗产是由人所挖掘、研究、探索而获取的认知与提示，在通过各种形式传递给大众一种文化。这些认知、提示，会受到时代的局限性，也会受到当时的研究水平、认知能力、科技水平等所提供的技术手段的局限性。

非物质文化遗产将所有的文化内涵传达给大众时，一般会有互动，比如，在表述时会进行语言交流，表演者在具体表演时，观众会有所反应，这些是物质文化遗产所没有的。传说、表述与传统工艺技能运用者，是非物质文化遗产'活态'文化存在与创造的主体，具有很大程度的能动性，在非物质文化遗产中的"活态"文化层面中，具有核心地位。表演者在不同时间、不同地点、不同场次中进行展示与操作，会有不同的表现，也会有所创新。

以京剧为例，它是中国民族戏剧艺术的代表，也是中华民族传统艺术的重要组成部分之一，在其百余年的发展历史中，表演者人才辈出，出现了一批杰出的具有代表性的艺术家。在丛书《京剧泰斗传记》（河北教育出版社 1996 年版）的首辑 12 位泰斗中，有称之为"京剧三鼎甲"之一的，被称为京剧奠基人的程长庚，有被称为"京剧新三杰"之一的谭鑫培，有承前启后作用。并有具有深远影响的"余派"创始人余叔岩，有被世人公认的"四大名旦"之一的梅兰芳，"四小名旦"之一的张君秋等。所有这些京剧表演者的表演都各具特色、各有千秋。

3. 地域性，是指非物质文化遗产的地域特色。例如，我国木版年画在很多地区都有分布，杨家埠木版年画制作工艺的地域性是与苏州桃花坞年画工艺、天津杨柳青年画工艺进行相应的比较得出的。现实中我们对杨家埠木版年画与杨柳青、桃花坞、武强年画进行对比就会发现，他们在艺术特色、制作工艺、人物造型等方面存在诸多的不同点。杨柳青年画的风格更具宫廷画的特色，采用半印半画的技法，在创作画稿、色描、印墨线等工序完成后，就会给人一种画面简练、颜色明快、场面繁盛、人物造型栩栩如生的感觉。桃花坞年画主要是仕女画，其采用夸张的装饰性手法，对人物造型进行细腻的表现，并多采用简练的线条与大红、黄、紫、桃红、绿灯的基本色滴。杨家埠年画则采用木板进行套印，其特点是，人物的风格与造型粗犷且不失细腻，画面满且不挤。它的艺术风格相较于前述两地年画特点存在一定的差异，这种差异都具有较为明显的区域特色，主要是因为文化圈、生产方式、风俗习惯存在差异。所以，不同地域的人文环境、人们的价值观等，都催生了不同地域特色的年画内容，并产生了不同的精神满足感。

地域性也是非物质文化遗产的特点之一，相同的非物质文化遗产在不同的地方也会具有不同的特点。强调地域性的时候其实就是在强调某一地域环境、文化对具体的非物质文化遗产产生的影响。因此我们在对此进行研究时，需要对地域的认知及文化圈的概念进行重点理解。

4. 可接受性，从非物质文化遗产的传承角度出发，此性指的是非物质文化遗产可被个人、团体以及共同体所接受。非物质文化遗产不是自发的，其是由个人、团体、共同体所创造的，其是一种认知的流露，也是情感的表达与展现，更是人类对客观世界的认知和实践。而这些实践与表达只有在获得了其成员的认可，并可在人们的情感上产生共鸣，能被他们所接受时，才可以成为民族的文化财产。若非物质文化遗产无可接受性，无形的文化创造就不能被得到相应的认可，也不能引起文化价值上的认同与情感上的共鸣，如此也就会失去生命力，自然也就无可传承性。也就不会找寻到《保护非物质文化遗产公约》中描述的认同感和历史感。例如杨家埠木版年画。在清代中期和清末民初，杨家埠年画是过年的必需品，"有钱没钱，买画过年"。目前，该作品进入了低迷期，从事该项技艺的艺人逐渐减少，年画的销售也大为减少。随着时代的发展，工业化、全球化等大潮的来临，杨家埠村落居民的思想也有了极大的变化，当地的生产方式从单纯的以农为主向多种经济联合发展，以前木版年画业的两种表达正逐渐地被其他经济形式所取代，村落内居民的思想观念也有所改变。目前，杨家埠木版年画制作工艺能够唤起的共鸣和文化认同已经有所减小，其带来的功利已不能引起更多人的兴趣和关注。因此，年画制作和销售日渐减少，现有从事该技艺的艺人数量和生产的产品足以说明这个问题。可接受性的减小造成情感共鸣与文化认同的减弱也正是其面临困境的重要原因之一。

5. 目的性，也被称为功利性，是对非物质文化遗产所指向的内容而言的。如果从经济学的角度出发看待其在经济范畴中的作用，可以说具有极强的功利性。若我们对《保护非物质文化遗产公约》中所举出的五项非物质文化遗产的具体指向内容进行相应分析，也会得出其有极强的目的性与功利性的特点，如对自身情感的表达、实现功利的获得、源自自身认知的结果。功利性的实现关系着非物质文化遗产的发展与生存，实践中若功利性可以得到成功实现，非物质文化遗产的发展、生存也可以顺利进行。反之非物质文化遗产的生存、发展都会受到威胁，也会在时代发展的进程中被抛弃。

6. 非孤立性，指非物质文化遗产与其周围的人文环境、自然环境具有密切的联系。它的产生、发展与演变都不是孤立存在，而是与一定的时代背景、人文环境、自然环境所联系。

以上所说的功利性、活态性、非孤立性之间也存在着一定的联系，功利性对活态性具有一定的影响，非物质文化遗产的活态性需要在适应环境，逐渐的合理与合法的过程中会表现出极强的实现功利性的特点。非孤立性在本质上决定了活态性，进而影响非物质文化遗产的功利性，功利性也使得非物质文化遗产与环境和时代联系得更加密切。可接受性是遗产项目的存在基础，也是非物质文化遗产实现功利性、活态性和非孤立性的基础，后三者则在一定程度上加强了非物质文化遗产的可接受性，从而促进了非物质文化遗产的传承。

四　非物质文化遗产的分类

在联合国教科文组织颁布的《保护非物质文化遗产公约》中，非物质文化遗产包括以下5大类别：（1）口头传说和表述，包括媒介的语言；（2）表演艺术；（3）社会习俗、礼仪、节庆；（4）有关自然界和宇宙的知识和实践；（5）传统手工艺。由于不同的国家对此的理解上存在一定的差异，不同的国情使得不同国家在对非物质文化遗产的含义与内涵的理解上都存在着不同的看法与类别的划分。

我国将非物质文化遗产按照《国家级非物质文化遗产名录》分为以下10类：（1）民间文学；（2）民间音乐；（3）民间舞蹈；（4）传统戏剧；（5）曲艺；（6）杂技与竞技；（7）民间美术；（8）传统手工技艺；（9）传统医药；（10）民俗。相信随着学界研究的深入、各种多层次分类的设想涌现，非物质文化遗产分类保护理论体系的构建将更科学、更规范。

第二节　非物质文化遗产立法

一　相关中央立法

与非物质文化遗产保护有关的立法和制度建设，我国的起步相对较晚。早在2004年8月28日，在第十届全国人民代表大会常务委员会第十一次会议上,通过了《全国人民代表大会常务委员会关于批准〈保护非物质文化遗产公约〉的决定》,在 2005 年 3 月 26 日,国务院出台了《国务院办公厅关于加强我国非物质文化遗产保护工作的意见》,这些都对非物质文化遗产的保护及传承提出了政策性指导,明确指出,要建立名录体系,逐步形成有中国特色的非物质文化遗产保护制度。

2006 年,我国政府公布了第一批国家级非物质文化遗产名录,共 518 项,由此正式开启了我国的非物质文化遗产的名录时代。后来分别于 2008 年、2011 年和 2014 年,先后公布了第二、三、四批国家级非物质文化遗产名录,其总计 1372 项。并且按照国家文化部的规划,建立了"国家＋省＋市＋县"共四级保护体系,依此各省、直辖市、自治区也都建立了不同级别的非物质文化遗产保护名录,并逐渐地向市与县进行扩展。

非物质文化遗产保护不仅仅停留在名录上。于 2006 年 11 月,我国的文化部曾颁布《国家级非物质文化遗产保护与管理暂行办法》,此《办法》的主要目的是能够对保护和继承国家和国家的非物质文化遗产的工作进行有效的管理、组织、协调和监督。《办法》对我国非物质文化遗产的保护工作提供了强有力的保障。

早在 2003 年 11 月时,全国人大教科文委员会正式组织开始起草《中华人民共和国民间传统文化保护法(草案)》,并提交了全国人大常委会审议。2004 年 8 月,全国人大将草案名称改为《中华人民共和国非物质文化遗产保护法》。经过多次修改和论证,《中华人民共和国非物质文化遗产法》自 2011 年 2 月 25 日颁布,2011 年 6 月实施。

国家级法律法规在非物质文化遗产保护上总体呈现出行政法规指导,文化部规章牵头并具体落实,法律最终登台统领全局的有序局面。

二 地方立法

国家开始重视非物质文化遗产的保护工作以后,全社会上下形成了良好的文化氛围与保护理念,自 2000 年开始,各地注意到保护各自区域内非物质文化遗产的重要性,开始制定各地的非物质文化遗产保护方面的地方立法。

为了继承和弘扬各民族优秀的传统文化,根据我国宪法和相关法律的规定,2000 年,云南省结合当时的形势,制定了《云南省民族民间传统文化保护条例》。该条例由 7 部分组成,包括:一般规则、保护和抢救、推荐与认定、交易与出境、保障措施、奖励与处罚、附则。在总则部分当中对民族、民间文化的相关定义进行了阐述,后面的章节内容中对非物质文化遗产的保护方法与措施,保障制度与奖惩情况都进行了逐一的说明。该条例是我国第一部保护民族和民间文化的条例,充分体现了我国地方政府对保护生活文化的重视,也体现了我国文化保护工作对民族民间文化保护的重视,从侧面衬托保护民族和民俗文化的重要性。

江苏省于2006年11月,制定了《江苏省非物质文化遗产保护条例》,并于2006年9月27日,江苏省第十届人民代表大会常务委员会第二十五次会议上通过。此条例也由7部分组成,分为:总则、规划与保护、传承、管理与利用、保障措施、法律责任、附则7个部分内容。总则界定了非物质文化遗产保护的定义和范围,《规划与保护》对非物质文化遗产的认定、申报和保护规定了具体要求。后面几章对非物质文化遗产的传承、管理及直接负责遗产项目的主管人员和其他直接责任人员的工作职责和所负的法律责任进行了规定。《江苏省非物质文化遗产保护条例》的出台对其他省份具有极强的指导与借鉴意义。

2007年6月,浙江省在第十届人大常委会第三十二次会议上,通过了《浙江省非物质文化遗产保护条例》,该条例依然由7部分组成,分为:总则、保护职责与保护经费、名录与传承、保护措施与管理、科学研究与合理利用、法律责任、附则七部分内容。该《条例》除对保护内容和范畴、保护责任、传承、法律责任等内容进行了详细规定外,其中第二十八条明确规定:传统的文化生态保持状况相对完整,且具有一定的特殊价值的村落以及特定区域,可以建立非物质文化遗产的生态保护区。这种的生态保护区的建立应当明确划定保护的范围,并设立相应的保护标志。就这一条的规定内容,在之前的非物质文化遗产保护条例中都是不存在的创新内容,它为浙江省非物质文化遗产保护提供了新思路,也为其他地区及其他地域非物质文化遗产保护提供了新的借鉴模式。

通过类似保护条例的省份还有宁夏,其正式通过的《宁夏回族自治区非物质文化遗产保护条例》将为今后保护、传承非物质文化遗产提供法律依据。甘肃省也颁布了《甘肃省非物质文化遗产保护条例》,规定甘肃省对珍贵、濒危并具有一定历史、科学和文化价值的非物质文化遗产,采取确认、建档、研究、保护等方式进行保护。同时,对非物质文化遗产实行分级保护制度,建立保护名录,设立非物质文化遗产传承人、传承单位、艺术之乡、文化生态保护区来进行保护。对掌握某项非物质文化遗产传统技艺，在一定区域内有较大影响并被公认为技艺精湛的艺人，授予"甘肃省民间艺术大师"荣誉称号。列入保护名录的传统工艺美术制作技艺或其他对象，符合国家秘密条件的，应当按照国家保密法律法规的规定确定密级，并予以保护。非物质文化遗产珍贵、稀有的原始资料和实物，不得出境。

至今，我国已有31个省级行政区划单位相继出台了非物质文化遗产保护条例、保护（管理）办法，为非物质文化遗产保护实践提供了法律依据。

第三节　非物质文化遗产保护的具体措施

非物质文化遗产立法的制定也是非物质文化遗产保护工作的重要组成部分。从文化部到各省、自治区，直辖市，对非物质文化遗产保护的行动实践也如火如荼地展开。

一　四级名录体系的建立

为贯彻落实中国共产党第十六次全国代表大会精神，国务院办公厅于2005年3月26日发布《关于加强我国非物质文化遗产保护工作的意见》，该《意见》为我国的非物质文化遗产的保护工作做出了更进一步的加强，并对保护工作的目标、原则、措施、方针等方面做出了明确的指示。与此同时，为了极大地发挥政府的主导作用，并有效地建立起保护工作的领导机制，国务院还做出以下决定：由文化部带头，并由发改委、教育部、国家民委、财政部、旅游局、宗教局、文物局等部门组成中国非物质文化遗产保护工作部际联席会议制度，由多部门进行合作、协调，统一对非物质文化遗产进行保护。

而且当时为了能够使中国的非物质文化遗产保护工作更加规范与合理，2005年12月，国务院下发了《关于加强文化遗产保护的通知》，建立了"国家、省、市、区"四级保护体系，全面要求各地、各有关部门切实做好政策"保护第一，抢救第一，合理利用，传承发展"，做好保护、管理和合理开发非物质文化遗产的工作。

2005年，文化部公布了第一批国家级非物质文化遗产名录，由此诞生了国家非物质文化遗产名录。随后各省、市、县也纷纷颁布自己的非物质文化遗产名录，由此，非物质文化遗产名录体系已经形成了国家、省、市、县四级体系，标志着我国非物质文化遗产保护名录时代的到来。

二　文化生态保护区的建设

文化和旅游部 2018 年底出台了《国家级文化生态保护区管理办法》，并于 2019 年 3 月 1 日起正式施行。文化旅游部按照"小而精"的原则，从 2007 年开始合理布局，已批准建立 21 个国家级文化生态保护区，包括闽南文化、徽州文化、热贡文化、羌族文化等，涵盖福建、安徽等 17 个省（区、市）。科学、合理地设立相应的文化生态保护区，不仅有利于非遗项目的集中保护，而且还有助于对特色鲜明、形式和内涵保持完整的区域，进行更加有效的探索与整体性保护，我国的这一做法无论是在世界范围，还是在非遗保护领域都是具有特色的一大创举。

文化部建设工作中牢固树立的"见人见物见生活"的理念，重视社区文化、对症下药的支持措施，使得每个国家级文化生态保护区真正实现"遗产丰富、氛围浓厚、特色鲜明、民众受益"。促进文化原生态发展与延续，使之成为"活文化"，这是保护文化生态的一种有效方式。

三　代表性传承人制度

日本、韩国等是非物质文化遗产保护的先行国家，都建立了"人间国宝计划"和"活的文化财"制度，用于保护具有特殊价值的非物质文化遗产的保有者，对其进行资金扶持，鼓励其传授技艺并促进其保有的非物质文化遗产的传承与传播。我国开展非物质文化遗产保护以来，十分注重非遗项目代表性传承人的保护。从 2006 年开始，我国开始实施非遗代表性项目和代表性传承人保护制度。2008 年 6 月起开始施行《国家级非物质文化遗产项目代表性传承人认定与管理暂行办法》。

2016 年起，中央财政为国家级非物质文化遗产项目的代表性传承人的传承实践活动，提供 2 万元/每年的经费补助，为国家级非遗项目提供必要的保护经费。与此同时各级政府与相应部门也在传承场所、传承技能培训等方面做出了各自的努力，也都持续不断地为传承人提供了各种支持。除此之外，文化部和旅游部、教育部、人力资源和社会保障部一同实施了"中国非遗传承人群研修研习培训计划"，以期望通过对非遗传承人群进行有效的培训，进而对传承人的学习能力与传承水平进行相应的提高。

中国非遗项目代表性传承人的保护工作，是一项以民众当代生产生活为中心的新的文化实践。在民众生活需求的驱动下,在科学方法指导下,经过过去几年的实践,我国逐渐探索出非遗项目代表性传承人的保护路径,形成了从传承人立场保护非遗的中国经验,而且逐步建立起中国非物质文化遗产保护的实践操作体系和理论话语体系。

四 中国传统工艺振兴计划

虽然非遗的概念在 21 世纪才进入国人的视野中,然而对其进行保护的传统在我国是一直存在的。民间对民族民间文艺特别是传统工艺的抢救与保护从未停下脚步。

政府方面为落实《中华人民共和国国民经济和社会发展第十三个五年规划纲要》"振兴传统工艺"的要求,文化部制定了《文化部"十三五"时期文化发展改革规划》。

2017 年,国务院办公厅转发文化部、财政部、工业和信息化部《中国传统工艺振兴规划》,开展文化遗产科学布局和振兴中国传统工艺品。规划明确提出,振兴传统工艺,不仅有利于继承和发展中华优秀传统文化,而且有利于丰富中国文化资源,振兴中国文化生态环境,改善中国文化环境,增强中国的自信。另外,也有利于促进就业发展、扶贫和增加城乡居民收入。规划还要求,在中华优秀传统文化的基础上,认真学习、借鉴人类文明的优秀成果,挖掘和运用传统工艺产品中蕴含的文化元素和工艺理念,从而有效丰富传统工艺品的品种和主题,不断提高生产设计能力,有效提高产品质量,打造中国知名品牌,满足人民消费现代化需求。到 2020 年,传统工艺、行业管理水平和市场竞争力、医生收入、促进城乡就业的能力将显著提高。《计划》还建议把传统工艺当作中国非物质文化遗产传承人群研修、研习培训的重点内容,蓄力传承后劲,提升传承能力;提高对专业人员、理论研究人员的教育培训,让他们全面地掌握与传统工艺相关的学科专业理论知识;全面地提升市场意识、品牌意识、质量意识与精品意识;增强传统工艺产品的制作水平、设计能力与整体水平;借助各种有效的媒介、展示、销售渠道等,为传统工艺搭建更多的交易与展演平台;对行业建设进行有效组织,鼓励地方成立起相应的传统工艺的行业组织;重视文化生态环境的整体性保护;有效地推进社会普及教育,增强社会认同感,并多多开展国际间的交流、合作。《计划》强调:各级政府部门需要重视统筹协调工作,有效探索出切合实际的振兴途径。

五 与非物质文化遗产保护工作相关的重大工程项目

非物质文化遗产是中华文明延续的重要载体，是中国优秀传统文化实践的主要体现。党的十九大报告五次提到中国优秀传统文化，认为"加强文物保护利用和文化遗产保护"是新时期社会主义文化强国的工作内容之一。要求"深入挖掘中华优秀传统文化蕴含的思想观念、人文精神、道德规范"，"推动中华优秀传统文化创造性转化、创新性发展"。

近年来，非物质文化遗产保护成为国民经济和社会发展的内容之一，在国务院年度工作计划、"十三五"时期各领域发展改革规划及其他国家文件中多次出现，受重视程度和保护资金支持力度持续加大。非物质文化遗产传承发展工程与中华文化资源普查工程、国家古籍保护工程、中国传统村落保护工程、中华民族音乐传承出版工程、中国民间文学大系出版工程、戏曲振兴工程、中国经典民间故事动漫创作工程、中华文化电视传播工程、中华老字号保护发展工程、中国传统节日振兴工程、中华文化新媒体传播工程等，共同构成中华优秀文化传承发展工程的重要内容。值得注意的是，这些重要工作都与非物质文化遗产保护密切相关。以中央文件形式专题阐述中华优秀传统文化传承发展，以重大工程和一系列项目为抓手切实推进非物质文化遗产保护工作，对于延续中华文脉、增强国家文化软实力，具有重要意义。

第四节 非物质文化遗产法律保护制度的完善

文化遗产资源都是极为脆弱的、稀有的、不可再生与唯一的。前人是文化的载体，后人主要通过观赏、感受的方式去感悟文化遗产的伟大创造力，并感受其给人们带来的精神享受。因此，文化遗产能够最有效地利用在发展旅游方面。少数民族的文化遗产更是如此，由于历史及地域等的多方面原因，少数民族的文化遗产在各地的保护、开发过程中还面临着诸多的挑战与考验，所以，管理者需要按照不同地方的实际情况，有效地将西方发达国家先进的现代管理方式与我国的各少数民族地方的传统管理经验进行结合，探索出适合少数民族地区实际的文化遗产管理模式。主要从人力资源、财务审计、监督监控、组织制度等方面进行追寻，努力将我国的少数民族文化遗产的传承、发展、保护，同国际公约的相关规定进行有效、合理、完美的结合，进而更好地保护与开发少数民族文化遗产。

一 公法保护制度的完善

（一）设立重大工程项目的文化影响评估机制

在《保护受到公共或私人工程危害的文物建议案》中明确指出，在进行有些可能危及文物安全的私人或者公共工程前，要对工程所在地的基本情况进行勘察，进而确定相应的工程建设需要对一些重要的文物采取多少的保护措施，抢救行动的工作量会是多少等。此《建议案》的重点在于对重要文物的保护。中国的《"十一五"文化发展纲要》中也明确指出，要对重大建设工程中的文物保护工作内容进行全面的完善，所有的工程开始之前需要经过严格的审批、核准、备案制度。我们在对各种制度进行完善时，重点不光是重大的工程项目中的文物保护工作，还要侧重具体的工程对少数民族传统文化带来的影响。有些建设项目会对生态、环境等造成深远的影响。为了相应项目的建设能够顺利进行，而且相应的项目建设又不影响环境、生态，《中华人民共和国环境影响评价法》做出了明确的规定，必须要对建设项目的环境影响因素进行评价，国家不同级别的环境保护行政主管部门都具有相应的审批权，建设单位需要依法对环境影响方面进行评估，制作成环境影响评价文件，报请环境保护行政部门进行查阅与审批。

我国已经建立起了重大工程项目的环境评估机制，而且我们完全可以将这一较为成熟的机制借鉴至文化遗产保护的领域当中。特定的文化需要有特定的环境进行支撑，而且文化是不可再生的，所以只要有重大的建设项目影响到了文化的存在，必定会给文化遗产带来不可挽救的破坏。我们需要积极倡导建立起有效的文化影响评估机制，而且还要对少数民族非物质文化遗产影响评估有所侧重。此机制需要在政策与开发项目实施之前就评估相应会产生的社会后果，并且要对项目规划、政策制定、实施等提供相应的建议。

这种评估是一种基于社会变化所进行的事前预测，极个别的情况下也可以是一种事后的行为，评估需要系统、理性地进行，而且要理性地进行研究并合理地进行利益表达。在文化保护过程中政府需要有更多的积极举措，对重大工程项目进行评估可以将工程对文化的影响做出科学、全面的梳理，而且评估机制的有效运行也可以很好地让我国政府完成签署的公约里的相关义务，也是一种行使自己承诺的表现所在。经社文权利委员会非常看好这种机制的建立,并在对《公约》的 27 条的一般性意见第二项中明确指出,国际上的技术援助措施中提请相关的机构"在发展项目中的每个阶段都需要尽量地对《公约》里的权益进行应有的考虑,比如在实践中需要对确立的具体项目,以及项目设计与项目实施的情况都进行初步的评估,而且每一个阶段的评估也应该如此进行"。虽然这一规定只是对于国际间的技术援助而言,然而其完全可以适用到一国国内的各种重大工程项目,进而有效地解决相应的重大工程项目建设中所面临的问题,并降低对少数民族文化遗产保护工作带来的影响。放眼全世界,加拿大就有解决与此类似问题的成功经验。

早在 1974 年,一跨国石油财团申请在加拿大的北部麦肯齐河谷修建天然气管道,并通过这些管道将天然气输送至加拿大的南方与美国。管道的起点是加拿大的北海岸,经过麦肯齐河谷到达加拿大南方与美国。然而,当时麦肯齐河谷居住有两个土著民族,因纽特人与德内人。当时联邦政府对这一计划拥有最终的裁决权,而且在计划施工之前都没有对当地的特殊环境与居民的各方面情况进行考虑,就是在当地土著民族的要求之下,联邦政府建立了一个调查委员会,专门对当地的各方面情况进行了综合的考量。调查委员会通过民族学的相关理论,对土著民族的相关问题进行了评估,就土著民族的传统生活方式、狩猎习惯等进行了研究,也对其说明了修建管道会给土著民族带来的一些好处。但是这样的讲解遭到了德内人的坚决反对,其担心管道的修建会对其固有的传统狩猎经济带来一定的威胁。后来民族学家斯科特·拉什福斯、M. I. 阿希都对土著人的狩猎经济模式与生存经济模式进行了权威的证明,向调查委员会科学地提出了他们忽视与曲解了的相关问题,而且两位民族学家的观点都得到了进一步的验证。随即调查委员会的调查报告形成了两个结论:第一,输气管道的修建给土著民族带来的就业机会并非像石油公司所说的那样紧迫;第二,输气管道的修建需要暂缓,以此能够有效地保护当地土著民族的传统狩猎经济。鉴于此联邦政府决定暂时中止修建输气管道的计划。①

---

① 阮西湖、王丽芝:《加拿大与加拿大人》,中国社会科学出版社 1990 年版,第 216—218 页。

这个例子充分说明，加拿大政府通过采取必要的措施，对原住民的权益进行了有效的保护。而且也使得宪法中规定的某些原住民参与决策等的权益得到了很好的实现。

这期间的核心问题是不仅要对原住民的传统生活方式进行适当的保留，而且在对自然资源进行合理开发的时候，让其获得一定的利益份额。诚然，修建天然气输气管道解决的是能源问题，与此同时带来的是经济收益，这些问题其实可以通过其他方式与渠道得到解决。但是当地原住民几百年留存的狩猎文化依赖于当地的特殊环境，此要是受到迫害就无法得到修复，因此加拿大政府叫停了此项工程。这也就是在经济发展与传统文化保护之间，经济开发向传统文化妥协的范例。

除了加拿大以外，美国也有过这样的先例。20世纪70年代，柯明柯股份有限公司在阿拉斯加西北部的雷道矿场打算开采锌铅矿，当地的因纽特人也成功地阻止了当时的开发项目。后来经过几年的谈判，柯明柯股份有限公司与阿拉斯加西北部的土著协会于1982年签署了一份准许继续开采的协议。签署的协议中，柯明柯股份有限公司做出以下承诺：向因纽特人通过矿区使用费的形式提供一定的补偿金；让当地的土著协会代表加入咨询委员会的行列中；雇用当地的原住民保护当地的环境。在税收方面雷到将在24年内向此地区支付7000万美元。截止到1998年，该公司在技术培训方面投入了880万美元，而且全部用于受雇此项目的当地的土著协会股东。而且本地的土著协会对有些生产活动给本地的自然环境带来的影响进行了有效的检测。而且柯明柯股份有限公司从因纽特人的生活作息与生产规律出发，制定了灵活的工作时间表，保障了因纽特人的传统生活方式。[①]

我国现阶段的很多重大工程项目的做法与加拿大的先例有很多相似之处，做出最终决策前都极为慎重。于晓刚翻译出版的《世界水坝委员会公民指南》中明确指出："由于经济结构不公平，文化具有差异，经济、政治上处于边缘化，水坝的建设常常会忽视土著与部落居民的要求。

---

① 联合国开发计划署：《2004年人类发展报告——当今多样化世界中的文化自由》，中国财政经济出版社2004年版，第94页。

他们也无充足的能力争取得到公平的对待，因此在受到水坝建设的负面影响时，也无法获得享受到水坝带来的利益。"这个指南还有以下建议："对水坝进行建设时，建设人员需要向受影响者披露必要的信息，而且要在获得他们的同意后才可以建设。受影响者也有权利进行谈判与协商，以能够获得相应的补偿、补救与分享利益。"即使该指南在我国有关从事自然资源开发的企业之中还没有全面的法律约束力，然而在水坝建设方面属于世界水坝委员会的指导性意见文件，也在世界各国得到了公认与共识。

（二）加强对非物质文化遗产的物质基础的保护

当前，我们在科学发展观的指引下，逐渐注重经济、社会的共同发展，而且也已经关注到"人与自然和谐发展"的重要性，并对生态环境保护问题有了足够的重视。近几年来，国家颁布了各种有关环境保护及生态保护方面的法律法规，提出了退耕还林、沙漠治理、保护区建设等口号，通过各种政策与措施来力争自然生态保持一个基本的平衡状态。所有的这些努力都为我国经济的快速发展提供着一个适合的、顺应发展规律的自然发展空间。与此相对应，在长期以来在社会环境保护方面，我们未对文化继承与发展有所重视，在经济、社会发展的过程中，未能对文化环境的保护足以重视，这是我国政府、社会各机构以及社会各界人士需要考虑的问题。

我国是一个拥有悠久农耕文明的国家，传统的农耕文明所滋生、传承、发展起来的非物质文化涵盖着诸多的文化遗产，比如农耕者的栖息居地及周围的自然环境，农业耕作方式与农耕环境，农耕者的服饰与佩戴的诸多饰品，在长期的生产生活过程中形成的传统礼仪、风俗、节日、习惯、集会等，世世代代所沿袭的图腾崇拜与宗教信仰方式，农耕者通过口头传承方式一代一代传承下来的传统技艺等，这些都是我国自身所拥有的非物质文化遗产的文化生态。

与此对应的少数民族的文化，我国少数民族文化有很好的物质基础，即依存于山脉、河流、土地等的整体地理环境，以及对特定的地理环境适应下所形成的社会文化环境。人们在不同的环境下所从事的活动方式不同，而且必须要适应、承受一定的环境变化，而且要有能力与环境的动态保持一种相对的平衡。对本文的实证材料进行分析我们可以看出，我们目前所生活的社会是一个大整体，而且文化人类学强调"整体论"，此思想在少数民族文化权益保护方面有着明显的体现。任何一种文化的产生与发展必然要依存于一定的生存条件与物质基础，并与其有相互的影响与互相的作用，同时随着物质基础的发展与变化而产生相应的变化。比如，我们在对少数民族的文化进行保护时，需要将文化与其周围的环境当作一个整体进行考虑，保护文化的同时要对周围环境进行一并的保护。除此之外，还需要对相应少数民族的物质基础进行有效的保护。即国家不光要尊重少数民族教育、艺术等的高级文化，还要对少数民族赖以生存的物质基础进行足够的尊敬与重视。如此才可让他们的文化得到长远的发展。

1964年5月，国际文物工作者理事会（ICOM）在威尼斯召开会议，通过了《国际古迹保护与修复宪章》，这就是著名的《威尼斯宪章》。第1条规定，历史古迹的概念不光包含了单个的建筑物，其还涵盖从中找到的一些独特的文明，某种有意义的发展，以及一个历史事件见证的某一城市，或者某一乡村环境。第6条规定，对古迹的保护包括对一定的自然环境的保护。凡是传统环境存在的地方，都必须要进行保存，不能对其进行新建、拆除、改动，更不允许对其进行任何的修饰与改变。因此国际文物工作者早就在半个世纪以前认识到了文化遗产的保护与原生环境保护一并行进的重要性，二者缺一不可、不能分割，只有这样我们才可以见证历史的变化及文化的变迁。

除了文化本身的保护与文化所在环境的保护之外，还要对非物质文化遗产所在的社会环境进行保护，这个社会环境指的是与此有关的法律、规章、政策所在的社会环境，以及与保护有关的科研机构、行政管理部门、组织、宣传等，进行对外交流与展览等一系列的活动，及各地方财政对其各项工作的开展所进行的预算投入等。所有的这些都包含在现代文化生态这个整体之中。我国所提倡的少数民族文化遗产保护，不仅追求物质基础的存在，还追寻对其原生环境的保护。在目前的文化遗产管理体制之下，还包括不可以擅自的对文化遗产的管理体制进行改变。现实中存在有些地方将文物保护单位等国有文化遗产抵押、转让给企业作为资产的问题。文化遗产与一般的物质财富不一样，其属于一种文化资源，具有公共性与公益性的特征。然而企业进行相应的投资开发文化遗产时，主要目的是追求利润的最大化，在这个过程中往往会急于追求利益，进而会发生迫害文化遗产的恶性事件。

（三）非物质文化遗产的认定与传承制度的完善

1. 在各级非物质文化遗产代表性项目认定中增加主动确认程序

目前我国对非物质文化遗产的确认属于一种申报后再进行评定的方式，很大程度上是一种被动的确认，而且在相关的法律规定中都没有对非物质文化遗产进行主动确认的类似规定。这种不足，对非物质文化遗产的保护极为不利，我们应该对有关的规定进行修订。有时政府主管部门可以根据有些研究成果与文化遗产的普查结果，将没有申报的非物质文化遗产项目拟定成推荐项目报送给相应的部门。"二战"以后的日本于1950年就颁布了《文化财保护法》，进而对本国国家层面的文化遗产进行了有效的保护。随后的1954年与1975年对此法进行了两次大规模的修订。规定了对一些具有典型意义、特殊的文化遗产进行专门的立法，颁布了《古都保护法》《关于阿依努文化的振兴及阿依努文化传统知识与开发的相关法律》《明日乡村法》等法律。并采取了特殊与一般相结合的方法，构建了较为完善的文化保护法律体系。

中央层面在对文化遗产进行认定与管理时，主要运用制定、选定、登录等形式。而且对于民俗文化财、有形文化财及纪念物，此三种的文化财只实行登录、指定方式，无形文化财才适用指定的方式。由于指定文化财数文化财中最有价值的部分，因此指定工作由文部省大臣进行指定，并由文部省、地方、所有者按照相应的分工对其进行严格管理。指定文化财以外的部分就是登录文化财，其由文部省大臣进行决定事宜，并在文化厅的指导建议下，由所有者及地方进行有效的管理。

实践中我们需要紧抓文化的原生态精髓所在，在产业化与实现文化创新过程中保证文化不发生变异。作为民族文化载体的非物质文化遗产，只有自身具备了强大了生命力与活力，才可以发挥出自己应有的作用。再加之非物质文化遗产都留存在年事较高的传承人手中，传承环境不够完善的情况下，我们需要着重地做好非物质文化遗产的调查工作。并对年事已高的传承人进行有效的保护，形成一些有效的机制，对传承人的生活、医疗等方面进行保障。鼓励他们开展各种形式的传习活动。并通过培育、组建一批热爱文化事业、热爱非物质文化遗产保护工作的专业人员，加入代表性传承人队伍中，努力打造与建设民间手工艺之乡，完善传承人评定工作，有效地授予传承人相应的荣誉称号的方式助力传承保护工作。

2. 统一由各级文化行政主管部门来进行代表性传承人的认定

我国颁布施行的《国家级非物质文化遗产项目代表性传承人认定与管理暂行办法》的第 3 条规定，对国家级非物质文化遗产项目的代表性传承人进行认定时，需要坚持公平、公开、公正的原则，并严格履行相关的审批程序。对代表性传承人进行认定的制度是一种行政审批。是由行政机关按照自然人、法人、其他组织提出的相关申请，依法进行审查，并对其采取批准、同意、年检、发证等的活动，并对其从事特定活动进行准予，认可他们的资格与资质、确认特定民事关系、民事权利能力、民事行为能力等。代表性传承人本质上是各级文化行政主管部门，依据传承人的申请，在咨询相应的专家组意见的情况下，对符合资格的传承人进行认定，让其成为代表性传承人的一种行为。批准成为了代表性传承人的人员会获得政府的扶持，并履行一定的与传承相关的义务。

目前实践中存在官方、民间、多部门、多级别的认定体系，而且不同的认定方式都存在一定的重叠与交叉，带来了一些不必要的社会资源浪费的情形的同时，也在彼此之间形成了一种竞争关系。诸多问题都需要我国通过立法、政府机构改革等进行相应的规范，否则认定代表性传承人的权威性与科学性将会受到更大的挑战。我国《非物质文化遗产法》第 29 条规定，国务院文化主管部门，以及省、自治区、直辖市的人民政府的文化主管部门，可以对本级人民政府批准公布的非物质文化遗产代表性项目，认定代表性传承人。依此规定，我们都极力建议文化部与省级文化行政主管部门，以及下属的"非物质文化遗产中心"对代表性传承人的认定工作进行统一的负责。如此才有利于解决认定工作中出现的诸多问题。目前我国的非物质文化遗产保护工作取得了可喜的成就，我们在推进文化事业蓬勃向前发展时，应当注意代表性传承人与工艺美术大师、中国民间文化杰出传承人等类似称谓之间的关系，建议统一使用一个称谓，并将原有的四级认定体系改为二级认定体系。其他部门给予的相关称号就简单地称为代表性传承人。之前所述的民间团体已经认定的传承人仍然有效，按照级别划拨到新的级别当中即可。

3. 适当提高认定的条件

（1）是否脱离来源群体

非物质文化遗产、代表性传承人只要进入国家级的《名录》中，其自身的价值就会逐渐增加，自然也就会成为商业团体竞争追逐的对象。从好的方面对此进行考虑，这些商业团体收编了的各种艺人，反而是有了很好的展示自己才艺的机会，也助力了非物质文化遗产的保护与传承。若对此从坏的方面进行考虑，背井离乡、漂泊在外的代表性传承人仅仅就是给观众展示他们自己的才艺，他们背负的相关义务与文化使命也就不复存在，而且离开了他们所依存的文化生态环境，这会造成文化消失的现象。所以我们一定要阻止代表性传承人与其文化环境与社群的割裂。可以通过行政法对其进行规范，将传承人与文化所在的乡土有效地结合在一起。

因此，我们在对代表性传承人进行认定的时候，可以对其申报条件进行有效的规制，限制其离开原生的文化环境。想方设法地将代表性传承人的认定工作，与其所对应的文化命脉紧紧地联系在一起。而且，对已经认定的代表性传承人通过让其在传统的社区里传授非物质文化遗产的方式，以有效地履行自己所承担的义务。若代表性传承人不积极履行自己的相关义务，并产生不良影响的，可依据相关法律规定取消其荣誉称号。

（2）是否切实履行传承义务

韩国的《文化财保护法》规定，代表性传承人是否愿意把自己的技艺、技能、技术传授给他人，是授予相关荣誉称号的基本条件之一。若有些人拥有很高的技艺，自身有着高超的技能与技术，若其拒绝传承将不会获得"重要文化财持有者"的荣誉称号。韩国的法律还规定，只要被认定为"重要文化财持有者"，其传承活动就必须要遵守韩国政府的相关规定与要求，若其没有按照规定从事相应的传承活动，其称号也就会被依法取消。只有代表性传承人将自己的技艺传承给下一代，非物质文化遗产才可以继续留存，否则如果没有接班人，非物质文化遗产也就会消失。

4. 优化认定的程序

我国认定代表性传承人的程序主要包括申请、初评、审核、公示、公布等步骤，然而这其中没有调查程序。日本政府对重要无形文化遗产的保持者——人间国宝的认定有以下几个步骤：第一，由文部科学大臣向"文化审议会"中的"文化遗产分科会"提出一些咨询；第二，由这个组织的专业调查会做出委托事宜，再由调查组织专业的学者、专家，对待候选的一些指定对象进行全面、严谨、科学的调查研究，并形成纸质的书面报告，此报告将会成为进行指定的重要依据；第三，再转回对"文化审议会"中的"文化遗产分科会"进行全面的审议；第四，审议完毕后向科学大臣做出报告；第五，文部科学大臣决定是否进行指定，只要指定随即就发出官方公告；第六，向无形文化遗产保持者——人间国宝、团体颁发相应的证书。日本的这一做法值得我们借鉴，尤其是其第二个程序，在调查的基础上由专业的委员会对文化财的学术价值、历史价值、艺术价值等进行衡量与评估，充分保证了保护文化财工作的专业化。我国的认定程序中并没有评审前的调查程序，而主要是通过申报者按照自身的状况填写好表格以后，并将自己的学习实践经历、成就、技艺特点、相关材料等上交至有关部门，再由其所在地的县级以上文化行政主管部门，组织专家对所有的材料进行审核，再逐级进行上报，并对其进行认定。这种审核做法在真实性、严谨性、代表性、公正性等方面都存有一定的不足，因此需要对认定程序进行相应的完善。

5. 增加代表性传承人的种类

我国目前的代表性传承人制度的形式只有个人的一种形式，这并不能满足当前的需要。因此我们可以有效地借鉴日本政府对于重要的无形文化遗产的三种认定形式：对拥有高度技能的个人进行认定时称为"个人认定"；对技能的保持者为两个以上，成为一体的进行认定时称为"综合认定"；对技艺的表现由多人拥有的进行认定时称为"保持团体认定"。

如前所述，日本所利用的"综合认定"与"保持团体认定"的制度在我国是没有的。若此制度可以引入我国的立法当中，将是对我国认定制度的一种补充与完善。"综合认定"制度可以对我国的团体性的非遗项目带来便利，"保持团体认定"制度则会给我国各民族的民俗类非遗项目的传承人的认定带来福音。比如侗族大歌中，演唱至少需要三人，然而目前只有吴品仙一人是国家级代表性传承人，因此我们可以考虑将演唱此非遗项目的整个歌队认定为代表性传承人。而且我国的代表性传承人制度除了包括个人以外，还应该包括团体。我们欣喜地看到，2019年颁布的《北京市非物质文化遗产条例》明确规定，代表性传承人包括个人和团体。

6. 增设临时性指定制度

我们在对非遗代表性传承人进行认定时，应该设立一套类似于"临时性指定制度"，让更多濒危的非遗与传承人可以在消失前就被全面地记录下来，而不是因为申报时间与过程的漫长错失最好的抢救机会。比如我们熟知的《二泉映月》，是由民间艺人阿炳进行演奏的民乐，当时是在阿炳病重的情况下，由著名音乐家杨荫浏等学者对其进行了及时的抢救而流传下来的。"临时性指定制度"主要是指在传承人病危，及非物质文化遗产的传承环境发生了改变等，可能会使非物质文化遗产发生失传，若通过科学的论证确认传承人传承的非物质文化遗产具有重要的价值，我们就可以把此作为特例，通过临时指定的方式，把有些濒危的传承人及作品、技艺，通过将其认定为"临时代表性传承人"或"临时代表性项目"，对其进行及时的录音与录像，把这些老艺人所掌握的非物质文化遗产有效地进行记录与整理。

无独有偶。我国台湾地区的"文化遗产保存法"第17条规定，进入古迹指定之审查程序者，为暂定古迹。具有古迹价值的建造物未进入审查程序之前，遇到紧急情况，相应的主管机关需要对其进行暂定古迹认定，并及时地通知所有人、管理人、使用人等。暂定古迹在审查期内视为古迹，应进行必要的管理与维护；审查期限为六个月，有必要时可延长一次。主管机关需要在一定期限内完成审查，期限到期暂定古迹的效力就不存在。建造物属于暂定古迹，使得权利人的财产受到相应的损失者，主管机关需要对其给予合理的补偿。补偿金额经相关协议而定。暂定古迹的条件与践行的相关程序都由"中央主管机关"进行规定。

（四）加强对非物质文化遗产的生产性保护

文化部于2011年颁布了《关于公布第一批国家级非物质文化遗产生产性保护示范基地名单的通知》，借此以示范基地的形式来推动对非物质文化遗产的生产性保护，且将非物质文化遗产的生产性保护工作作为当前首要任务。

1. 推进非物质文化遗产的产业化

费孝通先生对民族文化概括如下"各美其美，美人之美，美美与共，天下大同"，其也是对民族文化产业多元化发展的概括与阐述。所以非物质文化遗产想要形成具有自己特色的产业，既要传承自己所拥有的风格和优势，也要在一定的基础上进行有效的创新与融合，进而制造出让消费者需要的产品，才能够获得更大的市场，并成功地成为一种产业。对非物质文化遗产进行产业发展时，需要进行生产性保护，培育出具有竞争能力的竞争主体，创造出更多的财富的同时，带动相应区域与地区的经济发展。政府通过宏观调控的手段对经济进行调节，目前政府重点利用间接、产业调控等手段对其进行调控，主要对弱小产业、新兴产业、支柱产业进行扶持，加大资金扶持与财政投入，对非物质文化遗产传承人进行培训等的手段都是现阶段政府调控经济的方式与手段。就非物质文化遗产而言，我们需要对成功经验进行总结与吸收，鼓励农民建立专业的合作社。比如，台江县施洞镇就成立了银饰农民专业合作社、刺绣农民专业合作社，这种合作社对有关非物质文化遗产的相关产品的销售具有促进作用，而且还提升了非物质文化遗产的知名度，发展良好的合作社还可以继续做大做强。这种借助非物质文化遗产而兴起的产业，有望发展成我国的支柱产业，因此我们需要对其加大扶持力度，促进其快速成为我国的支柱产业。

"丹寨宁航蜡染公司"于2009年10月在丹寨县成立，由姜建华和宁曼丽一起经营，头几年经营过后，经营者意识到蜡染离不开贵州的土壤，而且消费者也对原产地的产品更加认可，便利用丹寨县本地的民族文化优势，又兴办了"贵州宁航蜡染产品生产基地"。且运用"公司＋农户＋基地"的经营模式，对百余名农村妇女进行培训，为他们提供在工厂里工作的机会，包吃住情况下月收入在1500—3000元。有效地带动了300多农户从事蓝靛种植加工与土布生产等工作。2009年，当其布料生意出现亏损时，宁曼丽在贵州"两赛一会"上发现了蜡染这个工艺，由于自己经营布料有多年经验，她就立即意识到了此项工艺的价值，在对贵州所有的蜡染进行考察后，选择在丹寨县落户自己的公司。就是因为丹寨县的传统蜡染工艺保存得最为完整，且可以节约成本。

2014年2月我们在贵州省丹寨县进行考察期间，对贵州丹寨宁航蜡染有限公司也进行了考察，发现其在蜡染服装、蜡染家居用品、蜡染面料、蜡画、蜡染饰品等产品的生产加工方面，具有较为完整的管理体系，其年产值达到了1000万元左右，该公司具有正式员工38人，合作农户42人，年龄在18—70岁，公司保证食宿情况下，平均每人每月收入1500元。而且公司在生产经营过程中进行了大胆的创新，在通过利用优质棉花作为面料，保证蜡画质量的前提下，对传统的蜡染技术进行了有效的革新，并利用蜡染布料与现代时尚生活用品进行有效结合，生产开发出了具有特色的新产品。所生产出的产品就具有文化内涵，实用性与艺术性集聚一身。并申请获批了26项专利，其余30多项依然在申请阶段。这些专利里面包括了两项蜡染生产发明专利，一项是"以蓝靛膏制备高上染率防脱色靛蓝染水的方法"，专利号201210129796.1；另一项是"蓝靛膏的工业制备方法"，专利号ZL201210129866.3，其主要是解决苗族蜡染的固体不牢固，苗族蜡染染色不均匀的问题。还有两项实用新型的专利解决了蜡染的染色与效率问题，分别是"蜡染布料吊挂装置"，专利号

ZL201320149502.1；"保温节能水池"，专利号 ZL201320145853.5。除此之外的其他 22 项专利，及正在申请的 30 多项专利都是不同图案的"蜡染台布"的外观设计，所有的图案都别具一格，都是在苗族传统图案的基础上进行的创新。所有的专利都是因着色均匀、染色牢固、色泽鲜艳等特征，及受国内外游客喜欢。宁航蜡染公司还委托了无锡一家公司专门生产用于点蜡之用的"电热文火煲"，还申请了"图腾鸟"的注册商标，并开通了网络销售途径，因为其产品是手工艺技术不怕被复制，所以也允许来公司进行购物与参观的人拍照与摄像。

贵州丹寨宁航蜡染有限公司于 2011 年 12 月评为首批省级非物质文化遗产生产性保护示范基地。为了能够更好地传承苗族文化，让此文化能够走向世界，宁曼丽在对"百苗图"进行了深入、细致、全面的研究以后，此公司组织 27 名员工，共同创作 50 多天，利用蜡染的形式再现了"百苗图"。其惊讶之处在于长度有 60 米，所有的员工都在宁曼丽的讲解下进行了分工，并有效地完成了自己的创作，最后将他们的创作放在一起时真是浑然一体。且整个创作过程用 DV 进行拍摄，于 2013 年申报了"吉尼斯世界纪录"。另外，该公司在进行经营管理时，尊重了当地的苗族文化，适应了当地苗族的正月吃酒习俗，公司进行正月休息。而且公司邀请员工的亲属在家里种植蓝靛原料，公司会进行全部收购。员工的孩子还可以在厂里生活，暑期在公司学习蜡染。所有的这些都促进了蜡染技艺的传承与保护。

2014 年起，该公司与黔东南州九黎苗妹工艺品有限公司、黔东南州太阳鼓苗侗刺绣有限责任公司，共同获得了贵州重大专项项目——黔东南州民族文化产业技术集成与产业化，对民族文化产品，民族刺绣、蜡染、银饰的创新设计等方面都有了很好的发展、传承与保护，引导了苗族、侗族文化产品进入现代时尚的潮流，创建了新的民族文化品牌，推动了其产业化发展。通过现代的染色工艺、加工处理技术，解决了诸多贵州民族文化发展方面的技术瓶颈，推动与发扬了民族文化的繁荣。而且，搭建了省级的银饰、刺绣、蜡染展示与培训基地，两个推广平台。在这些平台中宁航蜡染公司主要负责蓝靛膏制备技术成果的转化运用与产业化。目前少数民族代表性传承人参与在公司的发展中，公司的发展前景与势头是相当良好的，但是在银行贷款的获得、土地使用权的争取、政府扶持等方面还存在一定的阻碍，这些都在一定的程度上困扰了公司的发展。然而此公司一贯坚持"以文化为基础促进发展"的良好理念,致力探索出一条适合少数民族地区民族文化传承、保护与发展的良性互动之路。

现阶段蜡染大体可分为三大类:第一类是以西南少数民族地区的民间艺人与农村妇女自给自绘自用的蜡染制品,这一类属于民间工艺品。第二类是工厂、作坊面向市场所生产的蜡染产品,这一类属于工艺美术品。第三类是以艺术家为核心而制作出来的,纯观赏型的艺术品,即"蜡染画"。这三大类蜡染同时并存、相互影响、彼此之间争奇斗艳。我们认为,这三类蜡染存在一定的共性,从工艺角度出发主要是一个"染"字,实践中,为了推进少数民族非物质文化遗产的传承与发展,更好地保护西南地区的原生态环境,国家应优先购买丹寨宁航蜡染公司的两项专利发明,并在西南少数民族地区及整个行业中进行广泛的推广。因为,首先此项专利采用纯天然的蓝靛植物,具有一定的消炎与保健作用,对人体健康有益。其次在二次蜡染的生产过程中,很多厂家都用化学染料,此虽然省时省力,但是洗染时产生的废水会对周边环境造成一定的污染与破坏,天然的植物染料不会出现废水,也不会对环境造成破坏。

2. 打造非物质文化遗产的品牌

在国外存在利用"公共认证体系"来保护非物质文化遗产的有效经验。虽然国家之间的法律基础不同,但是为了对使用商标权的问题给出一个合理的结论,我们需要在一定程度上考虑与之相关的概念:仅由公共机构对标签和印记进行管理与授权。虽然其很大程度上与私人证明商标有同样的功能,然而未进入商标法的适用范围。而且其赖以建立的条例包含在了行政法的组成部分当中。一般情况下,公共机构不会把某些公共证明的商标注册为商标,虽然原则上并不是完全排除这种可能性。在一定程度上这也并不意味着,公共机构在对未授权进行使用相同或类似的商标行为时,不会有太多的应对,一般只会是进行处罚与执行时的法律有所不同,然而处罚与执行一般都是建立在认证标签和印记的行政规定的框架之下。比如加拿大在发展"冰屋"(igloo)标签时的主要目的在于对因纽特艺术品与假冒的商品进行区分。这就展示了不同的模式在实际中的有效结合。加拿大政府已经将此标志注册为了商标。只有合法的因纽特艺术家与其代理机构有权在自己的产品上使用该标志。为了能够有一定的控制效果,每一个代理机构都会在标签上印上一个数字进行区分。而且只有印第安事务与北部开发部(DIAND)的许可,才可使用这种标签。在对非物质文化遗产进行生产性保护时，我们需要依从"集群建设、构筑基地"的保护思路，并遵循以下几点原则：第一，从当地的特色与本有的各方面基础出发，统一进行规划，形成科学的产业布局；第二，坚持政府推动与市场主导，注重市场在资源保护与调节中的基础性作用；第三，按照地区特色与产业特点进行合理的规划，以避免盲目的重复建设；第四，有效地利用与发挥"巨人效应"，形成相应的非物质文化遗产产业链与产业群。

所以我们在非物质文化遗产精髓不变的首要前提下，对非物质文化遗产的品牌进行有效的包装、推介、维护等，都是对非物质文化遗产的健康发展的促进所在。非物质文化遗产产业必须要在尊重与服从市场规律的基础之上，全面、充分地利用市场这一大资源，依从市场的导向，进而提供合适的非物质文化遗产产品和服务，以让非物质文化遗产产业可以有效地为经济增长做出贡献。

另外，因为非物质文化遗产都是扎根在我们的社会生活中，我们还要通过各种各样的方式来鼓励大众保持其传统的生活方式，因为这对非物质文化遗产的传承是不可或缺的。比如，布依族的蜡染技艺在布依族民间得到了很好的传承，主要是因为在布依族居住的区域，只要举办布依族的婚礼，布依族不会穿戴现代的婚纱，其都会穿着传统的布依族服饰。布依族的这种传统服饰都是通过蜡染布料进行制作的，而且还有相应的织锦等装饰品。同时，在实践中我们还要重视非物质文化遗产保护、传承的科学性。比如，有些地方进行蜡染时，会把传统的板蓝根染料改成工业染料，这样不仅会在蜡染过程中污染周围的环境，还会遗失传统蜡染对人体的保健作用，久而久之便会失去更多的市场，这种对非物质文化遗产技艺的改良是失败的，不科学的。

代表性传承人在对自己所掌握的非物质文化遗产进行创新性的生产性保护时，一般都会借助现代知识产权的力量，而且知识产权也是这些代表性传承人维护自身合法权益的"利器"。2014年2月我们在贵州黔东南地区进行田野调查时，发现了一例典型案例：

苗药熏疗法能够得以有效地传承与发展，很大程度上得益于"汉梅苗蒸"品牌的建立，及黔东南苗蒸堂民族医院院长、民族医生杨汉梅女士的长期奋斗。杨汉梅女士祖籍贵州锦屏县，从小受生活环境与祖母的影响，自幼热爱民族医药，目前已是苗药熏疗法的第六代传承人。其在《中国民族医药杂志》发表了有关苗药熏疗法的学术论文，其文章主要有：《论苗侗草药熏疗的崛起》《苗药熏蒸治未病》《侗药熏蒸治疗子宫内膜异位症》《侗药熏蒸与长寿养生的关系》。2013年杨汉梅女士又被认定为"苗医药"非物质文化遗产代表性传承人,更是成为了一名苗族医药的守护者。她曾于2006年创办了"黔珍苗族草药熏疗养生堂";2007年创办了"凯里市苗蒸堂";2008年创办了"凯里市苗蒸堂民族医诊所""贵州苗珍堂生物科技有限公司";2010年创办了"黔东南苗蒸堂民族医医院"。此医院更是成为了目前为止我国国内唯一的一家传承苗族、侗族医药文化,发扬民间特色疗法,专业从事熏疗的医疗与保健机构。此医院现有员工100多名,国内知名专家及教授12名。包括权威的科研人员、开发专家、专业的民族医师、康复理疗团队。目前已经形成了"黔东南苗蒸堂民族医医院"临床服务机构及三个基地,包括苗珍堂种植基地、苗珍堂人才培训中心、苗珍堂熏蒸系列产品研发生产基地。经营的品牌商标包括"苗珍堂""汉梅苗蒸堂"。近几年来苗珍堂公司主要在黔东南州致力于古老的苗族、侗族民间特色疗法的挖掘和整理工作,并以"生态""长寿"为最终追求目标,努力把古老的苗医养生进行专业化、标准化、现代化、科技化、规模化、市场化的发展以为国人服务。

  杨汉梅女士通过积极的探索,并利用知识产权依法保护了自己企业的合法权益。在四川省对"重温苗蒸堂"进行"苗蒸堂"(第6157718号注册商标)商标注册以后,大胆地拿起法律,依法保护了自己的合法权益,并及时向国家工商行政管理总局商标评审委员会提请了复议。由于苗蒸堂是申请人自己的先商号,而且在使用过程中已经有了相当好的知名度,申请人享有自己的先商号权,四川省申请注册的"重温苗蒸堂"构成了通过不正当的手段抢先注册别人已经使用的商标行为,并损害了申请人的先商号权。违反了我国商标法及反不正当竞争法的有关规定,其注册与使用将会产生一些不良影响。苗蒸其实就是一种利用苗药加熏蒸进行医疗保健的方法,"重温苗蒸堂"主要是在使用时制定相关的服务,而且在服务的内容与特点上,直接违反了《商标法》第11条的规定。[①] 这个案件当中,申请人所提供的营业执照的复印件中,清晰地显示出了商号与商号的具体使用情况。且可以有效地证明申请人的这个商号是在"重温苗蒸堂"进

---

① 田艳:《少数民族非物质文化遗产传承人法律保护研究》,中央民族大学出版社2017年版,第242—243页。

行注册申请之前就已经登记、成立，在理疗、熏蒸、按摩等服务行业中拥有一定的知名度。

"重温苗蒸堂"主要是通过按摩、理疗、保健、蒸汽浴等疗法，对接受服务的人员进行理疗的，此与申请人商号一样，而且此商号已有一定的知名度，因此损害了申请人的利益。此外申请人是从事保健服务行业的，商号与商标一样，申请人的商号所拥有的知名度可以外延至自己的商标，这就可以证明自己的商标在"重温苗蒸堂"进行注册申请之前就已经在理疗、按摩、熏蒸等服务上获得过专利并有了一定的知名度。"重温苗蒸堂"作为同行，应对申请人的商标有所知晓，在知道商标的情况下，还进行申请与此相类似的商标，主观上存在一定的恶意，已构成通过不正当的手段抢先注册他人已经使用的商标的行为。2013年10月9日，商标委员会做出了最终裁定："重温苗蒸堂"的注册申请不予批准。后来在法定期限内，"重温苗蒸堂"在有管辖权的法院提出的诉讼，也未能获得成功。从此之后，为了能够有效防止此类情况的发生，黔东南苗蒸堂民族医医院对本企业有关的其他商标都进行了申请注册，诸如"汉梅老苗医""汉梅老侗医""苗珍堂""侗珍堂"都在申请程序之中。在西部民族地区，人们的知识水平与法律意识都较为薄弱，杨汉梅女士这样利用法律保护自己的合法权益，有一定远见意识的代表性传承人少之又少。

3. 规范非物质文化遗产的市场准入和产品标准

为了能够有效地防止非物质文化遗产在进行商业开发过程中被"异化"，一种较为重要的方法就是利用市场的准入管理，来确保非物质文化遗产的原生态传播。在此方面，需要着重做好以下三方面的工作：第一，将非物质文化遗产代表性传承人，或传承单位作为市场主体因素进行严格的考察，在文化生态区建设当中，必须要把保护与扶持非物质文化遗产代表性传承人与传承单位放在优先考虑的位置当中。第二，要尊重非物质文化遗产的保存和传承中的客观规律及历史脉络，认可其在现代化的生活节奏中依存的重要性与固有价值。对其原生态传承、发展与利用进行格外的注意。要想方设法地保障正当、合法的商业开发不会"异化""变相流失"非物质文化遗产。第三，要在非物质文化遗产的发源地建立有效的利益分享机制，促进非物质文化遗产的生存与发展。

因此，为了能够让非物质文化遗产得到更加广泛市场的认可，贵州省在听取代表性传承人及相关专家意见的基础上，2012年9月18日发布了符合地方标准的苗族服饰锻造与苗族刺绣技艺（贵州省地方标准DB52：DB 52/T 761—2012 地理标志产品黔东南苗族刺绣；DB 52/T 760—2012 地理标志产品黔东南苗族银饰），通过这种方式有效地规范了非物质文化遗产的保护与传承工作的进行。后来还鼓励了代表性传承人积极创办公司，目前已有黔东南苗乡侗寨文化传播有限公司、黔东南苗妹银饰有限公司和贵州印象苗族银饰刺绣公司。

在黔东南的标准当中，苗族刺绣、刺绣所用的线，所使用的面料必须是棉、麻、丝等天然纤维或者是化学合成纤维，及皮革才可以作为原料进行使用。而且造型采用苗族的传统造型与文化理念进行设计，总体工艺要求如下：物品应排线均匀、平整服帖、针法均匀、不露底、不露针脚。具体的工艺要求如下：

（1）平绣时要平整，针脚对齐。

（2）破线绣、平针绣时绣线的排列要整齐，且要具有光滑感。利用双圈锁边的方法进行绣片，锁线的密度要适当且清晰，破绣的平面要求不发毛刺，链扣之间的距离要均匀，进行锁边与绣面时不露底。

（3）进行锁绣、锁扣时的距离要均匀，并体现出较强的装饰性。

（4）褶皱与绉绣时的高度要一样，要有一定的立体感且要平整。盘绣的方式进行绣面的包边，且转角处不能出现凹凸不平的情况。

（5）环边、辫绣时的圆圈形状的大小要统一，线路要流畅清晰。辫绣环编圈的细节时，绣面的线条纹路要流畅自然，间距相同。

（6）边带、盘绣的松紧度要一致，盘带的排列要整齐一致。对编扁平带子进行编织时要稍紧些，带子铺图稿也要平整，不可以露底，转角处的凸显颗粒不能太凸显。

（7）打籽绣及结粒的排列要整齐，疏密度也要一致。要用绞钉进行绣镶边。打籽颗粒的尺寸与大小要统一，颗粒间的排列需要整齐。

（8）粗打籽有较强的粗犷感，需要排列整齐带给人强烈的视觉冲击感。

（9）进行数纱绣时，不可以数错经线、纬线数、格子数。

（10）贴绣过程中要注意整体感，平贴、立体贴时大小要一致，对其进行包边定针时，要注意针距。

（11）叠绣时要纹理自然整齐，形成良好的视觉效果。

（12）绞钉绣时的绞线要及时镶边，缠绕紧凑包边到位。

（13）钉线绣时，间隔要均匀排列要整齐。

（14）进行戳纱绣时要进行牢固的戳纱穿纱，而且要保证在此过程中几何纹路不走样。

（15）织绣的位置要选择适当，且采用的图案面积不宜过大，色彩要鲜明，织锦的经度与纬度要紧密。

（16）锡绣时，所使用的金属箔条的宽窄要一致，穿纱要牢固。①

为了能够保证产品的质量，对刺绣的材料也有较高的要求，对产品的规格及设计也有较高的要求，一般都是严格要求设计图纸与成品必须一致。工艺品、绣品的规格尺寸的大小偏差不得大于一厘米，绣面与针脚要保证平整，绣线的间距均匀松紧相同，进行走线绕圈的大小要统一，不可出现错绣、露绣、露底。时刻要保证绣片整洁、绣面亮丽。绣花时要按照具体的工艺分类进行，全部都要进行手工刺绣，要用针把绣线依照不同的图案、色彩的要求，在面料上进行穿刺，使用不同的工艺，有效地形成缝迹的花纹。

黔东南苗族银饰的地方标准，除了对原材料、有害物质、配件材料等的质量有严格的要求外，还制定出了以下表格里涵盖的各种工艺产品的不同等级要求，具体见下表：②

表3－6－1　　　　　黔东南苗族银饰地方标准

序号	缺陷名称	优等品	一等品	二等品	合格品
1	表面灰白色	不允许	不允许	不太严重灰白色	有灰白色
2	表面有锉、刮、锤痕迹	不允许	只有放大镜才发现的痕迹	一般难发现痕迹	有轻微的锉、刮、锤痕迹
3	表面有裂痕、沙眼、杂质	不允许	不允许	有微小沙眼，无裂痕，无杂质	有较小沙眼和杂质
4	边棱尖角不光滑，有毛刺	不允许	边棱尖角不光滑，无毛刺	边棱尖角不光滑，毛刺不刮手	允许
5	虚焊，漏焊	不允许	虚焊，漏焊不大于1%	虚焊，漏焊不大于5%	虚焊，漏焊不大于8%

---

① 田艳：《少数民族非物质文化遗产传承人法律保护研究》，中央民族大学出版社2017年版，第239页。

② 同上书，第240页。

续表

序号	缺陷名称	优等品	一等品	二等品	合格品
6	焊疤	微小焊疤不超过5%	微小焊疤不超过10%	一般焊疤不超过10%	明显焊疤不超过10%
7	编结丝疏密误差	不超过2%	不超过5%	不超过8%	不超过15%
8	錾刻线条凌乱，层次不分，错刻、漏刻，刻线到位率差	刻线到位差不超过5%，其余不允许	刻线到位差不超过10%，其余不允许	錾刻线条不太流畅，主次不是很明显，刻线不到位超10%	錾刻线不太均匀，层次较差，有漏刻超过5%，刻线到位差超过15%
9	拉丝粗细不匀	不允许	不允许	丝粗细不匀，还超过2%	丝粗细不匀，超过5%
10	搓丝松密不均匀	不允许	不超过2%	不超过5%	不超过10%
11	色泽与材料不一致	不允许	不允许	不允许	色差不超5%
12	表面有水渍	不允许	不允许	不允许	不超过表面积的2%

（五）加强非物质文化遗产研究人才的培养

从我国现阶段的非物质文化遗产保护工作的现状出发，专业人才的培养，与传承人队伍的情况来看，由于各种的人才属于不同部门，培养机构、人事管理机构交叉混合，目前还没有形成统一的运作、协调管理体系。然而与此领域有关的专家、研究人员在日益增多。根据相关统计数据显示，进入21世纪以来，我国成立的非遗研究机构明显增多，尤其是在基层建立的地方性保护与研究机构更是获得了好的成果。2004年以来，我国高校开设非遗保护与研究学科建设的就多达30家。这其中有9家提出了明确的学科建设规划，及具体的教学要求。所有的这些非遗研究机构都承担的是国家与地方关于非遗的保护、传承、发展等的研究，且培养相关的人才。为非遗的挖掘、确认、保护、研究、发展、传播、传承等贡献了强大的学术支持与保证，也是当前非遗专业人才相对集中与人数较多的地方。以上的情况表明，我国的非遗研究队伍与人才都在同时良好地发展着，这虽然与目前我国非遗保护工作还存在一定的差距，但是在总体上还是在不断地涌现着一批又一批的研究人才充实着研究队伍。而且，目前我国少数民族非遗研究人才更是紧缺，尚不能满足非遗保护的实际所需，尤其是在很多情况下我们还需要这些研究少数民族非遗的人才懂少数民族语言，这就为少数民族非遗人才的培养带来了不小的挑战。

在对传承人的培养领域，主要采用"请进来""送出去"的方式，按照计划组织非遗代表性传承人在研究机构、高校、研究院进行有关的培训与深造，以此来提高传承人的文化素养与道德情操，提高他们的传承本领，丰富他们利用现代科技力量开展传承活动。激励民族文化传承人进行不断的深化研究、强化学习、勇敢探索。努力培养出有前途、有优势、有条件的新时代的代表性传承人，努力让他们为民族代言，形成相应的文化品牌，通过这些人的努力与实践对民族文化进行有效的创新及创作。并有效地促进民族文化与其他民族文化之间的交融。让民族文化能够被大众接受与传播。

（六）加强非物质文化遗产保护的对外交流与合作

1. 参与非遗领域国际规则的制定

我国文化部从 20 世纪 90 年代末开始与联合国教科文组织在非遗领域进行了全面的国际合作，并从那时开始就关注相关的保护工作机制，且积极组织与开展了"人类口头和非物质遗产代表作"的申报。并从 2001 年开始，我国政府派代表团出席了《公约》框架下的各种会议，全程参与了具体的谈判与实施细则制定各种工作。与诸多国家进行了非遗保护方面的合作、交流。2006 年、2010 年分别当选了首届和第三届委员会委员国。可以说在《公约》发展历程中，中国一直都扮演着自己应有的角色，发挥着自己积极的作用，也在奉献着自己的智慧与力量。长期以来，24 个委员国所组成的委员会，作为《公约》的重要工作机关，就《公约》的具体实施、推进国际合作等都发挥了重要的作用。委员国任期四年。担任委员会的委员国有一定的话语权，其在非遗领域中发挥着重要的影响力。所以，竞选委员会的工作是委员国的关注焦点。协商一致是联合国教科文组织的基本工作原则与方法，在此原则的引导下，各地区的选举组都是采取组内进行有效协商办法来解决竞选难题。

《公约》实施过程中，各缔约国较为关注的议题就是关于代表作名录的申报数量上的限制问题。2007 年 5 月，我国顺利地举办了保护非遗政府间委员会初次特别会议，在那次会议上，我国的参会代表团在与专家仔细研究分析，并广泛听取意见的基础上，依据当时各方面工作薄弱环节与角度出发，做出了对于申报代表作名录，以及急需保护名录的数量不做限制的决议。且就是基于这项决议，2009 年时全世界一共有 166 个非遗项目录入了代表作名录,有效地提升了国际社会对非遗的关注度。

2. 联合申报与共同保护

我国领土与蒙古国接壤,我国内蒙古自治区的非物质文化遗产与蒙古国的非物质文化遗产虽然存在一定的差异,但是大体上还是十分相似的。从近邻友好关系出发,只要遇到与蒙古国共享的非遗项目时,我国政府都会格外重视。当前,中国与蒙古国共享的非遗项目中,蒙古国单独进行了申报并列入了代表作名录的项目有"马头琴传统音乐",而我国进行单独申报并列入了代表作名录的项目有"蒙古族呼麦艺术"。两国共同申报列入代表作名录中的项目是"蒙古族长调民歌"。因此两国在非遗领域的合作拥有良好的基础。2005年时两国联合申报了"蒙古族长调民歌",而且建立了"联合保护协调指导委员会",在这个委员会的努力下,两国会积极开展联合保护,并于2009年完成了连续两年的田野调查后,2010年举办了研讨会,并联合出版了相关的普查成果,两国共同努力在此领域收获了可喜的成就。

时至2010年3月25日,依照努力达成最大共识,在求同存异的工作原则之下,我国与蒙古国的相关代表团进行了会晤。中国代表本着《公约》精神,与蒙古国代表就《中华人民共和国文化部和蒙古国教育文化科学部关于保护非物质文化遗产合作谅解备忘录》达成了初步的共识。3月27日,在上海合作组织成员国文化部第七次会议期间,时任文化部部长蔡武,同蒙古国教育文化科学部部长奥特根巴雅尔在我国海南三亚正式签署了这份谅解备忘录。在多方有利的条件下,双方分别成立了中蒙联合保护非物质文化遗产机制的领导组与工作组。为了能够更好地落实该文件的精神,我国文化部于2010年12月14日至17日,派出6人访问了蒙古国,与蒙古国10人组成的工作小组就中蒙双方非遗保护问题、申报代表作名录项目等问题进行了全面、细致、充分、诚恳的交流。双方都积极地表达了自己的看法,提出了好的意见,双方在良好的氛围中进行了会谈,达成了诸多有效的共识。

按照第一次工作小组会议达成的工作计划,2011年4月12日至17日,中蒙联合保护非物质文化遗产合作机制的第二次工作小组会议在北京隆重召开。中方派出了由10人组成的工作小组,蒙方派出了由13人组成的工作小组。在友好、融洽的氛围中双方继续就保护非遗与非遗名录申报工作进行了沟通与交流。并对第一次交流以后的各方面工作的进展与成就进行了简略的阐述，对蒙古族长调民歌的联合保护的相关成果的出版问题也达成了很好的共识。

3. 中国亚太中心与非遗培训班

联合国教科文组织于 2009 年 10 月召开的第 35 届大会上，批准了中国、韩国、日本在我国建立亚太地区非物质文化遗产国际培训中心的建议。2010 年 5 月 18 日，当时我国文化部副部长赵少华同联合国教科文组织总干事博科娃，在北京签署了《中华人民共和国政府与联合国教科文组织关于在中华人民共和国北京建立由联合国教科文组织支持的亚太地区非物质文化遗产国际培训中心（第 2 类）协议》（联合国教科文组织亚太地区非物质文化遗产国际培训中心简称"亚太中心"），正式在北京挂牌成立。这一中心属于我国建立的第一个非遗领域的国际性机构，依托与中国艺术研究院，由执行委员会、管理委员会、咨询委员会与秘书处等机构组成，且具有法律上的独立法人地位。这个亚太中心在业务方面与教科文组织开展合作，由联合国教科文组织大会批准在财务与人事方面独立于教科文组织，并是联合国教科文组织的二类中心。亚太中心的主旨工作室致力于宣传和推广《保护非物质文化遗产公约》，并且借助各方面的有利条件，组织国际性、地区性的非遗保护培训活动，提高教科文组织在亚太地区的名气、威望，并提升亚太地区会员国的非遗保护能力。并在《公约》的大体框架下积极推动亚太地区各国之间的多边合作，保护亚太地区文化多样性与创造性。亚太中心的建立不仅是我国与联合国教科文组织的创新之举，更是我国与教科文组织的强强联手。此对于我国在非遗领域中的主导地位、话语权、推动力等各方面都具有极为深远的意义。

由于我国近几年来在非遗保护工作方面取得了诸多的成就，而且亚太中心成功在北京挂牌，2010 年 9 月联合国教科文组织秘书处提出了让中国举办亚太地区非遗师资培训班的愿望。对此我国采取了积极的响应，2011 年 1 月 10 日至 14 日，我国文化部在北京举办了联合国教科文组织亚太地区非遗师资培训班。这个培训班由非遗司、亚太中心、我国文化部外联局共同承办。我国在会务准备、后勤支持、前期人员联系、经费保障等方面，全力的配合了联合国教科文组织，获得了参会各方代表的充分肯定。2011 年举办的培训班是当时全球 6 个地区性非遗师资培训班的第一站。会议期间，《公约》秘书处特意邀请了非遗领域中的国际专家，就履约工作、代表性名录清单制定、申报工作、培训教材的出版等方面进行了全面的授课与讲解。并邀请了亚太地区的 10 名非遗领域专家、教科文组织亚太地区办事处的 15 位文化事务官员等参加了此次培训。我国 8 名专家与官员以观察员的身份出席了培训班。

联合国教科文组织选择在我国举办全球第一个非遗师资培训班，不仅是对我国在非遗领域获得的成果的肯定，而且还体现出了我国在非遗领域中的影响力。而且成功举办了培训班以后，我国也以一个负责人的大国的姿态，促进了《公约》的发展，推动了其他缔约国的履约能力，也促进了亚太地区非遗工作的顺利开展。举办了培训班，丰收诸多，不仅让我们学习到了教科文组织在非遗培训与管理方面的好经验，而且拉近了我国与联合国教科文组织的友好关系。与此同时，我国也同亚太地区的专家、学者建立起了联系，有助于我国对本地区的非遗师资力量的充分了解，扩充了我们非遗方面的数据信息与各种资源，并为今后亚太中心开展此类活动提供了有效的经验。

4. 合作研究与发展促进

2009 年 3 月 27 日时，中国政府有关部门与联合国机构启动了一项报数少数民族文化的计划——中国文化与发展伙伴关系项目。联合国驻华协调员马和励介绍说此项目为期三年，总预算额多达 700 万美元，这里面的 100 万美元由中国政府通过实物形式进行兑现，其他的 600 万美元由联合国—西班牙千年发展目标基金提供。此项目初步计划在云南、西藏、贵州、青海四个地区进行试点，一边帮助政府制定与实施有关政策，一边帮助少数民族更好地对文化资源进行有效管理。中国少数民族的文化属于世界文化，也是世界文化多样性里的重要组成部分，此项计划的有效进行与实施将会为保护少数民族文化模式有一个积极地尝试与努力。

另外，2010 年 7 月。新加坡和我国的国家档案馆合作启动了一个项目——抢救保护云南少数民族历史档案，旨在利用两年时间对阿昌族、布朗族、拉祜族与独龙族的口述历史档案采取抢救性的保护。此项目主要通过对少数民族文化传承人进行采访、录音、录像等方式，将之前口耳相传的口述历史进行全面的记录与保存。通过个人的、动态的、私有的文化记录方式，对少数民族文化进行一个系统的保存。

二 私法保护制度的完善

知识产权在几百年的法律体系当中一直在不断的变化与演进，其对任何一个课题所设定的权力，都是在社会生活的发展与实践中逐渐纳入在知识产权法体系之中的。与一般的财产相比较，传统文化同样会产生利益属性，实践中物质文化的这种属性时容易看见的，然而非物质文化遗产的这种属性就较为隐性存在，需要对其进行相应的法律权利设定。此就如费安玲教授所言，当我们设计非物质文化遗产的相关制度时，主要旨在强调非物质文化遗产享有者所享有的一定权利。虽然在非物质文化遗产之中包含有人格利益与财产利益，财产利益是以有体物为载体而有所体现的，然而近代以来，法律制度中已不再拒绝对无物质载体的利益进行保护，比如人们的表演，技能的展现等所体现的财产利益。

传统文化当中包括一些有形的财产，然而更主要的是一些无形财产，这在大多数情况下，有形财产是通过无形财产的物化形式表现出来的，所以非物质文化遗产是完全可以是包含在无形财产权当中。

（一）知识产权制度在非物质文化遗产保护方面的不足

在对著作权法关于文化报保护方面的不足进行探讨时，我们主要从以下几个方面进行考虑：

第一，著作权指的是特定的作者有具体的作品存在，传统文化则不同，其主要是某个民族、群体或社团，而不是某一个人或者几个特定的人。即使是以前是由一个人进行创作，然而代代相传时，还加入了社区、民族当中其他人对其进行的改造及创新，如此就变得更加复杂与创作主体无法进行确定。知识两者之间最主要的一个区别，无论是著作权法上的作品，还是传统文化意义上的作品，传统文化创作主体一般都无法进行顺利确定其创作主体。

第二，著作权法主要保护的是已经创作完了的具体作品，传统文化是由某一民族、社区整体或部分人进行创作的，而且在历史的发展过程中会进行不断地发展与革新，这虽然是传统文化的魅力与生命力所在，但就是由于这种的不稳定性，传统文化一直都是处在未创作完成的状态下，这样一来对其进行保护是无期限的永远保护。

第三，所有的传统文化都是反映某一个民族、群落的传统文化，其具有很强的传统艺术遗产特性，此与著作权法意义上的具体作品的保护不同。

分析了传统文化与著作权保护之间的关系之后，我们再对专利制度保护传统文化方面的缺陷进行一下简单的描述：

第一，专利权主要一种对创新进行激励的机制，如果把传统文化包含在专利权的保护范围之内，那么传统文化需要满足专利权制度的以下条件：有具体的完成发明的日期、一名或者多名发明人的详细身份、有关产品的保护期与限定参数信息等。传统文化一般都很难满足以上的条件与相应的原则。

第二，专利权需要具体的专利客体具有创造性与新颖性。我们从历史角度出发，传统文化是具有创新性的，此特点符合知识产权的要求，但并不是所有的传统文化都满足，还有大部分是不符合现代知识产权的诸多要求的。因此专利权是无法保护到多数的传统文化，而且传统文化不提倡创新，因为传统文化一旦创新其真实性与原生态性都会受到影响。

第三，专利权不能保护到传统文化的原生环境。若传统文化的拥有者做不到对其自己拥有的生活方式与传统文化的保存，那么就算是通过知识产权的相应手段来保护传统文化，也会成为竹篮打水一场空。

知识产权学者、著名的专家唐广良教授也认为，在对遗产资源、传统知识进行保护，且面对利益分享的具体问题时，现代正统的知识产权理念与保护制度完全是不可以使用的。我们需要创建一种新的制度，或者在知识产权制度中创建一个新的分支，来对这些特殊的资源进行有效保护。

（二）非物质文化遗产权制度概述

1. 学者们对非物质文化遗产权的不同观点

就目前兴起的非物质文化遗产权，不同的学者都从各自不同的专业背景与研究视角出发，对其有自己不同的看法与称谓，大家对此概念的不同认识主要有以下几点：

王鹤云提出了"文化特性权"的概念，也就是指在特定民族与特定区域的人群中所形成的与流传下来的，创作主体不明，但是有充分的理由对其进行推断，时这个个人或群体的智力创造的非物质文化遗产，该成果的权力属于该群体所有，另一角度出发也就是属于国家。

还有一些学者将非物质文化遗产权作为传统资源权的一部分对其进行研究，认为此权利时一个综合的权力概念，这当中传统资源财产权主要体现的是，保有与传承主体对信息传递成果的收益与使用。使用时一般包括传承权、事先知情权、知识创新权。收益主要来自于在新的知识创新过程中对创新成本的投入。

所有的这些观点都有自己一定的道理，但是有些观点未能体现出非物质文化遗产的本质特性，尤其是所有的传统文化都不同于现代文化的"传统性"特征，有些观点更是没能在相关概念中体现出传统文化的"文化性"特点，都是在某一个角度中去关注了传统文化，如此便不利于将其提升到某一个法律制度的角度进行统一的保护。

2. 非物质文化遗产权制度的界定

我们在进行生产生活时，劳动产品可分为两种：一种是我们在物质生产中创造出来的物质产品，不仅包括了具体的外在形体，还有一定的使用价值；另一种是我们的精神在生产过程中创造的知识产品，具有非物质性的特点，其没有外在形体，但具有内在价值与使用价值。非物质性的特点让其与物质产品存在不同的利用、存在和处分的形态：第一，不会发生控制与占有；第二，不会产生使用时的损耗；第三，不会有消灭知识产品而生的有形法律处分与事实处分情况。依照这种的标准我们可以将文化遗产分为物质文化遗产与非物质文化遗产。就物质文化遗产而言，文化决定了其价值性，物质性决定了有形性。非物质文化遗产则不同，其存在与人们的观念之中，都是一些技能、表演技艺、信仰、仪式、习俗等，其本质上是无形的。

在《无形财产权制度研究》一书中吴汉东、胡开忠两位教授将我国的财产权体系分为以下三种，以所有权为核心的有形财产权制度，以债权、继承权等内容为主的其他财产制度，及以知识产权为主的无形财产权制度。还列举出了以下比较重要的无形财产权，著作权、集成电力布图设计权、专利权等。笔者比较赞同词中的划分。同时也认为，这些财产权体系的各个分支都应该是开放的，随着社会实践的不断发展，都应该随时容纳一些新的财产权类型在此划分体系当中。

（三）非物质文化遗产权制度的理论基础

1. 洛克的劳动财产理论

非物质文化遗产权这个概念主要指的是各少数民族有权分享自己的文化，并对此进行开发所得利益进行收益，这是洛克提出的劳动财产理论。而且他在《政府论》下篇的第五章中提出了自己的核心观点，其指出土地和所有的低等动物被一切人所共有，然而每个人对他自己的人身享有单一的所有权，除自己以外的任何人都没有这种权利。因此只有他可以让任何东西脱离自然所提供的状态，通过进行劳动，或者自己加入一些东西，从而使自己拥有财产。

这就是洛克著名的劳动财产论。① 有的学者对此观点进行了解读以后认为，狭义的财产指的是个人拥有的物质财产。与此对应的广义的财产有三种含义，其一是可能被拥有或被拥有的事务，比如财物、土地、财富等；其二是唯一拥有、享有、使用某物的权利；其三是归于某人的合法所有物，主要包括有形财产土地、货物、金钱，与无形财产著作权、专利权。传统社区创造了传统文化的同时还加入了自己的劳动，因此其价值性就越发明显，所以，传统文化可以成为无形财产权的一部分。

2. 马克思的劳动价值论

马克思利用"活劳动"的概念指出了商品生产劳动过程中人的脑力、体力支出。依照特定的自然地理环境，以及长期在共同的生产生活实践当中通过集体的创造性劳动，形成了少数民族的传统文化。世代少数民族成员的"活劳动"凝结在了少数民族的传统文化之中，并且使此文化拥有了一定的价值。因此，少数民族对自己的传统文化拥有"文化产权"。实践中，少数民族的文化产权制度还没有确立，因此少数民族对自己的传统文化的展示、传承、发展等都得不到产权制度的保障，旅游公司、文化经营商等随意利用民族文化资源未受到相应的制约。

3. 文化资本理论

布尔迪厄所指的三种文化资本可以理解为人力资本、文化产业、文化制度。千百年以来，传统的文化一直与传统社区相连在一起，而且都是通过肉体或精神持久的存续。比如傣族的泼水节经被开发成文化产品以后，成为了客观存在的文化产品，在各旅游景点举行傣族的泼水节。在旅游发展过程中，傣族的泼水节在民族旅游中制度化之后，也就形成了各种与傣族泼水节相关的规范及形态。比如西双版纳傣族园中关于傣族泼水节有各种的规范，对参与泼水的游客有具体的管理措施，对泼水员工使用水、管理水资源等都有相应的规定。

（四）非物质文化遗产权制度的构建

1. 非物质文化遗产权的主体

对非物质文化遗产权的法律保障问题进行讨论时，主要还是要对谁对

---

① ［英］洛克：《政府论》（下篇），叶启芳、瞿菊农译，商务印书馆2004年版，第18—19页。

文化享有权益、享有什么样的权益、如何保护自己的权益进行着重讨论。然而当前对此的法律保障是一个较为缺失的问题。

（1）非物质文化遗产权主体的设立

对此概念的肢体问题学者们提出了以下的主张：第一，国家说理论。比如"民间艺术作品作者的不确定性，决定了只能由国家当然地作为整体著作权的所有者和行使者。"第二，少数民族说理论。例如对中国首例民间文学艺术纠纷案，即《乌苏里船歌》案的主审法官北京市第二中级人民法院知识产权庭庭长王范武认为，"民歌是一个民族的集体财富，因此民族中的任何一个成员都有权主张著作权。"第三，专门机构说理论。比如有些学者认为，应建立一个专门的组织，该组织由法律直接规定由其作为权益主体来对自己的文化权益进行保护。该组织不具有任何的官方特性，相当于一个自治的民间组织，由其来行使具体的文化权益，而且将与此有关的收益直接运用到群体文化、经济事业及组织日常运转。

本研究认为，基于我国的基本国情与国内各方面的发展水平，应当支持双重主体说理论，因为非物质文化遗产权的权利主体是少数民族或传统社区，管理主体则是国家与传统社区。理由如下：

第一，双重主体的设置可以有效地客服"国家说理论""少数民族说理论"的不足，更有利于对非物质文化遗产权的保障。而且，民族的迁徙、交融都会促使少数民族传统文化的流传不会限制在某一特定区域当中。如我国西北地区的"花儿"时居住在甘肃、青海、宁夏回族自治区的汉族、回族、东乡族、撒拉族等民族传唱的一种山歌，实践中我们很难确定其是哪一地区的哪个群体或者民族所有，这种情况下，应当规定国家是这种非物质文化遗产权的主体，并对其进行有效保护。

第二，对非物质文化遗产权进行保护时，一定要依靠少数民族或传统社区的参与，而且要在条件成熟的情况下，国家应该从管理者主体的身份当中逐渐退出来，这是历史发展的必然。例如，随着云南丽江民族旅游业的不断发展，纳西族的东巴传统文化的保护受到了政府、社会等各界的极大重视，随后就出现过空前的复兴前景。但是东巴传统文化在其原生的环境中，也就是纳西族的民间已失落，与前述情况有较为鲜明的反差。因此，对民族传统文化进行保护时，若得不到原生环境与创造者及主人公的带动与支持，对民族文化的保护还是充满一定困难的。所以，如果排除了少数民族及传统社区的参与，只由国家成立的相应的机构及非政府性的民间组织来行使该权利,不利于少数民族保护权益意识的觉醒。

第三,1994年时,第三世界网络就提倡过将社区作为传统知识的权利主体。当时提出的《社区知识产权法》指出,作为所有人,社区终究会不放弃对创新与知识的排他权。"双重主体说理论"是很好的落实民族区域自治法中"上级国家机关职责"的体现所在。在今后的民族地区发展过程中,非物质文化遗产会对少数民族的发展带来新的动力,在该动力之下,少数民族非物质文化遗产权中的经济权益的有效转让也会带来巨大的经济利益。

(2) 双重主体的运行

当前对非物质文化遗产进行保护时,保护主体是存在一定的混乱状态的,而且各主体之间的职责、权限都不是很清楚。以贵州省安顺市平坝县的天龙屯堡为例,推动这个地方的文化保护工作的主体至少有以下五个主体,分别是:平坝县政府、天龙镇政府、天龙村民委员会、已经"买断"天龙镇古老街区和天台山经营权的旅游公司、主导"民族村镇保护与建设"工作的省建设厅。如此多的主体势必会为工作的顺利进行带来一定的麻烦。在对非物质文化遗产权的行使过程中,成立的一些民间团体,可能会在政府部门与团体之间为传统文化的有效保护,探索出一条崭新的道路。"非物质文化遗产权集体管理组织"中设立一些专职岗位,由具体的专职人员负责差 UN 通文化的保护工作,且由所有少数民族、若干专家、社区代表组成该组织。遇到重大问题与具体的事项该组织听取各方人员的意见,进行投票决定。

对于精神权益的行使,一般由少数民族及传统社区可以进行,无须代为行使。唯一存在的问题当此类权益受到侵害时,由哪个主体向司法机关请求救济,这种情况下需由"非物质文化遗产权集体管理组织"进行行使,遇到经济性权益时,择优民间团体进行行使。所得到的收益直接用于开发、保护、推广、发扬本区域的非物质文化遗产事宜。

2. 非物质文化遗产权制度的客体

(1) 进入公有领域的非物质文化遗产的排除规则

"公有领域"这一词语在这里指的是那些可以成为私人所有,且任何一个公共成员都享有合法权益进行使用的内容。依据一般的法理,进入到公共领域中的非物质文化遗产,相当于已经成为了人们的共同财富。不再会成为非物质文化遗产权的客体,也不会受到该权利的保护。对于非物质文化遗产本身而言，最重要的是我们要判断某一个非物质文化遗产是不是真正进入了"公有领域"，还是看其在本民族或本社区内的领域公开。

（2）宗教性传统文化的排除规则

少数民族的非物质文化遗产中有一些是与宗教元素有关的，带有其较为神秘的特点，此种特点就使得少数民族传统文化具有了一定的封闭性。在一些少数民族当中，关于万物起源与宇宙初创的故事，一般人都不可传唱，其都是在祭祀活动与葬礼活动场合由巫师向人民传诵的。"显在文化"的理论是潘盛之教授教授的观点之一，指的就是与特定的物质有紧密的关系、显露在外、人们可以直接感知到、有明确的物质形态与之对应，比如住房、服饰、实物、生产工具、寺院、语言、文字等都属于显在文化。而价值观、态度、知识等就属于"隐性文化"，其主要作用在人们的精神生活里，不易被人们察觉与感知，也不会通过特定的物质形态表现。

宗教作为一种传统文化，其指的就是爱在传统的社区与传统的部族内部，有宗教信仰意义的传统文化，其主要包括宗教信仰习惯与实践活动，并与这些有某种关联的传统知识。这些传统文化不可以用知识产权法等私法对其进行调整，应该由公法进行有效的规制。需要注意的一点是与宗教有关的文化、知识等内容，是属于私法的调整范围，可以成为非物质文化遗产权的保护对象。

（3）合理使用的排除规则

这种规定主要包括：第一，不仅要支付使用费而且要得到许可的情况。在传统背景和习惯范围之外、表演、摄制、出租、展览、复制，并通过有线无线或其他方式给公众传播民间文学艺术时，享有收取使用费与许可的权利。第二，不用取得许可，但要支付使用费的情况。对相应的非物质文化遗产内容进行表演、转录、改编，通过有形的方式固定后再对其进行使用。第三，不用取得许可也不用支付使用费的情况。这主要是在对传统文化进行合理使用时才可以如此。笔者认为，这种的观点十分有道理，在对非物质文化遗产权的相关制度进行立法时完全可以进行考虑。

3. 非物质文化遗产权制度的内容

（1）署名权

署名权不仅代表了创作群体的身份，而且还证明了该群体使非物质文化遗产权的主体，其也是精神性权益的核心内容。此权利对于权益的主体而言尤为重要，其对创作者的声誉的提供方面具有巨大的作用。《民间文学表达形式保护条约》(草案)中指出:所有的使用者在对民间文学形式进行使用的时候,一定要对它的来源进行详细的指明,不但要指出是来自哪个居民团体与部落,而且要对其地理位置的来源进行具体的指明。

(2) 文化尊严权

文化尊严权可以在著作权法中被称为保护作品完整性的权力,也就是对非物质文化遗产的表现场合、表现形式及文化空间与本意保持完整与不受歪曲的权利。此也被有些学者称之为"保真权"或"反丑化权"。这就意味着需要依照传统文化的来源群体所具有的世界观与价值观,来对特定文化及宗教进行充分的理解与利用。

(3) 文化发展权

这当中较为重要的一点就是知情同意权,也就是对少数民族的非物质文化遗产进行有效的开发时,事先需要告知该少数民族并取得他们的同意。在对非物质文化遗产权制度进行立法时我们可以借鉴《生物多样性公约》里的相关规定,比如在公约中就对事先自由知情的原则有些许的规定,因此我们在对非物质文化遗产进行开发想要获得传统社区的事先自由与知情同意,并且要对开发所得的利益进行有效的分享。

(4) 使用权

使用权可以有自己使用与授权使用两种,自己使用主要是本民族或本社区内部的成员使用,其是一种非商业性的;授权使用则是授权对本民族与本社区内部成员以外的个人与组织使用,这则可以是商业性与非商业性使用,主要还是指商业性使用。因为非物质文化遗产权合理使用属于非商业性使用的范畴,是一种自动授权。商业性授权使用属于非独占性使用的许可,也就是在授权以后,本民族或本社区民众可以继续使用自己的非物质文化遗产,在这过程中也不可以排除他人对其进行非商业性的使用。

(5) 获得收益权

此权利指的是传统社区以外的他人、组织,对自己的传统文化进行商业性使用时,传统社区有权从中获得一定的收益与报酬的权利。对此项权利多数国家有如下规定,若以商业目的使用民间文化艺术,一定要支付一定的费用。还有一些国家规定,可以收取一些必要的费用。对此澳大利亚学者卡迈尔·普里提出了"公有领域付费制度"。即对于一些进入到公有领域的作品可以进行不受限制的使用,只需从该作品的使改编所生的具体效益中抽取相应的百分比进行付费。不管是采取何种的方式,传统社区从其非物质文化遗产中获得一定利益的权利,在学术界还是受到广泛的认可的。

(五) 非物质文化遗产传承人的权利

1. 普通传承人的权利

普遍传承人是在非物质文化遗产的传承保护过程中,掌握非物质文化遗产技艺的人,也是原始材料的提供、搜集、整理、改编的人。我国学者李磊对普通传承人的权利进行了深入的研究,指出他认为,原始材料提供者是指民间文学艺术的来源群体中的提供原始材料的讲述人、演唱人、制作人、表演人、收藏人等。原始材料提供者,仅仅是民间文学艺术的传承人,无论如何,也不能替代民间文学艺术的作者,两者之间是源与流的关系。譬如,土家族服饰农民收藏家田昌杰就因其收藏了许多藏品而成为土家族民间服饰作品的传承人。藏族演唱大师桑珠老人,因能够演唱45部以上的藏族史诗《格萨尔》而成为藏族史诗《格萨尔》的传承人。

我国的《著作权法》第12条规定:改编、翻译、整理、注释已有的作品,所产生的新作品的著作权应由这些进行了具体的改编、注释、整理、翻译的人所享有。由于非物质文化遗产所具有的特殊性质,所以这里所指的整理者不包括对非物质文化遗产进行整理的人员。对非物质文化遗产进行整理的人员所做的工作不是对古籍等的已有作品进行整理,而是对无形的,靠口传心授将流传的非物质文化遗产进行真实的记录过程中,所付出的大量劳动。虽然付出了具体的劳动但是整个过程缺乏一定的创造性,所以要对其赋予相应的权利,不能只按照《著作权法》中的"整理者"的称谓赋予其著作权。一般而言,非物质文化遗产整理者的权利案当中应包括对记录者的身份进行表明,并为自己的记录与整理获得相应报酬等。

在对非物质文化遗产进行公法保护的方面,最主要的问题还是对非物质文化遗产的传承,传承中主要关注的是传承人权利保障问题。我国《非物质文化遗产法》第29条规定了代表性传承人资格认定,第30条规定了代表性传承人的资助举措,第31条规定了代表性传承人的义务。遗憾的是这部法律中没有对代表性传承人的权利作出明确的规定。这种情况下那非物质文化遗产传承人是否应享有某些法律上的权利呢?对应著作权法的有关规定,并结合非物质文化遗产的特点,笔者认为普通传承人应该具有署名权、表演权、发展权、传承权、获得帮助权等权利。

(1) 署名权

按照一般情况，署名权属于精神性权利的一部分，主要指的是作者有权在自己的作品上进行署名，以对大众公告出自己是作者的身份。1982年联合国教科文组织与世界知识产权组织通过了《示范法条》，其中规定，对公众进行传播印刷的所有出版物，都需要进行一定的注明，明确民间文学作品的出处，这里的署名权时对作品的来源进行标明，是一项非物质文化遗产来源群体的权利，并不是传承人的权利。而且，署名权的另外一个重要的意义是作者有权禁止没有参加作品创作的人署名。

比如侗族大歌涉及整个侗族的集体利益，传承人对外可以署名其是"侗族大歌传承人"，这种做法是对整个民族权利维护的表现，也是对内按照不同情况作不同的署名。这种的署名方式包括以下三种：第一，通过地名的方式进行署名。比如现实中有"小黄侗族大歌传承人""茅贡侗族大歌传承人"等的署名情况。这是一种对民族村寨或者地名权利的维护；第二，按照歌曲创作人的名字进行署名。比如"嘎大用传承人"（即陆大用的歌）、"嘎万麻传承人"（即吴万麻的歌）等，这是对民族民间艺人权利的维护；第三，按照歌曲表现的不同内容来进行署名。比如"蝉之歌传承人"、"上山歌传承人"等。

(2) 传承权

少数民族非物质文化遗产的传承人拥有传承权，这种权利时传承人把自己所拥有的技能、知识，传承给自己选择的传承人。其内容主要包括以下几点：

a. 下一代传承人选择权

为了能够让文化遗产更广泛、更好的发展与传承下去，下一代的传承人的选择没有太多的限制，可以时家族范围以内进行传承，也可以是在少数民族群体内进行传承，可以由传承人自己挑选那些有天赋与适合传承的人对其进行传授。然而考虑到对少数民族文化的热爱之情与文化积淀因素，可以偏向对该少数民族的成员的侧重。传承时，传承人也会有很多的精力与物力的消耗，因此在传承过程中可以收取一些必要的费用。需要注意的一点就是传承人选择怎么样的人作为传承人是他自己的权利，选与不选都应予以尊重。

以传统医药为例，对下一代传承人的进行选择时一般会从以下几点进行考虑：第一，道德与智慧。医药学与生命相关，而且难度极高。苗、侗、彝、藏、蒙古族等传统医生都共同意识到，传承人必须首先要具有良好的道德、素质与耐性，且要聪明伶俐。救死扶伤时医者的本职，要具有不求财，不索取，不乘人之危，治病救人的追求目标。这些是被传统医生普遍认可的基本条件。传统从医人员还认为，好的品德能够辅助医生提升自己的医术。这不仅是对生命的最基本敬重所在，也是缓和医患关系的良方。第二，年龄。传统的医生认为，学徒入门越早对其学习更有利。第三，内外亲疏。在侗、苗、彝族的传统医生选择传承人的规律中有一种规律，即传子不传女，传内不传外。因此他们在选择传承人时会首先选择自己的子嗣，然后再是家族里的其他子侄。此外遇有特殊情况遇到缺乏男子子嗣的情况时，婚亲、女儿就可以成为必然的传承人。第四，宗教。由于历史中信仰国藏传佛教，蒙古族与藏族群众过去经常将自己的男孩送到寺庙学习医学、天文、佛学等基础知识。藏医世家的弟子一般都是先进入寺庙学习，然后在回家深造藏医药方面的知识。蒙古族、藏族医药的现代教育水平兴起之后，男孩去寺庙学习的情况发生了改变。他们不再用去寺庙学习知识，通过现代教育进行科学知识的学习。即便是这样，但是宗教的力量依然在蒙古族、藏族的医药知识的传承中发挥着一定的作用。第五，传授知识的范围。和恩多民族医药中祖传下来的秘方，只可以传授给予传承人有血缘关系的下一代传承人。比如按照老藏医的传统习惯，祖传的一些秘方只可以传给家人，若无传承人就会遗憾的失传。

b. 传承方式选择权

非物质文化遗产的传承方式如何采取，一般都由传承人自己决定。也就是说，传承人有权自己决定通过何种的方式将自己掌握的非物质文化遗产传授给徒弟。一般情况下传承的实现形式大体包括社会性传承与自然性传承。自然性传承指的是：在无社会性干预的前提条件下，主要依赖个体行为而进行传承延续某项非物质文化遗产，典型的例子就是个体之间进行"口传心授"。如任何一种民族医药知识的传播都离不开师父的示范与耳提面命。言传身教的方式在侗族、苗族等有语言无文字的民族当中起着巨大的作用。通过上山采药、制作药材、用药复诊等阶段只有学生实实在在地在实践中学习民族医药的知识，才可以实现传承。每逢春、夏两季，蒙古族、藏族寺庙的喇嘛会上山采药，医药院校会组织学生去野外进行学习，并由老师进行汤剂、散剂、膏剂、丸剂等的药物制作方法。侗族、苗族医药知识一般也是通过言传身教方式进行传承。

社会性传承指的是在某些社会力量的干预下所进行的传承。这主要包括政府机关、行政部门、社会团体等通过各种有效的行为进行干预与支持。学院进行教育的模式在蒙古族、藏族医药中有出现过，且在其传承过程中具有重要的地位。然而在侗族、苗族、彝族医药传承中未发现任何传统医生接受过系统、专门、正规的民族医药院校的教育。这种情况与我国民族医药高等教育的现状相符。也就是苗族、侗族、彝族的医药没有纳入在现代教育体制当中。蒙古族、藏族医药与20世纪50年代起有了现代教育模式，迄今为止已培养出了许多本科、硕士、博士学位的高级专门人才。

学院教育与自学、祖传、师传的学习方式不同。学院教育的方式是在最广泛的范围内，面向全社会进行传承人的选择。而且传授的内容是经过长期的临床检验而对获得的知识进行有效的学习，这种的学术严谨性远超其他的传承方式。从此意义上进行考虑，学院教育很好地扩展了民族医药传统知识可以传承的深度与广度。但是学院教育模式由于规模大、投入大等诸多因素，需要国家层面的政策、资金等的支持才可以进行开展。蒙古族、藏族医药的传承能够有很好的延续状态，就是因为得到了国家的支持与政策的照顾。

侗歌是侗族医药知识传承中的一种特有方式。侗族是擅长吟咏，其很多文化都以歌曲的形式进行传承，医药知识的传承也在这之内。侗歌："古闷冬庚系韭梭，得地长庚系冷垠"，"索冷拱晕庚喂病，庚对董梭转变冷"，意为"天上生人是股气，地下养人是水和土"，"气多气少人遭病，人死断气转化水"。侗医和冲傩认为，天的顶看不见的，属于股气。地则是一种有形之物，包括土与水。人由气所生，而又由水和土所养。因此在侗族歌中流传有："翁哽将退焜，翁噶将杜给，翁荡将退播赛耿，消腌欲用巴当同"的唱词，意思是，苦药可以退热，涩药则可以止泻，药香可以止痛与消肿，关节疼痛则要利用叶对之。这就是一种利用侗歌传承草药功效知识的典型例子。

c. 惩戒权

任何一种教育教学活动的顺利进行，及目标的有效达成都需要有与之对应的良好秩序作为保障。这种秩序的有效达成需要惩戒的方法。因此在对非物质文化遗产进行有效的传承时，有必要对传承人赋予惩戒权。而且此权利的使用要有一定的限度，也就是当传承人使用该权利的时候，需要遵守国家的一些基本法律。在不违反基本的人权范围之内对此权利进行有效的使用。

对于技艺传承进行保护时，则是在动态与静态两方面更有体现。静态指的是资料的收集与整理，尤其是对一些年龄已高、资历较深的传承人的技艺，通过书籍、影像等的方式进行有效的记录。动态指的是设立传承基地，带徒弟获得补贴等。当前除了资金问题之外，没有很好的演出场地与培训场地也是传承人需要面对的主要瓶颈问题。

d. 改编权

理论层面上，传承人不是非物质文化遗产的创作者，其也肯定不可以在无创作者允许与统一的情况下，将文化作品进行任意的改动。然而传承人也不是与文化遗产不会有丝毫关系的人，其是占有者与拥有者，且更是懂得文化内涵的，一般情况下他们还是所有权群体中的一员，所以笔者认为，传承人应当拥有对非物质文化遗产的改编权。依然以侗族大歌为例，一般的主流观点认为，任何一个人对侗族大歌在乐器、翻译、填词等方面进行改编与创作，首先必须忠实于大歌的原意，还要尤其注意标明"改编自侗族大歌"的标识，坚决不允许冠之"侗族大歌"而进行面目全非的改编。改编的作品需要依照不同的情况而对其做不用的署名，若是在侗族大歌的曲调、素材的基础上进行了些许的艺术性处理，可以将其署名为"改编自侗族大歌，×××作者名"；若无法确定侗族大歌的原型就进行了对歌曲的创作，应将其署名为"作曲取自侗族大歌曲，由×××改编或整理，×××作词"。

侗族大歌是用侗语进行演唱的，然而近些年在贵州岩洞的侗族大歌队在邓敏文老师的指导下，2011年歌队在前往日本进行演出时，利用了4中语言：侗语、汉语、英语、日语演唱了侗族大歌，这是一种极具有创意的改编方式，效果如何还需进一步的观察。

e. 发表权

发表权指的是非物质文化遗产的传承人有权决定自己所掌握的有关作品及信息，是否公布与大众的权利。由于与非物质文化遗产有关的这些作品是有些民族与群体自己的作品，而且在这些少数民族与群体看来的有些宗教仪式是圣神与不愿为他人所知，不愿进行发表的内容。不管其是否会形成一定的赢利，但都会影响到该群体的精神利益。因此非物质文化遗产的传承人对其掌握的非物质文化遗产的公告与否都最终的决定权。

例如，外来人发现贵州省黔东南州从江县的占里村的百姓当中有古老的生育调节秘密。经过对政府的人口档案查实发现，解放初该村的总人口为700人，经过历次的人口普查核实后，至今全村158户侗族人家，本村的人口总数还是控制在了730人上下，而且每户绝对只生育了一男一女，无一户超生，50多年来一直没有太大的变化。和这个地方有一个风俗，就是每年古历的二月初和八月初，都会进行婚前生育宣誓的活动，这是他们祖传的规矩一直没有丢。远在唐朝时期，一大批越地属人便从梧州沿柳江而上，来到了九万大山，深入到了高原腹地，先人定居以后寨名就起为了占里。到清朝时由于村里人多地少，生活水平就降低了，使得偷盗、械斗等行为频繁发生，且没有控制生育，人口就只升不降。到了晚清时，有个寨老叫吴公力，其提出了控制人口、节制生育的主张，得到了多数人的支持。随即就立下了寨规：每对夫妻只可生育一男一女，不可以多生；而且凡是要成家的男女，也要在寨老面前许诺只会生一男一女，寨老住院以后他们才可以成家。自那以后全寨的人口基本保持在了700人，目前这个村的人口约是730人。当时立下的寨规也一直沿用到了现在，寨规不变人心也不变。大体程序是少了几炷香后，一个寨老手摇铃铛，口里念念有词并吁鸟枪。接着成家的男女宣誓："严守古训，只生育一男一女。"寨老们提酒走到男女面前，在其头顶沾酒弹指表示祝福。①

这个寨子有个老奶奶明教吴萨建，知道一种"换花草"的古传秘方。其是一种山上的草药，其主要以一药为主，再配上七八种不同的草药，这副草药就可以对腹中的胎儿性别起到决定性的作用。因此，全村的每对夫妻都是生育一男一女。这个古传下来的秘方，这位老奶奶是不会传出去的，而且家族当中也是有规矩，知道这个秘方的老人临终前才会把这个秘方传给自己的女儿，不会传给儿子与媳妇，且只在本村代代相传下去。

f. 表演者权

表演者依据相关的法律对自己的表演所拥有的权利指的就是表演者权，这是一种与著作权较相邻接的权利，主要包括以下内容：表明表演者

---

① 陈昌槐：《贵州省从江县占里村藏有古老的生育调节秘密》，《人民日报》（海外版）2005年5月5日。

的身份、保护表演形象不被歪曲、允许他人对表演进行直播与公开传送、获得报酬、允许他人对表演内容进行录音录像、允许他人复制、允许他人对表演制作成录音录像制品等，非物质文化遗产的传承人作为非物质文化遗产的表演者，自然对自己的表演享有相应的权利。

实践中我们可以从雷秀武先生的研究状况可以看出，侗族大歌的表演者认为对侗族大歌进行立法保护是很有必要的。就简单的演唱权方面，被采访的人认为，侗族大歌时侗族特有的独特的民族音乐文化，为了能够此文化不被别人仿造、歪曲，并为了能保存其纯正性，需要由侗族进行演唱，也应该只能由侗族才可以享有演唱权。只要没有通过侗族人民的允许，而冒用侗族大歌的名誉进行演唱的行为都应被视为侵权。被采访者还认为，目前侗族大歌开始从民间舞台逐步走向国内、国际层面的大舞台，在各种舞台进行表演时，都是由演唱者展现其艺术价值的，所以对演唱者的权利进行保护自然很有必要。除此之外的传播权方面，被采访者认为，因为侗族大歌专属于侗族，无论其他人或其他组织对其进行传播，都需要获得侗族的同意与许可，传播的途径、内容、形式、范围等方面也是相同。

g. 尊严权

此权利可以在著作权法中成称之为保护作品完整权，即对非物质文化遗产的表演场合、表演形式、文化空间以及本意进行完整与不受歪曲的权利。此权利也被有些学者"保真权"与"反丑化权"，其类似于普通版权人身权中的尊重权或保护作品完整权。这就意味着我们应该依据非物质文化遗产来源群体所持有的世界观、价值观的基础上，在特定的文化、宗教背景下去理解、利用和诠释传统文化。由于非物质文化遗产对外一般代表着该民族等群体，若对传统文化进行肆意滥用、破坏，会伤害民族的自尊心。因此需要赋予权益主体与传承人尊严权。若此项权利受到损害就会出现"文化贬低"的现象。此种伤害的表现形式主要是把民间艺术品放置在传统置放处以外的地方进行展示，以及将民间艺术品违背原创目的的形式进行展示等。

> 早在 2004 年的全美音乐颁奖晚会——格莱美颁奖典礼上，一个名叫 OUT KAST 的二人组合，用印第安风格的轻柔旋律表演了一首"HEY YA！"的歌曲，当时获得了满堂喝彩。就在一段神秘旋律响起

后，台上紧接着响起了低音，且舞台上慢慢地出现了类似于宇宙飞船的物体。然后 OUT KAST 两个成员与一群舞蹈演员出现在了台上，在加利福尼亚大学的乐队的伴奏下，OUT KAST 完美的唱完了这支流行单曲，并在当晚的颁奖典礼中获得了三项格莱美大奖。就在他们进行表演的全过程，现场的气氛达到了最燃点，这使得演唱者与后面的表演者越加兴奋，舞蹈演员中的大多数都是非裔美国人，他们在舞台上身着比基尼、头戴羽毛的欢快跳舞，他们的舞蹈编排中包括了一个平坦的手掌对张开的嘴巴进行排击的动作，是模仿传统部落战争中哭喊的情景的。在那次的格莱美颁奖典礼上由于 OUT KAST 的精彩表演，这歌曲与舞蹈获得了巨大的成功。但是不久后由印第安报社就报道出了土著群体对 OUT KAST 表演行为的巨大抗议。原因就是印第安人仅在仪式中所用的象征物，羽毛及战争绘画被滥用在了这些表演中，有人对此心存愤怒。而且最让印第安人不能接受的就是，歌曲"HEY YA！"的前奏部分的旋律是 NAVAJO（DINE）的圣歌"BEAUTY WAY"，此歌曲意味的是"恢复和谐与和平"，根本就不适合娱乐目的的使用。①

2. 代表性传承人的特别权利

高轩博士对代表性传承人的特别权利问题有其自己的见解，其认为此权利包括：依法开展传承活动、获得报酬、获得相应资助、对修缮及管理享有知情权、著作权法规定的其他权利等。李秀娜博士则认为应该包括：使用权、注册权、文化尊重权、利益分享权、防止剽窃权、发源地披露权等。

而关于法律中规定的代表性传承人的义务主要有：开展传承活动，培养后续人才；有效的保存有关实物与资料；配合相应的政府部门与其他有关组织做好对非物质文化遗产的调查；对非物质文化遗产进行公益性宣传。以上代表性传承人享有的权利与法律规定的义务都是确定其法律地位的根本依据。我们认为之前的两位学者没有对普通传承人、代表性传承人

---

① Angela R. Riley, Straight stealing: Towards an Indigenous System of Cultural Property Protection, Washington law Review 80, Wash. L. Rev. 69, 2005. pp. 1-2，转引自张耕《民间文学艺术的知识产权保护研究》，法律出版社 2007 年版，第 81—82 页。

的权利进行有效区分。代表性传承人除了上述普通传承人拥有的权利之外，还有如下的一些特别权利：

（1）获得帮助权

获得帮助权指的是代表性传承人或原材料提供人员，为了更好地传承非物质文化遗产，从国家与社会有权获得物质帮助与政策支持的权利。

对于那些没有经济收入来源，以及生活的确有困难的国家级非物质文化遗产项目代表性传承人，所在地文化行政部门应当积极的为其创造出好的条件，且鼓励社会组织、个人等进行资助，努力保障他们的生活需求。比如，中央财政从 2008 年开始，为国家级非物质文化遗产代表性传承人给予每年每人 8000 元的资助。从 2011 年起这个资助金提高到了一万元，近年来提高到二万元。目前，很多的省区市及地方政府都公布了地方性法规来有效的保护非物质文化遗产代表性传承人，还通过举办各种活动的方式促进了非物质文化遗产的传承与保护。

（2）经济利益分享权

该权利有两个不同的层次，第一层次主要是非物质文化遗产说有权人应该从此项遗产的商业性开发中获得相应的利益。雷秀武先生的相关研究中表明，以侗族大歌为例，有很多的主流观点认为，侗族大歌的经济价值目前还没有在市场经济的运作下得到全面的体现，但也在此领域体现出了经济价值潜力。第一，当前有些民间艺人通过组队的方式在外地旅游景点进行表演获得了一定的报酬，但这只是付给演员的一些劳务费而已。有点不公平的是，除了劳务费以外没有给侗族大歌的所有权人多余的报酬。第二，当前民间出现了一些私人通过制作侗族大歌光碟进行销售的情况，而且此利润没有与侗族大歌的所有权人进行分享。所以在这过程中应当主张经济利益分享权。

此权利的第二个层含义指的是，代表性传承人应该从一些商业活动中获得一些与非物质文化遗产有关的利益。目前除了从知识产权制度获得保护以外，非物质文化遗产的其他商业利用活动中理应获得一些经济利益。例如，目前各地开发旅游产业时，地方政府与代表性传承人所在的社区与族群，都会把非物质文化遗产融入旅游开发之中。毕竟在商业化发展过程中，非物质文化遗产代表性传承人具有不可或缺的作用，且其起的作用都要比一般的社区、族群的成员作用要大。

另外，代表性传承人还可以利用自己的称号，同有关的企业进行签订合同，为相关产品做宣传，从而获得相应的报酬与一定的经济收益。然而，在此类的活动中需要确保不能以代表性传承人的称号与名誉来误导消费者，而是要在相关商品有非物质文化遗产元素。就一些具有市场推广价值的非物质文化遗产技艺，代表性传承人完全可以通过经营实体店的形式进行对相关非物质文化遗产的推广与宣传。如此可以获得更多的经济收益，扩大非物质文化遗产的推广、宣传与传承。

第七章

公共文化服务保障法治

在公共领域的建设和形成过程中，文化起着极为特殊的作用。可以说，公共文化确定了公共领域的边界。公共文化包含着一定公共领域范围内所有人共同认同的某种观念或价值。小到村落，大到国家，公共文化的构建与形成对于增强区域内人民的认同感、自信心、凝聚力具有重要意义。公共文化服务保障是迅速构建起公共文化服务体系，进而能够更好地保障公民文化权利的重要内容。目前我国颁布的《中华人民共和国公共文化服务保障法》已明确确认了：国家进行主导、公众全面参与的公共文化服务保障的良好格局，其制定、实施是我国保障公共文化服务的关键一步。

第一节　公共文化服务保障立法概述

一　公共文化服务保障的中央立法

时至2007年时，中共中央办公室、国务院办公厅发布《关于加强公共文化服务体系建设的若干意见》时，就对快速建立覆盖全社会层面的公共文化服务体系提出了相关意见。明确指出，要建立与我国实际相结合、相适应的公共文化服务体系需要遵循网络健全、发展平衡、结构合理、运行有效、惠及全民的基本原则。通过政府的有效主导，公益性文化单位与相关工作人员为基本骨干，鼓励全社会能够积极参与，努力做好该项事业的良好发展。争取通过电视、广播、书籍、报纸等，让群众百姓充分加入文化活动之中。《"十三五"时期贫困地区公共文化服务体系建设规划纲要》里明确提出：到2020年时，我国贫困地区公共文化服务体系建设的总目标如下：文化服务水平以及公共文化服务能力有较为明显的改善，基本公共文化服务主要指标接近全国平均水平，群众基本文化权益得到更好的保障，公共文化在提高群众科学文化素质、促进当地经济社会全面发展方面发挥更大的作用。对于如何保障这一目标的实现，《"十三五"时期贫困地区公共文化服务体系建设规划纲要》从完善设施建设、促进均衡发展、增强发展动力、提高服务效能、推进数字服务、加强队伍建设、开展文化帮扶、助力脱贫致富八大方面做出了全面部署。对于推动贫困地区公共文化服务体系建设，保障公民的文化权利，真正实现公共文化服务的均等化具有重要意义。

2015 年初时，中共中央办公厅、国务院办公厅发布了《关于加快构建公共文化服务体系的意见》，该意见明确指出，到 2020 年时公共文化服务体系需要做到覆盖城乡、便捷高效，并为"保公平、促基本"的现代化文化发展服务。而且要保证公共文化设施及网络在全国得到全面覆盖，公共文化服务的手段与内容需要更加的丰富多样。公共文化的管理、运行方面，及保障机制等都有明显的完善。逐步形成政府、市场与社会"齐参与、共分享、齐收益"的格局。只有人民群众的基本文化权益能够得到全面的保障，文化服务、文化共享、享受文化等方面的工作才可以稳步提升。2017 年 3 月 1 日起实施的《中华人民共和国公共文化服务保障法》明文规定为了加强公共文化服务体系建设，丰富人民群众精神文化生活，制定本法。

国家的政策、决定、法律是关于公共文化服务保障的顶层设计，中央在公共文化服务保障中的投入与立法不断扩大与增加，是坚持全面依法治国的必然要求。纵观我国已经颁布实施的 240 多部法律中，文化类立法少之又少，可谓是我国法治建设中的一块短板。我国文化类法律中，仅有对公共文化服务保障进行规范的《中华人民共和国公共文化服务保障法》，对文化传承与保护进行规范的《文物保护法》和《非物质文化遗产保护法》。国家在保护公民文化权利、发展公共文化、保障公共文化服务方面的主要立法举措是出台相应的政策、条例和决定。法律的缺失必然会导致公共文化建设、公共文化服务体系完善、公共文化服务保障方面的暂时性与不稳定性。反观世界上的其他国家，大都十分重视文化方面的立法，不仅建立有完善的文化立法体系，如韩国在文化立法上就有文化产业类振兴法 12 部，日本制定有《海外美术品国内公开促进法》《原创内容创造、保护及利用促进法》《传统工艺品产业振兴法》《博物馆法》《图书馆法》等 13 部法律，而且大多数国家制定有文化基本法，如蒙古国、日本、哈萨克斯坦、泰国、俄罗斯、乌克兰等多个国家都制定有文化基本法，对本国的文化活动提供法律依据。韩国的《文化艺术振兴法》明确指出该法的立法目的旨在支持振兴文化艺术的事业和活动，促进传统文化艺术的传承与文化创新，致力于推广民族文化。俄罗斯的《文化基本法》开篇则指出，该法本着记录文化价值的建立与保护，本着让全体公民通过文化发展掌握社会经济的进步和民主的发展，本着强化俄罗斯联邦主权与完善之间不可分割的关系，本着促进各民族文化合作以及俄罗斯文化与世界文化的一体化进程，制定文化基本法，作为保护与发展俄罗斯文化的法律基础。对于维护公民的文化权利；保障公民自由地参加文化活动；确定文化活动主体关系的原则和法律准则；确定国家文化制度、国家支持文化的法律准则和保证国家不对创作过程进行干预的原则予以确立。日本颁布的《文化艺术振兴基本法》针对在 21 世纪的今天，物质文明日渐丰富而文化艺术发展的基础环境并不十分完善，在继承和发展传统文化艺术的同时又急需促进具有独创性新型文化艺术的发展的现状下制定。全法共 3 章 36 条，其中用 29 个条款对文化艺术振兴的基本措施进行规定，其基本措施涉及文化艺术的方方面面，为该国的文化艺术振兴指明了方向。哈萨克斯坦为调解境内有关创造、复兴、保护、发展、传播和利用文化的社会关系，确立国家文化政策的司法、经济、社会和组织基础，制定《文化法》。该法明确了法律中所应用到的 19 个基本概念；该国关于文化的法律；国家文化政策原则；国家在文化领域的基本任务；规定了国家在文化领域的管理；公民在文化领域的权利和义务；创作工作者、文化工作者、创作联盟和非职业（业余）创作联合体的法律地位；文化领域中的各项活动；文化财产和民族文化财产及文化领域的国际合作等内容非常之全面。我国还没有文化方面的基本法律，各国已经制定的文化基本法不仅反映出我国在立法体系上存在的欠缺而且为我国相关法律的制定提供了良好的思路和极大的借鉴价值。联合国《社会经济文化权利国际公约》规定：所有人都有权利自由谋求他们的经济、社会和文化的发展。文化权利是公民的一项基本权利，其实现有赖于国家的保障与支持，尤其是法律上的保障与支持。

二 公共文化服务保障的地方立法

地方性立法对于规范地方公共文化的建设和运行管理，促进地方公共文化活动的组织开展,推动地方公共文化服务工作的进行,进一步提高地方公共文化服务水平,保障和完善公民的文化权利具有重要的意义。目前,我国国家层面的文化类立法虽数量极为有限,但是地方人大和政府为具体落实国家政策、法规,发展本地区的公共文化事业,不断出台相关的地方性法规、部门规章,极大地推动了本地区公共文化事业的发展。

2012年11月21日,上海市出台《上海市社区公共文化服务规定》以落脚基层,服务社区;规范管理,提高实效;政府保障,社会参与为发展上海市社区公共文化服务的指导思想。《规定》对上海市社区公共文化服务的经费保障、社区公共文化设施的设置要求、社区公共文化设施的管理和运行主体、社区公共文化设施的服务内容和开放使用、鼓励社会力量参与社区公共文化服务及文化行政部门的监督和保障做了具体规定。但是该规定并未对"社区公共文化服务"的内涵做具体的界定,只是在《规定》的第二条指出"本市行政区域内各级人民政府及其文化行政等部门或者社会力量向社区居民提供的公共文化设施(以下统称社区公共文化设施)和公益性文化服务活动,适用本规定",国家及上海市的其他有关文件中也未有相应的表述。"社区公共文化服务"的概念界定应是本规定的重要内容,其概念的界定是确定本规定实施范围的重要标准,"社区公共文化服务"概念界定的缺失将不可避免地造成《规定》在实施过程中的错位、缺位。《上海市基本公共文化服务实施标准(2015—2020年)》对上海市范围以内的诸多基本公共文化服务各种项目、有关的诸多硬件设施,以及各方面的工作人员的配备等做出了详细与具体的规定,对于上海市基本公共文化服务建设应达到什么样的高度做出了明确的规范,该《实施标准》对落实上海市的公共文化服务保障工作、明确政府责任、检验工作成果具有重要意义。《2016年上海公共文化服务发展报告》全面反映了2016年上海现代公共文化服务体系建设的整体状况。2016年上海公共文化服务统筹推进公共文化服务均衡发展,大力推动基本公共文化服务城乡均衡发展,开展公共文化服务标准化试点工作,优化重大文化设施空间布局,保障特殊人群的基本文化权益,将文化服务向远郊区和农村倾斜;通过积极培育和促进文化消费、完善政府购买服务机制、培育和规范文化类社会组织、健全文化志愿服务体制机制及加强公共文化人才队伍建设增强公共文化服务发展动力;为了能够进一步完善公共文化服务与产品的全方面供给；为了能够有效推进公共文化服务与现代科技相融发展。上海市努力通过持续推进基本公共文化服务制度化、标准化、均等化建设，不断提升服务效能，满足人民群众日益增长的文化需求。

2015年12月4日江苏省通过《江苏省公共文化服务促进条例》，确认公共文化服务应当坚持统筹协调、方便群众的要求，遵循公益性、基本性、均等性、便利性、可持续性原则，对政府责任、服务提供、设施建设、社会参与、保障措施及法律责任做出了具体的规定。该条例有效地对江苏省公共文化服务事业的发展，构建现代公共文化服务体系，及保障公民的文化权益等方面的工作起到了十分重要的作用。

2018年3月1日浙江省施行《浙江省公共文化服务保障条例》，该条例是《中华人民共和国公共文化服务保障法》颁布实施后出台的第一个地方性的条例，对大力推进公共文化服务均等化建设、科学布局公共文化设施、提升公共文化服务效能、引导社会力量广泛参与及政府责任等做了重点规定，是对《中华人民共和国公共文化服务保障法》的贯彻落实，针对浙江省公共文化服务保障的具体情况和发展规划进行了规定。但是，《浙江省公共文化服务保障条例》作为《中华人民共和国公共文化服务保障法》的下位法在内容规范上存在一些过于精简之处，如对于政府责任，公共文化服务应当坚持统筹协调、方便群众的要求，遵循公益性、基本性、均等性、便利性、可持续性原则。其中的相关规定具有一定的抽象性，除第六十二条既明确了公共文化设施管理单位的违法行为，又规定了具体的处罚措施外，本章的其他条款或者对管理单位的违法行为或者对处罚措施的规定都具有一定的模糊性，而《浙江省公共文化服务保障条例》对政府责任的规定并未进行细化。对此仍需制定具体的规定，对在实践中管理单位的违法、失职行为的责任确定问题能够真正得以解决。

除以上列举的三个省市之外，我国大部分省市在《中华人民共和国公共文化服务保障法》出台之前就制定出台了指导地方公共文化服务的相应条例与相关规定等，助力了地方公共文化服务、发展及保障事业的全面进步与发展，对于地方公共文化服务保障的建设与完善、保障公民的文化权利具有重要意义。但由于各地情况不同、发展程度不一，因此各地方性条例、规定存在标准不一、责任不明的问题。

第二节　公共文化服务的公众参与

　　文化权利是公民的基本权利,《经济、社会和文化权利国际公约》保障人人自由决定他们自己的政治地位,并在生活、工作中自由追求他们自己的经济、社会和文化的发展。公共文化即一国内所有公民的文化,其以社会全体公众为服务对象,是一种人人参与、人人享受、人人创造的文化。公共文化一旦脱离社会全体公众便会成为无根之水、无本之木,难以焕发生机和活力。公共文化服务保障是公共文化的重要内容,全体社会公众只有不仅参与公共文化的创造与享受中,而且参与公共文化服务保障中,并在其中发挥重要作用,才能真正做好我国的公共文化事业,保障公民的文化权利。公共文化服务均等化、公共文化服务的社会力量参与、公共文化设施的社会管理都体现了公共文化服务的公众参与,本节将对此进行逐一分析介绍。

一　公共文化服务均等化

　　均等化内涵的界定是公共服务均等化制度的核心内容,公共文化服务的均等化涉及公平、正义的社会价值,是公正、平等价值理念在公共领域的延伸和体现。公共文化服务均等化应达到何种程度,学界有两种观点,一是底线标准,即最低标准;二是基本标准,即全国平均水平的折扣数。公共文化服务作为一个分阶段、分层次的动态过程并结合我国的现状,公共文化服务的均等化选择基本标准更为适宜。且《中华人民共和国公共文化服务保障法》第5条规定,国务院按照公民对基本文化的需求与当前经济社会的各方面发展水平之下,制定、调整现行的国家基本公共文化服务指导的有关标准。也为我国公共文化服务均等化采用基本标准提供了法律上的依据。

　　公共文化均等化是保障公民文化权利的重要举措,各国在立法中都有相关的规定。哈萨克斯坦《文化法》第3条规定"公民在创造、复兴、保护、发展、传播和利用文化价值方面拥有平等的权利和机会";第4条规定,国家在文化领域的任务之一为确定针对居民的文化服务的最低标准。韩国《文化振兴发》第5条规定,国家和地方政府应设立文化设施,并制定能够充分利用该设施的方案,扩大国民享用文化的机会;第15条之二规定，对残疾人的文化艺术活动进行支援。欧盟《理事会关于让全民接触文化的决议》指出，在成员国内部促进更多的人接触文化是成员国的主要责任；增进公民接触文化的条件，解决障碍，促进所有公民对文化的参与；牢记在采取行动时应确保所有公民能更容易地接触到文化。我国的《中华人民共和国公共文化服务保障法》也对公共文化服务的均等化做了重点规定，第四条提出公共文化服务均等化的要求；第 8、第 9 条规定公共文化服务均衡协调发展，国家扶助老、少、边、穷地区的公共文化服务，关注未成年人、老年人、残疾人和流动人口等人群的特点和需求；第 15 条规定公共文化设施的种类、数量、规模以及布局的确定要结合当地经济社会发展水平、人口状况、环境条件、文化特色以保障实现公共文化服务的均等化；第 31 条规定公共文化设施应当向公众免费或者优惠开放；第 35 条规定国家重点增加农村地区的公共文化产品供给，促进城乡公共文化服务均等化。国家人权行动计划（2016—2020 年）（七）文化权利中规定，要努力推进基本公共文化服务的标准化与均等化工作。借助现代高科技来完善公共文化设施网络的全面普及，不断地提高基层文化服务的能力。提升对老少边穷等地区在文化建设方面的帮扶力度与准度。全面推进公共数字文化建设事业。加强在惠民服务、文化产品与群众文化需求的有效对接。不断地推进公共文化设施的全面免费开放发展，让更多的群众与百姓感知到文化的魅力。对公共文化服务实施均等化已成为国内外保障公民文化权利的普遍措施，因公共文化服务本就是一个分层次、分阶段的动态发展过程，所以各国对此的名称不同、标准不一也在所难免，但其根本目的都是让公民在最大限度上接触公共文化，享受公共文化发展成果。

　　国家如何保障实现公共文化服务的均等化，党的十八届三中全会明确提出了以公共文化服务的标准化促进均等化的实现途径。2015 年初，中共中央办公厅、国务院办公厅发布《关于加快构建现代公共文化服务体系的意见》，该意见中明确提出了建立基本公共文化服务标准体系的构想。基本公共文化服务标准化是指政府为满足公民的基本公共文化需求、取得最佳秩序与社会效益，在公共文化服务实践中对于重复性的行为、技术和产品通过制定、颁布、实施标准，达到统一的活动过程。基本公共文化服务标准化既是一个体系构成，也是一个动态机制，其标准并非一成不变而是有一定弹性的，该标准应追求与经济社会发展相适应，达到公共文化资源充分利用的一个最佳程度。从内在逻辑上讲，标准化与均等化是手段与目标、过程与结果的关系。《中华人民共和国公共文化服务保障法》规定,将公共文化服务纳入经济发展规划,将公共文化设施建设纳入城乡规划,将公共文化服务经费纳入财政预算及国家对公共文化服务进行转移支付、援助、财政补贴、税收优惠等措施对于实现公共文化服务的均等化具有很大的保障、促进作用。另外,他国对于公共文化建设的保障措施对于我国也有值得借鉴、学习之处,蒙古国《文化法》规定,国家预算里单独制定文化经费,为发展文化事业建立专项基金,文化活动的预算资金不得挪用及对文化工作人员进行专门的社会保障。韩国《文化艺术振兴法》规定,设立文化艺术振兴基金及文化艺术委员会以支援旨在文化艺术振兴的事业和活动。泰国《国家文化法》规定,设立文化工作促进基金,为促进和支持文化工作提供资金扶持。经费保障无疑是保障公共文化服务均等化的重要手段,要使老、少、边、穷地区的人口及特殊人口能切实享受到国家的公共文化服务,必然要将相关的财政支出向其倾斜。我国也可采取设立专门基金会或委员会的形式,专门对特殊地区、特殊人口的文化权利进行维护与保障,以促进公共文化服务均等化的发展。

二 公共文化服务的社会力量参与

公共文化服务具有公共性、公益性的基本特征,这一基本特征就决定了在公共文化服务的保障中必然要有社会力量的参与,当前的文化事业发展过程中,政府力量与社会力量出现交集的部分越来越大,如此就使得优势互补越来越强,让公共文化服务事业的社会效益越来越大,公共性、公益性也会越来越强。参与权是公民的一项重要权利,参与公共事务更是实现人权的重要因素,《公民权利和政治权利国际公约》第25条甲款规定,每一个公民都有权"直接或通过自由选择的代表参与公共事务",此外联合国通过的《发展权利宣言》第1条第1款即规定:"每个人和所有各国人民均有权参与、促进并享受经济、社会、文化和政治发展,在这种发展中,所有人权和基本自由都能获得充分实现",第8条第2款规定:"各国应鼓励民众在各个领域的参与,这是发展和充分实现所有人权的重要因素"。文化权利是公民的基本权利,文化是一定范围内的民众所共同享有的一种生活方式。发展好、建设好公共文化服务是政府不可推卸的职责,而参与公共文化服务是公民一项神圣不可剥夺的权利。公共文化正是一种人人参与、人人享受、人人创造的文化,文化的创造欲内在于公民的天性,社会主体内蕴藏着极大的文化创造热情。公共文化服务保障建设只有政府放开手,大胆地让社会力量参与进来,才能在最大限度上为公共文化建设保驾护航。公共文化服务保障的社会参与也是实现民主政治、保障公民的文化权利的重要体现所在。实践中公民的文化权利主要包括以下几项:享受文化成果、参与文化活动、开展文化创造等的权利,对个人所进行的文化艺术创造所产生的,物质上与精神上的利益享有受保护的权利。

以上从公共文化服务的基本特征、公民参与权、文化权及民主政治四个方面对社会力量参与公共文化服务保障的必然性进行了阐述。国家政策和法律中有关社会力量参与公共文化服务的规定,也从另外一个层面明确了政府在鼓励社会力量参与公共文化服务的方针。这些规定确定了社会力量参与公共文化服务的必要性与合法性,并在参与模式上给出了导向性的意见。2007年颁布的《关于加强公共文化服务体系建设的若干意见》要求在对公共文化服务体系进行有效建设时"坚持以政府为主导、鼓励社会力量积极参与""完善相关管理制度,简化审批登记手续,积极引导社会力量以兴办实体、赞助活动、免费提供设施等多种形式参与公共文化服务。支持境内各类文化基金会和文化投资公司参与公共文化服务。支持民间公益性文化机构的发展,鼓励民间开办博物馆、图书馆等,促进公共文化服务方式的多元化、社会化""形成以政府投入为主的、社会力量积极参与的稳定的公共文化服务投入机制"。

另外,国外的法律也十分注重对公民参与文化的权利的规定与保护。韩国《文化艺术振兴法》规定,国家和地方政府在制定文化艺术振兴政策时,应先听取文化艺术机关及团体的意见;文化体育观光部长官或地方政府负责人就文化艺术振兴的有关政策和计划的实施提出要求时,相关团体应积极配合;为促进文化设施的有效管理和利用,国家和地方政府必要时可以将文化设施委托给非营利法人、团体和个人管理;国家和地方政府可以在符合条件的非营利法人和团体中选择专业艺术法人和团体进行培养,促进文化艺术的振兴;通过规定文化日、文化月,提高国民对文化艺术的理解并引导国民积极参与文化活动;通过对在文化艺术振兴方面做出特殊贡献者和总统令规定的国际大赛获奖者颁发奖金及开设文化讲座的方式鼓励国民积极参与文化活动。泰国《国家文化法》通过对国家艺术家、文化资深人士、文化杰出人士等进行荣誉表彰的形式,鼓励国民在研究、发展、恢复、保护、传授、促进和宣传文化上积极活动。俄罗斯《文化基本法》在总则中便明确指出，该法保障和维护宪法赋予的俄罗斯联邦公民在文化活动中的权利，为俄罗斯联邦公民、各族人民和其他族群团体的自由文化活动提供法律保障；个人的文化权利和自由、各民族与族群在文化领域的权利和自由在该法中被予以确认，对于维护公民的文化权利，保障公民自由参与文化活动提供了法律保障。乌克兰《文化基本法》用专章规定公民参与发展文化领域，其中在政府与文化社区的合作中规定，在社区中选出代表，参与起草代表乌克兰各个国际领域文化生活的法律草案工作，对于切实反映国民在文化领域的利益，保障国民的文化权利具有重要意义。对于社会力量参与公共文化服务建设各国都以法律的形式进行确认并对相关的鼓励措施进行规定。在当今社会政府力量与社会力量的结合是发展好与建设好公共文化服务保障的必然之选。

国家如何对社会力量在参与公共文化服务时进行相应的扶持与鼓励方面，《中华人民共和国公共文化服务保障法》中对其做出了有关的规定，国家主要通过表彰与奖励两种方式，对在公共文化服务中做出了突出贡献的公民、法人和其他组织进行有效的鼓励，激发社会力量参与公共文化建设；除此之外各级人民政府需要建立相应的有效制度，以对公民在公共文化服务中的程序参与权与知情权有所保障；以鼓励社会资本依法投入公共文化服务的方式，推进政府资本与社会资本的合作；以政府购买服务等措施，支持公民、法人和其他组织参与提供公共文化服务；以享受税收优惠的方式鼓励社会力量进行捐赠，促进社会捐赠在公共服务中的发展；以给予必要的指导、支持与补助的形式推进政府资本与社会资本的合作；以各级人民政府及有关部门及时公开公共文化服务信息，主动接受社会监督的形式保障公民在公共文化服务中的监督权。

三 公共文化设施的社会管理

《中华人民共和国公共文化服务保障法》第 2 条明确规定，公共文化设施是指用于提供公共文化服务的建筑物、场地和设备。公共文化设施的管理是公共文化服务保障的重要内容，其管理状态及模式的好坏直接关系到公共文化服务的质量。传统的公共文化设施的管理模式采取的是政府管理的单一模式，当今社会是一个多元化的社会，存在着多个社会主体。在多元主体的社会中公共事务就应该由多个主体共同管理，公共文化设施的管理亦是如此，该种多元主体的管理模式强调政府之外的其他社会组织与公民参加公共文化设施的管理。公民参与公共文化设施的管理有助于公民通过最直接、最直观的公众参与来提高公民整体的文化修养和道德水准。完善公民对公共文化设施的相关管理，不仅可以大力推动我国文化服务体系的基础建设，充分发挥文化设施对公众的实际效用，更有利于公民整体文化素养的良性提升，培养公众对文化设施的自我参与和管理能力，提升公众的文化需求质量。

在新公共管理理论的发展下，我国政府积极转变公共文化设施管理模式，鼓励公共文化设施管理的多方主体参与。《公共文化体育设施条例》规定，国家鼓励任何的企、事业单位，及社会团体与个人等诸多的社会力量，举办与公共文化体育有关的活动与设施。《中华人民共和国公共文化服务保障法》第 23 条到第 26 条对政府鼓励、支持社会公众参与公共文化设施的管理进行了规定。各地方在公共文化设施管理上也积极寻求当地政府与群众的合作。《黑龙江省公共文化设施管理规定》规定"公民、法人和其他组织均有保护公共文化设施、支持公共文化设施建设的义务""鼓励公民、法人和其他组织投资、捐资建设和经营管理公益性文化设施或者营利性文化设施"。《南京市江宁区公共文化设施运行管理规范》规定"各文化服务机构应积极发掘和培育文化志愿者，引导文化志愿者参与文化服务"。鄂尔多斯市为进一步健全社区与机关单位公共文化服务设施共建共用管理机制，于 2017 年 10 月通过《鄂尔多斯市社区与机关单位公共文化服务设施共建共用暂行办法》，该《暂行办法》规定，社区与机关单位公共文化服务设施共建共用管理，坚持政策引导、社会参与，鼓励企业或个人通过自愿捐赠等方式建立社区公共文化设施建设基金或依法向社区公共文化设施管理单位捐赠财产等内容，对社区与机关单位共建共用文化服务设施的规划建设、使用管理、经费来源与管理及责任奖惩进行了明确的规定。《北京市基层公共文化设施服务规范》在公共文化设施的运行保障中明确指出要鼓励文化设施管理的社会化和专业化。《济南市社区公共文化服务设施建设管理办法》指出社区公共文化设施要配备专兼职管理人员，在落实公共文化设施管理队伍建设，加强工作人员基本业务知识、专业知识的同时招募社区志愿者、社区文化体育骨干。

在公共文化设施的管理中其他国家亦是十分强调社会力量与政府力量的结合，注重发挥社会力量在公共文化设施管理中的作用。波兰的

《文化财产保护法》规定，为了正确地维护和保存历史文物古迹，并普及它们的教育和教学价值，应展开对文物古迹的民间保护；对自己选择的文物古迹或者由县政府委托其照顾的文物古迹有兴趣和意愿进行监管保护的自然人和法人，或者是团队、组织机构、组织、协会和学校，都可以成为文物古迹的监管者。澳大利亚悉尼市政府十分重视公众参与公共文化设施的积极性，为了鼓励公众参与公共文化设施，该国政府专门建立了一个全国范围内用于文化活动志愿者资料登记与整理的数据库，是有意愿的民众能够通过非常简便的方式获得文化设施管理活动的志愿者职位。韩国《文化艺术振兴法》在文化艺术空间的设置中对于公众参与公共文化设施的管理规定，为了促进文化设施的有效管理和利用，国家和地方政府必要时可以将文化设施委托给非营利法人、团体或者个人管理；国家和地方政府应致力于培养专门经营文化设施所需的规划、管理型人才。对于促进社会公众参与公共文化设施的管理，各国在法律中规定了不同的方式和措施，有的以志愿者的形式增进公众对公共文化设施的管理，有的以委托的形式建立公众对公共文化设施的联系，有的以专门人才培养的方式促进公众参与公共文化设施管理的水平，但无论以何种方式，社会公众要真正参与公共文化设施的管理中并且不断提供公众参与公共文化设施管理的水平，除了公众的主动、自觉之外，还需要国家为公众的参与提供有效途径与保障。

　　国家应如何完善和发展公众参与公共文化设施的管理机制，虽然我国中央和地方都出台不少的法律、法规、规定等对公众参与公共文化设施管理的机制予以鼓励和推动。但我国仍然缺少推动公众参与公共文化设施管理的实际有效的运行机制。澳大利亚政府建立全国范围内的志愿者资料数据库，为民众获得公共文化设施管理的志愿者职位，参与公共文化设施的管理创造了极为方便的途径，这一操作对于我国推动公众参与公共文化设施管理具有极大的借鉴意义。另要推动公众参与公共文化设施管理还需要政府健全公民文化需求表达平台，公民对公共文化设施管理的合作精神在很大程度上处于对政府的信赖，公共文化政策的出台，鼓励公民积极参与公共文化设施的管理，公民在多大程度上配合政府，依赖于公民对于当前公共文化事业的认同感的多少。因此，政府和公众积极沟通，保持良好的对话沟通机制，对于保障相关文化政策的落实具有十分重要的意义。此外，政府仍然要加强公众参与公共文化设施管理的教育宣传，尤其在传播公共文化设施建设的公益性方面更要鼓励全民参与。公共文化设施的管理与群众的生活息息相关，通过宣传教育调动公民参与公共文化设施管理的积极性，以取得良好的社会效果。

第三节 公共文化服务的政府建设与保障

文化权利关切公民的生存权与发展权，政府在对此的实现方面具有不可推卸的责任。作为实现公共文化权利的有效方式——公共文化服务，已成为政府的首要建设目标。此工作也成为了服务型政府建设的一部分，政府也在文化创新与改革方面，建立覆盖面广泛的公共文化服务体系工作中有一定的责任与义务。政府在公共文化服务保障方面最基本的职责体现在公共文化服务的建设与保障两个方面。

一 公共文化服务的政府建设

公共文化产品属于公共产品中的一类，当然具有公共产品的基本属性，即非竞争性与非排他性。公共文化产品的非竞争性是指，任何人对公共文化产品的消费都不会减少其他人对该公共文化产品的消费；其非排他性是指，公共文化产品要排除社会公众中的某人对其的消费，是需要付出极大的代价的，几乎是不可能实现的。公共文化产品的非竞争性与非排他性决定公共文化产品不可能像其他产品那样由私人提供进入市场，并接受市场的调节。因此，需要政府对其进行干预，由政府主要承担公共文化产品的建设与提供。

文化权利是公民的基本权利，是特定领域内人们生活方式的体现，对人们的生存和发展具有重大的影响意义。《经济、社会和文化权利国际公约》第13条规定，人人有受教育的权利，所有人能有效地参加自由社会，为了充分实现这一权利初等教育应属于义务性质并一律免费。第十五条规定，每个人都有参加文化生活的权利；而且有享受科学进步，并应用其所产生的利益；对本人的任何文学、艺术、科学作品所产生的物质上与精神上的利益，都享有被保护的权利。缔约各国为充分实现这一权利应采取为保存、发展和传播科学和文化所必需的步骤。一般情况下公民的文化权利包括以下几点：享受文化成果、参与文化活动、开展文化创造、对个人进行文化艺术创造所产生的精神上和物质上的利益享受保护的权利。公共文化强调人人参与、人人享受、人人创造,当代政府对于保护公民的基本文化权利,建立公共文化服务保障体系,负有不可推卸的责任。

保障公民的基本文化权利是政府的基本职责,完善的公共文化服务体系是构建服务型政府的应有之义。当前人们对精神文化生活的需求不断增长,而公共文化服务不能满足人们的需求,这一现实的矛盾突显建设公共文化服务的紧迫性,而这一矛盾的解决需要负有文化及社会公共服务的基本职能的政府,在公民文化权益的保障中发挥主导作用。

文化软实力的提升要求政府必须大力发展公共文化建设。在全球化不断深入发展的大环境下,各国之间的文化差异,推动了各国之间的文化交流。在推动世界文化大繁荣、大发展的同时,各国之间的文化竞争也日趋激烈。文化软实力的提升,社会核心价值的巩固,是当今世界各国政府的当务之急。公共文化建设其实也是政府有效履行文化职能的一项基本与重要内容,政府在实际中大力发展公共文化建设事业,不断地完善公共文化服务体系等事业,都是对社会文化基石的巩固之举。

我国历来强调政府在公共文化建设中的作用,《陕西省公共文化服务保障条例》(草案征求意见稿)指出,公共文化服务应当遵循政府主导、社会参与的方针。一般情况下由县级以上地方人民政府领导本行政区域内公共文化服务工作的建设与发展事业,将公共文化服务事业的建设与发展纳入本级国民经济和社会发展的规划之中,纳入城乡规划。《天津市公共文化服务保障条例》(征求意见稿)指出,公共文化服务坚持政府主导、社会参与的要求,市人民政府应当根据国民经济和社会发展水平、人口分布和结构、环境条件以及公共文化事业发展的需要,合理编制公共文化设施建设规划,创新公共文化服务方式,有效地增加了公共文化服务的总量的同时,不断地提升了公共文化服务质量。虽然在多元主体的社会中,公共文化服务的建设要求政府与社会的共同参与,但从公共文化服务的基本特征出发,其建设与发展仍需政府在其中起到基石的作用。各国法律也对政府在公共文化服务中政府的角色与责任进行了规定。韩国《文化艺术振兴法》对韩国政府在文化艺术建设中的定位做了明确规定,国家和地方政府负责研究制定文化艺术振兴政策,鼓励、保护和培养国民文化艺术活动,并积极提供必要的财政支持;为振兴文化艺术活动,扩大国民享受艺术的机会,国家和政府应设立文化设施;对依照总统令建设的大型建筑物，国家和地方政府应当鼓励在其内部设立文化设施。俄罗斯《文化基本法》对政府在公共文化建设中应承担的职责主要先从文化制度的建立，再到文化支出的预算，然后是文化信息保护系统的建立，最后是文化遗产的保护、文化设施的建立及文化服务的提供等方面都进行详细、具体的规定。乌克兰《文化基本法》对于政府在公共文化服务的提供中明确规定，乌克兰政府有义务建立一个统一的乌克兰文化空间，保护文化的完整性；地方当局和行政机关有义务创造条件构建基本的文化网络，满足公民在业余文化生活中的艺术追求。在公共文化设施建设中，为满足文化机构的需要，国家提供文化机构场所、文化领域教育场地、建筑物、固定场所或专门的场地；国家建立生产设施，用于生产专业的设备、文化机构、文化用品等。

政府是影响公共文化服务提供数量和质量的重要因素，公共文化服务体系建设是一项复杂而系统的工程，需要国家和社会各界力量的共同参与。国家以法律的形式将政府在公共文化设施建设及公共文化服务提供中的职责加以规定，对于明确政府在公共文化建设中的角色与作用具有重要意义。

二 公共文化服务的政府保障

政府作为公共文化服务的承担者，其所拥有的任务不光是提供一些直接的文化服务，而且是对公民的文化权利的实现提供必要的保障。因此，政府在公共文化服务方面的职能可以概括为三个方面，即公共文化服务的建设；公共文化服务的支持、保障；公共文化服务的监管。

政府职责属于政府的本质属性。从广义上来说，政府能够对社会民众的有些需求快速、积极、有效地做出回应，并通过采取必要的措施，有效、公正地实现大众的需求与利益。当前我国社会的主要矛盾是，人民日益增长的美好生活需要和不平衡不充分的发展之间的矛盾，其中文化供需上的不平衡是矛盾的主要方面。而构建完善的公共文化服务体系是有效解决这一矛盾的主要举措之一。政府在对完善的公共文化服务体系进行建设时，一方面要着力考虑公民的文化需求，同时要为其需求提供相应的文化服务设施和文化服务项目。另一方面需要对公共文化的全面建设提供有效的保障，使公共文化事业获得良性发展，以最大限度地满足公民的文化需求。

《陕西省公共文化服务保障条例》（草案征求意见稿）指出，将公共文化服务纳入本级国民经济和社会发展规划，纳入城乡规划，纳入本级财政预算，纳入目标责任考核。《天津市公共文化服务保障条例》（征求意见稿）对天津市行政区域内公共文化服务的政府保障责任、经费的保障机制、人员的保障、社会力量参与的保障措施等进行规定。《江苏省公共文化服务促进条例》规定，各级人民政府对本行政区域内的公共文化服务工作，建立财政投入与保障机制，推动公共文化服务与科技、互联网融合发展，并在第五章对公共文化服务的保障措施进行专章规定，内容涉及指导标准的制定、财政资金的保障、鼓励措施的落实、人员的配备等。《中华人民共和国公共文化服务保障法》不仅将县级以上人民政府的公共文化服务工作纳入了本级国民经济和社会发展规划的规划之中，还将公共文化设施建设纳入本级城乡规划，将公共文化服务经费纳入本级预算外，并在第四章用专章对公共文化服务的保障措施进行了规定。

政府的有力保障是公共文化事业获得良好发展的重要基础，缺少政府有力保障的公共文化服务则犹如空中楼阁，无法真正满足公民的文化需求。对于公民权利的保障和实现，国家负有义不容辞的职责，为公共文化服务建设提供坚实有力的保障是政府维护与实现公民文化权利的应有之为。各国在文化类法律中也无一例外地对政府的保障职责进行了规定。韩国《文化艺术振兴法》对于保障文化艺术事业的振兴、发展所做的规定值得我国借鉴，该法规定建立韩国文化艺术委员会以支援致力于文化艺术振兴的事业和活动，对文化艺术委员会享有的职权进行详细规定，以确保其职务的履行，并对委员职务的独立性进行规定，指出委员在任职中，执行职务时不受外部的任何指示和干涉。建立文化艺术振兴基金用于文化艺术的创作和普及；民族传统文化的保存、继承和发展；文化艺术的交流及文化福利事业等为文化艺术事业的振兴提供资金保障。俄罗斯《文化基本法》规定，国家保障公民参与文化活动，获得文化价值和财富；国家保障所有文化活动主体的自由和独立性；国家遏制文化垄断；国家为优秀人才的自我实现创造条件等对俄罗斯联邦政府在文化发展中的保障职责进行规定。

在有关公共文化服务保障的法律文件中，几乎都强调了这么一句话"公共文化服务，是指由政府主导、社会力量参与，以满足公民基本文化需求为主要目的而提供的公共文化设施、文化产品、文化活动以及其他相关服务"。在多元主体的社会中，公共文化服务的建设与提供以转变为社会各方主体的共同参与，但由于公共文化服务建设的复杂性与系统性、公共文化产品的非竞争性与非排他性及当代服务型政府的构建，决定了政府在公共文化服务建设与保障中的主导性作用。

第八章

图书馆、博物馆及文化馆法治

"人人有权参加文化生活"是《经济、社会及文化权利国际公约》的要义之一,在一定程度上,文化是人们生活方式及状态的体现。文化发展的理想状态是公民的文化权利得到充分保障,人人能够自由地发展文化,充分地享受文化,文化发展成果能够惠及每个国民。但现阶段我国公共文化权利保障事业发展程度比较低,就法律而言,与文化相关的专门法律仅有《中华人民共和国公共文化服务保障法》《中华人民共和国文物保护法》《中华人民共和国电影产业促进法》《中华人民共和国公共图书馆法》等几部法律,对文化做出相关规定而非专门的文化法律有《宪法》《知识产权法》《著作权法》《广告法》《教育法》《旅游法》等法律。可以看出,我国文化方面的法律十分欠缺,法律对文化事业、文化产业及文化设施的规定不健全。在上一章中,本书对公共文化服务保障法的相关内容进行了介绍、分析,本章将针对文化设施中与图书馆、博物馆、文化馆相关的法律法规进行介绍、分析。

第一节 图书馆法

图书馆作为文化的重要载体,是公共文化服务保障体系的重要组成部分,具有保存图书资料、传播文化知识的重要职能。科学的图书馆建立、管理模式,完善的图书馆法律、法规体系,是一个国家图书馆事业高度发达的重要标志。对图书馆应如何进行分类,目前我国大陆地区并无文件对其进行明确的规定,我国台湾地区的《图书馆设立及营运标准》将图书馆分为五大类,即国家图书馆、公共图书馆(包括公立公共图书馆与私立公共图书馆)、大专院校图书馆、中小学图书馆、专门图书馆。然而日本虽无明确文件就图书馆的分类进行规定,但根据目前日本已有的图书馆方面的法律，不难得出日本至少将其本国图书馆分为国立国会图书馆、地方公共图书馆（包括公立图书馆与私立图书馆）、学校图书馆。与此相对应，完善的图书馆法律、法规体系应为，在有图书馆基本法的前提下，针对各个类型的图书馆都应当有与其相对应的法律、法规或者规章等规范性文件对其进行规范。我国对于图书馆法律层面的规定仅有 2018 年 1 月 1 日实施的《中华人民共和国公共图书馆法》，根据上面的分类分析可知，公共图书馆法并不能看作公共图书馆领域的基本法，因为公共图书馆只是图书馆分类中的一类，尽管这一类型的图书馆相较于其他类型的图书馆更为普遍和更受关注，但与其并存的还有国家图书馆、学校图书馆、专门图书馆。因此，我国不仅在图书馆领域立法相对落后，且无一部对图书馆领域进行综合规定的基本法律，除此以外对于其他类型的图书馆也缺少法律、法规层面的规范。《中华人民共和国公共图书馆法》的颁布确是我国图书馆领域乃至公共文化领域立法方面的一大进步，但我国在完善图书馆领域甚至是文化领域的立法方面都还有极长的路要走。虽然各国对图书馆的分类略有差异，但在现实的社会生活中公共图书馆、国家图书馆、学校图书馆与我们的文化生活联系最为紧密，因此本章将重点介绍与这几个类型的图书馆相关的立法情况。

一 公共图书馆法

2018 年 1 月 1 日实施的《中华人民共和国公共图书馆法》第 2 条规定，我们所指的公共图书馆指的是向社会百姓免费开放的，通过收集、整理、保存等方式对文献信息进行保存，而且对外提供借阅、查询等相关服务，并开展社会教育的公共文化设施。该条明确了公共图书馆的社会定位，即向社会公众免费开放的公共文化设施；指出了公共图书馆的两大职能，即输入、保存资料与输出资料。我国《公共图书馆法》对公共图书馆的定位延续了社会大众对公共图书馆的一贯认知，在职能定位上与其他国家对于公共图书馆的定位基本无太大差异。朝鲜《图书馆法》规定，图书馆是提高人民的思想意识水平和技术水准的重要学习场所。韩国《图书馆法》规定，公共图书馆是指国家或地方政府为了公众的信息利用、文化活动、读书活动及终身教育而设立运营的图书馆（公立公共图书馆）或者是法人、团体及个人设立运营的图书馆（私立图书馆）。日本《图书馆法》规定，图书馆是指地方公共团体、日本红十字会以及一般社团法人或一般财团法人设立的收集、整理、保存图书、记录等必要资料并向一般公众提供使用,为其教育、调查研究、创作等提供帮助的设施。罗马尼亚《图书馆法》规定,公共图书馆是服务于地方和县级区域的百科类图书馆。资料的输入、保存与输出,免费提供服务是公共图书馆最基本的职能。

(一)公共图书馆总分管发展模式

我国颁布的《中华人民共和国公共图书馆法》第 31 条规定,县级人民政府应按照自己的实际情况,建立一些与当地情况相符的县级公共图书馆为总馆。依此法律规定我国图书馆的发展模式是以县域为基本单位实行图书馆总分馆制。这指的是,在一个合适的地域单位之内,由一个或者多个主体构成一个"公共图书馆群",并依此而形成有效的图书馆服务体系。在该体系之中,一般由总馆来对诸多的分馆进行主导与协调,对文献资料进行统一采购、编目、配送、服务、借阅、归还等。图书馆总分馆制可概括为统筹、整合、共享。我国以县域为单位实行公共图书馆的总分馆制的目的是推动图书馆城乡均衡发展,推动公共文化服务的均等化。我国图书馆在长期的发展中逐渐形成"一级政府建设并管理一个图书馆"的基本格局。不同行政层级体系中的公共图书馆往往各自为政、封闭管理、孤岛运行,且县级以下乡(镇)政府及村级组织在构建图书馆(室)的过程中往往缺乏必要的财政支持、专门的管理人员、固定的场所等,导致这些地方的图书馆(室)普遍存在管理不善、图书更新缓慢、稳定性差等问题,无法满足与保障乡村群众的阅读需求,同时造成了资源的浪费。针对此问题,县域图书馆总分馆制将基层图书馆的建设主体提升至区县级人民政府,确实是解决该问题的一种有效方案,且我国不少地区在《中华人民共和国公共图书馆法》实施以前就已经出台相关的文件,对图书馆总分馆制进行相关规定并进行了实践。

在《中华人民共和国公共图书馆法》实施之前,地方已经对公共图书馆的总分馆制进行了规定与实践。因此,各地方对公共图书馆总分馆制的规定和实践与《中华人民共和国公共图书馆法》的规定稍有出入,一个最显著的区别就是,不少地方将公共图书馆的总馆定位超出县一级,如《苏州市公共图书馆总分馆体系建设实施方案》规定,苏州市区公共图书馆总分馆体系的运行管理方式:第一,以苏州图书馆为总馆,分馆由区级图书馆及区内街道(社区)图书馆(室)为主。其他的各个区级图书馆一并挂牌"苏州图书馆分馆××区图书馆",并把本辖区范围以内的街道(社区)图书馆(室)统一地纳入管理之中。第二,县级市图书馆总分馆的运行管理模式。主要以县级市图书馆作为总馆,分馆由镇(含撤并乡镇、管理区、办事处)图书馆、基层综合信息服务中心等,作为主要的服务站与流动站,进行统一的采编、服务、借阅、归还。2008年山西省就开始建设了覆盖全省的总分馆,而且本省的公共图书馆、总分馆由省图书馆进行牵头,其他各市、各县图书馆与西塔系统图书馆进行参与。

在《中华人民共和国公共图书馆法》实施以前,不少地方就已经进行了总分馆的实践与探索,且在实践中的做法与现行的法律规定稍有出入。对此,已经实施此种做法的地区我们应如何看待?还未实施图书馆总分馆制的地方可否借鉴前者经验?本书认为,我国《公共图书馆法》第31条规定的县域图书馆总分馆制,其初衷是保障乡(镇)、村级群众的图书阅读权利,推进图书馆城乡均衡发展,推动公共文化服务的均等化。那么地方就需要遵循相关法律的规定,并按照自己地方的实际情况对图书馆进行有效的管理。市域或者省域以市图书馆或省图书馆为总馆建立图书馆总分馆制,不应因法律未进行规定而禁止,是否实行图书馆总分馆制应当以公共图书馆是否能够满足当地居民的需求来决定。图书馆总分馆制是一种科学的图书馆建构模式,在世界上许多国家实行图书馆的总分馆制以满足当地居民的需求,保障公民的阅读权利、文化权利。美国的公共图书馆是以地方辖区为单位建立的,一所公共图书馆如果能够满足当地居民的需求,一般仅保留主馆,不会再设置分馆。《中华人民共和国公共图书馆法》第31条明确规定了我国县域公共图书馆的总分馆制的建构模式,但公共图书馆作为公共文化服务的基础设施与载体,其建构模式应以满足和保障公民的文化权利为目标,因此市域、省域公共图书馆综合考量本地公共图书馆的馆藏图书、服务人口、居民需求等情况,在条件满足的时候采用总分馆的建构模式应得到相应的鼓励。

(二)社会力量参与公共图书馆建设

我国的《中华人民共和国公共图书馆法》第4条第2款规定,国家通过一切形式鼓励、其他组织、法人、公民通过自筹资金的方式建立图书馆。虽在该法实施之前,国家就已经通过多种形式表明,国家鼓励社会力量参与公共图书馆的建设,但此次将此明确写进法律,是继《中华人民共和国公共文化服务保障法》规定国家推动公共图书馆、博物馆、文化馆等公共文化设施管理单位吸收有关方面代表、专业人士和公众参与管理之后，在专门法中就公共图书馆的建设鼓励社会力量参与进行的明确规定。

长期以来，我国公共图书馆的建设一直遵循着"一级政府建设一个公共图书馆"的传统，这种单一的公共图书馆建设体制严重地制约着我国公共图书馆事业的发展。我国颁布的《公共图书馆建设标准》中明确规定，服务人口在 150 万人以上的地方，需要有一座大型的公共图书馆。服务人口在 20 万—150 万人的，需要有一座中型的公共图书馆。服务人口在 20 万人以下的需要有一座小型公共图书馆。大型公共图书馆服务人口 150 万—400 万人的，人均藏书量为每人 0.9—0.8 册；服务人口 400 万—1000 万人的，人均藏书量为每人 0.8—0.6 册；中型公共图书馆服务人口 20 万—50 万人的，人均藏书量为每人 1.2—0.9 册；服务人口 50 万—100 万人的，人均藏书量为每人 0.9 册；服务人口 100 万—150 万人的，人均藏书量为每人 0.9 册；小型公共图书馆服务人口 3 万—10 万人的，人均藏书量为每人 1.5—1.2 册；服务人口 10 万—20 万人的，人均藏书量为每人 1.2 册。但实际在我国，人口几千万的省份只有一个省级公共图书馆，而人口接近一亿或超过一亿的省份也只有一个省级公共图书馆的情况并不少见。如合肥市的瑶海区与庐阳区，截至 2017 年底，瑶海区的常住人口为 97.93 万人，面积 247 平方公里，庐阳区的常住人口为 67.05 万人，面积 139 平方公里，尽管已拥有如此多的常住人口，两区至今没有一座图书馆。在经济状况相对较好的城市地区，在建设本地区公共图书馆方面，尚有相对稳定的财政支持，以维持本地区公共图书馆的建设、维修、管理、更新等各项费用，但即便如此，公共图书馆事业的发展仍难以达到令人满意的状况。由此可想而知，乡（镇）、村级的公共图书馆建设更是举步维艰，在我国的大部分乡（镇）及农村地区基本上没有符合标准的公共图书馆，甚至一些文化站和图书室也只是名义上的，一般站内或室内的图书寥寥无几并且常年不更新。当然这和当地群众的阅读习惯有一定的关系，但主要原因还在于政府及相关部门的不作为、财政资金的短缺及专业人才的缺失。目前，我国公共图书馆不仅在馆数总量上达不到标准，且城乡发展极不平衡，差距巨大，要改善这一状况，鼓励社会力量参与公共图书馆事业，是已被世界上的许多国家证明了的一项良方。许多国家对鼓励社会力量参与公共图书馆建设进行了积极的实践，并将其写进法律。韩国《图书馆法》规定，为了支持图书馆的设立、设施、图书馆资料及运营，任何人都可以向图书馆捐款或捐赠其他资产。国家或地方政府设立的图书馆若有第一款规定的捐赠，不受《捐赠款物的募集及使用相关的法律》的限制，可接受捐献款物。对于私立公共图书馆，国家或地方政府认为需要时，可以无偿提供或出租国有、共有财产，此时不受《国有财产法》或《共有财产及物品管理法》等相关规定的限制。罗马尼亚《图书馆法》规定，图书馆可以由其他公共和私人法人出资，还可以由个人通过捐赠、赞助或其他合法的收入来源资助。私立图书馆如果开展公立图书馆活动，根据其活动项目，可以得到国家或地方的财政支持。墨西哥《图书馆总法》规定，属于社会和私人部门的图书馆，提供本法规定的公共图书馆相同的服务，表示愿意参加国家公共图书馆网的，可根据具体情况，与公共教育部或州政府签署加入国家公共图书馆网的协议。在实施不久的《中华人民共和国公共图书馆法》中明确规定，我国鼓励社会力量参与公共图书馆事业，并对社会力量参与公共图书馆事业相关的方式、鼓励措施、志愿者等进行了规定，内容涉及该法的第4条、第6条、第12条、第13条、第20条、第23条、第45条、第46条、第47条。

虽然，对于社会力量参与公共图书馆事业，我国正式写进法律不久，但相关的政策、文件早已出台，许多地方也做了积极的探索与实践，总的来说，取得的效果是不错的。社会力量参与公共图书馆建设的形式，法律并未进行明确的规定，实践中的形式多种多样，主要有：由私人、企业或者社会组织独立举办图书馆；个人、企业或者社会组织向政府举办的公共图书馆捐资、捐书；政府购买图书馆服务；PPP（public-private-partnership）；参与合作举办公共图书馆，社会力量在一定程度上参与图书馆的运营；社会力量独立承接或参与公共图书馆的日常运营或管理；志愿者服务等。如志愿者服务，城市地区的公共图书馆在图书馆管理及推广阅读活动中大量招收志愿者服务，以弥补人员的不足；乡（镇）、村级图书馆在发展中往往面临着专业人员缺失的问题，因此具有相关专业知识、技能的志愿者的参与，对于乡（镇）、村级图书馆事业正规化发展具有极大的帮助。

二　国家图书馆法

在图书馆的分类上，习惯上将国家图书馆单作一类，与公共图书馆、学校图书馆、专门图书馆相区别。图书馆之间的界限并不是泾渭分明的，从国家图书馆的类型上看，世界上的国家图书馆大体上可以分为四种类型：公共图书馆兼作国家图书馆；议会图书馆兼作国家图书馆；大学图书馆兼作国家图书馆；科学院图书馆兼作国家图书馆。我国《中华人民共和国公共图书馆法》第 22 条规定，国家图书馆同时具有本法规定的公共图书馆的职能，以此明确我国国家图书馆兼有公共图书馆的职能。

（一）国家图书馆定性简析

国家图书馆在图书馆中是相对特殊的一类，因其定位的不同而具有专属于自身的职能与属性。大多数国家都通过法律的形式对国家图书馆的职能进行明确的规定，但是对于国家图书馆的职能，一直是存有争议的。经过多年的理论研究和调查，我们认为国家图书馆一般具有：收集本国出版物、采选外国出版物、为科学研究服务、国家书目中心、图书馆发展国际交流几项基本职能。但由于国家图书馆在各国中的战略定位不尽相同，因此各国相关法律对其的职能表述也不尽相同。

日本在自己的《国立国会图书馆法》中规定，国立国会图书馆主要任务是：搜集图书与其他图书相关资料，协助国会议员履行职责，依据其他相关法律的规定，为司法部门与行政部门和日本国民提供必要的图书服务。国立国会图书馆在不妨碍众参两院、委员会及议员、行政和司法各部门需求的前提下，直接或通过公立及其他图书馆，为日本国民提供最大限度的图书馆服务。英国《大英图书馆法》规定，大英图书馆理事会对大英图书馆的控制和管理工作负责。且理事会的职责是有效地将图书馆经营成全国参阅、学习、文献参考及其他信息服务的中心，范围涵盖科学技术和人文领域。理事会应使大英图书馆优先服务教育机构、学习机构、其他图书馆和行业。

（二）国家图书馆法制建设状况

在国家图书馆立法方面，我国起步较晚，《中华人民共和国公共图书馆法》于 2018 年 1 月 1 日实施，其中用两个条款对国家图书馆的职能和出版物交存制度进行规定，除此之外，我国大陆地区既无国家图书馆方面的专门法律，也无其他法律通过条款对国家图书馆进行相关规定的情况，对国家图书馆的相关规定主要存在于全国人大及其常委会形成的工作文件、行政法规及部门规章之中。到目前，由全国人大及其常委会形成的与国家图书馆相关的工作文件有 9 项，内容主要涉及：推进国家图书馆国家文献战略储备库建设；国家图书馆二期项目建设；国家图书馆中央决算决议；国家图书馆国际交流与帮扶；受委托进行立法后评估工作等。行政法规、部门规章中涉及国家图书馆的规定主要散见于各个条例、办法之中，内容主要集中于规定，出版单位应当按照国家有关规定向国家图书馆等单位免费送交样本等。在国家图书馆立法方面，我国与其他国家和地区相比差距十分巨大。世界上许多国家制定有专门的国家图书馆法，对国家图书法的有关内容与制度进行法律上的确定，如日本制定有《国立国会图书馆法》对国立国会图书馆的设立与目的，馆长、职员与雇员，委员会，图书馆的部署，国立国会图书馆对行政及司法各部门的服务，国立国会图书馆对普通公众及公立和其他图书馆的服务，资料收集，出版物收藏，资料记录及资金收入与支出预算等进行规定。有些国家虽没有专门的国家图书馆法，但一般会在图书馆总法或者公共图书馆法中用专章对国家图书馆的相关内容与制度进行规定，如韩国的《图书馆法》，该法共包括九个章节，除用第一、二章规定图书馆的总则与政策，第八章规定消除知识信息差距，第九章规定附则外，剩余的第三至第七章分别对国立中央图书馆、区域代表性图书馆、公共图书馆、大学图书馆、学校图书馆、专业图书馆进行规定。

三 学校图书馆法

（一）学校图书馆分类简析

本部分将中小学、大专及高等院校的图书馆统称为学校图书馆，但在实际中，许多国家和地区将中小学图书馆与大专院校图书馆分作两大类，与其他种类的图书馆并行，并不统称为学校图书馆。如我国台湾地区的《图书馆设立及营运标准》将图书馆分为五大类：国家图书馆、公共图书馆、大专院校图书馆、中小学图书馆及专门图书馆。大专院校图书馆和中小学图书馆虽都属于学校图书馆，但该《规定》并未将二者统归为学校图书馆一类，而是分作两类，并与其他类型的图书馆并行。韩国的《图书馆法》同样将学校图书馆分为"大学图书馆"与"学校图书馆两类"，其中"大学图书馆"是指根据该国《高等教育法》规定的大学及根据其他法律规定设立大学课程以上的教育机构向教授和学生、职员提供图书馆服务为主要目的的图书馆。"学校图书馆"是指根据《初、中等教育法》规定的高级中学以下各级学校为教师、学生和职员提供图书馆服务为主要目的的图书馆。并在《图书馆法》第五章和第六章中对两类图书馆进行分别规定，且与其他类型的图书馆如国家图书馆、公共图书馆并行。日本、阿尔及利亚、罗马尼亚等国基本上都采用了类似的做法。虽然大多数国家和地区将中小学图书馆和大专院校图书馆分作两类，但中小学与大专院校都属于教学单位，其内部人员都以教师与学生为主，且其图书馆都是主要为本学校的教师与学生服务，而本部分主要分析该类图书馆在《中华人民共和国公共文化服务保障法》及《中华人民共和国公共图书馆法》颁布、实施后，在推动公共文化服务中其角色定位问题，因此将中小学图书馆和大专院校图书馆统称为学校图书馆，主要是为了行文的便利。

（二）学校图书馆对外开放分析

学校图书馆对外开放，已经不是一个新鲜的话题，早在20世纪80年代，就被图书馆界的专家、学者及社会公众广泛讨论过。我国的《中华人民共和国公共文化服务保障法》与《中华人民共和国公共图书馆法》对学校图书馆向社会公众开放进行了相关规定，《公共文化服务保障法》第32条规定，国家通过多种手段鼓励、支持机关、学校、企业事业单位等文化体育设施全面、合理、有序地向公众开放。《公共图书馆法》第48条规定，国家全面支持各种公共图书馆与学校的图书馆、科研机构的图书馆，以及其他类型的各种图书馆进行有效的合作与交流，积极开展各种的联合服务。也支持这些图书馆对大众与社会全面开放。随着两部法律的颁布、实施，学校图书馆向社会公众开放，再次引起大众的广泛关注。从20世纪80年代国家出台有关文件鼓励学校图书馆对外开放开始到现在，我国学校图书馆对外开放的程度比较低，进展也比较缓慢，同美国、日本、澳大利亚等国家相比，更是差距明显。虽然公众对学校图书馆向社会开放的呼声很高，我国学校图书馆向社会公众开放的程度与其他国家相比存在差距及大力发展公共文化服务事业的浪潮都推动、刺激着学校图书馆向社会公众开放，但不得不承认，我国现阶段学校图书馆向社会公众开放的条件还不完全具备。我国学校图书馆向社会开放的方向是确定的，但学校图书馆大幅度向社会开放是不现实的。学校图书馆尤其是高等学校图书馆与公共图书馆的性质及职责不同，高等学校的图书馆属于专业性的科学图书馆，是教学与科学研究的后勤部，为教学与科学研究收集、整理、保藏图书资料，并利用图书和资料为教学与科学研究服务，它是一种服务性的组织，同时也是一种学术性的机构。学校图书馆的工作应以教学及为科学研究服务为主，应首先满足学校师生的服务要求，但现实状况是，高等院校图书馆常常座无虚席、人满为患，远不能满足本校师生的服务需求，当然这和在校学生常常将阅览室当作自习室使用有一定的关系，但其深层次的原因还在于随着学校的扩招，许多院校的场地、硬件等相关设施未能及时跟进，导致校内相关设施资源的紧缺。再者，对于学校图书馆向社会开放，《公共文化服务保障法》和《公共图书馆法》虽做了相关规定，但规定明确表明国家的态度为鼓励，并未进行强制性的规定，且规定的内容相对来说比较概括，而我国目前并没有相关的法律文件对学校图书馆向社会公众开放进行细化性规定，因此，当前已在实施学校图书馆向社会开放的学校，相关的管理制度多为本校根据自身的情况制定，各校图书馆对社会开放程度不一，标准及管理措施也是各式各样。反观学校图书馆向社会开放程度较高的国家，如美国不仅本国的图书馆事业发展起步早，而且相关的法律法规及制度也已经相当的完善，美国大学图书馆将服务对象进行非常细化的分类，不同类别的受众，所享受到的资源服务是不同的，并对此进行明确的规定。我国在仅有方向性规定，相关细化规定缺乏且对于学校图书馆向社会开放可能引发的一些潜在隐患还未有有效的预防及解决措施的情况下，如何能对学校图书馆向社会开放提过多的要求呢？

第二节　博物馆法

《博物馆条例》第 2 条明确规定，博物馆是指以教育、研究和欣赏为目的，收藏、保护并向公众展示人类活动和自然环境的见证物，经登记管理机关依法登记的非营利组织。《博物馆条例》是我国对博物馆的设立、运行、管理、服务及法律责任进行专门规定的行政法规，是我国目前为止对博物馆相关事宜进行综合规定的位阶最高的法律文件。《博物馆条例》从性质上将我国的博物馆分为国有博物馆和非国有博物馆，并明确规定我国的博物馆为非营利组织。国际博协对博物馆的定义几经修改，但是对于博物馆为非营利性组织的属性从未改过，世界上的许多国家也从社会公益的角度来定义博物馆。韩国《博物馆和美术馆振兴法》规定，博物馆是指为致力于发展文化、艺术和学术，增进大众的文化享有，征集、管理、典藏、调查、研究、展示和教育有关历史、考古、人类、民俗、艺术、动物、植物、科学、技术、产业等资料的设施。阿尔巴尼亚《博物馆法》规定，博物馆是指保存人类记忆和社会发展所记载的有关事件、文献及物品的机构。它们负责研究、管理、保护以及展出藏品,以学习、教育和娱乐为目的,并对公众开放。罗马尼亚《博物馆及公共收藏机构法》规定,博物馆是公共文化机构,向社会提供服务,通过收藏、保存、研究、修复、交流和展览等行为,达到为公众增长知识、提供教育和休息消遣的目的。

一 民办博物馆

博物馆具有公共性,而其公共性在本质上是政府在公共管理上的职能在博物馆上的具体体现。因此,在最初我国的博物馆主要是国有博物馆,但从20世纪90年代开始,民办非国有博物馆异军突起,发展迅猛,成为我国博物馆体系中一支不可忽视的力量。博物馆是公共文化服务的重要载体,是公共文化服务的基本设施之一,博物馆数量和质量的提升对于我国发展公共文化服务事业,保障公民的文化权益具有重要意义。在公共文化服务保障事业的建设中,社会力量已经越来越发展成为一股不可忽视的力量,在公共文化服务建设的事业中坚持政府主导、社会力量参与,在图书馆、博物馆等公共文化设施的建设中鼓励、支持非国有组织、个人的参与、加入,已被我国在相关的法律文件中进行了明确的规定并进行了大量的社会实践。《国家文物局、民政部、财政部等关于促进民办博物馆发展的意见》对积极促进民办博物馆健康发展;动员全社会广泛参与,共同构建公共文化服务体系;加强扶持,为民办博物馆创造良好的发展环境进行规定。《国家文物局关于进一步推动非国有博物馆发展的意见》规定了对非国有博物馆的相关扶持政策,在完善差别化支持体系、完善培育机制、加强专业人才培养、完善政府购买服务机制、探索多元主体合作办馆、拓宽办馆筹资渠道、落实土地和财税等优惠政策方面对政府对非国有博物馆的扶持进行规定。事实表明,各项政策扶持及法律规定使民办非国有博物馆获得了长足的发展,国内民办博物馆的数量增长迅速。但无论国有博物馆还是非国有博物馆都属于非营利性组织,前文也提及博物馆具有公共性,而公共性的基本表现之一就是公益性,从经济学的角度来说,公益即不能排他地使用的利益。博物馆的公益性是指,国家、社会和个人为博物馆所提供的设施、条件、产品和服务具有公共性的主要特征,受益者是社会公众。公益性是博物馆存在的客观属性,其不以人的意志为转移,无论是政府主办还是由非政府组织和个人主办,博物馆都具有公益性。《博物馆条例》第 33 条规定，国家鼓励博物馆向公众免费开放。县级以上人民政府应当对向公众免费开放的博物馆给予必要的经费支持。《中央补助地方博物馆、纪念馆免费开放专项资金管理暂行办法》对专项资金对免费开放的博物馆、纪念馆的补助范围和支出内容进行了规定。《博物馆条例》强调，国家在财政扶持政策等方面公平对待国有和非国有博物馆。上述法律文件的规定使民办非国有博物馆在保持博物馆的公共性、公益性，落实国家免费开放政策方面具有了比较坚实的物质基础，对民办非国有博物馆的长足发展具有重要意义。民办博物馆是一个国家博物馆事业的重要组成，具有强劲的发展势头，世界各国对于民办博物馆的发展都极为重视，通过制定各项法律法规保障民办博物馆的发展。韩国《博物馆和美术馆振兴法》规定，法人和团体或者个人可以设立博物馆和美术馆。国家和地方政府应帮助设立私立博物馆和私立美术馆，并将其支援、培育成典藏、传承和畅达文化遗产、增进文化享有的文化基础设施。在经费补贴方面，对获得私立博物馆或私立美术馆设立计划批准的人员，运营所登记博物馆或美术馆所需经费，国家或地方政府可以在预算范围内分别予以设立所需经费和运营所需经费以补助。日本《博物馆法》规定，都道府县的教育委员会可应私立博物馆的要求，提供博物馆设立和管理方面的专业技术指导或咨询服务。中央政府和地方公共团体可应私立博物馆要求，为保护其必要物资提供资助。俄国《博物馆馆藏与博物馆法》规定，保障非国有博物馆的博物馆物品和藏品由所有者根据俄罗斯联邦立法获得有效管理权。保障非国有博物馆对不动产的有效管理权，只有在这些不动产在使用过程中不是用于博物馆或者在撤销博物馆的情况下可以由所有者收回。

二 博物馆的藏品管理

博物馆藏品是博物馆的物质基础，博物馆功能的发挥不能脱离博物馆藏品而单独存在，社会在一定程度上要求博物馆运用自己所拥有的藏品，去有效地完成社会赋予博物馆的各种使命与任务。因此博物馆需要不断地加强、完善、充实自己所拥有的各种藏品，不仅需要进一步揭示与研究藏品自身所拥有的各种社会文化信息，而且还要与社会发展保持同步进而对自己藏品的用途进行相应的扩展及补充。博物馆的诸多藏品都是博物馆自身功能得以实现的物质保证和"物"的载体。专业化的博物馆首先要求对"博物馆藏品"有清晰的界定，目前世界各国普遍通过立法的方式，在法律文件中对博物馆藏品的定义予以规定。韩国《博物馆和美术馆振兴法》规定，博物馆资料是指博物馆征集、管理、典藏、调查、研究和展示的，有关历史、考古、人类、民俗、艺术、动物、植物、矿物、科学、技术、产业等的人类和环境的物质和非物资证物。日本《博物馆法》规定，博物馆资料指的是由博物馆进行有效收集、保管或展出的各种资料。阿尔巴尼亚《博物馆法》规定，博物馆藏品是指在博物馆内保存、管理、展出的经研究具有文化历史价值的物品。珍品是指具有文化历史价值的，可以被收入博物馆藏品的物品，但该物品并没有在任何博物馆展出。博物馆馆藏是指一组在历史文化价值方面具有共同特点的藏品。俄罗斯《博物馆馆藏与博物馆法》对博物馆物品、博物馆藏品及博物馆馆藏分别进行了规定。博物馆物品是指质地或者标志特殊的，对社会而言必须进行保护、研究和公开展示的文化价值品；博物馆藏品是指具有博物馆物品特性的，根据来源、种类或者其他特征联合在一起的文化价值品的总和；博物馆馆藏是指永久位于俄罗斯联邦领土内的博物馆物品和博物馆藏品的总和。从上述各国法律对"博物馆藏品"的规定中可看出，各国对"博物馆藏品"的界定和范围存在差异，有的国家规定的较为笼统、概括，有的国家规定的较为具体、细致；在规定方式上也存在一定的差异，有的国家将"博物馆藏品"包含在"博物馆资料"中，不再单独进行规定，有的国家将博物馆资料进行细致的分类，并一一进行规定。目前我国涉及博物馆及博物馆藏品的专门的法律文件有《博物馆条例》《博物馆管理办法》《文化部关于博物馆馆藏的管理办法》及《中华人民共和国文物保护法》，但在这几部法律文件中并没有对博物馆藏品进行明确的定义，其他非专门性的但在个别条款中涉及博物馆及博物馆藏品的法律文件，更是未提及博物馆藏品的相关定义。现代化、专业化的博物馆首先应明确博物馆藏品的界限，我国学界关于博物馆藏品定义及范围的相关讨论非常之多，其中也存在不小的争议。我国的法律应赶上时代的步伐及要求，在法律文件中明确博物馆藏品的定义与概念。

对博物馆藏品的管理是博物馆基本工作之一，时代的发展、博物馆类型的增多、博物馆社会功能的发展等都对博物馆藏品的管理模式提出了新的要求。对博物馆藏品的管理既要借助现代的科学技术，利用科技使博物馆藏品的管理更加专业化、现代化、系统化、高效化，又要考虑到博物馆服务社会的任务及其职能的发挥，在博物馆互助协作、资源共享、藏品互借等方面身体力行。世界上大多数国家通过立法的方式对博物馆藏品管理的相关内容予以规定。菲律宾《国家博物馆法》规定，所有标本、文物、艺术品在进入博物馆时都将立即登记，所有物品的记录都将被保存。要保存好藏品清单并及时更新以反映所有藏品动态，无论是馆内移动还是外借，目的是基于管理者的专业知识和经验，来完善目录。最初是书面记录保存，但一旦时间和预算允许，就要将记录转移到专业的博物馆电子文档系统中。并对博物馆持有或借来的所有藏品的流动、不动产及标志性的考古建筑和考古遗址的保存、保存及储藏藏品的研究室和设备等进行了规定。韩国《博物馆和美术馆振兴法》对博物馆和美术馆之间的资料让与进行了规定，博物馆和美术馆可以互相交换、让与或出借博物馆资料和美术馆资料，或委托保管其资料。国家或者地方政府可以根据有关法律的规定向博物馆或美术馆无偿或有偿让与和出借博物馆或美术馆所需的资料。俄罗斯《博物馆馆藏与博物馆法》对俄罗斯联邦博物馆馆藏及管理做了具体的规定，法律明确规定俄罗斯联邦博物馆馆藏是俄罗斯联邦人民文化遗产的一部分，俄罗斯联邦博物馆馆藏的所有权形式可以是国家的、市政的、个人的或者其他形式，俄罗斯联邦博物馆馆藏由国有部分和非国有部分组成，并对俄罗斯联邦博物馆馆藏的国家目录、博物馆物品和藏品的出口、博物馆物品和藏品的民间周转等做了规定。法国的《法兰西博物馆法》规定，所有为了丰富"法兰西博物馆"收藏的收购行为，无论是费用高昂的、还是免费的，都必须征求科学技术机构的意见；法兰西博物馆藏品无时效性限制；并对"法兰西博物馆"藏品的转让、流动、收藏、登记、修复、保护等进行了规定。

我国主要通过《博物馆条例》《博物馆管理办法》《博物馆藏品管理办法》等的规定对博物馆里的藏品与藏品的有效管理进行了全面的规定。《博物馆条例》在该条例的第三章"博物馆管理"中对博物馆藏品的管理作了大篇幅地规定。《博物馆管理办法》用专章对博物馆藏品管理的内容作了规定，主要涉及博物馆藏品的收藏、保护、研究、展示；保障藏品安全的设备和设施；藏品总账、分类账及藏品的档案；藏品的取得方式；国有博物馆藏品的调拨、交换、借用；藏品的退出及退出程序等。《博物馆藏品管理办法》是专门对博物馆藏品管理进行规定的部门规章，该规章在总则部分明确指出博物馆应根据本馆的性质和任务搜集各种的藏品，而且藏品必须拥有相应的区分等级对其进行划分，一般情况下主要将其分为

一、二、三级。这种的级别中，属于一级藏品的必须要进行重点的保管。明确了藏品的分级管理制度。并通过第二、三、四、五、六章分别对藏品的接收、鉴定、登账、编目和建档；藏品库房管理；藏品的提用、注销和统计；藏品的保养、修复、复制及藏品保管工作的相应奖惩制度等内容进行了规定。虽然我国有《博物馆条例》《博物馆管理办法》《博物馆藏品管理办法》等法律文件对博物馆藏品的管理进行规定，但对博物馆藏品进行专门规定的只有《博物馆藏品管理办法》，且该法律文件是于1986年发布、实施的，距今已经实施了30多年，在这30多年间随着博物馆数量的增多、类型的多样化及管理方式与管理理念等方面的发展变化，该《办法》在应对这些新情况时显现出明显的滞后性。如当今博物馆大都已经采取了电子化的方式进行管理，而由于时代的局限，该《办法》并未对此予以规定。因此，我国应立足时代发展特点与本国国情并借鉴其他国家相关立法经验，尽快制定博物馆藏品管理相关法律法规。

三 博物馆的社会服务

服务社会是设立博物馆的根本目的，前文也曾提及公益性是博物馆的客观属性，社会公众应该是博物馆设立、运行的主要受益者，且博物馆提供社会服务应尽可能以方便群众的方式进行。博物馆的这一职能从各国博物馆法的制定目的及博物馆定义的规定中可以窥见一二。我国《博物馆条例》在本条例的制定目的中明确规定"满足公民精神文化需求，提高公民思想道德和科学文化素质"，在博物馆的定义中强调博物馆"以教育、研究和欣赏为目的""向公众展示人类活动和自然环境的见证物"。日本《博物馆法》在该法的制定目的中明确规定"博物馆的设立目的与运营管理之要项为推动国民教育、学术以及文化发展"，在对博物馆定义时强调"像一般公众开放""提高国民修养、调查研究、娱乐活动"。韩国《博物馆和美术馆振兴法》在该法的制定目的及博物馆定义中都强调了"为增进大众文化享有"。

法律是博物馆服务社会职能发挥的重要保障，大多数国家对此在法律中进行了规定。菲律宾《国家博物馆法》规定，国家博物馆是服务于公众的永久性机构，对公众开放，不以营利为目的。并且以学习、教育和娱乐大众为目的向公众普及人类活动的知识。且该法通过对博物馆职责与功能的具体规定来保障博物馆服务社会功能的发挥。如规定，"博物馆对不同的菲律宾人群进行研究，确立不同人群的人种论，建立民族学，并为后人记录下来，向公众展示他们的传统和现有文化、习俗以及能体现他们文化的艺术形式"。韩国《博物馆和美术馆振兴法》在"博物馆管理运营"一章中对博物馆的开馆时间进行了规定，"根据本法规定登记的博物馆和美术馆，一年内向公众开放使用的天数不得少于按照文化体育观光部令规定的天数"，通过对博物馆开放使用天数进行限制来保障博物馆服务公众职能的发挥。日本《博物馆法》通过对博物馆主要开展的事业进行规定来保障博物馆服务公众职能的发挥。如规定"发挥博物馆的社会教育功效，提供并鼓励人们充分利用学习机会并将学习成果灵活运用于教育活动以及其他活动。"阿尔巴尼亚《博物馆法》规定了博物馆向公众提供参观服务的票价制定标准"博物馆向公众提供参观服务，应在门票上表明参观票价。国家级博物馆门票的样式和价格应按文化青年和体育部部长令标准制定。地方博物馆的样式和价格由其所在地的地方政府领导确定……"来保障博物馆服务社会职能的发挥。

　　法律是保障博物馆服务社会职能发挥的重要路径，我国《博物馆条例》也规定了博物馆服务社会的相关内容。该条例除在总则部分表明博物馆服务社会的目的、要求之外，另用专章对博物馆服务社会的相关内容做了具体的规定，内容涉及博物馆的公共开放、开放时间、展览规定、免费或优惠措施、票价项目及定价标准、社会教育与服务活动的开展、产业结合、机构协作等。

　　四　博物馆法的法制建设

　　当前博物馆是社会主义文化事业中重要的一部分，是我国文化基础设施建设方面的重要组成部分，是我国保障人民群众文化权益的主阵地，是我国公共文化服务体系建设中的重要内容之一。因此，对文化馆事业的发展进行全面的建设，加速博物馆事业的科学发展，让博物馆的功能在社会中能够有效实现，我们都需要对其进行深入的保护、管理、挖掘、研究与利用。只有这样我们才可以弘扬优秀的传统文化，更广泛地传播社会主义的先进文化，提升人民群众的文化鉴赏能力，及我国的文化软实力。博物馆事业的发展有利于人民群众的精神文化生活，可以全面地满足我国群众的精神文化需求，并可以全面地增加14亿人口的爱国情怀与思想道德素质及科学文化素质。

博物馆作为公共文化服务的基础设施之一，其完善对于我国公共文化服务建设的发展具有十分重要的意义。博物馆事业的良好发展离不开健全的法制建设。目前，我国博物馆事业主要受以下规范性法律文件或规范性文件调整：《中华人民共和国宪法》《中华人民共和国文物保护法》《中华人民共和国文物保护法实施条例》《博物馆条例》《公共文化体育设施条例》《博物馆管理办法》《博物馆藏品管理办法》《文物藏品定级标准》《文物出境展览管理规定》《国有公益性收藏单位进口藏品免税暂行规定》《中国文物博物馆工作人员职业道德准则》《全国博物馆评估办法（试行）》《博物馆评估暂行标准》《关于全国博物馆、纪念馆免费开放的通知》《关于促进民办博物馆发展的意见》《博物馆建筑设计规范》《博物馆照明设计规范》《文物运输包装规范》，国际公约如《关于博物馆向公众开放最有效方法的建议》《关于禁止和防止非法进出口财产和非法转让其所有权的方法的公约》《保护和促进文化表现形式多样性公约》《国际博物馆协会章程》《国际博物馆协会博物馆职业道德》等，还有个别地区制定了相关的地方性法规如《北京市博物馆条例》。

客观层面出发，目前我国的博物馆发展事业还存在着以下一个问题：第一，相关的界定不够清晰。我们在面对"藏品""博物馆""博物馆资料"等的诸多概念的认识还不够清晰，这就对实际的管理工作带来了很多的不便。第二，目前的管理体制不够顺畅。依据我国《博物馆管理办法》的规定，博物馆的管理工作是由文物主管部门负责的，然而随着社会的不断发展与形势的不断变化，很多的博物馆已不再是简单地局限在对藏品的收藏与文物的展示，有很多的自然类博物馆虽然没有具体的文物，然而其所拥有的珍贵标本很多，所以这些博物馆就不能由文物部门进行主管。与此同时，最近几年涌现出来的诸多博物馆都在一定程度上超过了文物保护的功能。甚至完全都不涉及文物保护工作的相关内容。因此由文物主管部门对博物馆进行管理的体质已与实际情况不相符，这都严重地限制了我国博物馆事业的健康发展。第三，当前与博物馆有关的相关法律与规定，对博物馆藏品权利的性质的描述不够明确。而且藏品权利的基本性质与内容的描述也不够全面。很多的规定以不能满足当前的需要，具有严重的滞后性。这都在一定程度上对博物馆事业的健康发展留存下了诸多的风险。我们需要对此通过法律进行相应的完善与规范。保证博物馆事业的全面发展。第四，有些针对性的法律规则存在很多的漏洞。《博物馆管理办法》

实施以来的一段时间内，全国范围以内都通过审核、批准建立了众多的博物馆，然而一直未形成统一的标准与办法。因此，制定一部全面、细致、完善的《博物馆审核设立与注册登记管理办法》是目前博物馆管理工作的重点任务之一。我们需要从以下几个方面对此工作进行完善：对审核对象进行界定、确定依法审批的主体、核实审批材料、制定有许多审批程序。加强对博物馆审核设立与注册登记管理，可以从明确行政审批的实施机关、规范审批申报的必备要件、细化审核设立的申报材料、规范行政审批的实施程序、推行分类（分级）审批的尝试五方面着手。对于违法违规行为，应该制定相应的罚则。第五，与世界上其他博物馆事业发达的国家相比，我国博物馆方面的法制建设还非常不完善，在法制建设方面还存有较大的差距。在法律层面，我国至今还无一部专门对博物馆进行规定的法律，仅在《中华人民共和国宪法》《中华人民共和国文物保护法》等为数不多的几部法律中的个别条款中出现与博物馆相关的规定，这种立法现状是非常不利于我国博物馆的发展的。而韩国制定了《博物馆及美术馆振兴法》，日本、印度、阿尔及利亚、美国等国都制定了《博物馆法》对本国的博物馆的相关事宜进行规定，我国也应加快博物馆方面的专门立法，为我国博物馆事业的发展提供法律上的依据。

文化方面的立法一直以来就是我国法制建设的短板，《中华人民共和国公共文化服务保障法》《中华人民共和国公共图书馆法》的颁布、实施，预示着我国一个文化立法高峰期的到来，博物馆人及法律人应顺应潮流、把握时机，适时开始探讨《博物馆法》的制定问题。

第三节　文化馆法

《群众艺术馆、文化馆管理办法》指出文化馆是有效进行社会宣传教育、组织与辅导群众文化艺术、惠及科学文化知识等活动的活动场与事业单位。文化馆的任务是进行宣传教育、开展群众性文化（娱乐）活动、组织文化交流与协作、培养人才、进行业务指导及进行相关的文化资料整理、保存、研究等。文化馆是开展公共文化服务事业、保障群众文化权利的重要载体，其开展文化工作与活动的形式灵活、多样，可根据文化馆（站）所在地的具体文化环境，经济发展状况、群众文化程度及偏好，因地制宜地开展文化活动，在建设公共文化服务保障事业中应发挥出重要作用。

一 文化馆（站）的发展历程

新中国成立以来，我国乡镇综合文化馆的发展大体上经历了以下四个阶段，第一，人民文化站。其开始于1951年，那一时期的文化站的主要职能是进行政治宣传、识字教育、普及科学知识、举行文艺活动等。并将行政管理与开展文化活动涵盖其中。第二，人民公社时期的乡镇文化站。这时乡镇文化站主要的功能是文化产品与服务的提供者及生产者，并同时承担一些政治与社会的控制任务于一身。当时文化站在一定程度上满足了农村群众的诸多文化需求，也对农村社会的稳定发展有了一定的促进作用。然而随着社会的发展，太多地强调了政治性与计划性使得文化站忽视了基层群众的真实文化需求，也暴露出了诸多的弊端。第三，税费改革后的乡镇文化站。随着财政体制改革的有效实施，乡镇政府的财权、事权之间出现了不对称，财权的缩小让文化站的诸多工作能力出现了倒退。使得人员流失严重，文化站的功能日益消退。第四，乡镇综合文化站。随着国家逐渐对农村公共文化建设事业的重视，这一阶段文化站的发展也取得了突破性的进步。2005年中共中央办公厅、国务院办公厅在《关于进一步加强农村文化建设的意见》中初次提出了乡镇综合文化站的概念，并明确指出在2010年时，全国乡镇均建成综合文化站的总目标。目前乡镇综合文化站建设的事业得到全面发展，其也已经成为了党和政府开展农村文化工作的基本阵地与我国农村公共文化服务网络建设的重要组成部分。

二 文化馆（站）的制度研究

作为基层公共文化服务制度建设，文化馆（站）制度建设的重要性自不待言。按"主题"和"文化站"这两个关键词搜索中国知网上的相关文章，共计6485篇。但深入研究制度建设的文章并不多见，而从法律制度的角度进行规范分析的文章更是少之又少。文章多停留在文化站建设的目的与价值、文化站建设的意义与重要性、文化站建设的理念或观念等较为抽象而浅层次的主题。所载刊物的学术含金量也明显不足，与文化站在我国文化事业领域中的地位极不相称。且非常集中，比如大量有关各地文化站经验介绍的文章就都几乎发表在《大众文艺》（半月刊）上。虽然该期刊也为中国学术期刊网全文数据库（CNKI中国知网）、中国核心期刊（遴选）数据库、中国学术期刊（光盘版）全文收录，但总体而言，学术层次稍显不够。并且，该期刊主要刊载文化理论研究方面的文章，更加偏向于各种文化和艺术领域的内容方面的研究。其主要内容板块有：1. 理论研究。2. 文艺、文学作品的评论赏析。3. 艺术实践交流。4. 群文论坛。5. 民间艺术研究。6. 图书馆论坛。由此可见，该期刊也并非专门针对基层公共文化事业制度建设和管理。当然，从发表主题来看，多为基层文化工作者，其所提出的一些问题和建议也不乏切实中肯之处，但总的来说，理论提炼不够，深层次、全方位、精细化的制度思考不足。

　　好在近些年来，文化馆（站）制度建设越来越受到学人们的重视，已有多篇优秀硕士学位论文分别从不同角度对其予以探讨。如2008年华中师范大学政治社会学专业硕士研究生朱春雷就以政治整合、行政管治和文化服务为关键词，系统地对我国农村文化站职能的历史变迁进行了梳理。并在相关的研究成果基础之上，以湖北省咸安区的农村文化站作为个例进行分析，对新中国成立后的不同时期的农村文化站的主要职能与运作特点进行了着重的分析，并对农村公共文化服务的宏观框架的构建提出了具体的建议。一直以来，我国的县级文化部门对农村文化站实行的是垂直管理的模式，文化站的工作也主要是以完成国家的政治任务为目的。事实上，农村文化站已经成为了国家对农村社会进行治理控制的"条块"结构的一部分。再加上文化站的经济来源主要依靠政府的税收，资源统一由乡镇政府调配，这使得文化站的文化服务职能转变成了政治职能，从而呈现出农村公共文化管办不分、政事不分的现象。乡镇文化站工作人员也往往被乡镇政府抽调从事计划生育、征税、招商引资等工作。

　　以咸安为例，为了缓解乡镇政府职能转型的压力，开展了"以钱养事"的改革工作。创造性地建立了新的公共服务模式，使得市场和社会得到了优势互补，增强了彼此的协作。这一改革过程是对农村公共文化服务体系的全新构建，需要多方面的整合。首先要做到的就是政府权力的下放。目前政府在公共文化服务领域仍然处于主导地位，公益性的文化服务仍然需要由政府提供。但是政府在保障文化建设经费的前提下，仍然要坚持政企分开、政事分开和政社分开的原则，把属于市场自身调节的功能归还给社会，从而将自己的工作重心转移到社会管理和公共服务上来。其次是发展文化服务市场主体和文化组织，充分发挥企业、中介机构和市场的作用。最后还要不断增强农村居民的民主意识，帮助农民形成新的文化消费观念。总之，构建农村公共服务的前提和基础就是公益性服务组织的去政治化和去行政化。另外，还要处理好各级政府之间的权力关系，尤其是县级以下文化主管部门和政府之间的关系。努力构建"引导重心在中央、规划重心在省、管理重心在县、服务重心在乡"的体制架构。

当然，根据这些学位论文的观察，目前我国文化馆（站）制度所存在的问题还包括诸如"部分乡镇政府领导不重视，体制机制不顺；经费投入不足，管理不善；用人机制不适应，人才匮乏且流失严重；'空壳'现象严重，设备设施破旧，活动内容单调；政策落实不力，地方相关配套政策缺失；区域发展不平衡"。还有从基层政府的角度来审视，包括重视程度不足、政府职能错位、财政体制障碍；从文化站自身的角度来看，则存在文化基础设施建设滞后、人才选用机制落后、文化资源开发利用不足；从农村群众的角度来说，还存在科学文化素质不高、参与积极性低，以及文化自治能力不足等问题。而其完善途径不外乎"构筑乡镇综合文化站建设的保障体系，特别是完善乡镇综合文化站建设的相关法律法规；加大政府财政投入；改革管理体制，创新运行机制；抓好文化站人才建设，培育农村文化市场"。又或"理顺体制，创新机制，激发乡镇文化站的生机和活力；增加投入，加强管理，完善乡镇文化站的经费投入机制；深化改革，优化队伍，造就乡镇文化站发展所需的优秀人才；落实政策，健全法规，构筑乡镇文化站发展的保障体系；夯实基础，创新内容，健全和完善乡镇文化站的服务功能"等。

在我国，乡镇综合文化站是文化信息资源共享工程的基础环节，承担着直接为农村群众提供文化信息服务的重要功能。事实上，全国各地乡镇综合文化站的情况比较复杂，有的在机构改革中被撤销，有的被出租或挪作他用。按照中央的指示，当前的首要任务是对乡镇综合文化站的现状有一个基本的了解，区分不同类型，采取相应措施，从而发挥乡镇综合文化站所应起到的作用。要把科学的方法运用到乡镇综合文化站的建设中去，对此主要有以下几点：首先，要对全国的乡镇综合文化站进行摸排调研，掌握基本情况，确定具体的基数；其次，在基础数据的基础上明确乡镇综合文化站的职能定位，并且制定相关的法律文件；再次，对具有代表性的乡镇文化站进行前期的试点工作；最后，总结试点经验，在前期工作的基础上制定具有针对性的规划纲要，努力打造出一个科学有序的制度建设循环，从而推动乡镇综合文化站的发展。

实事求是地说，已有的理论研究尚不足以匹配文化馆（站）在我国文化事业建设中的根本地位。更重要的是，已有的制度研究几乎没有多少涉及法律制度方面的思考，这就更难以获得文化馆（站）的制度预期性和稳定性。因此我认为，文化馆（站）法律制度研究亟待引起各方法律学者重视。目前需要关注的一些基本法律制度问题包括对文化馆（站）法律地位的论证和认定，包括对文化馆（站）法律职责的厘定，包括对文化馆（站）规范性文件的梳理和清理，也包括文化馆（站）管理体系法制化，等等。